剑桥中国史

总主编／［英］崔瑞德 ［美］费正清

THE CAMBRIDGE HISTORY
OF CHINA

VOL.14：THE PEOPLE'S
REPUBLIC,PART1,THE EMERGENCE OF
REVOLUTIONARY CHINA,1949-1965

剑桥中华人民共和国史

上卷 革命的中国的兴起 1949-1965年

［美］R．麦克法夸尔 费正清／编

谢亮生 杨品泉 黄 沫 张书生
马晓光 胡志宏 思 炜 译

谢亮生 校订

中国社会科学出版社

图字：01—2006—0617 号

图书在版编目（CIP）数据

剑桥中华人民共和国史．上卷，革命的中国的兴起：1949—1965 ／
〔美〕麦克法夸尔，〔美〕费正清编；谢亮生等译．—北京：中国社会
科学出版社，1990.8（2020.1 重印）

书名原文：The Cambridge History of China Vol. 14：
The People's Republic，Part 1：The Emergence of
Revolutionary China，1949—1965

ISBN 7 - 5004 - 0752 - 1

Ⅰ．剑…　Ⅱ．①麦…②费…③谢…　Ⅲ．①中国—现代史—
1949—1965　Ⅳ．K27

中国版本图书馆 CIP 数据核字（2006）第 007233 号

出 版 人	赵剑英	
策划编辑	郭沂纹	
责任编辑	郭沂纹	
责任校对	林福国	
责任印制	戴　宽	

出　　　版	中国社会科学出版社	
社　　　址	北京鼓楼西大街甲 158 号	
邮　　　编	100720	
网　　　址	http：//www.csspw.cn	
发 行 部	010 - 84083685	
门 市 部	010 - 84029450	
经　　　销	新华书店及其他书店	

印刷装订	环球东方（北京）印务有限公司	
版　　　次	1990 年 8 月第 1 版	
印　　　次	2020 年 1 月第 22 次印刷	

开　　　本	650×960　1/16	
印　　　张	42.5	
插　　　页	4	
字　　　数	625 千字	
定　　　价	68.00 元（精装）	

The Cambridge History of China

Volume 14

The People's Republic，Part 1

The Emergence of Revolutionary China

1949—1965

edited by Roderick MacFarquhar and John K. Fairbank

© Cambridge University Press **1987**

Cambridge

London • New York • New Rochelle

Melbourne • Sydney

根据剑桥大学出版社 **1987** 年版译出

译 者 的 话

　　《剑桥中国史》是剑桥多种历史丛书中的一种，各卷由研究中国历史相应时期的学者编辑，卷内各章由各课题的专家撰写，包括世界各国的中国史研究工作者；在一定程度上代表了西方中国史研究的水平和动向，在国际学术界有一定影响。

　　《剑桥中华人民共和国史，1949—1965 年》是《剑桥中国史》第 14 卷的中译本。本书描述了 1949—1965 年中华人民共和国在努力解决中国当代问题过程中所取得的成就和遇到的挫折。第一篇主要记录了新政权将苏联发展模式运用于中国的尝试；第二篇概括了其后中国领导人为更快更好地解决中国问题而寻求本国发展模式的努力。本卷的每一篇都分析了政治、经济、教育、党与知识分子、外交五个方面的关键问题及发展状况。本卷撰写人皆为研究这一时期的国外专家，他们向读者展示了所有这些方面的相互关系，并揭示出这些相关因素如何为 1966 年的"文化大革命"提供了准备。

　　翻译出版《剑桥中国史》是为了供我国学术界参考、借鉴。他山之石可以为错，他山之石可以攻玉。只要具备"为错"、"攻玉"条件的他山之石，就是我们所需要的，就是对我们有益的。就本卷而言，我们同意编者在序中所言："我们的看法很可能是暂时的……由于试验〔笔者按：指我国的社会主义革命和建设〕远未结束，但又只有在它接近完成（今后一个世纪？）时，对最早的这几个 10 年才有可能得出完整的看法。"我们认为这种态度是实事求是的。

　　本卷的翻译仍本着忠实于原著的态度，作者的观点、对材料的选择和使用等请读者自行鉴别。书中引用的中文材料，我们尽力查对原文；少数引文没有查到，从英文回译，则将引号删除，尚祈读者见谅。

本卷译校分工如下：

杨品泉　译第 1、2、3 章

胡志宏　译第 4 章

张书生　译第 5、6 章

谢亮生　译第 7、8 章，并负责全书校订、统稿工作

马晓光　译第 9 章

思　炜　与谢亮生合作翻译第 10 章，翻译、整理书目索引及附录

黄　沫　译第 11 章、书目介绍、各章书目介绍

《剑桥中国史》的第 10 卷和第 11 卷的中译本已由中国社会科学出版社于 1985 年出版，定名为《剑桥中国晚清史》（上、下）；其第 1 卷、第 3 卷的中译本，中国社会科学出版社正在印制中，分别定名为《剑桥中国秦汉史》、《剑桥中国隋唐史》；其第 7 卷《剑桥中国明代史》年内也可发稿。《剑桥中国晚清史》久已售罄，亦将于最近重印。其他各卷在国外出版后，我们也将尽快翻译出版。

《剑桥中国史》以上各卷的翻译出版，正值学术著作印数逐渐下降，终至出现"大滑坡"的几年，中国社会科学出版社先后的领导同志张定、吴家珣、李凌、白莲蓉、余顺尧、郑文林、吴元梁、任晖等始终贯彻建设学术出版社的方针，克服重重困难，给予大力支持；历史编辑室和负责出版发行、图书资料的同志也多方协助。马晓光同志担任《剑桥中华人民共和国史，1949—1965 年》的责任编辑，补苴罅漏，润饰文字；更将书目索引所列各书加上顺序号，在正文及脚注中的书名后用［　］号——标出相应的顺序号，为读者查对书目提供了方便。我们在此一并深表感谢。

我们水平有限，译文错误及不妥之处恳请读者指正。

谢亮生

1990 年 1 月

目　　录

第一章　中国的再统一
哈佛大学名誉历史教授　费正清

第一篇　模仿苏联模式，1949—1957 年

第二章　新政权的建立和巩固
悉尼大学政治学讲师
弗雷德里克·C. 泰韦斯

1

第三章　恢复经济和第一个五年计划

西雅图华盛顿大学国际研究教授
尼古拉斯·R.拉迪

第四章　新秩序的教育

香港,大学教职员国际协会副教授
苏珊娜·佩珀

第五章　党与知识分子

波士顿大学历史教授
默尔·戈德曼

第六章　外交关系:从朝鲜战争到万隆路线

东京外国研究大学教授　中嶋岭雄

第二篇　寻求中国道路，1958—1965 年

第七章　"大跃进"和延安领导的分裂
密歇根大学政治学教授
肯尼思·利伯塔尔

第八章　重压下的中国经济，1958—1965 年
尼古拉斯·R. 拉迪

第九章　教育的新方向
苏珊娜·佩珀

第十章　党和知识分子：第二阶段
默尔·戈德曼

第十一章　中苏分裂
亚利桑那大学政治学教授　艾伦·S.惠廷

后　记
哈佛大学政治学教授
罗德里克·麦克法夸尔

参考文献介绍
政治挂帅：略论 1949 年后的中国研究
密歇根大学政治学教授　米歇尔·奥克森伯格

地图、表目录

总 编 辑 序

在英语世界中，剑桥历史丛书自 20 世纪起已为多卷本的历史著作树立了样板，其特点是各章均由某个专题的专家执笔，而由各卷学术地位较高的编辑中的主导编辑总其成。由阿克顿爵士规划的《剑桥近代史》共 16 卷，于 1902—1912 年期间问世。以后又陆续出版了《剑桥古代史》、《剑桥中世纪史》、《剑桥英国文学史》以及关于印度、波兰和英帝国的剑桥史。原来的《近代史》现在已被 12 卷的《新剑桥近代史》代替，而《剑桥欧洲经济史》的编写也正接近完成。近期在编写中的剑桥历史丛书包括伊斯兰教史、阿拉伯文学史、论述作为西方文明中心文献的圣经及其对西方文明的影响的圣经史，此外还有伊朗史和中国史。

就中国史而言，西方的历史学家面临着一个特殊问题。中国的文明史比西方任何一个国家的文明史更为广泛和复杂，只是比整个欧洲文明史涉及的范围稍小而已。中国的历史记载浩如烟海，既详尽又广泛，中国历史方面的学术许多世纪以来一直是高度发展和成熟的。但直到最近几十年为止，西方的中国研究虽然有欧洲中国学家进行了重要的开创性劳动，但取得的进展几乎没有超过翻译少数古代典籍和编写主要的王朝史及其制度史史纲的程度。

近来，西方学者已经更加充分地在利用中国和日本的具有悠久传统的历史学术成果了，这就大大地增进了我们对过去事件和制度的明细的认识，以及对传统历史学的批判性的了解。此外，这一代西方的中国史学者在继续依靠欧洲、日本和中国正在迅速发展的中国学研究的扎实基础的同时，还能利用近代西方历史学术的新观点、新技术以及社会科学近期的发展成果。而在对许多旧观念提出疑问的情况下，近期的历史事件又使新问题突出出来。在这些众多方面的影响下，西方在中国学研究方面进行的革命性变革的势头正在不断加强。

当 1966 年开始编写《剑桥中国史》时，目的就是为西方的历史学读者提供一部有内容的基础性的中国史著作，即按当时的知识状况写一部六卷本的著作。从那时起，公认的研究成果的大量涌现、新方法的应用和学术向新领域的扩大，已经进一步推动了中国史的研究。这一发展还反映在：《剑桥中国史》现在已经计划出 14 卷，这还不包括王朝以前的最早时期，并且还必须舍弃诸如艺术史和文学史等题目、经济学和工艺学的许多方面的内容，以及地方史的全部宝贵材料。

近十年来我们对中国过去的了解所取得的惊人进展将会继续和加快。进行这一巨大而复杂的课题的西方历史学家所作的努力证明是得当的，因为他们所在各国的人民需要对中国有一个更广更深的了解。中国的历史属于全世界，这不仅因它有此权利和必要，还因它是激发人们兴趣的一门学科。

费正清

丹尼斯·特威切特

（杨品泉 译）

第 14 卷序

中国的优秀分子一代接一代地努力应付从帝国时代晚期继承下来的国内问题，回答工业化的西方提出的历史悠久的挑战，这种努力在 1949 年达到了一个新的阶段。中央政府在这一年获得了对中国大陆的完全控制，因而实现了很长时间以来所渴望的国家统一。此外，中央政府还首次承担了国家的体制、经济和社会的全面的现代化工作。下几个 10 年的历史将有世界上未曾见过的社会工程方面的规模最大的试验。

中国共产党本身的力量和意图构成了这两卷的总布局。与帝国和民国时期不同，在中国共产主义者的领导下，没有一个生活的方面，也没有一个国内的地区不受中央当局坚决使中国革命化这一努力的影响。研究中国社会的任何方面，如果不从中国共产党努力改造中国社会这一背景出发，那简直是毫无意义的。我们不可避免地要从在北京的党的政治局和政府的国务院的观点着手考察中国。

这一卷分为两个部分是由 1958 年党的政策发生重要变化并影响社会一切方面这一情况所决定的。这一卷和下一卷之间的划分映现了毛泽东在 1966 年发动的"文化大革命"这个分水岭。

当然，毛泽东、他的同事和他的继任者的思想、目标、策略、方针和活动并不等于中国的历史。这两卷的大部分注意的是评价它们对中国的影响。由于公布了大量新资料，获得中华人民共和国的许可进入大陆近年又比较容易，所以有可能把到目前为止的试验的结果叙述得更加清楚。

不过，我们知道，我们的看法很可能是暂时的——这不完全是由于主要的资料仍然没有公布（因为很可能有些材料永远不会公布）；

也不是由于我们评述的事件距今天太近（因为历史学家的评价，无论时间距离上多么有利，总要不断地予以修改）；而是由于试验远未结束，但又只有在它接近完成（今后一个世纪?）时，对最早的这几个10年才有可能得出完整的看法。

　　本卷是《剑桥中国史》中涉及19世纪和20世纪的第5卷。从这一努力一开始，我们就意识到了我们得益于各方面为这个领域作出的重要贡献。我们的脚注就能说明这种情况……

麦克法夸尔

费正清

（谢亮生　译）

第 一 章

中国的再统一

历史地了解中国的几个阶段

我们对现代伟大的中国革命的了解已经通过一系列很有特征的阶段而有了发展。对这几个阶段的简单的回顾，就是阅读这卷论述人民共和国最初 16 年（1949—1965 年）的《剑桥中国史》的最佳入门。对我们现在了解的阶段之前的几个阶段的简单考察，可能会给读者提供一个关于本卷所表现的当前撰写水平的有益的认识。① 这几个了解阶段按其特征，可以称为传教士的、外交人员的、新闻媒介的和社会—科学的了解阶段。

从 16、17、18 世纪的耶稣会士和天主教传教士开始的传教士的了解阶段主要使我们认识以下几个方面：古代中国的经典学说、漫长的历代王朝以及我们称之为中国的神话的内容——来自统治阶级并用来教导中国民众和西方民族（当他们逐渐对中国有所闻时）的官方道德教义和历史。不用说，这个阶段给人的印象是学者文人实行仁政，他们在高高在上的皇帝的统治下，恪尽职守来维持家族制度和传统的中国社会秩序。②

外交人员的阶段始于英国人从 18 世纪后期企图与中国扩大贸易

---

① 我要感谢艾伦·S. 惠廷、罗德里克·麦克法夸尔、孔飞力和许华茨，他们对本文提出了有益的意见。

② 关于欧洲人对中国的早期看法的概述，见雷蒙德·道森：《中国变色龙：分析欧洲人对中国文明的几个概念》[197]（此数码为本书末书目索引编号，下同）。关于早期中国，唐纳德·F. 拉奇的《欧洲形成时期的亚洲》[415] 第 1 卷《发现的世纪》第 9 章第 730—835 页中有大量的细节和图示。

的各种活动。1793 年马嘎尔尼的出使和 1816 年阿美士德的使华最后导致了 1839—1842 年的鸦片战争，这场战争使中国在不平等条约制度下开放而与外国接触。在 19 世纪期间，赋予缔约列强的国民以治外法权地位和容许他们在条约口岸进行商业活动的不平等条约制度继续得到扩大和修订。① 到 1917 年，92 个口岸被辟为商埠，已有几代外国人住在中国并向本国报道了它的情况。

他们对之作出贡献的那个了解阶段总的说是一个趋于清醒的阶段。耶稣会士报道的政府和仁爱社会的理想特征，这时直接地被生活在产业革命初级阶段并相信西方进步文明以及基督教，甚至民主和西方生活方式的各国人民所看到。对他们来说，中国似乎像一个陷入一团糟的古代王国。② 在外国试图在中国建立势力范围和爆发义和团之乱的同时，西方的外交人员的了解阶段在外国人试图建立势力范围的 1898 年和爆发义和团之乱的 1900 年发展到了最高峰。在 1900 年，没落的清朝一度希望把外国入侵者赶出国门，当此举失败时，1901 年的和解引进了 20 世纪改革和革命的新时代。③

我称之为西方观察中国的新闻媒介阶段是在 19 世纪 90 年代与有广泛发行的报纸和外国记者的现代新闻事业同时出现的。例如，伦敦《泰晤士报》记者莫理循成了向西方世界报道中国政治领袖们的阴谋诡计的一个通讯员，直到最后其中几人请他当他们的顾问时为止。④

---

① W.W. 威洛比的《在华的外国权利和利益》[793]（第 2 版，1927 年）阐明了关于复杂的条约权利制度。

② 关于最全面而清醒的看法，是卫三畏：《中国总论》[792]，这是报道中国各方面情况的著作中唯一最成功的一部。亨利·查尔斯·西尔：《中国和中国人：他们的宗教、性格、风俗和产品；源于鸦片贸易的灾祸；略及我们与这个国家的宗教、思想、政治和商业的相互关系》[664]。R. 蒙哥马利·马丁：《中国的政治、商业和社会》[519]。这些著作的杰出先驱者是德庇时的《中国人：中华帝国及其居民概述》[195]。

③ 中国作为国际竞争的目标所起的作用，威廉·L. 兰格的《1892—1902 年的帝国主义外交》[420] 有系统的阐述。关于中美关系，最全面的多语种研究是迈克尔·H. 亨特的《1914 年以前美国和中国特殊关系的形成》[346]。

④ 关于莫理循的信件，见罗惠民编：《莫理循通讯集》[476]，第 1 卷（1895—1912 年）；第 2 卷（1913—1920 年）。两名英国权威评论家 J.O.P. 布兰德和普特南·威尔（B. 伦诺克斯·辛普森）出版了十几部大部头的受欢迎的著作。

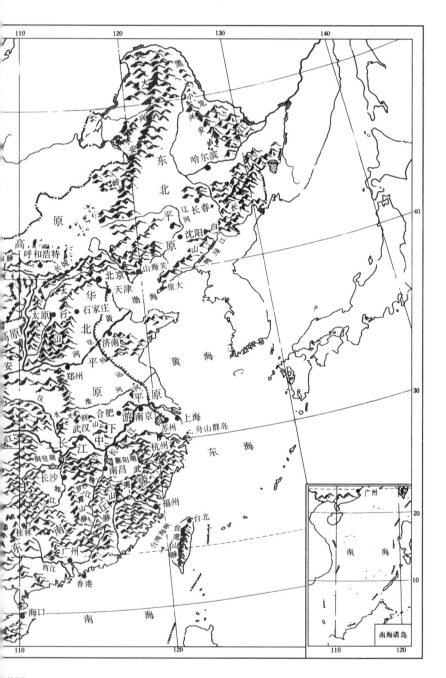

形图

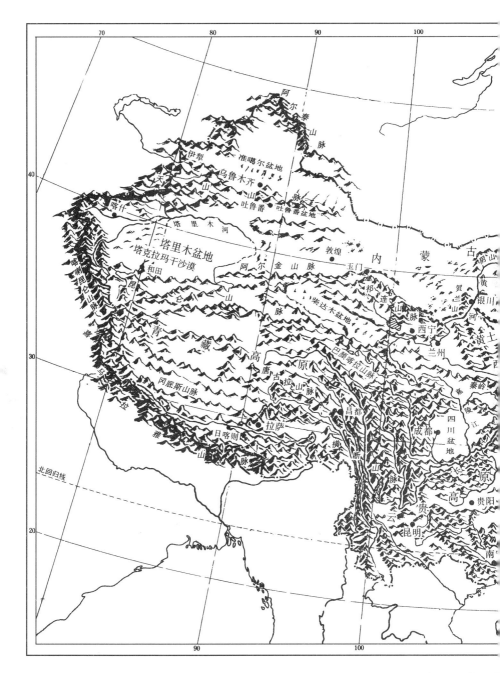

地图 1　中国地

新闻事业作为了解中国革命的主要方式，在整个 20 世纪已经有了持续和有成效的发展。电视能使西方对中国的革命家喻户晓。

当然，以上这三个阶段都是积累性的。西方的传教士继续翻译经典，并就中国异教徒皈依基督教的良好前景向本教区的选民宣讲。外交家们都继续维护其不平等条约的特权（特别是治外法权），并在他们最后被赶走之前进一步巩固外国人在华的地位。经过辛亥革命，然后是与中国共产党结成第一次统一战线时国民党领导的 20 世纪 20 年代的革命，经过 1931—1945 年的日本侵华，然后是整个共产党统治时期，在中国现场的报道，技术上不断进步，规模上不断扩大。

这些发展为中国的社会—科学了解时期准备了条件，随着西方文明的社会科学的兴起，这个时期在 20 世纪 20 年代和 30 年代开始。这个广泛的发展是通过许多机构的渠道进行的，并且经历了自身的几个小阶段。一般地说，社会科学在中国首先应用于法律和政治学的领域，这些研究反映了在帝国主义竞争时代盛行的条约和贸易特权及中国所处的不平等地位。经济学对中国的应用始于对中国贸易的研究（长期以来这项研究一直是英国人的专长），然后通过种种努力把这项应用扩大到中国的农村经济方面。到这个时候，日本人的侵华也引起了他们对中国的资源、生产和市场的研究。[①] 20 世纪 20 年代不但出现了纽约的社会科学研究委员会，而且出现了华北的群众教育试验和洛克菲勒基金建立的北京协和医学院。总之，1912 年旧王朝灭亡后，外国影响的浪潮通过商埠贸易、教会教育和在西方机构中对中国新知识分子的培养等渠道而席卷全中国。

社会—科学的了解方式首先在第二次世界大战期间因地区研究的发展而有了突破，这种研究力求以一体化的方式和按照各个学者的经验把各种学科集中起来探索中国。语言、历史、地理、经济、政治、

---

① 关于法律，除了威洛比的《在华的外国权利和利益》[793]，还有杨沃德的《满洲的国际关系》[835]。关于对外经济关系，见 C.F. 雷默的《中国的对外贸易》[605] 和《中国的外国投资》[606]。关于农村经济，见卜凯的《中国土地的利用》[67]。关于早期日本论述中国经济的著作，见费正清、坂野和山本合著的《日本对现代中国的研究》[230]，第 7 部分。

中国学、人类学及文学和各学科的分支学科,都开始培养训练有素的专家。① 在美国,作为对成立中华人民共和国的反应,关心"共产党威胁"的情绪达到了最高峰,中国革命者的马克思—列宁主义促使西方大力进行分析的活动。

经过了几代人以后,从整个阶段中产生了现在的了解中国的典型方式,这种了解是既通过它的历史,又通过它的现实,既通过它自己的传统,又通过社会科学的方法。② 本卷指出了社会科学家—历史学家的出现,这些人可能充当这个学科或另一个与此题材关系特别密切的学科的专家,但同时又认识到所做的工作必须与其他研究方法联系起来进行。现在出现的新型学者的资质是能自如地阅读中文和讲流利的汉语,在中国访问和旅行,理论结合实际。

研究中国的能力的日益扩大开创了一个新的时代。长期以来,把注意力集中在中文记录方面的中国学术传统已经深深地吸引开创性学者们的注意力和精力,以至它培养了一种"中国例外论"。先从写作体系说起,中国的历史表现了许多即使不是独特的,但也是非凡的特征,如甲骨文、丝绸文化、早期的官僚行政活动、绅士阶级,尤其是国家的源远流长和它的不间断的施政记录。③ 对这类题目以及另外许多题目的阐述在讲授中国历史时仍必须占用许多时间。但是情况已发生了变化。

按照定义,社会科学涉及全世界范围的原理和证据,因此,它本质上是比较性的。这样,可以说中国的独特性就减少了。在社会结构、家族制度、宗教崇拜、行政管理、对外贸易、排外思想、民族主

---

① 美国对中国的地区研究发展的概况,见约翰·M.H.林德贝克的《了解中国:给福特基金会的报告》[456]。

② 在这类著作中,见施坚雅《亚洲研究和学科》[665],载《亚洲研究通讯》,第29卷第4期(1984年4月),第7—8页。费尔南德·布伦德尔:《对世界的透视》[62](《15至18世纪的文明和资本主义》的第3卷)有以下一段话:"当今的时代接触着形形色色的社会科学,难道历史不是正在成为一种科学……它既准备提出问题,同样也准备回答问题,既用来衡量现在,又用来衡量过去?"(见第619—620页)。

③ 赖德烈对此有全面评述,见《中国人:经过3000年积累性发展和近期激烈变化的历史和文化》[426]。

义、共产主义和技术转让等题目方面，对中国的研究已把"中国例外论"降低为一系列研究课题中的一个。当然，这样就产生了新的洞察力和更广阔的眼界。

可是，伤脑筋的问题出现了。在多大程度上，知识面宽广的社会科学家—历史学家在中国根据他们的分类找到了他们主要寻求的东西？不用说，这个由来已久的问题困扰着所有的人类的观察者和调研者，而不管他们打着什么学术旗号。我们不打算在这里回答这个问题。我们可以假定，如果以往几代学者是受他们时代的文化约束的话，那么我们也受文化的约束，我们只能宣称我们对这个事实更有认识。

中国的学者作为单一的世界学术共同体的成员，与我们一样正在通过社会科学研究中国。因此，在这里追溯 18 世纪以来中国的先驱者了解中国历史的几个阶段是可取的。换句话说，与西方人观察中国、观察它的历史和情况相对应的中国人的看法，对我们描述现代革命来说是必不可少的。外国人对中国人的看法不甚了解，但是下面几个阶段还是可以辨认出来的：导致经世治国时期的王朝循环阶段；导致改革运动的自强阶段；导致党派专政的共和革命时期；最后是导致"现代化"的近期的共产党人阶段。当然，这些阶段互相渗透。

在中国人对现代史的了解中，王朝循环是在支撑中国的几大理论之一的基础上提出的，这个理论我们务必进一步作更为详尽的探讨。从 18 世纪晚期开始，中国的学者注意到了行政工作的困难越来越多和士气下降、叛乱出现的情况。从 18 世纪晚期至 19 世纪 70 年代的这些情况被归根为王朝循环论这类传统的问题。① 因此，有人试图在"经世"的总名称下提出种种解救之道，经世是学者—官员用以处理行政问题的一种技能。解救之道包括：为了振兴士大夫阶级士气而恢

---

① 一位严重地被人忽视但有非凡洞察力的学者密迪乐在其《中国人及其叛乱》[525] 一书中对西方读者陈述了关于中国国家的神话，内容包括成为王朝循环基础的德政论、天命和造反的权利，这些都是他从中国老师那里学到的。关于有帮助的综述，见魏斐德《中华帝国的衰落》[751]，第 4 章《王朝循环》，第 55—70 页。

复的学术研究；为了满足治理群众的需要而设想的有独创性的行政安排；简政和廉政；以及其他使中华帝国的秩序不时得以恢复并在几个世纪中一直发挥作用的众所周知的方法。帝国的儒家思想部分地因为具有改革的能力，所以通过重新树立其理想，它已经幸存下来。①

经世术的目标之一是安抚 19 世纪 30 年代在中亚或是在广州的桀骜不驯的外夷商人。当经世论学者发现欧洲人更为强大时，他们就开始研究欧洲人及其技术。这是近代中国人思想开放并面向外部世界的开始。②

自强和洋务的阶段产生于这样一种认识：西方的武器有助于镇压中国的叛乱者；与入侵的英国人和法国人缔约解决问题，能取得他们对王朝的支持，以使它在反对叛乱中保存下来。这样，对中国的政治家来说，条约制度首先表现为对外夷采用的"羁縻"策略，就像人们设法骑一匹骏马或让它拉东西那样。这个概念产生于安抚中国的游牧入侵者和有时与他们合作的长期经验。③ 因此，表现为火器、大炮和炮舰的西方优越的军事技术是首先要借鉴的东西。

---

① 关于儒家的改革思想，见狄百瑞《新儒学的开展》[198]；刘子健《中国历史中的各种政治改革：简单的分类》[467]，载保罗·A. 科恩、施里奇合编《19 世纪中国的改革》[182]，第 9—13 页。关于经世术维持的控制制度的早期阐述，见萧公权《农业中国》[315]。关于近期的综述，见两国文字的论丛，《近世中国经世思想研讨会论文集》[129]。关于经世术兴起的情况，见朱迪思·怀特贝克《从"考证"到"经世"：龚自珍和 19 世纪早期中国文人信仰的改变》[779]，载以上论文集，第 323—340 页；本杰明·埃尔曼：《从哲学到语言学：中华帝国晚期的思想和社会方面的变化》[223]。又见王尔敏《经世思想之义界问题》[763]，载《近代史研究所集刊》[69]，第 13 期（1984 年 6 月），第 27—38 页。

② 一个领袖是多才多艺的今文经派学者魏源，《海国图志》[776]，有几种版本：1844年，50 卷；1847 年，60 卷；1852 年，100 卷。关于魏源的经历，见王家俭《魏源年谱》[762]，简·凯特·伦纳德：《魏源和中国重新发现海洋世界》[432]。第一部系统的地理著作是徐继畬的《瀛环志略》[326]。见弗雷德·W. 德雷克《中国绘制世界地图，徐继畬和他 1848 年的地理著作》[208]。关于 19 世纪 30 年代清朝在喀什喀尔和广州的相似政策，见小约瑟夫·弗莱彻在《剑桥中国史》[73] 第 10 卷第 375—385 页的论述。

③ 关于与吓不退的强大敌人妥协和利用他们的"羁縻"政策，见杨联陞《关于中国人的世界秩序观的历史笔记》[828]，载费正清编《中国人的世界秩序观》[229]，特别是第 31—33 页。

军事工业当然涉及其他各种重工业，于是中国人不断地深入进行"洋务"活动的尝试。① 根据外国的模式并在外国的帮助下，国家矿业、轮船航线，最后还有工厂都适应了中国的用途。与此同时，洋人被聘请进入中国政府，特别是进入帝国海关，作为制约其他洋人的手段。海关总税务司赫德懂得怎样去当一名中国的次要官员而同时运用大于某些外国大使的权势。② 19 世纪晚期的帝国主义就这样在许多领域内留下了共同政体、中国的合作和中—外合办的事业。传教士发现，良好的工作能够帮助传布福音，而且确实能补充其不足。商人们发现，外国领事和商人对商埠的管理必须取得中国人的合作和参与。③

在这个阶段，留心西方及其产品的一些学者认识到中国已经落在后面，所以必须作出巨大的变革，于是就推动改革。早期的改革者至少一度有皈依基督教的倾向。但中国人怀有的害怕和厌恶外国入侵者的情绪是如此普遍，以至办报、建立工业和使军事现代化的种种努力拖延了一代人的时间。④ 1894 年日本闪电般地战胜中国，这个打击使整个一代人目瞪口呆，同时也使他们睁开了眼。康有为宣称，中国必须改革，否则必将灭亡。19 世纪 90 年代外国的社会达尔文主义学说支持这一结论。⑤ 1900 年义和团起义失败之后，甚至垂死的清朝也发起改革。于是在进入 20 世纪之际，首先在文人阶级中出现了中国人思想上的大革命，他们能单独领导这场革命。

① 关于早期总的洋务运动的情况，见费维恺《中国早期的工业化》[236]。关于军事工业，见托马斯·肯尼迪《江南制造局的武器：1860—1895 年中国军械工业的现代化》[388]。关于从中外贸易产生的经济机构和活动，见郝延平《19 世纪中国的商业革命：中西商业资本的兴起》[290]。
② 斯坦利·F. 赖特：《赫德和中国海关》[813]；费正清、K.F. 布鲁纳和 E.M. 马西森编：《北京总税务司赫德书信集》[231]；费正清：《条约规定下的共同政体》，载《中国人的世界秩序观》[229]。
③ 费维恺：《外国在中国的存在》[238]，载《剑桥中国史》第 12 卷，第 128—207 页；费维恺：《晚清帝国的经济趋向，1870—1911 年》[237]，载《剑桥中国史》第 11 卷，第一章，特别在第 38—39 页（此系英文版页码——编者）引了汪敬虞的著作。
④ 保罗·A. 科恩：《王韬和清末的改革：处于传统和现代之间》[180]。
⑤ 詹姆斯·R. 普西：《中国和达尔文》[591]。

以后的革命阶段似乎证明了王朝循环的理论。清朝在1911年垮台，随之而来的是混乱和军阀割据的时期。[①] 根据中国人的观点，这个时期的一个主要成就是，1921年以后一个独裁的政党取代了王朝的家族。1921年中国共产党成立而接受苏联模式（在清朝灭亡后将近十年开始）和1923年国民党按照苏联的路线进行改革，这些事实具有几个好处：这样做创造了一个不断前进和使自己长存的掌权者，但其方式是动员最热诚的革命派充当有志于拯救中国的爱国者。以往历代王朝家族试图让生育二三十个王子的后宫提供最能干的掌权者（皇帝），同时由向一切地方有才之士开放的科举考试制度提供官僚。一党专政则废除了家族的血缘关系，向党内进行竞争的有才之士开放掌权的政治局，并让党员监督各级政府。一党专政于是造成了国民党和中国共产党两党之间持续不断的斗争。[②]

到1949年中国共产党人掌权时，中国的爱国者已经用了两代人的时间借鉴西方的行政模式和社会体制的理论。先是在刚进入20世纪之际借鉴英国的自由主义，然后是在20世纪第一个10年仿效日本政治改革的范例。西方的政治理论在中国革命者的自觉的思想中显得最为突出。1911年前后，在孙中山、宋教仁直至梁启超等领导人的心目中，主要是在民族国家中成立英美（还有日本）式的议会民主。在20世纪20年代中，陈独秀、李大钊及其他中国共产党的领袖从法国和俄国的反封建、反阶级压迫的革命中找到了先例。在此期间，不论是中国共产党，或是孙中山及包括蒋介石在内的国民党同僚，都对作为反抗帝国主义手段的列宁主义一党专政深感兴趣。

这些外国的革命和建国的模式，有时只是肤浅地触及中国的国情，有时对国情比较剀切。为了估计它们影响的程度和表现的形式，我们必须首先观察中国关于政治，特别是关于国家权力性质的传统思

---

① 市古宙三：《试论绅士的作用》[349]，载芮玛丽编《革命中的中国：第一阶段，1900—1913年》[812]。

② 关于第一次统一战线，见韦慕庭《中国的国民革命，1923—1928年》[791]。

维的某些基本观念。

中国统一的成就

我们讨论问题最好的出发点是王朝循环的理论和实践，这个主题在民间传说和历史写作中是非常突出的。我们不妨从最简单的形式开始，并把它看做是对各种事件的解释，然后再去探究支撑它的种种假设。不用去查阅有关王朝兴衰的大量文献，我们就可以看到编史者引作王朝更替和重新统一时期的典型的历史现象。① 我在这里试图总结的现象是根据中国官方历史学提出的概念。首先，在改朝换代之前出现由一些综合起来的因素造成的长期的动乱，这些因素是：君主不道德的行为，这使他丧失了天命；其政权财政的崩溃，这部分地是由于奢侈挥霍，部分地是由于上层阶级的土地非法逃税，把税赋负担转到农民身上，农民的拖欠使政府趋于贫困；日趋恶化的民众福利，这尤其是由于人口对资源的压力和国家无力维持公共工程，特别是防洪的堤坝和防饥荒的粮仓；低落的公众士气，这是由于贪污腐化发展到了不可收拾的地步，同时也表明了官员和民众与君主的离异；军事上的虚弱，这明显地表现在对入侵者（根据地在国外的造反者）和国内造反者的镇压方面。②

这种破坏性的并发现象在回顾时通常有新王朝创建者的建设性成就与之对比：个人的成就——他是一个有魅力的领袖，能机智地诱使

---

① 西方最早研究王朝循环的学者可能是杨联陞，见他的《中国历史中王朝结构的探索》[829]，载《中国制度史研究》[826]，第1—17页（"历代王朝的兴衰恰如人之生死"，第17页）。关于有帮助的分析，见本书第5页注①所引魏斐德之作。又见芮玛丽《中国最后的保守主义：同治中兴，1862—1874年》[811]第4章，《中兴的思想》。

② 理查德·J.史密斯著《清代的文化遗产》[670]第104—105页谈到了佛教的循环观念的影响。伯顿·沃森指出了"中国历史写作中最持久的模式之一：新皇室的统治始于一个德才超群的人，王朝逐渐衰落，直到亡于一个完全无能或邪恶的君主之手"，载《伟大的中国史学家司马迁的记载》[770]，第1章《司马迁的世界》，第3—39页，特别是第5页。对历代王朝大范围的剖析，见贺凯《历代政府介绍》，载《中华帝国职官辞典》[340]，第1—96页。

他的得力的同僚接受他的领导；战略上的成就——他建立了一个有战士和粮食供应的地区根据地，在那里，他的力量在向外扩张之前能够得到很大的发展；意识形态方面的成就——造反的首领常常树立一种许诺人民新生活的民间信仰；军事上的成就——统一者以一种高于对方的必胜意志鼓舞他的军队，这样，军队就能以他们模范的行为战胜敌人，瓦解敌人的斗志和赢得人民的支持；外交方面的成就——他的政权与国内外的其他不满分子结盟，秘密吸收变节的文人，收买或中立不重要的敌人；管理上的成就——他的班子中一批忠诚和能干的助手各负军事、行政和意识形态之责，这样在接管政权时就有了准备。①

最后，当新政体的兴起和旧政体的衰落会合时，民意的突然和加速的转移似乎改变了授权统治的天意。政府的种种镇压活动变得更加不顾一切和严厉，但是赖以进行镇压的忠诚基础却在不断收缩。在这种情况下，关于改朝换代的民间传说——作为国家合法的神话的天命论——就成了一个自行应验的神话。就像股票市场投机商对市场繁荣和萧条的预测那样，民间关于中国政治的假设有助于它的实现。民意一旦转变，行将灭亡的政体很快就丧失其统治力量。它的死亡通过武力来解决。②

当然，这种王朝循环不仅仅在中国历史中找到。当中央政权衰落以致让外夷侵入和夺取统治权时，在边境集结军事和行政力量的外国

---

① 关于游牧的或半游牧的部落政体的参与，见 O. 拉铁摩尔《中国的亚洲腹地边境》[427]。记载建立王朝的著作，有：芮沃寿：《隋代史》[809]；霍华德·J. 韦克斯勒：《唐朝的建立》[773]，载崔瑞德编《剑桥中国史》[73]，第 3 卷（英文版），第 150—241 页小埃德蒙·H. 沃西《宋代的建立，950—1000 年：军事和政治制度的综合变化》[808]（晋林斯顿大学 1975 年博士论文）；爱德华·L. 德雷尔：《明初政治史，1355—1435 年》[209]；约翰·W. 达迪斯：《儒家思想和专制制度：明代建立时的专业精英》；小约瑟夫·F. 弗莱彻、格特鲁德·罗思·李：《满洲人的崛起》[246]，载《剑桥中国史》，第 9 卷；魏斐德：《大事业》[754]。关于清代的衰落，见苏珊·曼琼斯、孔飞力：《清王朝的衰落和叛乱的根源》，《剑桥中国史》[73]，第 10 卷，第三章。

② 关于忠诚突然转移的情况，见爱德华·J. M. 罗兹《中国的共和革命》[609]，第 9 章。

入侵者也出现在世界大部分帝国的历史上。在中国，"外夷"的入侵和统治自古以来屡见不鲜。他们的基础是亚洲腹地气候干燥这一地理事实，这种情况促进了畜牧业，进而形成了部落骑兵的惊人的打击力量。在蒙古人的王朝（元朝，1279—1368 年）和满洲人的王朝（清朝，1644—1912 年）成为中国历史上两大时代之前，游牧民族的侵袭变得越来越频繁。的确，满洲人俨然以帝位的化身自居，以至中国现代的民族主义者不能把君主立宪制作为与他们一起进入 20 世纪的过渡政府形式而加以接受。①

对今天的历史学家来说，更重要的是成为以王朝循环论方式解释大事的基础并被这种方式含蓄地表示的种种假设。一个重要的假设是整个中国版图的统一，而这个政体是与中国的文化和社会紧密相连的。把这个概念看成是西方关于民族—国家思想的一个中国式的翻版是毫无意义的。例如，19 世纪意大利或德意志的统一是一个完全不同类型的现象，它是在广袤的西方文明中建立一个民族政体。当 19 世纪 90 年代中国的爱国志士念念不忘彼得大帝、卡沃尔和加里波的，*或俾斯麦的建国例子时，这些例子也帮不了他们的忙。②

的确，他们在鸦片战争后的一个半世纪中致力于使中国免遭侵略的努力有意识地强调了以火力对火力和通过学习西方强大的秘密以保卫中国，从而了解和应用外国技术，最后了解和应用外国思想的必要性。于是西方的革命和立国的思想在从孙中山直至毛泽东的革命领袖的自觉思想——从 20 世纪初开始的社会达尔文主义直至 50 年代的斯大林主义——中似乎占了支配的地位。此外，对西方思想的这种明显的关心，使西方观察家认为中国人更容易相信他们的话，并且假定中

---

① 哈罗德·Z. 希夫林在《孙逸仙》[629] 第 293—299 页中指出了反满思想与反帝思想同时兴起的背景。

* 卡沃尔（Camillo Bensodi Cavour，1810—1861 年），意大利政治家，1852—1859 年、1860—1861 年任首相，帮助统一意大利；加里波的（Giuseppe Garibaldi，1807—1882 年），意大利爱国者及将军。——译者注

② 早在 1861 年，御史魏睦庭已经指出："又闻俄罗斯向无水师，自彼得罗汗即位后，微服亲往荷兰，演习水师火器……现在欧罗巴一洲，以俄兵为最强。"邓嗣禹等编：《中国对西方的反应》[708]，原文载《筹办夷务始末》[141]，同治，2.36。

国的革命可以用封建主义、民主主义、资本主义、自由主义、社会主义或共产主义等西方名词来了解。① 一撇开这类名词甚至在西方是否仍具有实用意义这一有争议的问题，我们只能肯定，中国人和我们都严重地欺骗了自己。当然，人们不能否认西方的思想和榜样具有越来越大的影响；可是，短期的思考将指出，1840 年以来的革命性变化必然是肤浅地触及语言、伦理价值、家族制度、社会准则、手工业技术、农业—商业经济和帝国政体的制度化的结构，这些都是经过了三千多年有记载的、基本上自成体系的中国历史的无数变迁而形成的。行为科学注意到：中国的国家和社会的当代的形式，是一个基本上独立的进化过程的最终产品，它可以与希腊—罗马的和犹太教—基督教的西方相比，但绝不是一样的。

我们自我欺骗的程度是不难看出的。在今天，谁在一眼之下都不会支持这样的论点：即蹂躏中国的帝国主义列强的实例不是使中国的改革家看到了现代民族主义的优点了吗？ 这样鼓动起来的中国民族主义不已经是中国的 20 世纪政治中有巨大动力的情绪吗？② 眼下人民共和国难道不是突出地荣列世界大国之林的一个民族—国家吗？ 这些论点都言之成理，无懈可击。

但是一个反面的论点却被忽视了：欧洲和南、北美洲的民族全加起来，一般地说不会多于中国人。甚至是否有比中国更多的民族也是问题。在人数和多民族方面，欧洲人和中国人很可以相比，同样是人数众多，民族复杂。可是在他们今天的政治生活中，在欧洲和南北、美洲生活的约 10 亿欧洲人分成约 50 个独立的主权国，而 10 亿多的中国人只生活在一个国家中。③ 人们一旦看到 1 和 50 的差别，就不能忽视。

---

① 20 世纪初期一代人能够掌握吸收的政治概念，在 R.A. 斯卡尔皮诺和于之乔合著的《现代中国及其革命进程》[626] 中有详尽的阐述。

② 民族—国家的民族主义在蒋介石的《中国之命运》[123] 中被理想化了，见第 1 章《中华民族的成长和发展》。

③ 例如见《1982 年人口年鉴》，第 132 页：南、北美洲和欧洲的人口总数为 10.96 亿，中国为 9.95 亿。

以上对事实的简单陈述间接地表明，我们的民族主义和民族—国家等字眼当用于中国时，只会使我们误入歧途。要了解中国，不能仅仅靠移植西方的名词。它是一个不同的生命。它的政治只能从其内部进行演变性的了解。因此，当一个世纪以前现代报刊促进群众民族主义的兴起时，这种民族主义的基础只能是强烈的本体意识和以前的文化优越感。我们应称它为文化民族主义，以别于我们在其他地方通常见到的政治民族主义。

至于巨大的中国演变的情况，我们首先可以断言，它是通过内向爆炸而发展的，而西方则是外向爆炸的产物。当欧洲人成为以航海为业的商人而在新大陆探险和定居时，中国人则靠在灌溉充分的华中和华南丘陵地发展诸如稻米种植等行业，而继续将其人口更稠密地挤在一起。他们只是在近期，才主要乘坐外国人的船只向海外扩张。[1]

学者们面临这个似是而非的论点已经有几个世纪了，但很少人已经发现其内在的意义。最早企图对此作出的解释通常是地理方面的。当然，在某种程度上，地理条件有利于中国的政治统一和欧洲的多样化：古代中国的发展不是被与实力相当的海外敌人的对抗所促成，如希腊人之与波斯人的对抗，或罗马人之与迦太基人的对抗。中国很少有机会去发展海上力量，去接受海上贸易及外国船只提供的刺激因素。结果，多国的欧洲人成为航海者，向海外扩张，一国的中国人则留在国内。

但这能完全解释这种差异吗？中国和欧洲作为政治实体，在开始时面积相当。汉帝国和罗马帝国在面积和人数上差不多。不错，欧洲的几个半岛和海域导致外向性。中国在地理上远不是成为一体的。一条山脉蜿蜒于东南沿海，其他的山脉把沿海和西部高原之间的区域分割成块。北、中、南的三大河系把国土中的水从中亚排向太平洋。但是，大部分不能通航的黄河并没有把陕西和山西与海连接起来。像云

---

[1] 关于在国内扩张，见哈罗德·J. 威恩斯《中国向热带的推进》[790]。关于通过外国航运向海外扩张，见罗伯特·L. 艾里克《1847—1878年清朝的苦力贸易政策》[352]。

南，特别像四川和山西那样的边缘地区，有四面环山的肥沃的中心地，这些中心对建立独立的根据地最为理想。例如，长江三峡使东部地区极难进入四川。从北京到淮河的华北黄河平原的通行并不比从乌拉尔到汉堡的北欧平原的通行更加方便。总地来说，我认为我们必须肯定，中国的地形本身并不有利于中央政权的崛起；相反，它的由来已久的统一是人的制度战胜地理条件的结果。①

远没有使国家四分五裂的中国的人口增长，似乎更要求国家具备进行即使是并不深入的中央集权的官僚控制的本领。清代在经世术这一总的名义下运用各种行政方法的记载证实了这一点。帝国的后期出现了大批人口向广大地区扩散的现象，但他们仍具有通过政治统一争取稳定秩序的倾向。这种一致性得到了诸如里甲、保甲、乡约、抬高绅士地位和弘扬帝国崇拜等行政安排的保证。② 甚至更为重要的是通过根深蒂固的制度支持国家和社会秩序的文化价值和主张：单一的、理论上无所不能的最高权威；在最高权威鼓励下通过家族对人民进行的关于社会秩序的经典学说的教导；物色最有才能的人在国家官僚机器中担任公职的考试制度；地方上受过训导的社会精英作为官僚集团和民众之间的联系阶层的职能——所有这些被像 3/4 世纪前的马克斯·韦伯等前辈学者所注意到的晚期中华帝国政体的组成因素，在今天仍很明显，仍旧需要通过对中国社会政治制度的探讨对它们进行分析性的综合。③

中华帝国通过一切土生土长的方式维持其中央的权力。方式之一是对大规模的经济活动进行垄断或颁发特许证。关于这个问题有大量

---

① 乔治·B.克雷西的《五亿人的国土》[191] 根据在那里进行 10 万英里的旅行描述了中国的地形。又见密迪乐（《中国人及其叛乱》[525]，第 39 页）的评论："尽管有地形的障碍，中国人是统一的——那就是心态，它在那里产生了同一性。"

② 关于这些制度，见萧公权《农业中国》[315]。

③ 两种经典著作是马克斯·韦伯的《中国的宗教》[772] 和白乐日的《中国的文明和官僚政治》[16]。卢西恩·派伊和玛丽·派伊在其《亚洲的力量和政治：权力在文化方面的表现》[596] 出色地从事这项工作；特别见第 7 章，《中国：万能的幻象》（第 182—214 页）。

的文献记载。^① 结果是，在欧洲历史上起多方面作用的封建主义、资本主义和社会主义，在中国却找不到其严格的对应物。欧洲的社会主义者认为"社会主义"是通过扩大国家对经济的控制而去争取的东西。但是，对中国人来说，这是任何中央政府自然地要去做的。中国的社会主义成就与强有力的中央政府的成就——也就是重新统一——十分相似。^②

就"民主"一词而言，在用于中国的传统现实时它也必须作类似的调整。如果我们认为民主的西方意义是人民在施政过程中或在使政府活动合法化时参与其事，那么我们发现旧中国在文人和民众之间有职能的两分现象。当有功名的文人获准向当局上书言事或请命时，他们正在参政；当民众通过暴力叛乱打破政体的管制并接受接替的政体时，那么从民众的观点看，人民已经使后者合法化了。旧中国民主的不同意义取决于文人统治阶级和基本上是农民群众之间的地位的不同。^③ 这个差别尚未消除。

因此我们可以断定，除了统一之外，中国的核心观念是作为万物自然秩序的杰出人物统治论和劳心者统治劳力者的思想。另一个核心观念产生于如下的事实：政府的权威通常由它的道德威信维系，这种威信必须通过正当的礼仪活动、对正统信仰的宣传和警惕地对异端思想进行的镇压才能保持下去。^④ 这一切考虑导致最后一个核心观念——统治精英的任务在道德意义上是家长式的，在实际执行时则是

---

① 见魏特夫《东方专制主义：对极权的比较研究》[798]。欧洲杰出的专家更近期和多方面的研究可参阅 S.R. 施拉姆编《中国国家权力的范围》[635]。

② 孙中山关于民生主义的十分模糊的思想使用的词来自古典文献，它有时等同于社会主义。例如，顾炎武（1613—1682年）在《郡县论》的一篇文章中引了"民生"一词。他说："方今郡县之敝已极，而无圣人出焉，尚一一仍其故事，此民生之所以日贫，中国之所以日弱而益趋于乱也。"这是顾炎武九篇《郡县论》的《郡县论一》。见唐敬杲编《顾炎武文》[696]，第2页（我要为这段材料感谢约翰·施雷克）。

③ 见白乐日《中国的传统和革命》，第150—170页，载于《中国的文明和官僚政治》[16]。

④ 理查德·J. 史密斯的《清代的文化遗产》[670]强调了对社会秩序的渴望。派伊的《亚洲的力量和政治》[596]则强调人民对单一的最高权威的依赖。

进行管理。中国政治生活的一个普遍想法是认为国家统一的思想是自然秩序的一个部分。我们不妨探究一下产生这个思想的根源。

统一理想的根源

关于中央政权的权力，据记载最早是在公元前第二十世纪初期由河南商国的君主提出的。后继的周朝（约公元前 1122—前 256 年）诸王重复了这种权力，然后在公元前 221 年秦朝的再统一中又大力提出。在西汉和东汉（公元前 206—公元 220 年）中央政权再度衰亡后，隋在公元 589 年的再统一重申了统一的原则，其形式（除了像 907—960 年那样的短暂的间歇外）一直延续到 1912 年，这时毛泽东尚在学校，蒋介石则已是军人。[①]

考古学家现在告诉我们，中国的政治作风是在农村形成的，统治者在其城池中的权威就是在农村被宇宙学的神话和礼仪认可的，这种神话和礼仪是农村社会对普遍存在无形的自然神灵，特别是对祖先神灵的信仰的一部分。在夏、商、周（约公元前 2700—前 256 年）的初期，统治者是一个世系的首领，其权力来自其祖先的世代相传和部分地在牺牲祭祀的帮助下与祖先通灵的巫术。的确，现在可以断定，"王本人实际上就是为首的祭司"。自从最早的甲骨文记载他在礼仪上与其祖先通灵以来，文字从一开始就是权力的一种标志，用以加强统治者对权力的道义上的要求："拥有占卜知识的人因此可能是已知的'知识阶级'最早成员。"这样，宗教信仰、识字和政治权力从一开始就紧密地连在一起。[②] 它们创造了一种长期持续下来的把政治秩序看得至高无上的文化倾向。文字书写制度开始作为国家和文化的一个支柱并被维持下来。书写不但是抄写人员垄断的知识，而且是政治结构的一部分。掌握书写技术是统治阶级

---

① 关于"溥天之下，莫非王土"这一古代思想的悠久性，见许华茨《中国人的世界秩序观念》[644]，载费正清编《中国人的世界秩序观》[229]。

② 张光直：《艺术、神话和礼仪：古代中国通往政治权力的道路》[83]，第 45、90 页。许华茨：《古代中国的思想世界》，特别是第 1 章《早期的文化倾向：问题与思考》。

的一个标志。

在青铜时代，分布于中国北部的数百个在氏族基础上建立的城邦远不如东地中海的面向海上的那些城邦关心贸易。它们的根基一直是农村生活，在这种生活中历史神话和记载一致认为过去国家的统一是在夏、商、周王族的历代统治者统治下完成的。具有这种特征的中国本质上是农业中国，是从事集约农业的中心地。主要为畜牧经济的亚洲腹地各地区，如蒙古和西藏，的确具有战略的意义，但是从社会和文化的角度看，对农业中国来说却并不重要。

由于中国的许多地区在地形上有利于地方分立割据的形成，晚周于是出现了一百多个分立的国家。在对力量的检验中，河流、湖泊、平原和通道使一个国家能够侵略另一个国家。多国外交盛行于贴切地称之为晚周时代的战国（公元前 463—前 221 年）。在中国有文字的历史的最初几个世纪，地理有利于国与国之间通过公平或欺诈的方式进行冲突、谈判、结盟或兼并。① 如果我们暂且假定长江是地中海，那么我们毫无疑问地可以设想，在中国会有一块继续成为欧洲战国的完全相似的地区——在那里，例如，罗马消灭了迦太基，稍后伊比利亚半岛与英伦三岛对抗。但是中国的版图毕竟是有限的，限于中亚与太平洋之间，一个形成联合体和大国吞并小国的漫长过程开始了，直至秦最后在公元前 221 年重新进行了大一统。在这个动乱和创造性的时代，孔子和其他哲学家作为恢复更早的想象中的社会秩序的政治导师而出现于历史。② 孔子教导说，一个统治者通过其模范行为，可以使民众默认他的将要成为天命的统治，

---

① 理查德·L. 沃克：《古代中国的多国体制》[761]；雅克·热尔内：《列国时代》，第 2 章，第 51—61 页，载《中国文明史》[266]，此书系根据法文《中国世界》译成。

② "不同的哲学家本人实际上在'创造古代'……政治思想……从没有成功地超越先秦时代所定的范围。"萧公权：《中国政治思想史》[316]，牟复礼英译，第 1 卷，第 12 页。关于孔子仁政的学说，见第 116—124 页。顾立雅：《中国经世术的起源》，第 1 卷《西周帝国》[190]，综合了到 20 世纪 60 年代后期的史料，它断言约公元前 1122—前 771 年的周帝国具有生命力。

因为"天视自我民视"。达到社会秩序稳定的目标需要中国的重新统一。

汉及以后的王朝用于教导君民的儒家经典是公元前221年重新统一**以前**的时代的产物,这一点十分重要。因此他们崇尚渴望和平的意愿,长期的战争使和平成为当时的儒家和其他导师思想中主要关心的事。经典著作由于表达了在一个混乱的时代对稳定秩序的强烈的渴望,因而把统一的理想传到后世的千秋万代。总之,由于在公元前221年以前未能统一,统一就成了以后中国政治中的至善事物。为认可大部分政体而创造的种种神话无疑地保持了支持这些政体最初掌权的合理内容。就中国而言,公元前221年以前几个世纪的混乱成了以后两千年期间赞许关于统一秩序的理想的原因。

另一个制度的发展使统一的理想在中国比在欧洲更为可行。声称受天命而统治天下的中国皇帝们不比声称作为神的化身或通过神授的权力进行统治的欧洲国王们更不可一世。差别在于,统治着稠密人口的中国人不得不发明官僚政府。当罗马帝国仍把公共职务委托给骑士阶级和其他个人时,汉代诸帝开始训练和考核文官,这些人有固定的任期,享受二十等俸禄,并受公文往来、规定的视察和奖惩的严格控制。纸和印刷书籍的很早发明,也使唐代有可能制定科举考试制度,中举的士子组成了有才之士都能加入的文官集团——这是古今最伟大的政治发明之一。① 在这后面还有许多因素——中文书写方式的深奥性、统治者对保存礼仪和编写记录的文人的特殊关怀、一个农业社会喜欢不受海上贸易和与外国人接触的动荡不定的干扰的那种正规和按部就班活动的倾向。结果,当公元589年隋的再统一结束了公元220年以后随着东汉的衰亡而出现的三个半世纪的分裂时,中国避免了欧

---

① 关于最早的政治结构,见毕汉斯《汉代的官僚制度》[51]。又见白乐日《中国的文明和官僚政治》[16];关于考试制度,见何炳棣《中华帝国晋升的阶梯:社会流动的几个方面》[303];要了解对中国官僚活动的成熟的研究,见托马斯·A. 梅茨格《清代官僚政治的内部组织:法律、规范和通讯诸方面》[527]。

洲查理曼王朝之后分裂成地区国家林立的局面。① 唐代（618—906年）统治下的再统一的中国成了世界上最进步的地方，而中世纪欧洲则落到了后面。中国的统一理想被大力重申，从此以后再也没有受到怀疑。唐、宋、元、明诸王朝的衰亡只会导致——而且总是导致——重新统一，1911 年以后期待的也是这样的结局。

自 19 世纪 80 年代以来，现代中国的一个新的重大事实是现代形式的群众民族主义的传布，如前所述，这种民族主义基于古代的文化主义，并受到城市中心的现代报刊的培育。② 统一作为正统王朝的标志，其新形象扩大了 100 倍，而成为中华民族存在的象征，这个象征不但是一种文化，而且现在是一个国家，它通过国际交往逐渐代替了地方，而成为中国的社会精英认定效忠的中心对象。19 世纪 90 年代威胁国家存亡的帝国主义在 1900 年反义和团的入侵北京中达到了最嚣张的程度，它在政治生活中灌注了一种新的、压倒一切的必须实现的思想：保存"中国"。③ 不久，辛亥革命导致了旧中华帝国外缘领土的脱离。外蒙古和西藏到 1913 年都实行自治。一个统一的中国成了广大民众为之奋斗的理想。在连续的军阀割据、革命、日本入侵和国共内战的动乱的推动下，平民参与政治强有力地恢复了统一的理想。到 1949 年，当人民不惜任何代价取得和平时，只有一个统一的

---

① "查理曼和隋朝的开国者都求助于旧帝国的法典化法律的传统。查理曼首先在旧德意志法的累加法规，然后在企图恢复罗马法典的活动中向这种传统求助。隋朝能够依赖早已消失的汉朝的许多后继国家的法典……查理曼和隋文帝当权时，都碰到中央权力的严重分化：查理曼面临一些争权夺利者——世袭的宫廷大宰相、公爵、伯爵和主教——疯狂地填补地方权力空白的活动，而隋文帝则面临有长期牢固势力的豪族，它们视世袭官职为其权利，视官方任命的职能为可以继承的特权。两人都采取强有力的措施以逆转权力的离心倾向，但隋文帝大力恢复古代汉帝国行政中的合理因素，而查理曼则主要采用宣誓效忠所维持的关系及赐赠土地和农奴的行动作为获取忠诚的手段……8 世纪欧洲没有隋继承的受过训练的官员的那种财富。"芮沃寿：《隋代史》[809]，第 9 页。

② 张灏：《梁启超和中国知识分子的转变，1890—1907 年》[81]，第 5—6 页。

③ 见芮玛丽《导言：变化浪潮的高涨》，第 1—6 页，载《革命中的中国：第一阶段，1900—1913 年》[812]。《剑桥中国史》[73] 第 11 卷继续探讨了这部开创性著作提出的主题。

中央政府才能维持中国的传统。

在中国的易造成分裂的地形上建立中央政权，需要能够重振官僚行政的领导。要完成这样的领导就需要实行联合政治，也就是在更为广泛的基础上扩大始于统一者原来党派的个人关系网。随着这个中央的党派将其触角伸向各处，在边缘省份和区域积极活动的地方领袖就依附于它，当新的事业接近其目标时，其依附性就更加坚定。[①] 以前建立王朝的知识和经验，提供了关于审势和反应、要求和策略等方面的全部技能，以供新的进行统一的党派去利用。但随着它的控制的扩大，它很快达到了只有借助于官僚行政制度才能巩固和维持的程度。综上所述，过去建立王朝的历史使中国人民容易具有期待和欢迎恢复中央权力的倾向。独立的政治力量的繁殖孳生，虽然时有发生，却不被历史所认可。由于这时自决的单位是整个社会，这就为 20 世纪现代群众民族主义的迅速成长提供了沃土。

为了简单地说明这种情况，我们可以断言至少有两大特征使中国与众不同：首先是帝王全面统治的中国传统的力量；其次是大量有政治惰性的农村人口——不论是它与城市人口及社会统治分子的相对比重（占 80%），或是它的绝对数字（1900 年前后为 3.25 亿，1940 年前后为 4 亿）。没有其他国家在全力向现代工业化冲击之前，具有人数通常为它两三倍的如此众多和稠密的农村人口。[②]

因此，从 1949 年开始，中国共产党肩负着一个巨大的任务：作为一个政体，其正统性像其以前的政体那样，依靠的是去履行它那统治全中国的权力。不用担心人口正在迅速地翻番，并且到 1980 年总

---

① 中国党派活动的个例研究仍为数不多。见卢西恩·派伊《中国政治的动力》[594] 和他的《党派的动力和中国政治中的一致性：一种模式和几种主张》，主要论述毛泽东以后的时代。作为个人力量组合的派系常常因清议而更加活跃。关于一个著名的事例，见贺凯《明末的东林党》[341]，第 132—162 页，载费正清编《中国的思想和制度》[227]。关于清议和清流党，见劳埃德·E. 伊斯门《皇帝和官员》[211]，第 16—29 页和第 9 章。"文化大革命"中的"四人帮"提供了一个近期的例子。

② 到 16 世纪，许多估计指出中国的人口已是欧洲本身的两倍，见费维恺《中华帝国晚期的状况和经济》[239]，载《理论与社会》[710]，13（1984 年），第 297—326 页，特别是第 300—301 页。

人口达到了 10 亿。不用担心相当新的台湾省（自 1885 年起才成为行省）在 100 英里的海外掌握在其对手手中，并得到敌对的海军的保护。历史的先例是非照办不可的。既然"中国已经站起来了"，它就必须再次成为中央政权统治下的一个政治单位。清帝国的崩溃毕竟只有 37 年。（清朝于 1644 年在北京掌权以后，过了 39 年才接管台湾。）在 1949 年，重新统一不管是否可行，自然首先列入了议事日程。

对中共来说幸运的是，近代交通运输、火力和警察网络等方面的发展，已给人民共和国新政府提供了各种控制中国形势和暂时控制社会的手段。这些物质设施作为控制的手段是极其重要的，同样也是必要的，它们已与一种新的世界观，确切地说与几种对立的世界观同时增长。可是大多数爱国者一致认为，中国像其他大的民族—国家那样，应该是一个民族—国家。这个目标要求，中国继承下来的文化要激烈地加以修正，并且要朝着把许多外国的因素和中国的渊源综合起来的新方向重新形成。虽然我们在这一章中只是观察中国历史中有限的政治内容，但是我们不可避免地要探究隐藏在现代化一词下面的更广的含义。[1]

现代化的作用

"现代化"一词经常挂在我们嘴边，但是像"生活"、"时代"甚或"文化"那样，此词的定义十分模糊。对它难下具体的定义这一事实似乎并没有减少民众对它的使用。中国在 20 世纪 80 年代初期采用"四个现代化"（农业、工业、科学技术和军事方面的现代化）作为一个全国纲领，这就需要我们设法着重阐明这个多变的名词的定义。

先从中国以外说起，19 世纪初期产业革命的发展显然超出了工业的范围。第二次世界大战以后，技术在国家的成长壮大和国际关系方面的应用称之为"发展"。在 20 世纪 50 年代，"现代化"成为家喻

---

[1] 吉尔伯特·罗兹曼编的重要论文集为《中国的现代化》[623]。台北中央研究院近代史研究所正在发表各省现代化的一系列文章。

户晓的名词，它含蓄地表示克服传统，通过技术以新方式代替旧方式。人们一度感到所有的工业化社会都紧紧地处于现代技术发展的控制之下，以至全世界的情况出现了一种汇合现象，虽然文化的残余会显示出不同民族之间表面上的差别。① 但是到了 20 世纪 60 年代，以下的事实正变得越来越明显：不同文化的民族在它们各自的文化价值和继承的制度这些根深蒂固的结构的影响下，以迥然不同的方式对待现代化和利用现代的技术。当然，这些价值和制度不是一成不变的，但是它们的变化同与现代化有联系的物质发明和进展相比，则显得更为缓慢。

在近几年，不论给现代化作出什么定义，它只能作为现代史中各种力量的一部分而被接受，这个情况已经变得十分明显。这是因为，对不同国家进行比较的现代化研究不得不集中在这些国家在现代所共有的最明显的变化方面。这些变化显然是一些可以计量的变化，因为数字是最容易比较的。结果是，人口增长、城市化、道路、铁路运输、工厂产量和国民生产总值是现代化中经济和物质方面的部分内容。② 当学者们的考察从经济发展转向政治发展时，他们再也不能如此容易地发挥计量和比较的作用了。报纸的读者人数、选举中的投票情况、对民族国家的献身精神、对科学技术的接受状况及个人主义的兴起，这些都是变得越来越难以计量的研究题目。学者们面临更为缓慢和更难以衡量的社会变化的几个方面。在这里，有一个现象变得很明显，即文化的结构像地理中的地形那样，具有很长的持久性，而且的确具有惰性，这样就显露出了一个基础，在此基础之上的现代化的迹象是肤浅的。宗教信仰、法律和道德以及家族制度和各种理想行为的主题是各种文化深层的不可动摇的核心思想的组成部分。这些个人与国家、与家庭关系的核心观念只能是比较缓慢地起变化。

---

① W.W. 罗斯托在其《经济发展诸阶段》[622] 中提出的几个阶段在《共产党中国的展望》[621] 中被他和其他人应用于中国。记者格罗弗·克拉克在其《发展的顺境》[172] 中大致阐述了比较发展的情况。此书的基础是他的《帝国主义的资产负债表：殖民地的事实和数字》[171]。

② 见西里尔·布莱克《日本和俄国现代化的比较研究》[52]。

在中国的现代化中，我们因此遇到了一个新和旧的结合体。装有滚珠轴承和汽车轮胎的骡拉大车是更有效率的车辆。外来的事物不得不加以变通以适应本地的用途。在更抽象的方面，"平等"和"参与"的概念在应用于中国时，容易产生不同的意义。物质现代化因素和各种文化倾向因素之间的不同变化速度于是使研究中国革命的学者有了用武之地。学者们或是用西方的观点，或是用中国的观点把中国的革命加以理论化，但它们都不能正确地对中国的革命详加阐述。

根据对中国人在面临中国适应外部世界这一现代问题时的经验的简单描述，我们可以作出某些假设性的结论。首先，中国的统治阶级能够在很短的时期内放弃传统的儒家信条而接受外国的信条，作为体现他们爱国目的的新用语。自 1900 年以来，中国改革者和革命者的著作已经越来越多地使用西方的思想和题材。[①] 这些爱国者的自觉思维放眼于世界，寻求一切可能有助于中国的思想。但是当成文形式的中国传统作为现代中国的指南而大部分受到怀疑时，实际上中国的价值体系、个人相对于政府的地位、农村父系家庭制度的支配地位和中国生活的成百个特征却表现了明显的延续性。人们用各不相同的歌词唱同一个老调子。人们自觉思维领域中的变化大于日常行为的变化。

总之，在中国的革命中我们面临着一个问题，在解决问题时，使用延续性之对中断性、内在性之对外生性这样的习惯范畴对我们并无帮助。乍一看，外来的和新生的事物似乎的确与土生土长的和传统的事物相对立。但是通过对晚期帝国的更周密的考察，我们可以发现新事物产生于本地传统内部，如旧的绅士地主—文人—官员阶级进入商界和参加地方行政管理，同时又可发现外国势力支持古老的传统，当炮舰、电讯和火器被用来镇压农民造反者时就是如此。由此造成的困惑可以用中国人把内、外两种概念应用于近代史这一现象作为例子。自远古以来，内外这两种概念当然一直是喜欢对事物进行分类的中国思维方式的基本内容。在 19 世纪，"外"方便地包括外国的事物，如

---

① 　见斯卡尔皮诺、于之乔《现代中国及其革命进程》［626］。

鸦片贸易、帝国主义和战争、条约制度、洋务运动、社会达尔文主义、自由主义、共产主义和现代化。[①]但是，读者将会注意到，这些现象显示了一种倾向，即从一种鲜明的"外"的地位最后转而变成地道的"内"。鸦片贸易的确是传到中国的，但中国本地种植的鸦片使它对英国—印度进口鸦片的需求减少了。"内"和"外"证明是流动的沙。西方技术及后来的西方思想被转成中国的用法。最后，毛泽东在把马克思主义应用于中国时，不得不以穷苦的农民为其革命的基础，而不是像共产主义规定的那样以无产者为基础。

只有接受一个关于现代化的混杂的理论，这个问题才能解决。世界显然正在某些方面遭受现代技术的冲击，可是世界又在另一些方面依然在不同的文化和民族之间四分五裂。我认为，我们不得不采取结构论的立场，即中国社会建立在这样的古老结构的基础之上，其社会秩序和政治价值观根深蒂固，迅速的变化也难以很快地改变它们。艾森施塔特和另一些人所说的"核心观念"，其变化比物质技术和国际现代新潮的标志的变化更为缓慢。[②]

马克思主义的分析者们谈到了核心和上层建筑之间的不同变化速度，但谈论的重点却正好相反：即物质的生产方式最终决定非物质的法律、宗教、政治和社会方面的阶级结构和价值准则。重点的不同不应掩盖如下的事实：马克思主义者和非马克思主义者倾向于阐明同样类别的事情。他们对革命过程的了解并非南辕北辙，以致互不理解或不得互相讨论。[③]

[①] 1902 年张寿镛等编的行政类书《皇朝掌故汇编》[87] 分成两部分：内篇 60 卷和外篇 40 卷。一切新的，甚至在国内稍与对外关系或对外活动有联系的事物都收于外篇。

[②] S.N. 艾森施塔特教授的著作包括：《现代化：发展和多样性》[220]；《现代化：抗议和变化》[221]；《社会的革命和改造：文明的比较研究》[222]。关于对他研究的评价，见托马斯·A. 梅茨格《艾森施塔特对中国的现代化和传统之间的关系的分析》[528]，载《历史学报》，第 12 期（1984 年 6 月），第 348—418 页。

[③] 布兰特利·沃马克分析了马克思主义阵营中毛泽东的思想与更早的社会主义的和苏联的思想的关系，见《1917—1935 年毛泽东政治思想的基础》[803]。又见斯图尔特·R.施拉姆的《毛泽东的政治思想》[631] 和阿瑟·A.科恩的《毛泽东的共产主义》[177]。

　　我们最好通过单独提出中国根深蒂固的社会结构的一个典型特征的种种变化，来阐明在混杂的现代化条件下的革命进程，这个特征是个人对集体、对家庭和国家的依附性。虽然个人主义的兴起绝不能完全解释革命的进程，但它可以方便地作为革命进程的例子。

　　对个人从旧社会解放出来的连续叙述从妇女的解放开始也许是恰当的。妇女的被贬低的地位充分地体现在缠足的习俗上，这个陋习使她们从儿童时代起就减弱了行动能力，并使她们在干体力活时更不方便，可是缠足在汉族农民中广为实行，以至其发生率据一般的估计超过了80%。由于这个习俗始于京都的宫廷，它随之而来的扩散被假定最先在统治阶级中开始。因此它在19世纪农民中的流行证实了如下的想法：统治阶级开风气之先，农民则纷纷仿效。

　　始于19世纪80年代并在20世纪趋于激烈的反缠足运动部分地由传教士形成，他们最先看到了问题的所在。西方的传教士把关心个人灵魂的信仰带到中国，并且促进了体现基督教价值的中国基督教社团的兴起。在此期间，当中国的改革者正在设法阻止摧残女孩的双足时，西方的女权运动在这个世纪最初的几十年正试图为妇女取得法定的权利和选举权。① 妇女解放的另一个措施是改革婚姻习俗。到1917—1921年的新文化运动时期，这已成了青年反抗家庭包办的一部分行动。婚姻中个人的自由选择又是一件新事物。

　　一定程度上独立的，甚至是非正统的政治思想最早已在18世纪晚期和19世纪初期的知识阶层中抬头了。在高级官员的赞助下，特别是汉学的学者们组成了学术性的团体，并且提出了多少独立于帝权的文人的意见。② 这种纯粹中国式的运动支持了较晚出现的不同于公职的职业。例如，在19世纪晚期，有一批来自香港的值得注意的华人成了拥有伦敦法学学位的律师。外科医生在早期传教士的医院中受训。新闻工作者在条约口岸出现。在1912—1949年中央政府有名无实的时期，外国榜样的传入和对现代生活的需要这两者的结合培育了

---

① 霍华德·S. 列维：《中国人的缠足》[435]。
② 本杰明·埃尔曼：《从哲学到语言学：中华帝国晚期的思想和社会方面的变化》[223]。

一批不在政府任职的作家、艺术家和其他职业人士的新型城市知识分子。正当革命者脱颖而出成为政治领袖,军人接受教育作为他们受训的部分内容的时候,中国旧的社会结构在许多方面遭到了破坏。总之,从士大夫统治阶级中,涌现出许多类型的上层阶级人士,其中的一些人在 20 世纪第一个 10 年,当在国外留学并带着例如利用科学拯救中国的理想返回中国时,是怀着西方自由主义的理想的。[1]

进一步的措施与新知识分子对解放农民的关心同时出现。在 20 世纪 20 年代,年轻的革命知识分子开始断断续续地进入农村,在中国共产党的领导下,这种行动作为动员成立一个新的中央政权的关键之一而组织了起来。出现现代交通工具这一主要事实,促进了接触的增加。铁路及后来的公共汽车交通,能使城市的知识分子进入农村的村社。电报和报刊及后来的无线电把农村纳入了全国和国外新闻的网络,就像国际贸易的发展已使农产品逐渐地和越来越严重地依靠丝、茶、棉花和其他农产品的国际价格那样。甚至到军阀的部队中服役的征兵活动也打破了农村狭隘天地的束缚。简而言之,20 世纪的新世界为农民参与更广阔的世界的活动提供了条件。[2]

可是,如上所述,中国的个人以这种方式发展起来的新作用依然脱离不了非常尊重中国的文化价值及接受家教和中央权威的框架。社会的和政治上的责任竟然压倒了西方关于个人权利的学说的吸引力。

实践中的糅合:旧主题的现代形式

为了给予过去以应有的地位(或是作为中国领导人的指导,或是作为他们的沉重的负担),现在让我们观察一批选出的问题,即中国的统一者们在取得最高权力时即使不是普遍地,但也是经常地碰到的问题。人们当然可以从两千年的历史中选出一些例子,以阐明他们想

---

[1] 见马里亚尼·巴斯蒂《社会变化的潮流》[29],载《剑桥中国史》[73] 第 11 卷,第 536—602 页。关于通过科学救中国,见郭颖颐《中国思想中的科学主义,1900—1950 年》[410]。

[2] 卢西恩·比安柯:《中国革命的起源》[48]。

象的几乎所有的特征。但是，我们不妨着眼于中国共产党也面临的三个方面的问题，以说明主要过渡时期的特点：（1）统一者与其同僚的关系；（2）他的努力中的急于求成和过渡行为的程度；（3）他对军事力量的控制。这三个特点结合的表现每个朝代各不相同。

上述第一个问题产生于无人能够单枪匹马地打下天下这一事实。每个统一者都作为党派集团的领袖，即其中的佼佼者开始其生涯。可是他一旦取得天命，政治制度就要求他处于另一层地位上，突然高于世人并扮演超人的角色。如果新皇帝在开始时没有使人折服的行动和明显地高于其追随者的表现，那么知道他底细的亲密伙伴是很难接受的。[①] 但是，出于党派活动的性质，这些人承认这种等级的差别，并作为追随者而不是作为地位较低的伙伴而投身于他。学者—顾问的这种忠诚的服从尤其是他所期望的，这些人使军事领袖能够成为法典制定者和成立文官政府。

统一者作为一个由支持者和助手组成的集团的领袖而掌权，这个事实决定了他在接管政权后与他们之间的关系。中国的编年史者明确指出，天子如无圣哲般的顾问和干练的行政长官的协助，都不能取得政权。秦始皇得益于更早的商鞅的法家改革；商鞅（公元前390—前338年）为杰出的秦国官员，他向民众推行一种严格的奖惩制以及连坐法，从而使民众互相监视和告发。在秦于公元前221年征服了它的最后一个敌人以后，秦始皇的顾问李斯废除原来的国和王，把中国分成36郡，郡以下再分县，每个典型的县都是有城墙的城镇，其周围则是农村。李斯还统一文字，反对私人治学，搞文字狱——在此过程中焚毁非法家思想的书籍，据认为还活埋了有不同意见的儒生。当好大喜功和安自尊大的秦始皇死于公元前210年时，李斯与一名主要的宦官一起策划继位之事，但这名宦官很快就把他清除掉了。[②]

秦在它的暴行造成的普遍不满情绪中灭亡之后，于公元前206年创

---

① 哈罗德·卡恩：《皇帝眼中的君主制》[380]。

② 关于李斯，见萧公权《中国政治思想史》[316]（牟复礼英译），第1卷《从开始到公元6世纪》，第434—446页。

建汉朝的平民刘邦在开始时改变了态度。为了满足他的支持者，他放弃对帝国的集权，恢复周代的政治分封制。汉朝几乎 2/3 的领土被分成王国，由开国皇帝的兄弟子侄和助手们统治。只是到了以后，这些王国才重新归帝国治理。汉代的君主虽然继续采用法家的措施，却把它们与儒家的学说结合起来，从而成为称之为帝国儒家思想的强有力的结合体。①

公元 589 年重新统一中国的隋朝领袖是一个名为杨坚的将军，他与秦始皇一样不能限制他对人民的无节制的要求。他的崛起得了以下几个人的帮助：一是前朝的一名资深的将领高颎，此人在几次关键性的战斗中赢得胜利，并且指导隋朝政权的每个措施；二是以严厉和无情闻名的指挥官杨素，他立下了把后撤的士兵全部斩首的规矩；三是比较讲人道的儒家思想家、行政长官苏威。两个皇帝（隋文帝，589—604 年；隋炀帝，605—618 年）令人不能忍受地急于求成，残酷地驱赶其人民去完成他们的武功以及开挖运河和建立都城，以维持他们的中央政权。这些残酷的苛索无度的行为引起了叛乱，并给后继的唐代诸君在如何去尝试做过多过快的事情方面，提供了一个不可忘记的足资教训的实例。唐代（618—906 年）之所以能维持得更久，是因为隋代已经重建了中央政府的结构，现在唐就更有节制了。②

公元 906 年唐朝灭亡后，宋朝的创建者赵匡胤提供了一个良好榜样，他削弱军人的力量以使中央集权的文官控制能在和平时期维持下去。赵曾任皇宫禁军的指挥官。当他由此而成为皇帝（太祖，960—976 年）后，他就让他的将领们退休养老，并在开设文官考试、建立官僚政治和集中岁入的同时，以文官取代节度使，并把部队集中在新的皇宫禁军之中。③

---

① 王毓铨：《西汉中央政府概述》[769]，载《哈佛亚洲研究杂志》[293]，12（1949 年），第134—187 页。

② 芮沃寿：《隋代史》[809]。

③ 关于赵匡胤在文压倒武的过程中的作用，见小埃德蒙·H．沃西《宋代的建立》[808]。又见贺凯《中华帝国的过去：中国历史和文化概论》[339]，第 267—271 页。关于宋代的军事，见贺凯《中华帝国职官辞典》[340]，《导言》第 45—48 页；魏特夫和冯家昇合著：《中国辽代社会史》[800]，第 535 页及各处。

　　分别建立异族统治的元朝（1279—1368 年）和清朝（1644—1912年）的蒙古和满洲少数民族当然要保持他们好战的和排斥异族混杂的气质。蒙古人经过了 89 年而垮台，但满洲人却成功地统治了 268 年，这部分地是因为满洲人的军事力量是保持在严格的控制之下。满洲人成功的另一个原因在于他们吸收汉人合作的高人一等的能力。满洲人在关外的根据地时已经做到了这一点，他们的行政经验已经为他们统治中国准备了条件。

　　像每一个新政体一样，满洲人也面临着如何处理旧体制的战败分子及吸收、训练新官僚和确保新官僚集团忠诚的问题。1368 年当蒙古人的统治在内战中垮台后，明朝的创建者恢复了蒙古人不能依靠的考试制度。当明朝经过 276 年灭亡后，1644 年的满洲征服者使明朝的绅士和官僚基本上各安其位，同时残酷地摧毁了长江下游的拒不投降的人和通过考试继续吸收汉族的文职行政官员。1667 年后当康熙帝执政时，他是在受到最小破坏的中国社会和文化上面设置他的王朝的。①

　　毛泽东有点冒失地把自己比作秦始皇（也许是为了恫吓一些文人学者），但他的事业更明显地可与明朝的创建者朱元璋的事业相比，后者是平民，其早年生活贫困，当时他的家庭成员大部分死于饥馑和瘟疫。他在一个佛教寺院中略受教育，并与摩尼教（明教）和白莲教的一些秘密教门有一定的联系。当动乱蔓延时，朱在 1352 年投奔了一个地方领袖，娶了他的一个养女，并在 1355 年继承了他的指挥权。次年，朱元璋夺取了南京，在那里建都；在以后 10 年中，他打败了长江上、下游的敌对的军阀。在他整个崛起的时期，他吸收一些干练的学者进入他的幕僚班子，1360 年后他还建立了具有治安和审判权

---

① 魏斐德：《中华帝国晚期地方管理演变介绍》[755]，第 1—25 页；魏斐德：《清征服江南时期的地方主义和忠君思想：江阴惨案》[756]，第 43—85 页；杰里·登纳林：《财政改革和地方管理：清征服后绅士与官僚的结盟》[199]，第 86—120 页；以上均载于魏斐德、卡罗林·格兰特编《中华帝国晚期的冲突与控制》[752]；又见乔纳森·D.斯宾士、小约翰·E. 威尔斯编《从明到清：17 世纪中国的征服、区域和延续性》[678]。

的残酷无情的特务机构。

一旦执政，朱元璋就取缔了所有的秘密教派。他甚至在公开的朝廷上按照礼仪鞭打高级官员，来恫吓明代的全体官员。他的猜疑发展到了偏执狂的程度。1380年，他处决了他的丞相胡惟庸和所谓的同谋，据称3万人以上卷入胡案，在14年中被秘密警察搜出。1385年，一名户部侍郎和其他数百人因贪污的罪名而被处决。1393年，曾在几条战线屡次战败蒙古人和其他叛乱者并因此受奖和封赏的沙场老将蓝玉，与包括几名高级将领在内的其他1.5万余人因被控密谋篡位而被杀。历史学家断言，明帝利用此案"作为消灭军方集体独立性的最后痕迹的借口"。①

不用作进一步的详细推论（这样往往有损于主要的结论），我们不妨认为毛泽东是重新统一中国的人，其成就与公元前221年以后秦始皇的成就和公元589年隋朝创建者的成就同属于特殊的一类。两人都过分地急于改造中国，都推动其人民向前走得太远太快，都耗尽了他们最初取得的支持，都把中国留给以后的统治者去收拾残局。可是在毛泽东执政的27年期间，他把矛头指向他的同志，并且为了防止"官僚主义"和"修正主义"的弊病，几乎毁了中共，这与明朝创建者37年的统治有某些惊人相似之处。

我们所称的"革命"，通常当然是通过在若干事件中表现出来的明显的间断现象来认定的。1949年，毛泽东作出"一边倒"并向苏联学习的决定，在当时似乎是与过去断然决裂。然而前几代中国的领袖已接受了英、法、日、美和其他方面的外国模式。但在1949年，毛泽东及其中共的同事作为胜利的革命者，意识到了他们的创造能力

---

① 傅路特、房兆楹合编的《明代人物传记辞典》［274］中的邓嗣禹之文，第381—392页。爱德华·L.德雷尔和陈学霖在前引辞典之文，第788—791页。约翰·W.达迪斯的《儒家思想和专制制度：明代建立时的专业精英》［194］详尽地引了带有偏执狂的改革活动，明太祖就是从儒家的角度用这些活动来为他杀害无数臣民的行为辩解的。但在另一方面，洪武帝也是一个事业的发展者：他派太学生到全国各地推动地方的公共工程。到1395年，据报道完成了40987个水库和池塘的工程，4162个有关河流和5048个有关河渠堤坝的项目，见杨联陞《中华帝国公共工程的经济情况》，载于他的《中国学概览》［827］，第121—248页，特别是199页。

和一个新时代的新需要。他们重新缔造历史的根本问题是如何突破中国过去政治的衡量标准。但中国远不是毛泽东号称的可以在上面随意谱写新事物的"白纸"。相反，甚至毛泽东关于他的新政权的主张也具有一个新天子的特点。他可能行使的全部本领虽然很多，却有其局限性，在当时情况下还有其或然性。例如，就拿必须有一人高居众人之上这一事实来说，毛泽东之前的大部分前辈已经发现，使自己成为宗教崇拜的对象是很有用的。

必须从中国本地实际情况的角度来观察现代新事物。尽管革命者心目中具有新的思想、名词，甚至宇宙观，中国人的生活仍继续表现出不寻常的延续性和历史意识。在自我形象方面，中国与欧洲和南、北美洲大不相同，因为它的地理基础是非常固定的。在中国的经验中，找不到与帝国从古代东方向现代西方、从旧世界向新世界的西渐过程相类似的现象。中国社会的中心没有发生过与从雅典转到罗马，或从伦敦转到华盛顿的现象相似的地理转移。当毛泽东经过长征进入陕西时，过去产生周代征服者的黄土峡谷已经经历了三千年的岁月。成为中国再统一根据的各种历史先例可以追溯到过去，而且具有强烈的直接性，犹如在一次美国的总统竞选运动中，我们仿佛看到恺撒、查理曼、约翰王和亨利八世在他们的时代，都曾跨越河流和平原，在纽约、弗吉尼亚、俄亥俄和伊利诺斯诸州的村镇及城市中，通过竞选总统争取中央权力。在中国，它的过去以一种西方人很难想象的方式表现出来。

如果我们记住这些模式，现在再去探讨中共 1949 年接管政权的情况，那么我们完全可以断定，不但历史支持这种接管，而且在 20 世纪出现的新因素也帮助接管。首先，从传统的角度看，政治条件成熟了。自 1911 年以来，中国人民很少过安宁的日子，所以普遍渴望安定。在此期间，中共在 1921 年以后已成为一个一体化的政权。它已经历了 1923—1927 年第一次统一战线时期的四年革命斗争；经历了 1927—1937 年的 10 年反对国民党人的战争；经历了 1937—1945 年抗日的第二次统一战线的八年时期；经历了 1946—1949 年反对国民党人的 4 年内战。这 26 年不间断的斗争以及江西和后来的华北统治经验，已为中共夺取政权和行使权力做好了准备。①

其次，从现代的社会角度看，中国的民族主义已经成熟，更因中国普遍存在的文化主义、文化特性意识和以往的优越感而高涨起来。社会结构中的深刻变化已经削弱了扩大的父系家族世系对妇女和青年的控制。军人、工商业者、教师、从事文艺工作的知识分子、出版商和新闻工作者，甚至革命者和党派成员的新的职业的作用已得到了承认。

同时，从外国技术的角度看，新事物已经从工业生产和轮船、铁路对蒸汽的使用发展到汽车、飞机中内燃机的使用。电话和无线电继电报和电灯而问世。伴随着铺路、街道照明、排水和污水处理、公共教育、卫生管理等城市服务行业的建立，又出现了现代化的警察治安和司法制度，以及日报、杂志、通俗小说和电影业。高等教育和科学研究与提炼业、制造业、银行和投资业务以及政府加强军事力量和官僚行政管理的财政力量同时发展。这一切发展和变化都是人口增长和与外部世界交往日广的结果。在 20 世纪 40 年代，中央权力衰落的种种政治征兆突出地在公开场合表现了出来，同时那种要求新的和更现代的生活秩序和政府的潜力却在不断地壮大，等待在一个新政权的领导下拧成一股力量。

可以认为，士兵和学生即将成为建设新政权的基石。20 世纪已经出现了一种日益加强的尚武倾向。当清帝国因废了天子而失去首领时，袁世凯因拥有受过训练的北洋军而成了中国的强人。在 1912 年，只有他能作出维持秩序和阻止外国——据推测是日本——侵略的诺言。1916 年以后，军阀割据甚至造成了更大的军队。只有在苏联的军事援助和黄埔军校造就了一支充当先锋的国民党军队以后，国民革命才完成了它从广州至长江的北伐。在孙中山博士的三民（民族、民主和民生）主义的教导下，黄埔军校的士官生和苏联的援助形成了蒋介石军事力量的核心。1928 年在南京政府名义下统一中国后，遣散

---

① 见 L. 范·斯莱克之文，载《剑桥中国史》[73]，第 13 卷，第 12 章。

军队的努力失败了，从此，南京、满洲、广西和其他地区的武装力量发展壮大，直到抗日战争最后使国民党和中共两个政权都军事化时，这个局面才告结束。最后，中国的重新统一靠武装力量来完成。在20世纪20年代的第一次统一战线中中共失败（因为它没有自己的军队）后，它吸取了教训。1949年，它的军队重新统一中国。①

　　培养现代学生则远不是那么简单。在帝国晚期时，继承下来的中国这座大厦开始崩溃，而在上层最为明显；在上层，科举制度通常造就出以社会秩序和帝国儒家思想的主要原则进行自我教导的学者。采用西学和西方技术以加强中国反对帝国主义侵略者的必要性，使得传统的考试在1905年结束。其后建立以日本制度为榜样的学校制度的企图，因清末和民国初期中央政府的虚弱而受阻。此外，到了那时，学习日本已开始让位于直接向西欧和北美学习的潮流。除了1904年的受日本影响的教育改造外，在1911年以后又接受了欧洲的学术思想；1922年，中国的高等教育又按照美国的模式进行改造。同时，城市化使现代城市生活与仍是传统农村方式的生活进一步分化。从国外回国的最高层的学者往往是与世隔绝的知识分子，他们所受的训练是去教学生国外生活而不是中国的生活。他们通常缺乏适合中国农村生活需要的实地经验、思想、教科书和方法。在民国最初20年间其结果是主要按照外国模式建立了高等教育，这样就扩大了精选的、外国化的上层社会精英与基本上仍是文盲的农村群众之间的鸿沟。②

　　到国民党政府开始于1928年在南京恢复中央政权时，现代的大学或是作为部分地受国外资助的教会学院，或是作为天津南开大学那

---

① 见孔飞力在《中华帝国晚期的叛乱及其敌人：1796—1864年的军事化和社会结构》[400]中关于正统名流的军事化情况。关于以后的发展，见刘广京《西北与沿海的军事挑战》[469]，载《剑桥中国史》[73]，第11卷，第4章，特别是第202—211页，《太平军战争以后时期的清朝军队》。钱端升最早分析了国民党统治下的尚武精神，见他的《1912—1949年的中国政府和政治》[128]。

② 汪一驹在其《中国的知识分子与西方，1872—1949年》[768]中虽然夸大了根绝本国习气的情况，但这一主题仍是经常讨论的关于归国学生以及革命者经历的一个题目。又见杰罗姆·格里德的《现代中国的知识分子和国家》[279]；乔纳森·斯宾士的《天安门》[677]。

样的私立大学，或是作为像北大或清华（受美国归还的庚子赔款的资助）那样的国立大学（它们在华北享有特殊的声望），已经取得了很大程度的自主权。国民党的垮台部分地是由于它不能动员、鼓励和利用中国知识分子的才能。[①]

当1949年中共继承了培养一批政治上忠诚的新管理精英以担任能够治理中国群众的官僚机器的干部的任务时，帝国晚期的旧社会精英，即以儒家经典自我教育的文人，早就与清帝国一起消失了。现代已经造就了一批具有不同的效忠对象和世界观的知识分子——新闻工作者、作家、科学家、行政官员、军人和政治家——去代替他们，这些从事不同职业的人不但在旧中国的学术和传统中受到熏陶，而且也分别在日本、西欧、美国和俄国的学术和传统中受到培养。皇帝们在培育和利用即使是带有儒家色彩的文人时，已经面临了种种问题。中国的新知识分子却远不是那样容易控制和利用的。在整个20世纪，他们与政府的有矛盾感情的关系已经成为他们作为国家忠诚的公务员和作为不受约束的学者—专家这两种作用之间的紧张状态的主要症结。民国时期中国形形色色的知识分子不但表现了中国人能够赶上国外出现的现代潮流的才能，而且能够在政治上四分五裂因而在一定程度上是多元化的新社会中担任各种职业。京津的教授们甚至当他们在战时迁往昆明组成西南联大时，仍继续把自己看成是现代西方学术自由和中国政治道德的典范。[②]

中共以远为严格的纪律，在延安就提出了控制新知识分子的要求。但在1949年中共掌权以后，它就面临了一个依然存在的两难问题：需要知识分子教学、科学和文艺方面的才能，但他们不是党的路线最可靠和忠诚的追随者。从系统上说，他们不是帝国晚期自我灌输的中举士子的真正后继者，中举士子作为国家公务员的作用这时已由

---

① 孙任以都：《中国学术团体的兴起》[690]，《剑桥中国史》[73]，第13卷，第13章。
② 约翰·伊斯雷尔：《一党统治国家中的一所自治大学：联大模式》[357]，提交1984年5月5日在哈佛大学举行的新英格兰中国学术研讨会"中国知识分子和中国共产党：新关系的探讨"讨论会的论文。又见默尔·戈德曼《中国知识分子：建议和异议》[271]，第3—9页。

新的干部阶级——中共机器的活动分子——去发挥。在党的专政取代了王朝统治的同时，文人学者阶级一分为二，成为专业知识分子集团和党的干部集团，它们从此将在各个学者的自主和国家权力之间进行长期存在的斗争。

这些考虑能使我们集中注意创新的能力，它使中国的领导人既能实现王朝重新统一的传统标准，又能满足大部分来自国外的社会革命和现代化的种种要求。这些创新至少早在18世纪和19世纪初期汉学学派兴起时就开始出现了，当时汉学对奉为神圣的经典著作进行了多方面的再考察，对已被接受的体现于宋学中的一致看法提出了怀疑。[①] 随着学院及学院中批判者和反偶像论者的成长，出现了社会精英的能动性，它在帝国晚期，特别在1850年太平军叛乱开始之后，已使中国人的管理才能在地方行政中体现出来。

在议政方面，这个趋势受到了香港及条约口岸的现代报刊的推动，并且随之而来的是19世纪90年代爱国学会和1898年以后初期政党的建立。20世纪第一个10年出现了立宪主义的兴起及地方、省和全国议会的创立。虽然政党在选举中公开竞选议员的活动在1912—1913年被禁止，但中华民国的自由代议政府的早期试验却给后代立下了先例。[②] 在军阀割据时代盛行的自由主义教育（虽然被以后的掌权者所诋毁）表面上似乎也是外来的东西，却依然与中国的过去有着强烈的共鸣。学术自主决不是完全从外国进口的，中国人吸取现代科学和学术的杰出才能具有古代的渊源。

我们已经注意到，在20世纪所有的新事物中，最引人注目的就是党派专政取代了家族王朝的统治。但是，最早的这类掌权者——国民党——依然被对立的派系弄得四分五裂，其灾难性几乎不亚于成吉思汗王室的蒙古征服者造成的后果。但是较年轻的中共直到1949年

---

① 埃尔曼：《从哲学到语言学》[223]。

② 约翰·H.芬彻：《中国的民主：1905—1914年地方、省和全国政治中的自治运动》[242]；安德鲁·内森：《中国的民主》[544]；玛丽·兰金等写的《剑桥中国史》[73]，第13卷，第1章。

以后很久仍保持了明显的领导凝聚力。总之，在早期发展官僚政府时曾经领先于世界的一种中国政治传统证明在 20 世纪很有能力创造一种适合中国现代情况的控制制度。证明这种能力的事实是巨大的中国仍是一个单一的国家。

当然，这个结论可以结合以下的事实来看：中国的革命领导人选择了一条建立新中国的最容易的道路，办法是在继承下来的最高权力的结构中，保持受过信仰熏陶的官僚集团和能使中国社会井井有条的普遍存在的正统观念。但是事实证明，作为旧主题的现代形式的马克思主义更适合于夺取和保持政权，而不是搞经济现代化。于是进一步的创新随之而来。

由于本卷以下几章主要讨论中共统治下的中国及其政策，所以让我们最后考察一下农村——新中央政权与中国广大群众进行接触的地方——的实际情况。

地方控制的问题

作为一个政治实体，中国之大说明西方人把注意力集中在中央政府的形式和盛衰方面，只能使我们部分地了解中国的政治生活，而一般地说，这种方法在研究小国时是必要和有收获的。事实是，绝大部分的中国人民主要是在地方而不是在中央参政。城市无组织的群众在都城发挥政治作用的例子为数很少。诚然，民众是通过科举制度使有才之士脱颖而出的源泉。但通过这条途径（以及通过捐官和裙带关系）而进入的士大夫世界却是一个脱离民众的世界，用自己的官场语言和官方渠道交谈和联系。无数体力劳动者和少数挑选出来的脑力劳动者这两个阶层继续把社会一分为二。至于不在历史范围之内的现代革命，它必须使农村的群众参加政治生活，这就使地方行政，即农村和集市的政治，成为一个非常重要的课题，同时它又因相对地说一直被人忽视而越发重要了。

我们不妨先从中国长期持续的发展这个问题说起，这个现象的标志是，1750 年的人口总数约为 2 亿，在 19 世纪 40 年代为 4 亿，在

1950 年接近 5 亿，在 1982 年为 10 亿。

如果我们首先考察旧的地方政府结构，我们就会发现这个结构的中心是县（帝国最低一级官僚机器与地方实际接触的所在地）。简而言之，当中国的人口从汉代的 6000 万增至 20 世纪初期的 4 亿时，县的数字却没有相应地增加。相反，它依然在 1200 到 1385 个之间，仿佛帝国结构有了大批基层行政机构就不能运转。[①] 总之，结果是一般县的人口从汉代约 4 万人膨胀到晚清的 25 万人左右。由于在县令身上体现出来的帝国权力高居于地方之上，帝国必须使用几种方法，以促进人民一定程度的"自我管制"（self-control，自治）——这个意义模糊的名词现在通常译为"自我管理"（self-government）。当然，实际上从人民主动地使他们自己秩序井然这一点说，有的人可以认为这是"自我管理"，而上级行政官员则可以把同样的情况看成是自我管制。最明显的法家方法是几种集体负责制，它们是在以 10 户为单位的等级结构的基础上建立起来的，用于征税和征用劳力的制度称里甲，用于户口登记和互相监督的称保甲。同时，用更具儒家思想的方式行事，家族应对其成员负法律责任；拥有功名的地方绅士则被授予社会和政治特权，以使他们能够管理福利、公共工程、防务和维持秩序等方面的地方事务。

但是这些方法并没有填补县令和民众之间日益扩大的裂缝。由于县令的任期通常为三年，而且总是在自己故乡之外任职（因为有减少裙带关系而立的回避法的规定），他们一般地说在任职的地方既无亲属关系，又无个人的义务，他们可能非常容易变成专为前程而不是专为使命的人，而且往往贪得无厌。在这种短暂的外地主子的治理下，地方衙门的吏役也变成专为私利和贪婪的人。这

---

① 施坚雅编：《中华帝国晚期的城市》，第 19 页。施坚雅指出："始于唐朝的一个长期和延续性的趋势是，官方对地方事务的干预的程度——不但在市场交易和商业方面，而且在社会调节（如解决争端）和行政本身方面——不断地降低，这种收缩是帝国版图的日益扩大强制造成的。"同上书，第 23 页。

样，一个真正为民服务的县令就成了一个值得大加歌颂的模范。中国自夸的中央集权官僚制度（郡县制）为地方性的腐败和麻木不仁所苦。

为了消除这些弊病，政治哲学家如清初的顾炎武就曾力主恢复清代以前封建制（"封建式"的权力分散）的某些方面。例如，顾炎武主张，县令之职应该世袭，这样皇帝在地方的代理人的利益与当地人民的利益就会一致。但是没有人成功地在村一级建立一种新体制。①

这样，旧政体的某些残存特征就会影响革命的中国的新政治。首先，对形式上的统一和中央占最高地位这两者的持续需要，仍要求在强制和说服、中央统治和地方默认之间有一种经过精心调整的平衡。这种平衡已在当然只占历史长河的一部分的帝国时代的两千年中拟定出来。由于帝国的官僚机器因人口的增长而不断地扩大，它就指定有功名和有地绅士的混合阶级作为它的地方合作者。这种平衡可使官僚机器高居地方之上，这样，地方就可由绅士一级的掌权者去管理，这些人有地方的基础和权势网络，但不容易把他们的小规模的地方权力与官场行政等级中更高的地位结合起来。我认为，地方统治阶级孤立和局限于当地的事实部分地是由于经常提到的那种缺乏连接地方和中央的中间制度结构。总之，晚期帝国政权的一种隐秘的力量是存在于地方—非正规—商业制度结构和中央—正规—政治制度结构之间的缺口。不存在可以成为治理一个县的踏脚石的制度化的集市中心政治结构。由于在县一级以下没有正规的组织，帝国政府就阻止了兴起的地方掌权者去控制一个县或几个县。总之可以这样说，县一级以下政治

---

① 见孔飞力的下列文章：《民国时期的地方自治：控制、自治和动员的问题》[401]，载魏斐德编《冲突与控制》[752]，第 257—298 页；《晚清的政体观》[404]，载《远东研究中心论文选》[647]，第 4 辑（1979—1980 年），第 1—18 页；孔飞力、苏珊·琼斯：《导言》[402]，载上引论文集，第 3 辑（1978—1979 年），V—XIX；孔飞力：《民国时期的地方税收和财政》[403]，同上，第 100—136 页。保守的改革者冯桂芬在 19 世纪 60 年代继续了顾炎武的理想。见刘广京《清代的中兴》[468]，《剑桥中国史》（英文版）[73]，第 10 卷，第 487—488 页。

制度化的"落后性"是一种防卫性的措施，它防止只顾地方利益的倾向的兴起，并防止在望族领导下的控制地方和扩大潜力的地区基地的建立。①

西方社会科学家谈到的这些缺乏地方的政治制度化的事实，与中国人较少地依靠法而更多地依靠个人关系作为掌权手段的情况一起发展。② 个人之间关系的重要又意味着，那些堪称官方正统道德典范的人、那些有庇护和被庇护关系网的人，以及那些有忠上思想——这些思想使官僚政治和依附于它的士大夫或绅士阶级结合起来——的人的领导权增大了。归根到底，由基于私人关系的派系而不是由基于较少人情味的法律建立的权力结构意味着，最高的掌权者必须体现出教义的绝对正确性和十全十美的行为（只是在遇到自然灾害并作礼仪上的忏悔时，他自己才承认有行为失当之处）。这等于说，国家的统治者本人是国家权力的化身并理应获得其政权的正统性。这样就不可能让一个西方式的忠诚的反对派存在，这个派别忠于国家政权，但可能反对掌权者的某些具体政策。

在中国的这种具体情况下，中共作为一个希望取得最高权力的少数派，被迫要么参加统一战线而处于次要的地位，要么起来造反。1912—1913 年成立代议制政党政府的短暂的尝试显然失败了。既然

---

① 牟复礼：《政治结构》［534］的第 3 章《地方力量》，收于罗兹曼编《中国的现代化》［623］，第 78—97 页。关于正规的实地行政管理在组成时如何包括非正规的商业利益集团（到 1893 年）的情况，见施坚雅《城市和地方制度的等级》［666］，载他编的《中华帝国晚期的城市》［668］，第 275—351 页。一个办法是把 24 个重点城市中的每一个分归两个县治理。关于另一个例子，注意直隶省的狭长腿状部分是怎样伸展到河南和山东之间的商业区的，见该书第 343—344 页。日本人关于统治阶级的文人精英扎根于地方社会的看法，见乔舒亚·福格尔《日本中国学的新方向》［248］，此文是对谷川道雄编的《中国士大夫阶级与地方社会之间关系的综合研究》［697］的评论，载《哈佛亚洲研究杂志》［293］，44.1（1984 年 6 月），第 225—247 页。
② 托马斯·A. 梅茨格在其《清代官僚政治的内部组织：法律、规范和通讯诸方面》［527］中分析了帝国政府内部复杂细致的行政法程序。关于人际之间的关系网，见詹姆斯·波拉切克《国内的鸦片战争》［584］；朱迪思·惠特贝克：《龚自珍（1792—1841 年）的历史观》［780］，伯克利加州大学博士论文，1980 年；埃尔曼：《从哲学到语言学》［223］。

王朝统治已经过时，唯一可能代替的办法只能是党派专政。国民党和中共都面临一个问题：它们能否培养一批新的社会精英，以便在地方一级代替过时的绅士阶级。

两党都从晚期帝国继承了一种有利于绅士发挥能动性的倾向。到晚清时期，地方政府明显的不足之处正越来越多地被地方名流的主动性所弥补，这些人都处于严格的官僚渠道之外。例如，在对付叛乱的太平军时，地方上有功名的人得到皇帝的批准，从事动员民兵和建立军队的工作，这些部队中的各级指挥官都觉得与其部属有私人关系，因为这些部属是他们亲自征募的。在镇压了 19 世纪中叶的几次叛乱后的重建工作中，一批批绅士管理者承担了地方上救济和整顿、灌溉和治水及恢复农业和教育等方面的任务。的确，在现代化的许多方面，晚清出现了地方名流领导的鼎盛时期。在本丛书的第 13 卷中有人争辩说，中国社会到 1900 年已经开始摆脱由国家支配经济、社会、智力和文化事务的大规模活动的老框框。到 20 世纪 20 年代，现代文学、高等教育、工商业、议政和党派吸收成员的工作，都是在中央官僚控制之外进行的。①

于是，民国时期的中国向观察家们显示出两种面貌，而这些人看到的往往只是这一种或另一种。爱国的、具有多元论思想的西洋化人士认为，中国的少数社会精英似乎是在以分权和多元化为基础的现代化的过程中大力进行工作。在 20 世纪 30 年代初期，条约商埠中外国和中国企业的活动以及医药、教育方面传教士的和其他中外私人的活动，仍与南京政府的活动同时进行。当然，所有这一切发展都因地方军阀的不可靠和胡作非为以及缺乏中央权力而受挫，于是民国对 20 世纪第二个 10 年和 20 年代的爱国观察者显示出的另一种面貌是迫切需要一个强有力的和开明的中央政府。

这种广泛的要求促进了 1925—1927 年的国民革命，并且导致了 1928—1937 年的南京政府及其领袖蒋介石领导下的中国名义上的再

---

① 关于绅士的能动性，见孔飞力《中华帝国晚期的叛乱及其敌人》[400]；玛丽·兰金为《剑桥中国史》[73] 第 13 卷写的第 1 章。

统一。于是，一切公开活动需要官方监督或领导的主张重新得到了肯定。这方面有许多例子。1913年，民国的第一任受挫的总统、一名旧帝国的官员袁世凯已经重申了中央集权（郡县）官僚政治的原则，于是取消了在立宪政府运动时期由绅士成立的几百个小咨议机构。1928年以后，军人蒋介石一旦权力在握，就全力实行军人政治，即首先对付敌对的军阀，然后对付日本军国主义侵略者。在他放弃了与中共组成的第一次统一战线以后，蒋介石发现曾经帮助他北伐的群众组织再无用处，于是让它们消亡。在此期间，由于必须吸收军阀时代的军队和官员，一度革命的国民党就成了机会主义和趋炎附势者的渊薮，蒋介石则设法把自己的权力建立在现代军队和效忠他个人的追随者的基础之上。

在这种背景下，地方政府在国民党人的统治时期主要是作为中央控制向下的延伸而受到注意，这种情况就大大地增加了政府的负担，而没有建立起能够发挥主动性和激发支持的真正的地方自治机构。在19世纪90年代到20世纪40年代的整个现代改革时期中，民间的抱怨是，上层阶级和政府的改革计划主要给村民们进一步带来了纳税的负担，他们几乎看不到爱国的城市居民十分赞美的道路、铁路、学校、卫生所和农村工业产生的利益。[1] 在战争时期的混乱中，国民党的统治常常堕落成犬儒主义的剥削。[2]

结果是，抗日时期和第二次世界大战期间的中国民众主要是在中共地区被动员参与政治。可是在这些地区，中共出于保持其政治控制的需要，也阻止真正自主的自治政府扎下根来。共产党的教义和实践都不倾向于摆脱"官僚统治"即由官僚中心进行统治，而这自古以来就是中国政治生活的特点。城市治理农村的自觉的传统继续是准则，即使农村民众能牢记导致农民"解放"的阶级斗争的新教义，情况也依然如此。

---

① 《剑桥中国史》[73]，第13卷，第1章（兰金写）；第6章（比安柯写）。

② 人民痛恨腐化的国民党掌权者的情况有详细的报道，见格雷厄姆·佩克《两种时代》[565]；西奥多·怀特、安娜莉·雅各比：《来自中国的雷声》[783]。

但是，在延安的中共干部的思想中盛行着一种成为以往民众运动特征的追求平等主义的热情。在某些方面，他们是崇拜千年太平盛世的人——这些人理想主义地信仰一种乌托邦的幻景，并准备在实现它时共担风险——的后继者。新颖之处表现在，他们视中国的马克思—列宁主义革命为站在历史前列的国际运动的一部分。

这些知识分子对平民革命和关于解放的现代教义的新信仰自然地使他们关心他们完全依赖其支持的那些地方的平民。像中国历史上过去的造反者那样，他们因此培养出一种平均主义的关心平民的生活作风，当他们使扫盲、公共卫生、军事训练和粮食生产的措施制度化时，他们利用了现代技术。他们关于科学和社会进步的思想表现了人有能力进行变革的信仰。这种走到平民当中动员平民的重要才能转而又为游击战提供了基础。有的人认为，新文化和第一次世界大战时期的口号——"科学和民主"——于第二次世界大战期间在中共领导下的华北似乎已在实现的过程中。

日本和中共打败国民党

日本人入侵中国这一事实，对敌对的两个政党专政的命运来说是至关重要的。从 1931 年起，入侵使南京的国民党政府因建军和建立军事工业以防御敌人而肩担重担。最重要的是，日本人的入侵需要中国由一个军人来领导。蒋介石成了掌权者，对社会革命的种种考虑就被撇到了一边。日本人征服中国的企图对中共的命运也是决定性的。共产党人已被赶出江西并在长征中幸存下来；如果没有日本人的入侵，他们在华北边区贫困的根据地里可能会被饿死。总之，日本人提供了导致国民党衰落和中共幸存、壮大和胜利的主要形势。

相比之下，国民党作为一个专政的党，在重新统一和统治中国的竞争中落后了，主要原因是：它是一个较老的组织，与更早时期的世界观和利益紧紧结合在一起。国民党始于 1912 年或更早，而共产党则始于 1921 年或以后。因此，国民党的失败常常反映出共产党成功的原因。

国民党是一个比较松散的组织，孙中山一代的最早的领导人在共和革命和民国初期混乱的派系政治中度过了 20 或 30 年以后，党的专政的结构才在这样的组织基础上建立起来。因此，国民党是一个具有几乎不可能消除的内在派性的若干地方集团的结合体。在意识形态方面，它也是不能持久的，不过是把孙中山的具有模糊自由主义倾向的三民主义与一个列宁主义的党的结构和灌输教义的党的军队结合起来。所以国民党是一个各种成分不能凝聚在一起的混合体。不能真正地采取从苏联移植的模式。虽然黄埔军校的士官生分配在党的军队中工作，但他们发现自己与军阀的杂牌军混在一起，而且后者的人数超过自己。他们只受到作为意识形态的孙文主义的灌输，所以不得不依靠古代的对指挥官效忠的原则。与此相应的是，国民党在征募士兵和训导方面的纪律也是远远不能满足要求的。如上所述，广州产生的早期国民党因接纳了全国各地的地方官员而人员充斥，这些人根本不能与党的组织结成一体和接受它的纪律。一旦北伐成功，像群众组织这一类有前途的机构就任其解体；爱国的青年受到敌视；甚至条约商埠中新生的资本家阶级在南京政府的统治下也受到伤害，而不是取得机会。权力结构很快变成一个易受一切武装派别盛衰影响的军阀结盟的结构。①

帝国主义也促使国民党虚弱下去。在 1943 年才废除的不平等条约制度通过阻止南京政府对突出的经济中心上海的控制，以特别阴险的方式损害了它的主权。英国人控制的上海工部局提供了外国人引以为荣的现代的公用事业以及安定和秩序。但是上海工部局完全不能组织和管理上海拥挤不堪的华人居民的社会、经济和政治生活。同时，它也阻止军阀或南京政府这样做。结果是，以青帮为首的下层社会对上海的华人居民进行非正规的统治。在缺乏一个能够实施有效政策的正式中国政府的情况下，上海的下层社会靠犯罪过日子，开头是从四川及其邻近各省沿长江而下非法供应走私的鸦片。这种交易有厚利可

---

① 帕克斯·M.科布尔：《1927—1937 年的上海资本家和国民党政府》[176]；玛丽-克莱尔·贝尔热尔：《中国的资产阶级，1911—1937 年》[41]，《剑桥中国史》（英文版）[73]，第 12 卷，第 722—825 页。

图，它不但唆使中国人进行，而且有些外国当局，特别是位于旧中国县城和工部局治理的公共租界之间的法租界也插了手。青帮像黑手党那样靠干一切坏事养肥自己，它为利润而存在。它在1927年帮助蒋介石上台，从此一直是国民党政权的一个独立的盟友。①

南京政府还因在将其资源用于军事统一的企图的同时又要肩负现代化的重担而处于不利的地位。在30年代中期，像全国资源委员会管辖下的军工企业和德国援助等有前途的开端都因抗日战争而中止。国民党的命运被以下的事实所决定：它只是在日本帝国主义把它当做一个明显的消灭目标而进攻它之前的几年，才成为一个名义上统一的和民族主义的政府。

中共在1927年以后的失败的废墟上和在争取生存的激烈的斗争中得到再生，因此公开提倡人民尚武精神作为前进的唯一途径，而国民党却缺乏能使它仿效中共榜样的那种动力、思想和领导。它反对人民战争，反对阶级斗争和在此基础上进行的农村动员，也不被全力为共同理想作自我牺牲的那种教义所鼓动。由于已经依靠对外贸易以取得中央政府的大部分收入，国民党政权只会加强它对外国支援的依赖性，它希望英美打败日本侵略者。美国的军事援助随着量的增加，使国民党人越来越依靠它。这种情况削弱了他们的创新活力，并且在爱国者心目中丧失了声誉。

同时，在中国北部的中共从经验中学到了东西。它的干部十分年轻，足以在思想上和实践中奉行新的方式。由于中共处境孤立和苏联援助的确只落到国民党政府手中，延安的政权懂得修正苏联的教义以适应中国的情况。经过试验和失误，它学会了通过物质刺激、爱国情绪、平等合作、军事控制和政治权术等手段去动员农村。

中共在解放区和边区的创造性活动与以往叛乱运动的活动并无二致，但是它发生在新形势下。被吸收为延安干部的年轻知识分子是出

---

① 关于一个早期的内幕陈述，见欧内斯特·O.豪泽《待售的城市上海》［294］。斯特林·西格雷夫只用外国的材料，写了关于青帮势力到处存在的一个激动人心的故事，见他的《宋家王朝》［645］。

于自己选择而脱离城市知识分子的，他们只有适应地方的需要才能生存下来。从一开始，中共领导就保持着文职干部对军事的支配权，但在要求领导分子越过阶级界线和到群众中去亲手劳动方面打破了旧习惯。因此，延安的民主在支持必不可少的党—军专政方面树立了一种很实用的和直接与民众接触的社会平等主义作风。中共实际上是通过在村一级建立新秩序而生存下来。取消土地私有制及由国家管理劳动力这两种做法可以追溯到唐初的"均田制"，这一制度的均分土地的主要目的是通过有效地分配劳动力来增加政府的收入。以往的造反者也常常是平均主义者。太平军曾经有过在地方上把每 25 户组合成一个以两司马为首的单位作为"地方社会基石"的理想。但是太平军不能实现其理想，并且一般地不得不以支配农村的地方权贵取而代之。与此相反，中共则通过土地改革消除了以土地为基业的地方名流，并且建立了党的控制。[①]

1949 年以前和以后的中国的一个巨大差别大概是，诸如无线电、其他交通与通讯以及警察火力等物质手段可以与苏联极权形式的意识形态约束结合起来。这种结合现在可以使中共的政权以过去从未有过的规模深入中国的社会。

---

① 　关于太平军，见孔飞力《剑桥中国史》[73]，第 10 卷，第 278—279 页。

第一篇

模仿苏联模式,1949—1957 年

第 二 章

新政权的建立和巩固

总　　论

当中华人民共和国于 1949 年 10 月 1 日正式建立时，国家的新领导面临一些棘手的问题。社会和政体四分五裂，公共秩序和风气已经败坏，被战争破坏的经济遭受严重的通货膨胀和失业的折磨，中国根本的经济和军事落后性给社会精英争取国家富强的目标造成了巨大的障碍。可是到 1957 年，中共的领导人可以以相当满意的心情回顾 1949 年以来的一段时期。一个强有力的中央集权国家经过了几十年的分裂后已经建立。中国的民族自尊心和国际威信由于在朝鲜与世界上最大的强国打得相持不下而大为提高；这个国家在工业化的道路上已经走了几大步并且取得了引人注目的经济增长速度；人民的生活水平已经有了即使是适度的，但也是显著的提高；国家的社会制度已经比较顺利地按照马克思主义的教导得到改造。

此外，这一切成就是在党内精英只发生有限的分歧的情况下取得的。这样，毛泽东主席在 1956 年 9 月举行的中共第八次代表大会上能够令人信服地宣称："我们……又取得了社会主义革命的决定性的胜利……我们的党现在比过去任何时期都更加团结，更加巩固了。"[①]一年以后，当中共开始进行"大跃进"这一大胆的新发展战略时，发生的事件和持久性的问题为大大地加剧精英冲突提供了条件；可是毛

---

① 《在中国共产党第八次全国代表大会上的开幕词》[509]（1956 年 9 月 15 日），载《中国共产党第八次全国代表大会》[219]，第 1 卷，第 7 页。

泽东仍重申社会主义革命已经完成,① 与此同时他的主要的同事刘少奇也似乎合理地争辩说，党的团结依然是牢固的。②当中国开始向不能肯定的方向发展时，关于中华人民共和国最初八年是一个有成就和团结的时期的官方评价仍完全是可信的。

用什么来解释这些初创时期的成就呢？在很大程度上，1947—1957年整个时期保持的领导的团结是赖以取得其他成就的基础。这种团结的程度是了不起的，因为不但已发生过成为苏联共产党历史特征的严酷的清洗和激烈的冲突，而且经历了影响20世纪20年代和30年代中共党内生活的派系分裂。只有一次重大的清洗，即1954—1955年对高岗和饶漱石的清洗，影响了最高层的精英；下面将会谈到，即使这次冲突，对党的凝聚力也只产生了比较有限的影响。甚至更重要的是，1945年第七次党代表大会上当选的仍然在世的中央委员会委员在1956年重新当选。此外，上层精英的稳定还反映在政体内较高层的等级基本上未被打乱这一事实上。虽然不可避免地发生了等级和影响力的微妙变化，但是像邓小平从1945年中央委员会比较低的第25位委员一跃而于1955年进入政治局，然后在1956年升任党的总书记之职的青云直上的事例则确实很少。除了很少一些人在此期间实际上离开了中央委员会外，丧失权势的主要人物一般地说在比较短的将功补过的时期后便恢复了相应的地位。

领导层的这种稳定状态是一笔巨大的政治资产。由于党的精英对维护明确限定的权力关系和党的团结具有强烈的义务感，政策的分歧问题可以在正式的讨论会内进行激烈的辩论，而不会给政权带来危险。在这种情况下，由于为私利而玩弄的个人花招被控制在最低限度（的确，过于赤裸裸的花招会起反作用），相对而言的无拘束的辩论能

---

① 《在莫斯科对我国留学生的讲话》（1957年11月17日），载《当代背景材料》[735]，891.26；在谈话中，毛宣称，以1956年所有制的改变为代表的胜利不是决定性的，但"1957年才在政治上，思想上取得了社会主义革命的胜利"。
② 经过1957年的各种辩论以后，刘少奇在12月对来访的印度共产党人说："我们的党始终在捍卫它的团结，没有分裂……没有人自己另搞一套。"引自麦克法夸尔：《文化革命的起源》[495]，Ⅰ，第311页。

最大限度地增加达成全面而灵活的决议的可能性。一旦作出决议，对团结的义务以及列宁主义纪律的正式准则通常能保证决议在中华人民共和国各级负责领导人中迅速地贯彻。总而言之，一个团结的领导集团形成的权威和信任的气氛有助于加深普通官员和民众的印象，从而提高他们实现党纲或承认党纲的热情。

领导统一的根源是各种各样的。在相当不利的形势下取得的1949 年的胜利显然是一个关键因素。体现一场持久革命斗争最高成就和争取民族振兴机会的这一胜利，大大地加强了曾经制定党的卓有成效的战略的最高领导人的权威。在更普通的一级中，革命的胜利提供了社会精英广为分享的政权的职位。1949 年以前中共许多文职机关和军事组织中的个人和集团，其革命资历与诸如 1927 年标志红军建军的南昌起义或 1935 年北京学生反日的"一二·九"运动等特定事件有联系的领导人，以及领导层内各种各样的个人关系网，都从职位和权势的分配中得益。虽然最接近毛泽东的长征参加者总的说来容易在最高机构中占支配地位，但除了在毛泽东取得无可争辩的突出地位之前反对过他的那些领导人外，没有重要的革命集团受到歧视，而且即使那些反对过他的人也得到了某些象征性的职位和实权。因此，几乎没有具有危及团结的直接怨恨情绪的集团。

另外，1949 年以后对马克思主义的共同信仰和在雄心勃勃的工业化和社会改造方面的广泛的一致性进一步促进了精英分子的凝聚力。虽然意识形态运动助长分裂和暗斗——中共将在以后若干年里碰到这些现象——的事实是众所周知的，虽然对目标的广泛一致不一定能防止在实现目标的手段和何者优先方面的激烈冲突，但是在 20 世纪 50 年代初期和中期，当时的形势有助于阻止这类事态的发展。在很大程度上，这是由于这个时期党的团结和政策成就正在相互加强的影响。团结有利于问题的有效解决；成功地解决问题进一步加强领导集团的团结。成功还有助于掩盖或减少关于目标问题的潜在冲突。只要能取得经济增长的高速度，现代化的任何不惬意的副产品很难引起对现存政策的根本挑战。另一个非常重要的因素是存在一个不但具体规定的目标，而且具体规定了完成方式的模式，这就是建设社会主义的苏联经验。在遵循苏联模式方面，存在广泛的一致性；这个模式有助于把政策辩论集中在渐进性地修改，而不是在根本的途径方面，这样就减少了任何冲突的风险。

1949—1957 年的高度团结并不意味着领导层没有裂缝，与以后时期相比，裂缝只是隐而不显罢了。一个潜在的分裂根源是党内精英之间革命经历的多样性。虽然被更大的斗争团结起来，但参加不同革命事件和组织的人同时发展了他们自己个人的关系网络和集团特性。在 1965 年以后的"文化大革命"期间，这类组合变得极为重要：例如，那些在刘少奇领导下从事"白区"工作或地下工作的人，在动乱的 1966—1967 年时期一般遭到与其领袖相同的命运。但是从 1949—1957 年，1949 年之前各不相同的经历一般没有破坏领导的更大的凝聚力。为了政治利益而利用这种差别的一个重大尝试——高岗饶漱石事件——最后失败了。

另一个从革命年代遗留下来的紧张关系的根源是处于顶端的中共精英之间不同的个性造成的不可避免的摩擦。一个明显的例子是毛泽东和他的主要将领之一彭德怀之间的不和谐关系。据报道，这种关系导致彭德怀在 1953 年抱怨说："主席不喜欢我，［也］不尊重我。"[①] 这种个人冲突使彭德怀在 1959 年被免去国防部长之职（虽然这个见解尚可争论），可是在中华人民共和国的初期，这种冲突基本上隐而不露，因为彭德怀的才能在关键的军事岗位上，在最高决策机构政治局中都在被使用。

其他的裂缝是从早期形势本身中产生的。新精英面临的政策争论的大议题不可避免地产生了不同的观点，从而造成了主张不同观点的人之间的冲突。一个再三产生冲突的原因是推动经济发展和社会改造的速度应该多快的问题。对任何一个特定的问题，有的人主张大力推进以达到所希望的目标，而其他人则提出警告，以防步伐过快引起破坏。可是相对地说，各种做法的分歧是有限的；此外，最高领导人的

---

① 引自红卫兵出版的《大批判》（广州），1967 年 10 月 5 日；《彭德怀事件，1959—1968 年》［569］，第 123 页，有英译文。

立场并不坚持这一种或那一种倾向，而是根据问题和形势而转移。结果，领导集团没有像以后时期那样发生分化，以后对政策的对立看法是远为根本性的。

造成有限的、非分化性冲突的一个有关的根源是，到20世纪50年代中叶当新制度形成并日益变得官僚化时，领导个人与他们领导的机构和部门之间的利害关系越加一致了。例如，周恩来总理无疑对发展政府机器的作用和权力以与党组织区别开来的措施感兴趣，而刘少奇和邓小平则更直接关心党组织，同时，像彭德怀等军事领袖对充分重视军事资源又有一种自然的关心。但是，从1949—1957年，这种对立的官僚主义利害关系在追求更大的目标时在很大程度上得到了调节，像"文化大革命"时期党和军队直接的组织上的冲突也得以避免。尽管出现了从各自领导的部门的角度去解决问题的倾向，领导者个人仍把党的总路线和政治局集体的一致性置于优先地位。

总的来说，在整个20世纪50年代的初期和中期，包括政治局在内的中共精英中存在着重大的裂缝和紧张关系，但它们没有严重地破坏一致性占主导地位的领导方式。结果，并不是没有紧张的关系，但毛泽东及其同事把的确存在的紧张关系降到最低程度的意愿，造成了早期这几年的不寻常的团结。但是，这种意愿与本章探讨的形势是分不开的。当这些形势不再占优势时，即当苏联模式不能再得到普遍的同意，当官方的政策造成了大灾难而不是带来一连串的成功时，潜在的裂缝变得明显了，党的团结被削弱，随之又遭到了破坏。在整个这出戏中，毛泽东领导的特点是主要因素。现在我们转过来探讨毛泽东在维持1949—1957年的团结时的关键性作用。

毛泽东的作用

在整个1949—1957年时期，毛泽东显然是中共的不容挑战的领袖。到20世纪40年代中期，毛泽东在党内的突出地位已经是无可争辩的了。毛泽东不但是主要的个人崇拜的对象，而且到1943年时，他的主要的同事们也不再对他的理论能力提出微小的怀疑，并且在1945年，"毛泽东思想"被列入中共的新党章中。此外，尽管党的章程强调集体领导，但毛泽东被授予在某些情况下单方面处理问题的正式权力。① 毛泽东的权力扶摇直上的基础是 1937 年中日战争开始以后党的策略和政策的成就，而他制定的策略和政策比其他任何领导人都多；从 1945—1949 年这些策略和政策的决定性的成就进一步支持了他的最高权力。正像 1949 年的胜利加强了党的总的团结那样，这次胜利也巩固了毛泽东的权威。由于这次胜利，毛泽东几乎成了有魅力的理想领袖，其非凡的能力被公认为取得胜利的关键，也几乎成了新朝代的理想创始人，在传统文化中这个角色能赢得一切含义的服从。

毛泽东的权威又因 1949—1957 年时期他主动采取的几次重大行动而进一步得到提高；在这些事件中他个人的判断与其主要的同事的判断及（或）更广泛的精英意见有矛盾。在这几年，毛主席显然只在三次重大事件中采取了主动。第一次是在 1950 年 10 月，涉及对美军在朝鲜北进的反应。在这一次，毛泽东似乎压倒了他的绝大部分助手关于代价和危险的保留意见，取得了他们的默认，并命令中国军队介入战争。② 虽然中华人民共和国在朝鲜的冒险行动的代价确实很高，但在安全和国际威信方面的收益被普遍地视为超过了这些代价，因此他的政治智慧又加强了他的声誉。第二个事例将在下面作更详细的探讨，这就是在 1955 年中期毛主席的加快农业合作化步伐的倡议，尽管几个月前官方作出了减慢发展速度的决定。到 1956 年末，由此而取得的集体化的基本成就远远超过了最乐观的推测，这似乎又证明了毛泽东的洞察力。

最后一个主动行动是毛泽东在精英内部大量的保留意见面前，通过 1956—1957 年的"百花运动"（这也将在下面进行分析）大力推动

---

① 根据近期廖盖隆作的党内报告，1943 年 3 月政治局决定指定毛泽东、刘少奇和任弼时组成的书记处处理日常工作，但又授权毛泽东个人可以先于书记处对有关事务作出最后决定，见《历史经验和我们的发展道路》[447]（1980 年 10 月 25 日），载《问题和研究》[358]，1981 年 11 月，第 92 页。

② 除了"文化大革命"的材料，关于朝鲜战争的这一说法又被 1981 年发表的彭德怀回忆的摘录所证实。见《彭德怀自述》[570]，第 257—258 页。

知识分子对党的批评，这一次不那么成功。但是由于他在 1957 年中期突然转变立场，对他威信的损害减到了最低程度。

总的来说，尽管"百花运动"遭到挫折，建国初期更广泛的成就及在朝鲜和集体化运动方面取得的具体的成功，都使毛泽东的地位在 1957 年末与以往一样巩固。毛主席的力量还在他显然是 1953 年提出、中共八大加以发展、1958 年初加以重申的把党的领导分为两"线"的行动中反映出来。在这些安排下，毛主席将退居"二线"，以便在摆脱日常工作的同时，能够考虑理论和总的政策的问题。这些步骤表明，他不但对自己最高权威的安全有巨大信心，而且也非常信任他的主要的同事。

毛泽东的权威不容挑战这一事实是整个精英结构稳定的关键。除了上述果断的主动行动外，毛泽东在他的助手们未能取得一致意见时充当政策辩论的最后裁决者。在这些情况下，政策的辩论在很大程度上是为了争取毛的同意，而不是像在列宁和斯大林死后的苏联那样用做追求最高权力的工具。由于领导层内所有集团都效忠于毛泽东，它们之间任何潜在的紧张状态基本上都得到遏制。

虽然毛泽东的权威使领导的团结成为可能，但它决不能保证产生凝聚力。斯大林已经使人们充分地看到，一个最高领袖能如何在其下属之间有意识地制造不团结，在以后的年代中，毛泽东的反复无常的行为将加剧精英间存在的紧张关系。但是在 1949—1957 年时期，毛泽东寻求加强精英之间的团结，其总的办法是坚持党的集体领导和民主讨论的官方准则，用得更广的办法是强调作为领导标准的能力和成就。与斯大林不同，毛泽东并没有使他的同事进行鹬蚌之争，也不要求他们与他本人有紧密的派系关系。取而代之的是，统治精英中名列前茅的成员是有才能的人，并且靠自己的经历而成为中共党史中的重要人物：刘少奇有包括在敌后的所谓白区中工作的很不一般的经历；而第三号人物和主要的政府行政长官周恩来甚至在 20 世纪 30 年代初期反对过毛泽东；红军领袖朱德和经济专家陈云曾与毛泽东有紧密的联系，但仍是有独立威信的人；只有在 20 世纪 50 年代参加最核心的集团的邓小平才可以认为是毛泽东由来已久的个人派系中的成员。随着自己权力的稳固，毛泽东宁可利用这些领导人的许多才能，并把他们塑造成一个合作的班子。这样，除了向毛泽东挑战没有好处外，扩大政策分歧以搞垮潜在对手的活动也很少会有所收获，因为毛泽东赞成团结。

与这种维护团结的义务有紧密联系的是毛泽东基本上遵守集体领导正式规定的意愿。虽然毛泽东在一些至关重要的事情上显然保留了坚持自己看法的权利，而且集体领导并不意味着简单的多数统治，①但在 20 世纪 50 年代初期和中期他的总的做法是通过广泛的讨论来决定政策，在讨论中所有有关官员的意见都予以重视，因为他们有助于作出集思广益的决定。此外，又随着几次失误，毛泽东宁可遵守尊重少数派权利的原则，这样，领导内部有不同意见的人可以保持他们的观点，甚至可以在以后重申这些观点而不用担心受到惩罚。由于鼓励对重大问题的争论，党内精英一般地赞成比较公开的制定政策的过程，从而加强了领导团结的总的意识，所以这种相对的民主作风对毛泽东很有用。

毛泽东对有效的决策和党的团结的贡献由于在 1949—1957 年期间他主要的政治参与的性质而进一步增加了。在这几年，毛泽东倾向于把他的干预主要限制在他最熟悉的领域——尤其是农业和革命——方面。毛主席在领导以农村为根据地的革命多年以后，显然自认为是农民问题的专家，而且他在 50 年代继续在农村度过了很长时间。毛泽东指的"革命"是全面扩大中共权力和推动社会主义改造进程的策略，这些关心同他在 1949 年以前时期的经验颇为协调。

此外，毛泽东与周恩来一起，作为在抗日战争和内战期间与国际上重要人物打过交道的合适人选，是对外政策的缔造者。最后，作为1942 年中共的基本文艺方针的制定者，毛泽东继续对这个领域和高

---

① 当 1962 年毛泽东用以下的话详细阐述民主集中制时，他承认了这点："我讲的话，不管是对的还是不对的，只要大家不赞成，我就得服从他们的意见，因为他们是多数。"（重点是加上去的）《在扩大的中央工作会议上的讲话》（1962 年 1 月 30 日），载斯图尔特·R. 施拉姆编《毛泽东的讲话和信件，1956—1971 年》[634]，第 165 页。

级知识分子的事务普遍具有虽然有时是带有个人特性的，但却是强烈的兴趣。结果，除了文化领域的可能的例外外，在所有这些领域中，毛泽东具有使他的同事尊敬的资格；他在这些方面权威性的主张不能说是任意提出或是不了解情况的。同样重要的事实是，毛主席在他不熟悉的领域中，一般把他的作用限制在综合和裁定更专业的同事的各种意见方面。在这个时期最关键的政策范畴之一，即经济建设方面，情况更是如此。这样，由于他在自己承认是缺乏了解的事务中，并不贸然把自己的观点强加于人，他的威信和精英的团结都加强了。与后期相反，在整个 1949—1957 年时期毛泽东的独立的政策影响相对地说是有限的；他对党的团结的贡献来自他积极发挥的最终裁决者的作用，同时把他个人的惹人注目的主动性保持到最低程度。

最后，以下的事实也维持着领导的团结：毛泽东这些年的思想和立场总的说是正统的和主流的。他的社会变化的观念是十足的马克思主义类型的，集中在所有制形式的改变方面；他以十足的斯大林主义的方式，把迅速工业化置于高度优先的地位。就大部分情形而言，他与他的同事对经济和技术的发展都有高度的使命感，都敏锐地意识到党的政策受到的种种客观限制，都有在"左"的过头行为和"右"的畏缩不前的航线之间掌稳船舵的决心。这样，当争论的确发生时，毛泽东的比较中间的立场有助于缓和冲突和取得一致意见，而不是使领导内的分歧向两极分化。因此，毛泽东的思想立场有助于他实现全党一致的政治。但是毛泽东的思想倾向和他的全党一致的政治都在很大程度上取决于所存在的建设社会主义的苏联经验。

苏联模式

在 1949—1957 年时期，中共领导内部在采用苏联模式的社会主义这一问题上是普遍一致的。这个模式提供了国家组织的形式、面向城市的发展战略、现代的军事技术和各种各样特定领域的政策和方法。前面已经谈过，由于在走苏联道路的问题上的一致性，政策辩论从根本的问题转到扩大成就方面。20 世纪 20 年代，社会主义的最终形式和完成社会主义的手段这些问题上的根本分歧引起了苏联政治中的激烈争论，与此形成对比的是，由于已经存在了一个现成的社会主义模式，中国的政策辩论涉及的基本上是差别不大和程度不同的事情。

有分歧的基本问题如下：确切地说，苏联模式的积极的和消极的特征是什么？中共应如何使这个模式适合中国的情况？走苏联道路的速度应该多快？虽然这类问题的确引起了激烈的争论，但它们很难说是引起党内分裂的那种问题。此外，在苏联出现的现成的、表面上成功的社会主义制度，总的说支撑着中国的精英和社会对官方政策的信心，因为可以说，人们对发展的进展和结果的大致轮廓已经知道了。

苏联模式的各种特征和使之适应中国情况的方法将在这一章和以下几章中予以分析。这里说一个情况就够了：中共领导人从来没有采取照搬苏联经验的立场。1949年以前毛泽东的革命纲领的精髓是面向中国实际的需要，在建设社会主义阶段，他也不准备放弃这个原则。此外，毛泽东的强烈的民族主义导致了20世纪40年代初期的一个不让苏联对中共事务进行任何控制的明确宣言，这也阻止了不动脑筋的模仿。

尽管如此，改变模式的愿望在不同领域中和不同时期内有所不同。党在自己有能力的领域（如在农村政策方面），普遍采用有中国特色的方法——虽然甚至在这些领域中，苏联的模式依然有一定影响。相反，在中共没有经验的领域，它的创造性就有限了。对这个事实，毛泽东说："在全国解放初期，我们全没有管理全国经济的经验，所以第一个五年计划期间，只能照抄苏联的办法。"① 可是随着时间的推移，中共的领袖有了信心，他们开始修改有关经济和其他关键领域的苏联经验。但是，只是在1958年的"大跃进"时，才出现了与苏联模式根本决裂的情况。

1949年以后，中国的领导集团为什么如此断然地接受苏联的模式呢？在某种程度上，这是外交政策中决定"一边倒"的合乎逻辑的

---

① 《关于"政治经济学教科书"笔记》（1960—1962年?），载《毛泽东思想杂集》[508]，第2卷，第310页。

必然结果。如果在内战时期美国外交不那么敌视中共，不管出现一种更平衡的国际姿态的可能性有多大，中华人民共和国在 1949 年仍会发现苏联是它可以取得军事和经济援助的唯一来源。仿效苏联的先例至少是取得这种援助必须付出的部分代价。但是，更加根本的是靠近苏俄的长期意识形态倾向。这不但包括自己是反对国际资本主义和帝国主义共同运动中的一部分的意识，而且还在基本的组织原则和实践中反映出来。尽管有自己独特的重点和毛泽东对独立的坚持，但在根本意识上中共自最早时期起一直遵循苏联的模式，在当时，列宁主义的组织原则和方法由共产国际的代表输进了羽毛尚未丰满的党。

此外，在 1949 年以后不久的一段时期，即使毛泽东继续坚持一定程度的意识形态的独特性，也还存在苏联依然是基本意识形态问题的权威的这种认识。这也许从毛泽东夜访苏联大使尤金寓所研究解决理论分歧一事中最生动地表现了出来；讨论内容可能有助于 1951 年问世的毛主席的《选集》中教义的调整。① 由于最广义地接受苏联意识形态的权威，俄国人关于建设社会主义的见解肯定是有分量的。

虽然国际因素和总的意识形态倾向无疑地使中共领导人接受苏联模式，但最重要的因素却是他们对社会主义现代化的深切的使命感。领导中共取得 1949 年胜利的那些人不仅仅是农村的革命者；他们既是寻求社会主义未来的马克思主义者，又是大力实现一个"富强中国"梦想的搞现代化的人。他们深深地体会到自己对各种发展问题缺乏经验。正如毛泽东在 1949 年中期宣称的："我们熟习的东西有些快要闲起来了，我们不熟悉的东西正在强迫我们去做。"② 由于发展的愿望，以及苏联是在落后的经济基础上迅速发展的社会主义国家的现有的唯一榜样，决定走苏联的道路几乎是势在必行的。

以下的事实进一步推动了这个决定：作为优秀的马克思主义者，中共领导人接受面向城市的发展战略的过渡，把它看成是革命成功的

① 赫鲁晓夫在《赫鲁晓夫回忆录》[389] 第 464—465 页中报道了毛访问尤金之事；又见《赫鲁晓夫回忆录：最后的遗言》[390]，第 242 页。
② 《毛泽东选集》（英文）[502]，第 4 卷，第 422 页；中文版（一卷本），第 1485 页。

自然结果。虽然中共领导人为他们的革命传统而自豪,并且对城市的腐败倾向表示关心,但是几乎没有迹象表明,毛泽东或其他人在最初看到了延安的革命经验和苏联模式之间的任何根本矛盾。相反,占主导地位的情绪是称心如意地向更高阶段前进。毛泽东从来没有视游击战本身为一个目的,而是把它看成因中共相对地弱小而强加给它的斗争的一个必要阶段;当大兵团进行大规模战斗的时机来临时,更进步的军事作风就被热情地大力推行。

与此类似的情况是,革命的整个农村阶段是必要的,但始终被视为夺取城市的前奏。在革命胜利时,党的领导人渴望进行建国的工作,对输入的苏联策略可能与中共传统发生矛盾几乎没有认识。甚至当这种认识在 20 世纪 50 年代有所发展时,他们还希望任何矛盾将是"非对抗性的"(毛泽东的用词),因此可以用在苏联模式的总框架内部进行调整的办法稳妥地处理。

最后,以下几点关于苏联模式的概括的评论是合适的。第一,事实上不存在单一的苏联模式。虽然所仿效的制度和经济方面的基本类型是在 20 世纪 30 年代中期以后发展起来的斯大林体制的类型,但中共领导人对苏联历史中的一系列时期和实践却大有选择的余地。例如在农业合作化时期,中共在寻求指导方针时更多地着眼于斯大林在 1927—1929 年与布哈林辩论期间所详细阐述的原则,而不是 1929 年以后斯大林式集体化的实践。第二,即使大规模实行苏联方法的强烈愿望可能存在,但是缺乏必要的技术资源的情况能够严重地限制苏联方法的采用。另一个要考虑到的问题是,在改变具体的苏联做法时,中共不一定拒绝苏联的建议。在 1949—1957 年的整个时期,苏联的领导和专家认为,他们的错误是中国人能够和应该从中得益的教训。特别是斯大林死后俄国人自己对这个独裁者做法的批判,常常对中共关于改变现行方法的必要性的想法产生影响。

最后,必须着重指出以下的事实:除了对最高决策者的态度外,苏联的影响还起着广泛的作用。虽然主要领袖人始终认识到(即使认识程度时大时小)有必要使苏联经验适应中国的实际情况,但一般官员和普通群众却被对苏联先进经验的公开强调所压服。尊苏联为"老大哥"的宣传手法以及像"苏联的今天就是我们的明天"这类口号难以鼓励批判性的仿效，结果在许多领域中出现了盲目照抄的情况。再从另一个意义说，苏联的正面形象容许中国知识分子中的一些人捡起俄国知识分子中某些较少正统性的倾向，虽然苏联和中国的官员们对此都有非难。总而言之，在整个1949—1957年时期，苏联的各种影响以多种复杂的方式在对中共的政策和中国社会起作用。在某种意义上，这个过程并非党的领导人所能控制，更重要的倒是，它反映了他们有意识的选择。当这些领导人——或其中的绝大部分人——在1957年以后认清了与苏联道路决裂的必要性时，他们完全有能力这样做，虽然许多苏联影响不可避免地继续存在。

巩固和重建，1949—1952年

1949年，胜利来临之快令人目瞪口呆。传统的首都北京在1月份通过谈判投降而易手。人民解放军渡过长江，在4月很快占领上海，在5月占领华中的武汉三镇。从此，解放军几乎没有遇到持久的军事抵抗。中华人民共和国正式成立后不久，解放军在10月攻占南方的商业中心广州，最后在12月抵达西南城市成都。到年末，只有西藏和台湾在北京新领导的控制之外。西藏的局势将到1951年通过军事行动和与地方当局谈判双管齐下而发生变化，而台湾问题则在以后三十多年中一直是国家未竟之业中的一件大事。

1949年的军事胜利在很大程度上解决了前40年中的重大问题之一——缺乏全国的统一。这个事实是中共领导人在紧紧地抓住仍未解决的问题时的巨大的本钱。恢复中国的伟大所必需的全国统一是所有爱国的中国人衷心渴望的目标。毛泽东在1949年9月表达了他们的情绪："我们的民族再也不是被人侮辱的民族了，我们已经站起来了。"①

---

① 《毛泽东选集》（英文）[502]，第5卷，第17页；中文版，第5卷，第5页。

虽然在有文化的精英眼中，全国统一的成就在很大程度上使新政权合法化了，这样它就可以取得社会改造和现代化所必需的更深入的政治控制，但它势必面临自远古以来就支配中国社会的地方主义。虽然中共在开阔党在革命时期控制的华北农村的眼界方面取得了一定的成就，但在大部分农业地区，农民的认识和利害关系局限于他们的农村及附近地区的事情。甚至在中国的城市，平民百姓的生活也通过小的社会集团而结合在一起，他们很少有在都市或全国搞发展的觉悟。

因此，一个一体化的全国政治制度就需要国家以以前政权从未尝试过的方式向社会渗透，而这种渗透转过来需要谨慎地发展组织才能和认真地进行群众动员，以促使社会各阶层摆脱它们的狭隘观点。通过深入社会，中共能够开发新的支持源泉。同时，它冒着与受到影响的集团不和的风险。新领导人还面临从十几年大规模战争更直接地遗留下来的问题中产生的任务——必须克服长期以来与中共斗争的人的继续反抗，必须振兴受严重破坏的经济，必须恢复井井有条的政府活动。这一切将使中共用尽其才能和智谋。但在同时，局势又创造了渴望和平与秩序的厌战民众对它支持的巨大源泉。

在中华人民共和国的早期，毛泽东及其同事谈到，在三年内把中国的生产恢复到战前水平和建立必要的政治控制和组织力量，然后才能认真地进行社会主义建设和改造。事实证明，这个规划引人注目地接近完成。

这个恢复时期不可避免地要出现互相冲突的重大问题。一方面，初期需要恢复经济和使人们在政治上接受新政权。有理由让社会上的主要集团安心，对它们的利益作出具体的让步。但是，这种安定人心的政策同建立牢固的组织控制作为计划中的发展的前奏这一迫切需要严重地对立。虽然这个矛盾一直存在，而且是领导内部辩论的题目，但在1950年下半年，重点有了明显的转移。从那时起，即大致在中国人参加朝鲜战争的同时，中共的社会规划加强了势头，群众运动被发动起来，它的政权以比开始时远为彻底的方式向社会渗透。但在执政的大约第一年中，鉴于形势的不稳定和党掌握的资源有限，主要力量还是放在安定人心方面。

最初的问题和政策

1949 年新领导人遇到的问题和他们为解决这问题而制定的政策，在中国广袤的土地上有很大的差异。经济和文化水平、农业形式、地方习俗、民族成分等方面的差别都需要适当地作出不同的反应。但是，决定性的差别是 1949 年之前中共在不同地区实际存在的程度有不同。虽然这方面的分门别类是很复杂的，但是在广义上，分为三类地区可以体现出基本的差别。第一类是华北、东北的"老解放区"，以及西北和拥有全国人口约 1/4 的华东的部分地区的"老解放区"，中共到 1947—1948 年，或往往更早的时间，基本上在这些地方的农村建立了它的政权。革命在那里基本上取得了胜利；毛泽东在 1950年说过："有了［老解放区］土地改革的胜利，才有了打倒蒋介石的胜利。"[①] 在这里，中共已经把组织往下建立到基层，吸收大量农民参加党，基本上消灭了有组织的抵抗，并且在改造社会的规划方面取得了巨大的进步，从而从农村社会的较贫穷阶层中取得大量的群众支持。正如毛泽东所指出的那样，在 1947—1948 年进行内战的决定性战斗时，中共就是在这个基础上开展其传统的"农村包围城市"战略的。到 1949 年，这些地区的主要任务是扩大政治控制和在党以前没有统治的小块孤立地段开始土地改革，在别处复查土改成果和发展低级形式的合作社农业。到 1950 年中期，老解放区的土地改革被宣布完成，同年，这些地区约 1/3 的农户已被组成互助组，这是在集体化道路上迈开的第一步。

与老解放区形成鲜明对比的是"新解放区"，它包括华东和华中的大部分、西北的绝大部分以及长江以南的广阔土地。在新解放区，除了 20 世纪 20 年代和 30 年代农村革命留下的分散的革命根据地（再加上城市中一些地下共产党员）外，党缺乏组织方面的资源或群众支持。不像北方的持久革命斗争，新区的胜利是靠大部分是外地人的军队从外面进行的军事征服而取得的。与农村包围城市的策略相

---

① 《毛泽东选集》（英文）［502］，第 5 卷，第 33 页；中文版，第 5 卷，第 21 页。

反，它的形式是首先夺取城市，然后把控制向外扩大到农村地区。

缺乏共产党存在的一个必然结果是，甚至在基本军事胜利以后反共集团仍然强大。最极端的形式是，国民党的残余部队、秘密会社的势力、少数民族和地方上组织的其他自卫集团继续进行武装抵抗。甚至在50年代中期，毛泽东还谈到在新解放区的边远地带有40万以上的"土匪"尚未肃清，晚至1954年，特别是在西北，解放军继续对这些力量进行扫荡战。但是据报道，到1951年中期大部分地区已被扫荡干净。这类武装抵抗显然延长了建立控制的过程，但是其利益在于保持现状的地方名流的政治和社会影响却更值得注重。为了抵消这种影响，彻底的土地改革是必要的，而土改必须从起跑线开始。

最后，在新区的城市中心，中共必须承担老解放区城市面临的一切任务——建立公共秩序，恢复生产，抑制通货膨胀，控制失业现象；由于周围农村的局势不稳，它必须从更不安全的地位进行工作。虽然老解放区有利的农村形势使得那里的城市能够以比新区快得多的速度完成重建城市的目标，但是大约包括5000万人口的城市中心可以被考虑为不同于新老解放区的另一种类型。

除了华北和东北的少数中小城市外，中共在1948年后期以前不掌握城市中心，在此同时，它对攻占的那些城市中心的控制常常是脆弱而短暂的。1949年以前绝大部分城市是反共力量的中心，中共在那里的存在只限于比较单薄的地下力量，而南方的地下力量更比北方的弱得多。这些力量在接管城市时只能起辅助作用，从解放区来的党的干部往往看不起地下党员，在他们眼中，地下党员对胜利没有作出什么贡献。这种态度进一步在城市建立的新政权中反映出来，地下工作者在新政权中明显地只得到次要地位。权力则落到了其经历是在人民解放军和农村地区的外地人手中。

当中共进入中国的大城市时，它有着巨大的本钱；但它又为严重的力所不及所苦。具有讽刺意义的是，1949年碰到的一些问题因最后胜利的迅速来临而更加严重了，因为这个胜利大大地出乎党的领导人的意料之外。在1946年内战开始时，像周恩来等许多最高领导人预料斗争要持续20年共产党人才能取得最后胜利；甚至在1948年春当华北的战役转而对中共有利时，毛泽东预计要取得胜利还需要三年时间。① 共产党控制区突然大扩展，使党深感进行全国统治所需要的人员和技能不足。

一个解决办法是在中共扩大它的地理控制时迅速吸收新党员；从1948 年到 1950 年底这段时期，中共党员从约 280 万人增至 580 万人。在进行革命斗争，然后对统治的要求成倍增长之时，这样大量的纳新是不可能严密控制的。邓小平在党代表大会上批评说："在全国解放前后的两年内，党的组织的发展过分迅速，而在有些地区，这种发展几乎是没有领导，没有计划的。"② 由于这种不加控制的增长和缺乏系统训练的情况，绝大部分农民新党员甚至往往缺乏起码的马克思主义思想的知识或者最基本的文化。另一个问题是，最新的党员是在最后胜利在望的情况下入的党。结果，党的领导人不能肯定，这类人的入党是出于真正的信仰，还是出于机会主义。这样，虽然在接管政权前后党的迅速发展无疑是必要的，但这充其量只能是部分地解决缺乏人才和技能的问题。

人力、技能和经验不足影响新解放区的乡村，但城市最尖锐地感觉到这个问题。如上所述，当党的领导接触到现代部门时，他们敏锐地认识到自己缺乏经验。就人员而言，中共掌握了 72 万合格的人去充当政府的文职行政干部，而在国民党时期，政府中有 200 万以上的职位已有人担任。③ 虽然中共的不足和缺欠很明显，但是必须强调共产党从农村根据地带来的技能和经验还是丰富和合用的。虽然根据地远不如城市复杂，但是对一亿多人的管理显然已经培育了一整套行政技能。

---

① 《纽约时报》（1946 年 9 月 25 日）报道了周恩来的看法。毛泽东的预计见《毛泽东选集》（英文）[502]，第 4 卷，第 225 页。

② 邓小平：《关于修改党的章程的报告》[706]（1956 年 9 月 16 日），载《中国共产党第八次全国代表大会》[219]，第 1 卷，第 215 页。

③ 中共的数字，见安子文《培养人民的勤务员》[8]，载《人民中国》（英文）[572]，1953 年 1 月 1 日。国民党的数字见高英茂根据 1948 年中华民国统计年鉴的数据作出的估计《1949—1965 年共产党统治下的中国城市政府官僚机构和干部》[385]。

类似的情况还有,尽管有延安年代特有的平均主义精神气质,中共已经在发展拥有擅长财政、商业、教育以及农业、军事的干部的专门行业。此外,早在1945—1946年中共对城市的统治不管多么有限,已经在巩固城市控制、与资产阶级打交道和真正经营城市企业等方面提供了直接经验。的确,当1949年一些大城市易手时,中共拥有足够的受过经济管理训练的干部去接管支配现代部门的2700个大企业。此外,党最早的城市经验的激进的过头行为有助于在1947—1948年发展一种更温和的政策,这个政策成为在1949年充分阐明的纲领的基础。

但是,党拥有的最宝贵的财富是党的领导人将热烈欢迎城市革命阶段的态度。毛泽东在1949年早期宣称,"从现在起,开始了由城市到乡村并由城市领导乡村的时期",[①] 当时他不但表示愿意把城市事务放在优先地位,而且承认城市方式最为进步,是实现现代化的唯一道路。这个态度表现在许多方面,如1950年强调吸收工人入党的决定,这一措施的效果是使中共更符合苏联的正统。领导的这种倾向所产生的最明显的结果是,确保城市问题以城市自己的方式来处理,摒弃那种"乡村城镇化,城镇乡村化"的"华而不实"的观念。[②] 以前中共在华北根据地成功的关键是坚定地把力量集中在农村的实际问题上,城市统治最初阶段的成就几乎同样是由于全神贯注于与城市有关的任务。

尽管有这些本钱,技能和人员的短缺显然使党在1949年不能对城市进行全面的有效控制。在这些情况下,中共采取了两个策略。一是限制党对一些关键性领域的干预,而让社会其他各界照常工作;一是进一步开发人才资源,以确保政府和公用事业能井井有条地运转。占领当局最早的行动之一是号召原来的人员继续留在他们的工作岗位上。只有少数与国民党关系密切的人被拘留;大多数官员继续做原来

---

① 《毛泽东选集》(英文)[502],第4卷,第363页;中文版(一卷本),第1428页。

② 根据1949年中共的宣传小册子,引自苏珊娜·佩珀《中国的内战:1945—1949年的政治斗争》[574],第379页。

的工作，领取原薪。共产党干部被派往各行政机关和关键的经济企业进行政治控制和了解业务，但是实际的行政和管理工作在很大程度上仍由国民党时期的"留用人员"去做。

人员资源的第二个大来源是吸收来自学生和有文化的其他城市青年队伍的"新干部"（不一定是新党员）。这些知识青年具有随军进入城市的许多解放区"老干部"所缺乏的技能。虽然容纳这些新增的人员是绝对必要的，但这样也造成了仓促凑成的官员阶级内部的紧张状态。许多老干部自认为经过革命斗争年代的考验，看不起新干部和留用人员，认为他们不可靠。更有甚者，他们对年轻的知识分子由于有能力而担任挑选的职务和对留用人员继续领取薪水而他们只领取革命供给制时期的日用必需品的情况深为不满。就新干部和留用人员而言，他们对老干部颐指气使的态度愤愤不平，认为老干部根据其过去的政治贡献享受了优惠的待遇。短期的措施是，党的领导人通过敦促不同的集团放弃其不满情绪和力争建立和睦的关系以解决这些产生的问题。从 1951 年起，采取的长期措施包括：把缺乏必要的城市工作技能的老干部调回农村；逐步增加对新干部的政治和专业培训，同时清除那些被判定为不可靠的人；在新吸收的干部变得可以使用时，罢免留用人员的官职。

虽然党的人员资源扩大了，但党在初期仍限制了自己的活动范围。由于许多职能非新政府的现有能力所能承担，各种各样的私人集团被准许甚至被鼓励去向公众提供服务。例如，政府动员传统的慈善界给穷人提供救济，而在 1950 年私人团体和教会团体仍控制着近 40％的中国高等教育机构。这种做法来自初期所作的决定，即不仅仅要限制，而且要收缩党的活动范围。尽管中共最高当局几次告诫，不要把农村的阶级斗争方法搬到城市，但在 1948 年后期和 1949 年初期，许多进入新解放城市的干部仍死抱着动员受压者的"左"的观念不放，并且设法在广泛的基础上进行动员。他们将其有限的资源少量地、不相称地投向整个居民区和小型企业。这种做法被刘少奇于 1945 年 4—5 月在天津倡导，后来为其他城市中心采用的措施改正了。刘少奇把政治组织作为中心，重新向现代的经济部门、教育界和政府部门分配干部，而对传统的部门则不加干涉。最后的结果是，由于中共控制真正重要的机构和力量，它左右未来事态发展的能力加强了。

刘少奇在天津的作为也使党能够在一些关键的经济问题上作出让步，毛泽东在不久前已把经济问题列为城市工作的主要中心——恢复生产，特别是恢复工业生产。在这方面，新来干部的热情又证明是一种障碍。由于党以前在国民党统治时期正式鼓励工人提出种种要求和让劳工继续闹事，这类干部支持工人反对资方，结果由于工业上的斗争，许多工厂没有开工。刘少奇争辩说，这是阻止经济恢复的"左"的倾向。他制定了一些提倡劳动纪律、资方有权限定工资和开除行为过分的人员以及"合理"地解决争端的政策。对工人关于工资和劳动条件方面的利益决不是置之不理，但重点放在限制他们的要求并号召他们为了长期的利益而作短期的牺牲。

这些政策成功地恢复了生产。到1952年，全国的许多领域已经达到了战前的最高产量。作为其结果，在缓和严重的城市失业问题方面进行了重大的突击行动。此外，恢复工业生产，以及开辟内地的供应路线，这两者使国民党曾为此丢脸的严重的通货膨胀得到了控制。这些进展，再加上诸如通过税收、公债和强制储蓄使货币脱离流通渠道，削减行政开支，通过国营贸易公司控制主要商品，以及严惩投机等方面的措施，成功地把国民党天文数字般的通货膨胀在1951年减低到可以控制的15％。

同时，中共能够把恢复经济与加强控制私营部门的能力结合起来。虽然资本家看到共产党控制的工会是取得劳工让步的有效的手段，但是工会与劳动法一起，也给中共提供了有力的手段以实现其要求和适度地改善城市工人的境遇。此外，国有化大企业、国营贸易公司和银行的经济领导作用，通过贷款、签订统购产品和供应原料的合同、指定销售代理人和官方规定价格等措施，提供了控制资本家企业的有力的外部因素。结果，经济恢复的过程不但使中共取得广大群众的支持，而且进一步增加了党的能力，决心在以后继续发展。

统一战线和民主专政

中共在巩固控制的过程中最初取得成功的关键之一是它能最大限度地取得支持，并把恐惧降到最低限度。一些因素对党起了有利的作用。如上所述，统一的事实导致了受教育精英的爱国主义支持和更广大的公众对和平得以恢复的宽慰心情。这还有传统的一面，因为中华人民共和国作为一个新王朝而被广泛接受，有权树立自己的正统。另一个有利的情况是全民几乎一致地否定国民党，城市中产阶级更是如此。甚至诸如有充分理由担心共产党最终目的的工业资产阶级也欢迎共产党人。人民的希望和接受至少在城市中不仅仅是形势的产物，它反映了中共使各个主要集团和公众安心的长期努力。前面已谈过，文职公务员留在了他们的职位上，资本家在恢复他们的企业时得到了帮助。民众作为一个整体，对占领军的总的无可指责的行为有深刻的印象——这与国民党军队在 1945 年回城时的表现形成鲜明的对照。

必须强调的是，这些措施及其他措施不是即兴产物。相反，它们反映了毛泽东策略的鲜明特征之一——统一战线。在很大程度上，革命胜利依靠的是以下的原则：通过制定比较有限的目标和把敌人的界线尽可能缩小的办法来集合广大的盟友。这时应用于解放后局势的正是这种统一战线的做法。

这个办法在成立中华人民共和国时宣布的总纲和机构安排中反映了出来。一个关键因素是把新政权与过去联系起来，借此大力寻求正统性的最广泛的基础。在理论上，在建立人民代表大会制度前，临时的国家最高权力机构称为中国人民政治协商会议，这个机构承袭了国民党 1946 年初期召开的政治协商会议（它表面上是为了寻求避免内战途径而成立的多党机构）的做法。与此相类似的是，统一战线本身可以追溯到国民党的创始人孙中山。

参加统一战线和中国人民政治协商会议的是所谓的民主党派，这是中产阶级和以知识分子为基础的小团体，它们在国民党和共产党斗争期间曾徒劳地试图成为第三种力量。不但这些党派的代表人数大大地超过了正式分配给中共的代表人数，而且更为意味深长的是，新政府 24 个部长中的 11 个是小党派的代表或无党派"民主人士"。虽然政权显然由中共掌握，但这些职位不仅仅是形式。更广义地说，在中华人民共和国的初期，对有威望的非党人士的意见是真心去征求的。

意义同样深远的是中共为未来设想的蓝图——共同纲领——的温和及和解的性质。这个文件的特点是渐进主义。虽然文件中包括了长期目标，特别是经济领域的目标，但重点放在当前的任务上。用周恩来的话来说，社会主义和共产主义的最终目标"现在暂时不写出来，不是否定它"。① 毛泽东在 1950 年中期甚至更有力地强调党纲的渐进性质，当时他宣称："有人认为可以提早消灭资本主义实行社会主义，这种思想是错误的，是不适合我们国家的情况的。"②

除了渐进主义外，共同纲领采用了传统的统一战线策略，把敌人的范围缩小为"帝国主义、封建主义和官僚资本主义"。重新坚持中国的民族权利和把西方企业排挤出去的政策的确深得民心，不过这种爱国主义的呼吁多少因与苏联结盟的决定而受损。"官僚资本"——由与国民党关系密切的人经营并被新的国家没收的有限几个大企业——也是众矢之的，在私人资本家（"民族资产阶级"）中更是如此，后者由于国民党对关系良好的企业的偏袒而严重地受到损害。最后为封建势力，它被限定为只占农村人口 3％—5％的地主。不但不把富农列为敌人，而且维持"富农经济"的需要成了中共农村政策的一个主要特征。如毛泽东在 1950 年初期所阐述的，这种方法更有助于"孤立地主，保护中农……稳定民族资产阶级"，③ 民族资产阶级与土地问题有紧密的关系。

统一战线也被尊奉而抬到马克思主义的理论高度。所建立的一个"新民主主义国家"不是正统的无产阶级专政，而是"人民民主专政"，农民、小资产阶级、民族资产阶级与工人阶级一起在其中为统治阶级。在采用这个概念时，中共摆脱了流行的苏联关于国家

---

① 《周恩来选集》（英文）[143]，第 1 卷，第 406 页；中文版，第 1 卷，第 368 页。
② 《毛泽东选集》（英文）[502]，第 5 卷，第 30 页；中文版，第 5 卷，第 19 页。
③ 同上书，第 24—25 页；中文版，第 5 卷，第 13 页。

形式的正统观念。虽然苏联的理论家们在 1948 年前也同意资产阶级作为东欧"人民民主国家"的国家机器的组成部分，但是这种立场在与铁托决裂的同时完全改变了，俄国人这时拒绝承认中国人的主张。党的领导人坚持其立场直到 1953—1954 年（这时中共的作者开始承认无产阶级专政和人民民主专政是基本相似的），以此表明他们不但重视统一战线，而且在情况许可时决心坚持意识形态和政治上的独立。

尽管采取这种维护独立的态度，苏联的影响在总的理论方面以及在具体政策方面仍是巨大的。苏联理论教科书在中国广泛地被人们学习，列宁的新经济政策被用作新民主主义经济的渐进主义的参考。在更广泛的政治观念方面，国家形式当然与苏联国家形式完全一样——专政归根到底仍是共产党专政。因为正如人民民主专政的理论所明确的那样，组成国家的几个阶级不是平等阶级的联合。这个联合由工人阶级——也就是其先锋队共产党——领导，其他阶级要接受无产阶级的教育。就资产阶级——这是与苏联人争论的一个原因——而言，这种教育的确可能是严厉的，因为它被描述为动摇的阶级，有剥削的一面。在最初，统一战线的观点强调了资产阶级和广大民众在建立新中国时的作用，但是民主专政总是能很快地重新规定"人民"中任何成分的政治地位。

军事的和大区的统治

1949 年的形势决定了共产党的统治最初将是军事的和分权性质的。由于新解放区落到了人民解放军手中，消灭"土匪"反抗的任务依然存在，军事管制委员会在最初是作为地方最高当局而设立的。但是，这些机构显然是临时性质的。根据共同纲领，军事管制的期限严格地根据地方情况而决定，并且一旦可行，文官政府就取而代之。类似的情况是，地区间的巨大差别需要分散的管理，因为没有一项统一的政策能适用于全国。但这从一开始也表现为过渡性的。根据这一职能，中国分成了六个大区（不包括内蒙古和西藏，它们要单独治理）。根据当时的具体情况，其中四个大区——中南、华东、西北和西南——由军政委员会管理，而华北和东北则交给了人民政府，以表示军事任务胜利完成。这些大区管制机构在名称上变了几次，一直存在到 1954 年，但是随着情况许可，它们的权力逐渐转移到了中央。党的大区的局和军区也是在同样的地理基础上存在的，但它们也在1954—1955 年先后撤销。

从军事统治向文官统治的转移进行得非常顺利。虽然军事管制委员会在开始时对党政机构行使广泛的权力，但其人员很快就被他们前往管制的单位所吸收。不到几个月，委员会变成了一个协调和监督的机构，其办公室大部分没有办事人员，因为行政职能日益被新政府直接承担。到 1951 年，它的职能基本上减少到治安和卫戍事务方面，因为地方政府这时单独发布命令了。在长期革命斗争时期政工人员和军事人物之间已经建立了密切关系的事实无疑能有力地解释向文官统治转移的顺利性。但是文官当局和军事当局的明确区分至少是同样重要的，毛泽东在 1938 年明确地说："我们的原则是党指挥枪，而决不容许枪指挥党。"① 这个原则反映在大区的任命上；除中南外，每个大区的党的第一书记这一关键职务都由政工人员担任；中南则由人民解放军最有战功的将领之一和毛泽东的长期亲信林彪任第一书记。此外，政、军作用相对有限的区别要大大扩大。共同纲领号召包括组建空军和海军的军事现代化；在苏联的大量援助下，朝鲜战争提供了认真进行现代化的动力。虽然许多解放军指挥员担任了文职工作，但大部分人在日益专业化的军界找到了充分发展自己事业的机会。

在 1949—1952 年期间，大区行政机构的权力一直相当大。从严格的法律意义上说，这个情况并不明显，因为它们被直接置于北京政务院的领导之下，没有自己的自主权。但事实上由于缺乏经验的政府机构刚刚立稳，只有初步的计划和统计能力，大部分事情必须交给大区去做。此外，由于地区之间的情况和问题大不相同，中央的领导人对需要多么大的大区权力心中无数，于是容许相当程度的地方试验。

---

① 《毛泽东选集》（英文）[502]，第 2 卷，第 224 页；中文版，一卷本，第 535 页。

地图 3 行政大区，1949—1954 年

（注：1952 年末，察哈尔划入内蒙古、山西和河北；平原划入河南和山东。1954 年撤销大行政区时，松江并入黑龙江，辽东和辽西合并成辽宁，绥远并入内蒙古，宁夏成为甘肃的一部分。1955 年，西康划入四川和西藏，热河划入内蒙古、辽宁和河北。1958 年，宁夏重新出现，成为宁夏回族自治区。）

总的格局是，中央以相当全面的形式制定政策，而把贯彻政策的步伐和方式的问题交给大区。例如，在 1950 年中期，北京当局通过了土地改革法，但是显然没有设立任何中央的监督机构；贯彻的进程由在各大区政府中设立的土地改革委员会负责。

大区的权力还从以下的事实中反映出来：在最初，中共的几个最有权力的人物领导了军政委员会和人民政府。总观最高的精英人物，约 2/3 的中央委员这些年在北京以外工作。变化的一个主要迹象是，随着这个时期的过去，这些领导人逐渐调到中央。到 1952 年，大区最有势力的人物已在北京担任重要的工作，虽然他们一般仍然兼职，继续行使其地方权力。此外，由于中央官僚部门职位的增加和大区间的情况更趋于一致，有些特定的权力转到了北京。例如在 1950 年 3 月，政务院公布了统一全国财经工作的决定，但是在另外一些事例中，例如在 1951 年 11 月扩大大区任命权的决定中，继续分散管理的需要也被承认。

当然，分散管理会给忽视中央指令精神以便增加某种地方利益的"地方主义"倾向以活动的余地。在 1949—1952 年，这方面最明显的事例发生在南方的广东省，涉及的是土地改革问题。地方干部在贯彻时，进行得比其他地方更为温和和缓慢，这样就引起上级的批评，主要人物最后被从外面派来的新领导所取代。但是关于这个事件，意味深长的是地方干部的主要对立者与其说是北京的中央当局，不如说是位于武汉的中南军政委员会的领导人。在这几年中，表明大区抵制中央权力的证据的确很少，虽然大区不可避免的"错误"要受到北京的批评。中央领导人承认确已出现的差别，认为在种种情况下，差别不但必要，而且是可取的。从根本上说，这意味着各种规划首先在形势更稳定、组织资源更丰富的华北和东北试行，只是在情况容许时才向南推广。西北和西南在贯彻各种规划时尤其落在后面，但不像广东的那次事例，由于"土匪"的有力抵抗，北京接受这些大区的落后情况，认为这是合乎逻辑的。

大区特殊性的最突出的事例是东北。这与后来关于高岗已在那里建立一个独立王国的歪曲的指控（下面将进行讨论）没有多少关系。相反，它反映了以下一个事实：由于种种原因，东北是最进步的大区，并且充当了全国其他大区的前导。第一，东北得益于日本人统治时期的工业化，所以具有最发达的经济基础。它在 1949 年提供了34％的中国工业产品，在 1952 年提供了 52％。第二，由于东北是第一个完全解放的大区，它能够更快地朝全面地执行政策的方向发展，到 1950 年，它开始能够制定大区计划。最后，靠近苏联和苏联拥有大区的铁路和旅大港这两个事实，使它容易得到苏联的援助和受到苏联的影响。例如，东北实行了苏联的经济管理方法（虽然因缺乏技术人员而遇到了困难），这些方法一般得到中央领导的赞同，准备在全国推广。

东北的示范作用——政策在全国范围推行之前先在那里试验和修订——不限于先进的工业部门。在青年工作方面，东北全区，特别是哈尔滨，被树为学习的榜样，这个时期发动的群众批判运动之一——集中反对城市腐败现象的"三反"运动——最早在东北试验性地开展。北京统一战线的一个主要人物、孙中山的遗孀宋庆龄的一篇记述东北印象的文章概括了中央领导的态度。她写道，中国有光明的未来，"我们的东北正走在前面"。① 北京鼓励东北的带头作用，同时把西北和西南看做落后地区，在那里执行迥然不同的政策是必要的，也是适宜的。

土地改革

总的来说，新解放区极其重要的任务是土地改革。对这项工作中共带来了在处理城市更为复杂的情况时常常缺乏的经验和人员。到解放军渡江时，党毕竟已经进行了二十多年的农村革命。在那个时候，党的领导人曾经试行各种各样的方式，并且改进了一整套动员农民的方法。可是在某种意义上，党在广大农村面临的工作，甚至比在城市进行的工作更加困难。首先，甚至党的最高领导也不完全清楚过去的经验对新形势的适用程度如何。毛泽东在 1950 年初期要人们注意已经起变化的形势："过去北方土改是在战争中进行的，战争空气掩盖了土改空气，现在基本上已无战争，土改就显得特别突出，给予社会的震动特别显得重大。"②

更为重要的是此时已夺取了广大的领土。即使中共在 1949 年能把它的 450 万党员全部派到这些地区，由此形成的干部力量仍不足以渗入广为分散的农村人口之中。此外，党员作为外地人来到新解放区的村庄，对当地情况了解甚少，抱着以完全不同的农业和所有制形式

---

① 《人民日报》[362]，1951 年 5 月 1 日。
② 《毛泽东选集》（英文）[502]，第 5 卷，第 24 页；中文版，第 5 卷，第 13 页。

为基础的想法，常常甚至不能讲当地话。由于人员分散，他们又有外地人身份，到 1952 年秋中共在占 90％的农村人口的地区完成土改的成就证明了它更早时期经验的贴切性和党的领导人的决心。

最初向农村的渗透以解放军部队的形式出现，它们从城市向农村集镇，然后向村庄展开。这些部队的工作除了"剿匪"外，一般地限于收缴当地民众的武器，执行治安任务和组织村的民兵。紧跟解放军前来村庄的是由干部组成的小组或略大的工作队。只有一小部分——最多也许为 10％——是有北方农村斗争经验的老干部。大部分人是学生和其他城市知识分子、与地主和富农有家族关系的农村知识青年、城市的失业人员，以及共产党的地下工作者（如果有的话）。激进的青年以及有问题的阶级背景常常可以作为这些政治工作者的特征。

他们的最早任务之一是在解放军的帮助下征税以支持新政权。这项工作必然造成干部和农民之间的摩擦，在接管后的第一年试图征收粮食税时有 3000 名以上的干部被杀，这个事实足以说明问题。但是，当新政策越来越明显地把负担从穷人转到富人身上时，就产生了对新秩序的支持。在这个开始阶段干部采取的其他措施包括组织农会，实行减租减息，进行反"霸"——换句话说，是旧名流中最暴虐的人——斗争。在这些努力中，没有一个没有障碍。"恶霸"是一个武断的称呼；农民常常偷偷地把地租退给地主；到 1950 年秋季，只有 20％的仓促组成的农会被判定是可靠的。的确，在土改的这几个阶段及以后，工作常常必须重复两三次，才能取得成功。整个努力的局限性在土改结束时的调查中进一步暴露出来，调查表明，在有些地区只有 40％的农民加入农会。

所有这些措施都是为土地改革——没收地主的土地进行再分配——这项主要工作做准备。在 1950 年 6 月，中央颁布了土地改革法以指导这项工作。新的法律和刘少奇就这个法律作的报告，反映了毛泽东关于当前情况不同于北方战争时期的土改和维持"富农经济"的政策的观点，它们为这个规划明确地提出了合理的经济内容。这样，土地改革的主要作用是济贫的观点被否定，而"解放农村生产力"和"为工业化铺平道路"的观点受到重视。此外，土改法对这一点充满信心，即可以用来在和平时期的条件下能够不费力地战胜地主的反抗，并且坚持政治秩序是贯彻此法的先决条件。

但是，新解放区农村土地改革准备工作遇到了困难，这已经使上述的分析要打些折扣。一个因素是，农民对中共的方案将进行到什么程度心中没有底，特别是对再分配将会影响富农，甚至中农的土地这一点表示关心。根据中共的观点，更为不祥的是普遍存在的地主压迫农民的传统力量和影响。普通农民干脆不敢反对那些长期支配当地的势力，因为他们对共产党的统治不可逆转这一点几乎没有信心。一个特别困难的问题是传统村庄的阶级界线不清。对各种富裕农民阶层和地主之间的区分，外地来的工作队往往比当地农民更加清楚。还有，社会的紧张状态由于在困难时候地主对农民的传统义务，以及特别的家族纽带、在本地居住和同为一个氏族而缓和了。所有这些联系都能被地主利用（而且已被利用）去破坏农会，隐瞒土地及财产，并通过秘密会社及其他手段去保持原来的权力结构。

1950年夏末，当反映当前农村社会中的根深蒂固的力量的报告引起了负责的党的领导人的注意时，政策开始被重新考虑。到11月和12月——在中国介入朝鲜战争后不久——明显地出现了向更激进的路线的转移。几项官方声明把朝鲜冲突引作这一转移的根据，加剧的社会紧张状态和国民党重返大陆的谣言当然是一个因素。然而，改变的根本原因仍是比较温和的方案已经遇到的种种巨大困难。

结果，逐步加强贯彻的新土地改革方案强调阶级斗争和动员群众，甚至不惜冒某种社会动乱的风险，这与土地改革法的原则形成鲜明对比。当中南的主要官员邓子恢（他很快将成为中共的最高农业专家）攻击和平土改并且断言政治必须放在经济前面时，他实际上在批评六个月前的官方路线。指出以下事实很重要：即使这样大的政策转变，也几乎没有政治争吵，因为刘少奇和其他阐述更早路线的人仍保持他们显赫的地位。毫无疑问，这部分地是由于毛泽东自己也曾经主张较温和的政策，而且这还反映了所有有关的人都愿意把改变方案当做根据新迹象做出的必要调整，而不是当做取得政治利益的争端。

在新路线下，土地改革被发动起来了。重大的步骤是确定全体村民的阶级成分，然后是没收和重新分配地主的土地和生产性财产。在此过程中，县一级土改委员会派出的工作队起了领导作用，它们的主要职能之一是净化农会，从中选出积极分子担任地方领导职务。绝大部分新领导从贫农中吸收，虽然官方政策把 1/3 的农会领导职位保留给中农。在许多地区，中农由于有技能，能够取得支配地位。此外，工作队通过诸如"诉苦会"和公审，设法动员全村反对地主。这些方法使地主当众丢脸，审判的结果是大规模地处决这个阶级的成员，也许有 100 万至 200 万人。① 在"不要过早地纠偏"这一新指导方针下，被发动起来的群众常常对地主不受约束地施加暴力和采取残暴行为，这又造成了更多的死亡。虽然和平土改的报道在整个运动中继续出现，但是继续划分阶级界线和制造对抗的活动产生了越来越厉害的后果。

作为一项经济改革方案，土地改革成功地把 43% 的中国耕地重新分配给约 60% 的农村人口。贫农大大地增加了他们的财产，但是实际上中农获益最大，因为他们最初具有更有力的地位。土地改革对总的农业生产力的贡献究竟有多大，这个问题仍可以争论。总之，这个运动的主要成就是政治上的。旧的社会精英被剥夺了经济财产，其中有的人被杀，作为一个阶级，他们已受到羞辱。决定性的事实是，旧秩序已经证明毫无力量，农民现在可以满怀信心地支持新制度。氏族、宗庙和秘密会社等旧的村组织已被新的组织代替，承担了它们的教育、调解和经济职能。从贫农和中农队伍中产生了新的村干部精英，这些贫农和中农的眼界已被中共的有阶级倾向的观点扩展了。

在完成这次农业革命时，党同时采用了强迫和说服的方法。经常宣传旧制度的邪恶和新制度的优越当然是赢得农民对中共方案支持的

---

① 在缺乏官方统计数字的情况下，不可能知道涉及的人数，但是 20 世纪 50 年代初期反共的材料估计死亡人数有 1400 万到 1500 万，这显然太高了。有人对材料做了审慎的检查，谨慎地估计处决的人数为 20 万至 80 万，见本尼迪克特·斯塔维斯《中国的农业机械化政策》[685]，第 25—30 页。有的报道根据对避难者的采访，提出更大的数字，报道说："政策规定，实际上在每个村至少选一个地主（通常选几个）当众处死。"鲍大可与艾兹拉·沃格尔：《共产党中国的干部、官僚政治和政权》[28]，第 228 页。

一个重要因素，但是对地主使用的武力是使全体农村人口相信谁有力量的关键。可是党的政策给农村里较穷的人提供的实在的报酬却与强迫同样重要。实行更公平的税制、减租，最后是分配土地（另外还给最积极的人分配领导职务），这些大大地有助于农民群众相信党的事业的正义性。由于在土改期间中共显示了它既是一支令人生畏的力量，又是较好生活的提供者的可信性，它大大地提高了将来在农民中的说服力。

城市群众运动

在土地改革激烈地改变中国农村生活的同时，一系列城市群众运动给城市留下了不可磨灭的影响。这些运动中最重要的有：1951 年 2 月发动并持续到 1953 年的镇压反革命运动；从 1951 年秋到 1952 年夏秋的反对腐化干部的"三反"运动、针对到那时为止受到尊重的民族资产阶级的"五反"运动和针对知识分子的思想改造运动。这些运动都进行得极为激烈，并引起了社会上的严重紧张和忧虑。如同在乡村，官方的暴力也被大规模地使用，特别是在镇反运动中，但"三反五反"运动使用暴力的程度则小得多。[1] 此外，各种各样的措施造成了强烈的心理压力，其中包括强迫在小组中坦白和有数万人参加的公审（并向几百万人广播）。这不但形成一种不信任气氛，破坏了已建立的个人关系，而且还导致大批人自杀——可能有几十万人。[2] 这些运动向社会广大阶层表明了党的社会改造这一目的的全部内容。由于重点从安定人心转到加强控制，许多到那时为止基本上搁置不管的集

---

① 在缺乏精确的官方统计数字的情况下，也不知道处决的人数，但城市主要的反对反革命的运动可能造成了 50 万至 80 万人的死亡（见斯塔维斯《中国的农业机械化政策》[685]，第 29 页）。事情是模糊不清的，因为这些数字的依据是毛泽东在 1957 年提到的已被清除的反革命分子的材料，但是根据上下文，不可能知道提到的人是某个特定运动的对象，还是包括土改和其他运动受害者在内的范围更广的一类。

② 关于自杀规模的主要材料是避难者的叙述。周鲸文：《十年风暴：中国共产党政权的真相》[148]，第 115、113 页；此书估计，在镇压反革命时期有 50 万以上的人自杀，"三反、五反"运动又有 20 万人自杀。虽然这些数字可能是夸大的，但是根据官方材料，自杀显然是一个重要的现象。

团也被卷进了直接斗争的旋涡之中。到 1952 年底，对大部分中国城市居民来说，中共已经成为一股需要认真对待的力量。

这几次运动都是在 1950 年后期中国人参加朝鲜战争以后发动的，它们的激烈程度无疑与朝鲜有关。党的领导人看到了保持警惕的真正必要性，这不但是由于美国进攻的危险性，而且是由于国民党重返大陆的可能性。总之，国民党的破坏活动是个现实，不满分子被卷入朝鲜战争造成的潜在机会所鼓舞。社会总的紧张程度由于 1950 年秋末发动的指导所有集团去"抗美援朝"的运动而进一步加剧。从毛泽东对反革命分子的评论中可以看出在介入朝鲜战争时领导态度的转变。1950 年 9 月后期，在决定介入之前不久，毛泽东宣称，不杀一个特务是必须坚持的政策；到 1951 年初，他力主："要坚决杀掉一切应杀的反动分子。"①

虽然朝鲜战争无疑促使态度改变，并使各种运动比没有朝鲜战争时更为严厉，但在另一个意义上说，党的领导人利用了朝鲜形势去推动不管怎样都要进行的工作。对付反革命分子的各种措施在朝鲜战争前已经拟就，"动摇的"资产阶级和倾向西方的知识分子显然已是思想改造的对象。的确，大部分重大的运动是在参加朝鲜战争后一年的 1951 年秋季开始的，但毛泽东后来指出，只有在土改完成以后，才能发动"三反"和"五反"运动，所以国内的考虑是首位的。②

镇压反革命运动的对象是间谍和积极对抗新政权的人。在打击目标名单上名列前茅的是前国民党党员和与国民党有联系的组织，以及秘密会社的头子。但是，"反革命"的定义极为广泛，在进行运动时，被波及的看来不但有积极的反对者，而且还有可能成为替代的领袖的真正有名望的地方人物。在进行运动时，中共表现出一种避免苏联公安工作方法的有意识的努力。虽然运动在许多方面是以夜间逮捕为特征的传

---

① 《关于镇反工作和肃反工作的批语》（1950—1951 年），载《毛泽东思想杂集》[508]，第 1 卷，第 6 页。

② 《在中国共产党第七届中央委员会第六次扩大的全体会议上的总结发言》（1955 年 9 月），载《毛泽东思想杂集》[508]，第 1 卷，第 16 页。

统的警察活动，但毛泽东的指令强调了独特的中国方式。首先，在挖反革命的过程中争取群众参加，并且认识到避免因过头行为而引起舆论不满的必要性；为此，非党人士被邀请参加监督运动的委员会。甚至更为重要的是，毛泽东坚持党委的权力应高于一切公安工作。这与斯大林的做法完全相反，那里的秘密警察实际上是能使党感到恐惧的独立的等级组织，而毛泽东则强调高级党组织要严格核查反革命事件。

在表面上，一般民众觉得镇反运动是吓人的，但也是可以理解的，特别是在有外来威胁的时候。但是 1951—1952 年三个互相有关的运动对到那时为止一直受到中共温和对待，甚至优遇的集团来说，是一个当头棒喝。"三反"运动的主要对象是城市干部，特别是那些由于与资产阶级打交道，已经有贪污行为的财经部门的干部。虽然这些人中包括一些比较高级的共产党员（不过没有中央委员或部长），但绝大部分或是留用人员，或是新干部，他们对共产主义事业的信仰一直是可疑的。"五反"运动明确地指向不法资本家，特别是大资本家，他们涉嫌全面地进行经济犯罪，并欺骗国家和公众，但是运动的更大的目标是作为一个阶级的民族资产阶级。虽然思想改造主要针对被断言是帮助"美国文化帝国主义"的高级知识分子，但更全面的目的是削弱所有背离中共式马列主义的思潮的影响。

在最广泛的意义上说，正在遭到打击的是到那时为止一直被容忍的一整套城市非共产主义的价值观。在鼓励资产阶级的官方政策中带头的许多干部已经认为资本家是社会中最进步和最能干的人。就资本家而言，他们则希望继续营业和过富裕的生活。最后，主要的知识分子珍视独立思考，抵制强加给他们的马克思主义约束。

这三个运动的总的结果是使这些成分就范。这表现在几个方面。对情节最严重的人的直接惩罚，再加上施加的强大心理压力，破坏了有关集团的自信心。此外，这些压力摧毁了现存的社会关系的格局；关系——即基于家族、同窗和同事纽带的个人关系——再也不能保证提供反对国家要求的保护了。与此有关的是，党成功地在其他人的眼里贬低了这些集团，这些人历来对它们唯命是从。这样，以前接受其雇主的家长作风的小企业工人，这时开始采取官方的阶级斗争态度了。

在组织上，由于建立新工会和清理常常被资本家的朋友和亲戚管理的原来的工会，资产阶级对他们企业的控制被削弱了。具有十分重要意义的事是吸收新精英在经济企业和政府中任低级职务。由于留用人员和受腐蚀的新干部被清洗，他们的位置和因经济发展而新设的其他职位被在"三反五反"运动中或更早涌现出来的工人积极分子所担任。在很大程度上，打击留用人员之成为可能，是由于已有了一批在以前几年受过行政工作训练，这时被提拔到更负责的岗位上的工人，而且运动本身也产生了大批表面上忠于中共纲领的新干部。由于继续需要现存集团的管理技能和知识技能，变化不像乡村那样引人注目，但是在这几年，城市与农村一样，出现了新精英分子。

最后，"三反"和"五反"运动具有重要的经济效力。除了通过罚款和补税取得大量投资和发展的资金，两个运动还通过发放新贷款和订立政府合同（资本家在财政紧迫的情况下发现这些是必不可少的），大大地加强了政府对私营企业的控制。此外，与这些加强了的外部控制同时出现的还有内部控制。关键的措施是，需要付巨额罚金的企业要把股票售给国家和进行公私合营，才能履行它们的义务；这个过程导致了派国家干部担任有关企业的领导职务。许多大型和中型企业成立的党支部，特别是在调查资本家"罪行"时搜集到的大量情报，再加上加强了的工会，这一切使当局大大地加深了对私营经济领域内部经营情况的了解。结果，中共领导人已经具备真正进行计划经济发展的实力。

社会主义建设和改造，1953—1956 年

由于城乡进行了各种形式的群众运动，政治控制大大地加强，在此基础上，中华人民共和国在 1953 年进入了社会主义建设和改造的新阶段。在这一年，全国性的经济规划开始了。起初，由于中国原始的计划和统计能力、朝鲜战争的需要、与苏联关于经济援助的谈判的明显拖延，中国只可能制定年度计划。但是在 1953 年中期随着朝鲜战争和与苏联进行的援助谈判的结束，更全面的计划工作可以开始

了。最后在 1955 年年中，从 1953—1957 年的第一个五年计划被批准。

社会主义改造——农业、手工业、资本主义工商业从私营向国营和集体所有制的转变——与有计划的建设同时进行。对改造的新的强调发生在 1953 年年中制定"向社会主义过渡的总路线"和 10 月份公布总路线之时。这一总路线在几个方面反映了与前一个时期的延续性。第一，它的特征是渐进主义；工业化和改造都要在大约 15 年的相当长的时期内逐步实现。还有，总路线仍在统一战线的基础上实行。特别是民族资产阶级，将继续起主要作用。过渡的最早阶段将是"国家资本主义"，私营成分在其中日益与国营成分发生联系，但资本家仍将保持约 1/4 的企业利润。但是，由于中共统战政策的性质，改造的过程自然包括威胁资产阶级的几个方面，虽然威胁的形式不是大张旗鼓的。如同刘少奇在 1954 年 9 月所说："那种认为我国已经没有阶级斗争了的想法是完全错误的……［但是可以］用和平斗争的方式来达到［限制资本主义剥削的］目的。"①

尽管有延续性，总路线仍意味着它是一项多少更加激进的政策，它反映了向社会主义而不是向资本主义过渡的概念。此外，1953 年采用总路线时的政治形势表明，在领导集团内部存在着几年前就已产生的分歧，即究竟使社会主要集团安心的做法应强调到什么程度，控制和改造它们的做法又应强调到什么程度。虽然毛泽东看来没有像以往在朝鲜战争、农业集体化和"百花运动"的决定中那样发挥个人的主动性，但毛泽东这时在把重点更明确地转到改造方面起了主要的作用。在 1953 年夏的一次重要的财经工作会议上，毛泽东讲了几个问题，其中包括对富农的让步和在发展社会主义农业时的犹豫不决。但是与高岗事件（下面讨论）纠缠在一起的最尖锐的问题是新税制，它在 1952 年 12 月被财政部长薄一波所采用，旨在减轻私人资本家的纳税负担。毛泽东宣称，它的基础是"有利于资本主义，不利于社会主

---

① 《刘少奇选集，1945—1957 年》（英文）［470］，第 292—293 页；中文版，第 2 卷，第 152 页。

义的资产阶级思想”。①

对薄一波的抨击可以用来警告其他有类似观点的人，以使他们了解加快变化过程的必要。这个警告是有效的，没有引起破坏，因为号召的政策转变是比较温和的，而且毛主席强调了既防止“右”又防止“左”的倾向的必要性。此外，对薄一波问题的处理是为了党的利益而限制精英冲突的一个例子。在会上，毛泽东宣布薄一波的错误不是路线错误，并号召团结。虽然薄一波作为财政部长下了台，但是过了一年多一点，他又被指定担任中华人民共和国的一个重要的经济职务。

到 1953 年，中共已经积聚了社会主义建设和改造赖以开始的大量资源。从经济上说，到 1952 年后期，70%—80%的重工业和 40%的轻工业为国家所有。国营贸易机构和合作社的营业额占总营业额的 50%以上，同时政府在其他部门所起的杠杆作用，由于合营企业和整顿过的工会的发展而增强了。从组织上说，除了从培训工作和群众运动中涌现出来的大批干部和积极分子外，由于始于 1951 年和在 1954 年初期结束的“整党和建党”运动，中共已加强了力量。这次改造和吸收党员的运动清除了约 10%的中共党员（约 58 万人），他们或是与敌对阶级有联系而受到腐蚀，或是对党纲完全缺乏信仰或认识；同时，这次运动以比较慎重的态度吸收了约 128 万名新党员，从而到 1953 年年底党员总数达到了 650 万。

到 1952 年后期，中共在另一次有关组织方面的运动中已扩大了它的组织网络，覆盖了大部分城市居民和部分农民。除了 1951—1952 年的运动所起的作用外，党通过逐街发展居民委员会，把它的控制扩大到城市的基层，这个过程最后在 1954 年成形。同时单位之间的连接进一步加强了中共在城市中的组织方面的控制。通过对大部分官方机构的工作人员提供工作、宿舍和社会交往的条件，以及通过建立正式的政治仪式，其中包括全体单位成员参加的诸如学习文件和在小组中互相批评等有指导的活动，单位就成了政治控制的强大的力量。

---

① 《毛泽东选集》（英文）[502]，第 5 卷，第 104 页；中文版，第 5 卷，第 91 页。

　　此外，最初在 1949 年作为全国性团体而组织的用来教育和动员主要民众群体的"群众组织"已经具备很大的规模。到 1953 年，新民主主义青年团已经发展了 900 万团员，工会会员达 1200 万人，妇联至少有 760 万人正式登记参加。虽然这些及其他的群众组织在其实际活动中常常是被动的，但它们仍然是提供与党的政策保持接触并具有某种民众参政意识的引人注目的机构。毛泽东在 1955 年指出，这种"绝大多数……都在某种组织生活中"的组织规模在几千年中从未出现过。但是，他宣称，结果是这种情况已经使人们常哀叹的中国的那种"散沙状态"变成了全国的统一。①

　　在集中这些资源发展经济时，中共赢得了被改善生活条件和提高国家荣誉的诺言所吸引的人民的真心支持。在领导集团内部，他们一致同意计划建设是唯一可以接受的方法——它不但是意识形态上的选择，而且比"混乱的"资本主义发展更有效率。强调计划工作的一个重要结果是，它在经济目标和社会改造之间创造了一个关键性的连接纽带。规划中的所有制形式的改变，不但剥夺了可疑的阶级的财产，而且能使国家直接控制经济资源，没有经济资源，计划工作就不起作用。这样，虽然对这个连接纽带的确切的性质展开了激烈的辩论，但是在不但要现代部门社会主义化，而且要农业社会主义化这一点上是根本一致的，因为用国家计划委员会主任李富春的话来说："社会主义不能建立在小农经济的基础上，而只能建立在大工业经济和集体大农业经济的基础上。"② 在进行第一个五年计划时，对中共领导来说，在经济目标和政治目标之间显然没有根本的矛盾。

　　计划精神的另一个结果是在生活的一切领域中推动了正规化。在总的制度方面，这个结果表现在 1953—1954 年的全国人民代表大会的选举及 1954 年召开大会时它通过的正式国家宪法上。从行政上说，

---

① 《毛泽东选集》（英文）[502]，第 5 卷，第 173—174 页；中文版，第 5 卷，第 158—159 页。
② 《关于发展国民经济的第一个五年计划的报告》[443]（1955 年 7 月 5—6 日），载《1955—1959 年的共产党中国：政策文献，附分析》[186]，第 47 页。

正规化意味着集权化。1952 年后半期设立了国家经济委员会和新的负责经济的部，大区的各种权力随之缩小，而另一些权力则直接收归中央。后来在 1954—1955 年，大区的行政机构和相应的党、军机构被撤销，理由是它们与计划建设的需要不相适应。鉴于长期以来不断地加强中央控制，这个解释是有说服力的，虽然有迹象表明在时间选择上可能受到高岗事件的影响。更广义地说，正规化影响着使行政工作、组织机构、吸收干部、培训和工资等方面法规化的大量活动。到 1955 年，新的体制表出现，以使以前各不相同的行政建制规范化；协调有关司局工作的办公室被设立；新的记录保存制度和会计制度被采用，以提供全面计划的基础；干部任用的程序完成了从专门培训班和个人推荐向正式的学校制和正规鉴定的做法的过渡；以往现金工资和供给制不协调地混合实行的办法让位于不同类别国家工作人员的固定的和十分连贯的工资级别。一项有特别意义的发展是 1955 年采取的一系列军事专业化的措施，包括采用肩章领章、军阶和工资等级，这些措施显然大大地改变了解放军的不正规的和平均主义的传统。很明显，新的计划社会包含着与中共革命历史不相符合的因素，但是没有什么证据能证明，在那些满怀希望的日子里，党的领导人对这些不一致的现象表示特别的关注。

计划经济建设的开始还加深了苏联模式的影响；毛泽东在 1953 年初期说道："我们要在全国范围内掀起学习苏联的高潮，来建设我们的国家。"① 从 1949—1950 年或更早开始，中国的部分情况是，模仿苏联模式，学习苏联理论，聘请苏联专家在关键的部、企业以及军事、科学和教育机构担任顾问，派中国学生和专家去俄国，翻译出版大量的苏联教科书；但是即使是原始的中央计划工作的出现，也大大地提高了这些现象的重要性。当然，决定性的因素是斯大林式的经济战略，它表现为高的再投资率，着重资本密集型的高技术项目，把农业作为发展工业的一个重要资金来源，优先向重工业投资。虽然关于

① 《人民政协第一届全国委员会第四次会议闭幕词》（1953 年 2 月 7 日），载 K. 范编《毛泽东和林彪：革命以后的著作》[234]，第 102 页。

计划的细节和计划内资源的分配问题继续有争论，但当第一个五年计划在 1955 年迟迟地制定出来时，它原则上紧紧地仿效苏联的模式。苏联对成为计划核心的现代大工厂提供的财政和技术援助也具有重要意义。

但是，苏联政府的模式和援助的重大影响没有消除中国的独立思考。有的部讨论了由于仓促地采用苏联模式而引起的问题；在中国官员感到特别擅长的一些领域，他们因抵制苏联模式而为人所知。可是在与现代部门打交道的许多中华人民共和国的行政官员和专家中间，总的趋势却是另一种态度。毛泽东在后来抱怨说："在许多工作中产生了教条主义……不管（苏联）文章正确不正确，中国人听了都奉行。"[①] 但是在 1953—1955 年的时期，最高层很少有改变这种状况的迹象。

高岗事件

在社会主义建设和改造开始后不久，中共发生了 1949—1957 年时期唯一一次重大的清洗领导的事件。1954 年初期，撤掉高岗和饶漱石在党和国家内的重要职务，一年后随之又把他们正式开除出党，这不但标志着此事是这一时期最严重的上层冲突，而且是性质不同于其他精英摩擦事例的冲突。这些重要人物都属于政权中最有权力的人：高岗是政治局委员、国家计划委员会的首脑、东北党、政、军的最高官员；饶漱石是控制高级任命的中央委员会组织部部长、计划委员会委员、华东的最高党政领导人。东北和华东的七名较低级官员也与他们一起被揭露，而"文化大革命"的材料把十几名高级的中央和地方领导人与这个事件联系起来，不过可信的程度不同。

长期以来，高饶事件一直是中共党史中最模糊不清的篇章。当代材料的数量和内容都有限，而且这个事件在"文化大革命"中只受到较少的注意。在缺乏大量情报的情况下，许多分析家们提出了推测性的解释，强调诸如可能产生的政策分歧、地方主义、所谓的高岗与苏

---

① 《在成都会议上的讲话》（1958 年 3 月），收于施拉姆《毛泽东的讲话和信件，1956—1971 年》[634]，第 98 页。

联的关系和毛泽东的健康等因素。[①] 虽然这些解释多少是适当的，但都不充分。幸运的是，毛泽东死后新材料变得可以到手了，以至能对一度危及党的来之不易的团结的政治权术作出更详细和精确的了解。[②]

高饶事件的实质是他们试图把刘少奇和周恩来从中共的第二和第三的位置上拉下来。主要的目标是刘少奇，他作为公认的毛泽东的接班人，是高岗实现野心的主要障碍。虽然高、饶二人在正式的党的会议上耍过花招，但他们基本上是在组织外面进行活动，并且与政权的最高级人物私下谈判。当 1955 年官方宣布这个事件的结论时，他们的活动简直可以称之为"阴谋活动"和为加强个人权力而进行的"无原则"活动。

从 1953 年 6 月至 12 月与所进行的这些活动的直接有关的情况，既包括当时已在进行的集中化和正规化过程，又包括围绕贯彻新的总路线的争论。前一件需要考虑的事情涉及组织机构的变化，从而涉及在新机构任职的人员的变化，这是为了适应计划经济建设的需要。除了新的国家机构外，还正在酝酿召开八大，会上需要选举新的党领导。这种形势所包含的权力再分配的可能性在年末增大了，当时希望减轻其职责的毛泽东提出了把领导分成两线的问题，以便让其他人分担他的一些责任。第二件事，即涉及总路线的争论，意味着政策讨论是在隐藏分裂的政治气氛中进行的。虽然政策的分歧事实上是比较小的，但对有野心的政治家来说，存在着试图把分歧扩大为路线问题的

---

① 对高饶事件最详尽的记述是弗雷德里克·泰韦斯的《中国的政治和清洗：1950—1965年的整风和党的准则的衰败》[702]，第 5 章；文中强调毛泽东日益恶化的健康是影响高岗的间接的关键因素。其他解释包括：弗朗兹·舒尔曼：《共产党中国的意识形态和组织》[637]，第 4 章（强调政策分歧）；约翰·W. 刘易斯：《中国共产党的领导和毛泽东以后的接班：紧张形势的估计》[437]（强调地方主义）；中嶋岭雄：《高岗事件和中苏关系》[541]，载《评论》，1977 年 3 月（强调与苏联的关系）。

② 依靠毛泽东死后材料作出文中下面解释的主要有：陈诗惠：《关于反对高岗、饶漱石反党阴谋活动的问题》[111]；政治学院中共党史教研室：《中国共产党六十年大事简介》[168]，第 397—400 页，第 405—409 页；《邓小平文选》[704]，第 257—258 页；廖盖隆：《历史经验》[447]，载《问题和研究》[358]，1981 年 10 月，第 79 页；与中国官员和学者的讨论。

机会。

如果这些形势造成了冲突的可能性，那么高岗夺权的关键因素是他对毛泽东态度的估计。虽然据报道高岗不愿意离开他的地区权力根据地，[①] 但他在 1952 年后期来到北京时，他既担任了计划委员会的领导而取得了引人注目的权力，又重温了他与毛泽东的亲密的私人关系。在延安时期，高岗与毛主席友好相处。毛泽东尊高岗为西北革命根据地的创始人，认为他是一个善于掌握基层实际情况的地方干部。两人还很合得来。1949 年以后，由于高岗在东北的成就，毛泽东对他的印象更为深刻，认为他是能够加强中央委员会工作的一个干练的领导人。对高岗的这种赞赏态度与对刘少奇、周恩来工作的某种不满——特别是他们在经济建设和发展农业合作社方面所持的态度比毛泽东期望的更为谨慎——是一致的。毛泽东在 1953 年初期与高岗的几次私下谈话中表示了这种不满。不管毛泽东的意图是什么，高岗把这看成是一种信任他的信号和反对刘和周的机会。

助长高岗野心的另一个明显的因素是苏联在斯大林死后接班的最初结果，年纪较轻的马林科夫取得了领导大权，尽管资格更老的莫洛托夫和卡冈诺维奇也有此权力。通过对比，高岗从表面推断，他可以取代代表中共领导人中稍老一代的刘和周。到了这时，高岗已得到饶漱石的支持，后者已相信，高岗上升的地位是他取代刘少奇而成为接班人的一个前奏。饶漱石不愿支持失败的一方，尽管他自己与刘少奇在历史上有联系。事实上，历史关系反而更使饶漱石接受高岗的奉承，因为在中央组织部中的饶漱石的副手安子文与刘少奇的关系比他与刘少奇的关系要亲密得多。饶漱石显然感到自己没有完全控制他的

---

① 把持大区权力是官方对高岗在东北成立"独立王国"的指控的关键。据报道，高岗设法把东北的一切权力置于其亲信之手，而不把实权交给第二书记林枫及其他官员。这并不意味着东北采取了一条独立于中央的路线；事实上东北大力地贯彻中央的指令，所以它屡次因带头大力实行新政策而受到表扬。尽管迅速贯彻中央的政策，毛泽东后来还是把高岗非法利用大区行政制度的缺点引作最后撤销各大区的一个理由。见《毛泽东选集》（英文 [502]，第 5 卷，第 293—294 页。关于对大区问题的进一步分析，见泰韦斯《政治和清洗》[702]，第 184—191 页。

新职务，这样就助长了他在反刘少奇活动中与高岗同舟共济的意愿。

虽然1955年和毛泽东死后的官方结论都声称高、饶阴谋活动没有任何政策内容，但严格地说，情况并非如此。高、饶没有提出自己的全面政策纲领，但他们确实利用了围绕着新的总路线的争论去攻击其他人的政策。关键的事例是1953年7—8月在财经工作会议上对薄一波征税政策的攻击。高岗首先发难，把薄一波的政策比作布哈林的和平改造。毛泽东似乎对高岗的理论非常感兴趣，也参加了批评。但毛泽东不愿把这件事推到高岗含蓄地提到的极端，所以在会议结束时下了结论：不存在路线错误，至关重要的是捍卫党的团结。但是，还不清楚毛泽东在这个阶段是否了解了高岗活动的全部含义。正像后来9、10月组织工作会议上饶漱石攻击安子文的事件一样，高岗攻击薄一波的矛头实际上是指向薄的后台刘少奇。总之，毛泽东似乎满足于号召团结，没有直接批评高岗。

高岗还设法通过与苏联建立良好关系来支撑他的地位。作为东北的党的领导人，高岗自然与苏联的人员有密切的工作关系，但这些关系却朝阴暗的方向发展。他显然与驻东北的苏联领事馆工作人员和莫斯科因公派来的柯西金发展了特别密切的关系。在与这些人讨论时，高岗把刘、周二人描述为与自己相反的反苏人物。后来，他一旦在政治上被击败，对这些联系的揭露被用来制造反对高岗的舆论。虽然他与苏联的关系被视为不正常，但不能认为这就是在为苏联工作。有的西方解释认为高岗是斯大林在东北的代理人，但与此相反，高岗显然试图在他加强权力的斗争出现风云突变的形势时依靠苏联。由于这个时期与苏联的经济、政治和意识形态联系，莫斯科一方的赞赏的态度能成为一个政治上的有利因素。但是由于中共领导人对维护民族独立的强烈使命感（对它再也没有人比毛泽东更为强烈了），这是一场胜负难卜的赌博。结果，高岗与苏联人建立的关系在他的阴谋活动或他的垮台中没有发挥重要作用，但它仍是总的策划中的部分内容。

比批评刘、周及其盟友的表现或追求苏联支持更为重要的是，通过答应高级领导人在新的高岗政权内担任显赫的职务，煽动其革命经历主要在红军和农村革命根据地的领导人反对在敌后白区工作的专家

（如刘少奇和周恩来），以大力争取对他事业的支持。后一件需要考虑的事情在即将来临的职位再分派的背景中似乎有巨大的影响力。安子文草拟了一份据说刘少奇不知道的新政治局的名单，这给高岗提供了机会，名单少给了军事领导人的名额，给白区人物以不应有的突出地位。从军事干部的观点看，主要的偏颇是安子文的名单包括了他白区的同事薄一波，但没有包括杰出的军事领导人林彪。虽然这些人能够同意刘少奇作为第二号人物的地位（因他对革命事业作出许多贡献），但对不顾解放军领导人的利益而给予彭真和薄一波突出地位的情况愤愤不平。

以这些问题为武器，高岗在夏天南下度假，以争取更多的人支持其事业。他通过饶漱石已经取得了华东，还有他自己的东北，所以他预计在六大行政区中，除了彭真和薄一波控制的华北外，能把它们全部争取过来。在进行时，高岗显然声称他已得到毛泽东的同意，这个做法——再加上安子文的名单引起的不满——收到了效果。中南的林彪和西北的彭德怀都同意高岗的改组党和国家、重新分配领导职务的观点。高岗在与另外两个关键的领导人邓小平和陈云打交道时就不那么成功。虽然西南的关键人物邓小平显然发现，高岗的请求非得进行"正式谈判"不可，但他最后拒绝谈判，根据是刘少奇在党内的地位"是历史形成的"。[①] 被提出在高岗返回北京就担任党的副主席的中央经济主宰陈云看来甚至比邓小平更不接受高岗的请求。

当陈云和邓小平显然分别行动，提请毛泽东注意高岗的行动时，转折点出现了。不管毛主席在年初与高岗进行个人谈话时的用意是什么，他这时对高岗的"地下活动"表示愤怒。在12月的政治局会议上，事态的发展达到了高潮，在会上毛泽东提出他要去度假，根据当时的做法，在毛泽东缺席的情况下由刘少奇负责。在高岗的活动透露给毛泽东以前，他出于几个原因，已在计划度假：健康不佳，希望对新的国家宪法进行思考，因他的一个儿子死于朝鲜而心情不佳。但在这次政治局会议上，他向高岗发难；高岗提出轮流领导，而不要把权

---

① 《邓小平文选》[704]，第 257 页。

力交给刘少奇，并表示自己希望当党的副主席，或是总书记，或是总理。毛泽东于是做了在财经工作会议上没有做的事——对高岗进行尖锐的批评。这次会议，再加上他实行他的度假计划和委托刘少奇组织1954年2月的强调党的团结这一主旨的全会，有力地粉碎了高岗和饶漱石的计划。

在结束这个事件时，团结的确得到了重视。毛泽东显然希望高岗能被挽救，以便在将来担负重要的责任，但高岗在2月全会期间试图自杀，最后在1954年8月得逞。林彪和彭德怀没有因同谋关系而受到处分；出现的另一种情况是，他们断言他们因相信高岗有毛泽东的支持而受骗，这样的解释就被认为是足够了。[①] 此外，修复安子文名单对团结造成的损害的必要性已被认识，于是林彪同邓小平一起在1955年被提升而进入政治局。

高饶事件既说明党的团结的重要性，又说明了它的脆弱性，人们从中可以吸取几个教训。从政治上说，高岗不能指望与有巨大实力的刘、周二人较量。这两个领导人不能随便地被列为白区人物；他们的事迹与整个中共党史中的重大经历，包括根据地的武装斗争是分不开的。的确，刘少奇，特别是周恩来，与解放军领导人的接触，要比高岗广泛得多，高岗在1935年以前的南方革命阶段没有发挥作用。可是高岗尽管有这一内在的弱点，仍设法赢得了中国六大行政区中四个区的支持。当军人在新领导结构中的名额有可能减少时，党的团结开始受到损害。另一方面，陈云和邓小平维护党的团结的使命感，对打乱高岗的计划起了关键性的作用。这些人珍惜党纪，反对高饶进行的那种秘密派别活动；他们担心，如果这些活动得逞，党会受到损害。

但是这个事件的最大的教训无疑是毛泽东的关键性作用。毛主席对高岗的私下谈话，不管谈话的用意是什么，都助长了高岗的野心，推动了他的活动。毛泽东支持高岗最初的行动的说法，足以使高岗所试探的人迟疑或使高岗从他们那里得到支持。最后，当毛泽东与高岗

---

① 但是紧张关系暗中继续存在。在1959年庐山会议上刘少奇有力地支持毛泽东反对彭德怀的一个主要原因是，刘少奇对彭德怀在高饶事件中的作用耿耿于怀。

面对面地交锋时，阴谋实际上毫无抵抗就失败了。毛泽东从高岗饶漱石的事件中显露出，他是维护领导稳定的必不可少的支柱。但这个事件的整个过程也表明了他对党的团结构成威胁的潜力。

宪法和组织形式

1954 年 9 月，中华人民共和国通过了国家宪法，以代替 1949 年所作的临时安排。严格地说，这不是一部永久性的宪法；它的目的是满足社会主义过渡时期的需要。但由于这个时期的长期性，人们预料它会延续很多年。宪法明确地维护与过去的延续性："这个宪法以 1949 年的中国人民政治协商会议共同纲领为基础，又是共同纲领的发展。"[①] 除了共同纲领中的统一战线立场外，宪法与 1949 年中央人民政府组织法制定的机构安排在结构上有某些基本相似点。但那些安排相对地说是不够的，所以宪法制定了远为明确的国家结构。这些重大变化反映了 1949 年大局未定的形势和进行计划发展的新时期之间的差别。1949 年许诺的、理论上是最高国家权力机构的人民代表大会制度，这时正式建立了。

具有更大政治意义的是，在最初几年出现的从军事统治向文官统治的转变也正规化了。例如，根据组织法，以人民革命军事委员会为形式的军界原来与政务院平级，直接归中央人民政府委员会领导。但这时，国防部成立，置于新的内阁国务院之下，与其他 34 个部和委员会平级。

虽然毛泽东在 1954 年中期宣称宪法"是以自己的经验为主，也参考了苏联和各人民民主国家宪法中的好的东西"，[②] 但事实上这部宪法基本上遵循 1936 年的斯大林宪法的模式。基本结构包括从地方到全国的"选出来的"各级代表大会，它们在理论上任命各级政府行政机关。这些行政机关在法律上对任命它们的代表大会和上级行政机

---

① 《中华人民共和国宪法》[188]（1954 年 9 月 20 日），收于哈罗德·C. 欣顿《1949—1979 年中华人民共和国文献概览》[299]，第 1 卷，第 99 页。

② 《毛泽东选集》（英文）[502]，第 5 卷，第 143 页；中文版，第 5 卷，第 127 页。

关都负责。此外，一个表面上独立的法院和人民检察院的司法制度也建立了。

这一切，以及所列举的类似的公民权利和义务，都可以在1936年的苏联宪法中找到。在确实存在的差别中，有的——如中国人不能保证苏联选举制度中全民平等和直接的秘密投票——被归因为条件比苏联落后这一事实，而且的确常常反映了更早的1924年苏联宪法的条款。但在少数几个重大事例中，中国的领导人显然因不合国情而没有接受苏联的做法。例如，少数几个国家机构和职务在苏联是没有的。最重要的是设立一个显然独立的、十分显著的国家主席（结果毛泽东担任），而不是简单地依靠代表大会制（苏联最高苏维埃）的最高级官员履行国家元首的职能。在这一点上，中共领导正在采用帝国时期的做法，像在他们之前的国民党，他们显然也感到中国的传统需要这样一个职务。

新宪法有意识地摆脱苏联先例的另一个方面是抛弃少数民族地区可以分离的假设。中华人民共和国被宣布为一个"统一的多民族国家"，少数民族自治区是国家领土的不可分割的部分。在苏联，分离的"权利"可以追溯到革命以后的内战时期，当时这是对付暂时控制大部分少数民族地区的白军和外国势力的有效武器。此外，以后几十年少数民族发展到苏联人口的一半的事实使撤销这个"权利"既不适宜，也无必要。在中国，这个问题在本质上就没有那么大的危险性，因为少数民族只占总人口的6%。但是这仍是一个关键性问题，因为少数民族地区占全国领土的60%，它包括最具战略意义的边境，蕴藏着大量矿藏和畜牧资源，又是共产党之前的历代政权全神贯注的重大目标。

在历史上，汉族通过吸收妨碍他们的"夷狄"少数民族或把它们赶走，已经扩大了他们从华北平原向外发展的控制范围。怎样对付这些"夷狄"于是成了帝国政策的一个重要问题。这个政策最突出的一点是进行最低限度的控制；它的目的无非是不侵犯和取得向帝国朝廷效忠的含糊的保证，另一方面则尽可能少地干涉地方的生活方式。与此相反，受西方民族主义观念影响的国民党政权采用了不承认少数民族自治的更具有同化主义色彩的方法，但是这个政权的内在弱点迫使它妥协，或者制定疏远少数民族而不是对他们强行控制的政策。

当中共执政时，它有避免国民党这种无成效的做法的动机，但它的长期目标所需要的不仅是最低限度控制的帝国政策。如同其他事务那样，中共领导人认为苏联的做法是适当的模式。虽然没有搬用分离"权"（它的确早在1938年就被抛弃了，这很可能是对共产党员在长征时遇到的少数民族的敌对态度和外国列强对独立运动的鼓动的反应），但苏联关于"自治"地区的基本制度设想成了中国政策的基础。从省到自治乡一级的行政区划被授予"自治"地位，它们常常使用传统的少数民族名称；本地语言和文化在这些自治地区得到发展；少数民族人士被安插担任官方职务，不过实权依然留在通常是汉族的党的干部手中。

虽然自治的原则一直是苏联模式的一个不变因素，但中共赋予的内容更多地反映了20世纪20年代的温和的苏联道路，而不是1929年以后斯大林时期的同化主义的方式。例如，它把重点放在"民族化"方面，这个过程不但包括采用少数民族的形式，而且包括吸收少数民族干部，以当地的方式大力训练汉族干部，真心实意地与"爱国的上层人士"——既有地方威望和专业才能，从而又能保证与民众的和谐的关系的传统的领导——合作。

这些政策与寻求逐步加深中共控制的另外一些政策是有联系的，后一类政策包括：发展与汉族地区的交通运输联系；汉族向有些，但不是全部少数民族地区迁移；谨慎地努力改善经济环境而又不破坏地方的习俗；发展新的行政机关以代替传统的机构；进行强调少数民族是中国伟大祖国的组成部分的政治教育；在大部分民族区按照汉族地区的发展形式进行社会改革，但鉴于当地条件，进行得更为缓慢。总之，中共的政策是设法将少数民族逐步地纳入中国的主流；这些政策的目的在于根本改造，但在速度和方式上注意到地方的习俗和避免不必要的破坏。

中共运用这些政策，十分成功地把广大少数民族地区置于中央的控制之下，并且开始了社会改造的进程，但是在历来对汉族抱有敌意和有"落后的"社会结构的地区，这类努力不可避免地造成了紧张形势。尽管采取相对温和的途径，但在 50 年代初期，当汉族干部因机械地应用中国的做法而疏远了地方民众时，关于"汉族沙文主义"的报道出现了。在始于 1956 年并在 1957 年的"百花运动"中有所扩大的放松时期（见第五章），官方大力鼓励批评党的缺点的行动招来了对汉族干部的不当行为和更主要地对自治的种种限制的大量攻击，甚至引起了分离主义的要求。少数民族疏远的最极端的表现是 1956 年四川藏族地区反对引进改革的叛乱。一个后果是难民大量涌进西藏本土，这些人后来成为范围较大的 1959 年西藏叛乱的一个重要因素（见第七章）。很明显，甚至 1949—1957 年的各项精心调整的政策也没有消除对中国控制的抵制；但是总的说来，中华人民共和国在少数民族地区已经取得了远比以往历朝政权更为牢固的立足点。

从少数民族问题可以看出，在执行中的实际组织形式比宪法的规定更有重要意义；在这里，与苏联的做法既有相似点，也有重大的差别。从根本上说，这是一种党和国家两种等级系统平行的制度，而在宪法中没有提到的党则是权力的最终所在。在这方面，中国制度更多地模仿苏联的正式关系，而不是斯大林的实际做法。对斯大林来说，党在理论上虽然处于最高地位，但不过是包括实际上独立的秘密警察（他个人可以利用它来保证他的统治）在内的几个等级系统之一。在忠于列宁主义的中国，党的领导有更具体的现实内容。最终决策权操于中央的党组织——特别是政治局和书记处——之手，同时在地方一级，党委比人民政府权力更大。党的控制又因双重身份而有了保证：主要的党的书记又身兼行政要职；这种做法与苏联有几个更明显的等级系统（甚至在斯大林死后）的情况不同。的确，当用于计划建设的组织形式正在控制中国时，苏联的党才正在斯大林死后的俄国逐渐地重新树立它的统治。

但是在另一方面，机构关系基本上受苏联模式的影响。苏式的中央管制经济需要一整套能加强国家结构的相对地位的中央集权的做法。虽然党对政策的最终权力是不成问题的，但是大量与经济管理有关的行政决定由国务院及其下属机关作出。占支配地位的行政形式是垂直统治，即现代部门的单位直接置于中央各部的领导之下，这样就绕过了地方的党委。当毛泽东宣布"中央委员会抓只包括革命和农业的大权,其他的权力归国务院"时,他敏锐地抓住了这种情况的要点。[①] 在中央一级,日常工作的决定日益落到了资本和技术密集型的苏联模式所需要的专家手中,中央的行政官员直接控制下属各级的技术人员。这不但支撑了周恩来的地位,也支撑了像陈云、李富春、李先念和薄一波等主要经济官员的地位。

在现代部门的基层单位,即工业企业,这种情况常常使党组织处于相当靠边的地位。厂党委会经过最初一段十分混乱和不一致的时期以后,到1953年的趋势是把它们的职能限于教育和宣传方面,而厂长则负责全面的经营管理。下面将要谈到,这种情况到1956年有了变化,但是在第一个五年计划的初期,厂党委会常常不过是企业内另一个职能组织。总的说,党依然高于一切,但是在1953—1957年期间,国家的权力常常超过了特定的党组织的权力。

国家机器的另一个关键部分——法院、起诉人(检察员)和警察的"政法工作制度"——深受苏联模式的影响,虽然它在几个重要方面违反了斯大林的做法。如同苏联一样,法院和检察院不但在宪法上被宣布为独立,而且到1954年它们采用了使它们享有很大程度职能自主权的苏式行政做法。作为在20世纪50年代中期全面地强调正规化和专业化的部分内容,这些机构,以及理论上属于公安部的政府组成部分——警察,越来越多地处理个别案件,而不受地方的党委会或政府委员会的干涉。当然,政法部门最终要服从中共的权威,这表现在基本政策由中央的党组织制定,而且这些政策紧密地与官方路线的总的目标相配合。此外,地方党委会对这个敏感的领域保持总的监督,这样,当一些部门试图树立国家政策准许的自主权时,有时就引起了与这些党委会的摩擦。

警察显然是政法部门中最重要的。虽然有关公安机器的确实情报十分缺乏,但它从成立中华人民共和国时起作为一个维持公共秩序和

---

① 《在南宁会议上的讲话》(1958年1月11—12日),载《毛泽东思想杂集》[508],第1卷,第84页。

控制的工具，显然发挥了关键性的作用。除了一般的警察职能和作为政治警察的不明确的角色外，公安力量管理一个巨大的惩罚系统，包括关押人犯无疑达数百万的劳动营，并且为国家提供了可观的经济资源。① 警察掌握这样的资源，需要党的牢固的控制。前面已经指出，毛泽东不像斯大林，他提出要确保警察不会作为能够破坏党和国家机器的完整的一个独立的高压机器而活动。在 1955 年的反对反革命的运动中，党组织又像 1951—1953 年的行动那样实施严格的监督。对警察的日常控制由公安部长罗瑞卿负责，他是党的高级官员，但地位低于政治局委员。罗瑞卿直接向毛泽东和彭真报告，彭是与政法工作关系最深的政治局委员。② 虽然领导公安机关无疑会给个别人物提供有利于精英内部斗争的有潜力的强大工具，但是在 20 世纪 50 年代的条件下，它是一种其用途受到严格限制的资本。

　　虽然党和国家的等级系统显然是最为重要的，但是各种群众组织也起着一种重要的辅助作用。这些团体是按照列宁的"传送带"的概念成立的。虽然传送带发挥着向党的领导当局反映它们成员观点的作用，但是根据列宁和斯大林的做法，它们的主要职能是向它们所代表的群众灌输党的各项政策。在新中国成立的初期，在最重要的群众组织中华全国总工会中曾就这两种作用的相对重要性进行过一场有重要意义的争论，但是问题在 1951 年底得到解决，正统的苏联做法占了上风。

　　在这场争论中，显然以李立三为首的工会中的许多人争辩说，不

---

① 虽然关于中华人民共和国劳动改造制度的材料显然很少，但在鲍大可的《1949—1955 年的早期共产党中国》[23]（第 60—67 页）中可以看到有用的描述。在包若望（让·帕斯夸尔尼）和鲁道夫·切尔明斯基的《毛泽东的犯人》[18] 中可以看到第一手的材料。两个材料推测性地估计劳动营的人数有数百万，包若望和切尔明斯基（在第 10 页注）提出的一个大概的数字超过了 1000 万。
② 外国观察家曾推测，在 20 世纪 30 年代和 40 年代初期与公安工作关系很深的政治局委员康生在 1949 年以后继续控制警察，但情况并非如此。在 1945 年第七次党代表大会后，康生被解除了公安工作的职责，后来在 1949 年告病假不出，据认为他是为饶漱石被授予华东局的最高职务而生气。康生在高饶事件后复出，但力量集中于理论工作方面。只是在"文化大革命"以后他才又与高压的统治工具发生关系。见仲侃《康生评传》[160]，第 83、96、106—112、114、191、284 页。

论在私营企业或是国营企业中，工会对资方或厂方已经变得太唯命是从了，结果就疏远了工人。这些干部坚持，工会的基本任务是维护工人的利益，为了达到这个目的，一定程度的业务自主是必要的。1951年底，党的领导人进行干涉，指责这些观点是"经济主义"和"否定党对工会的领导"，1952年在改组最高层的工会干部时，李立三的工会领导地位被取代。虽然李立三个人的挫折是有限的（他保持了劳动部部长和中央委员的地位），而且也许与他在20世纪30年代初期曾是毛泽东的主要反对者之一的事实有关，但是这个事件的最后结果是使工会组织牢牢地依附于党的领导。这种标准的苏联做法也应用于其他群众组织，在第一个五年计划时期甚至变得更加明显，当时所有团体实际上都把它们的活动集中在实现计划上。

农业合作化

1956年底农业合作化的胜利完成，从以下几个方面说是整个第一个五年计划最重要的发展之一。首先，它是把绝大部分中国人置于社会主义组织形式之下的社会和制度改造的一个巨大成就（这个任务从根本上说比现代部门的社会主义化更加困难），因此仅根据这个理由就需要对其成就进行详尽的考察。其次，虽然二十多年前的苏联集体化在许多方面是合适的经验，但是中共领导人发展了他们自己的途径和方法，这样造成的破坏过程就远不如俄国发生的严重。此外，作为一项政策分歧，合作化是领导内部热烈辩论的问题，虽然这些辩论并没有从根本上损坏党的团结。最后，这个分歧的解决是毛泽东在1955年中期呼吁加快农业合作化步伐的个人倡议的结果。

正如副总理陈毅所述，毛泽东的干预"解决了过去三年的争论"。[①] 最后，合作化完成之快，远远超过了以往的想象，虽然它的步伐也大大地超过了毛泽东的预计，而且有些方法常常违背了他的指导方针。总之，人们普遍把1956年后期农业部门几乎全面社会主义化的成就既看成是党的伟大成功，又看成是毛泽东个人为之辩护的结

① 《人民日报》[362]，1955年11月13日。

果(关于这个发展的更具体的经济分析，见第三章)。

朝社会主义化的农业发展的行动甚至在新中国成立之前的华北根据地，随着互助组——农民劳动力合伙经营的安排方式——的发展就已经开始了。1949 年以后，互助活动在新老解放区发展起来，这样到 1952 年底，全部农户的 40％左右都组成了互助组。同时，试验性的农业生产合作社也被建立，但它们在 1952—1953 年才大量出现。从 1952 年直到 1955 年毛泽东进行干涉时为止，合作化的速度几次加快和放慢。如表 1 所示，在 1952—1953 年及 1954—1955 年的两个冬

表 1 农业合作社：发展和目标

	现存的农业生产合作社	1954—1955 年目标	1956 年目标	1957—1958 年目标
1952 年秋 1953 年春	3.644[a](0.1％)[b] 河北省从 5800 减至 3645			
毛泽东 1953 年 11 月	约 1.5 万 (0.2％)			"到 1957 年" 70 万—100 万(约 15％—22％)
中央委员会 1953 年 12 月	14900(0.2％)	1954 年秋 35800(约 0.5％)	"到 1956 年"	"到 1957 年" 80 万(约 18％)
邓子恢(中共农村工作部部长) 1954 年 7 月	约 11.4 万 (2％)	1955 年春 60 万 (约 12％—13％)	150 万(约 33％)	"到 1957 年" 300 万(约 66％)
中央委员会 1954 年 10 月	约 23 万 (4.7％)	1955 年春 60 万 (约 12％—13％)		
1955 年 2—3 月	67 万减至 63000(14.2％)			
中央委员会 农村工作部 1955 年春(5月?)	约 633000 (14.2％)		10 月 100 万 (约 22％)	
1955 年 6 月	634000 (14.2％)			

续表

	现存的农业 生产合作社	1954—1955 年 目标	1956 年 目标	1957—1958 年 目标
第一个五年计划	65 万 （约 14.3%）			"到 1957 年" 33%
1955 年 7 月 30 日 毛泽东 1955 年 7 月 31 日	65 万 （约 14.3%）		10 月 130 万 （约 29%）	1958 年春 50%
1955 年 9 月 17 —20 个省的平 均　数	？		春季 37.7%	1957 年 60.3%
中央委员会 1955 年 10 月	127.7 万 （32%）			1957 年春,先进 地区 70%— 80%;1958 年 春,全部 70%— 80%
1955 年 11 月 21 个省	158.3 万 （41.1%）	1955 年末先进 地区,70%—80%	1956 年末,全 部 70%—80%	
毛泽东 1955 年 12 月	190.5 万（63.3%） （40%高级合作社）		1956 年末 70%—80%	
农业纲要草案	153 万（80.3%）		"1956 年"85%	
1956 年 1 月	（30.7%高级合作社）			"到 1958 年实际 上全部高级合作 社"
1956 年 3 月	108.8 万（88.9%） （54.9%高级合作社）			
1956 年 6 月	99.4 万（91.9%） （63.2%高级合作社）			
1956 年 12 月	75.6 万（96.3%） （87.8%高级合作社）			

　　a. 农业生产合作社数；1955 年 12 月前初级农业生产合作社，以后分成高级和初级合作社，1956 年农业生产合作社数下降，这是由于高级合作社规模更大之故。

　　b.（%）指参加农业生产合作社的农户。

　　材料来源：史敬棠等编：《中国农业合作化运动史料》[657]，第 989—991 页；《共产党中国的农业合作化》[1]，载《当代背景材料》[735]，第 373 页；《毛泽东选集》（英文）[502]，第 5 卷，第 139—140 页；《1955—1959 年的共产党中国》[186]，第 120 页。

季，合作社的登记数激增，但各在下一个春季，增长率降低，并且有的合作社解散。这种格局显然与正在进行的争论有关，但它也反映了无组织和计划混乱、干部生硬的工作方法、由于想急于实现计划而造成脱离富裕农民等问题。对比之下，在毛泽东干预下，运动不但越来越快地向前大发展，而且在1956年的春季出现了把合作社改组成高级的或完全集体化的组织行动，以开始一个新的巩固时期。

中国的政策包括了对苏联经验的几大修正。首先，合作化被计划成逐步的、一个阶段接一个阶段的过程，而不是苏联采取的突然的和混乱的形式。中共的政策设想了三步走的过程：第一步为互助组，劳动力入股，但农民个人保持土地和其他生产要素的所有权；然后是低级农业生产合作社，生产性财产这时由集体控制，但每个农民根据他拿出的土地、工具和牲畜的多少分红；最后是高级农业生产合作社（或者是完全集体化的合作社），这时取消分红，严格地按劳取酬。

另一个重要的差别是限制而不是消灭富农的政策。与俄国驱逐和杀害富农的做法不同，中国的富农看到他们的经济地位被不同的方式所削弱，而且被用作政治动员的目标，直到这个运动的以后几个阶段，那时他们才获准参加农业生产合作社。这样，虽然富农仍是阶级斗争的对象，但他们所受的相对温和的待遇限制了苏联运动中突出的混乱和对经济资源的破坏。

对农村局势也有改善的第三个特征是，中共避免斯大林一心一意地强调抽调剩余农产品去支持工业化的做法。中国的第一个五年计划也严重地依靠农业对工业的支持，但中共领导人认识到，中国农村可以抽调的剩余农产品远远少于俄国的农村。结果，在整个第一个五年计划中，官方的政策着眼于增加农业产量，这样**既满足**了国家工业发展计划的需要，**又提高**了农民的生活水平。虽然现在还不清楚实现这个目标的一贯性如何，但党对农民生活的关心有助于减少抵制和争取支持。最后，一个更严格的经济和技术上的修正是1954年中期出现的一个政策，它规定，鉴于中国的落后的工业基础，集体化应先于农业机械化，而不是两者同步发展。

　　但是脱离苏联模式的实质性变化并不意味着对苏联经验的全面否定。相反，不但对各种各样的苏联著作进行研究以支持官方对合作社的立场，而且按照1935年模范集体农庄法的规定而发展起来的苏联集体农庄是中共基本采用的高级农业生产合作社的具体形式。此外，从发展过程看，苏联经验给中共内部争论各方都提供了教训和支持的根据。那些为反对迅速发展而争辩的人引用了斯大林在过头行为危及苏联计划时提出的不要被"胜利冲昏头脑"的警告。但是其他的人，如毛泽东在1955年7月则争辩说，苏联的经验表明，迅速纠正错误和按照更乐观的进度完成合作化是可能的。

　　在1955年头七个月争论的关键阶段的某些方面——其中包括毛泽东的决定性作用和争论的性质——是清楚的，但是真正的政治形势就比较模糊了。[①] 前面已经谈到，在1955年初期，在合作化对经济目标及社会和政治目标的可取性上意见无疑是一致的；7月公布的第一个五年计划再次强调了建立农业生产合作社对计划经济发展的重要性。在较后的时期，还就集体化先于机械化这一问题取得了一致意见，虽然对社会主义化过程究竟应走在机械化前面多远，还存在着分歧。此外，对中共面临的问题存在共同的认识。在社会和政治方面，大家普遍认为小农生产的继续存在会产生农村资本主义，从而危及社会主义的巩固。在经济方面，所有参加争论的人都认为，农业发展不能与工业化的计划发展速度同步，这会危及整个第一个五年计划，因为农业生产在很大程度上决定工业发展的速度。

　　由于没有什么迹象表明任何主要的决策者主张按比率削减工业目

---

① 正文的以下叙述与取自"文化大革命"材料的解释略有不同，后者强调了以毛泽东为一方与以一批中央官员为另一方的分歧。例如见帕里斯·张《中国的权力和政策》[86]，第9—17页。本文所作的分析，除了1954—1955年的文献材料外，还取材于：《共产党中国的农业合作化》[1]，载《当代背景材料》[735]，第373页；肯尼思·R.沃克：《回顾集体化：1955年秋至1956年春的"社会主义高潮"》[760]，载《中国季刊》[133]，第26页（1966年）；特别是毛泽东死后内部发行的文献：《党史研究》[695]，1981年2月28日，即邓子恢：《在全国第三次农村工作会议上的开幕词》[709]（1955年4月21日）1981.1，第2—9页；强远淦、林邦光：《试论1955年党内关于农业合作化问题的争论》[124]。

标，怎样增加农业生产就成了主要的关注点。争论的中心是成立农业生产合作社的速度。在这几个月中，主要由中央委员会农村工作部及其领导邓子恢，会同政治局的主要经济专家陈云提出了一条谨慎的道路。这条道路不但得到刘少奇，而且也得到毛泽东本人的支持。邓子恢着重指出了伴随 1954 年及 1955 年春农业生产合作社迅速发展而出现的计划雄心过大、干部过头的行为和更有生产力的农民的失望等现象。按照这个观点，如果农民的敌意还没有严重到损害农业生产，那么就要求谨慎地巩固现有的农业生产合作社和到 1956 年秋目标为 100 万个合作社的未来的适度发展速度。在实行这项政策时，邓子恢命令解散两万个新近成立但组织很差的农业生产合作社。那些主张进一步发展合作化这一政策的人反对这条道路，理由是农业生产合作社已经表明具备增加生产的能力，能够更容易地为国家取得剩余农产品，还将遏制由于私有农业仍占压倒优势而似乎正在发展的农村阶级分化的倾向。

前面已经谈到，毛泽东最初支持邓子恢的政策。3 月，毛泽东提出了"停止，收缩，发展"的口号，这反映出在新的发展之前进行巩固的重要性。但在 5 月中，毛泽东转到了对合作化的步伐不满的立场上，随之发生了与邓子恢的激烈的争论。当邓子恢坚持农村工作部提出的到 1956 年 10 月农业生产合作社达到 100 万个时，毛泽东对这条消极的道路提出警告，并且坚持 130 万个的目标。[①] 前后考证，似乎是毛泽东在 5 月下半月的倡议，而不是学者们通常引用的他的 7 月 31 日关于合作化问题的发言，[②] 在导致政策变化时起了决定性的作用。

---

① 毛泽东的目标是他在 7 月 31 日关于合作化的发言中提出的，但显然已在 5 月份与邓子恢争论过。见《毛泽东选集》（英文）[502]，第 5 卷，第 187 页；强远淦、林邦光：《试论 1955 年党内关于农业合作化问题的争论》[124]，第 13 页。

② 不借助于毛泽东死后的材料的分析家们在写毛主席 5 月份的活动时，常常着重谈毛泽东 7 月份发言的突然性和决定性，因为它的目标显然比毛泽东讲话前发表的第一个五年计划中的目标更加激进。例如见斯图尔特·R. 施拉姆《导言：从历史角度看文化革命》[633]，载斯图尔特·R. 施拉姆编《中国的权力、参与和文化变化》[632]，第 39 页。但是这种分析忽略了一个事实，即第一个五年计划制定的"到 1957 年"全部农户的 1/3 参加农业生产合作社的目标，未必比毛泽东提出的 1958 年春达到 50%的目标保守，因为 1957—1958 年之间的冬季将肯定是一个有重大发展的时期。

农业合作社的数字不但在 6 月和 7 月再次增加，而且中央在 5 月份还发动了新的反对反革命分子的运动——它的一个重大目的是让整个社会中反对集体化的人保持沉默。此外，由于在毛泽东发言以前的日子里出现了说服、改变立场或观测的情况，像农业部长廖鲁言和邓子恢以前的盟友陈云这样一些领导官员都旗帜鲜明地为集体化辩护。

毛泽东的始于 1955 年 5 月并在他的 7 月发言中达到高潮的干涉作为政策的创新，不如作为一个决定性的政治行动具有重要意义。从政治上说，虽然在以后 14 个月把建立农业生产合作社的数字翻一番，大大地增加了运动的强度，但是毛泽东的计划并不过于激进。它号召为新的合作社做细致的准备工作，容许农民退社，或者甚至解散不令人满意的合作社，并且警告在合作化时既不要冒进，也不要胆怯。此外，虽然毛泽东的目标大大地提高了在此以前农村工作部所定的目标，但增加率不如 1954 年初期到 1955 年初期达到的比率，而且增加的绝对数只是稍大一些。的确，毛泽东为 1956—1957 年定的目标比邓子恢在 1954 年中所作的预测保守。

但是如果说毛泽东的规划不是过于激进，那么它的政治冲击却是激进的。毛泽东指出发展是思想意识上唯一正确的路线，以此结束了前几个月的徘徊不前的局面。他在 7 月的发言中首先批评说："我们的某些同志却像小脚女人，东摇西摆地在那里走路"，[①]并在整个这个时期，给继续持保留意见的邓子恢戴上了"右倾"的帽子。面对毛泽东对这个分歧问题所下的尖锐的政治定义，几乎没有官员再坚持己见；大力实现合作化的运动展开了。

毛泽东的胜利首先无疑是由于他无可争辩的领袖地位，但其他几个因素也有利于他。一是他的规划的相当温和的性质和规划的论据。虽然 7 月发言的政治调子是极为决定性的，但对调查数据的整理和严密的推论也具有相当大的力量。另外有助于毛泽东的一个事实是，他的规划至少是在千方百计地解决农业部门所面临的严重的问题，而更为保守的方法几乎没有希望突破这些问题。在政治上，毛泽东不是一

---

① 《毛泽东选集》（英文）[502]，第 5 卷，第 184 页；中文版，第 5 卷，第 168 页。

个人在说话，而是表达了相当大的一部分精英的意见，这个事实给予他的建议一个重要的帮助，就像那些即使反对迅速增加的人也同样认为农业生产合作社出于经济和社会的原因是可取的这一事实给予的帮助那样。虽然在以后几年有人提出反对对邓子恢使用"右倾"的标签，但在当时对精英内部持不同意见的人采取的传统的温和方式也有助于使队伍紧跟毛泽东。邓子恢只被要求作自我批评和暂时削减权力，但从未丧失职位。最后，运动加足马力，毛主席目标的超额完成似乎使相反的观点受到了怀疑。

的确，到1956年底几乎全部建立完全集体化的农业生产合作社之举，更多的是由于党组织对运动的热情贯彻，而不是由于毛泽东的规划。中国整个农村的干部对毛泽东的发言及肃反运动造成的压力作出反应，最后得出了"宁左毋右"的结论。从7月的发言直到1955年底为止，中国经历了一个循环，即毛泽东和党中央定出目标，各省超额完成这些目标，中央往上调整它的目标，各省再次超额完成。甚至在那年年底，毛泽东预计将再用三至四年才能基本上完成农业生产合作社的高级阶段。但是在1956年，各地再次大大地超过他的目标。不管怎样，在这个过程中毛泽东曾在1955年谨慎地提出的分阶段发展的政策被放弃。全部农户的1/4以上加入农业生产合作社而没有先组成互助组，一个越过低级农业生产合作社的广泛趋势总的说已经出现了。虽然毛泽东继续在1955—1956年秋冬对"左"的过头行为提出了警告，但他主要是为这种迅速进展而欢欣鼓舞。这种危险的高速度将引起1956—1957年中严重的调整问题，但是根本的体制上的突破已经完成。

相对地说，中国合作化的完成，远比苏联合作化顺利，但是除了公开的叛乱外，几乎俄国所发生的一切农民抵制形式——退社、减少生产性投资和活动的水平、屠杀牲畜、散布谣言——都在中国出现了，虽然程度较轻。

各种不同的因素解释了这种较顺利的过渡。有意识地朝着渐进主义和缓和社会紧张形势的方向修正苏联的做法，这当然是很重要的。农村有纪律的党组织也是关键的因素，苏联在合作化时这种组织力量要薄弱得多，其或根本不存在。县一级的坚强的党委会有能力组织大批工作队并指导村的根本变革。尤其重要的是中共在村内的存在。到1955年初，全部乡的70％有党支部，到年底则达到了90％。

这种农村精英的基础是土改时期涌现的干部。除了这个基础，还从以下两种人中吸收新干部：合作化运动时期的积极分子，吸收的过程在1955年加强，并且日益集中吸收贫农；复员军人，当解放军在1954—1955年加强了现代化的措施时，就有可能使用这些人了。反复实行培训计划和向这支农村干部力量灌输社会主义的原则也同样重要。虽然在土改结束时存在干部寻求独立耕作生活的明显倾向，但这种倾向被不断加强的努力——设法把一切官方任务与社会主义改造的观念联系起来——所遏制。决不能让农村的领导结构像苏联在20年代所发生的那样完全受小农生产的支配。

中国规划取得相对成功的另一个重要原因是，中共精心制定的农村经济政策不但给大多数农民带来好处，而且也使全体农民除了合作外几乎没有其他的选择。信用合作社、供销合作社以及粮食和其他主要商品的计划购销，都日益限制了富农的私有经济机会，并把经济资源优先纳入合作部门的渠道，从而增加了参加农业生产合作社的吸引力。

政策的制定明确地着眼于保护在1955年中期以前常常在农业生产合作中占支配地位的相对富裕并有生产能力的中农的利益。除此之外，基本的宣传要求是强调提高生活水平，强调官方政策总的能力至少能避免生活水平的下降，尽管在1953—1954年的情况是由丰收到歉收，这就使农民有相当理由指望从农业生产合作社取得物质的成果。当1955年中期在丰收的背景下发动合作化"高潮"时，中共政权已在土改时期建立起来的经济方面的可信性仍在为它起作用。

在土地改革及合作化初期，行政压力、公式化的号召、强制和物质成果已经取得显著成绩，这几方面的有力结合在"高潮"时期开始发挥作用。物质利益这时日益集中在贫农身上，以致使较为富裕的中农受到损失，这种情况与前一个阶段明显地不同。高级农业生产合作社取消土地分红，意味着经济资源在这两个集团之间的直接转移；由于较穷的人占绝大多数（估计占农民的60％—70％），一个要求变革的强大的利益集团形成了。公式化的号召仍然与繁荣的诺言紧紧联系在一起，结果对穷人特别有吸引力，不过即使在这个集团内，那些犹豫不决的人也常常是被迫成群地参加农业生产合作社。对生活较富裕的中农施加往往近似于强制的压力，对包括某些富农在内的"反革命分子"使用了逮捕和群众斗争等形式进行彻底的强制。

在这一切活动中，干部仍然是响应这类压力的动力。按照1955年晚期的吸收干部办法而越来越多地从贫农中产生的村领导，同时也是各种教育活动的对象、带有强制性的行政压力的承受者和地方改革的主要受益者。向高级农业生产合作社的转变不但使干部像较贫困的农民那样受益，而且减轻了他们的行政任务，因为他们再也不用计算制造不和的土地红利了。这种转变通过削弱中农还加强了贫农的政治支配地位。有着这个被高度激发起来的主要集团，有着大多数有理由指望取得物质收益的农民以及在严密的控制下处于不利地位但还没有受到消灭威胁的集团，迅速的集体化证明是势不可挡的。

现代部门的改造和第一次跃进

到1955年秋，合作化取得重大进展的日益明显的迹象容许毛泽东及其同事将他们的一部分注意力转向对工商业的改造。"三反"和"五反"运动是在土地改革基本成功后才开展的。与此相似，随着广大的、难以控制的农村这时正在向社会主义迅速迈进，党的领导人感到在现代部门中使用他们巨大的势力的时机已经来临。在此之前，关于工商业社会主义改造速度的争论与建立农业生产合作社速度的争论相似。

有些人认为需要向前推进以利于中央的计划工作，而另一些人则力主谨慎，理由是条件尚未成熟，过于匆忙的社会主义化将破坏生产和压垮国家初步的计划能力。但是在1955年秋，出现了全面的一致意见，即现代部门的社会主义化必须与合作化保持一致。虽然在1955年年中，社会主义化的工商业远远走在合作化的前面，但第一个五年计划只号召到计划终了时"较大部分"的私营工商业采用某种"国家资本主义"形式，在这方面，它的目标是温和的。

但从10月底到1月，毛泽东和其他领导人接见一些著名的资本家，表面上征求他们的意见，其实是为了加深他们对加快改造步伐的必要性的认识。在这些接见中，毛泽东如同他对农业合作社问题的态度一样，警告不要过分冒进，甚至宣称他比陈云更加谨慎，但是被邀请的工商业家仍旧抓住了这个本质性的启示，很快保证支持加速的规划。在这些保证的基础上，订出了到 1957 年底完全改造成公私合营企业的新目标。

以后发生的一切与超额完成农业生产合作社的目标的情况相似，但其形式甚至更加令人吃惊。陈云组织了几次省领导人的会议，以推动实现新的目标，但他很快被另一个政治局委员、北京市市长彭真的行动所超过。在 12 月，彭真订出 1956 年底是北京完成目标的期限；在 1 月份的头 10 天中改造完成。其他城市也不愿表现落后，到 1 月底，所有大城市中心的改造过程已经基本完成。很明显，像这样极为迅速的改造是肤浅的。它不是一种能使国家控制经营的精心准备工作中的一个规定的过程，而等于正式宣布所有制的改变而对人员或内部组织不作任何改变。为了避免破坏生产，国务院在 2 月初期下令，现存的经营活动在改造后的 6 个月内不变。接收存货和经济改组的实际工作是逐步进行的，并且深深地依靠私人资本家，他们的技能在干部依然严重短缺的现代部门中仍是需要的。

虽然从农业扩大到工商业的迅速的社会主义化是预料得到的，但是在毛泽东寻求经济建设的"跃进"时，出现了一个不那么能够预料的发展。在 12 月，毛泽东攻击了广泛的工作中的"右的保守思想"："现在的问题……有农业的生产，工业……和手工业的生产，工业和交通运输的基本建设的规模和速度，商业同其他部门的配合，科学、文化、教育、卫生等项工作同各种经济事业的配合等等方面。在这些方面，都是存在着对于情况估计不足的缺点的，都应当加以批判和克服。"[①] 在 1955 年后期和 1956 年初期，毛泽东显然看到了机会，可以像攻击社会主义改造的落后状态那样攻击经济和文化的落后状态。尽管毛泽东继续提出防止"左的冒险主义"和"右的保守主义"的警

---

① 《毛泽东选集》（英文）[502]，第 5 卷，第 240 页；中文版，第 5 卷，第 223—224 页。

告,但在他的 7 月讲话到 1955 年底的这段时期内,毛泽东的思想出现了朝激进主义方向的微妙转变。[①] 这在他对一部论述合作化的著作的按语中表现得特别明显,他宣称:"这是大海的怒涛,一切妖魔鬼怪都被冲走了";如果"六万万穷棒子……掌握了自己的命运……任何人间的困难总是可以解决的"。[②]

毛泽东在越来越多的问题面前,将很快从这种高度乐观的立场后退,但在当时,在最高层的领导圈子内几乎没有值得注意的反对迹象。不管是因为对社会主义化的进展有真正的热情,还是因为不愿意对一个意志坚决的党主席进行挑战,其他领导人都参加了大力推进中国第一次"跃进"的活动。

在 1955 年 11 月,毛泽东就具体政策,提出了若干旨在提高农业生产的长期措施,这些措施作为 1956—1967 年的 12 年农业发展纲要的草案而在 1 月份被扩充和批准。这个纲要制定了雄心勃勃的目标,其中包括农业产量增加 100%到 140%,而毛泽东在前一个秋季曾对此表示过怀疑。为了达到这个目标,规定农民劳动力和农村的财政资源应起主要的作用。但是纲要还特别强调科学和技术的投入以及物质刺激。在实现这个纲要时,与社会主义改造的情况相同的现象出现了——下级单位大大地提高纲要草案的目标,并且开始以盲目的、破坏性的方式来贯彻纲要的各项措施。与此相似的是,在毛泽东要求取得"多,快,好,省"这一结果的口号的推动下,各级官员都提高了工业和农业生产的指标,以便提前一年努力完成第一个五年计划的目标。不同的工业部把它们 1956 年的指标提高了 25%或更多;周恩来提出粮食生产增加 9%,作为这一年的最低目标;而有些乡领导号召粮食增产 40%。这也导致了经济失调,因为行政制度再度证明自己对上面压力的反应太敏感了。由"高潮"和"跃进"引起的这些失调

---

① 见廖盖隆的《历史经验》[447],他对毛泽东的"左"的思想根源一直追寻到 1955 年后期的《中国农村的社会主义高潮》的序言。
② 《毛泽东选集》(英文)[502],第 5 卷,第 244、250 页;中文版,第 5 卷,第 227、233 页。

和其他问题很快迫使领导层去注意它们，于是对它们的处理就成了随之而来的调整时期的特征。

调整新的社会主义制度，1956—1957 年

1956 年初期出现的新方针建立在对中国基本情况的再估计之上。根据毛泽东 1 月份的说法，社会主义改造的"高潮"引起了"政治形势的根本变化"。[①] 这种看法（在 1957 年下半年有了改变）反映了正统马克思主义对生产关系——即所有制——的关心。由于生产手段这时主要由国营或集体单位所掌握，社会主义对资本主义的胜利已经基本上决定。

许多有关的主张都来自这一分析。首先，虽然阶级斗争决没有被消灭，但在新形势下社会主义的敌人不再掌握重要的经济手段，阶级冲突将明显地缓和，于是毛泽东在一年后指出："革命时期的大规模的疾风暴雨式的群众阶级斗争基本结束。"[②] 其次，这种形势要求党的重点应基本上转到经济发展方面。毛泽东在 1 月份发动跃进时概括了这种新形势："社会主义革命的目的是为了解放生产力……要在几十年内努力改变我国在经济上和科学文化上的落后状况。"[③] 但是这个新的重点不仅仅是经济推动的产物；这一年的晚些时候，在跃进运动被放弃后，党的八大确定经济的落后是"主要矛盾"的中心。

第三个主张是，在新修改的统一战线中可以把最广泛的社会力量集结起来，以支持发展的努力。在"调动一切积极因素"的口号下，领导集团不仅设法争取社会中态度暧昧的社会成分的支持，而且鼓励一切集团创造性地投入，特别是中国知识分子的投入，这些人具有现代化所迫切需要的技能。最后，社会主义的胜利意味着一个不可避免

---

① 《在最高国务会议上的讲话》（1956 年 1 月），载埃莱娜・卡雷勒・德昂科斯、斯图尔特・R.施拉姆合编《马克思主义和亚洲》[74]，第 292 页。

② 《毛泽东选集》（英文）[502]，第 5 卷，第 395 页；中文版，第 5 卷，第 375 页。

③ 《在最高国务会议上的讲话》（1956 年 1 月），载《马克思主义和亚洲》[74]，第 292—293 页。

地具有缺点和冲突——毛泽东称之为"人民内部矛盾"——的新制度的建立。根据这个观点，社会的紧张状态主要表现为合法的利益差异，党的任务是在完善社会主义新制度的同时，转变为调停不同的经济部门和社会集团的要求。

这些情况中的一个主要的创新是对待知识分子的新政策。在1955年，通过召开提出他们问题的座谈会和奖励最杰出的科学家，党采取了争取知识分子支持的步骤，但这些措施在反对反革命分子运动的背景下因打击了诸如文学理论家胡风等人而受到了损害。但是在1956年，在更放松的政治气氛中继续采取接近知识分子的行动；政治气氛的放松部分地是受到从1955年后期开始的苏联对待知识分子态度解冻的影响，但更主要的是受到社会主义改造后阶级斗争减弱的假设的影响。

1956年1月，周恩来在促进经济跃进的背景下对新政策做了重要说明，中央委员会宣传部部长陆定一在5月的讲话中又采取了进一步的行动。周恩来主张增加工资，改善生活条件，提供更好的工作环境和资源，更快地提升和更容易地参加中国共产党，而陆定一则解释了毛泽东的新口号"百花齐放，百家争鸣"。按照陆定一的说法，自由谈论和独立思考是避免学术上的停滞所必需的，对知识生活强加教条主义的束缚是与真正的马克思列宁主义相对立的。

进一步的措施是大力维护在1949年被吸收进入统一战线的小民主党派的地位。在"长期共存，互相监督"的口号下，这些由知识分子、前国民党官员和工商业者组成的党派被敦促去批评政府的表现和发展自己的成员和组织。尽管气氛更加宽松，但所有这些措施都因以下几点而受到限制：重申党的领导的原则，号召知识分子继续进行思想改造，坚持对像胡风那样的持不同政见的人的处理是完全正确的。结果，在整个1956年，大部分知识分子谨慎地响应，不过仍有足够尖锐的批评致使许多干部采取了阻碍的态度，尽管最高领导大力推动这项新的计划。

对待知识分子的新政策持续到了1957年中期，但经济跃进与社会主义改造的迅速步伐一起，到1956年春末造成了一系列需要作制度调整和政策纠偏的问题。到这时，中央的官员逐渐认识到了整个经济中的种种失调和计划混乱的现象，认识到了农民对实现农业纲要草案浪费力量和对新的农业生产合作社的僵化所流露的失望。从1956年4月开始一直持续到1957年夏，党在一个称之为"反冒进"的计划中采取了各种措施——包括坚持现实的指标，强调计划工作的协调性和产品的质量，在农业生产合作社的框架内部扩大农民私人生产的范围，重建有限度的农村自由市场，缩小农业生产合作社的规模，严厉批评农业生产合作社干部强制性的工作方法——来对付这些问题。这个计划的主要制定者是周恩来和陈云，而党内领导经济的官员的广泛支持很快就形成了。

毛泽东则远不是那样热心。虽然他无疑同意计划的某些方面（特别是增加对农民的物质刺激），并在最初接受了遏制过头行为的必要性，但到1956年中期，他显然因收缩措施终止了生产跃进而感到苦恼。尽管如此，毛泽东并不想对新的计划提出异议，而是在那些他自己认为是缺乏能力的领域同意他的同事的观点。在采取这个行动时，毛泽东坚持了在1949—1957年时期他通常遵循的一致性的作风，但他仍怀有怀疑和遗憾的心情，这种情绪在发动"大跃进"时将起关键性的作用。

修改苏联模式

当中共领导人为新形势制定政策时，他们开始以一种更自觉的批判态度审查苏联模式。在此以前，毛泽东及其助手已经对苏联的榜样做了重要的改变，并且发出了使苏联的经验适合中国国情的一般号召，但他们并没有在公开场合或在内部报告中细谈苏联的缺点或中共的创新。的确，毛泽东晚至1956年1月仍公开表示中共不过是在苏联成就的基础上进行发展，"我们现在讲"的，并没有什么新的观点和理论"。[1] 但是到那时，对苏联模式的系统检查已在进行，这将很

---

[1] 《在中共中央召开的关于知识分子问题会议上的讲话》[517]（1956年1月20日），载《毛泽东思想万岁》[507]（1969年），第33页。

快地导致对苏联体制的缺陷进行鲜明而尖锐的批判。

这一切都将在 1956 年 2 月苏共二十大召开后中苏关系趋于紧张的背景中发展起来，但这种紧张关系并非导致对模式的复查的根本原因。总之，在整个 1956 年和 1957 年的大部分时间里，着重点仍放在向苏联学习，但是以一种摒弃苏联实践的落后面的有高度选择性的方式去学习。

苏联是在远比中华人民共和国高的工业基础上起步的，可是只达到了似乎有点缓慢的发展速度，对这个事实的逐步加深的了解显然为重新评价苏联模式创造了条件。这个活动包括政治局与 34 个中央经济部门领导人的几次讨论，并导致毛泽东在 1956 年 4 月做了他的最重要的讲话之一：《论十大关系》。如同毛泽东在后来所说的那样，这次讲话是根据前几个月讨论得出的总的结论，因此不仅仅代表毛泽东的个人观点，它"开始提出自己的建设路线，[这条路线]原则和苏联相似，但有我们的一套内容"。① 虽然在提苏联的缺点时涉及的范围相当广，但是在诸如农业等领域，中国的实践一直有自己的特色。在毛泽东号召调整现行做法的一些领域，所提的变革也是温和的，并且保留了苏式的制度结构和经济战略。

中心的问题是以重工业为一方，以轻工业和农业为另一方这两者之间的投资比重。毛泽东攻击了苏联过于着重重工业的做法，但是又重申了对重工业对投放资金的要求是首位的，只要求"农业、轻工业投资的比例要加重一点"。② 这一点在 1956 年 6 月的确做到了，当时重工业与轻工业的投资比例从 8∶1 略为减到 7∶1；9 月为第二个五年计划提出的建议稍为增加了农业投资，与第一个五年计划相比，从 7％增加到 10％。

《论十大关系》的另一个主要关心的事项是经济管理："我们不能像苏联那样，把什么都集中到中央，把地方卡得死死的，一点机动权

---

① 《在成都会议上的讲话》[511]（1958 年 3 月），载施拉姆的《毛泽东的讲话和信件：1956—1971 年》[634]，第 101 页。

② 《毛泽东选集》（英文）[502]，第 5 卷，第 286 页；中文版，第 5 卷，第 269 页。

也没有。"① 在这里，毛泽东也是谨慎的：他号召更多地与地方商量，在中央统一领导的前提下扩大"一点"地方的权力，要进一步调查问题。这里所设想的是一种摆脱垂直的部的控制而向"双重领导"形式的转移，在这种形式中权力由部和大区当局分享，但关于实行的方法，没有明确说明。

国务院后来召开了一系列会议讨论怎样限制过分的集中，而为第二个五年计划提出的各项建议把更多的建设项目划给了地方当局。此外有人还提出了反对过分集中的其他办法，这些办法强调间接计划（只作参考的标准）和市场机制的使用。在这个方面，陈云在1956年9月的八大上提出了一些建议，在以后的几个月，对加强企业自主和在市场进行有选择的采购的方法进行了试验。但是在1957年1月，国务院决定计划分配的基本形式将在这一年继续实行，因为任何改变都需要解决复杂的行政问题，并且无疑还有许多经济计划工作者反对。与此相似的是，尽管在整个1957年经济杂志上出现了关于分散方法的热烈争论，但在那一年秋季前没有作出重大的决定。

在关于怎样修改苏式管理方法的整个辩论中，当时苏联的发展是一个促进因素，指出这一点很重要。苏联在1955年中期已经采取了自己的分散措施，苏联经济学家关于必须克服中央计划工作的各种僵硬弊病的观点对中国的争论的主要参与者有重要的影响。的确，甚至在中共远不像经济计划工作那样取法于苏联模式的领域，苏联的改革也起着有影响的作用。例如，党领导人在最初采用了苏联的拖拉机站作为扩大农业机械化的方法。这些拖拉机站是订立合同为农业生产合作社服务的独立实体，有许多不足之处，在工作时常常与合作社发生矛盾。1956年春当政治局委员康生代表中共参加东德党代表大会时，对苏联和东欧拖拉机站的缺陷的批评，和苏联把拖拉机直接交由集体农庄管理的试验已在进行。这个问题在那次大会上被广泛地讨论，康生回国后不久就立刻在中国进行调查。由此导致了11月的批判性的报告、1957年替代办法的试验和1958

---

① 《毛泽东选集》（英文）[502]，第5卷，第292页；中文版，第5卷，第275页。

年终于把农业机械直接交给农业生产合作社的决定，这一年，拖拉机站在苏联被撤销。

修改苏联模式的另外几个方面在1956年春季政治局讨论中提出的另一个有分歧的问题——工厂管理制度——中表现了出来。在20世纪50年代初期，把最终决定权交给厂长的苏联的"一长制"在东北被广泛地介绍推行。在1953年初期，这个制度向全国推荐，但没有命令实行。1954年起，批评这个制度的气氛日益加强，但也有人撰文为之辩护；在1954—1956年期间，在政治局作出决定之前，它作为企业管理的一种方式继续被容许存在。在这个问题上一个起作用的因素是，中华人民共和国根本缺乏足够的有才干的人，以使一长管理能够发挥作用。这个制度不但一直没有在整个中国占优势，而且甚至在东北也只是部分地推行。此外，党的干部也存在严重的抵触情绪，他们反对限制他们的权力，对这个制度使出身于可疑阶级的厂长拥有大权深为不满。

此外，这些干部有力地指责这个制度破坏了中共的党进行控制和由集体作出决定的传统，也就是说"只有集中，没有民主"。这种论点，连同实行一长制时人才不足和前几年被吸收进工业并受过工业训练的党的干部数量日增等现象，在领导决定实行新的制度以提高厂党委会的权力使之高于厂长权力时，起了关键性的作用。在向八大宣布这一决定时，负责工业的党的官员李雪峰着重指出了党的传统的重要性。但是这个改变远不是摒弃苏联的工业方法。的确，就在这个时期，苏式的计件工资正在全国大部分地区扩大实行。

在修改苏联模式时，使中共的传统成为中心分歧问题的另一个领域是人民解放军的现代化。到1956年，党的领导人显然感到政治传统正在被苏联援助的现代化工作所腐蚀，于是开始采取一系列措施以阻止这种倾向。这些措施包括：强化军官的政治教育，加强解放军内部的党委会组织，攻击过分专业化和过分重视军阶和军衔的现象，增加解放军参加生产的活动，削减高级军官的工资，强调官兵之间的民主关系。用解放军总政治部副主任谭政的话来说，通过这些措施，党的领导人要求保证，"现代化建设不能改变我们的军队是人民军队这个特点"。^① 但这决不意味着贬低军事现代化。例如，谭政批评了拒绝适应现代战争需要的那些人的"游击"作风；以非教条主义态度吸收苏联军事经验的必要性继续被强调；现代化措施的势头持续不减；1957 年底公布了五年内全部军官专业化的规划。1956—1957 年调整的基本目标仍是现代化，但要在解放军传统的范围内进行。这将在全体军官中引起一定程度的紧张，但党和军队的领导人并不认为这个努力中有内在的排斥性。

1956—1957 年的其他政策转变体现了对苏联模式的修改。特别在 1957 年，注意力越来越多地放在中小型工业方面，这与苏联着重于资本密集型的大工厂不同。与此相似的是，在教育方面，成为苏联方式核心的那种培养精英的专科学院的发展也减缓下来了，并且又出现了重新重视社会兴办小型学校的情况（见第四章）。这样，第二条低技术的腿正在取得日益突出的地位，但它只有在"大跃进"时"两条腿走路"的口号下才成为中国发展战略中的主要特征。这个规划暂时显然是从属性的，并没有对大规模的现代部门继续占有的支配地位构成威胁。最后，对苏联模式的再审查体现了一种接受其他的外国思想源泉的新态度，新源泉不但包括共产党的南斯拉夫，而且也包括西方的先进资本主义国家。但是，事实上几乎没有这种折衷主义的借鉴，直到 1957 年后期，苏式的结构和战略基本上依然保持适当的位置。

第八次党代表大会

当 1956 年 9 月中共在 11 年的时期内第一次召开它的代表大会时，大会是以洋溢的自我庆贺和自我批评为其特征的。对 1949 年的胜利和对 1955—1956 年社会主义改造的成功，的确有充分的理由来庆贺。此外，党在改造时期已经发展成为一个有 1070 万党员的庞大的组织，这时它已渗透到社会、经济和政治生活的许多方面。但是党

---

① "谭政同志发言"［693］（1956 年 9 月 18 日），载《中国共产党第八次全国代表大会》［219］，第 2 卷，第 265 页。

的领导人也认识到，它仍有许多任务有待完成，而且新制度中还存在许多缺点；所以这次党代会的特征是对政权面临的各种问题进行坦率得惊人然而又极为自信的分析。

这次大会的政治决议所肯定的主要任务是继续进行经济发展的工作。为这个任务所定的方针路线详细阐明了"反冒进"的主题思想，不过（也许考虑到毛泽东的情感）"右的保守主义"在官方所列应该避免的倾向中占有头等重要的位置。周恩来宣布的第二个五年计划的建议反映了平衡、温和和现实主义，但建议仍号召稍多于第一个五年计划的再投资比率。总的说，大会的纲领并不是一个后退的纲领，但重点肯定是放在稳步的发展上。

在许多方面，1956 年的党代表大会不像 1945 年的前一次代表大会那样是毛泽东个人的胜利，1945 年的那一次确定了他的党的领导地位。在表面上，几个事态发展降低了毛泽东的作用：关于他的思想是中共的指导思想的组成部分的提法从新党章中被删掉；大会大力强调集体领导。但是在 1956 年，出现了一些反对任何吹捧表现的因素，虽然毛泽东的地位基本上没有受到挑战。① 一个需要考虑的问题产生于国外的事件——赫鲁晓夫在 2 月份的苏共代表大会上谴责了对斯大林的"个人崇拜"。在这些情况下，对中国领袖的任何过度颂扬是不适宜的，毛泽东后来声称，他完全同意从党章中删掉他的思想的决定。

第二个考虑的问题是需要有秩序地安排接班，这说明毛泽东既有自信，也信任他的助手。毛泽东后来的几次陈述表明，他在八大上为他最后退居"二线"采取了几个具体步骤，即不再为日常工作作决定，这样他的同事就能取得足够的威信，以保证他死后的顺利过渡，从而避免成为斯大林死后苏联政治特征的斗争。为毛泽东的最后引退

---

① 这个分析（参见泰韦斯《政治和清洗》[702]，第 226—230 页）与大会上"毛泽东的光芒在消失"的解释（例如，帕里斯·张《权力和政策》[86]，第 29 页以下）以及强调毛泽东与其他领导人之间的冲突的解释（例如，麦克法夸尔《文化革命的起源》，I [495]，第 2 部分）不同。

设立党的名誉主席的职位；通过委托刘少奇作政治报告（1945 年毛泽东充当的角色）来支持刘少奇作为接班人的地位；建立政治局常委会和扩大的书记处的强有力的集体机构。这一切都不意味着毛泽东放弃实权。他在 1958 年初期说，当他为他退居"二线"提出新措施时，"在将来国家有紧急需要的时候……我还是可以出任这种国家领导职务的"。①

与毛泽东的继续统治有关的是领导稳定性的远为广泛的格局。这种稳定性不但反映在中央委员实际上全部重新当选这件事上，而且也反映在各级人事安排上。新的政治局常委会由组成原来的领导核心，即前书记处的五个人再加上青云直上的邓小平组成。全部政治局的规模几乎扩大了一倍，吸收了八大前的政治局委员，再加上原来不在政治局的解放军的大部分元帅及除邓子恢以外的全部副总理，邓子恢显然为他的合作化的观点付出了代价。在最高集团内部，名次的排列有某些变动，但除了邓小平的重要提升及张闻天（20 世纪 30 年代毛泽东的老对手）和康生降到候补的地位外，这些变动相对地说是次要的。

与此相似的是，全部中央委员的人数增加了一倍多，不但包括了原来全部正式委员，而且包括了除三人以外的全部候补委员，他们被集体提升。此外，新的中央委员会增加了一百多名新委员——大致 1/3 为正式委员，其余的为候补委员；可是这 170 人的组织的背景特点却与 1945 年的中央委员会明显地相似。

新的中央机构还反映了中华人民共和国出现的组织格局。与政治局和中央委员会的扩大同时出现的现象是，增选了政权的各个等级中的关键人物。结果，精英朝专业化发展的更广泛的倾向被带进了最高级的组织，从而使各大部门的观点和利益都有人代表。特别重要的是，在政治局一级选进了负责经济的三名主要官员：国家计划委员会主任李富春，财政部长李先念，国家经济委员会主任薄一波（候补委员）；他们这时在极其重要的决策机构中与陈云一起工作。这些任命

① 《工作方法六十条》（1958 年 2 月 19 日），载陈志让编《毛泽东文集及书目》[110]，第 75 页。

进一步证明了第一个五年计划时期制度的集权性，因为在北京任职的中央委员人数几乎三倍于在各省任职的人数。最后，新的最高层精英的组成还反映了 1949 年以后朝文官统治这一方向的转变和这个体制中党的中心作用。在政治局中，专职的党、政文职官员的人数以 2 与 1 之比超过了解放军领导的人数，在中央委员会内则以将近 3 与 1 之比超过，中央委员会中专职的党、政、军领导人之比为 6：5：4。

新中央委员会组织上的代表性是中国政治趋于高度官僚化的表现。长期以来，党的领导人已对形形色色的官僚主义做法——官样文章，机构激增，不直接了解实际情况而在办公室作决定——持批判的态度；到 50 年代中期，他们日益意识到，他们建立的越来越专业化的行政机器对他们的选择权的限制。尽管采取了重新建立控制的措施（包括把党的干部调到关键的部任职，加强政府各部门党委会的作用，批评过分专业化的倾向），各级领导人仍发现，他们的观点日益受他们工作的机构的支配。甚至最高层的多面手决策人也不能自拔；毛泽东在 1958 年抱怨说：“政治局成了一个表决机器……你交来一份完整文件，就必须通过它。”① 尽管毛泽东和其他人为之不安，但除了不另组成新的统治机构外，八大的议程以各种方式体现了官僚政治的全面兴盛。

由于革命改造时期表面上已经度过和经济发展已成为主要任务，大会听取了各部门领导的发言，他们就如何完成更广泛的目标陈述各自部门的意见。与此相似的是，调整新社会主义体制的机构的需要产生了促进特定组织的利益的建议。在有些情况下，当一些决定不利于某个有关的机构时，需要有一定程度的克制，但是即使这样，仍有人为官僚利益陈述自己的意见。例如国防部长彭德怀就不能明确要求更多的资源，因为在第二个五年计划中已经决定把国防开支从预算支出的 32％削减到 20％，但他仍强调了推行军事现代化和加强防务的需要。

---

① 《在南宁会议上的讲话》（1958 年 1 月 11—12 日），载《毛泽东思想杂集》[508]，第 1 卷，第 80 页。

但是在政策未定的方面，要求本组织利益的呼声常常是很强烈的。尤其地方党领导人的发言更是如此，他们要求中央当局在资源和政策方针方面作出对他们有利的考虑。例如，山东的谭启龙希望"中央的水利部门……在技术、投资等问题上给我们以支持"，还要求"中央有关部门在规定种植计划时不要限制过死，使我们能够根据……当地具体情况，进行合理的安排"。① 由于放松的政治气氛和涉及工作的专业性，八大对表达大批官僚机构的观点和利益来说，是一个合适的场合。

整风和"百花运动"

对制度内部缺点的批评不但成了八大的标志，而且成了 1956 年春季以来大部分官方评论的特征，它预示着一个通过党的整风运动来克服缺点的更系统的努力的来临。在最初，这场运动仿效 1942—1944 年的延安大整风的形式，后者以近似说服的方式去反对党内意识形态和政治方面的危险倾向，以使党能够更成功地与日本人和国民党进行斗争。此时此刻，随着在社会主义时期新问题和新机会的出现，党将以一种像"和风细雨"那样的基调更低的方式进行整顿，以使它成为经济建设中一支更有效的力量。

整顿工作的一个主要对象是"主观主义"，这种落后的思想状况表现为不了解变动的情况，以致使党的干部武断地把不适当的概念和方法应用于当前的问题。这时所批判的一个特别重要的表现是教条主义地照抄外国（苏联）的经验，所提出的纠正办法是提高马克思—列宁主义的总的理论水平，发展专门领域的知识，研究实际情况。

与"主观主义"紧密相连的是"官僚主义"的罪过，它使官员脱离群众和社会现实而成为一批享有特权的上层人物。这是特别危险的，因为党员作为统治组织的组成部分，会去追求自己的好处而忽视

---

① 引自罗德里克·麦克法夸尔《中国共产党第八次代表大会（第一次会议）的几个方面》[497]，提交给哥伦比亚大学现代东亚（中国）讨论会的论文，1969 年 2 月 19 日，第 10、13 页。

人民的利益。为了防止这种弊病，需要各种形式的监督。

第三个受攻击的主要弊病是"宗派主义"，这是一种党员感到比非党人士优越并在机关生活中歧视他们的倾向。对于有技术的知识分子，这是一个十分重要的问题。"百花运动"和互助监督政策就是为了克服这个弊病。

预示党的整顿运动的具体步骤随着1956年中期学习整风文件的计划而开始，但是在八大会议上虽然经常攻击三大弊病，整风仍不是优先讨论的事项。国外的事件——波兰的10月事件和未遂的匈牙利叛乱——迫使党把整风放在更优先的地位。毛泽东后来声称，匈牙利和波兰暴露的听任问题恶化的危险使他相信了正确处理"人民内部矛盾"的必要性，于是在1956年11月的中央委员会全会上，毛泽东宣布在"明年"进行一次温和的整风运动。

但是，东欧的教训的意义是双重的。一方面，由于官僚主义的败坏而出现的民众动乱——这种情况在较小的程度上也在1956年中国许多工厂的罢工中反映出来——有力地说明应该在事态失控之前处理这种偏差，因而加强了整风的重要意义。但另一方面，东欧这种局势的爆发，在很大程度上是由于政治控制已被腐蚀，中共在分析这些事件时把"修正主义"——对正统的党统治的挑战——引作主要的危险。持这种立场的人在关于党的整顿方面力主谨慎，因此在1月份，党宣布了在1958年而不是在1957年进行全面整风的决定。

毛泽东显然用防止据认为在1956年下半年出现的"反社会主义浪潮"的警告来推动这种较谨慎的方式，但同样明显的是，他也不是要完全停止整顿活动，或者恢复对待知识分子的那些专横的方法。但是在1956—1957年冬季，当决定性的更加束缚人的气氛出现时，许多中上层官员和一般干部就是企图这样做的。

到2月份，毛泽东断定，如果党的整顿不致被完全侵蚀，就需要采取大胆的行动；于是他做了两次重要的讲话进行干预。在讲话中，毛泽东恢复了1956年的基本上抱有信心的看法。胜利已经取得，主要的任务是注意制度中的缺陷。知识分子基本上是一支能对经济和文化发展作出巨大贡献的忠诚的力量。国家从来没有像现在那样团结，缺点可以用非破坏性的方式予以克服。但是当毛泽东透露整风又定在1957年时，他又提出关于整风方法一些新的和令人不安的思想。不但马克思—列宁主义没有被定为批评的指导思想，而且知识分子被邀请在向党提批评时担任主要角色。这样，"百花运动"就从鼓励学术争论的手段转变为进行整风的一种方法。毛泽东设法使干部安心，表示知识分子的批评将是有帮助的，整风仍将按照"和风细雨"的方式进行。但是中共党员直接受资产阶级知识分子批评的前景，足以使全党精英因忧虑而战栗。

毛泽东的这种创新的方式遭到不少的反对，虽然对反对的确切情况依然不甚了了。① 毛泽东在4月份自称，90％的"党内同志"对重新修改过的"百花运动"持否定态度，又补充说："我没有群众基础。"② 在日常负责管理知识分子的中下层干部中，的确出现了普遍的反对。这些官员的直接权力和特权摇摇欲坠，所以与更加超脱的最高领导的看法不同。由于担心运动的过程会失去控制，这些干部不去鼓励知识分子进行"鸣放"，而是不加区别地攻击他们的批评意见。

在更上层，有充分理由认为，既负责宣传"百花运动"、又组织许多进行"鸣放"的知识分子会议的党的宣传机器领导人对新政策不那么热心。很明显，中央委员会的报纸《人民日报》在响应毛泽东的倡议时落到了后面，结果受到毛泽东的尖锐批评。这种明显的抵制，可以用与下级干部的反对相类似的理由来解释——作为平时负责管理知识分子的官员，他们很可能感到新方式的危险性超过了任何可能的好处。

政治局内部关于整风问题的冲突情况仍不清楚，尽管某些学者的分析认为毛泽东与他的同事有严重争吵。③ 当然，让无产阶级的党听

---

① 以下的分析及对下一节"反右运动"的分析取材于泰韦斯的《政治和清洗》[702]，第6—7章。关于相反的解释，见本页注3所引的材料。

② 《在上海局杭州会议上的讲话》(1957年4月)，载《毛泽东思想杂集》[508]，第1卷，第67页。

③ 认为整风及后来的"反右运动"是最高领导集团内部重大分歧的近因的主要分析有：麦克法夸尔：《文化大革命的起源》，第1卷 [495]，第3、4部分；理查德·所罗门：《毛泽东的革命和中国的政治文化》[674]，第17章。本卷第七章也采用这种解释。

任资产阶级知识分子指责的这种创新的政策，可能引起党的最高集团内部的争论。有的材料声称，在这个问题上刘少奇和彭真反对毛泽东，但证据的总的内容却无说服力。特别是彭真，他在公开的声明中是"鸣放"的有力支持者，而刘少奇虽然在公开场合缄口不言，却巡游各省，并在党的内部会议上提出了与毛泽东一致的观点。总之，即使在政治局内部表示了保留意见，它们并没有使领导集团明显地分化。毛泽东的权力及全体领导对在党的会议内部可以自由讨论但在党外要有纪律地贯彻的义务这两者结合，是抑制分裂的关键因素。其他的因素——对新形势性质的广泛一致；毛泽东没有长期坚持推行可能形成反对派的那些激进的整风方法而是根据情况的变化而改变其立场的事实；最后，知识分子对毛泽东邀请的最初反应是有节制的，因此并没有对党的统治构成严重威胁的事实——也起了作用。

知识分子最初不冷不热的反应是可以理解的，这是由于1951—1952年思想改造运动以来他们的思想意识已被重新塑造。尽管担心放松之后压力又会随之而来，但他们最后仍对官方再三的推动和对1957年整个5月中那些大胆发言的人没有受到大量涌现的反批评的惩罚这一事实作出了反应。从一个意义上说，知识分子的批评基本上没有危及党的统治。大部分批评涉及与其作用和职能直接有关的问题和冲突。此外，在绝大部分的情况下，提出的批评与1956年以来官方媒介对"主观主义"、"官僚主义"和"宗教主义"的责难相似。甚至一些体制改革的建议，诸如把中国人民政治协商会议转变为全国人民代表大会的上院的想法，也反映了党内最高领导人已经提出的想法。

但是从另一个意义上说，攻击深深地令人不安。这与其说是由于某些意见（偏差可能是因某种原因而从制度内部产生的说法，甚至少数要求党消亡的过激情绪）的结果，倒不如说是由于知识分子与党的权威的日常对抗的抱怨情绪的升级和他们反映的不满情绪的深度。从甚至上街陈诉其不平的学生行动中可以看出，情感的强度是很明显的。通过集中攻击党的干部在其工作单位日常事务中的缺点，知识分子实际上提出了党在社会主义建设新时期中是否有能力领导中国的问题。可是必须强调的是，这并不是对制度的否定。甚至几名最直率的学生批评者仍支持公有制，欢呼毛泽东是"拯救中国的革命领袖"，并且向中共表示了即使是又恨又爱，却是忠诚的态度："我们需要党的领导，但坚决反对党单独作出决定。"① "鸣放"的结果说明了对制度的主要纲要和中共建设新中国的纲领的继续支持，但也表明有技能的集团对各种党的统治的具体形式的严重不满。到5月中，党的领导对所发生的一切感到沮丧。在发展中已被委以重任的知识分子，特别是在中华人民共和国时期受到培养的学生的不满程度使人深感苦恼。此外，党的干部的士气受到严重的打击，因为他们被要求忍受批评的冲击。

"百花运动"的试验为什么失败？说到底，失败是由于对中国新形势的某些根本性的错误认识。毛泽东假定知识分子本质上站在社会主义一边，与制度没有根本的利害冲突，于是他断定，他们甚至对像党的整风那样敏感的事情，也能作出积极的贡献。这样就没有考虑到以下的事实：资产阶级知识分子作为一个集团，自中华人民共和国初期以来，一直受到沉重的压力；他们所设想的自己的利益常常受到严重的侵害；他们与党的干部的关系特征是互不信任。当毛泽东把知识分子推到整风的前列时，他实际上要求他们执行一项不可能做到的任务：大胆地批评他们常常害怕和厌恶的党的当权派，可是在批评时又要本着"和风细雨"的精神。

党的干部也被置于前所未有的地位上。实际上，他们正被要求重新确定党的领导权力，要用过去从来没有明确规定过的方式，去考虑非党知识分子的观点和才能。此外，他们本人也受到这些出身有问题和思想落后的人的批评，这种情况似乎是最不公平的。由于干部和知识分子之间潜在的紧张关系，任何加剧这些紧张关系的尝试，不管是多么不自觉，必定会无法控制（进一步的讨论见第五章）。

---

① 根据丹尼斯·J. 杜林的《共产党中国：学生反对派的政见》[205]（第50、55页）一书中的北京学生小册子的译文。

"反右运动"

虽然到 1957 年 6 月初期才发动直接的反击，但在 5 月中，中共最高级领导人就作出决定，不受约束的"鸣放"正在不能容忍地削弱党对知识分子的领导。毛泽东站在这个活动的前列，尽管他在此以前支持"百花运动"。毛泽东不但主动采取了开始转变政策的关键性行动，而且整个 1957 年夏党对"右派"（对非党批评者的称呼）的政策都受他的影响。此外，毛泽东对自己在一系列具体问题上 180 度大转弯的态度毫不在乎。例如在 4 月，毛泽东为上海的《文汇报》刊登批评意见欢呼，而在 7 月份，他激烈地攻击这份报纸为"右派"的喉舌。在 2 月份，他建议复查一批反革命案件，但在 10 月份，他因类似的建议而指责民主党派的领导人罗隆基。

在这些和其他事情上如此毫无顾忌地大转弯，不管是出于什么原因，其最后的结果便是消除可能存在于毛泽东和其他领导人之间的任何分歧。随着他对知识分子幻想的破灭，毛泽东坚决主张加强党的控制来下台阶。

对批评者的反击采取"反右运动"的形式。这次运动的调子是防御性的。它试图反驳知识分子在春天提出的论点和恢复对主要进行"鸣放"的城市组织的控制。具有讽刺意义的是，由于知识分子对党的高压工作方法的批评，党在进行"反右运动"的同时采取了组织措施，特别是把可靠的党干部调到文教单位担任领导，结果是与"百花运动"以前的情况相比，党的控制大为增强。运动本身的主要对象是民主党派的领导成员。这些人因在春天提出的温和观点，曾被学生批评者们尖锐地贬为"谨小慎微的老人"，可是这时他们被指责阴谋推翻政权。他们受到了报刊猛烈的攻击，参加了大规模的斗争会，并且被迫作出可怜的交代；可是到了 1958 年后期和 1959 年，大部分人在民主党派中恢复原职，这表示对他们的最苛刻的指控没有被认真看待。

然而，这些指控可以用作给运动定调子的有用象征，从 7 月中起，运动一般在知识分子的组织中物色"右派"。虽然非党知识分子是主要对象，但那些在春季为其专业利益而不是为党的利益直言的党员知识分子也小规模地受到迫害。对中国知识分子总的冲击是破坏性的：总共约有 55 万人被戴上"右派"的帽子。斗争期间的心理压力造成了大批自杀事件，并且大规模地对这些人进行劳动改造。在毛泽东死后，运动的严酷已被视为一个"扩大阶级斗争范围"的大错误，也许全部"右派"的 98％是被错划的①（进一步的讨论见第五章）。

运动的严厉性不应掩盖以下的事实，即在 1957 年中，领导对知识分子的态度没有转为完全否定。在大力避免完全疏远知识分子时，党为运动所定的指导方针是，只有一小批知识分子是右派，主张采用总的宽大的处理方法。这反映出一个没有中断的信念，即知识分子尽管思想落后，但在中国的现代化中仍起着重要的作用。

毛泽东在 7 月攻击知识分子不愿听从党，但仍指出争取个别的"对我们有用的大知识分子"的必要性，以此表达了领导又恨又爱的情绪。②"百花运动"的失败，表明不能在政治上依靠知识分子，但它不能解决关于他们在经济和政治发展中的作用的争论问题。当1957 年夏季开展"反右运动"时，总的经济政策在最初依然像 1956年那样采取了温和的路线，这条道路需要专业的知识发挥重要作用。所以很可能一旦党的控制得以重建，党仍会采用对知识分子让步（除了党的整风中的领导作用以外）的政策。但是，"反右运动"的严酷性无疑损害了知识分子投身于党的发展目标的热情。此外，领导这时有理由怀疑把动摇的知识分子置于如此重要的位置的策略。

其他因素也起了作用。通过政治的放松来缓和社会不满起了相反的社会效果，经济上产生了较大的分叉。农村的形势具有特别重要的意义。1956 年官方助长的对农业生产合作社弊病的批判气氛，导致1956 年冬至 1957 年大批农民退社的后来所称的"小台风"。"百花运动"导致局势的进一步恶化，因为据报道，不满的农民受到报刊和无

---

① 98％的估计及 55 万右派的数字，见廖盖隆 1980 年的报告：《历史经验》［447］，载《问题和研究》［358］，1981 年 10 月，第 80—81 页。1981 年官方的《关于建国以来党的若干历史问题的决议》，（《北京周报》［568］，27（1981 年），第 19 页）更谨慎地肯定了反击"右派"的正确性，但认为打击面过宽。
② 《在上海市各界人士会议上的讲话》［518］，载《毛泽东思想万岁》（1969 年）［507］，第 121 页。

线电报道的城市"鸣放"的鼓励，向农村的干部结构提出了挑战，并且日益从事诸如把农业生产合作社的职责分散给各个农户、向国家要求更多的钱和粮食同时又少售余粮以及投机倒把等"自发的资本主义"活动。

特别令人不安的是，有些干部参与了"资本主义"行为，与农民一起策划隐瞒或少报粮食产量。这种情况，再加上使粮食产量落后于人口增长率的另一次歉收，造成了严重的粮食供应危机。党的领导人对此作出的反应是，在1957年夏作出了取缔农村自由市场和发动一场农村社会主义教育运动的决定。这次运动在农民中普遍开展自称为社会主义优越性的宣传，逮捕了违法的前地主和富农，对从事不正当活动的农村党员进行有限度的清洗，并且由于支持了集体部门，全面地恢复了干部对农民的权威。说服方法和强制方法的再次结合，再加上向新的农村精英利益集团的直接呼吁，在完成党的目标时是成功的。

除了这类社会和政治问题，还有有关的经济问题。农业部门不能令人满意的表现，更因1956年和1957年连续两年生产低于一般水平而突出起来。不但新的合作社结构未能促进生产，而且后来在农业生产合作社内对物质刺激的强调也不成功。农业的落后状态对工业的发展产生影响，周恩来在1957年6月宣布削减20％的基本建设。遵循《论十大关系》的逻辑推论，领导集团在1957年适度地增加了国家对农业的总投资，但此举也不能保证取得突破。随着苏联的经济战略受到怀疑，另一个可能取代的战略是集中力量逐步提高农业产量，同时接受降低全面增长速度的事实。但是由于党的领导人视高增长速度为关键的目标，这样的选择不可能是一个长期的战略。

这样，到1957年秋季，一系列的压力——觉察到的苏联模式的缺陷、知识分子成问题的可靠性、政治松动产生的社会的破坏性后果以及停滞不前的经济——正集中于改变发展战略一点上。此外，已经对苏联模式作出的谨慎而非主要的调整——对农业的关键的经济作用的更深的认识、管理朝分散方向的发展、对小规模工业项目和地方办教育的进一步重视——提供了可以发展成为更宏伟的创新战略的前景和规划。最后，毛泽东及其几个领导层的同事可以从1957年下半年回顾前两年的事件，并作出有点含糊的，但仍然是有影响的结论。

从积极方面看，毛泽东判定，虽然他最初关于 1956 年社会主义改造取得决定性胜利的看法是不成熟的，因为只在所有制方面取得了成功，但是整风和"反右运动"在政治和思想战线上已取得了根本的胜利。因此，中国人民从没有像现在那样有准备地进行一场经济和技术革命。从比较消极的方面看，毛泽东宣布"反冒进"政策是一个严重的错误，它不但挫伤了群众的热情，从而造成了经济损失，而且还鼓励"右派"发动他们的政治进攻。得出的结论是，1956 年初期的跃进方法必须无保留地推行，以便维护工农的热情。这些思想开始在 1957 年 9—10 月召开的中央委员会全会时期占了统治地位，到年底中国已在"大跃进"的道路上迈进了。

结论

虽然党的领导人在 1957 年后期面临着大问题，但是 1949 年以来中华人民共和国的总的政绩是非常成功的。尽管对中共的一些具体表现有不满情绪，但是政权由于在稳定社会秩序、推动经济发展、改善生活条件和恢复民族尊严方面的成绩，已得到了广泛的民众支持。同时，它已完成了基本的社会和制度改造，以至到 1956 年，中国已进入社会主义阶段。

取得这些成就的原因是多种多样的。如同本文的分析自始至终所强调的那样，苏联的模式和领导的团结是至关重要的因素，这些因素将随着"大跃进"而消失或削弱。特别是有了提供明确目标的模式，有了对官方的规划产生强烈使命感的团结，对充分地利用在革命胜利中曾发挥主要作用的有纪律的党的组织来说，条件是十分理想的。虽然几乎不可能避免组织和政治上的缺点，但事实证明党组织总的说能对重大的倡议和政策作出反应——有时作出反应还过分热心。在 1949—1957 年时期，除了"百花运动"的短暂的试验期外，中共的各项规划加强了这个有纪律的组织的权威，从而提高了政权进行发展和改造的能力。

各项成就还由于中共领导人在取得服从时巧妙地把说服、强迫和具体的要求结合起来。经常用党的观点大力说服民众的做法，使许多个人和集团相信共产党政策的正确，并且甚至使更多的人对可以接受的行为方式有了认识。强制既被用来打破敌对集团的反抗，又使绝大多数人对党是一支不能反抗的力量的事实有深刻印象。各种旨在改进主要社会集团——特别是贫农和正在成长的干部精英——物质利益的规划，在明显的私利的基础上为中共提供了极为重要的支持。

另一个重要因素是应用了在革命时期十分有用的战略和方法。在华北农村根据地发展起来的动员群众的技术证明也适用于1949年以后全国的土地改革和农业合作化。此外，尽管1956—1957年估计错误，在抗击日本人和国民党时行之有效的统一战线策略总的说成功地缩小了积极反抗的范围，中立了动摇分子，把在中共统治下的支持扩大到了最大限度。特别重要的是，1949年以前的现实主义和对资源的谨慎安排在1949—1957年期间基本上占了上风。虽然最初时期各项雄心勃勃的规划常常使组织资源处于紧张状态，但它们很少把自己过分扩大到使各级官员再也不能有效地指导社会和经济变革的程度。当这种情况确在1956年初期出现时，它在几个月内就得到了纠正。

最后，最初八年的成就在很大程度上是由于在中共追求的目标或使用的方法中不存在任何可以见到的不相容性。社会目标和经济目的被视为互相加强的因素。农业合作社是解决生产问题所采用的方法，在意识形态上也是可取的，而现代部门的社会主义化既消灭了资本主义，也有利于计划经济的发展。与此相似的是，制度化和群众运动作为为社会主义目的服务的适当手段都被接受。各项运动对社会改造的重大努力来说是合适的，而强有力的制度也需要用来指导计划发展和管理社会主义社会。甚至在承认有紧张状态的领域，如在军事现代化和解放军传统之间，也以矛盾可以在不损害任何重要目标的情况下得到解决为先决条件。在以后几年，当毛泽东和其他党的领导人日益了解经济目的需要付出重大的社会代价，强有力的制度能够危及某些价值观念而同时维护另一些价值观念，以及"社会主义"的内容尚未确定时，冲突的潜在力量发展了，国家形成时期的相对顺利的进展变得越来越难以维持下去了。

第 三 章

恢复经济和第一个五年计划

当中国共产党在 1949 年从国民党手中夺取到中国的控制权时，经济濒于崩溃。与前现代经济所特有的长期结构问题——如低人均收入、寿命短、低储蓄和投资比率及占优势的传统生产方法——一起出现的，是伴随着二十多年国内外战争的物质和人力资源的损失以及极度的通货膨胀。但是到 20 世纪 50 年代中期，短期问题大部分得到解决，中国共产党正在完成一个卓有成效地解决最持久的结构问题的五年发展规划。储蓄和投资比率急剧增长；由于实现了阻止传染病和寄生虫病蔓延的公共卫生计划，人的寿命已开始延长；在工业中，现代技术正被大规模地采用。

本章探讨 20 世纪世纪中期中国人面临的发展问题的重要性，分析所采用的政策，并且估计整个第一个五年计划（1953—1957 年）取得的成就。它还试图阐明为什么相对地成功的第一个五年计划战略几乎立刻被放弃而代之以"大跃进"，关于"大跃进"这一空前的大失败的规划将是本卷第八章讨论的题目。

经 济 背 景

在 1937 年抗日战争开始前，中国的经济基本上是现代以前的。在 20 世纪 30 年代，年人均国民收入在世界排名表上接近最底层，每人约 58 元人民币或 15 美元（1933 年价格）。产品分配给股本的增值份额只有约 5%，比低收入国家的平均储蓄利率约低 1/3。经济的前现代特点被产品的结构和劳动力的分配所证实。几乎有 2/3 的产品来自农业，工业产品不足 1/5。此外，由于绝大部分工业产品由传统的手工业方法生产，而且绝大部分服务行业也是传统的，所以用现代手段生产的产品总量不到 10%。与此相似的是，90% 以上的劳动力依靠传统技术。①

绝大部分人口直接依靠农业为生，但农业的增长受制于耕地不足和现代农业技术的缺乏。在几个世纪中，人口的增长已经超过了耕地的增加。到 20 世纪 30 年代，人均耕地不到 1/5 公顷，远远少于独立时期的印度，当时它的人均耕地约 1/3 公顷。对中国增长的人口的供养，不是通过耕种的机械技术的革新，而是通过改变作物类型的方法来完成的。由于采用诸如玉米、花生、白薯和烟草等新作物以及改良的棉花品种，单位耕地生产的平均产量和价值从 16 世纪起逐步上升。②

这个过程得到了具有相对优势地带的生产的日益专业化和上升的上市比重的推动。在运输方便的区域，全部产品的 3/5 以上普遍地在农林以外销售，在全中国，农产品的上市比率约为 1/3，少于日本明治初期现代经济增长开始时的比率，但远远高于与维持生计的农业有关的上市比率。这样，到 20 世纪 30 年代，单位土地产量按照国际标准显然是高的，可是每个劳动者的产量（因而其收入）是低的；而且尽管在短期内有上下的波动，这种情况在几个世纪中没有变化。而人口却在增长。③

可耕地不足以及 20 世纪 30 年代盛行的高价土地但低劳动生产率的结合，形成了一个重要的束缚。经济增长是可以持续下去的，但不是通过扩大可耕的新垦地（这个增长的来源在以往一切成功的现代经济增长的事例中都被不同程度地利用过，甚至日本也在一定程度上采用了），而是通过进一步提高已是中等高水平的单位面积

---

① 对 20 世纪 30 年代中国经济最全面详尽的研究有：刘大中、叶孔嘉：《中国大陆的经济》[474]，及叶孔嘉后来的几次修正，例如他的《1931—1936 年的中国国民收入》[832]，载侯继明、于宗先编《现代中国经济史》[307]，第 95—128 页。
② 对中国长期农业增长的最优秀的研究著作为德怀特·H. 珀金斯的《1368—1968 年中国农业的发展》[578]。
③ E.L. 琼斯：《欧洲的奇迹》[375]，第 202—222 页。

产量来完成。这转过来意味着必须对土地的基础结构和化肥工业进行大量投资。

特别是在农业上，低收入、低储蓄和低劳动生产率的长期结构问题又和非常严重的地区性的割裂混合在一起。虽然大部分估计材料没有提供中日战争爆发前几十年的人均国民收入持续增长的证据，但东北和中国本土的几个商埠却有重大的增长。[①] 东北的经济增长从 1860 年起就开始了，当时清帝开放该地区供汉人定居。部分地在 1895 年以后一个铁路网络（主要是外国所有）的发展的推动下，还由于国际上对大豆的需要量的增加，农业发展迅速，但在 20 世纪 20 年代晚期以后在日本人的保护下工业的迅速发展又取而代之。到 30 年代中期，东北的人均产量至少大于中国本土的 50％。[②]

工业发展不限于东北。主要生产纺织品、加工食品和卷烟的中外工厂，1895 年以后在上海、天津、青岛、汉口和其他沿海沿河的商埠城市中都有迅速的发展。在抗日战争爆发前 30 年的工业的增长率（包括东北，但不包括手工业）估计为每年 7.5％到 9.4％。[③] 工业和运输业股本的迅速增长最初在很大程度上取决于进口的机器设备，但是国内的生产物资，特别在工程部门，到 20 世纪 30 年代中期已经供应了投资需要中的相当大的份额。[④]

但是迅速的工业增长集中在某些区域，并没有导致全国产量的持续增长。现代部门的规模太小，它与其他区域和其他经济部门的联系太弱，无力促进全面的增长。到 30 年代中期，东北只生产了全国产量的 10％—15％，所以即使它发展迅速，也不能直接推动整个国家的经济前进。此外，东北的大部分工业化是与日本紧密相关的。东北

---

① 德怀特·H. 珀金斯：《20 世纪中国经济的增长和结构变化》[579]，载他编的《从历史角度看中国的现代经济》[580]，第 122 页。

② 亚历山大·埃克斯坦、赵冈、约翰·张：《东北的经济发展：一种边境经济的兴起》[217]，载《经济史杂志》[377]，34.1（1974 年 3 月），第 239—264 页。

③ 约翰·K. 张：《共产党统治前的中国工业发展》[82]，第 71 页。

④ 托马斯·G. 罗斯基：《中国向工业化的过渡》[601]，第 6—28 页。

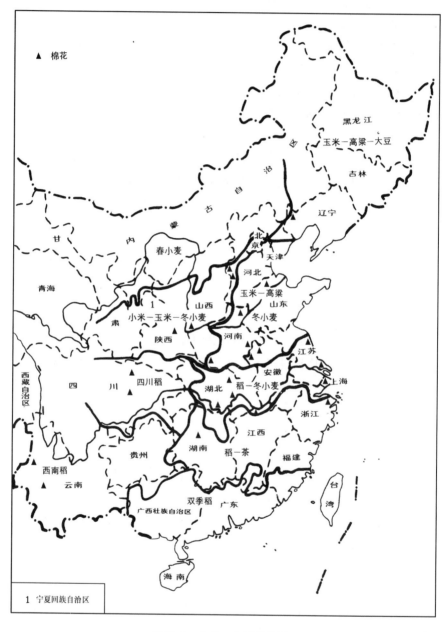

▲ 棉花

黑龙江
玉米－高粱－大豆
吉林
辽宁

内蒙古自治区

甘肃

青海

春小麦

北京
天津
河北
玉米－高粱
山东
冬小麦

山西
小米－玉米－冬小麦
陕西
河南
安徽
江苏
上海
湖北
稻－冬小麦
浙江

四川
四川稻
江西
福建

贵州
湖南
稻－茶

西南稻
云南
广西壮族自治区
双季稻
广东

台湾

西藏自治区

海南

1 宁夏回族自治区

地图 4 农业：主要作物区

工业化所需的生产资料，几乎全部从日本进口，而东北生产的大部分原料和半制成品则向日本出口。因此，东北的工业化在境内产生较少的后向联系，如果对兴起的日本军国主义的联系不那么紧密，这种后向联系就会更多。此外，在1910—1929年，东北和中国本土之间盛行的农产品和制成品的区际贸易，在1931年日本人完全接管东北以后禁止与中国本土贸易时急剧减少。因此，在20世纪30年代东北增长最为迅速的时期，它成了一块与中国本土没有重要经济联系的飞地。

商埠工业化的扩散作用也是有限的。[①] 现代经济部门不过是传统经济上面的一层薄薄的覆盖物，它的一部分也是飞地式的，其原料从国外进口，像棉织品等制成品则输往国际市场。总之，中国的大部分几乎未被现代经济触动。1949年以后经济发展政策的一个重要目的是把1949年继承的三种独立的经济一体化，它们是：有重工业基础的东北；主要面向纺织业和轻工业的沿海商埠；几乎未被现代工业触动的广大的内地。

抗日战争和内战使这些长期的结构问题更加严重了。主要由于东北的迅速发展，工业产量和股本一直到40年代初期仍继续扩大，但从此就下降了。战争的破坏是重大的，苏联又在1945年在东北搬走了一半以上的主要工业设备，这是盟国在雅尔塔会议上为了使苏联参加太平洋战争而付出的没有讲明的代价。[②] 1949年主要工业产品的产量达到30年代最高水平的15%—80%不等。农业生产由于更为分散，所以不像工业那样令人沮丧。战争的主要代价是投资额大量下降，这反映在灌溉耕地的数量明显地减少。战时的破坏阻碍了对战前建设的灌溉系统进行劳力特别集中的维修。此外，1938年在一次试图阻止日军推进的徒劳的行动中，国民党政府有意使郑州附近的黄河堤坝决口，结果破坏了三个省部分地区的农田和灌溉系统。到1949年，灌溉土地的面积实际上少于清代末年，只有1924—1929年平均

---

① 罗兹·墨菲：《外来人：西方在印度和中国的经验》[536]。
② 埃德温·W.波利：《关于日本在东北的资产对美国总统的报告》[564]，第36—37页。

灌溉面积的 60％左右。战前灌溉的水平直到 50 年代中期才重新
达到。[①]

共产党政权继承的最为沉重的包袱是极度的通货膨胀。由于战时
的赤字财政，又只有微不足道的一部分通过销售公债或其他非发行通
货的手段来弥补，国民党政府已经加剧了通货膨胀。国民党人不愿意
或无力调整税制，以支持抗日战争或对付共产党人。早在 1935 年，
物价就开始上涨，1938 年以后上涨速度加快，随着在工业化的沿海
地区的控制权落到了日军之手，而国民党政府迁都到西南的四川省。
当 1940 年军费增加时，通过发行货币来资助政府开支的份额不断增
加。到 1945 年，80％以上的支出是通过发行货币来弥补的；根据当
时的官方材料，这一年年底的物价水平是战前水平的 1632 倍。抗日
战争胜利后，对调整税制没有作出系统的努力；经过了一段短暂的喘
息时期后，赤字增加了，1947 年和 1948 年分别为支出的 70％和
80％。1948 年 8 月，在本国通货就要崩溃之前，上海的批发价格指
数达到 1937 年水平的 660 万倍。[②]

战后的恢复

恢复时期新成立的政府的几个重要目标是：恢复被战争破坏的经
济；制止遗留的极度通货膨胀；为在第一个五年计划期间即将实行的
制度改革打好基础。在初期，政权主要依靠税收、物价和控制贷款等
间接机制，而不是依靠官僚主义方式的资源直接分配。但是随着时间
的推移，政府对生产、购销和财政的控制范围扩大了，直接控制的方
式日益取代了对市场杠杆的依赖。

在 1949 年 10 月 1 日宣布成立中华人民共和国以后，内战继续在

---

① 珀金斯：《1368—1968 年的中国农业的发展》[578]，第 64 页。
② 关于通货膨胀的详尽的分析，见周舜莘《1937—1949 年中国的通货膨胀》[146]；张
  嘉璈《螺旋式上升的通货膨胀：1939—1950 年在中国的经历》[84]；阿瑟·N. 杨：
  《1937—1945 年中国的战时财政和通货膨胀》[834]。

南方和西南进行，政府的支出仍大大地超过收入，一如国民党十多年统治的情况。入不敷出的巨大赤字继续用扩大发行货币的办法来解决，在新政权的最初几个月，通货膨胀基本上仍在继续，势头不减。在 1949 年 11 月至 1950 年 2 月期间，物价上涨了一倍半以上。

但在新政权掌权后的六个月内，它采取了前所未有的集中财政和扩大征税基础的措施，从而提供了打破极度通货膨胀的必不可少的先决条件。所采取的措施中最重要的一个是成立统一的财政制度，这样，中央政府就剥夺了地方政府可以按照它们管理的税收（如农业税）花钱的权力。在 1928 年，国民党政府主要因为无力对地方政府进行控制，已经正式把农业税下放给各省的政府。[①] 1950 年，农业税与货物税及各种名目的工商业税一样，被置于中央的统一分配之下，从而结束了征收粮食实物和其他税收归地方使用的税制。国家银行（称人民银行）发挥恢复物价稳定的关键作用。它被指定充当政府的国库，这是政府赖以控制信用膨胀的工具。

行政效率的提高、征税基础的扩大和生产的增加，其积累性的结果是政府收入大为增加，从 1950 年的 65 亿元，增加到 1951 年的 133 亿元。虽然 1951 年和 1952 年当时收支相抵的赤字是巨大的，但是通过发行公债弥补了其中很大一部分。在 1950 年，赤字的 40％以上就用这种方式弥补，这与国民党时代相比有了急剧的增加，那时用公债来弥补赤字的部分很少超过 5％。[②] 在某种程度上，销售公债运动的成功看来是由于发行的公债不是用票面的货币单位而是用"折实单位"来计算。每张公债在兑现时与四种一定数量的主要商品（米、面粉、棉布和煤）等值。发行的银行存单也用折实单位计算，以鼓励

---

① 1941 年，中央政府名义上重新确立了中央对土地税的控制，这主要是作为直接控制粮食的一个手段。但是从财政的观点看，由于中央答应弥补地方政府减少的收入，这个变革的重要意义被抵消了。见张嘉璈《螺旋式上升的通货膨胀》[84]，第 140—141 页。

② 报道的赤字为 2.89 亿元，发行的公债总数为 2.132 亿元。但是预算收入包括公债收入，所以根据当期收支相抵的赤字（除去公债销售等弥补项目）为 5.02 亿元。这样，赤字的 2/5 稍多一些由公债销售弥补。李卓敏：《共产党中国的经济发展：对工业化的第一个五年的估计》[441]，第 143、152 页。

私人储蓄和减少通货膨胀的压力。

国民党政府国库的内在弱点与取代它的共产党政权的资源动员能力的对比，再也没有比两个政权通过预算制定的分配全国产量的份额更能鲜明地表现出来。在 20 世纪 30 年代抗日战争爆发之前，政府收入（包括中央、省和地方当局的）最多包括全部国内产品的 5%—7%。① 早在 1952 年，产量的征税份额是 24%，到 1957 年已升至 30%，此数是战前水平的几倍，是经济发展水平相当的国家的平均份额的两倍或以上。②

到 1950 年 3 月，通货膨胀的螺旋式上升被止住了。在与朝鲜战争爆发有关的政府开支增加的压力下，1950 年下半年又出现了通货膨胀的压力。但在 1951 年总的通货膨胀依然能够控制；尽管中国人在 1950 年秋参加战争以后负担的军费急剧增加，价格水平只上升了 20%。

物价之得以重新稳定，在很大程度上是由于在 1950 年建立的新财政制度规定下税收继续增加，同时削减了投资和其他非军事支出。美国参加朝鲜战争后不久，在 50 年代总管经济政策的陈云提出的政策，把发展放在第三位，位于与战争有关的规划和保持物价稳定这两项之后。这就是称之为"抗美、稳定、建设"的方针。③

在最初，恢复生产的规划是建立在重建被战争破坏的铁路、其他运输路线和工厂的基础之上，而不是再搞新的建设大计划。此外，在开始时国家所有的部门只限于从国民党政府接收的企业。政府办的工厂约生产工业产品的 1/3，但是国家直接控制的批发和零售贸易的份额则要小得多。由于政府所有制受到限制和国家政策鼓励公私行业共存，经济就像 30 年代那样依然是面向市场的。

1952 年军费压力的减轻和 1953 年朝鲜停战协定的签订，为更有

① 托马斯·罗斯基：《中华民国经济介绍》[602]，第 26 页。
② 尼古拉斯·R. 拉迪：《中国的经济增长和分配》[421]，第 41、165 页。刘大中、叶孔嘉：《中国大陆的经济》[474]，第 66 页。
③ 陈云：《抗美援朝开始后财政工作的方针》，载《陈云文稿选编，1949—1956 年》[113]，第 98—107 页。

活力的经济发展规划创造了条件。国家投资支出大量增加，国营工厂生产的工业产品的份额也增长了，这不是通过把私营企业直接国有化，而是通过用经济诱导的办法（如区别对待的税收和信贷政策）把它们逐步并入国营部门去完成的。在1949—1952年期间，即在第一个五年计划的前夕，私营部门生产的现代工业产品的份额从一半以上压到不足1/5，私营的批发和零售份额也大为缩小。但是手工业部门绝大部分依然是私人的。

1949年以后，制度改革的渐进方法在农村地区也占上风。1946年内战时期采用的用于所谓解放区的激进的土地改革纲领被修改，以缓和妨碍恢复农业生产的阶级冲突。一个复杂的方案被采用，内容是把农民划分为五个阶级：地主、富农、中农、贫农和（无地的）雇农。这种分类转过来又成为土地再分配的基础。到1952年土改结束，全部耕地的40%—50%的所有权易手。

土地改革决定性地改善了农民中最贫穷的成员的经济地位，但最后的结果远不是平均的。农村人口中最贫穷的20%的人的收入增长份额，在30年代到1952年期间几乎翻了一番。由于同一时期人均农业收入不变，农村社会中最贫穷的成员的绝对收入也翻了一番。但是农村人口中最富裕的10%的人，大致相当于中国共产党土改纲领分类中的地主和富农收入的变化，按照比率只是有限度地减少了将近10%。看来减少的几乎全是地主阶级的收入，这个阶级包括极少数人，只占全部农户的2.6%。根据一种判断，留给原来的地主的土地与土改后贫农拥有的土地一样多，而发家的中农和富农继续拥有面积远为广大的土地，并且挣得的收入也远远高于平均数。[①]

虽然土地改革在巩固农民群众对党的支持方面是关键性的，而且又是削弱旧的农村精英的有效手段，但是出于几种原因，它没有造成稳定的制度上的平衡。私有制和小农生产制度是1949年以前农业的最突出的特点，它们由于土地分给了数以百万计的前佃农和

---

① 查尔斯·R.罗尔：《中国农村收入的分配》[618]，第76页。

无地的雇农而得到加强。这种情况在最初大大地减少了租赁土地和雇佣劳动力的比率。但是由于私人可以买卖土地，这些安排并不能排除更集中的土地所有制形式的重新出现。尽管采取了累进的农业税制，但几乎有直接的证据证明，在有些地方，控制越来越多的土地的政治上占支配地位的富农阶级重新出现了。这样，几乎在土改结束的同时，党推动了自愿的合作化，这个行动最后形成了一种制度，即农户的收入主要与他们的劳动挂钩，土地和其他财产归集体所有。

不但个人所有制在意识形态上受到怀疑，而且党的领导从一开始对集体生产的偏爱又被其他两个因素所加强。第一，人们似乎普遍认为，巩固每户平均不到一公顷的小地产的集体耕作，从农业生产规模上说是很经济的。至少是参照过去，有人声称合作化提高了农民的收入。但是有利于这一假设的证据，不论对中国还是更广泛地对亚洲来说，都是没有力量的。中国人的主张的根据是对合作社的一个调查，但调查不是根据任意的抽样，而是根据其他没有具体说明的标准作出的。此外调查材料没有区别相互关系和因果关系。对大部分（特别是亚洲的）发展中国家来说，较小的农场都取得更高的单位面积产量，而且生产也更有效率。

第二，通过组织合作社，国家向农村抽取资源的能力得到加强。下面将要讨论，到1953年，提高国家把农产品（特别是粮食）纳入非农业用途的能力的问题成了北京计划工作者全神贯注的目标。

合作农业的早期形式称互助组，它们是农民传统合作形式的扩大，组内的农户（典型的形式不超过10户）在自愿互惠的基础上交换劳动力和交换使用耕畜与农具。在一开始，这些组的形成是季节性的，但很快就成为长期的形式。土地、劳动力、农具和耕畜都长期地集中起来，但生产资料（包括土地）仍属于个人。组内成员个人的收入份额包括以前拥有的财产的收益。到1952年末，全部农户的40%加入了互助组。[1]

① 国家统计局：《伟大的十年》（英文）[681]，第35页。

第一个五年计划

第一个五年计划（1953—1957年）用传统的标准来衡量，是非常成功的经济发展规划。中国共产党以有限的资源和经验，能够维持始于恢复时期的经济增长和完成在1949—1952年年底期间谨慎地开始的制度改革。这样，中国这几年的经验与苏联第一个五年计划（1928—1932年）的经验形成了对比，后者的农业制度改革证明是一个灾难。第一个五年计划期间，中国经济工作的特点是什么？增长的原因是什么？为什么原来设想的连续进行几个五年计划的纲领会被一个远为激进、最后失败的称之为"大跃进"的战略所代替？

从经济增长的角度来衡量，第一个五年计划是一个令人吃惊的成功。国民收入年平均增长率为8.9%（按不变价格计算），农业和工业产量的增长每年分别约为3.8%和18.7%。[1] 由于人口的年增长率为2.4%，人均生产增长6.5%，按此速度国民收入每11年将翻一番。中国在20世纪前半期的生产增长勉强赶上人口的增长（两者每年各约为1%），与此类型相比，第一个五年计划的特征是明显的加速度。[2] 中国的经验与大部分新独立的发展中国家相比也是值得称赞的，在20世纪50年代，那些国家的年人均增长率约为2.5%。[3] 例如，另一个大陆型的农业经济国家印度的最初经济条件与中国相似，它在20世纪50年代的人均增长率远不足2%。[4]

以国民经济衡量发展的局限性，特别在低收入国家，是众所周知

---

① 这两个百分比根据官方的增值数据作出，这些增值数据与20世纪50年代公布的总值材料略有不同。工业增长速度有上调的倾向，因为它是以注重发展更快的生产资料部类而忽视发展较慢的消费品部类的价格结构为基础的。杨坚白、李学曾：《农轻重结构》[825]，载马洪、孙尚清编《中国经济结构问题研究》[488]，第106页。

② 珀金斯：《20世纪中国经济的增长和结构变化》[579]，载珀金斯编《从历史角度看中国的现代经济》[580]，第122页。

③ 发展中心经济合作和发展组织：《较不发达国家的国民收入，1950—1966年》[559]，第22、26页。

④ 《较不发达国家的国民收入，1950—1966年》[559]，第21、25页。

的，但是中国发展纲领的成就还可以用其他衡量方式来证明。人的寿命是一个国家健康状况唯一的最佳标志，它从 1950 年的 36 岁延长到 1957 年的 57 岁，比当时低收入国家的平均寿命多 15 岁。[①] 学龄儿童的入学比率同期从 25％增至 50％，进入大中学校的人数也大量增加。随着国家几乎完成了一亿平方米的职工宿舍，城市居住条件改善了。私人消费支出以不变价格计算也大有增加。现代部门的名义工资增加了 40％以上，而这些工人的生活费用只上升了 10％。这样，工资实际上增加了几乎 1/3。由于增加产量和适度地改善了农产品和制成品的交换，农民的收入增加了约 1/5。

此外，中国的成绩是在适度的外国财政援助下取得的。下面将要指出，虽然苏联提供的生产资料对建立工业中几个重点部门是极为重要的，但大部分苏联的机器设备或是通过付现，或是通过相对的短期贷款，而不是通过单方面转让或长期的优惠贷款获得。所以这些进口货并没有大幅度地减低限制当前消费增长的必要性。

最后，到 1955—1956 年，中共已经比公开宣布的日程提前完成了一系列消灭作为生产和就业重要源泉的私营部门的制度改革。1953 年大约总产量的 2/3 来自个人拥有的农田、手工业企业和工厂，但到 1957 年，它们的产量被削减到不足 3％。国家通过把国家的直接所有制扩大到包括全部现代工业的领域，通过把私人手工业改组成合作社以实施间接控制，巩固了它对经济的控制。在农业方面，到 1956 年底，95％以上的农户已被组织进农业生产合作社，有效地消灭了土地、耕畜和农具等的私有制。[②] 与苏联的集体化相比，农业的产权制度的改革进行得非常顺利。1932 年，苏联的农业产量与私人耕作的最后一年即 1928 年相比，足足下降了 1/5，而中国在 1953—1957 年期间，产值却上升了 1/5。[③]

---

① 《中国：社会主义经济的发展》[130]，第 1 卷，第 98 页。
② 国家统计局：《伟大的十年》[681]，第 35 页。
③ 保罗·R. 格雷戈里、罗伯特·C. 斯图尔特：《苏联的经济结构和成绩》[278]，第 108 页。

但是，最显著的不同是在农民的投资动态方面。伴随苏联的集体化是大量减少投资，耕畜的数量急剧下降，因为农民宁可屠宰它们为自己食用，而不愿把它们无偿地交给新成立的集体农庄。与此相似的是，私人农业投资大幅度下降。对比之下，1955—1956 年，中国存栏的耕畜只是适度地减少，存栏的猪减少了 15％，因为一开始农民在献出耕畜和其他农具时就得到补偿。此外，在第一个五年计划时期，私人的和合作社的农业投资总数为 170 亿元，平均每年投资总额为 34 亿元，是国家农业预算投资的几倍。[①] 这类投资又被以下的认识所推动：投资的巨额收益将使那些愿意放弃立即消费的人获益。

第一个五年计划的战略

第一个五年计划的战略以马克思主义扩大再生产原则的信条为坚实的基础，即确定生产生产资料的工业为增长的主要源泉。这个战略在类似于苏联 1928—1937 年盛行的那种资源筹措和分配的类型中得到了反映。

首先，投资率突然从战前约 5％的水平猛增至远远超过 20％的平均水平。当时产量被用于偿还或扩大基金而不是增加当时消费的比率，几乎是 50 年代印度所达到的两倍，并且接近 1928 年开始的斯大林强制拟定的工业化纲要推行高潮时期盛行的水平。即使接近苏联的投资率，这也是了不起的，因为在中国，推迟增加消费一定更加困难，中国的国民收入的人均水平只有 1928 年苏联的 1/4 左右。

其次，类似苏联的第二个情况是把绝大部分投资资源投放到工业中，特别是生产生产资料的工业部门中。既然农业直接生产国民收入的一半以上，并且使用了全部劳动力的 4/5 以上，农业投资（不算农民自己的投资）是非常有节制的，不到总投资的 8％。一半以上的投资投入工业，其中几乎 90％拨给诸如冶金、机器制造、

---

① 拉迪：《中国现代经济发展中的农业》[422]，第 138 页。

电力、煤、石油和化工等生产生产资料的部门。拨款用来扩大农机和化肥生产的小部分工业投资（3％），证明五年计划中农业被排在靠后的地位。[①]

再次，在优先发展规模很大和资本密集的制造业方面，中国的工业化战略与30年代苏联的战略相似。工业化纲要的核心由156个苏联援助的项目组成，它们一共吸收了一半左右的工业总投资。这些工厂的特点是规模大，每名厂内工人所占的资本份额高。

资源筹措和分配的类型以及对很大规模的资本密集型制造业工厂的优先照顾，几乎必定会产生一种与苏联相似的集中的计划体制。早在1949年，东北在东北行政区主席高岗领导下就开始了经济计划。出于几个原因，1948年就控制在中共之下的东北，此时成了计划工作的一个重要试验场所。第一，从一开始，区内很大一部分工厂就由政府控制。中共从国民党那里接管了这些工厂，而国民党在此以前已经经俄国人之手从日本人那里收回了这些工厂。这样，在开始国家计划之前就不必再没收这些大工厂或使之国有化。第二，绝大部分工厂是重工业，特别是黑色冶金业（新政府置于最优先地位的部类）方面的。

第三，邻近苏联可能是一个有利的因素。自1945年以来，苏联人已经控制了中国的满洲铁路（即前日本的南满铁路），并且经营了与铁路有关的工厂以及与苏联控制的海军基地旅顺港有关的一些企业。在毛泽东宣布成立中华人民共和国之前的三个月，高岗在莫斯科签订了东北人民政府和苏联之间的贸易协定。苏联在这个地区的作用早在1949—1950年时期就加强了，当时苏联专家开始来到鞍山和本溪等主要钢铁企业；鞍山和本溪是共产党中国之前的两个最大的钢铁企业。[②]

最初在东北使用的制订计划的技术很快在全国范围内被采用。1952年10月和11月，国家统计局和国家计划委员会分别在薛暮桥

[①] 拉迪：《中国现代经济发展中的农业》[422]，第130页。

[②] M.加德纳·克拉克：《中国钢铁工业的发展和苏联的技术援助》[173]，第4、13页。

和高岗的主持下成立。[①] 约在同时，一整套纵向组织的工业部成立，以控制各个专业生产区。这些部各管它生产范围内的最重要的企业，而不管这些工厂位于何处。[②]

中国人还采纳了苏联人的与这一组织结构有关的许多资源调拨制度。其中最重要的是编制物资平衡计划的制度。这个制度规定，国家计划委员会和中央政府的一些部编制最重要的工业产品的生产和分配计划。这样，主要商品的分配直接归中央的计划人员掌握，而不通过市场机制。分配产品是为了达到计划的目标。在1952—1956年期间，受这种调拨形式制约的商品数从28种增加到200种以上。此外，随着时间的推移，受物资平衡制约的这些商品生产的份额上升，所以到1956年，这些产品产量中通过市场分配的部分急剧下降。[③] 这样，影响工业品分配的相对价格的作用被降低到了最低限度。

农业的发展和改造

多少令人惊奇的是，采用包括筹措大量资源以用于制造业的苏式的全力工业化战略和忽视农业的这些做法，似乎没有在中共党内引起争论。没有证据表明，在第一个五年计划之前曾经出现任何类似20世纪20年代苏联关于工业化问题的争论；在争论中，E.A.普列奥勃拉津斯基的"大力推动"工业化的纲领的理论与N.I.布哈林的工农业均衡发展的理论针锋相对。[④] 相反，普列奥勃拉津斯基关于在农业的强制积累基础上迅速工业化的观点却在中共党内得到广泛的支持，这对当时世界上号称有农业渊源的唯一的共产党大执政党来说，是一件不寻常的事件。但是在执行第一个五年计划时期，的确出现了关于主要资源分配问题的争论，因为计划赖以制定的重大前提证明是虚假的。

至少到1954年或1955年尚无人怀疑的一个主要假设是，农业

———————

① 李卓敏：《共产党中国的统计制度》[442]，第13页；奥德丽·唐尼索恩：《中国的经济制度》[202]，第458页。
② 唐尼索恩的《中国的经济制度》[202]中有对经济官僚机构演变的最详尽的描述。
③ 拉迪：《中国的经济增长和分配》[421]，第15、206页。
④ 斯蒂芬·F.科恩：《布哈林和布尔什维克革命》[183]。

不会严重地限制工业化。当 1952 年编制计划时，农业的增长异常迅速。中国两种最重要的作物——粮食和棉花——在 1951—1952年期间年平均增长率为 11.5％ 和 37.3％。虽然有人认识到这种不寻常的迅速增长部分地是由于暂时的复苏，不可能持续下去，但在1953 年 7 月第一次公布的第一个五年计划粮食增产指标相对地说是高的，每年为 5.3％。[①] 此外，有人还设想，取得这种速度，可以不通过增加投资，而主要通过更有效地利用劳动力、土地和其他的投入（首先是靠普及互助组的办法）。合作化将进行得极为缓慢。中共中央委员会在 1953 年定的指标预计到 1957 年底只有 20％ 的农户参加合作社。[②]

计划的农业生产增长速度超过了预计的对粮食和其他农产品需要的增长，后者取决于人口和人均收入增长的比率以及对农产品需求的收入弹性。结果，在进行编制工业发展计划时没有谨慎地研究工业和农业之间的关系。工业生产的增长速度被假定只受制于生产资料这一部类的能力。对日益扩大的工业劳动力需要的食品供应或纺织工业需要的纤维作物等农业原料的不容置疑的必要增长率则没有认真考虑。

农业的增长在 1953 年和 1954 年明显地减慢了，从而触发了一场关于第一个五年计划性质的广泛的辩论。在 1953 年，粮食只增产2.5％，远远低于计划的 9％的增长率；原棉产量下降了 9％以上，而计划的增长指标为 16％。1954 年，粮食产量稍有增加，增加了1.6％，而计划的增长率为 9％以上；原棉产量再次下降了 9％以上，而计划的增长率为 17.8％。[③]

由于经济以占绝对优势的农业为特点，这些亏空对经济发展的步伐和对第一个五年计划（虽然已经过了两年，但它仍在编制阶段）来说，有着严重的影响。陈云直到 1955 年 3 月才把计划提交党的中央

---

① 肯尼思·R. 沃克：《回顾集体化：1955 年秋至 1956 年春的"社会主义高潮"》[760]，第 24 页。
② 同上书，第 9 页。
③ 同上书，第 23 页。

委员会，到 7 月李富春才在全国人民代表大会的一次发言中公开宣布这一计划，造成这种情况的原因之一就是如何去处理 1953 年和 1954 年农业方面没有预料到的不尽如人意的问题。[①]

下降的农业增长率迫使计划人员去审查第一个五年计划的基本前提。在制定计划的早期阶段基本上被忽视的农业和工业的各种联系成了这次复查的特别突出的一个部分，原因至少有两个：第一，农业的低度增长直接和间接地冲击着工业生产。农业为制造轻工业产品提供了 4/5 以上的原料，而轻工业产品又足足占了工业生产的一半以上。农业还间接地影响工业增长的步伐。政府的岁入大部分来自巨额的间接税，这项税收包括在大部分制成的消费品零售价格中。高价格意味着生产轻工业品的工厂可以取得厚利；由于这些工厂为政府所有，所以这些利润的绝大部分直接成为政府的预算收入。农业增长的减慢因此急剧地减少了政府收入的增长，转过来又减少了可以拨给工业的投资。此外，农产品的出口是赚取支付进口货的外汇的主要来源，这些进口货绝大部分又是构成工业投资规划核心的生产资料。在整个第一个五年计划期间，农产品和加工的农产品（包括棉织品和丝织品）占中国全部出口货的整整 3/4，而 90％以上的进口货由机器设备和其他生产资料组成。[②]

第二，农业发展的缓慢步伐导致了整个 1953 年食用粮的供应危机。这场危机有几个征兆，但它可以主要地归结为一个原因——国家对粮食交易的干预。在 1950 年和 1951 年，国家通过推动恢复民间农村集市，以促进农业生产的恢复。国家通过征收实物农业税和向农村集市收购，来设法满足自己的需要（如向城市市场增加粮食的供应量，控制价格，供应国营的食品加工厂，满足出口需要）。由于 1951 年以后国家需要增加，而税粮只是适度地增加，国家的收购日益成为

---

① 肯尼思·R.沃克：《回顾集体化：1955 年秋至 1956 年春的"社会主义高潮"》[760]，第 24 页。肯尼思·利伯塔尔：《1949—1975 年党中央和政府会议研究指南》[451]，第 68 页；李富春：《关于发展国民经济的第一个五年计划的报告》[443]。

② 国家统计局：《中国统计年鉴，1981 年》[156]，第 354 页。

一个重要的供应来源。因为收购价格不断上涨，国家的收购变得越来越花钱。为了减少花费，国家设法限制私人交易活动，并建立可以用作控制市价上涨，甚至强迫它下跌的杠杆的垄断地位。

但是这个策略失败了。1953 年，谷物和其他农产品的市价继续上升，部分原因是农民不愿向国家销售粮食。在有些地区，私商付给农民的价格高于国家 40%，政府的收购计划大部分没有完成。

因为城市地区对食物的需求继续增加，1953 年大范围的水灾又使农村地区增加了谷物的需求，国家被迫销售粮食，其数量超过了收进数。在 1950 年和 1951 年，国家的库存是在 6 月（正值华中冬季作物收获之前）跌到低水平，而 1953 年则不同，整个夏季国家的销售量都超过了收购量。从 7 月到 9 月底，国家的储存减少了130 万公吨，这个数量是惊人的，因为国家总储存量只有 870 万公吨，其中大部分要用做种子和日常周转的库存，这种需要不能减少。

此外，根据陈云的说法，在 1954 年 6 月新粮又上市之前所剩几个月的前景依然是暗淡的。即使能够完成收购计划，估计的亏空仍有435 万公吨。但是陈云在 1953 年 10 月透露，由于整个 9 月收购不足，还因为东北严重的水灾已经把那里估计的产量从 2200 万公吨减到 1805 万公吨，从而把收购指标从 500 万公吨减至 380 万公吨，收购计划将不可能完成。[①]

最后，粮食危机明显地表现在国家在国内地区之间调运粮食的能力明显减弱这一方面。地区间的粮食调运对支持新政府自称将比国民党人更有效地对付自然灾难的说法来说是至关重要的。关键在东北，那里在平常年景是有余粮的区域，又具有通往全国大部分地区的可靠而又相对便宜的铁路运输条件。因为东北是共产党军队最早控制的区域（1948 年林彪的第四野战军决定性地击溃了国民党军队），它早在

---

① 陈云：《实行粮食统购统销》，载《陈云文稿选编（1949—1956 年）》[113]，第 189—203 页。

1949 年就能够供应 260 万公吨的粮食。[①] 这些供应粮被调运到其他地方供消费之用，其中大部分很可能用于军队，而当中共军队在 1949 年横扫南方时，由于国民党领导的部队成批地投诚，军队的规模日益扩大。东北向中国其他地区的粮食出口在 1951 年因不利的天气而减少，但在 1952 年开始恢复，并计划在 1953 年达到 210 万公吨。此数几乎是中央当局可以用来作地区间调运以满足京津等集中的城市人口需要和遭受严重自然灾害以致当地余粮不足的地区的农民需要的 480 万公吨粮食的一半。[②] 但是东北产量和收购粮的减少使可以调到区外的余粮减到 130 万公吨，这样中央掌握的总供应粮就降到只有 400 万公吨，此数只相当于年产量的 2.4％左右。[③]

这样，到 1953 年秋季，大危机隐约出现了。粮价在许多农村集市大幅度上涨；有的城市缺粮现象明显——不仅在天气不好的地区，而且在北京和天津等大城市；国家的粮食库存量很低，而且在减少；中央政府可以在地区间调运以满足地方缺粮的供应粮少得惊人。

对付这场危机的一个办法本来可以把农产品收购价至少提高到市价的水平，以刺激农民向政府增加销售。但是由于以固定的价格向城市居民销售粮食的义务，这种办法会减少国营粮食分配系统的利润，从而直接减少国家的收入。同时将会出现的现象是，提高收购价格不但会减少用于投资的资金的流动，并且必须把减少的投资总额进行有利于消费品部类的再分配，因为刺激性规划的成功归根到底取决于增加与农民收入的增长相称的消费品供应。所以，不能把提高收购价格的措施设想为一项孤立的政策，它将减少投入生产资料部类的资源，

---

① 艾伦·S. 惠廷：《中国跨过鸭绿江：参加朝鲜战争的决定》［785］，第 19 页。关于 1951 年产量和收购量的下降与 1953 年生产和收购的指标，见陈云《实行粮食统购统销》，载《陈云文稿选编（1949—1956 年）》［113］，第 190 页。

② 陈云在 1951 年 5 月的讲话中对没有铁路运输把粮食从有大量余粮的四川省运出表示惋惜。《发展农业是头等大事》，载《陈云文稿选编（1949—1956 年）》［113］，第 129 页。这种关心无疑是第一个五年计划时期建设宝成铁路的重大努力的基础。这条路线在四川盆地与中国其他地区之间提供了最早的铁路联系，于 1956 年通车。

③ 陈云：《实行粮食统购统销》，载《陈云文稿选编（1949—1956 年）》［113］，第 190—191 页。小岛丽逸：《中国的粮食收购和供应》［396］，第 66—68 页。

从而降低以后几年的投资比率。虽然有证据证明有人力争缩小第一个五年计划时期的工业化规模，但这条行动路线被否定：高速度的工业化仍被放在最优先的地位。

寄以希望的解决办法是，1953 年晚秋实行以固定价格强制收购粮食的制度和适当地加快合作化的步伐。1953 年收购年（到 1954 年 6 月结束）的计划收购水平增加了 500 万公吨，总数达到 2200 万公吨，而原来在 8 月份通过的市场收购指标为 1700 万吨。为了完成这一较高的指标，国家限制了私人的粮食交易，禁止私营面粉厂主自行购销粮食。相反，他们成了国家的收购代理商，代表国家的收购机构粮食部收购。城市和集镇中的传统粮食市场改成国家的粮食市场，主要是为了保证在提高的国家收购指标完成前没有粮食交易。最后，中央政府加强了在地区间调运粮食的能力，办法是维护它每年调整粮食流通的权力。[①]

在短期内，强迫交售制为进行强制拟定的工业化规划提供了资源。收购量上升了 500 万公吨，达到 2200 万吨的指标，从而给国家提供了充分的粮食以满足它的多种需要。在某种意义上，中共利用了以前在土改时期建立起来的友好关系来增加低价的收购，以便发动巨大的工业化运动。由于收购制度提供了把物资部分无偿地转出农业部门的手段，中央当局逐渐相信原来为工业定的计划高增长率可以用较低的农业增长维持下去。这样，在强制交售制的一年试验以后，第一个五年计划粮食生产的计划增长率从 5.3％降到 4.6％，但工业生产的指标不减。[②]

可是前面已经指出，1954 年的农业生产是很令人失望的；也不清楚国家通过强制交售制能否保证得到足够的低价粮的供应。为了加强中共对农村的控制和确保不断地向国家交粮，合作化的步伐于是逐渐加快。可是到 1954—1955 年之间的冬季，合作化规划遭到农民的有力的抵制。为了达到组成农业生产合作社数字的指标，地方干部普

---

① 尼古拉斯·R. 拉迪、肯尼思·利伯塔尔：《陈云的发展中国的策略：一种非毛主义的可取办法》[425]，XIX。

② 沃克：《回顾集体化》[760]，第 24 页。

遍违背了作为规划基础的自愿互利的原则。农民受到经济和政治上的不公平待遇，甚至违背自己的意愿被迫加入农业生产合作社。干部常常扣留不愿组织合作社的个体农民和互助组的贷款，并且给坚持者扣上走资本主义道路的帽子。在有些地区，出现了没收养鱼塘、果树和牲畜等私人财产的情况。在一些地区，干部直接把个体农民组成农业生产合作社，绕过了互助组这一中间阶段，出现的问题最为严重。在这些地区，几乎没有基础去指望合作社农业取得成功，因为那里没有制定按劳动和资本份额分配产品的章程。例如，在浙江省和华中，土改完成得晚，到 1953 年只建立了 3300 个农业生产合作社。但到 1954 年，合作社数增加到 5.3 万个。[1]

最严重的困难之所以产生，不是由于农业生产合作社内部管理和组织的问题，而是由于国家在 1954—1955 年对粮食的过度收购。参照起来看，在 1956 年，周恩来在向全国人民代表大会的报告和毛泽东在论"十大关系"的报告中，都间接指出问题出在所谈到的超计划收购 350 万公吨粮食这件事上。[2] 虽然与粮食总产量相比，这个数字是很小的，但它主要是从已经组成农业生产合作社的地区取得的。总之，从《人民日报》社论号召不惜一切代价增加收购中可以看出，在已经组成农业合作社的地区，地方干部在对政治压力作出反应时从农民那里榨取更多粮食的能力最大。在这些地区的党的干部，可以简单地留下更多粮食上缴国家，而不必与个体农民生产者就他们被要求缴纳粮食的数量进行商讨。[3]

这样，到 1955 年春，在乡村出现了真正的供应危机，许多被组织进农业生产合作社的农民正在经受极度的缺粮。最严重的事例之一

---

[1]　强远淦、林邦光：《试论 1955 年党内关于农业合作化问题的争论》[124]，载《党史研究》[695]，1981 年第 1 期，第 11 页。

[2]　周恩来：《关于发展国民经济的第二个五年计划的建议的报告》[144]。毛泽东：《论十大关系》，载《毛泽东选集》（英文）[502]，第 5 卷，第 290—291 页；中文版，第 5 卷，第 273 页。

[3]　强远淦、林邦光：《试论 1955 年党内关于农业合作化问题的争论》[124]，载《党史研究》[695]，1981 年第 1 期，第 11 页。

发生在浙江省温州地区的平阳县。中央财政委员会、纪律检查委员会和政法小组的联合调查后来报道说，过量收购引起的严重缺粮已经造成"温州的不稳定"。到3月，党的农村工作部部长邓子恢得到党中央的同意后电告浙江省委，要求暂停实行合作化规划和适当压缩农业合作社的数字。最后，合作社压缩了1.5万个，剩下约4万个。①

但是问题不限于浙江。在4月，最高的政府机构国务院通过了一个在全国实行的决议，要求暂停合作化。希望春耕季节开始之前恢复对生产者的鼓励。4月底，以邓子恢为首的农村工作部召开全国第三次农村工作会议，向各省的党的干部解释收缩政策。邓子恢显然遵照几个星期前刘少奇召开的一次批判性会议上提出的建议，要求不要搞全面的收缩，而是执行不同地区区别对待的方针。在中南和西南两个大区，有的省的合作化步伐已经有节制，可以继续组织农业生产合作社，不过速度要适度。在1954—1955年原来已经匆忙建立合作社的地区，一切组建活动应该停止，直到1955年秋收完成以后。原来没有适当基础的农业生产合作社——主要在浙江和河北，但也在山东、安徽和河南——应予解散。政策的精神可以归结为三个字的口号——停、收、放（发展）。②

第三次农村工作会议触发了一场引起党内不和的斗争。毛泽东终于认为，农村工作部正在破坏合作社的规划。在他看来，退社的农民太多，预定的1955—1956年的合作化步伐太慢。在农村工作会议以后几个星期，毛泽东在5月17日的一次有各省、市党委书记参加的会议上设法把已在第三次农村工作会议上讨论过的政策重点转移到第三个字，即放（发展）字上来。

可是在1955年的整个春季，邓子恢的观点得到广泛的支持。最重要的是，甚至在毛泽东的5月17日会议之前，政治局批准了邓子恢的计划，即在来临的冬季不去扩大农业生产合作社的数字，而是去巩固

---

① 强远淦、林邦光：《试论1955年党内关于农业合作化问题的争论》[124]，载《党史研究》[695]，1981年第1期，第12页。

② 邓子恢：《在全国第三次农村工作会议上的开幕词》[709]，同上书，第7页。

保留的 65 万个合作社。在 5 月的最后 10 天，邓子恢和毛泽东就 1955—1956 年的合作化的计划速度进行了后来所说的"激烈的争论"。①

由于政治局已经批准了这项政策和邓子恢拒绝让步，毛泽东暂时孤立，不得不另求加快合作化步伐的方法。毛泽东的方法是对邓子恢和农村工作部的右倾思想发动攻击。毛泽东在 1955 年 7 月 31 日对各省党的领导人的著名讲话中发动了这个运动，在发言中他坚决主张条件对合作化有利，党的领导落在农民要求的后面，只有农业生产合作社能够阻止农村阶级阵线的进一步分化。② 除了直接鼓励各省的党委书记加快合作化的步伐外，毛泽东还任命他的两个最信任的助手陈伯达和陈正人为农村工作部的副部长，开始为正式指责邓子恢奠定基础。

到秋季，当第七届中央委员会第六次全会在 10 月份召开时，毛泽东扭转了形势。陈伯达做了关于农业合作化的乐观的报告。刘少奇为前一个冬季批准了有关合作化步伐的保守政策做了自我批评。邓子恢显然没有悔改，处境孤立。他本人受到毛泽东的批评，全会决议谴责他为"右倾经验主义者"。全会结束后不久，已在党员中流传的毛泽东的 7 月讲话在《人民日报》发表。③

全会为农业的全面改组奠定了基础。毛泽东预示的社会主义改造的高潮自行实现了，因为地方的党的干部觉察到，他们的忠诚和政治可靠性将根据合作化的速度来衡量。在秋季，不到全部农户的 15％ 加入农业生产合作社。到 1956 年 1 月，即在全会后的三个月，已有 80.3％ 的农户参加。④ 运动在 1956 年达到了狂热程度，当时实际上全部农业人口都被重新组织进了农业生产合作社。在这一年年初，几乎全部都是初级合作社，每个社平均 30—50 户。到年末，88％ 的农民被组织进某种形式的农业生产合作社，但大部分是高级的，每个社

---

① 强远淦、林邦光：《试论 1955 年党内关于农业合作化问题的争论》[124]，第 13 页。

② 毛泽东：《关于农业合作化问题》，载《毛泽东选集》（英文）[502]，第 5 卷，第 184—207 页；中文版，第 5 卷，第 168—191 页。

③ 罗德里克·麦克法夸尔：《文化革命的起源》，第 1 卷 [495]：《人民内部矛盾》，第 18—19 页。

④ 沃克：《回顾集体化》[760]，第 35 页。

平均200—300户。[①] 高级农业生产合作社的形式对党的干部有双倍的吸引力,因为他们在说服农民信奉更高阶段的社会主义中显示了他们自己的积极性,而且可以缓和把净农业收入分成租金和工分份额时经常引起争论的手续问题。投入大量土地、牲畜和农具的农民更愿意把净产量的较高份额以租金形式分配,作为投入农业生产合作社的财产的报酬。几乎全部依靠工分收入的贫农则愿意把较大的收入份额以工分的形式来分配。先进的农业生产合作社通过取消一切租金支付来消除这种冲突。

虽然毛泽东似乎已取得彻底的胜利,但是1955—1956年的集体化运动对中国的农业问题甚至没有提供部分的解决办法。直接的后果是,随着集体化出现的各项政策引起了农业严重的短期破坏。在最初,有人认为高级农业生产合作社的组成使得制定农业的直接计划成为可能,以代替20世纪50年代初期盛行的对间接的计划(或价格计划)的依靠。在实行价格计划时,中央的计划工作者在相对价格而不是在直接下达播种面积指标的命令的基础上,已经在设法影响对土地、劳动力和经常性投入的分配。这样,例如在1950年和1951年,当认为棉花按比例来说应该多于粮食时,棉花和粮食收购价格的比率已经做了变动,以鼓励在播种面积、劳动力以及经常性投入(如肥料)方面,在一定程度上以棉花代替粮食。这一政策,再加上农村集市——收购指标完成后可以在那里出售粮食和其他农产品——鼓励了具有地方和区域相对优势的地带实行专业化。当组成高级农业生产合作社时,有人曾试图以直接计划制代替这种间接计划制;直接计划制是以详细规定的全国播种面积和产量指标为基础,先就全国范围订出,然后按行政等级往下分配,从省、县,最后到农业生产合作社。同时,随着直接计划制的采用,国家关闭了能促进种植有相对优势的作物的几万个农村集市的大部分。

与集体化高潮有联系的这些极端的政策很快就被纠正。农村集市在1956年夏又被开放;在秋季,中共中央委员会和国务院批准了重

---

① 国家统计局:《伟大的十年》[681],第35页。

新依靠相对价格的控制方法，把它当做影响耕作制和发展不同作物的主要工具，以此含蓄地承认农业中的直接计划制的缺点。

虽然短期的过头行为被纠正了，但合作化对已提高了的农业的发展或生产力似乎没有作出贡献。1956 年和 1957 年的增长速度依然远远低于五年计划公布的经过修改的指标。苏联集体化中最严重的暴行是避免了，但这不单纯是由于更灵活细致的行政工作或党熟悉农村情况。相反，相对顺利的改造却使国家承担了巨大的短期性代价，如果发展的政策不作重大改变，这个代价是不能继续承担下去的。

首先，为了使农民相信农业生产合作社不单纯是把更多的资源无偿地流入国家之手的手段，国家的收购数量退回到 1954—1955 年收购的水平。其次，为了减少以前对强迫手段的依靠，党保证在 1955 年秋季，参加农业生产合作社的农民将增加收入。[1] 尽管以前也有这类声明，但这未能通过提高生产力来予以保证，在短期内却通过人民银行向农业生产合作社发放大量贷款而部分地做到了。在几年内，未偿还的农业贷款数量每年增加一至二亿元，但在 1956 年年底，给农业生产合作社的未偿还贷款激增到 20 亿元以上。[2] 这样就使得农业生产合作社能够大大地增加社员的收入。发放的信贷每个社员合 4 元，当农民每年的现金收入只有约 15 元时，这个数额是很可观的。[3]

第三，集体化在限制阶级分化方面只取得部分的成就。土地改革已经把大量土地（农村最宝贵的财产）做了对农村社会最贫困的成员有利的再分配。初级农业生产合作社的组成据认为对收入的分配没有什么影响，因为社员将得到他们投入的土地和其他资产（如耕畜）的租金。不会发生进一步的收入平均化，除非出现这种情况：某些合作社中分配过程的内部动力能够使付作租金的收入份额少于合作化以前的租金收入份额。高级农业生产合作社的组成标志着在土改以后朝更平均的分配迈了重要的一步，这不但是因为它消除了以前给投入的土

---

[1] 维维恩·舒：《过渡中的农民的中国》[662]，第 293 页。
[2] 拉迪：《中国现代经济发展中的农业》[422]，第 141 页。
[3] 同上书，第 243 页。

地和其他资产的报酬，而且因为劳动报酬是根据更多家庭的集体生产付给。

但是当 1956 年完成集体化时，有 75 万以上的独立的生产和结算单位，而这些单位重新分配收入和资源的机制普遍很弱。国家的支出和税收政策是特别软弱的再分配工具，因为国家的农业支出很少，并且几乎全部用于很小一部分的国营农场和大规模的水利建设项目。此外，农业税收绝大部分是间接的，不是为完成分配的目标而制订的。这样，虽然可以从集体化得到短期的分配收益，但它并没有建立任何机制以防止高级农业生产合作社内部收入和财富差距的扩大。

尽管有这些困难，第一个五年计划期间的农业总的说仍取得了中等良好的成绩，这个部门毕竟在享受国家投放的资源时顺序排在后面，况且农业内部生产的资源又大量无偿地调出以支援工业的发展。按价值计算，产量每年上升 4.5%，刚好超过公布的指标速度。粮食作物每年增加 3.7%，棉花增加 4.7%，都刚刚超过 1955 年计划公布的最后指标。①

可是在几个方面，农业的增长一定使中国的政治领导人失望。首先，如前所述，农业部门增长的指标在正式计划公布之前已经几次削减。1954 年原来宣布的粮、棉增产指标分别为 4.6% 和 7.7%，而在公布的第一个五年计划中却被年增长率 3.3% 和 4.6% 的指标所取代。② 所以虽然执行的结果达到了大部分指标，但远远低于原来的期望。此外，与原来的期望相反，农业集体化没有导致更迅速的增长。1956 和 1957 年的平均增长低于以往几年。

第二，有几项显然没有达到计划的指标，如大豆产量增长的比率约为计划的 1/3；油料籽（油菜籽、芝麻、花生）和肉类的产量停滞不前。

---

① 国家统计局：《伟大的十年》[681]，第 118、119 页。产值的增加是以总产值衡量的。如以增值衡量，上升的比率只为 3.8%。杨坚白、李学曾：《农轻重结构》[825]，第 106 页。
② 《中华人民共和国发展国民经济的第一个五年计划，1953—1957 年》[244]，第 115 页。

　　第三，低增长率意味着大部分农产品的人均消费量的增长是中等水平以至于零。1952—1957 年期间粮食人均消费量提高不到 3%。[①]棉布的消费量年年波动，但 1956—1957 年的平均消费量比 1952—1953 年的平均数增加了不到 10%。食用植物油的人均消费量下降甚多，同时猪肉、牛肉和羊肉的消费量没有增长。[②] 对粮食、棉布和植物油，必须实行定量以分配这些有限的供应品。早在 1953 年，有些地区的市政当局已开始对粮食和植物油实行配给；1955 年，全国的城市地区实行一种统一的票证配给制。1954 年对城乡居民发放配售棉布的票证，直到 1983 年，这个办法才停止。农业生产的缓慢增长还意味着出口的成绩不尽如人意。到 1957 年，花生、花生油和生猪的出口不到计划开始前的 1952 年出口水平的 50%。[③]

　　最后，在许多方面都最为紧急的是，交售给国家的食用粮数量落后于通过国家分配渠道供应的粮食需求。一方面，实物粮食税和以固定价格交售给国家的粮食两者的数量在 1954 年达到了 4500 万吨的最高峰，然后逐渐下降。前面已经讨论过，在最初，这是有意地把收购量减到低于 1954 年水平的结果。但是在 1956 和 1957 年继续下降，这部分地是因为国家发现，当农民在私营市场上获得的粮价高于国家提出的价格时，就难以强迫农民交售。到第一个五年计划的最后一年，收购量已降到 3980 万吨，低于 1954 年水平的 10% 以上。[④] 在同时期内，粮食产量已经增加了 2300 万吨。实际上，交售给国家的粮食作物的份额大幅度下降了。

　　当国家掌握的粮食的绝对数字下降时，对粮食的需求正在不断地增加。非农业人口（主要是长期城市居民，但也包括有资格享受配给粮和食用植物油的国家雇用的住在农村的居民）的数字从 1952 年的

---

①　拉迪：《中国现代经济发展中的农业》[422]，第 150 页。

②　棉布、植物油和肉类消费量的估计根据官方产量和人口资料作出，官方的产量资料已对出口占用的部分做了调整。国家统计局：《中国统计年鉴，1981 年》[156]，第 144、163、221、312 页。

③　国家统计局：《中国统计年鉴，1981 年》[156]，第 368 页。

④　拉迪：《中国现代经济发展中的农业》[422]，第 34 页。

8300 万增加到 1954 年的 9800 万，然后又增加到 1957 年的 1.06 亿。[①] 1955 年夏在城市地区全面实行粮食定量的措施是企图减少城市的人均消费量。但是定量的水平在 1956 年不得不增加，这部分地是对一次增加工资高达 30％的大改革以后需求增加的反应。1956 年出现的城市人口和工业劳动力的猛增，使供养非农业人口的可以利用的供应粮更加紧张了。[②] 国家必须用它所掌握的有限的粮食供应粮食加工业（主要是酒类生产）、饲料工业、从事畜牧和其他非粮食作物生产活动的农业人口的消费和出口等方面的需要。

总之，虽然农业产量的增长超过了人口的增长，但与第一个五年计划开始时的期望相比，增长率是低的；随着加快的集体化，并没有出现更快的增长，甚至在 1956 年 1 月公布的 12 年农业纲要草案的推动下也是如此。此外，有些作物根本没有增产，国家预见到粮食的需要量甚至超过了在强制交售制下它能从农村获得的数量。1953 年和 1955 年春的农村粮食危机，已经预示着以日益增长的城市需要为一方，以农村的需要为另一方的潜在的广泛冲突。[③]

工业的增长

虽然农业落后于第一个五年计划开始时所设想的指标，工业的发展却大大地超过了计划指标。工业生产作为一个整体上升了 130％，

---

① 中国人把他们的人口按照城市—乡村和农业—非农业的标准来划分。前一种划分主要根据居住的地点，不过定居地必须达到最低的面积以符合城市的标准，并且对住在城镇郊区的农民的态度随着 1949 年以来进行的每次人口调查而有所变化。农业—非农业的区别决定一个人是否有资格通过配给享受国家出售的粮食，这种资格在 20 世纪 60 年代中期以来变得特别重要，因为当时对粮价的津贴越来越多。同时，非农业人口不包括有些住在城市地区的人，明显的如没有资格长期居住在城市的合同工和临时工；但包括有些住在农村地区的人，如从事运输、商业和政府行政的国家职工。

② 沃克：《中国食用粮食的收购和消费》[759]，第 68 页。强远淦、陈雪薇：《重评一九五六年的"反冒进"》[125]，第 35 页。

③ 小岛丽逸：《中国的粮食收购和供应》[396]，第 66—69 页。托马斯·P. 伯恩斯坦：《1955 年春粮食供应危机时干部和农民在不稳定和被剥夺情况下的行为》[45]，载鲍大可编《中国共产党的现行政治》[27]，第 365—399 页。沃克：《回顾集体化》[760]，第 14—15、21、26—27 页。

大大超过了计划规定的 100%的增长。上述计划增长的大部分是生产资料，它们超过了计划水平的 40%以上。钢铁、机械和化学制品是增加的产量中份额最大的部类。[1]

虽然生产资料的产量翻了两番以上，消费品的产量却只增长了 83%。继承下来的最重要的工业，棉纱和棉布的产量增长不足 1/3。[2] 轻工业生产发展的缓慢步伐反映了农产品的缓慢增长。在第一个五年计划期间，全部消费品的 4/5 以上依靠农业提供的原料。棉纺和丝织业、磨面和白米等粮食加工业和制鞋业全部依靠农业部门提供的原棉、稻麦和皮革。在整个第一个五年计划时期，由于缺乏原料，这些工业中的大部分都远没有发挥其生产能力。计划为这些工业制订的相对缓慢的增长反映了在分配国家的资源时农业处于靠后的地位，同时也反映了对生产资料，特别是钢铁和机器优先发展的保证。

生产资料和消费品的悬殊的发展速度反映在工业的结构改造方面。在第一个五年计划前夕，生产资料只占全部制造业产品的 1/3，到计划末期，它的份额已经明显地上升到了一半。[3]

在第一个五年计划期间的工业发展还着手解决地区的不平衡问题。现有的工业中心，如东北和以前的条约商埠城市，在发展的前景方面有巨大的优势，因为它们在社会基本资金和基础事业方面享受大量优先的投资，另外还有许多高度熟练的工人、有经验的工业管理人员和多种规模的经济，等等。另一方面，这些地区与内地很少有经济联系，这样，以向原来占优势地区集中投资为基础的策略就可能很少有外流的后果，从而导致地区间差别的迅速扩大。在第一个五年计划的大部分时期，中央的领导深思熟虑地想把人力和投资资源从先进的地区重新分配到较贫困的地区。对这些地区的投资项目包括重要的基础事业投资，特别是铁路和公路；开采和提炼自然资源的工业，值得

[1] 国家统计局：《伟大的十年》[681]，第 88 页；《发展国民经济的第一个五年计划，1953—1957 年》[244]，第 47 页；托马斯·G. 罗斯基：《中国向工业化的过渡》[601]，第 34 页。
[2] 国家统计局：《伟大的十年》[681]，第 88、99 页。
[3] 同上书，第 90 页。

注意的有煤炭、有色金属和石油工业；以及生产国内市场货物的工业企业。[1]

内地的运输和其他形式的基础事业的发展，是地区发展政策中的一个特别重要的组成部分。在 1950 年，中国的铁路系统位于京广铁路以西的不到 1/5，新疆、青海、宁夏和四川等内陆省份根本没有铁路。在第一个五年计划期间，总计铁路线长度翻了一番以上，几乎所有的新线都建于内地。到 1957 年，这些内陆省份都有铁路通到中国其他地区。除宝成铁路外，这些铁路还包括连接内蒙古包头与新疆的铁路，四川省内的成渝铁路，以及甘肃、内蒙古和贵州境内的主要铁路。

在很大程度上，这些工程之得以进行，只是由于更先进地区的大量人力和资本资源的投入。20 世纪 50 年代初期采用的统一财政制度使预算资源以社会主义国家或发展中国家不多见的方式进行地区间的调拨成为可能。上海就是最鲜明的例子，它在第一个五年计划的前夕生产了工业总产量的 1/5，但是只得到全国投资的 2.5%。上海还提供了大量的人力资源以支持其他地区的工业化。到 1957 年，超过 25 万工人（其中 2.8 万被明确地鉴定为技术人员，17 万为熟练工人）迁出上海，到外地有工程的地方长期定居。[2]

与中国的历史经验相比，和与其他地方在现代经济增长的最初几十年的发展——这种发展一般导致地区间日益不平衡的格局——相比，这些规划的结果是值得注意的。总的说，人均产值的省际差别大为缩小，这是因为几个最先进的地区——特别是上海和天津——的增长率明显地低于平均水平，而有些较贫困的省区——特别是那些有工业项目的省区——的增长则大为加快，这明显地表现在新疆、内蒙古、陕西、青海和甘肃几个省区。虽然中国的地区的发展规划明显地包含着许多沉重的政治负担，但它确实扭转了历史发展的格局。当

---

① 拉迪：《中国的区域发展和收入分配》[423]，载德恩伯格《从比较的角度看中国的发展经验》[200]，第 176 页。

② 拉迪：《中国的区域发展和收入分配》[423]，第 176—177 页。

然，仅仅一个五年计划不能改善以前 50 年发展的结果，但是它创造了有利条件。

苏联援助的重要性和作用

在第一个五年计划期间生产资料部类的迅速发展和工业在地理上的再布局，都不可缺少地依靠从苏联取得的资本货物。投资规划的核心由 156 个项目组成，苏联人为这些项目提供了设计和技术援助、建设和安装方面的建议以及机器设备。这些项目几乎吸收了第一个五年计划全部工业投资的一半。① 对投资货物——不但包括成套设备项目，而且也包括为其他工程进口的机器设备——进口份额的考察也证实了中国人的依赖程度。就整个计划而言，进口货相当于总投资的 30％。②

几乎所有苏联援助的工厂都属于生产资料部类。它们包括 7 个钢铁厂、24 座发电站和 63 个机器制造厂。在这些设施中，有第一个五年计划中最大最重要的项目：新建两个位于湖北武汉和内蒙古包头的新炼钢厂，改建东北的鞍山炼钢厂；还有长春的汽车制造厂、洛阳和哈尔滨的拖拉机厂和轴承厂以及兰州的炼油厂。

苏联援助的工厂的地域分布反映了两个情况：坚决优先保证工业不在 1949 年以前建立起工业的沿海城市发展，而是面向华北、西北和华中的新工业中心；为未来西南的发展打好基础。绝大部分苏联援助的工厂都建在离开沿海省份的城市，如湖北的武汉、内蒙古的包头、吉林的长春和四川的成都。

苏联人提供的技术援助在重要性方面不亚于或者超过了与这些工厂有关的机器设备。在这 10 年里，约有一万名俄国专家在中国工作，他们勘探和调查地质状况，选择厂址，提供技术数据，训练中国技术

---

① 拉迪：《中国经济的增长和分配》[421]，第 25 页。
② 根据进口的生产资料和拨作"积累"（固定资产投资和增加的库存物资）的国民收入份额的中国人的材料作出，都以中国的通货计算。国家统计局：《中国统计年鉴，1981 年》[156]，第 21、354 页。这个份额稍高于根据 1982 年前掌握的零星材料作出的估计数，1982 年中国发表了全部按时间顺序排列并按生产资料和消费品分别计算的进口货。

人员。此外，苏联国内的工程设计院大力投入了可行性研究、工程设计以及准备蓝图和制作图样等工作。①

就在这几年，2.8万名中国的技术人员和熟练工人前往苏联受训。156个苏联援助的工厂各有厂长、总工程师和大批工人在苏联的工厂接受专门训练：长春汽车制造厂派500人前往莫斯科—利哈切夫汽车厂受训；洛阳拖拉机厂的173名行政人员和技术人员在莫斯科的哈伊科夫拖拉机厂受训。②

苏联技术援助和资本货物的重要性无论如何估计也不为过。它转让设计能力的成果被描述成技术转让史上前所未有的。此外，中国看来已接受了苏联国内最先进的技术，在有些情况下，转让的技术是世界上最佳的。在苏联援助的最重要的部门钢铁工业中，苏联人在20世纪50年代建造和操作着世界上最好的高炉。苏联人设计的武汉和包头的中国钢铁工厂吸收了苏联的高炉和平炉以及大规模铁矿石富集方面的最新技术。③

此外，虽然西方对中国的贸易限制使中国人没有其他可以代替的明显供应来源，但也几乎没有证据证明苏联人利用中国人的依赖，将这种贸易变为交换条件来为自己谋取利益。西方的研究说明，与欧洲国家购买有些苏联货物相比，中国人付的价格稍高，这似乎反映了较高的运输费用，而不是价格上的不公平。不过中国方面反映了一种意见，认为卢布和人民币之间的汇兑率估高了苏联通货的价值，对中国人不利。④ 可以确定的是，如果与这几年苏联盘剥东欧国家的方式相比，中国所受的待遇看来也是较为优厚的。⑤

但是，中国人对他们与苏联的经济关系的性质依然感到失望，

---

① 克拉克：《中国钢铁工业的发展》[173]，第30页。
② 郑竹园：《1949—1963年共产党中国的科学和工程人力》[121]，第200—201页。
③ 克拉克：《中国钢铁工业的发展》[173]，第36、190—191页。
④ 亚历山大·埃克斯坦：《共产党中国的经济增长和对外贸易：与对美政策的关系》[214]，第170—172页；伍修权：《50年代初期的中苏关系》[817]，《北京周报》[568]，47（1983年），第20—21页。
⑤ 埃克斯坦：《共产党中国的经济增长》[214]，第170页；威廉·E.格里菲思：《中苏的分裂》[281]，第233页。

因为他们必须偿付他们接受的货物和援助。虽然苏联援助的工厂对中国工业的结构和地域性改造都是主要的，但只有一小部分是通过信贷获得的，而苏联人又从不以无偿形式提供援助。毛泽东在1949年后期第一次出国前往莫斯科，在那里为苏联的援助进行了几乎两个月的谈判。结果是得到了两笔经济发展贷款中的第一笔。但贷款金额只有3亿美元，据说只是毛泽东谋求数额的一小部分。第二笔1.3亿美元的贷款是在1954年秋尼古拉·布尔加宁和尼基塔·赫鲁晓夫率代表团来北京庆祝中华人民共和国国庆五周年时宣布的。[①]

与第一个五年计划时期投入工业的250亿元人民币相比，这两笔贷款金额就相形见绌了。按照官方的汇兑率，贷款的价值只有工业总投资的4%。此外，贷款的期限是比较短的。1950年的贷款由1951—1955年每年分贷6000万美元的贸易贷款组成，从1954年起，将在10年内每年增值归还。根据早期的还款规定，到1957年中国的纯信用地位是负数，这意味着中国在与苏联进行贸易结算时必须保持顺差。[②]

中国与苏联的经济关系的其他方面一定同样令人失望。在20世纪50年代初期，中国人和苏联人建立了一批合资公司——例如大连造船公司、开采有色和稀有金属以及在新疆提炼石油的几个公司、一条在华北和西北以及在两国间运行的航空线。但是到1954年，中国人要求解散这些公司，虽然原定建立它们要经营30年。从一开始，中国人对苏联在东欧把类似的合资公司用做一种剥削手段相当敏感，到1954年毛泽东显然感到，让另一国在中国国内享有特权地位的做法不再适宜了。

对中苏同盟来说幸运的是，斯大林死后的领导——众所周知的有

---

① O. 埃德蒙·克拉布：《中国和俄国的重大比赛》[174]，第402—403页。
② 国家统计局：《中国统计年鉴，1981年》[156]，第30页。根据不同的苏联材料作出的更早的西方估计显示，中国的贸易结余在1956年出现。埃克斯坦：《共产党中国的经济增长和对外贸易》[214]，第158页。

赫鲁晓夫——同意了，所以问题没有产生大的怨恨就得到解决。这些公司在1955年1月正式解散，但是苏联人坚持要收回他们投入的价值约4亿美元的资本。苏联人答应中国人以10年为期偿付这些转让的财产，实际上放了一笔贷款。

第二个五年计划的编制

围绕编制第二个五年计划的讨论预示着中国发展战略的一个可能的重大演变。这个演变部分地是对第一个五年计划成败的不可避免的反应，但它也反映了中央的计划部门和一些主要的非党经济学家（如北京大学校长马寅初）的日益增加的独立和成熟的程度。对苏联经济发展模式的坚持受到批判，同时政府作出系统的努力以制定一项更符合中国低发展水平——农业占压倒一切的地位，人口众多——的政策。（这个努力最后被毛泽东的"大跃进"所阻，本书第八章将予讨论。）

有关第二个五年计划性质的争论的动力似乎产生于1955年晚冬和1956年初春的一系列不寻常的会议，当时中央34个部和国家计划委员会就工业、农业、运输、商业和财政情况，向毛泽东、薄一波和其他党的高级官员递呈了详细的报告。[①] 虽然中共一直规定了形成更详细计划的基础的经济优先项目，但连续的会议给计划人员和经济学家提供了前所未有的机会，去详细地确定在具体政策的选择上的经济代价和内在意义。这些会议的前因后果也是不寻常的。

1955年后期，毛泽东已经在亲自寻求加快经济发展步伐的办法。这个努力不限于前面讨论过的加快农业集体化的行动，而且包括加快对私营手工业和商业产业向国有制的过渡，以及在"多，快，好，省"的运动口号下加快工业的增长速度。在不断加强的政治压力下，1955年11—12月国家计划委员会最后确定的1956年年度经济计划

---

① 薄一波：《崇敬和怀念——献给党诞生的六十周年》［583］，载《红旗》［345］，13（1981年），第64页。

所包含的原来的指标，在 1956 年 1 月的下半月提高了。[1] 虽然计划部门提出的调查和总的看法的文字从没有公开，但它们似乎构成了对编制计划过程中过分的政治干预的全面否定。总之，这些报告着重指出了 1956 年正在进行的小跃进的政治选择所包含的高昂的经济代价。

在党内会议开过后，毛泽东作了题为"论十大关系"的关于吸取教训的总结报告。这个报告明确地谈到，计划人员为第二个五年计划设想的战略在几个重要的方面脱离了第一个五年计划。但是令人奇怪的是，这个报告直到 20 年后才正式发表。[2] 毛泽东显然没有完全接受计划人员的态度，所以压下了自己的报告不让发表，以此来减少计划人员的独立性。从表面看，毛泽东的努力似乎没有成功。关于第二个五年计划的工作最初至少似乎是在 1956 年 2 月至 4 月期间毛泽东和其他政治局委员收到的一些报告的基础上进行的。到 6 月，前一个冬天发动的生产运动的势头不顾毛泽东的有力反对而被压了下来。[3]

但是毛泽东的挫折显然只是暂时的。在 1956 年末，当马寅初两篇重要文章的第一篇在《人民日报》登载时，争论重新出现了。[4] 马寅初支持采用国家计划委员会已经赞同的一个更加平衡的发展战略。他的两篇文章的主题思想是"综合平衡和按比例发展"，这是根据对不同经济部门之间的联系和互相依赖的周到考察拟定计划的惯用语。马寅初对以下的情况提出了批评：过去忽视了农业，从而压制了轻工业的增长；重视过大的资本密集型企业；农业中官僚计划代替了价格

---

① 麦克法夸尔：《文化革命的起源》，第 1 卷 [495]，《人民内部矛盾》，第 30 页。甚至在 1 月后期提高指标之前，为 1956 年定出的一些特定农作物的产量指标至少在 1955 年 11 月和 12 月之间提高了一次，11 月的国家计划委员会报告宣布了初步的指标，12 月则是计划最后定下来的时期。强远淦、陈雪薇：《重评一九五六年的"反冒进"》 [125]，第 34 页。

② 最初发表在《人民日报》，1976 年 12 月 26 日。报告于两年后收入《毛泽东选集》第 5 卷。但是在"文化革命"中，西方学者已经得到了这个报告的文本。

③ 麦克法夸尔：《文化革命的起源》，第 1 卷 [495]，第 86—91、122—126 页。

④ 马寅初：《联系中国实际来谈谈综合平衡理论和按比例发展规律》 [491]，《人民日报》，1956 年 12 月 28、29 日。转载于《马寅初经济论文选集》，第 2 卷 [490]，第 121—144 页。《联系中国实际来再谈谈综合平衡理论和按比例发展规律》 [492]，《人民日报》，1957 年 5 月 11 日、12 日。转载于《马寅初经济论文选集》，第 2 卷，第 145—169 页。

机制。

第一个五年计划所包含的战略与计划人员和马寅初为第二个五年计划提出的战略之间的差异，在给农业分配的资源中再明显不过了。国家计划委员会在 1957 年 4 月驳回了"只顾重工业，不顾或少顾农业和轻工业"的原则，而赞成"通过农业、轻工业的发展"，来保证优先发展重工业的计划。[①] 计划委员会和马寅初的文章，对农业通过提供粮食和提供轻工业原料以提高人民生活水平的重要性，都比第一个五年计划认识得更加充分。这样，用于农业和轻工业的国家投资资源份额就要增加。同时，对以下的情况的认识也日益加深：由于可耕地短缺，农业的增长变得更加依靠收获量，这转过来又意味着对化肥料和某些类型的农业机械的需求增加。这标志着一个不同于第一个五年计划的重大变化，第一个五年计划时期重视土地开垦，把发展化肥和农业机械置于次要地位。

在农业方面，文章认识到强制收购和在农业生产合作社内部过分筹措投资资金会对农民的积极性产生有害的后果；还认识到应该限制把收入转用于投资，以使个人消费多少能较快地提高。

国家计划委员会还要求修改第一个五年计划注重庞大的工业企业，要求减少把力量重点放在迅速发展较不发达地区的工业的做法。这个转变反映了一种认识，即大规模的工厂和内地的发展意味着更长的建设时期和每个资本单位只能雇佣人数少得多的工人。对就业问题的日益关心反映了第一个五年计划期间现代部门工业劳动力的缓慢增长和城市继续出现的高失业率。在第一个五年计划时期，工业就业人数每年只增加 260 万人，鉴于工业吸收了投资份额的绝大部分和它相对迅速的增长，就业的速度相对地说是慢的。[②] 虽然总的非农业的就业增加较为迅速，但根据证据，增加的比率远远低于城市工作年龄人口的增长。国民党政府遗留的一个大问题，即城市失业，其人数在第

---

① 国家计划委员会：《初步研究的关于第二个五年计划的若干问题》[680]，《计划经济》，4（1957 年），第 10—12 页。

② 约翰·菲利普·埃墨森：《1949—1958 年大陆中国的非农业就业》[224]，第 129 页。

一个五年计划时期实际上增加了。非农业的男性失业者到计划终了时据估计已达到 1000 万至 1600 万人。① 可以取得更加精确数据的上海，在第一个五年计划末期有 67 万人失业，此数与就业人数相比，意味着失业率达到 22%。② 尤其是上海，它的"人力"资源被抽调去推动内地的工业化，更应有助于它失业率的降低。

对较小工厂的日益重视，与决定减少第一个五年计划时期对苏联进口的机器设备的严重依赖有关。被迫作出这个决定，可能是由于 1954 年以后苏联拒绝再给予大笔贷款。毛泽东在 1957 年后期为布尔什维克革命 40 周年的庆典访问苏联时可能要求这些贷款。决议可能还反映了计划人员的内部估计，他们认为出口大量农业品以取得足够的现金来支付继续大规模地进口的机器设备是难以维持下去的。但是围绕第二个五年计划的讨论显然设想，计划需要的份额小得多的投资货物仍将进口。

第二个五年计划预示，在第一个五年计划时期演变而成的对资源分配的高度集中控制将予放松。1956 年的毛泽东的报告表示，需要减少中央的计划和经济行政方面的官僚机构，并给予地方以更大余地的决策权。许多省份对此纷纷响应，那里的地方领导人从第一个五年计划开始时就已经抱怨过于僵硬的中央控制了。

虽然计划人员似乎对第二个五年计划抱有幻想，但它从未被充分地实现。1956 年 9 月周恩来向中共的八大提出了关于第二个五年计划的建议，其中反映了上面讨论的几个原则。但是一年多以后，李富春向中华全国总工会作的关于计划的报告只限于对几个原则作类似的阐述和提出少数几个生产指标，而不是陈述更详细的指标。③ 不能提出一个有内容的计划，几乎肯定地反映了发展战略方面的继续争论——这场争论在 1958 年春季发动"大跃进"时得到了最后的解决。

① 侯继明:《人力、就业和失业》[306]，载亚历山大·埃克斯坦、沃尔特·盖伦森，刘大中编《共产党中国的经济趋向》[218]，第 369 页。
② 克里斯托弗·豪:《1949—1957 年中国城市的就业和经济增长》[309]，第 39 页。
③ 李富春:《关于我国第一个五年计划的成就和今后社会主义建设的任务方针的报告》，《人民日报》，1957 年 12 月 8 日。

第 四 章

新秩序的教育

20 世纪 50 年代的中国教育由三种不同的传统汇合到一起，这一不稳定的结合在 30 年以后才充分地协调起来。中国共产党从民国时期继承的传统是受现代西方启发的学说嫁接在古代儒家基础上的混合体。第二种传统来自中国共产党人他们自己作为 20 世纪 30 年代和 40 年代农村边区政府领导人的新近的经验。第三种传统在 50 年代才介绍到中国，当时新的共产党政府在进行学习苏联的大胆尝试。三种传统每一种的影响仍可见于中国教育之中，它们的主旨通过它们所产生的多变的结合而牢牢地铭刻在现今公众的心目中官方的论述中。

民国时期的遗产

表 2 以统计学概念表示 1949 年从国民党政府继承下来的教育系统，[①] 表 3 则对同一年全体人口的教育水平作出估计。[②] 这些全国性的统计掩盖了存在于各个可以想象得到的方面的差别。最明显的差别无论在什么地方都是以下这些差别：城乡之间、贫富之间、沿海经济发达地区和最闭塞的内陆之间以及男女之间的差别。

从基本的识字率看，男女之间的比率至少是模糊的。20 世纪最初几十年妇女占总人口的比率可能小于 1982 年人口统计中的 48.5%，

---

① 《中国：社会主义经济的发展》附录 G，教育部分 [130]，世界银行文件（1981 年 6 月 1 日），第 1 页。本章第一部分论述 1949 年以前的初等教育，高等教育见《剑桥中国史》[73]，第 13 卷，第 8 章。

② 同上。

表 2　　　　　　　　　　　**1949 年的在校学生**

学　校	学生人数	同龄入学率
小学（1—6 年级）	2400 万	25.0%
中学（7—12 年级）	130 万	3.0%
大学	12 万	0.3%

表 3　　　　　　　　　　　**1949 年的毕业生**　　　　　（单位：万）

大学毕业生	18.5
中学毕业生	400
小学毕业生	7000
文盲人数（占总人口 80%）	43200
就业年龄人口总数	34000
总人口数	54000

全国范围内的妇女识字率估计为 2%—10%。男性的识字率估计为占男性总数的 30%—45%。这些识字率是根据以下的标准作出的，它包括那些只认识几百个中国汉字的人和在今天只能列为半文盲的人。[1]

　　单就农村地区而论，当时对识字状况的估计大不一样。最低数字是 1939 年共产党主要根据地陕甘宁边区闭塞地带的比率，即 1%。[2] 经常被引用的卜凯在 20 世纪 30 年代初期对中国农村的调查，很可能提供更可靠的估计，但他的调查不是专门集中研究贫穷和落后的边区。他的数据来自对 22 个省中 308 个县进行的抽样调查，说明在 7 岁以上的人口中，只有 30% 的男性和 1% 的女性具有能够读懂一封简单信件的文化水平。被调查的 8.7 万人中，据称 45.2% 的男性和 2.2% 的女性曾上过几年学。这批人当中，男人平均上过 4 年学，女人平均上过 3 年，这点时间足够达到基本识字的水平，但时间一长就不一定能够巩固。

① 关于现在和过去的男女人口之比，见《人民日报》，1982 年 10 月 28 日；《中国日报》，北京，1982 年 11 月 9 日；卜凯：《中国的土地利用》[67]，第 375—377 页。最系统地估计过去识字率的尝试，见伊夫林·罗斯基的《中国清代的教育和民间识字状况》[600]，第 23 页及其他各处。
② 彼得·西博尔德：《群众教育中的延安革命》[650]，载《中国季刊》[133]，48（1971 年 10—11 月），第 642 页。

另外，在已经入学的男性中，66％受的是传统方式的教育。[①]

现代方式与传统方式的学校教育之间的区别是重要的，因为这种区别与城乡差别是一致的，并因而加强了这个差别。伊夫林·罗斯基在她对清代教育的新近研究中已经分析了传统学校教育的规模和内容，以及它在城市化的社会精英已经看到学校教育的前途并把子弟送进现代学校很久以后，在农村地区仍然存留的原因。

传统的小学遍布于农村而不限于城镇，虽然在城镇更为普遍。农村的男孩子有几个渠道去接受基本的识字训练，最常见的是私人教师和私塾。富裕家庭的孩子大多在自己家里受教育，或由识字的家庭成员，或由为此目的的请来的教师任教。家庭教师的变异形式是农村学校的教师。相邻地区或同村的境况差一些的家庭可以联合起来为其子弟请一位教师。这种教育的开销不大，主要限于孩子家长商定分担的教师的工资总额。家长自己提供生活用品和学习设备，他们还可以把村内的庙宇或其他建筑的空房间当做教室，孩子们每天都可以聚在那里上学。学生们也可以到教师家里上学。

这样的教师来自较大一批学业优秀的学生和有低级功名的人，其数量将近300万；他们的存在是帝国科举制度的重要副产品。[②] 在参加科举考试的人中，事实上只有一小部分获得在帝国官僚政府中有资格当官所必需的高级功名。对那些有抱负的功名获得者和家境中等的无业文人来说，知识分子对体力劳动和其他被认为有失身份的职业（如当书吏和账房先生）的偏见，使他们除了教书外，很少有其他的谋生选择。

文人们还任教于另外两种能够提供初等教育的机构。第一种是扩大家庭或氏族组织建立的学校。第二种的资金不是来自几个单独的家庭，而是来自共同的氏族的收入。在这类学校中，有的是专为家族中其双亲不如此就无力为子女提供教育的穷孩子建立的。

---

① 卜凯：《中国的土地利用》[67]，第373—375页。
② 比如，宫崎市定：《中华帝国的文官考试》[531]，第3页；钱穆：《中华帝国的传统政府》[127]。

第二种类型是帝国后期遗留下来的公共初级学校,它们的目的也是为穷人家的孩子服务。有的学校设施完善并施行完全免费的教育。其他的则需要学生自备学习设备和生活用品。这类公共的义学虽然是根据帝国政府的指令设立的,但不一定接受政府的资助,因此不得不依靠地方赞助人的兴趣和慷慨。赞助人除地方官员之外,还包括富裕的家庭、行会、商人和普通村民团体。用这种方式办起来的学校得到的捐赠有土地、钱或建筑物。所有的捐赠物都被当作投资的资本并加以管理,通过租金和利息的收入来长期维持学校。

但是这类义学只能容纳19世纪中叶7—14岁年龄组约4030万男孩子的极小部分。罗斯基估计,在全部有材料可以利用的18个省中,除两个省外,这个年龄组在义学学习的比率不到1%。在除外的两个省云南和陕西,这个年龄组进义学学习的比率分别为3.3%和1%。氏族办的学校多半也只能为全部学龄儿童的很小部分服务。因此19世纪接受初等教育的主要渠道是私人请的教师和私塾。[1]

不管初等教育是通过什么方式进行的,得到这种教育的儿童平均只上两三年学,学习内容各地基本上都是一样的。初级小学的基本教学内容旨在教会儿童们读、写几百个汉字和给他们灌输儒家基本的价值观。这些都是通过课本和教材来实现的,它们的基础是少数准备科举考试的人用于正规学习的经典著作。但是在这种对大部分接受这类教育的儿童来说既是开始又是终结的初级水平上,教育的目的是有限度的。最后的结果与其说是要求学生学到起作用的本领,不如说要他们学到谋生或生存下去的初步文化。通过小学教科书,学生学到了儒家关于道德、孝道、人际关系中正确行为的概念以及中国历史的知识。课程中一般不包括诸如算术和科学等实用的学科。记账和打算盘等都被当做专门技能,只教给经商的学徒。但是一般地说上学的学生大多能学到足够的读、写技能,使他们可以借助通俗的图文对照教科书在以后自学;还可以学到足够的实用词汇,使他们能够书写日常生

---

[1]　罗斯基:《中国清代的教育和民间识字状况》[600],第95、183—193页。

活所需要的简短的信件。①

1905年取消科举考试之事可能标志着社会精英阶层的传统儒家学术的突然结束。但是当时提出创立西方倡导的现代课程的新式学制的诏令，要用几十年才能实现。在过渡期间，当新一代教师本身在学习科学、数学、历史、地理和技术训练等新学科时，传统的旧式学校还继续存在。到了20世纪30年代，政府和私人创办了从初小到大学的现代学校体系。② 但这个体系只能为全国学龄人口的一小部分服务，与此同时，旧式教师继续为大批学生提供以儒家古籍为基础的教育。因此卜凯发现，他调查的在农村上过学的男性中，66％的人接受的只是传统的教育。

调查者发现，特别是农村人口，他们实际上偏爱旧学问，因为它更接近还没改变的生活和工作方式。旧式教师比现代学校的教师年长，因而更受尊敬。新学科没有用处，而传统的课程更适应乡村的需要，这种需要仍然被乡村和家庭生活的人际关系所支配；旧式教育更不正规，因此更容易合于农活的要求；旧式教育的费用也比较低廉。③

这样，民国时期教育的分化变得更加明显：新的西方化的学术集中在全国性的、优秀分子的层次上和在城市中，而农村地区在更大程度上依然是传统的价值和知识独占的领域。国际联盟主持的一份1932年的报告对中国教育体制脱节的性质持高度批判的态度，这种脱节现象在当时是非常明显的。④ 报告说中国的学校是"以私人教育的形式和思想体系为模型的独立的，而不是包括在与当前社会问题有关的公共教育的有组织的体系之内的组织"。作者首先谴

---

① 《中国清代的教育和民间识字状况》[600]，第44—53、125—139页。

② 见西奥多·E.萧：《中国近代教育史》[317]。

③ 罗思基：《中国清代的教育和民间识字状况》[600]，第163—165页。

④ 国际联盟教育专家考察团：《中国教育的改革》[428]。该报告是应中国政府的要求而作，依据的材料是作者们1931年秋季在中国停留的三个月中搜集的。报告的几个作者是欧洲人：前普鲁士教育大臣、柏林大学的C.H.贝克尔教授；波兰教育部初等教育主任福尔斯基；巴黎法兰西学院的P.兰格文教授；伦敦大学的R.H.托尼教授。

责中国的家庭、家族和村学的教育传统只与狭窄的私人利益相联系。其次，他们谴责中国新一代知识分子把现代化等同于机械地照搬外国的教育制度，教学计划、课本和教学方法都以西方的知识和榜样为基础。

在这方面特别令人吃惊的是美国模式的极度影响。美国模式主要通过美国的教会学校和从海外留学归来的中国知识分子本身的热情而被介绍到中国的中学和大学："结果是提倡较高标准的、远远超过贫困国家的条件的学校，而人民最迫切需要的初等教育和职业教育却被忽视了。学校内缺乏社会理想，是一种不直接与周围的生活以及通常获得国家新生的必要条件相联系的抽象教育。这就使中国的人民群众与知识分子之间产生了巨大的鸿沟，前者是文盲，不了解国家的需要，而后者在奢侈的学校受教育，对群众的要求漠不关心。"① 报告警告中国的教育工作者不要肤浅地模仿外国模式，建议他们借鉴"美国人成功地使欧洲文化适用于美国具体情况的开创精神"。

报告还批评了整个教育体系有意识地为上层社会服务的倾向。例如，公立的幼儿园常设在与富裕家庭比邻而居之区。入学必经的考试有意选择那些已证明智力与体力均属上乘的儿童。这些孩子大多出生于富裕之家，因而排除了最需要入学的儿童。入学者的学费都是一样的，根本不注意支付能力。公立小学的招生办法也一样，因此穷人家的孩子照样被拒之门外。与此同时，学校未被充分利用，而入学学生的家长在必要时本来是可以为孩子请家庭教师的。优先录取富裕的、有势力家庭的孩子的模式又出现在中学和大学中。公立的奖学金主要用于资助出国留学，而不是系统地根据需要奖给最需要者。报告为纠正教育制度中的这种现象，提出了各种建议，其中包括所有的公立幼儿园和公立小学免除入学考试和学费。②

报告发现以在不到1/4世纪之内建立起来的五十多所院校为基

---

① 《中国教育的改革》[428]，第21页。
② 同上书，第65—67、92—95页。

础的高等教育制度有许多可以批评之处。批评的要点为：地理分布的随意性；集中在一个地区的院校的重复性，它们之间没有任何合理分工，几乎做着同样的事情；与忽视科学和技术相比，"法律、政治和文学的学科过度膨胀"。在校的攻读正式学位的学生有59%以上学习法律、政治或文科，6%学习教育学。学习自然科学的不到10%，学工程的为11.5%，只有3%学习农业。报告实际上没有认识到披着现代外衣重新出现的古代传统，于是遗憾地指出："大多数中国大学生的抱负是在中央或地方当官，如果不能当官，就当一名教师。"①

按照中国教育部长提供的统计，1929—1930学年小学生人数为8839434人，或6—9岁年龄组4140万儿童的21%。这个计算是参照新的国民党政府当时正试图普及的四年初小制度的材料作出的。国际联盟的教育考察团报告的作者们估计在4.6亿总人口之中，大约9%可以列入这个年龄组。上述小学生的数字包括村、镇上只有一个小教室的学校的学生，这类学校大概占现有小学总数的一半，但是不清楚这个统计是否包括新式公立学校学生那样，把私立小学或旧式学校的学生也包括在内。②

中国教育部长提供了两种迥然不同的关于中学的统计数字，报告的作者们始终未能使它们一致。他们断定，实际情况可能是在以下两个数字之间，即307906名学生在2066所中学学习，或是783140名学生在13596所学校就读。③

1931年9月，全国59所国立、省立和注册的私立大学共有学生33874人，其中5170人不攻读正式学位。另外有8635名学生在这些大专院校的短期班和预科学习。这个数字不包括28所高级技术学校的3500名学生。④

---

① 《中国教育的改革》[428]，第151页。
② 同上书，第76—85页。
③ 同上书，第99—100页。
④ 同上书，第130—131、141、151页。

共产党边区的遗产

中国共产党在 20 世纪 20 年代末被赶出城市以后的发展政权的基地当然是较为传统的社会环境。像其他关心这个问题的人一样，毛泽东发现农民更喜欢旧式学校，即他们所说的"私塾"，而不喜欢现代学校。他们拒绝新式初小提供的教育，称他们为"洋学堂"。他们认为新式初小不适合乡村生活的需要。

1927 年毛泽东在他的《湖南农民运动考察报告》中提示了一些即将到来的事情，其中记载了县教育局和发展中的农民运动之间的一种争执。前者要求把教育经费用于建立现代的洋学堂，而后者想用这笔钱支持他们自己的夜学和"农民学校"。结果教育经费常被分成两部分。[①]

但是争执中表现的更大的冲突却不那么容易解决。毋宁说，它提出了从当时到现在的整个中国教育史中以这种或那种形式反复出现的根本性论题。这一论题的第一个重大发展发生在抗日战争后期的陕甘宁边区。在 20 世纪 40 年代初期，边区的教育体系经历了旨在提高质量和使教学内容标准化的"正规化"时期。按照 1942 年发布的指令，这一点要在小学做到，办法是减少学校的数量，撤掉最差的和加强较有成绩的学校。最好的学校确定为"中心"学校，这是在以后年代将要发展的有争议的重点学校制度的先驱。最好的教师和设备集中在中心学校，中心学校负责领导邻近办学条件较差的学校。

边区的六所中学由边区教育部直接领导，都遵守统一的标准和规则。中学的入学条件变得更加严格，有规定的年龄限制，入学考试必须通过笔试。教师必须限制课外活动，增加授课时间。[②]

在宣布实行新制度的指令正式颁布以后不到一年，就出现了对新制度的批评。批评的对象据说是由前东部沿海地区知识分子组成的教

---

① 毛泽东：《毛泽东选集》（英文）[502]，第 5 卷，第 53—54 页。
② 西博尔德：《群众教育中的延安革命》[650]，第 650—652 页。

育局，这些人正在试图把自己那一套受西方启发的教育标准应用到边区学校里。以后的批判宣称他们的努力对共产党领导的农村根据地的战争环境不适用。但是批评也全面地指出了教育发展的两难处境：当时的目标是城市化的西方经验所规定的发展，而实现这一目标的地区却绝大部分是非西方的农村社会。出现在1944年4月7日《解放日报》上的批评可以当做十几年前国际联盟教育考察团报告的解释，并且是以后数十年里被许多中国邻国的行政官员无数次反复重申的问题：

"旧教育制度（废科举与学校以后的教育制度）因为要学外国，留学就成为它的灵魂，国内的一切几乎都是留学的预备性质，处处以外国为模型，所以它的基础不是立在脚上，而是立在头上的。留学制度在中国有过它的进步作用，我们不应一般地否定它，像那些伪善的爱国主义者那样，他们是愈讲复古就愈离不了外国。但是我们一定要使教育的基础生根在最广大人民群众的需要中间。最广大人民群众需要一种最广大的群众的教育，和一种为了群众的干部的教育。我们目前的这两种教育，与旧制度有一个本质上的区别，就是都不是预备性附属性，都不是为了升学，都有其独立的明确的实际生活实际工作上的目标。"

一个更加具体的问题是发展中的边区教育制度的正规性质，即让学生从小学升到中学，再沿着教育的阶梯深造。可是小学毕业以后只有少数人能继续学习，而大多数学生必须回家，以致使他们所受的新式现代教育无用武之地。他们不满意，不愿意工作，"实际比从没进过学校更坏"。[①]

1944年采用的纠正办法扭转了边区学校朝正规化发展的趋向。目标是创造更适合农村根据地的教育形式，因为边区的生产技术"落后"、"劳动分工不发达"，甚至孩子们也得参加家务劳动和农业生产。民办学校是解决以下问题的办法：努力鼓励更多的农民送子弟上小学，同时减少小学的数量以改进其质量。

---

① 《解放日报》［126］，1944年4月7日。译文见林迈可《共产主义中国的教育问题》［459］，第56页。

民办学校由村民自己提供财政来源，自己管理，它们与其说是一个创新，不如说是一个未中断的传统——私人办的旧式村学——的修正形式。民办学校可能从地方政府得到一些钱。但由学校为之服务的村落负责维持和供给学校，并照顾教师的需要，就像农村维持私塾那样。还存在的私塾几乎没有困难地可以转变为新式民办学校。[①] 由地方人士组成的教育委员会与地方官员一起管理学校，这样就消除了对被取消的政府最低一级教育机构的需要。

校历和假日取决于农时的要求，以便孩子们可以继续像传统的村学那样在帮助父母的同时学习。学校的课程集中在农民更愿意接受的科目上：基本的识字训练和算术，外加可能的实际知识。在地方村民希望学校继续使用旧的儒家课本作为教育基础的一些村庄引起了一些问题。在这种情况下，官方的指导方针是指示地方官员劝说村里的教育委员会，使他们相信儒家的传统教育不再有任何实际用处。[②]

事实上，对乡村新式学校更恰当的描述是"民办公助"。民办离不开公助，有一个指令对民办学校提出如下的警告，即民办仍需要强有力的领导，不能放任自流。具体地说，公助意味着对行政、教学制度和教学方法实行领导，并负责教师的使用和培训、教材的印刷及费用的补助等等。[③]

但是发展新式学校的口号是"反对旧式的僵化"和"反对教育的正规化"。目标是要为每个地方找到一个当地群众都能接受的教学方法。民办学校就是根据有意识地向家长和学生征求的意见而相应地以多种方式和形式建立起来的。根据统计，这项创新的结果使边区正规小学的数量从 1940 年 1341 所的最高记录减少到 1946 年的 357 所。同时，民办学校增加到 1038 所。[④]

---

① 林迈可在他的《共产主义中国的教育问题》[459] 第 38 页举出一个例子。

② 同上。

③ 《关于"民办公助"小学的研究和试验的指示》(1944 年 10 月 2 日)，见《现行法令汇编》(晋察冀边区政府，1945 年 12 月 15 日)。译文见林迈可《共产主义中国的教育问题》[459]，第 103—104 页。

④ 西博尔德：《群众教育中的延安革命》[650]，第 663 页。

在中等学校，把边区学校转化为大学的预科院校的目标也被取消，因为它不能适应时间和地点的需要。新的标准化课程和入学手续被修订，以便向学生提供定期的教育，使他们在以后能补充边区政府、军事部门以及生产单位对人员的需要。年龄的限制被取消，地方干部比近期的小学毕业生优先入学。

着眼于实际的需要而重新拟定了课程，即与战争和生产技术有更直接联系的课程。标准化课程中的19门课减少为8门。但是新制度的特点是灵活性：

"各级学校的年限，随环境的不同，都可以少则不满一年，多则三年四年；旧六年制小学的高级两年，则可斟酌情况并入初级干部学校，作为普通中学的预备班次，或作为独立的训练班……无论如何，在这样的学校中，程度不齐是不可避免的，因而各级学校的严格衔接也是近于不可能的，但是这完全用不着忧虑。"[1]

随着边区教育部降格为一个咨询部门，中央和地方一级教育官僚机关的权力被绕过。从此教育政策在边区政府主席的权力之下颁布。管理中学的职权从区下放到区以下的政府，以便大力加强学校和地方政府及工作单位之间的联系，因为这些学校要训练它们现有的和将来的干部。[2]

学 习 苏 联

对1944年教育改革运动的目标有十分清楚的阐述：创造一个更适合战时农村根据地生活和工作直接需要的制度。《解放日报》在评论改革措施时宣布："因为现在而忘记将来是不正确的"，但是"因为将来而忘掉现在尤其错误"。但是评论承认现状"不是我们的理想"。

① 《解放日报》[126]，1944年5月27日；译文见林迈可《共产主义中国的教育问题》[459]，第60—61页。
② 西博尔德：《群众教育中的延安革命》[650]，第658页；关于这些创新和它们的更大的背景，又见马克·塞尔登的《中国革命的延安道路》[646]，第267—274页及第6章。

将来我们一定会碰到从这类学校转入另一类学校或者需要教育正规化的问题，并且也一定会找到新的解决办法。①

在以后五年多一点的时间内，中共将发现自己不仅仅领导落后的边区，而且将领导全国。必须设计适合远为复杂的生活和工作方式的新的教育形式。毫无疑问，中国共产党意识形态方面的信仰，再加上对这项任务的紧迫感和缺少准备，使党的领导人干起他们最近刚批评过的别人干过的同样的事。结果是以其前辈已显示出的学习西方先进国家的热情去模仿另一个外国——尽管是兄弟般的社会主义国家。这样做的理论根据是，既然西方（即英国和美国）最好的科学和技术已被俄国人吸收，因此"最快最好的道路"就是直接从苏联接受提取出来的精华。既然教育和工业是应用科学技术的主要社会机构，它们的组织和管理也要按苏联的模式来改造。②

这条道路带来的许多困难之一，当然是苏联教育本身由于 1953 年斯大林逝世后全面批评"斯大林模式"，很快就处于转化状态。另外，斯大林的模式是为适应工业化的紧急需要而作出的谨慎的反应。为了达到这个目的，20 世纪 20 年代在苏联教育中采用的革命性试验被否定，排斥资产阶级子女接受高等教育的章程被取消。尽管如此，新近取得胜利的中国革命者还是寻求采纳更加谨慎的苏联模式，而没有明显地考虑到它所体现的对他们来说并不适合的东西。③

学习苏联的努力在高等教育领域最明显，而西方的影响在前几十

---

① 《解放日报》[126]，1944 年 4 月 7 日；1944 年 5 月 27 日。译文见林迈可《共产主义中国的教育问题》[459]，第 56—57、61 页。

② 关于从苏联得到最好的西方经验的早期中国人的主张，见苏珊娜·佩珀的《中国的内战：1945—1949 年的政治斗争》[574]，第 364—366、374—375 页；又见陈伯达《在中国科学院研究人员学习会上的讲话》，1952 年 7 月 18 日，载斯图尔特·弗雷泽编《中国的共产主义教育》[254]，第 184—185 页。

③ 简·英格瓦·洛夫斯特：《中国的教育政策》[478]，第 50—58 页；马丁·金·怀特：《教育改革：20 世纪 70 年代的中国和 20 年代的俄国》[789]，载《比较教育评论》[187]，（1974 年 2 月号），第 112—128 页；关于第三世界国家运用苏联教育的总的情况，见艾琳·布卢门撒尔和查理斯·本森《苏联的教育改革：对发展中国家的意义》[54]，载《世界银行职工论文》，288（1978 年 5 月）。

年曾统治着这个领域。国有化是第一位的。根据不同材料，中国高等院校这时的精确数目有所不同。但是按照教育部长马叙伦的说法，到20世纪50年代中期，中国的高等院校（不包括新的干部学校）共有227所。其中138所为国立的，65所为私立的，其他24所则由外国教会组织创办。这个体系的特点也是地理分布不平衡，学校集中在沿海城市。50年代中期，37％的高等学校位于华东地区，仅上海就占了25％。只有约15％设在主要为农村的老解放区。①

到了1952年末，大多数外国教职员和行政人员离开了中国，所有私人控制的学校被取消。这样就为整个高等教育制度沿苏联路线调整铺平了道路，这项工作在下一年基本上完成。目标是建立一个适合中国发展需要的更专业化的分工。最明显的是取消了美国式的文科学院和美、英大学对学生特有的通才教育。换句话说，苏联的制度旨在造就数量更少的难以使用的文科毕业生，而培养更多的经过训练就能直接参加经济建设所需要的专业技术工作的毕业生。

中国高等教育体系就这样明显地分为几种院校，每种院校各有自己专业上的职能。这项工作是通过取消文科学院和把较大的大学中的文科和自然科学的系剖分开来组成新型的综合性大学的核心而完成的。旧大学保留下来的系、学科和学院重新组成独立的技术学院和（或）并入现有的同类学院。20所新的专科大学通过把旧大学分割的办法而成立了。只有13所综合性的文、理科大学保留下来，它们相当均匀地分布在全国各地，北京和上海只各有一所（北京大学、复旦大学）。另外建立了26所各种专业（如炼钢、采矿和地质）的工程学院。这个时期保留或重新组成的其他专业院校包括农林、医药、财经、教育、政法以及少数民族干部培训等方面的院校。②

由于高等院校的这种调整及伴随而来的新的全国学生入学及工作

---

① 《人民日报》，1950年6月14日。译文见胡实明（音）与伊莱·塞德曼编《展望新世界》[334]，第12页。

② 曾昭抡：《新中国的高等教育》[722]，载《人民中国》[572]，12（1953年6月16日），第7页。

分配计划，专攻技术与工程等专业的学生从 40 年代后期占在校学生总数的 20％上升到 1952 年的 35％。到 1953 年，主修工程、科学、医药及农业的学生已达到当时 21.2 万名学生总数的 63％。师范院校的学生占另外 18.8％。此后这些百分比基本保持不变。[①]

苏联模式就这样最终把通才型的中国知识分子改造成现代式的专家。在 1931 年，国联教育考察团曾发现大多数大学生仍准备在政府部门中寻求自己的前途。1949 年以后，职业的选择首先由党来安排，到 1956 年 6 月，1070 万名党员中只有 11.7％是知识分子。[②] 与此同时，大学生的前途被重新引导到新的苏式高等教育制度为他们准备好的高度专业的领域。文人和公职的传统联系最终被切断了。

院校内部的组织按照苏联的做法，通过把大学的系细分成若干专业而进一步专业化了。新的系倾向于比西方的系范围更宽，而新的专业的面则常比西方大学生主修的专业窄。结果是，在校大学生学习的面小了，并较早地开始了专业化，其具体的目的在于职业训练。

进一步仿效苏联做法的措施是为各个专业制定全国统一的教学计划、教材和教科书。对规定教学计划方法的一种较早的说明做了如下描述：每种教学计划都包括专业所开设的课程，每种课程都有精心拟定的教学大纲，规定课程的具体目标，开列学年或学期学习的种种细目。大纲还详细列出分配给每一细目的时间和每节课讲授的确切教材。教科书根据大纲编写。这样，国家高等教育所有院校教学方法和内容的标准化和统一化就实现了。[③]

中国的高等院校从 1952 年开始使用这些教学计划和教学大纲。当时宣布的目标是，最终都必须采用教育部制定的统一的教学计划。

---

① 曾昭抡：《新中国的高等教育》[722]，第 8 页。《国家统计局公报》，新华社——英语，北京，1954 年 9 月 13 日，载《当代背景材料》[735]，292（1954 年），第 9 页；约瑟夫·孔：《高等教育：选拔和入学的一些问题》[406]，载《中国季刊》[133]，8（1961 年 10—11 月），第 139—140 页。

② 《时事手册》，18（1956 年 9 月 25 日），译文见《当代背景材料》[735]，428（1956 年 11 月 19 日），第 2 页。

③ 曾昭抡：《新中国的高等教育》[722]，第 8 页。

1980 年，大学的行政人员在会见来访者时回忆说，50 年代规定的教学计划必须遵守，"它好像就是法律"。① 对全国正规的小学和中学，也准备了类似的全国统一的课程和教学计划。

1952 年 9 月，在最高的行政层成立了一个独立的高等教育部，这也是仿效苏联做法的一个措施。苏式结构最基层的单位是"教学研究组"，它的职能之一就是确保每位教师照各专业的教学计划授课。所有的教师都组织到自己教的那门课的教研组，每个专业组成一个或几个组。每个教研小组通常由 10 至 20 个人组成，负责监督备课，培训青年教师，交流经验和信息，推广新的教学方法，开展相互批评和作鉴定、领导研究工作和培养研究生。

与学习苏联的形式和结构相辅相成的，是使这些机构和形式发挥作用所必需的人员和知识。按照一种估计，50 年代有多达 3.8 万名中国人到苏联学习和受训，其中包括科学家、技术人员、教师、学生和工人。当美国人和欧洲人撤离中国时，苏联专家、顾问和教师反方向地来到中国。在 50 年代，大约有 1 万名苏联公民在中国担任各种工作，其中将近 600 人在高等院校任教。此外，苏联的教育工作者帮助设立新课程和参加编写新教材。②

用于新设、原有课程的苏联教材和教学计划都翻译过来用做参考材料以及制定中国教材和教学计划的蓝图，有时干脆照搬其中的内容。中国科学院组织翻译，并吸收了 2700 名中国教育工作者参加这项工作。他们全力工作的领域表明正是依赖苏联知识最为严重的地方：58％的翻译工作是翻译工程和技术方面的著作，其中 14％是农业著作；24％翻译纯科学著作，只有 14％翻译人文科学和社会科学的著作。

---

① 苏珊娜·佩珀：《中国的大学：社会主义民主和行政改革的新经验——一份研究报告》[576]，载《现代中国》[532]（1982 年 4 月）。
② 洛夫斯特：《中国的教育政策》[478]，第 62 页；陈锡恩：《1949 年以来的中国教育：学术的和革命的模式》[105]，第 35—40 页。又见《光明日报》，1958 年 11 月 7 日，译文见《中国大陆报刊概览》[738]，1908（1958 年 12 月 5 日），第 1—2 页；张健：《学习苏联经验的成绩不是主要的吗？》，《人民教育》，8（1957 年 8 月 9 日），译文见《中国大陆杂志选粹》[736]，105（1957 年），第 8—15 页。

一项研究表明，1954—1957 年期间中国出版的全部书籍中，从俄文翻译的书占 38％—45％。从其他语种翻译的占 3％—6％。到 1956 年，从俄文译为中文的教科书约有 1400 种，其中包括一些小学和中学用的教科书。很多 20 世纪 50 年代初期采用的中小学教科书都是根据苏联原文改写的版本，特别是数学、物理和化学。各种水平的历史、政治和经济教科书的内容也自然要按新的社会主义和亲苏的倾向修订。中学以上的外语教育从教英语改为教俄语。[①]

苏联的教育学和教学方法也被广泛地学习和仿效。这就为机械的模仿创造了肥沃的土壤，根据以前的教师和学生的回忆，有些尝试更值得称赞。苏联的五分制，相当于美国的 A 至 F 的五个等级，代替了以前使用的更精密的百分制。另一追随苏联的做法是 1955 年宣布的设立高级学位制的计划。中国科学院和北京大学是两所为培养副博士的计划做准备的机构，一些学生在这期间在那里入学。

口试连同口试的摆设也是仿效苏联的。远在昆明那样的城市的大学生进行口试，坐在铺有桌布的桌子旁边，桌子上摆着鲜花——"因为苏联是这样做的"。广泛地组织起来的课外活动也是中国教育中的新事物。例如，课外活动之一是以苏联植物学家米丘林命名的米丘林小组。小学的班级组成这种小组，负责照看教室绿角里的植物。学生们被鼓励去学习苏联英雄的精神，他们的生活与功绩在 50 年代一代青年中的知名度就像中国 60 年代的雷锋和其他模范人物一样。

但是，不加批判地模仿带来的危险，最明显地表现在教育领域以外的一个事例中。追随苏联在二次大战后用来鼓励人口增长的措施，中国在一段时间里的确把多生孩子的妇女褒奖为"英雄母亲"。教育界内部这种模仿的后果大多还不是这么荒谬，但肯定同样引人注目。这是因为苏联输入的做法在很多方面与它在社会上层取代的受西方影响的制度和 40 年代在延安建立的乡村模式完全相反。党的领导人不

---

① R.F. 普赖斯：《现代中国的教育》[588]，第 102—106 页；洛夫斯特：《中国的教育政策》[478]，第 62 页。赵重（音）、杨一帆（音）：《中国大陆的学生》[88]，第 62—64 页。

久就发现西方化的中国知识分子不容易转而接受新制度。党内也保留着维持延安经验的使命感，这无疑是产生延安经验的中国的"客观"环境造成的。苏联模式还需要容纳中国人口中的"资产阶级"知识分子，而年轻的中国共产主义制度还不准备这么做。

50 年代透析

按照后来的一份报告，1949 年 12 月举行的第一次全国教育工作会议就已期待着一种更平衡的做法。报告声称新中国的教育应该把老解放区的新教育经验当做基础，应该吸取旧教育中有益的经验，应该利用苏联的经验。①"文化大革命中"，刘少奇和其他人被谴责违背了毛泽东保持这种平衡的意向。他们被指控曾竭尽全力维护旧制度和移植苏联经验。

事实上，三种潮流在 50 年代初期就已在互相糅合，但是对这个过程中必将发生的矛盾，则几乎没有预见，也没有缓和它们的明显企图。总之，当时的迫切需要致使难以做到深思熟虑。但是把三种潮流糅合在一起的鲁莽方式反而会妨碍它们发展成为有生命力的一体化制度。这种经验事实上具有毛主义的某种激情，好像是他关于群众运动的名言所赞同的，即在一个过程中发生的任何过头行为都可以在以后得到纠正。②

恢复与调整

到了恢复与调整时期（1949—1952 年）的末期，紧张的状态已经明显出现，并且正在寻找纠正的办法。需要解决的第一个问题是学

---

① 见《十七年教育战线上两条路线斗争大事记》，载《教育革命》，1967 年 5 月 6 日，收入彼得·西博尔德编《中国的革命教育》[649]，第 7 页。（这次会议报告的原文尚待找出。）

② 关于这种指导思想应用于土地改革运动中的过激行为和毛泽东容忍这些行为的情况，见佩珀的《中国的内战》 [574]，第 246、250、255—256、258—260、269—275、325—327 页。

术界内部的异议。高等院校的调整始于 1950 年，而教职员的抵制也在同时出现。前面已经指出，中国的高等院校集中在沿海城市，在1948—1949 年内战结束前仍然处于国民党的控制之下。然而大多数教职员工 1949 年以后仍留在原来的岗位上。这样做有很多理由，其中一个相当重要的原因是对战败的国民党政府不满。但是，知识分子虽然无疑地同情中国共产党的社会主义思想，他们当中却很可能只有极少数是有信仰的共产党员。中国高等院校的知识分子接受的主要是西方的文化传统，因此在 40 年代他们似乎更倾向于自由民主式的社会主义。可以肯定，他们之中只有极少数人对马克思列宁主义的原则或毛泽东的著作有稍多的知识。

基于对这一事实的认识，中国共产党早就要求让学生、教师和新解放区的其他知识分子学习政治教育课。这种做法写进了中国共产党的"最低纲领"，它概括了共产党胜利后建立的新民主主义政治制度的基本原则，并从此在全国各地实行。[①] 知识分子的政治训练班经常研究的课程包括社会发展史，政治经济学，马克思、恩格斯、列宁、斯大林和毛泽东的基本思想和时事。教育的目的还在于灌输对劳动价值的认识，打破对美国的幻想，清除对苏联的无知。[②]

但是同情社会主义和基本了解马克思列宁主义还不足以解决对高等教育现存结构和内容的赞同问题，也不足以克服学习苏联的勉强态度。抵制阻碍了调整的进行。这就导致作出 1951 年 10 月宣布的开展思想改造运动并作为全国当前三项主要任务之一的决定。[③] 政治教育从此逐步升级为以批评和自我批评为基础的整风式的运动，并于1951—1952 年扩展到全国的大学和中学教师当中。紧随这一年初期

[①] 这就是《中国人民政治协商会议共同纲领》，其中第 47 条为"给青年知识分子和旧知识分子以革命的政治教育，以适应革命工作和国家建设工作的广泛需要"。译文见林迈可《共产主义中国的教育问题》[459]，第 194 页。

[②] 如陆定一：《新中国的教育和文化》[485]，载《人民中国》[572]，8（1950 年 4 月 16日），转载于弗雷泽编《中国的共产主义教育》[254]，第 90—91 页。

[③] 曾昭抡：《三年来高等教育的改进》，载《人民教育》（1953 年 1 月），译文载《当代背景材料》[735]，238（1953 年 3 月 25 日），第 2 页。

在美国教会大学反对文化侵略的第一个回合而开展的这次思想改造运动，与当时针对干部和资本家的"三反"、"五反"运动结合起来，结果是在企业、政府部门以及中学和大学中全面打击贪污、浪费、官僚主义和其他资产阶级思想的有害表现。

这几项运动在朝鲜战争时期与抗美援朝运动同时进行，它们形成了早期的整风文献，西方据此提出了"洗脑"的概念：坦白书，如周培源的《批评我腐朽的资产阶级思想》；反美宣言，如燕京大学校长陆志韦的反对《美帝国主义的文化侵略》；子女对父母的批评：如陆女儿的批评：《谴责我的父亲陆志韦！》。[①]

按照高教部副部长曾昭抡的说法，高等院校最后出现的是，抵制活动烟消云散，调整能更顺利地进行。或者可以说，大学教师们接受了学习苏联的运动，还同时出现了集中进行技术训练甚至学习俄语的新气象。他们还根据调整的要求接受工作的调动。在有些情况下，从一所大学分出一个技术学院，只不过意味着行政上的划分，也许只砌起一道墙以表示校园的划分。在另一些情况下，一所大学的一个系可能与另一城市的一个系合办。或者像上海的交通大学那样，实际上是整个校园迁往西安。因此调整造成了大学的整个搬迁，而且又是搬到教职员们不愿去的地方，这些教职员工的生活在前10年已经受到严重损害。但不管怎样，到1953—1954学年开始时，全国高等院校的调整已完成了3/4。[②]

试图把受西方思想影响的中国高等教育制度按苏联模式进行改造的措施产生的紧张状态，就这样用思想改造运动缓和了。教育制度普及方面的紧张状态则更难控制。刚解放时表达的愿望是，在10年以内让成千上万的工人农民受到"高等教育"，并能与其他阶级的知识

[①] 这些声明载于弗雷泽编《中国的共产主义教育》[254]，第104—110、136—158；更完整的选录见《当代背景材料》[735]，第107、167、169、182、185、213页；陈锡恩：《中国知识分子的思想改造》[104]，第30—79页。
[②] 曾昭抡：《三年来高等教育的改进》，第3页。译文载《当代背景材料》[735]，269（1953年），第30页。

分子站在一起为国家服务。[1]

为了达到这个目标，决定所有的高等院校在 1950—1951 学年对工人、农民降低入学标准。但事实上只有 400 名学生按这种规定入学。1952 年初，当思想改造运动达到高潮时，1 万名干部开始参加 6 个月的预备课程，结业以后可以进入高校。[2]

为了达到同一个目标，1949 年 12 月的第一次全国教育工作会议指示为工人、农民成立学习时间缩短为三年的中学。这是正规学校、工厂和军事单位专门为工农出身、有 3—8 年工作经验的干部设立的中学。1950 年入学的许多学生没有受过正规教育，他们现有的知识是通过自学学到的。但是据说他们完成新的速成中学 3—4 年的课程后就能进大学。[3] 教育部长马叙伦宣称在"新制度下"，"条条道路通向高等学校"。正规中学的毕业生不再是有资格入大学的唯一候选人。所有阶级中参加过各种短期学校和业余学校的人们这时都可以进大学。[4]

在小学一级，扩大学龄儿童教育的机构依然是民办小学。这一时期民办学校绝大部分由农村地区的人办理，并且数量随着新解放区土地改革的进行而增多。土地改革还增加了 1949 年以前老解放区经常开办的冬学和各种成人短期班。这样做的目的部分是政治性的，这表现在开设的班级据认为是用来对农民进行土地改革和其他时事方面的宣传教育。但是主要的目标是扫盲，一个冬季农民们一般能学到几百个汉字。[5] 据说 1951—1952 年的冬季，4200 多万农民参加了冬学，另外还有数百万人进了为工人、农民开办的其他各种业余学校。

的确，实现乡村教育工作的热情是如此之高，以至在解放后的第

---

① 陆定一：《新中国的教育和文化》[485]，第 89 页。

② 曾昭抡：《三年来高等教育的改进》，第 6 页。

③ 新华社——英语，北京，1950 年 9 月 27 日，载新华社《每日新闻发布》[550]，香港，1950 年 9 月 29 日。

④ 新华社——英语，北京，1952 年 9 月 26 日：载《当代背景材料》[735]，220（1952 年），第 11 页。

⑤ 同上。

一年出现了一个把冬学和成年农民的学习组改成学龄儿童的正规民办学校的运动。1950年宣布的目标是在每个村建一所民办学校。据说这年秋季山西有1/3的冬学已被成功地改为正规学校。东北各省59662所冬学中的6000所和59300个学习组中的44400个也在正规和长期的基础上建立了起来。①

第一个五年计划

但是，1953年开始的第一个五年计划对教育突然做了新的评价。国家统计局在提到1949—1952年时报告说，教育工作出现了很多问题。所用的字眼和名词在10年以后变得司空见惯，而且在10年以前边区1942年的改革中也出现过这些字眼和名词：缺乏计划与远见；与经济发展协调得不够；盲目冒进；扫盲和小学教育只重数量不重质量。②郭沫若写道，教育工作的领导同志没有正确地把需要和可能结合起来，追求数量忽视质量，追求数字和速度，倾向于"只顾眼前，不顾将来"。他们不懂得文化建设应该在经济建设之后，而不能在经济建设之前。③

1953年1月举行了有各大行政区文教委员会主任出席的会议，会上讨论了上述错误并提出解决的办法。会议宣布了一些指导制定教育工作计划的新的方针，以协调教育发展与第一个五年计划第一年的工作，即调整巩固、发展重点、提高质量、稳步前进。主要任务是：(1)集中力量搞好高等和中等技术院校的调整和管理，为经济建设培养必要的人才；(2)适当促进中学的发展，以保证高等院校学生的质量与数量；(3)克服初等教育中的混乱状态并提高它的质量。④

① 新华社——英语，北京，1950年9月27日，载新华社：《每日新闻发布》[550]，香港，1950年9月29日，第8—9页。
② 新华社——英语，北京，1953年9月27日，载《当代背景材料》[735]，262（1953年），第9页。
③ 《人民日报》，1953年10月1日；载《当代背景材料》[735]，269（1953年），第33页；郭沫若当时是政务院文化教育事务委员会主任。
④ 同上书，第34页；这几项任务在周恩来的《政府工作报告》中得到重申。新华社——语，北京，1954年9月24日，载《当代背景材料》[735]，296（1954年），第13页。

转眼之间，不再是条条道路通往高等院校了。教育部副部长曾昭抡在同一个月写道："由于工农劳动人民在过去反动统治时期几乎完全被剥夺了受教育的机会，因此在现阶段吸收具有相当高中文化水平的工农干部直接进入高等学校，是受到一定限制的。"[1]

新的行动口号是"系统地、有计划地"。1952 年第一次举行了全国统一的高等院校入学考试，同年秋季开始的学期广泛使用了规定的苏式教学计划。其目标是让全国各学校的教学方法和内容实现"统一规定"和"高度计划性"。没有预先在中学受过充分教育的学生难以跟上规定的教学计划，根据其他的报道，对很多工农出身的调干生也同样如此。

因此，沿着苏联路线建立起来的新制度在很多方面是 1944 年以来曾为共产党解放区的需要服务的延安模式的对立面。这个模式是在"反对一致"和"反对正规化"的口号下搞出来的。它强调当前的需要超过将来，并有意识地攻击按常规把中学当做大学的预备学校的做法。在这种情况下，"程度不齐"是不可避免的，"各级学校的严格衔接"也是不可能的，但是这完全不必担心。

第一个五年计划开始时认真清除了农村已有的先例，但是曾副部长概括了这种企图中包含的难以解决的矛盾："首先由于在新学制中确定了劳动人民和工农干部的教育在各级学校系统中的重要地位，同时使各级和各类学校互相衔接与沟通，保持了整个教育系统的一贯性和统一性。"[2]

问题是一贯性和统一性并不那么容易实现。他们必须作出选择，并在 1953 年开始重视质量和适当的衔接。当时小学的数量还不能容纳全体学龄人口，即便如此小学毕业生仍然超过现有中学的容量。中学毕业生的数量则不能完全满足高等学校的需要。但是这种不平衡"只能逐步解决并需要相当长一段时间"。

教育的新路线在第一个五年计划的前半段保持不变。据国家统计

---

[1]　曾昭抡：《三年来高等教育的改进》，第 6 页。
[2]　同上书，第 5 页。

局报道，小学入学学生的人数因此从 1952 年的 5500 万下降到 1954 年的 5120 万（见表4）。每村建一所民办学校的目标被放弃，中等师范学校（培养小学教师）的入学人数被削减，一部分学校自动停办。

表 4　　　　　　　　　**1949—1957 年学校和学生的数量**

年份	高等学校		中　学		小　学	
	学校	学生	学校	学生	学校	学生
1949		11.6万		126.8万		2439万
1950	227	13.4万	3690	109万	40万	3000万
1951	195	12.8万	4015一般	129万	44万	3700万
			507中专	11万		
			605师范	16.5万		
1952		20.3万	一般	298.2万		5500万
			中专	29.8万		
1953		21.2万	一般	293万		5150万
		4200（毕业生）	中专	67万		
1954	181	25.8万	一般	358万		5120万
			专业	60.8万		
1955	194	28.8万	6120一般（高中）	58万	50.4077万	5313万
		4822（毕业生）	（初中）	332万		
			512中专			
			515师范	53.7万		
1956		38万[a]		586万[a]		5770万
		40.3万[b]（包括毕业生）	一般	516.5万[b]		6346.4万
			中专	81.2万		
1957		44.3万[a]（计划的）	一般	556.6万（计划的）[a]		6581.4万（计划的）
			中专	77.5万（计划的）		
		44万[b]		700万[b]		6400万

注：由于常常不可能使不同来源的数字的差异一致起来，因此表内数字只能被当作近似的数字。比如，1956 年小学的两个数字据推测反映了为配合农村合作化而开办乡村学校的运动。这些数字也不同于《伟大的十年》中的数字。

材料来源：**1949 年**：刘少奇《中国共产党中央委员会政治报告》，1956 年 9 月 15 日，载鲍伊与费正清合编《共产主义中国，1955—1959 年》［59］，第 185 页。**1950 年**：新华社——英语，北京，1950 年 9 月 27 日，载新华社《每日新闻发布》［550］，香港，1950 年 9 月 29 日。**1951 年**：新华社，北京，1951 年 11 月 4 日，译文见《当代背景材料》［735］，140（1951 年 11 月 22 日），第 4、6 页。**1952 年**：国家统计局：《1952 年全国经济、文化、教育的恢复和发展公报》，1953 年 9 月 28 日，新华社，北京，1953 年 9 月 29 日，载《当代背景材料》［735］，262（1953 年 10 月 1 日），第 8 页。**1953 年**：大学与小学：《国家统计局关于 1953 年国家计划执行结果的公报》，新华社，北京，1954 年 9 月 13 日，载《当代背景材料》[735]，292（1954 年 9 月 15 日），第 9 页；中学：周恩来：《政府工作报告》，新华社，北京，1954 年 9 月 24 日，载《当代背景材料》[735]，296（1954 年 9 月 28 日），第 13 页。**1954 年**：大学　张健：《更多的人上大学》，载《人民中国》[572]，22（1954 年 11 月 16 日），第 23 页。国家统计局：《1954 年国民经济发展与完成国家计划情况的公报》，1955 年 9 月 21 日，载《人民中国》[572]，20（1955 年 10 月 16 日）；补编 8。**1955 年**：《时事手册》。23（1956 年 12 月 10 日），译文见《中国大陆杂志选粹》[736]，71（1956 年），第 27 页。**1956 年**：a. 刘少奇：《中国共产党中央委员会政治报告》，1956 年 9 月 15 日，载鲍伊与费正清合编《共产主义中国，1955—1959 年》[59]，第 185 页。b. 国家统计局：《1956 年完成国家经济计划情况公报》，1957 年 8 月 1 日，新华社——英语，北京，1957 年 8 月 1 日，载《当代背景材料》[735]，474（1957 年 8 月 12 日），第 9 页。**1957 年**：a. 薄一波：《关于 1956 年度国民经济计划的执行结果和 1957 年度国民经济计划草案的报告》，1957 年 7 月 1 日，新华社，北京，1957 年 7 月 1 日，译文见《当代背景材料》[735]，465（1957 年 7 月 9 日），第 16 页。b. 周恩来：《政府工作报告》，1959 年 4 月 18 日，载鲍伊与费正清合编的《共产主义中国，1955—1959 年》[59]，第 516 页。

在大专院校一级，1954—1955 学年的 93785 名新生当中，有 80％直接来自高中，只有 3700 人毕业于工农干部的速成中学。[①] 第一所速成中学成立于 1950 年，此时已达 87 所，共有 5.1 万名学生，这说明升学率不是很高。[②]

　　按照新路线没有达到稳定平衡的事实在 1955 年变得很明显了。在第一个五年计划的后半段期间，一种试图综合两个世界的优点的混合制度开始在教育界发展。这个制度设法在精英层次上保持苏联模式，同时把中国共产党以往的农村经验用到公众之中。

　　1955 年 7 月国家计划委员会主任李富春在他的《关于发展国民经济的第一个五年计划的报告》中确立了关于高校的原则。科学技术人员的短缺已经成为经济发展的严重障碍。但是他仍然呼吁在质量与数量的平衡方面要兼顾和谨慎。他警告道："那种片面追求数量而忽

[①] 新华社——英语，北京，1956 年 6 月 20 日，载《当代背景材料》[735]，400（1956 年），第 24 页。张健：《更多的人上大学》[80]，《人民中国》[572]，22（1954 年 11 月 16 日），第 23—24 页；《教育部关于师范学校今后设置发展与调整工作的指示》，新华社，北京，1954 年 6 月 19 日，载《中国大陆报刊概览》[738]，844（1954 年 7 月 9 日），第 33—34 页。

[②] 《速成中学》，载《人民中国》[572]，8（1955 年 4 月 16 日），第 39 页；《国家统计局公报》，载《人民中国》[572]，20（1955 年 10 月 16 日），补编 8。

视质量的倾向，对于国家建设显然是不利的。"学术水平还不够高，特别是在学生数量增长过快的工程院校，更是如此。因此这些学校逐步取消了二至三年的专业课，并把基础课从四年延长到五年。他还号召进一步提高大学生的质量。他们至少应该在"学业上能够跟得上班"，他认为，"达不到这些最低限度的条件不能够或者很难培养出有用的建设人才来的"。因此大学入学人数的增长趋势在第一个五年计划的后半段终于得到扭转。①

这个时期还颁布了评定高级学位的规划，工科和其他几种学科的学习课程从 1955—1956 学年开始延长到五年。在加强对学术专长的要求的同时，党在 1956 年春天宣布了学术自由的新风气。承认需要受过训练的人才，也认识到中国要取得专业知识，不能只依靠苏联专家。② 这种重新估计形势的一个结果是 1956 年 5 月提出的"百花齐放、百家争鸣"的方针。

在这种新气氛的背景下，郭沫若在号召开展自由的学术讨论和结束对马克思列宁主义的教条主义态度的同时，详细列举了学术界对以下现象的种种不满情绪：机械地照搬苏联的经验；因片面强调解决技术问题而忽视研究和理论研究；忽视苏联以外的别国的知识。③

但是 1955—1956 年也标志着农村社会主义改造的高潮。毛泽东在关于 1955 年末农业生产合作社组建速度的按语中写道："这件事告诉我们，中国的工业化的规模和速度，科学、文化、教育、卫生等项事业的发展的规模和速度，已经不能完全按照原来所想的那个样子去做了，这些都应当适当地扩大和加快。"④ 在高等学校，可能继续保持了平衡和有节制的增长，但追求速度和数量之风又再次席卷全国。

---

① 重印于罗伯特·鲍伊与费正清合编的《共产主义中国，1955—1959 年》[59]，第 76 页。

② 如周恩来《关于知识分子问题的报告》，1956 年 1 月 14 日，重印于鲍伊与费正清编《共产主义中国，1955—1959 年》[59]，第 128—144 页。

③ 郭沫若：《"百家争鸣"万岁》，载《人民中国》[572]，17（1956 年 9 月 1 日），第 7—9 页。

④ 毛泽东：《〈中国农村的社会主义高潮〉的序言》；首次发表于《人民日报》，1956 年 1 月 12 日，第 1 版。

　　1956 年 1 月采纳的新的 12 年农业发展纲要，宣布了农村在 7—12 年内小学全部实行义务教育的目标。村的民办小学使这个目标的实现成为可能，负责办校的"民"现在是村里新成立的农业生产合作社。地方人士不得不因急需而充当教师。教育部就近年来师范学校招生人数减少而做了自我批评，现有的师范学校只能培养满足普及小学教育新计划需要的 100 万教师中的一小部分。但小学的入学人数仍恢复了迅速上升的趋势，从 1954 年的 5120 万上升到 1956 年的 5700 万至 6300 万，数字的不同取决于所引用的材料。

　　按照新的 12 年农业发展纲要，必须在 1956 年以后的 5—7 年内完成扫除文盲的任务。毛泽东抱怨解放后的初期根除文盲的努力已被弃置一旁；于是随着农业合作化运动展开了新的扫盲运动。扫盲的标准确定为能读、写 1500 个汉字。计划每年给业余学习班安排 240 小时的课程。这些学校作为更可行的教学方法取代了旧式的冬学，因为农民往往容易忘掉前一个冬天学习的内容。统一教材的效果比不上地方自编或为地方编的教材，因为后者包括与日常生活有关的汉字，如当地人的名字、地名以及牲畜、农具及各种工种的名称。[①] 为了保持时代精神，纲要宣布，1954—1955 学年全部在校生仅有 5.1 万人的工农干部速成中学，计划在 1955—1956 学年一年招收新生 3.3 万人。[②]

　　但是群众运动过程中产生的热情仍不能掩盖制度本身固有的紧张。周恩来 1957 年 6 月的《政府工作报告》详细分析了这一点。这个报告维护了第一个五年计划期间他的政府的工作。他承认在这个过程中批评者的压力正在不断增强。例如，他指出："有人认为我们的第一个五年计划完全是粗制滥造"，"有人反对学习苏联经验，甚至说

---

① 《1956—1967 年全国农业发展纲要（草案）》，载鲍伊与费正清合编《共产主义中国，1955—1959 年》[59]，第 125 页；《中国共产党中央委员会、中华人民共和国国务院关于扫除文盲的决定》，新华社，北京，1956 年 3 月 30 日，载《中国大陆报刊概览》[738]，1266（1956 年 4 月 12 日），第 3—7 页。新华社——英语，北京，1956 年 6 月 20 日，载《当代背景材料》[735]，400（1956 年），第 19、22、24 页。

② 《速成中学》，载《人民中国》[572]，8（1955 年 4 月 16 日），第 39 页。

我们建设工作中的错误和缺点也是学习苏联的结果"。在谈到教育时，他说："过去，教育部门在实行教育改革的时候，也发生过若干偏差，主要是否定了旧教育的某些合理的部分，对解放区革命教育的经验没有做出系统的总结，加以继承，并且在学习苏联经验的时候同我国实际情况结合不够。这些缺点今后应该改正。但是，如果有人因为教育革命中有这些缺点，就否定教育改革的成绩是基本的，甚至根本否认教育改革的必要性，企图使今天的教育走回到旧中国教育的老路上去，那是完全错误的。"[①]

"有人"正在谈这些或更多的问题，而且刚好是在1957年5月这一个集中批评的月份中谈的。[②] 知识分子——包括一些党员在内的教师和学生，管理人员和行政人员——在他们的批评中弹奏出与第一个五年计划不和谐的调子。1949年以后的新秩序没能赢得知识精英的拥戴，他们尤其憎恨教育制度中强加给他们的变化。

此外，教育制度在某种意义上仍保持1949年以前的那种两分状态。苏联模式在高校表现得最为明显，在这一级，它被认为取代了西方的影响。但是这个新模式也像从前的模式一样，它的基础是没有文化的群众，在可预见的将来，它也无力改变这种情况。按照高等教育部部长张奚若所说，1956年总人口的78%仍是文盲，只有52%的学龄儿童上了小学。[③]

通过统一和标准化以提高质量的要求，只能在减少学生人数和降低受过训练的教师与学生人数的比率时才能实现。因此，在严格地应用苏联模式的情况下，普及小学教育的目标甚至更要拖到将来，这是把自己的利益与工人、农民紧密联系在一起的中共难以接受的选择。让每个村都有一所学校的唯一办法是恢复延安宗旨，即不必为程度一致而过分操心，因为一致的程度只有国家支持的，并配备受过适当训

---

① 重印于鲍伊与费正清编的《共产主义中国，1955—1959年》[59]，第310页。

② 麦克法夸尔编：《百花运动和中国的知识分子》[493]，散见各处。

③ 新华社——英语，北京，1956年6月20日，载《当代背景材料》[735]，400（1956年），第21页。

练的教师的学校制度才能达到。短期的解决办法是传统的村学，虽然它在新时期的形式是民办学校，即不是由国家开办而是由农村合作社有组织地开办的学校。

重新考虑延安经验的第二个原因是中学教育的结构变了。前面已经指出，虽然到 1955 年，大学明显地已经不能继续无限制地增加入学人数和保持所需要的质量，高等学校对学生人数的需求仍超过了中学毕业生的供应人数。在整个 1956 年，大部分高中毕业生仍能进大学，大多数初中毕业生——1954—1955 年的除外——都能升入高中深造，或者据说是这样。

但是，周恩来 1957 年宣布，这种形势无论如何是"暂时的、不正常的"，不能继续下去。从 1957—1958 学年开始，高等院校和高中招生的人数将少于应考的人数，以后还将继续这样做。换句话说，够条件的投考生总数的增长速度将超过更高一级学校的招生人数。以后日益增多的年轻人将不得不缩短学习年限而参加生产劳动，这种命运已经在 1954 年和 1955 年的初级中学中引起了"紧张"。[①]

与此同时，人们可以感到小学教育迅速发展所产生的抱负因中学没有相应增长而得不到实现。教育部长在 1957 年初期提醒大家："小学、中学毕业生不能全部逐级升学的现象，不仅在今年，并且在今后很长时期内也将存在。"即便是小学、中学已经普及而每个人都已"成为知识分子"，他们以后仍要习惯于从事生产劳动的观念。社会不能只有知识分子而没有农民和工人。面对就业机会和中学名额都不充足的结构性问题，教育部长希望家长和地方组织帮助青年人，"如果一时找不到职业，就应当参加家庭劳动和在家自学"。至于教育内容

---

① 载《当代背景材料》[735]；周恩来：《政府工作报告》，1957 年 6 月 26 日。重印于鲍伊与费正清编的《共产主义中国，1955—1959 年》[59]，第 311 页。1952—1959 年每年高中毕业生与大学新生的人数，见约瑟夫·孔的《高等教育：选拔和入学的一些问题》[406]，第 138 页。当时宣称的所有初中毕业生都能升入高中的情况，掌握的统计数字不能证实，显然这些数字的确表明 1954—1955 年的升学率下降了（伯恩斯坦：《上山下乡：中国青年从城市走向农村》[43]，第 48 页）。这种宣称也许可理解为打算继续学习的初中毕业生都能升入高中。

问题，他建议各级学校加强职业训练。[①]

到 1957 年，政府必须正视另一个潜在的破坏性问题（教育发展的症候）——即设计出中等教育的合理形式的必要性，中等教育对有些学生将是入大学的准备，但对绝大部分学生将是最后的和面向就业的学习。当谁的孩子能继续学习，谁的孩子不能学习变得明显时，这种区分的界线就更引起人们的争议了。

第一个五年计划结束时，教育制度把三种遗产调整并合成一个和谐的整体的企图显然失败了。取而代之的高等教育制度是苏联和西方影响在精英层次上的有争议的混合体，对专业化的新的要求使质量问题变得越来越紧迫。这就使现有的知识精英能无限期地在将来存在下去，因为到 1954 年就已经清楚，如果要完成学术计划和达到学术标准，党最初提高工农的大学入学率的愿望和一些新颖的入学政策就难以实现。

所以 1949 年以后的新一代大学生也毫不奇怪地具有他们前辈的那种反当局的观点和价值观，这在 1957 年 5 月的大鸣大放中可以看出。当时，他们甚至批评有节制的入学政策不公平，这种政策优先照顾了五种考生（工人、农民、特定的军队人员、革命烈士子女、少数民族和海外华人），虽然只有他们的条件在其他方面可以一争高低时才能照顾。在"反右运动"中，学生的批评遭到官方的断然反驳，运动以统计数字说明，旧社会遗留下来的不公平现象仍远没有消除。大多数大学生仍出身于资产阶级和地主家庭。到 1956 年 9 月，高等学校在校学生当中只有 34.29% 是工农出身。在这些高校和中国科学院的研究生中，工农出身的比率分别是 17.46% 和 5.92%。[②]

[①] 新华社——英语，北京，1957 年 3 月 16 日，载《当代背景材料》[735]，446（1957 年 4 月 8 日），第 1—8 页。

[②] 郭沫若：《驳斥一个反社会主义的科学纲领》，载《人民日报》，1957 年 7 月 6 日；译文见《当代背景材料》[735]，467（1957 年 7 月 15 日），第 11 页。关于后来用来反击 1957 年 5 月的批评者的"反右运动"，见《当代背景材料》[735]，470（1957 年 7 月 26 日），475（1957 年 8 月 28 日）；陈锡恩：《中国知识分子的思想改造》[104]，第 171—201 页；麦克法夸尔编：《百花运动和中国的知识分子》[493]，第 261—291 页。

　　与此同时，满足广大群众即使是最基本的教育需要的唯一手段是一种根据与高等学校推行的原则迥然不同的原则建立起来的制度。在这两者之间，存在着数量日益增多的受部分教育的年轻人，他们是推广小学教育的运动造就的。因此，尽管有与这种情况相反的动听的言辞，在 20 世纪初期随着科举考试的废除和西方学说的传入而扩大的精英文化和大众文化之间的鸿沟，在共产党统治的最初 10 年期间没有什么变化。但是这种动听的言辞依然存在，它被农民党员占 69％的执政党广为传播，同时制度内部形成的压力也依然存在。这样，就为把两种文化的有冲突的要求合成一个单一的一体化制度的更为激进的企图创造了条件。

第五章

党与知识分子

1949年以后，中共对知识分子执行了自相矛盾的政策。一方面，党向他们灌输马克思主义—列宁主义—毛泽东思想，这比以往儒家思想对传统文人施加的影响更全面，更深入细致。另一方面，它又想激励知识分子在专业上多生产一些东西。这种互相矛盾的态度使得政策发生摇摆：在镇压时期要知识分子服从思想改造运动；在比较松弛的时期又给他们以某些责任和优遇，希望在实现现代化中赢得他们的合作。

这种政策的转变有时决定于国内的经济和政治因素，有时又决定于国际事件。政策的转变也有自己的原动力。中共力求扩大意识形态的一致性，直到知识分子不愿生产成果为止；然后又放松一下，直到党的政治控制受到威胁时为止。在相对放松的间歇期，党鼓励——或者至少是准许——知识分子就西方思想展开学术上的辩论和讨论。党也允许——有时甚至是鼓励——对官僚主义的批评，以便清除官僚制度的弊端。

知识分子和政府之间的历史关系

中华人民共和国的知识分子是儒家传统的继承者，按照这个传统，文人应该为国家服务，同时在政府偏离原则的时候能直言敢谏。在批评政府的错误行为上，西方知识分子更多地认为是他们的权利，中国知识分子则认为是他们的责任。中国知识分子把自己看成是道德裁判者。他们带头做应该做的事，而不是随遇而安，因此可以不计个人的成败得失，甚至坐牢和杀头也在所不惜。他们没有得到制度上的或法律上的认可，但是，他们有传统的道德来大声抗议暴政。文人们都起来争辩、抗议和批评，以求改正错误和改革政治。在支撑国家政策和施加政治压力方面，存在着使用书面文字的长期传统。像他们的先辈那样，中华人民共和国的大多数知识分子都忠于这个制度，但也总是有一小部分人反对那些使这个政权不能达到它的目的的官方弊端。可是，他们又不能跟先辈们完全一样，因为当他们发现国家的领导强迫他们损害他们自己的原则时，他们又不能退回书斋，或隐居到山上去过体面的学者或艺术家的生活。在中华人民共和国，他们必须参加到这个制度中来。

与传统时代一样，知识分子发表批评意见主要是通过官方的渠道。皇帝开"言路"意味着允许文人批评政策上的问题，毛泽东也是这样：他在各个不同时期敦促知识分子对官方弊端提出疑问和批评，以便端正这个制度的作风。知识分子在党控制的报纸、杂志上和创作活动中发表他们的意见。甚至在1957年春天和1978—1979年，当自发的、基层的抗议喷发而出的时候，这些抗议也是得到官方的准许的。当毛泽东压制对他的政策的批评的时候，就像20世纪60年代初期那样，知识分子采取了传统的表示异议的形式，即古代统治者闭塞言路时文人们所用的那种形式。他们把他们的不同意见用间接的、比喻的方法伪装起来，用之于历史、文学、哲学、艺术和戏剧的讨论之中。他们也使用中国最巧妙的表达不同的意见的体裁——杂文，即短小、精妙、讽刺性的小品文，表面上写些不关痛痒的主题，但实际上是讨论政治问题。这种政治手法，伟大的儒家思想家韩愈和欧阳修用过，近代的伟大作家鲁迅也用过。中华人民共和国的知识分子在伪装他们的不同意见时甚至要承受更大的压力，因为他们比他们的先辈受到更严密的控制。

各种不同集团的知识分子联合起来致力于改革中国的社会，这不是近代中国才有的现象。在传统的中国，每遇政治危机和经济困难的时候，或者文人们组织起来讨论那些他们认为政府举措失宜的问题的时候，就会出现这种以"清议"为事的集团。每当遇到这种情况，他们就要想办法来恢复政府的元气，使它更能适应社会的需要。虽然有些文人变成了殉道者，但大多数人是在得到权势人物的庇护才展开批评的。这种情况在派系冲突的时期最为常见，这时文人们往往被利用来做政治斗争的工具。同样，在中华人民共和国的派系分裂时期，例如在 60 年代初期，与最上层领导成员结成联盟的知识分子能够得到表达他们的观点的机会。像传统的文人那样，在表述他们庇护者的立场时，有些人也夹入了自己的观点和价值准则，这些东西不仅不同于占统治地位的正统思想，也不同于他们的庇护者的观点。

知识分子也是 1919 年"五四"运动的继承人，这个运动后来想要创立一种新的西方化的文化，以此来解救中国的社会、政治和经济的苦难。虽然这个表述得很明确的救治之方是新的，但是，作为延续生存关键的复兴文化的方法却是传统的。20 年代，尤其是 30 年代的"五四"作家们，都把他们的作品当做与社会和政治弊端进行斗争并形成政治觉悟的工具。他们自视为革命的精英，有塑造舆论和改造社会的使命。在那几十年混乱的政治形势中和在西方自由主义的影响之下，他们认为他们的行动是自由的和不受政治控制的。就连那些献身于共产主义运动的知识分子也信奉"五四"的时代精神——即多元主义、公开辩论和知识分子自主。

他们虽然在文化知识上是独立的，但他们也像"清议"派那样被卷入了政治。尽管他们对国家失望，他们却并非异化了的知识分子。他们并不因为无根基或厌世而置身于公共事务之外。相反地，他们尽力把自己同他们的社会和人民联结在一起。因此，知识上独来独往而政治上有使命感的"五四"传统，和"清议"派的先例一样，给 1949 年以后的知识分子提供了榜样。

党和知识分子在 1949 年以前的冲突

30 年代中期的上海

中共即使在它掌权以前，也像儒家官僚政制那样，把知识文化和创作方面的活动看成是完成它的政治目的的婢女。除此之外，它还模仿苏联的模式，期望知识分子在改造中国社会中助它一臂之力。和斯大林一样，中国共产党的领导也把作家和艺术家视之为按照党的意旨来改造"人类灵魂"的人们。党第一次动员知识分子来为它的事业服务的努力开始于30年代中期的上海，这项工作主要是在作家中间展开的。不论是在党执政以前或是中华人民共和国成立以后，事实上每一次政治气候和多次主要政治运动的转折点，都是以文学领域内的激烈辩论和争辩为其标志的。

在20年代末和30年代初，中国的大多数著名作家都住在上海。他们都曾留学国外，或者与受过西方教育的学者一起学习过。他们中的大多数人在蒋介石统治之下因要求知识文化独立的愿望受挫，又因他们的许多同仁被国民党杀害而成为异己分子，所以都转向中国共产党和左翼组织。他们聚集在鲁迅（1881—1936年）周围，鲁迅关于传统社会的弊端、无能、不人道和黑暗以及中国需要革命性的变革的小说，为整整一代中国的作家树立了榜样。1930年3月，他创建了中国左翼作家联盟，它事实上是党的前沿组织，但是，由于它的激烈的反对帝国主义的态度并由于鲁迅的支持，它团结了中国的大多数作家。尽管它有急进的倾向，但它的成员却表现出很不相同的政治和艺术观点。左联建立了一个友谊、通信和联谊的网络，从而提供了一种文化社团的意识。尽管有国民党的检查，尽管他们所接受的马克思主义和苏联的文艺理论越来越多，他们仍然就政治问题和文学问题展开了广泛的辩论。

这个社团里面发生了许多论战，其中最激烈的一次，在中华人民共和国成立后的"文化大革命"中仍有反响的，却是在鲁迅和当时党在上海的文化官员之间爆发的一场冲突；这些官员接受奉莫斯科之命的王明的指示，于1935年主张组织统一战线。党的主要文化官员周扬未征询鲁迅的意见于1935年贸然解散了左联，而代之以另一个组织作家协会，其目的在于促进文化界的统一战线。这个组织提出"国防文学"的口号，欢迎非马克思主义观点的作家。加入该组织的唯一条件是反对日本。

虽然鲁迅和他的追随者勉强接受了统一战线政策，但是他们担心，如果非左派作家参加了这个协会，革命精神就会冲淡。于是他和他的合作者——作家胡风和冯雪峰——建立了自己的"中国文艺工作者"组织，并且采用了一个更加革命的口号："民族革命战争的大众文学"。但是，党的文化官员们——周扬及其同道剧作家夏衍、田汉和阳翰笙，虽然表面上宣称要站在更加自由的立场上，却不能容忍另外一个组织和另外一个口号。在组织反击的时候，他们怂恿鲁迅的一个追随者徐懋庸写了一封信，暗示胡风及其追随者们在做反对党的工作。鲁迅以公布徐懋庸的信作为答复，并附了一封愤怒的回信：他在信中为胡风辩护，同时指责周扬及其同伙只是为了抬高自己的地位而给人们贴上"内奸"的标签。鲁迅的这一封信表明，那时他厌恶党的官员们想要控制他本人及其朋友们的工作和活动的努力。[1]

周扬和鲁迅之间在上海的冲突，预示了在中华人民共和国成立以后党力图控制知识分子和知识分子的反抗之间的冲突。虽然在这次事件中作家们采取了比党更加革命的立场，但鲁迅和他的追随者不仅对马克思主义和文学，也对党的组织设法采取了一种独立的、非教条主义的态度。他们不但力拒党企图把他们的工作纳入政治紧身衣中去的努力，而且拒绝周扬等人仅仅因为是党的官员而窃取知识界的领导权。尽管周扬翻译过托尔斯泰和 19 世纪俄国文艺批评家车尔尼雪夫斯基的作品，但他并没有发表很突出的或者有创造性价值的东西。可是，由于他的组织才干和不容置疑地服从党的路线，他马上位居别人之上，尽管别人比他更出名和更有才能。从此以后，党的知识分子政策就把意识形态和组织的考虑放到了对于个人的和专业的问题的考虑之上。

1942 年的延安

在 1937 年的抗日战争爆发于上海周围和沿海地区以后，许多知识分子和大批的学生奔向共产党的总部延安，因为他们相信，只有中

---

[1] 《鲁迅全集》[482]，第 6 卷，第 437—438 页。

国共产党能够把中国从纷乱中拯救出来。他们到达延安的时候，领导上所关心的是干部们正在丧失某些革命热情，对追求和维护他们在官僚体制中的座次正在变得更加关心。这时领导上也在关心，那些习惯于大城市的非军事生活的知识分子和学生们的流入，也会在这个社会内部普遍地引起无纪律的行为。

党既然同时受到国民党和日本人的威胁，所以它在40年代之初就发起一场运动以塑造一个有纪律的干部和知识分子的核心，使之献身于党的正义事业。酷像传统的儒家精神那样，它相信，人们在变革社会以前必须端正他们的思想。这个端正思想的运动，即"整风"运动（即"整顿工作作风"运动的简称）就以改造思想的运动闻名于世了。这种开始于延安而周期性地用于中华人民共和国时期的运动，其目的是想发展成人类行为史上最雄心勃勃的一次实验。

延安所使用的方法只不过是开其端，它以后在中华人民共和国时期才得到了充分的发展。虽然后来运动中很具特色的粗暴、绝对化和深文周纳等情况在1940年之初并不十分明显，但它在将来所将采用的方法在那时已完全具备。它的第一个阶段是在党的组织内分成若干小组，使其成员先学习和讨论指定的讲话和文章。因为没有沉默不语的自由，每个成员都必须就这些文件发表意见。接着便是小组每个成员作检查的第二个阶段。每个人原来的思想和态度要受到别人认真的和长时间的批评。无休无止的叙述一个人的失误，不断地给他以帮助教育以及越来越紧张的气氛，产生了深刻的情绪危机，最终打垮了那个人的内在意志。这个人只有向党的权威及其价值观念缴械投降，才能从这些压力下获释和赎"罪"。

此后是第三阶段，这时个人要交一篇小组长认可的自我批评。按通常情况，最初的坦白交代不会被通过。需要做几次自我批评，一次比一次更加摧残个人的性格。光是背诵共产主义的教条或官方的路线是不够的；个人还要举出令人信服的证据，表明他过去的思想和行为一无是处，他向党的意志投降是不折不扣的。党不需要消极的默认，而是要个人积极地皈依它的信念。其结果是，当个人的交代被通过以后，他就从有罪的意识中获得解放，并得到了新生。他认为他自己已是一个"新"人，至少暂时地是如此，准备热情地执行党的一切命令。①

在最初，这种运动是要批评干部的官僚主义和教条主义以及知识分子的自由主义。它最初的主要靶子是毛泽东的老对手王明周围的一批苏联留学生和干部。由于对官僚主义的批评得到党的上层领导——特别是毛泽东——的鼓励，一批从上海来的知识分子（有些人和鲁迅关系密切），就利用这个机会指责延安日益滋长着的特权精英阶层，并且像他们和鲁迅在上海做过的那样，揭露他们所说的社会黑暗面。和在上海文化人圈子中那样，他们继续展开相当自由的知识分子式的辩论，也组成一些团体。女作家丁玲所主编的《解放日报》文艺副刊成了传播他们思想的工具。实际上，甚至在运动开始之前，丁玲就在1941年10月23日的《解放日报》上发表了一篇《我们需要杂文》的文章，她在文内举出鲁迅为榜样，要她的同道知识分子们加以学习。她坚持认为，鲁迅的揭露社会黑暗面和他的写"杂文"的方法仍是当前所需要的，因为"我们这时代还需要杂文，我们不要放下这一武器"②。

为了响应毛泽东关于开展批评的号召，《解放日报》从1942年3月至4月在它的文艺副刊上发表了一系列文章。它们代表了延安知识界思想的上流。它们的作者有丁玲、王实味、萧军、罗烽和艾青——都是共产党员。其中有几个人，特别是萧军和罗烽，还是鲁迅内圈中的人物。他们过去曾毫不顾忌地批评他们所不同意的人物和事势，现在在延安也如法炮制，希望他们的批评可以引起改革。罗烽说了他们的目的："我希望我们今后的'文艺'变成一把使人战栗，同时也使人喜悦的短剑。"③

他们的杂文描写了干部的冷漠、虚伪和官僚主义，其笔锋的犀利

① 罗伯特·利夫顿：《思想改造和极权主义心理学》［454］。这本书描述了党用以改造知识分子的心理方法。
② 《解放日报》［126］，1941年10月23日，第4版。
③ 罗烽：《还是杂文的时代》［475］，载《解放日报》［126］，1942年3月12日，第4版。

和他们当初反对国民党的官员时一模一样。虽然他们的文章题材不同，但无不表现幻灭感，即发现革命根据地的生活与革命的理想不符。正像罗烽所说的那样："云雾不单盛产于重庆，这里也时常出现。"① 例如丁玲抱怨说，她所期待的和党所宣扬的男女平等，事实上并不存在。② 他们希望通过他们的批评来终止实际生活中对于共产主义理想的歪曲，使党重新回到革命的目标上来。

他们杂文的另一主题，是不同意在一个党所治理的社会中对作家的作用实行领导。像他们的导师鲁迅那样，他们认为，作家的职能不是在党的路线的每一个转折中像宣传员一样地照章行事，而是应该批评和抗议他们认为错误的东西。他们把知识分子的任务和党的任务分开了。既然党本身在关心物质的和身体的需要，那么，作家和其他知识分子就应该关心精神需要。艾青实际上用理学家的语言坚持认为，作家的职能是迫使他的同胞做自我检查和自我批评。一个作家并不是"百灵鸟，也不是专门唱歌娱乐人的歌伎"。作家要观察马克思主义或党没有给予答案的问题。作家"还要在最孤独的时候很深沉地发问：'活着究竟为什么？'"③

为了完成这个任务，杂文的作者们都坚决主张，应该有创作自由和某种程度上的思想和行为方面的独立性。由此看来，虽然这些作家都是马克思主义者和党员，但他们也都浸透了西方的自由思想，认为它是创作和改革的前提条件。正如艾青所说的，投身到延安的政府方面，是"因为民主政治能保障他们的艺术创作的独立精神。因为只有给艺术创作以自由独立的精神，艺术才能对社会改革的事业起推进的作用"。④

1942 年的杂文作者中，最大胆和最引起争议的要数王实味了：他是 1926 年以来的党员，是一位短篇小说作者、马克思主义著作的

---

① 《还是杂文的时代》。
② 丁玲：《三八节有感》[716]，载《解放日报》[126]，1942 年 3 月 9 日，第 4 版。
③ 艾青：《了解作家，尊重作家》[3]，载《解放日报》[126]，1942 年 3 月 11 日，第 4 版。
④ 同上。

笔头和口头翻译家。他从 1930—1935 年在苏联学习，1936 年来到延安，成为延安马列学院的成员，后来又在它的中央研究院工作。1941年，他负责高级干部的理论教育工作。王实味在 1942 年初写了两篇文章，他在为作家要求独立作用和批评延安的官僚主义方面，比他的同行们都走得更远。这两篇文章把文学界的批评意见同"五四"运动中知识分子的独立态度联系了起来。

1942 年 2 月 17 日，王实味在当时延安最流行的文学刊物《谷雨》上发表文章，他像鲁迅及其合作者在上海时所做的那样争辩说，艺术家是为革命提供精神激励的。王实味是第一个在理论上说明必须把某些活动领域同政治分开的人。官员是"革命力量中的统一者、组织者、促进者和领袖；他的职责主要是改革社会制度"。艺术家则是"'灵魂的工程师'；他的职责主要是改造人的灵魂（心灵、精神、思想、意识）"。[①] 因此，王实味给艺术家提出的任务实际上是党认为只有在它自己的指引下才能完成的任务。艺术家"应该勇敢地、然而也要恰当地暴露所有污浊和黑暗；并把它们洗涤干净……暴露和清洗的工作决不仅仅是一个消极的工作；因为黑暗逐渐褪下去，光明就会自然地增长"。[②] 王实味认识到，有些人以为，如果作家们"暴露了我们的缺点，那会给敌人以攻击的口实。这是一种短视的观点；我们的运动今天已如此壮大，它不怕暴露自己的缺点"。[③]

他的第二篇杂文是《野百合花》，分两期在《解放日报》的 3 月13 日和 23 日刊出，这是中国共产党阵营内部迄今所写最有争议的作品，而且一直到今天中国还感到它的影响。他也像毛泽东那样，对党的官僚主义日益加大同群众的距离感到关切。在回答那些认为延安没有等级制存在的人们的说法时，他说，这"不合事实，因为它实际存在着"。虽然他说他自己不是一位平均主义者，但他说："衣分三色，

---

① 蒂莫西·奇克所译王实味未发表文章中的《政治家和艺术家》，载《凋落的野百合花》[99]，第 61 页。
② 蒂莫西·奇克：《凋落的野百合花》[99]，第 65 页。
③ 同上。

食分五等，却实在不见得必要与合理。"① 当"害病的同志喝不到一口面汤，青年学生一天只得到一两餐稀粥"时，王实味抱怨说："有些颇为健康的'大人物'，作非常不必要不合理的'享受'，以致下对上感觉他们是异类。"②

一度反对不平等的造反者现在变成了他们自己不公正制度中的新官僚。他们曾经想摧毁腐败和冷漠的罪恶，但他们今天正在遭受同样罪恶的袭击。南斯拉夫的米洛凡·德热拉斯在 15 年之后曾说到党本身会成长为一个新的阶级，王实味不像德热拉斯这样，他认为这种发展是旧社会遗留下来的产物："我们底阵营存在于旧的黑暗的旧社会，因此其中也是有暗。"③ 他是在向党的领袖们提醒他们的理想，所以他认为他是在坚持马克思主义的正统观点。他也是按照儒家批评领导的传统行事，以期确保他们统治的胜利。

后来反对知识分子的历次运动，其方式方法就是从党对这些杂文作家的批评反应中发展出来的。它标志着开始对独立的和持批评态度的知识分子的镇压和党对知识分子活动的控制的扩大。到了 1942 年春天，整风运动从似乎同时批评官僚主义和自由主义转移到了几乎完全批评知识分子的自由主义。这些作家被挑出来作为戏剧化的特殊的思想典型，即党认为对其当前政策是有害的思想典型。这些人的独立性和批评态度在国民党地区曾经是有用的，但现时他们生活在党的统治之下，却不再是合心意的了。这些作家被用做反面教材，以改造知识分子和干部的思想。这种挑选几名官员或知识分子为榜样，使整个社会都俯首听命的办法，苏联自 20 世纪 30 年代以来一直在使用。

最粗暴的攻击是对着王实味的——这不仅因为他的批评最深刻，而且因为他卷入了中央研究院的派系斗争；他跟和毛泽东关系很密切的理论家们作对。其实，所有运动都有宗派成分，也有意识形态成

---

① 格雷戈尔·本顿所译王实味的《野百合花》，载《延安的文学反对派》[38]，见《新左派评论》，92（1975 年），第 101 页。

② 同上。

③ 王实味：《野百合花》[767]，载《解放日报》[126]，1942 年 3 月 13 日，第 4 版。

分。王实味同苏联留学生集团结成同伙，反对派的成员则有毛泽东的私人秘书和捉刀人陈伯达、历史学家范文澜，以及理论家艾思奇。这次运动使他们有机会除掉了一个固执的和讨厌的批评者。

王实味跟陈伯达原来就在许多思想意识问题上意见不一。其中一个是关于民族形式的问题；另一个是从上海遗留下来的问题，在20世纪30年代中期，王实味站在鲁迅和鲁迅的亲密助手胡风及冯雪峰一方，跟陈伯达、周扬等人展开过辩论。陈伯达及其一伙，听从30年代初期党的文化领袖——瞿秋白和后来的毛泽东——的指导，主张中国的作家应该摒弃西方的文学传统，创造以传统文学形式（如短篇故事、诗歌和短小的剧目）为基础的他们自己的风格，因为它们在提高政治觉悟和鼓舞群众方面可能有效得多。反之，鲁迅一伙则讥笑传统的文学形式为"封建的"，因而坚持中国文化的国际化是中国发展的前提条件。王实味和陈伯达在1940—1941年又重新展开了这个论战。本质上，它是西方化的"五四"运动的知识分子同更加民粹派的、更加民族主义的知识分子之间的一场冲突。

王实味的文章出现不久，他就成了一场意识形态的和宗派主义的运动的焦点。1942年4月，党宣布将有三个月的思想意识斗争。在此期间，党机关内的一切工作实际上都陷于停顿，同志们都在小组内阅读文件和互相展开批评。在这同时，1942年5月召开了大型文艺界集会，毛泽东在会上两次发表了他的著名的《在延安文艺座谈会上的讲话》。

毛泽东含蓄地批驳了杂文作家们的批评，为党的文艺政策和对待知识分子的政策打下了基础。他虽然未对这些作家点名，但他攻击了他们意在独立于党的领导作用之外的想法，并且驳斥了他们所提关于艺术必须独立于政治的要求。艺术家和艺术无论何时都应服从于党所交派的任务。虽然他提出他的观点作为独创的教义，但他关于文艺的观点是苏联的社会主义现实主义的理论和瞿秋白强调的民族形式的结合。

这些观点在20世纪30年代是左翼人士所争论的几个问题中的内容，这时变成了官方的教义。文艺应该是乐观主义的和英雄主义的，要用群众所懂得的风格写出来。在中国共产党领导下，文艺的功能将不是像在国民党统治之下的那样暴露社会的黑暗面。虽然毛泽东事实上在此前非常推崇鲁迅，说他是一位"空前的民族英雄"，① 但他的延安文艺讲话却批驳了鲁迅所主张的东西。鲁迅曾经倡导西方的文学体裁和思想，但毛泽东却敦促作家们返回到自己传统的民间风格中来。鲁迅的作品暴露了社会的阴暗面，在其中群众以及精英都因冷漠、落后和不公正而受到讥讽，毛泽东却呼吁应该有为党的目标服务的和歌颂群众的文艺。作家不再能按照现实的实际情况或按照个人之所见来批评现实；他们应该按照现实可能的情况和党与毛泽东所见到的情况来描叙现实。

　　毛泽东发表了第二篇讲话之后不过四天，中央研究院就召开了一系列群众集会。它们从 1942 年的 5 月一直开到同年 6 月 11 日，一千多名延安的思想理论家和知识分子参加了集会。有些人为王实味辩护；另一些人痛斥他。和陈伯达、范文澜站在一起的艾思奇是主要的控诉者之一，他斥责王实味的"绝对的平均主义"，② 反对民主集中制和党的纪律。王实味被认定为托派，不仅因为他过去和陈独秀等"托派"分子关系密切，也因为他曾经把斯大林的清洗叫做"暴行"。③ 最初，大多数人拒不接受把王实味叫做托洛茨基分子和反党分子，但是，大会小会上接连不断的压力削弱了对他的支持。在压力增大的情况下，王实味在《解放日报》的同事们也对他进行指责了。

　　在斗争会的最后日子里，丁玲丑诋自己的工作，并攻击王实味是一股坏势力。艾青在 6 月 24 日的第二次自我批评中也斥责王实味。思想家胡乔木和历史学家范文澜都跟王实味开过长时间的会，有五位党员经常访问他，想要他写一篇公开的检讨，但他不肯干。王实味被送往一个火柴盒厂工作，在那里，一名记者在 1944 年夏季看到过他，

① 《毛泽东选集》（英文版）[502]，第 2 卷，第 372 页。
② 奇克：《凋落的野百合花》[99]，第 36 页。
③ 同上书，第 37 页。

说他已经精神错乱。[①] 在红军从延安撤退时，他在 1947 年春天被处死了。

虽然毛泽东在 1962 年对王实味的被处死表示过惋惜，但处死王实味的决定是公安组织决定的，这个组织在 1947 年是由毛泽东的亲密同事康生负责。王实味在《解放日报》文艺副刊的同事们被送往农村劳动改造，他们的职务也被在 1942 年整风运动中批判过他们的人所取代：艾思奇接替丁玲编文艺副刊；周扬则给运动做了总结——这是他在未来运动中继续承担的任务。[②] 他概括了王实味的思想和政治"错误"、运动的消极面，也给运动的积极面定下了调子，即提倡写正面的文学，主张培养以乐观主义观点描述党领导下的农民生活的"农民"作家。

虽然 1942 年的整风运动尚未达到后来思想改造运动那样的规模和剧烈程度，但它已有了后来历次运动的诸因素。受到攻击的个人的工作要按照文件来分析并受到详细的批判，这就是运动的实质内容。受害者处于孤立无援之境。那些与受害者划清界线的人受到比较宽大的处理，而那些在攻击受害者中表现得最突出的人则官运亨通。群众斗争会颇似 20 世纪 30 年代斯大林那些装门面的审判，把受害者的任何支持者以及任何其他有同样思想的人都逐渐弄得哑口无言。

1942 年的整风运动标志着开始大力压迫"五四"运动中的多元论精神和知识分子的自治倾向，而代之以党指导下的文化和受党训练的知识分子。这种努力没有随着 1942 年整风运动的结束而结束。陈云在 1943 年 3 月 29 日的一篇讲话中坚持认为："一个文艺工作者应该把自己看做是一名党员，而不应该首先把自己看做是一名文化工作者……我们希望通过学习和运用批评与自我批评，所有党的文艺工作者要加强他们的党性，去掉他们的坏习惯。"[③] 不仅如此，知识分子

---

① 奇克：《凋落的野百合花》[99]，第 47 页。

② 《解放日报》[126]，1942 年 6 月 28 日，第 4 版。

③ 陈云：《关于党的文艺工作者中间两种倾向的问题》，新华社，1982 年 5 月 22 日，见《外国广播新闻处》[250]，1982 年 5 月 24 日，K8。

还必须听命于党的官员，即使那些指导他们的官员的知识少于这些知识分子时也得如此。"在遵守纪律上，文艺工作者必须服从党的支部及其上级，甚至在各该级的人们不是那样能干时也得这样。"[①] 党在延安的经验曾被说成是给群众参政和平等的价值观打下了基础，但是，杂文作者们对党无视这种价值观的批评和他们后来的受迫害的事实则与这种说法不相符合。相反地，杂文作者在延安所受到的对待，却为后来堵住持不同政见者的嘴以及全面地确立党对知识分子的控制奠定了基础。

1948 年反对萧军的运动

虽然中共同国民党的斗争已进入最后阶段，它很少有时间过问它同知识分子的关系，但它在 1948 年忽然发动了一场运动，这使人想起了 1942 年党曾经搞过的反对王实味及其同事的运动。非共产主义知识分子的服务是中国现代化所必需的，可是党正在讨好他们的同时，又企图把知识分子组织和控制在自己的队伍之中。在准备结束这场战争时，它要设法保证，党的知识分子有足够的训练，能处理社会和政治的控制方面的问题。在 20 世纪 40 年代后期进行土地改革的同时，党在左翼知识分子的飞地——特别是在上海、香港和哈尔滨——中还整了一次风。

最引人注目的是在哈尔滨反对萧军的整风，萧军是写满洲抗日斗争的著名小说《八月的乡村》的作者。萧军是鲁迅的学生和延安的一位杂文作者。他是党不得不与之斗争的最不听话的知识分子之一。甚至在他写 1942 年的杂文以前，他就写了一些信给毛泽东，指出了在延安出现的应予改正的缺点。毛泽东回信表扬他是一位"极坦白豪爽的人"，并且承认他的批评值得重视。但是，毛泽东又劝告他："劝你同时注意自己方面的某些毛病，不要绝对地看问题……要故意地强制

---

① 陈云：《关于党的文艺工作者中间两种倾向的问题》，见《外国广播新闻处》［250］，K10。

地省察自己的弱点。"① 萧军拒绝这样做。萧军是那个杂文集团中除王实味以外唯一未作自我批评的人；他拒不对王实味作批评。丁玲主持了1942年10月召开的一些会，专门批评萧军，但是，他仍然拒绝党要他作自我检查的要求。

萧军被下放劳动改造了几年之后，于1946年返回他的故里满洲，帮助党加强对那个地区的控制。尽管他以前曾持有不同意见，但他是一位受人尊敬的本地作家，能够在赢得人民对党的支持方面派上用场。党帮他办了一个周刊——《文化报》。但是，萧军马上变成了第一个批评延安的人，重新展开了对他所不同意的党的做法的批评。除了重复"五四"运动的观点，认为对社会变革来说，知识分子作为人民的思想和觉悟的喉舌与政治活动家应该同样重要，萧军还强烈地提出了一些反对党的当前政治方面的政策的意见。他指责党只依靠苏联，把它当做主要的盟友。他表达了他的东北老乡对俄国人的强烈不满情绪，因为他们一再强占东北土地，搞经济掠夺，同时继续赖在中国土地上不走。他在几期《文化报》上都谴责苏联帝国主义："不管是哪个外国，我们都应当受到平等待遇和受到尊重。如果它是指俄国人，他们应该更加令人尊敬……无原则的友谊是不合理的。"②

萧军也是反对20世纪40年代后期土地改革中出现的强暴行为的少数知识分子之一。他在这一点上又一次表达了当地部分人民的潜在的不满情绪。虽然实际上存在着对土地改革的一致拥护，但在农村中处死地主和暴烈的阶级斗争，曾经引起了某些党的干部和知识分子的担忧。他在一份强烈的声明中说："土地一再被分割，财富一再被分配，粮食一再被抢走，致使人们变得一贫如洗……为什么共产党人变得如此不仁慈和无心肝？"他还说："甚至日本人和满洲人的政策也不像党所执行的这些政策那么暴虐。"③

---

① 重印的北京报纸所载毛泽东的书信，译文载《外国广播新闻处》[250]，1982年5月24日，K2。
② 刘芝明：《萧军思想批判》[465]，第39页。
③ 杨燕南：《中共对胡风的斗争》[830]，第179页。

萧军对党的与苏联结盟和土地改革的批评，超出学生和知识分子的范围而在普通东北公民中引起了反响。他的那些文章在哈尔滨的文化人中间引起了他们对党的政治观点和意识形态的混乱和误解。因此，随着1948年1月正在进行的整风运动越来越猛烈，他就成了党必须从自己的队伍中清除出去的分裂的、无纪律的势力的代表，以便控制住局势。

除了他自己大喊大叫的非组织活动以外，宗派斗争的原因也在选择萧军作为替罪羊上起了作用。虽然整风运动发自中央委员会，但它的贯彻则由党的满洲宣传官员来完成，其中主要的是刘芝明，他参加过1942年反对萧军及其同事的运动，又跟周扬很密切。另外，另一个党的报纸《生活报》曾经与萧军的报纸激烈竞争，它的编辑们从1948年8月至10月接连发表了一系列反萧军的文章，并且参加了审查他的工作队。

哈尔滨的整风方式和延安的整风方式差不多。小组讨论和批评与自我批评跟学校、工厂及党的机关里的大规模集会相结合。哈尔滨的宣传机关把萧军描绘成过多地重视民族的目标和过少地注意阶级斗争的人。由于抗日战争已经结束，萧军的民族主义不再起积极的作用，而他对阶级斗争的不关心则有消极的影响。萧军对苏联的指责引起最大的注意，这或许是因为它反映了许多东北人的情绪，使党感到难以排除。刘芝明争辩说，萧军"不懂得苏联不像沙俄，它的目的在于帮助被压迫民族；它决不会自己变成一个压迫者"。[①] 萧军怀疑苏联对中国的意图，与此相反，刘芝明在1948—1949年的整风运动中要求和苏联无条件地结成联盟。

对萧军施加了各种各样的压力，要他作自我批评，以使抱有同样看法的其他人士不能开口。党断绝了对他的报纸的支持，使他不仅没有维持生活之资，也使他没有一个对他的指责进行辩驳的园地。这一次又是用他的老同事来反对他。丁玲又一次主持了一个批判他的大型

---

① 刘芝明：《对萧军和〈文化报〉的错误的批判》[466]，载聂华苓《百花文学》[552]，第2卷，第303页。

集会。但是，尽管有这些压力，萧军拒绝作一个可以接受的公开批评。他被判处到抚顺煤矿做苦役。为了搞臭萧军，党把他的意识形态上的分歧当做政治上的反对意见来看待。延安的运动曾努力限定批评的界限，但反对萧军的运动比这走得远，它把来自知识分子的批评看成了政治颠覆活动。它也超出了左翼知识分子和党员的范围，扩大到了人民和各团体中去。这些措施在后来的运动中变成了标准的做法。

党对知识分子的控制的确立，1949—1955 年

中华人民共和国成立以后，50 年代大约有 10 万高级知识分子，他们是专家、学者和有创作能力的艺术家，据周恩来说，他们中的大多数人有某种程度的资产阶级唯心主义和个人主义。[①] 可是，在建国初期党却放松了知识分子的思想改造运动，以争取赢得他们的忠顺。在最初，很大一部分知识分子是欢迎共产党的，因为他们讨厌国民党，又因为他们珍视共产党有统一国家的能力，还因为共产党有能力在国家经历了几十年的混乱之后保证了财政的稳定。

中共以苏联为借鉴，给知识分子支付工资，负责解决他们的生活和工作条件。每一个专业集团和每一门学科都被组织到党所控制的协会中来。例如，创作艺术家加入中国文学艺术界联合会。在这个联合会内部，每一门学科又有它自己的组织，例如中国作家协会或中国戏剧家协会。中国作家协会在各省和各大城市都有分会。它的北京中央机关指派各省分会的负责人和当地文学刊物的编委会成员。其他学科和专业也都仿效这个模式。

由此可见，尽管在建国初期放松了对思想统治的要求，但党还是迅速地加强了组织上的控制。它在统治的初年就比苏联人更迅速而精明地把学术和艺术都组织了起来。苏联人因为没有经验，在它统治的第一个 10 年中做得比较和缓。反之，当中国共产党一掌权，它不仅有斯大林控制俄国知识分子的前例可援；它还有自己在延安和哈尔滨

---

① 《人民日报》，1956 年 1 月 30 日，第 1 版。

的经验，又有周扬、陈伯达和胡乔木所领导的训练有素的干部核心队伍。他们都是中宣部这个负责正统意识形态最高机关的副部长；部长为陆定一。

党对知识分子的和解政策为时甚短。1951 年，它开始了一个运动，在从生物学研究到艺术创作的所有领域中，要他们摒弃大多数人曾经接受过的西方的理论和学术而转向苏联的理论和学术。它的目的是要洗净西方的自由主义价值，再给知识分子灌输马克思列宁主义。这种努力的一部分表现为对电影《武训传》的批判；这个故事告诉人们，19 世纪的一位教育家怎样从一个乞丐最终变成了地主并且用他的钱创办了一些学校。党说武训是一个消极的象征，因为他是想通过教育和改良而不是通过革命来改变中国。

与批判武训运动相呼应的是对文学界发动的由丁玲领导的整风运动；丁玲是中国作家协会的权威刊物《文艺报》的主编，她的威望和有力的地位在文学界足以与周扬并驾齐驱。1952 年，她当上了一家杰出的小说刊物《人民文学》的主编，而她的亲密朋友冯雪峰则接替她做了《文艺报》的编辑。她实际上掌握了中国两个最有影响的刊物。由于她在批判她以前的同事中的突出作用，她过去的反抗看来被完全宽恕了。

然而丁玲的行为集中体现了建国初期大多数知识分子的自相矛盾的特点。她的动机比较复杂，既有政治的机会主义，又有坚决执行党的命令的真诚的热情。与此同时，她又想坚持"五四"时期的独立性和专业标准。在丁玲领导她的作家同仁们的整风运动的时候，她要他们从自己的情感中而不是从别人的强制中寻找创作灵感，她说："我不反对我们现在的创作工作被组织起来，但是……一个作家不是一个孩子，不能离开母亲；他应该独立。"①

50 年代初期的这些运动比从前反对王实味和萧军的运动要克制一些。它们的注意力更多地集中在预防可能的颠覆活动，而不大在于消除任何公开表示的批评。党也没有来得及以从前推动运动的热情来

---

① 丁玲：《到群众中去落户》[715]，第 102 页。

做意识形态的统一工作。虽然知识分子也屈从于要他们改变他们的西方自由主义立场的努力，但党还是谨防措施粗暴，以免他们离心离德。除此之外，党主要关心的是控制艺术和人文学科知识分子的思想，它允许自然科学家多一些回旋余地。因为他们的工作比较深奥难解和理论性多一些，党的领导承认他们不太在行。它还不倾向于干涉自然科学工作，因为它认为科学技术对党的经济现代化运动更具有决定性意义。可是，尽管大多数科学家较晚才感到压力，而且分量也要轻一些，但他们也必然受到党的思想改造运动的影响。与此相似的是，在相对松弛的时期，他们也较早地感到松弛和受到更宽厚的待遇，但是，放松也是针对所有学科的，这和思想改造运动一样。党不能把自然科学家同其他知识分子集团隔开而另眼相看。大多数知识分子的命运总是甘苦与共的，虽然甘苦的程度有所不同。

思想控制相对放松和思想改造运动的再度兴起，1953—1954 年

1953 年初宣布了第一个五年计划的开始，虽然尚无细节，但它马上碰到了它过于雄心勃勃的问题。由于党的经济计划者的摇摆不定，它对知识分子的态度也发生摇摆。互相冲突的指令发往在知识界工作的干部。他们被告知，在加强党的组织控制的同时，允许他们可以在发挥知识分子个人才能使之积极参加现代化方面有较多的活动余地。党给予知识分子少量的自由，希望他们能投桃报李，在工作中多出产品和更有创造性。既然中国正在学苏联的榜样，这种松动可能是由于那时斯大林刚去世不久，苏联在学术和艺术方面也有所松动。

像党在当年延安运动中的规劝口气那样，党的指示一方面鼓励知识分子批评干部，另一方面则要干部"虚心听取他们的批评意见，向他们学习"。[①] 从前遮遮掩掩的几种非正统思想，现在获准可以公开亮相了。例如，有人要求，文学应该打破政治任务的题材和规定的形式的束缚。无独有偶的是这事也发生在苏联文学界，那里的作家也在

---

① 《人民日报》社论，1954 年 3 月 25 日。译文载《中国大陆报刊概览》[738]，77（1951年 3 月 4—5 日），第 20 页。

要求更加充分地表现现实，吸取更广阔的题材，使用更斑斓多彩的风格。这时在中国和苏联也听到还有人要求在一切学科领域中应用更专门的业务标准。

可是，在1954年下半年，党的严密组织知识分子的措施，使原来笼络他们的努力黯然失色。它原来又拉又打的互相矛盾的方针收效甚微。更为重要的是，到了1954年下半年，由于党快要宣布第一个五年计划的细节，它必须动员全体人民，并保证不许任何事物干扰对经济计划的努力。这一次党又使用思想改造运动来推进它的经济计划，并且再一次从文艺领域挑出它的替罪羊。

这次运动是逐渐开始的，相当文静，它攻击了受西方教育的学者俞平伯，他曾受胡适的影响，对于18世纪的伟大小说《红楼梦》写过重要的注释性著作。他不像"五四"时代的其他知识分子，而是一直超然于政治冲突之外。这次矛头指向他的运动旨在动员非党知识分子为党的革命性经济变革作准备。

俞平伯没有听党1953年的命令：用马克思列宁主义来解说这部中国古典著作，因为他在1954年发表了一篇文章，对这部小说提出了他在20年代初期提出的同样解释。他认为这部小说不是批判封建制度的，而是作者曹雪芹的一部自传。党和俞平伯的冲突不仅是因为他的意识形态上的分歧，还因为他拒绝过党的指示。当俞平伯把他1954年的文章的稿子送给胡乔木审查时，胡乔木提出了某些建议，并让俞平伯重新改写。俞平伯不仅没有改写，又自作主张地把它送往《新建设》发表，这表明有些杂志还没有完全受中宣部所控制。虽然运动开始于发表在山东大学刊物上的李希凡和蓝翎这两名青年所写的不起眼的文章，但当它1954年10月10日在《光明日报》，1954年10月23日又在《人民日报》转载以后，批判俞平伯的文章和社论便像雪崩似的多起来了。

虽然运动的一个目标是要利用《红楼梦》向人们灌输马克思主义的历史观点，但它的最大目标是要把学术上的政治观点强加给中国知识分子。它标志着重点已开始从知识分子的工作和专业特性转向政治的正统观念和非专业化上来了。对俞平伯的批评所要显示的是，两名青年批判者所代表的党训练的学生们的思想战斗精神，对于中国共产党来说，其价值比俞平伯所代表的学术和学院的训练成果要大。这次运动是要加倍努力地弄臭社会科学和人文学科中的西方学术思想。像1951年的运动反对西方学术那样，后一类学科首当其冲；在1954年中期，自然科学仍然相对地处于特殊地位。胡适的避免先入之见的方法成了运动在这方面的主要靶子。党宣称：在胡适看来："科学研究是为了满足自己的兴趣，而不是为了祖国的和人民的需要。"① 党想通过对俞平伯和胡适的批判把这种重点颠倒过来。

与后来反对冯雪峰和其他党的知识分子的运动相比，对俞平伯的著作和对胡适的批判还是有节制的。当冯雪峰于1952年出任《文艺报》编辑的时候，他的影响有明显的增长。他的编辑工作和他的作品一样，在相当正统的框框内又表现了某些歧异。在1953年和1954年之初的思想控制放松的时期，他指责中国当前的文学歪曲了现实，而且暗示党对文化的控制对此是负有责任的。表面上看，党对冯雪峰的苛酷的批判是因为他当初拒不刊载那两个青年批评者对俞平伯的批评文章。从更广泛的意义上看，它是压制"五四"精神和要使知识分子听从党的严格命令的又一次努力。

它也进一步揭示了宗派上的斗争：周扬和他的同事们企图把冯雪峰和他的同事们从文化机关的有权势的位置上拉下来，而代之以他们自己的人。冯雪峰一伙被指控搞"独立王国"，压制自由辩论；冯雪峰不愿发表对俞平伯的批评文章一事就可以为证。党现在所要求的公开批评，就是要用党关于知识文化的观点来取代迄今一直占统治地位的倾向西方的观点。郭沫若作为作家—学者和毛泽东的亲密朋友，委婉地说道："要倾听少数人的意见，同时也应当允许少数人坚持自己的主张。"② 冯雪峰被迫做了公开检查，他的《文艺报》编辑职务被以周扬为靠山的人所控制的一个编辑部取而代之。丁玲已在1953年离开了她的《人民文学》编辑的职务，而由周扬最亲密的追随者之一

---

① 陆侃如：《胡适反动思想》[484]，载《文艺报》[778]，21（1954年），第4页。
② 《文艺报》[778]，22（1954年），第46页。

邵荃麟接替了她的位置。到了 1954 年后期，周扬控制了党的几个主要刊物，把他的宿敌一个个拉下了马和使之不能公开讲话。

在反对冯雪峰的斗争会的总结会上，郭沫若宣称：不仅是文学，"特别是在历史学、哲学、经济学、建筑艺术、语言学、教育学乃至于自然科学的各部门，都应当来开展这一思想斗争"。[①] 因此到了 1954 年底，党开展的这个运动从受西方教育的学者关于古典文学的研究开始，通过左派知识分子而扩展到了整个知识界。

1955 年对胡风的批判运动

1954 年中期开始的思想改造运动，到 1955 年反对鲁迅的学生胡风的运动时达到了高潮。它超出了知识界，而是向全民进行灌输式的教育，不仅在城市中心搞，也在全国范围内搞。它像暴风骤雨，显出的狂乱的激情为以前历次运动中所罕见。

选择胡风做靶子，根源在于胡风同党的文化当局的冲突，特别是始于 30 年代中期的他同周扬一伙的冲突。这场冲突持续到 40 年代，当延安的整风运动在 1943 年波及重庆的左翼知识分子和干部时，胡风及其追随者在上海被轰炸之后也已来到了重庆。和他的延安搭档们一样，他也认为，整风的目标之一是促进真正的辩论和批评党的官员的教条主义。结果他创办了《希望》杂志，以便攻击党的文化官员的教条主义。后来他受到了批判，他的刊物也受到压制。

胡风同文化官员的低调冲突，在中华人民共和国初年仍在继续。可是，在 1953 年和 1954 年上半年这段比较松动的时期，胡风还进入了《人民文学》编委会，并且当上了中国作协的执行委员。他相信时机已有利于他开展批评，所以他给党中央上书言事，[②] 表示对文化生活中的荒谬事情感到沮丧；这使人想起了旧时文人给清朝皇帝上奏折。他的目标不是要推翻领导或现存制度，他只是要指出，自 1949 年以来中国的文化并没有按照毛泽东和党的原则办事，因为他们的指

---

① 《文艺报》[778]，22（1954 年），第 46 页。
② 《胡风对文艺问题的意见》[333]，载《文艺报》[778] 增刊，1955 年 1 月。

示被少数文化官员肆意曲解了。像清代的文人那样，他企图证明国家的贤明领袖们已被肆无忌惮的官员们所蒙蔽。他批评这些官员，因为他们强迫作家只写工农兵的生活；写作之前要先学习马列主义；只用民族形式写作；只强调写"光明事物"而降低写落后和阴暗面的重要性，胡风认为这意味着写虚假的东西。

胡风建议，作家们应按照自己的需要来改造自己，而不用官员们来对他们进行改造。为了促进多样化，他建议用编辑自己的刊物的作家的集体所出版的七八种刊物来代替几种官方刊物。在这种致力于放松党的控制的努力中，他企图把"五四"时代对专业和文艺标准的关心和文化多元论的精神重新注入中国的文化。按照胡风的看法，他的报告只要求给予作家更大程度的自由，以期在现体制内发挥他们个人的才能。可是事实上，如果胡风关于艺术创作的独立性质的看法付诸实施的话，那就会挖掉党所强制推行的整个控制体系的墙脚。

但是，胡风要求更多的自治这一点本身不能解释为什么要发动空前的热情和全国范围的运动来反对他。他被用做运动中的工具，以推行党的农业集体化和工业国有化，使之开花结果。陆定一宣布，有人认为："第一个五年计划的实现将是风平浪静，不经过严重的斗争。应该把它看做是阶级斗争的过程。"① 胡风成了这场运动矛头所指的一个象征，目的在逐渐灌输这种信念：个人的第一和唯一的义务是对国家的义务。

这次由中宣部——特别是胡风的宿敌周扬——掌管的运动是由毛泽东亲自指挥的。胡风给他的追随者所写的信被查抄，变成了反对他的主要证据。毛泽东给公布出来的胡风写的那些信件写了按语。毛泽东在按语中谴责知识分子想插手政治。关于胡风集团他是这样说的："过去说是一批单纯的文化人，不对了，他们的人钻进了政治、军事、

---

① 《人民日报》，1955 年 7 月 27 日，载《当代背景材料》［735］，350（1955 年 8 月 26 日），第 14 页。

经济、文化、教育各个部门里。"①　虽然胡风集团只是一个文艺家的小圈子，但在1955年6月却被指责为建立了根据地并吸收群众来进行反革命活动。任何人的看法如果与当前的正统观念有分歧，都要被贴上"反革命"的标签，他不仅要被清洗出教育和文化组织，也要被清洗出工会、群众组织和军队。

党的强大的宣传机器的触角所及，甚至使最边远地区最微贱的农民也都知道胡风其人，以便保证任何可能的"胡风主义"——即独立的思想和行为——都会被清除掉。连受宠的自然科学家最后也被这次运动所波及。但是，他们显然跟不上步伐。正像一则广播指出的那样："自然科学家对胡风事件抱着一种'事不干己'的态度。这表明他们的革命的警惕性很低。"②　他们被指责为和其他知识分子一样也沾染了反革命细菌。

到了1955年夏天，反胡风运动的势头有增无已，难于控制，超过了政府原来设想的范围。它从政府的一种有条理的手段发展成了恐怖统治，特别在知识分子中间是如此。一位观察者形容它的压力是如此之大，致使"自杀在文化机关中已屡见不鲜"。③　运动的效应是加剧了中国知识分子和党早在延安整风时期就已开始的疏远状态。胡风及其追随者的具体遭遇成了此后知识分子批评者大胆直言的下场的典型。他们的私人文件被查抄；他们同批判过他们的同行隔绝了起来；他们从工作岗位和协会中被清洗出去；他们的妻儿也受到谴责。胡风被投入监狱；他的学生路翎被送入精神病院；他的其他跟从者被下放劳动改造。胡风在监狱中继续战斗——他进行过绝食斗争；要求举行记者招待会；要求有法定辩护人参加的审判——直到他神经崩溃为止。他招致这种惩罚，不过是因为他曾要求给作家和知识分子一定程度的自治。

① 毛泽东："按语"，载《当代背景材料》[735]，897（1969年12月10日），第32页。
② 英国广播公司：《世界广播摘要》[63]，5.472（1955年），第13页。
③ 罗伯特·吉莱恩：《六亿中国人》[283]，第176页。

"百 花 运 动"

第一阶段:1956 年

由于中共预见到 1955 年末即将完成农业的集体化和正在重新大力推进工业化,它越来越需要向知识分子和专业人员求助。1955 年 12 月 3 日的《光明日报》写道:"新的环境和新的形势要求知识分子,特别是有学术地位和专门技术的高级知识分子为社会主义建设作出更多的贡献。"① 可是,由于反胡风的运动过于猛烈,有一大批中国知识分子就是不听这一套;不仅作家是这样,就是一切领域中有思想的人都受到威胁,因而规避工作、发明和研究。面对着一个消极被动的知识界而又迫切需要他们的服务,党在 1956 年给予了知识分子以一定程度的学术活动自由,以争取他们在发展经济中的合作。党对知识分子的态度有所松动,这也反映了经济方面一般的松动政策,因为它准许在乡村有自由市场,并对轻工业给予了更多的注意,但此前是偏重重工业而忽视轻工业的。

1956 年 1 月 14—20 日,中国共产党中央委员会开了一次关于知识分子问题的会议,周恩来在会上建议实行某种改革,以激发他们的热情。他们将被给予更多的权威;他们的观点将受到尊重;他们的专业研究将受到重视。此外,他们应该得到更多的货币刺激,改善其工作环境,并享受更合理的提升制度。毛泽东在闭幕式上的讲话中赞同周恩来的观点,于是在下一阶段就开始同知识分子进行对话。在 1956 年 5 月 2 日的讲话中,他宣布了"百花齐放,百家争鸣"的著名口号,以此表示控制的松动。但是,由于他的讲话并未公开发表,后来陆定一在 1956 年 5 月 26 日的解说中给这个"双百"运动定下了调子。他要求像周朝末年的"百家争鸣"那样,再有一个文化发展的

---

① 《光明日报》,1955 年 12 月 3 日,载《中国大陆报刊概览》[738],1190(1955 年 12 月 16 日),第 5 页。

黄金时代。陆定一对这个黄金时代的描述使人想起了"五四"时期。"如果没有对独立思考的鼓励，没有自由讨论，那么，学术的发展就会停滞。反过来说，有了对独立思考的鼓励，有了自由讨论，学术就能迅速发展。"[1] 他给了知识分子在艺术、文学和科学上以批评、言论、坚持和保留自己意见的自由，据他说，这些领域的活动不能跟政治等同起来。政治舞台上仍然不允许辩论，但可鼓励文化领域中的辩论，使知识分子在选择研究课题和方法论中有更多的活动余地。

一方面，"百花齐放"政策给予了知识分子一定程度的自由，以赢得他们的合作和提高他们的本领，另一方面，也允许他们批评官员，以改进官僚体制和提高它的效率。这又回到了毛泽东在延安关于改革官僚制度的态度，并反映了他对官僚特权的关注。它类似于斯大林去世后苏联的解冻，特别是赫鲁晓夫1956年2月在苏共二十次代表大会上做了谴责斯大林的秘密报告之后对教条主义和镇压手段所进行的批评。尽管"百花"政策有这种种不同的方面，但对知识分子的放松和对官僚主义的批评是齐头并进的，因为没有给言论自由以某些活动余地，要展开批评是不可能的。

由于毛泽东、周恩来和陆定一的鼓励，自然科学家和工程师们开始怀疑党的干部是否有能力指导科学和技术。他们要求不懂业务的干部少加一些干预；少花一些时间于政治集会；少一些苏联的学术统治；多接触一些西方的论著。各种学科开始了重要的辩论：在遗传学上，辩论李森科主义；在历史学上，辩论分期问题；在哲学上，辩论马克思列宁主义的作用问题。许多受过西方教育的经济学家怀疑马克思主义的经济理论是否适用于中国。他们说，古典的马克思主义著作能够解释100年以前发生的事，但不适合当前经济发展的情况。[2] 许多社会科学家则主张控制生育，以对抗马克思列宁主义的学说；因为

---

① 聂华苓：［552］，第1卷，第20页。周恩来1月14日的讲话的译文见《1955—1959年的共产党中国》［186］，第128—144页；毛泽东在1月20日的讲话的译文《中国的法律与政府》［136］，11（4），第71—81页。毛泽东关于"百花齐放"的讲话迄未发表。

② 陈振汉、徐毓楠、罗志如、谷春帆、巫宝三、宁嘉风：《我们对于当前经济科学工作的一些意见》［107］，《经济研究》［140］，附件，5（1957年），第123—133页。

后者认为，增加生产就能解决增加人口的问题。

可是，"五四"时期的作家们原来发表意见最直率，现在却犹豫不前，这大约是害怕党的政策一旦有变动就会被抓住，因为这种情况曾经使作家比别的知识分子受害更多。除了如艾青等几个例外人物，特别是一些老资格的著名作家的沉默是很突出的。可是，当作家们真的开始在1956年中期鸣放的时候，他们所讲的内容比其他任何知识分子集团都更加直接地针对党的政治政策。其中最尖锐的是一些年轻的作家，他们在党的领导下接受了大部分教育，同时受苏联知识界骚动的影响也很大。

苏联的影响激起了两种相反的潮流。有些知识分子，特别是那些从事自然科学和社会科学的知识分子批评苏联学术和苏联专家在中国居于统治地位，但也有些作家在学那些苏联的大胆的解冻作家的样，直言不讳地批评官僚体制及其教条主义。他们并不直接援引当时像叶甫图申科和沃兹涅先斯基等苏联激进作家的话，而是借用更主要流派的西蒙诺夫、爱伦堡和肖洛霍夫的言论。他们利用苏联对社会主义现实主义的批评来指出，社会主义现实主义的著作与中国的现实颇不相似。另外，他们也和他们的延安前辈及苏联的同行一样，对马列主义的信仰使他们能够指出，党已经背离了他们认为体现在他们意识形态之中的人道主义理想。

不论是在中国或是在苏联，批评都是在官方刊物上提出的。文艺刊物的编者们在批评官僚主义和揭露党掩盖的真正问题方面起着关键性的作用。在苏联，有《新世界》杂志的编辑亚历山大·特瓦尔多夫斯基，他前后发表了杜丁策夫的《不仅是为了面包》和索尔杰尼岑的《伊凡·杰尼索维奇生活中的一天》等作品，在中国也有与此相类似的人物。自延安时代以来即在周扬门下的秦兆阳（《人民文学》的编辑）和老左翼作家——党员黄秋耘（共产主义青年团的机关文艺刊物《文艺学习》的编辑），也在"百花"时期把他们的刊物改变成了主要的批评力量。和特瓦尔多夫斯基一样，他们也是谨慎的党员，并想法在制度的范围内发表自己的意见。一件作品获准发表的过程是不清楚的，其中有跟中宣部搞错综复杂的谈判的程序。尽管如此，在这个相对地放松的时期，个别编辑显然已被授予更多责任来办报刊。这两位编者又约稿，又改稿，又编辑，又出版作品；这些作品影响了"百花"运动的进程。

秦兆阳的《人民文学》发表了一系列以苏联原型为依据的故事，描述了一群理想主义的、有才干的青年人，他们怀着共产主义理想与冷漠无情的、无效率的、谨小慎微的官僚分子战斗，以求促进社会的福利。秦兆阳的文学观点具体见于他的一篇文章中，这就是《现实主义——广阔的道路》，在这篇文章中他坚决主张作家的独立作用，而这是大有悖于毛泽东在延安讲话中的观点的。作家不能服务于政治路线的每一转变，也不能做某些概念的工具。像鲁迅和高尔基这些伟大的作家并不解说政策规定，也不机械地履行政治责任。"把一般人习以为常但并不注意也不理解的东西突现在一般人面前，这正是一个作者发挥其独特的创造性的一个重要方面，是每一个现实主义者所应该追求的一种本领。"[①] 秦兆阳呼吁中国作家向自己文学的过去寻找灵感，他说："我们历史上曾经出现过多少伟大的现实主义大师啊！他们每一个人都是……突破了若干陈规走出来的。让我们学习他们的榜样吧！"[②]

秦兆阳在《人民文学》上介绍了几个现实主义大师。其中一人是刘宾雁：一位作家和记者，1925 年生，1944 年的党员；他的故事特别仿效苏联的作家 В. Б. 奥维奇金——一位苏联的纪实性作家；刘曾代表《文艺报》采访过此人，并曾与他相处过一段时间。他爱慕奥维奇金敢于正视冲突特别是由官僚主义横行霸道所引起的冲突。他说："奥维奇金在他的纪实性作品和短篇小说中攻击官僚政制，是没有怜悯心的。"[③] 因此，他这样描述自己的工作目的："矛盾，你不去看

① 何直（秦兆阳）：《现实主义——广阔的道路》[301]，载《人民文学》[365]，9（1956年），第 2、8 页。
② 同上书，第 13 页。
③ 《文艺报》[778]，1956 年 4 月，译文见鲁道夫·瓦格纳《诈骗和侦察：社会主义政治文化中文学的职能观念》[750]，载沃尔夫冈·库宾和鲁道夫·瓦格纳编的《现代中国文学和文学评论文集》[399]，第 352 页。

它，它照样健在。既然一个矛盾已经出现，它本身就孕育着迟早被克服的可能。"① 他的故事描述了官僚的错误和共产主义理想之间的冲突。

"百花"时期所写的这种性质的第一篇故事，是《人民文学》1956 年 4 月号发表的《在桥梁工地上》，还附有秦兆阳的一篇编者按语，它是这样说的："我们期待这样尖锐提出问题的批评性和讽刺性的特写已经很久了。"② 这个故事写了两个人的冲突：一方是罗队长，他更关心自己"不犯错误"，而不愿意做正确的事；一方是曾工程师，他学有专长，又有热情，想把工作翻一番和节约原料。刘宾雁在这个故事中赞扬了苏联人的改革意愿，以强烈地对比中国官员不愿意改革的情绪。在回答工人的批评时罗队长说："中国有中国的特点。比方说，在苏联，可以批评领导，中国就不行……要批评，得局里批准。"③

刘宾雁的第二个故事题为《本报内部消息》，载于《人民文学》1956 年 6 月号，并由秦兆阳做了校订和部分的改写。它形容现在的新闻就像旧时代的监察官的报道。正像清朝皇帝康熙说监察官就是他的"耳目"那样，刘宾雁也把作家和记者描述为党的领导的"耳目"。但是刘宾雁抱怨说，记者所写的批评文章和投给报纸的申诉都变成了"内部消息"，因为它们批评得过火了，不宜公开刊登。故事的女主人公黄佳英是一位记者和共青团员，她调查和揭露了官僚们的冷淡和无能，想改进他们的工作，但她的努力以受挫告终。虽然她赢得了某些编委会成员的支持，但报纸继续刊登的只是党的官僚们所批准了的东西。

22 岁的党员作家王蒙在《组织部新来的年青人》（1956 年 9 月号）中描写了另一个理想主义者同僵化的官僚主义的冲突。秦兆阳也

① 刘宾雁：《道是无情却有情》，载《文艺学习》[777]，3（1957 年），见聂华苓 [552]，第 2 卷，第 540 页。
② 库宾和瓦格纳：《现代中国文学和文学评论文集》[399]，第 357 页。
③ 库宾和瓦格纳：《现代中国文学和文学评论文集》[399]，第 348 页。《人民文学》[365]，4（1956 年）。

修订了这个故事，突出了它的反官僚主义的倾向性，缩小了它原来的观点，即领导上能够克服官僚主义的说法。王蒙也受了苏联文学的影响。事实上，他的主人公林震使人想起伽琳娜·尼古拉耶娃的作品《拖拉机站长和总农艺师》，它的目的就是想模仿它的女主人公娜斯塔西娅——这位女主人公向官僚主义的惰性和拖拉作风作斗争，想由此增加产量。

　　与娜斯塔西娅和刘宾雁的女主人公黄佳英一样，林震也认为官员应该为实现党的理想作出榜样。但是，当他被派去检查一个工厂发展新党员的情况时，林震发现了傲慢、懒惰、无能的经理和想要增加生产反而受挫的工人。他试图采取行动反对经理，动员工人和基层干部向《北京晚报》投书申诉。这位主人公和刘宾雁的女主人公都有一种西方观点，认为报纸是相当独立的机构，它可以对领导上施加压力，使之进行改革。可是，虽然中层干部受到惩处，高级干部的职位却原封未动。和刘宾雁所写的一些英雄及其苏联同行所写的那些主人公一样，王蒙的这位主人公也是有教养的、有理想的青年，他致力于实现他的理想和贯彻党的政策，但是在实际中却受挫折。这些故事向人们暗示，党的官员已得到多么大的权力，甚至最有理想的和最勇敢的批评也不能动其毫毛。

　　这些年轻作家的故事得到了迅速而热烈的反响。它们也引起了争辩，特别是在党的官僚阶层内部引起议论；他们认为松动政策是对政治和思想统一的一种威胁。正像《人民日报》1956年10月9日的社论所说的那样："有些同志害怕争论会引起党内思想不一致。"① 更重要的是，党的干部认为，批评是对他们在统治制度中已经据有的地位的一种挑战。像小说主人公黄佳英和林震那样的知识分子要求按照他们的能力取得事务上的比较独立的发言权，这就同党的干部捍卫他们以政治信任为基础的地位的决心发生冲突。1956年4月17日的《光明日报》评论说，"百花齐放"政策对知识分子的优遇使得干部们

---

① 《不要害怕反对意见》，《人民日报》社论，1956年10月9日，载《中国大陆报刊概览》［738］，1397（1956年10月25日），第5页。

"害怕它这样作会产生'特殊阶级'"。[①]

干部们对"百花齐放"政策的抵制，在 1957 年年初公开地表现了出来，人民解放军宣传部副部长陈其通和他的三个同事在《人民日报》发表了一篇反对文艺中"百花齐放"的文章。虽然压力来自部队，但批评竟然发表在党的喉舌上，这个事实表明，它得到了某些顶层领导的支持。这篇文章似乎针对秦兆阳及其周围的作家。陈其通等人说："反映社会主义建设的作品逐渐少起来了，充满着不满和失望的讽刺文章多起来了！"[②]

后来，在 1957 年年初的几个月中，"百花"运动处于停顿状态，因为以前完全针对教条主义和官僚主义的批评现在转而针对自由主义和修正主义了。王蒙的故事变成了扭转松动（先是在文学方面，后来是在一般知识界）的努力的焦点。在《文艺学习》上展开了对这个故事的辩论。

尽管《文艺学习》上的大多数文章都是谴责性的，它们认为这篇故事攻击领导干部，但也有不少文章热烈地帮王蒙说话，并且进而批评官僚主义，甚至批评党的政策。它的编辑黄秋耘发表了几点最大胆的批评。他在一篇登在《人民文学》上并经过秦兆阳校订的文章《不要在人民的疾苦面前闭上眼睛》中说，现时中国的现实大大不同于他所想象的共产主义社会，他说："谁也不能否认，今天在我们的土地上，还有灾害，还有饥馑，还有失业，还有传染病在流行，还有官僚主义在肆虐，还有各种各样不愉快的事情和不合理的现象。"他号召他的同行作家们都来揭露这种理想与现实的不一致："不应该在人民的疾苦面前心安理得地闭上眼睛，保持缄默。如果一个艺术家没有胆量去揭露隐蔽的社会病症，没有胆量去积极地参与解决人民生活中关键性的问题，没有胆量去抨击一切畸形的、病态的和黑暗的东西，他

---

① 《积极改进高等院校教师的工作和生活条件》，《光明日报》社论，1956 年 4 月 17 日，载《中国大陆报刊概览》[738]，1279（1956 年 5 月 28 日），第 3—4 页。
② 陈其通等：《我们对当前文艺工作的几点意见》，《人民日报》，1957 年 1 月 7 日，载《中国大陆报刊概览》[738]，1507（1957 年 4 月 9 日），第 18—19 页。

还算得上是什么艺术家呢？"①

　　1957 年最初的几个月中，黄秋耘发表了他认为够得上作家称号的人的一系列文章。其中最著名的是 22 岁的党员——短篇小说家刘绍棠。刘绍棠赞扬王蒙的小说，因为它"激励了那些想要改造我们生活中那种衰退的、不良现象的人们，它刺疼了……那些对生活熟视无睹和善意地粉饰太平的人们"。② 刘绍棠说，党是不希望有人撒谎的。"那些想粉饰生活或者只想隔靴搔痒地批评生活的人……却只能自欺欺人。"③ 暴露社会的病害，意在医治它们。又像《文艺学习》的另一文章所说的那样："党员和党员干部的错误、缺点和弱点，作家是不应该回避的。不只是因为它存在，而且因为我们要克服它。"④ 尽管有这种反对"百花"运动停顿的抗议，知识分子的声音还是又一次沉寂了下来。黄秋耘形容当时的文艺界笼罩着一种"可怕的气氛"。⑤

第二阶段：1957 年 4—6 月

　　党对知识分子政策的混乱在 1957 年初马上得到了澄清，因为 1957 年 2 月 27 日毛泽东发表了《关于正确处理人民内部矛盾的问题》的讲话；据他发表的理论，领导者和被领导者之间的非对抗性矛盾在共产主义社会中可以存在。这些矛盾可以用讨论、批评、说服和教育等等"民主方法"使之公开化，并得到解决。毛泽东相信，思想灌输已经使得知识分子达到了足够的忠诚，所以党应该信任他们，让他们进行其目的在于改进党而不是反对党的批评。那些党外人士，特别是由知识分子组成的"民主"党派，应该请他们来批评党并提出不同意见，以防止官僚主义的僵化、麻木不仁和脱离群众。这种种言论

---

① 黄秋耘：《不要在人民的疾苦面前闭上眼睛》[335]，载《人民文学》[365]，1956 年第 9 期，第 58 页。
② 刘绍棠和从维熙：《写真实——社会主义现实主义的生命核心》[471]，载《文艺学习》[777]，1957 年第 1 期，第 17 页。
③ 同上书，第 18 页。
④ 邵燕祥：《去病和苦口》[654]，载《文艺学习》[777]，1957 年第 1 期，第 20 页。
⑤ 黄秋耘：《刺在哪里？》[336]，载《文艺学习》[777]，1957 年第 6 期，第 8 页。

恰恰就是这些青年作家在"百花"运动中的第一个阶段所曾经做过的事情，毛泽东现在显然已经认可了他们的批评。

毛泽东在鼓励讨论政治问题方面甚至比当时苏联的领袖们走得更远。他再次号召知识分子发表批评意见，一方面是对某些党的官员想法限制"百花"运动的范围作出反应，一方面是对 1956 年波兰和匈牙利的群众事件作出反应，因为毛泽东认为这些事件的起因是匈牙利和波兰共产党脱离了群众和镇压了知识分子。毛泽东还做了一次叫知识分子放心的努力，他在 1957 年 3 月 12 日对宣传部的讲话中再一次号召"放手让大家讲意见，使人们敢于说话，敢于批评，敢于争论"。① 党的官僚阶层仍然不乐意全身心地赞同这场广泛开展的运动，其证据可见之于这样一件事实：1957 年 2 月和 3 月的两次讲话中的思想没有马上在党的官方报纸——《人民日报》——上发表。

在这种情况下，知识分子的反应缓慢就毫不奇怪了。中国民主同盟的一位领袖和交通部长章伯钧说："知识分子仍然在摸索着他们的道路，并且推测政策是真诚的呢还是一种姿态，它是目的呢还是一种手段。"② 但是，当全国范围的整顿党的干部作风的运动在 5 月初从地方到最上级都在普遍展开的时候（见第二章），当自延安以来即作为毛泽东政策的热诚的执行者周扬给予"百花"运动充分保证的时候，批评日益加强，日益普遍。非党知识分子，包括章伯钧和森林工业部部长罗隆基发泄了埋藏了六年的牢骚。对于党的具体做法的批评马上变成了对于党本身的批评。有些人主张，不仅是干部的官僚主义方法，而且也是党本身的特权地位造成了领导人和被领导者之间的矛盾。有人要求，应该允许民主党派独立于中国共产党。

知识分子的报纸《光明日报》的主编储安平派记者到各大城市去组织讨论会，让非党知识分子发表意见。储安平在《光明日报》上给

---

① 罗德里克·麦克法夸尔：《文化革命的起源》，第 1 卷 [495]，第 188 页。
② 《许多自然科学家想到让百花齐放的路线应该进一步贯彻》，新华社：《每日新闻发布》[550]，1957 年 4 月 21 日，载《中国大陆报刊概览》[738]，1529（1957 年 5 月 14 日），第 12 页。

这些讨论会以充分的报道，使这张报纸成了要求政治自由和文化改革的强大力量。储安平指责党在"搞家天下"：[1] 它成了学生和知识分子的战斗口号，因此他们谴责党政不分，并宣称党和各"民主"党派的联合政府是冒牌货。他们要求制度改革，以便决定能按照法定程序作出，使其他党派有发言权。有人援引西方的先例，也有人援引传统的先例。罗隆基此前曾要求让学者在政府中发挥作用，就像旧时代的文人那样，他说："在中国几千年的历史中，学者们是有一些领导艺术的知识的。"[2] 他曾经敦劝过国民党让知识分子参政，同样，他现在呼吁党也应该倾听知识分子的意见。

许多在历史和社会科学中工作的知识分子以及在自然科学中工作的知识分子，甚至怀疑毛泽东思想是否跟学术有任何关系。一位历史学家在谈到毛泽东时，说他"没有这么多时间（决定我们的问题）……学术问题应该由学术界总结……自然科学如此，社会科学也应当如此"。[3] 为王蒙辩护的刘绍棠认为，毛泽东的两次《延安文艺讲话》不再适应中国知识分子的生活了。他承认，在游击战争时期有必要使文艺大众化和政治化，但是，自那以后人民的生活起了剧烈的变化："只根据政策条文创作的作品，由于缺乏高度的艺术魅力，已经不能满足人民的需要。"他坚持说，这些作品事实上是效果全无。"再沿用过去的领导方式和理论思想来督促和指导作家的创作，势必只能起到'促退'而不是'促进'的作用了。"[4]

到了 1957 年 5 月中旬，知识分子在报刊和座谈会上发表的批评言论被北京大学学生所采用。他们贴大字报批评官员和学术工作的政治化。他们的大字报贴在众所周知的民主墙上，他们集会的地方称为

---

① 《驳反常的"党天下"思想》，《新建设》，1958 年 1 月第 1 期，载《中国大陆杂志选粹》[736]，第 123、3 页。
② 罗隆基：《更紧密地结合非党知识分子和党的关系》，《人民日报》，1957 年 3 月 23 日，载《当代背景材料》[735]，444（1957 年 4 月 3 日），第 17 页。
③ 《高级知识分子座谈马列主义理论学习》，载《学习》[328]，1957 年第 11 期，第 6 页。
④ 刘绍棠：《我对当前文艺问题的一些浅见》，载《文艺学习》[777]，1957 年第 5 期，见聂华苓 [552]，第二卷，第 65 页。

民主广场。北京大学的学生走向其他校园，鼓动那里的学生。知识分子的报纸《光明日报》和上海的《文汇报》报道了这些事件，从而鼓励了你追我赶的局面。大学生主办的形形色色非官方的报刊和小册子表明，"五四"时期所介绍的西方思想的影响尚未消失。虽然大多数人不过要求从党对专业工作的干预下得到稍大一些的独立性，但也有人要求实行能保障他们的言论和批评自由的法律制度。有几个人走得很远，他们谴责党对权力的垄断，要求解散党。

学生活动分子把自己看成是"五四"运动传统的继承者。他们也受了苏联非斯大林化、南斯拉夫改革以及裴多菲（以 19 世纪匈牙利伟大诗人命名）俱乐部的影响——后者是匈牙利事件参与者中一个论战性的青年俱乐部组织。除此之外，他们也相信自己是在执行毛泽东的命令，要同官僚主义做斗争，以改进党和社会主义。但是，起最直接影响的是"百花"运动第一阶段中所发表的文章，特别是刘宾雁和王蒙所发表的故事。它们敦促人们对整个制度作批判性的思考，并且突出了有主见的青年对现状怀疑和挑战的模范作用。

最敢于发言的学生领袖之一是人民大学的林希翎，她把自己看成是刘宾雁的小说《本报内部消息》中的女主人公黄佳英——这是一个支持工人反对当局的女英雄人物。胡风是轰动一时的案件。林希翎和她的同伴们争辩说，胡风并不像党所声称的那样试图推翻政府，但是他已经预知"百花"运动的到来。清华大学的一张墙报号召学生为胡风事件伸张正义，就像法国自由主义者为德雷福斯案件战斗那样。林希翎及其同伴要求按照法律手续对胡风进行公开审讯，同时她在学生集会上宣称，历史将证明胡风是时代的英雄之一。因此，尽管党坚持反对胡风的运动，他的榜样还是激励了一些青年学生。

"百花"运动表明，尽管进行了可以上溯到 40 年代初期的多年的思想灌输，党和非党知识分子中不容忽视的一部分人仍然没有放弃他们在几十年前所接受的西方自由主义思想。甚至更为重要的是，在该政权下成长起来的青年知识分子和学生也受到了西方思想的影响。不管是通过苏联的渠道或者是通过他们前辈的著作，他们仍然继续了"五四"时期的传统。

"反 右 运 动"

"百花"运动的发展势不可挡,大大出乎党的预料之外。党曾经提出和确定了一个知识分子可以表达自己意见的框框,至少在最初时期是如此。但是,尽管党限制了范围和规定了批评的条件,它也不能充分控制所引起的反响。对官僚主义的批评超过了对个别官员的批评,而变成了对制度本身的批评。它释放了比党所预计的更多的被压抑的不满和牢骚。批评的不断扩展、独立小集团的组合以及特别是学生们反对中共当局的示威游行,使党决定停止运动,因而在6月8日发起了对它的参加者的反击,把这些人称做"右派"。政策的这种一百八十度的大转变也由于连续的经济困难所致,共产党政权把这些困难主要归因于知识分子批评的有害影响,他们的批评削弱了谋求经济发展所需要的全心全意的热情。党想把不满情绪从对政府移向对知识分子。

在1957年年中,所有共产主义国家都加紧了它们的控制,但是唯独中国的钟摆摆动得最厉害,这表明领导上把"百花"运动中的抗议看得很严重。这种反应之所以更大一些,也可能是因为毛泽东原来以为知识分子受够了充分的思想教育,看到对党那么多的批评之后,他大失所望。"反右运动"标志着毛泽东放弃了把知识分子作为经济发展关键因素的想法,他越来越关注作为下一代领袖的青年学生的革命觉悟还不够高的情况。

由于"百花"运动的批评突破了党所设置的限制,"反右运动"是仿照以前历次思想改造运动的形式进行的,但是,它搞得远为彻底,受到批判的人数也更多。横扫的矛头直指那些最敢说话的人。几个重要的靶子,即某些小集团的代表人物,被挑出来作为教唆者。他们的批评被说成是政治颠覆活动,在他们最后坦白交代以前,受到了毫不留情的谴责。首先,党指出民主党派的领袖章伯钧和罗隆基以及《光明日报》主编储安平为所谓的反党阴谋集团的领袖。和在从前的运动中一样,他们的民主党派同事们起来批判他们。尽管在反胡风的运动中有些知识分子能保持沉默，但在"反右运动"中，实际上所有知识分子都被迫参加了。有些人的参加是为了自救，或者是为了当官向上爬；有些人的参加则是因为别无选择。民主党派再一次回到了自己被动角色的本来面目。

除了像林希翎这样一些学生活动分子以外，作家刘绍棠被挑出来作为最危险的青年右派分子。王蒙的处理则比较宽大一些，至少在书面上是如此。事实上，王蒙很少被提到，可能是因为毛泽东在2月27日的讲话中曾嘲笑了对他的故事发动的攻击。为了重新加紧一度在"百花"运动中放松了的对报刊的控制，《人民文学》的编辑秦兆阳和要求刊物独立的《本报内部消息》的作者刘宾雁，成了主要的靶子。最初，这两人坚持说，他们只是为了执行党的政策。刘宾雁说他的批评者——文化界的领导人们——像"'变色龙'，因为他们春天可以让青年反官僚主义，秋天又可以说青年反官僚是偏激情绪"。[1]

虽然大多数参加"百花"运动的最直率的发言人都受到了攻击，但他们不是"反右运动"的主要焦点。老左翼作家，特别是丁玲和冯雪峰，再一次受到了最大的注意。他们被挑出来，极大可能是因为他们同周扬有宿怨。尽管在游行示威中和大字报上都批评了周扬，但他在反右斗争中的表现，却像一位名副其实的文化沙皇，并且终于清除了他的宿敌。除了宗派原因以外，也有证据表明丁玲仍然在年轻作家中拥有很大影响，他们之中有许多人把她视为导师。周扬在"反右运动"中的主要发言人邵荃麟描述过丁玲的作用："被丁玲和她的一伙影响的许多青年都被引入了错误的道路。他们拒绝党的领导和监督，反对党小组的权力。"[2] 所有在延安跟丁玲在一起的人——艾青、萧军、罗烽——都重新受到攻击。他们在延安时代的杂文被重新印发，再一次遭到批判，特别是遭到据认为受到丁玲及其同伙哄骗的那些青年的批判。

---

[1] 中国青年新闻：《刘宾雁是资产阶级右派在党内的代言人》，《人民日报》，1957年7月20日，载《中国大陆报刊概览》[738]，1583（1957年8月2日），第16页。
[2] 邵荃麟：《斗争必须更深入》[653]，载《文艺报》[778]，25（1957年），第5页。

　　周扬的另一个敌手冯雪峰在"百花"运动中很少说话，但也被指责要跟青年记者合办一个杂志，以发表不同的意见。其实，他和几位同事计划在"百花"运动中办一个独立的杂志并不是奇怪的事，他和丁玲之所以成为攻击的焦点乃是因为他们是著名的老党员。他们被认为比非党员的和年轻的知识分子具有更大的威胁性。一篇《人民日报》的社论解释说："党内有了右派分子，他们的党龄越长，地位越高，对我们党的危害就越大。"① 他们可以利用他们的权威来曲解党的命令，制造公众舆论。丁玲及其伙伴之所以比"百花"运动中说过更多话的人更受注意，是因为他们的地位和威望可能转移对党的忠诚。

　　和在以往的运动中一样，那些一再大声地批判受害者的人能够升官，有时就由他们填补了受害者的职位。由于一大批知识分子曾经鸣放并被清洗，"反右运动"给一些人的晋升提供了很多机会。这种升迁的一个典型而又奇特的例子就是后来成为"四人帮"成员的年轻的文艺批评家姚文元。20 世纪 50 年代中期，他同周扬周围的官僚阶层结成联盟，在 1955 年反胡风和在 1957 年春季赞成自由化的运动中，跟随他们的路线鹦鹉学舌了一阵。他在反右斗争中批判老左翼作家时崭露头角，其中有几个人是他的父亲姚蓬子（作家）30 年代在上海的朋友。在 50 年代末期，他已在上海的官僚宣传机器中当上了一名重要的官员。

　　到了 1958 年，在加紧控制知识分子方面，"反右运动"已经远远超出了反胡风运动波及的全部范围。由于它与当时正在进行的"大跃进"结合在一起，于是表现出一种大张旗鼓的反知识分子的姿态。和以前历次运动相比，这一次运动是在大得多的程度上把政治信任优先地放在专业能力的考虑之上。与"百花"运动的优先次序正好相反，群众和集体的智慧与创造力受到赞扬；知识分子和个人的知识与威信则被贬抑。一方面，农民和工人有能力完成伟大的事业，因为他们是

---

① 《严肃地对待党内的右派分子》，《人民日报》，1957 年 9 月 11 日，载《中国大陆报刊概览》[738]，1616（1957 年 9 月 24 日），第 3 页。

用无产阶级的态度对待一切问题的；而另一方面，知识分子注定要失败，因为他们浸染了资产阶级的个人主义、自由主义和无政府主义的价值观。甚至自然科学家也被贬斥，因为他们"重业务，轻政治，追求个人名利和个人兴趣"。① 作家被认为是最危险的，因为他们的批判的观点削弱了对党的信任。周扬宣称，从此以后，文学只能赞扬，不能批评。"我们不要阴暗的负担，而是要文学给人以鼓舞。"②

"反右运动"比从前的历次运动清洗了更多的人。估计有40万到70万知识分子失去职位，并下放到农村或工厂中劳动改造。一个单位应有5％的人定为右派分子。甚至在只有很少几个知识分子的单位和没有人鸣放的单位，这个指标也得完成。那些被划定了的人都要被同事们和家属们谴责，并被迫作出自我批评。运动的主要斗争靶子，例如丁玲，境遇最惨。他们被开除出党；失去了他们专业协会会员的资格；被赶出了图书馆和大学的工作岗位。由于知识分子要进行劳动改造，党的干部接替了他们的文化教育工作岗位，使党比从前更加稳固地控制了知识界。虽然"百花"运动曾经想弥缝党和知识分子之间的裂隙，但"反右运动"却更加扩大了这道鸿沟。

一般地说，人民看来是全身心地赞同对知识分子的迫害。关于知识分子的自治和持不同政见的思想，在知识界以外是很少得到理解和支持的。指责知识分子不忠于党和伤害了党，这种说法打动了大多数人民，因为他们仍然投身于党和毛泽东改造中国的事业。知识分子从整个人民中被孤立了起来，而国家因为有权力用就业问题、开展运动和劳动改造来进行恫吓，所以能很轻易地压制这些知识分子可能取得的任何支持。

---

① 《人民日报》社论，1958年3月23日。
② 摘自周扬在中国作家协会上的讲话；《文艺报》[778]，1957年9月29日，载聂华苓 [552]，第1卷，第256页。

第 六 章

外交关系:从朝鲜战争到万隆路线

总 的 考 察

1949 年 10 月 1 日,曾经支持中国革命的广泛的统一战线变成了以毛泽东为首的政权的基础。这个新生的"人民民主专政"必须处理紧迫的、被外国侵略和内战弄得破碎不堪的中国经济的重建工作。中国正向社会主义改造的道路上迈进。

这个新成立的中华人民共和国马上得到了苏联以及它的东欧卫星国家和某些亚洲国家——包括印度在内——的承认。英国在 1950 年初也照此办理。新中国成功地登上了世界舞台。

中国最高的外交政策是发展它同其社会主义的苏联"老大哥"的友好关系。早在 1949 年 12 月,毛主席亲自率代表团去莫斯科,以实现他在那年夏天提出的"一边倒"的政策。1950 年 2 月,中国和苏联签订了友好同盟和互助的条约以及许多经济协定。中国开始了一项以苏联模式为蓝本的经济发展计划,有苏联的帮助,并且在中苏友好的旗帜下进行。

可是,中国人从苏联方面得到的不如他们希望的那么多。现在知道,他们同克里姆林宫领导进行了长期而艰苦的谈判,斯大林对待他们很冷淡。在这一方面,一度成为神话的莫斯科和北京的磐石一般的团结的确必须重新加以考察。总而言之,当中国人以追随苏联模式为基本国策的时候,他们同俄国人之间的紧张关系从一开始就存在了。

不仅如此,中华人民共和国刚一成立,马上就面对 1950 年 6 月朝鲜战争的爆发,认为不得不在 10 月份派遣"志愿军"去朝鲜,以阻止美国所领导的联合国部队的前进。中国就这样又回到了战争状态,新政府发动了举国一致的"抗美援朝"运动。被朝鲜战争火上加油的中美对抗成了后来亚洲冷战的样本。结果，中国和苏联的潜在摩擦反而被双方压了下去。

革命的中国宣布了一项刘少奇勾画出来的政策，即用革命力量支持和鼓励亚洲其他地方的武装的民族解放斗争，包括日本共产党、南亚和东南亚各国的共产党在内。这跟当时共产党和工人党情报局的全球战略的步调是一致的。中国也积极参加了莫斯科所支持的世界和平运动和世界工会联合会组织。但是，由于中华人民共和国还很年轻而且全力贯注于朝鲜战争，中国共产党人还不敢冒险在外交上采取重大的行动，其活动仅限于作出比较单纯的革命外交姿态。

在朝鲜 7 月停战之后的 1953 年后期，北京终于开始了全面的经济发展计划。依靠苏联援助并以发展重工业为目标的第一个五年计划（1953—1957 年）于 1955 年 7 月正式通过，但实际上在 1953 年即已着手进行。中国正在向工业化迈进。另外，1953 年后期进行了"选举"，选出了第一届全国人民代表大会的代表，1954 年 9 月它的第一次会议通过了中华人民共和国的宪法。它的序言规定了目的在于对中国进行长期社会主义改造的"过渡时期总路线"。

这个缓慢而稳步地发展经济和进行社会改造的基本政策，也反映在北京的外交态度方面。的确，它在这个时期所强调的和平共处成为中国外交政策的特点，由此产生了一些不同形式的新方针。1954 年 6 月，北京在中印联合公报中同意了著名的和平共处五项原则。在 10 月份，即当中华人民共和国国庆五周年之际，包括布尔加宁和赫鲁晓夫在内的苏联领导人同意消除斯大林在中苏关系上所留下的不平等状态。中国同尼赫鲁的印度和纳赛尔的埃及一起，成了亚洲和非洲新兴独立国家的领袖。总理兼外长周恩来是中国新政策的主要执行者，他开始在国际舞台上大露头角。

1954 年 7 月签订的印度支那停战协定和 1955 年 4 月亚非国家万隆会议的胜利召开，都有周恩来参加，都大大得力于和平共处五项原则赫然标题下的中国外交活动，是两次值得注意的发展。在这种国际关系缓和的气氛下，美、中两国的大使级正式会谈于 1955 年 8 月在日内瓦开始。周恩来外长 1956 年 6 月在全国人民代表大会年会上关于外交政策的发言以合情合理著称，其中最令人注意的是号召"和平"解放台湾。

20 世纪 50 年代中期中国所推行的外交政策因此可以称之为和平共处的万隆路线。中国的威望和影响稳步提高，而且有一时候，中国似乎正以世界新兴独立国家的斗士的面目出现。尽管 1955 年采取了更"左"的国内政策，知识分子在反胡风运动中重新受到压力，同时毛泽东本人又发动了急剧加快的农业集体化，但对外关系的姿态仍没有任何大的变动。

随着 1956 年之初农业集体化已经胜利在望，中国的国内情况更加放松，也形成了更适宜于继续推行万隆路线的背景。正在这个时候，1956 年 2 月，赫鲁晓夫在苏联共产党第二十次代表大会上的秘密报告中批评了斯大林。打破斯大林神话的结果是 1956 年 10 月在匈牙利发生了叛乱，这件事给了中国领导人以很大的冲击。他们发表了一系列重要的理论性文件，其中包括《论无产阶级专政的历史经验》（1956 年 4 月）、《再论无产阶级专政的历史经验》（1956 年 12 月），以及毛泽东的讲话《关于正确处理人民内部矛盾的问题》（1957 年 2 月）。中国人在这些文件中讲出了自己关于应该怎样克服斯大林主义弊病的意见。

除此之外，非斯大林化运动在东欧（在波兰以及在匈牙利）引起了麻烦，其结果是苏联的威望大大降低，而中国的威望却相应地提高了。1957 年 1 月，周恩来特别去了东欧一趟做和事佬，尽力支持苏联在那里的领导地位。

其后，中国的国内政策又发生了一次剧变。作为防止中国出现匈牙利之类紧张事件的计划的一部分，毛泽东紧接他的关于矛盾问题的讲话开始了党的整顿工作作风的运动，并且号召知识分子提出批评，知识分子在 1957 年 5—6 月间照办了。但是，反应之强烈和尖锐大大地出乎意外，所以党在 6 月 8 日马上予以还击，开展了"反右运动"，旨在清除"反社会主义的毒草"。

这是中华人民共和国迄今在政治进程中最具有决定意义的转折点。由于"反右运动"在 1957 年后期迅速地展开，北京急剧地改变了原来温和的国内外政策的方向。1957 年 11 月，毛主席为了庆祝布尔什维克革命 40 周年的节日，第二次访问苏联。在这个时候，他提出了"东风压倒西风"的论点，因为苏联在 8 月份成功地试验了洲际弹道导弹，在 10 月份又成功地发射了第一颗人造卫星。他主张共产主义集团应该采取更有战斗性的外交政策姿态，甚至不惜冒战争风险。毛泽东没有能够打动他的苏联同事们，但是，中国自己却逐渐抛弃了和平共处的万隆路线。1958 年夏季台湾海峡的危机和一年以后中印之间的边境冲突，都是中国在世界事务中新姿态的表现。

一边倒：毛泽东和斯大林

就毛泽东同斯大林之间和中国共产党同苏联共产党之间的长期而微妙的关系而论，值得注意的是，早在 1945 年 12 月，毛泽东就已指示他的同志们要建立东北的稳固的根据地。[①] 当然，他没有选择的自由；这是中国共产党唯一能够希望发展为主要新根据地的地方。但是可以想象得到，由于雅尔塔协定的结果他遭受了斯大林第一次真正的攻击，毛泽东也许会想到，中国应该警惕苏联可能使东北脱离中国的行动，同时他正在决定要不要跟美国打交道。1949 年 3 月 5 日当他预计在内战中将战胜国民党人的时候，毛泽东暗示对美国要有个和解的政策。在向中国共产党中央委员会七届二中全会的报告中，他谈到了可以允许帝国主义的经济和文化机构在大城市中存在，至少在全国胜利以前应该是这样。[②] 苏联在 4 月份后期开始赞扬中国共产党人即将取得的胜利。但是在 6 月 15 日，毛泽东甚至更明确地对美国表现了和解的态度，他说，如果任何外国政府同蒋介石脱离关系并停止对他的援助，新的共产党政权便准备同它建立外交关系。他还说："中国人民愿意同世界各国人民实行友好合作，恢复和发展国际间的通商

[①] 毛泽东：《建立巩固的东北根据地》，《毛泽东选集》[503]，第 4 卷，第 1177—1180 页。

[②] 毛泽东：《在中国共产党第七届中央委员会第二次全体会议上的报告》，《毛泽东选集》[503]，第 4 卷，第 1436 页。

事业，以利发展生产和繁荣经济。"①

这些话在一定程度上都是各新政权的老生常谈，但毛泽东的论调事实上是异常重要的。根据美国参议院外交委员会在事情已过去将近1/4世纪以后的1973年1月21日公布的一份报告，1949年5—6月间，中国共产党曾通过原燕京大学的学生黄华同美国驻华大使司徒雷登有所接触。② 黄华（未来的外交部长）那时是中国共产党军事委员会外事局局长，他应毛泽东的要求去见了司徒雷登。司徒雷登因对于中国有广泛的知识和他随和的性格而普遍受到中国人的尊敬，他跟黄华的私人师生关系被中国共产党用来探讨未来同美国谈判的可能性，包括华盛顿的外交承认的谈判在内。③

但是，就在那一年的7月1日这一天，司徒大使在南京收到国务卿艾奇逊的一封电报，要他拒绝同中国共产党领导人谈判，而《人民日报》发表了毛泽东的《论人民民主专政》的著名论文，这篇文章是为了纪念中国共产党成立二十八周年而写的。毛泽东在这篇讲话中提出了向苏联一边倒的政策，标志着从他原来的暗示来了个急转弯，排除了在中国实行铁托主义的可能性。

毛泽东写道："'你们一边倒。'正是这样。一边倒，是孙中山的四十年经验和共产党的二十八年经验教给我们的，深知欲达到胜利和巩固胜利，必须一边倒。积四十年和二十八年的经验，中国人不是倒向帝国主义一边，就是倒向社会主义一边，绝无例外。"④

如果如上所述，毛泽东对斯大林的中国政策和党与党的关系表示

① 毛泽东：《在新政治协商会议筹备会上的讲话》，《毛泽东选集》[503]，第4卷，第1470页。
② 美国参议院外交委员会：《1949和1950年的美国和共产党中国：恢复邦交和承认的问题》[744]。
③ 关于司徒—黄华在历史上的谈判问题，见宇佐美滋《司徒大使访问北京的计划：一个失去了机会的历史转折点》[745]，见《国际问题》，198（1976年9月）。又见多萝西·博格和沃尔多·海因里希编《不确定的年代：1947—1950年的中美关系》[57]，第34—36、207、275页。
④ 毛泽东：《论人民民主专政——纪念中国共产党二十八周年》[514]，《毛泽东选集》[503]，第4卷，第1477—1478页。重点是笔者所加的。

不满，那么，为什么他又要让最初通过黄华—司徒的渠道所开通的同美国的讨论流产了呢？时机排除了他对艾奇逊的训令作出反应的想法。更可能的是，由于中华人民共和国的成立近在眼前，毛泽东一定感到，这个新国家在大量的经济重建和发展中急需苏联的援助。可是，除了这个总的考虑之外，也可能有若干特殊因素在起作用。

第一，在华盛顿和莫斯科之间的冷战时期，中国共产党要与美国进行和解，这是要冒风险的。从前的盟国互相激烈对抗，其结果一方面是捷克斯洛伐克发生了共产党政变和在柏林搞封锁，一方面美国又支持希腊政府反对共产党暴乱和成立了北大西洋公约组织。苏联强而中国弱。毛泽东对斯大林的反应可能感到不安，特别是看到他过去对于中国共产党的态度时更是如此。这种焦虑之情可能在中国人决定一边倒向苏联的时候起了很重要的作用。

第二，毛泽东很可能认为采取亲苏政策以巩固他在党内的领导地位是可取的。

第三，也是最重要的因素是，毛泽东可能担心他领导下的中国的领土完整。按照雅尔塔协定和1945年国民党政府同苏联签订的友好同盟条约，苏联政府恢复了过去沙皇政府在满洲的权利——中苏共同享有和使用中东铁路与南满铁路（现在称为中国长春铁路）、大连的国际化和苏联使用旅顺港作为海军基地。如果中国共产党触怒了斯大林，中国的这个地区可能仍然要处在苏联的统治之下。这种担心在1949年7月又得到证实：那时，斯大林显然没有就商于北京的领导，径邀东北共产党政府的主席高岗去莫斯科访问，并同斯大林签订了一项贸易协定。① 毛泽东对斯大林和高岗日益增长的亲密关系感到不安，这显然在很大程度上影响了他作出"一边倒"的决定。据认为，他希望他公开向苏联表示忠诚会得到斯大林的善意回报。

除此之外，在这个初期阶段，毛泽东也几乎肯定地没有摆脱传统

① 关于高岗事件更详尽的分析，见本书第二章；又见中嶋岭雄《高岗事件和中苏关系》[541]，载《评论》，44（1977年3月）。关于对雅尔塔协定和苏联—国民党条约的评论，见查尔斯·麦克莱恩《苏联的政策和中国共产党人》[523]，第178—193页。关于这个问题的各种文件，见艾特肯·K.吴《中国和苏联》[814]，第396—411页。

的观点，即苏联及其共产党代表了以无产阶级国际主义为基础的世界共产主义运动的核心和领导力量。无论如何，毛泽东对1949年8月5日华盛顿公布的《中国白皮书》的批判，加强了中国共产党越来越强烈的反美亲苏路线。①

对1949年的《人民日报》作一番检查即可看出，那一年的上半年很少报道苏联。但在毛泽东7月1日的亲苏声明发表以后，关于苏联的报道就大大增加了。很显然，中国共产党政策的重大转变正是在这个声明的前后发生的。

在中华人民共和国于10月1日成立以后，随着庆祝12月9日斯大林的70岁生日，《人民日报》对他的颂扬达到了高潮。这也不能看做是形式上的，因为就是在这个背景下，毛泽东在这个月晚些时候亲率代表团去了莫斯科。他可能希望他会受到斯大林的热烈接待，因为现在中国共产党已证明自己在中国革命中取得了胜利。值得注意的是，毛泽东在莫斯科车站一下车就发表了一篇演说，要人们注意这样的事实："十月社会主义革命之后，苏维埃政府根据列宁斯大林的政策首先废除了帝俄时代对于中国的不平等条约"，他还说，他非常希望斯大林大元帅有公正的外交政策。② 这是毛泽东生平第一次到国外旅行。表面上，斯大林热诚地欢迎了他，在他到达莫斯科的当天就安排了接见。但实际上毛泽东感到，这位苏联领袖比他接待国民党的外交部长宋子文时还要冷淡，后者在四年半以前也曾来莫斯科谈判过友好条约。③

回顾起来，谈判过程出现麻烦的一个迹象是毛泽东回答塔斯社记者问他在苏联将逗留多久时所说的话，他说："我打算住几个星期。我逗留苏联时间的长短，部分地决定于解决有关中华人民共和国利益各项问题所需的时间。"在这次接见塔斯社记者时，毛泽东第一次谈

① 毛泽东写的那五篇反美文章最初都作为新华社社论发表；都收于《毛泽东选集》[503]，第4卷，第1487—1520页。
② 《人民日报》，1949年12月18日。
③ 关于这一点，见中嶋岭雄《中苏的对抗和今天的时代：战后亚洲的再评价》[539]，第93—95页。

到了正在进行的中苏谈判，他说：应当解决的问题有，"首先是现有的中苏友好同盟条约问题，苏联对中华人民共和国贷款问题，贵我两国贸易和贸易协定问题，以及其他问题。"① 毛泽东的这番话在当时本来应该受到更加仔细的注意，因为这样就可窥测到莫斯科会谈的内幕情况。

几年以后，毛泽东回忆他的莫斯科谈判时透露，斯大林"不愿意签，经过两个月的谈判，才最后签了"。② 当代观察家中广泛流传的意见是，中苏友好同盟互助条约标志着中国和苏联这两个社会主义国家之间的兄弟般的友谊，很明显，这只说对了一部分。

按照当时中国外交部苏联东欧司司长伍修权后来的说明，斯大林怀疑毛泽东是刚露头的铁托主义；而在毛泽东的伙伴中有象征国内统一战线的非共产党中国人的出现，激起了对中国会采取亲西方政策的担心。只是在毛泽东到达莫斯科后不久，才有关于友好条约的会谈。这时，毛泽东认为得召唤周恩来总理、伍修权和其他官员来进行具体的谈判工作。他们于 1 月 20 日到达。

俄国人起草了这个条约的草稿；虽然中国人没有或不能改动任何原则，但他们做了大量的字斟句酌的工作。周恩来命令他的班子"一项一项地、一句一句地、一字一字地加以研究、推敲和修改"。据伍修权说，这位中国总理兼外长"要弄清楚，草稿中确实没有任何疑点，以免给我们留下后患"。其中有一条原来写成："一旦缔约国任何一方受到第三国之侵袭，缔约另一方即给予援助。"为了加强语气，周恩来坚持在末尾加上这样几个字："尽其全力"。③

毛泽东亲自参加了 2 月 14 日由周恩来和维辛斯基两位外长签字

① 《毛主席答塔斯社记者问》，载《人民日报》，1950 年 1 月 3 日。
② 毛泽东：《在八届十中全会上的讲话》[512]，1962 年 9 月 24 日，载《毛泽东思想万岁》（1969 年）[507]，第 432 页。
③ 关于伍修权的叙述，见他的《在外交部八年的经历》[818]，第 1—24 页。关于不完整的英译文，见《北京周报》[568]，47（1983 年），第 16—21、30 页。事实上，伍修权记错了这个条文，可能是故意的，因为条款中没有提"第三国"，只是更直截了当地提及日本及其盟国，即美国。但是，在发表伍修权回忆录的时候，日本和美国已成了中国的朋友。

的中苏友好同盟互助条约的签字仪式，在这之后他才动身回国，于3月4日抵达北京。这位中国领导人愿意离开新生的中华人民共和国达两个半月以上之久，于此可见他认为他的使命非常重要。

这个条约基本上是一个军事条约，目的在于显示中国和苏联的磐石般的团结，以反对复活日本军国主义。第1条是这样写的：

> 缔约国双方保证共同尽力采取一切必要的措施，以期制止日本或其他直接间接在侵略行为上与日本相勾结的任何国家之重新侵略与破坏和平。一旦缔约国任何一方受到日本或与日本同盟的国家之侵袭，因而处于战争状态时，缔约国另一方即尽其全力给予军事及其他援助。[①]

这个条约被西方当做中国和苏联以日本及其庇护者美国为假想敌的证据。这个条约因此成了日本和西方盟国之间1951年签订旧金山和约以及不久以后签订美—日安全条约的理论上的借口。

莫斯科谈判的一个结果是，中国成功地使苏联在它们之间的某些争端上获得了让步，与国民党政府同苏联1945年的条约相比，现在处境要好得多了。俄国人同意在1952年底以前无偿地把中国长春铁路移交给中国，在签订对日和约以后和最迟不超过1952年底从旅顺口撤退苏联军队并将其设施无偿地移交给中国（附文说，在战争时期设备由两国共同使用），将苏联经济机构在北京所获得的财产无偿地移交给中国。

另一方面，毛泽东和在他之前的蒋介石一样，也不得不承认一度成为中国清王朝领土的"外"蒙古的独立；还要设立中苏联合股份公司以开采新疆的石油和有色金属。这些公司也效法俄国人强加给东欧的卫星国资源的开采那样，使之大大有利于苏联的那些公司。斯大林的这个程序后来受到赫鲁晓夫的严厉批评，他说：

---

① 《中华人民共和国对外关系文件集》[159]，第1卷，第75页；英译文见格兰特·罗德和里德·惠特洛克《中华人民共和国条约汇编》[610]，15b。

顺便说说，斯大林跟中国签订了一个在新疆联合开发矿产资源的条约。这个条约是斯大林犯下的错误。我甚至可以说，这是对中国人民的冒犯。几百年来，法国人、英国人和美国人都纷纷掠夺中国，而现在斯大林也参加进去了。这种开发掠夺是一件坏事，但不是没有先例的；斯大林在波兰、德国、保加利亚、捷克斯洛伐克和罗马尼亚也都搞过同样的"联合"公司。后来我们把这些公司统统取消了。[1]

因此，1949—1950 年的中苏最高级会谈可能只给了毛泽东部分的满足。当他亲自接触到斯大林的态度后，人们可以想象他有什么感觉，因为他已经把他的对外政策建立在向苏联一边倒的基础上，同时也大力赞扬过斯大林。早在 1957 年，毛泽东就已经向党的干部们披露过，他不喜欢中苏最高级会谈。他在一个各省市党委书记的会上告诉人们："我们同斯大林有不同意见，我们要签中苏条约，他不签；要中长路，他不给；但老虎口里的肉还是能拿出来的。"[2] 1958 年 3 月，他在成都会议上说：

> 1950 年，我和斯大林在莫斯科吵了两个月。对于订立互助同盟条约、中长路、合股公司、国境问题，我们的态度：一条是你提出，我不同意者要争；一条是你一定坚持，我接受。这是因为顾全社会主义利益。还有两块"殖民地"，即东北和新疆，不

---

[1] 斯特罗贝·塔尔博特编译：《赫鲁晓夫回忆录》[389]，第 463 页。关于在东欧强行设立联合公司体系的简短讨论，见兹比格涅夫·布热津斯基《苏联集团的团结和冲突》[66]，第 125 页。

[2] 毛泽东：《省市委书记会议总结》[510]（1957 年 1 月），《毛泽东思想万岁》[507]，第 85 页。人们期待已久的《毛泽东选集》第 5 卷于 1977 年 4 月在中国出版。中共中央毛泽东选集出版委员会所编辑的第 5 卷包括 1949 年 9 月 21 日到 1957 年 11 月 18 日毛泽东写的文章、讲话和其他著作。但是，《毛主席答塔斯社记者问》和我们在这一章所引用的有关中苏关系和与斯大林打交道的言论则经过严重的删改。《省市委书记会议总结》的一种版本见于第 5 卷（第 330—362 页）中，但不包含毛泽东所讲他同斯大林辩论中苏条约的事。

准第三国的人住在那里，现在取消了。①

很显然，毛泽东从莫斯科最高级会议回来时是很不高兴的，而且他特别对在新疆成立联合股份公司感到生气。早在赫鲁晓夫回忆录被私带出国以前很久，苏联领导人就切实地批评过这种斯大林体制，例如米高扬1956年2月在苏联共产党第二十次党代表大会上就是这样讲的。②

另外，毛泽东虽然在莫斯科尽力地争取苏联的援助，但答应给中国人的总数只是在五年内贷给3亿美元的有息贷款。这甚至比一年以前波兰得自苏联的4.5亿美元贷款还要少。更糟糕的是，1950年2月28日宣布卢布贬值，这又进一步使贷款贬值了1/4，同时俄国人还要坚持不公正的卢布—人民币比价，因而又损害了中国人的贸易利益。③

中苏条约签订一个月以后，美国国务卿艾奇逊在华盛顿评论了这一事件的意义。他从心底里惋惜北京最后采取的亲苏步骤；他也谈到卢布贬值问题："因此，中国人民会发现，苏俄的贷款每年不过为4500万美元。他们可以把这数字跟美国国会在1948年一年就投票决定给中国4亿美元的赠款——而非贷款——作一比较。"④ 正如艾奇逊预料的那样，中国人确实认识到了这一点。

曾在国民党政府时期主持过云南省政务而后来做了国防委员会副主席的龙云，利用1957年"百花运动"鸣放的机会大胆地发言说："苏联给我们的这笔贷款要在10年以内归还。它是短期的，还要付利息。为了减轻我们的负担，我建议把归还期限延至20年到30年。这

① 毛泽东：《在成都会议上的讲话》[511]（1958年3月），《毛泽东思想万岁》[507]，第163—164页，英译文见斯图尔特·R.施拉姆编《毛泽东的讲话和信件》[634]，第101页。
② 《米高扬的讲话》（伦敦：《苏联新闻》[Soviet News]，1956年），第8页。
③ 见赵冈和马逢华《关于卢布—人民币兑换比率的研究》[92]，载《中国季刊》[133]，第17页（1964年1—3月）；伍修权《50年代初期的中苏关系》[817]，载《北京周报》[568]，47（1983年），第20—21页。
④ 《苏联和共产党中国的同盟条约及有关协定的实质：国务卿的演说。1950年3月15日（摘要）》[743]，载美国国务院《美国的外交政策：主要文件，1950—1955年》[741]，第2卷，第2466页。

是我们为争取社会主义所应该做的事。"① 那时龙云被迫做了自我批评,但是俄国人后来认为,他的情绪在中国领导人中是很普遍的。"在签订中苏友好同盟互助条约时,中共领导人们对我们表示了不信任和怀疑。他们不屑去想一想苏联自己也有克服战争创伤的艰难任务,反而还抱怨他们从苏联只得到 3 亿美元的贷款。"② 但是即使从名义上说,五年之间的 3 亿美元贷款也只合每年 6000 万美元,从大规模地赞扬中苏友谊的宣传来看,这只是区区一笔小款而已。由此可见,中苏关系从一开始就不是甜美的。

朝 鲜 战 争

朝鲜战争是一场有国际背景的内战,它反映了现代朝鲜人民悲苦的历史。一方面,它固化了这个国家的分裂状态;另一方面,它支配了战后亚洲的国际环境。由于这个缘故,它可以被看成现代史上划时代的事件。③

1950 年 1 月当斯大林和毛泽东不愉快的谈判在莫斯科进行的时候,华盛顿在《中国白皮书》的基础上,发表了一系列关于亚洲的重要政策观点。杜鲁门 1 月 5 日的声明明确表示,美国无意保护台湾岛上中国国民党人的残余力量。国务卿艾奇逊 1 月 12 日在全国记者俱乐部发表演说时指出:美国的亚洲防御弧形地带是从阿留申群岛起,通过日本和冲绳群岛到菲律宾,因此不把朝鲜共和国和台湾包括在重要的战略地带以内。

现在已经知道,这些方针是作为重新考虑美国亚洲政策工作的一

---

① 《龙云代表的发言》[487],载《中华人民共和国第一届全国人民代表大会第四次会议汇刊》,第 1403 页。龙云也批评了苏联在战后在东北拆迁工厂设备的事,见麦克法夸尔《百花运动和中国的知识分子》[493],第 50 页。

② O.B. 波里索夫和 B.T. 科洛斯科夫:《1945—1973 年的中苏关系简史》[尤里·席洛科夫(译自俄文)][58],第 113 页。关于苏联的工业建设计划,见本书第 260 页注①,又见本书第三章的讨论。

③ 关于朝鲜战争国际背景更详细的分析,见中嶋岭雄《朝鲜战争国际背景中的中苏对抗的根源》[542],载《澳大利亚中国事务杂志》[14],1(1979 年 1 月)。

部分而提出来的。华盛顿的政策制定者是考虑到了"三大损失"的：一为 1949 年 8 月丧失了核垄断；一为 1949 年 10 月丢掉了中国；一为 1950 年 2 月中苏条约签订后丢掉了中国的铁托主义的前景。但是，1950 年 4 月国家安全委员会的文件所提出的改变了的方针远没有准备付诸实施。至于朝鲜半岛方面，国家安全委员会的这些文件认为不需要由美国自己来进行军事干涉。①

那么，华盛顿在朝鲜战争以前具体的对朝鲜政策和总的对亚洲政策的哲学基础是什么呢？自从 1949 年夏季发表《中国白皮书》以来，美国就想鼓励中国的"铁托主义"，甚至正在考虑承认中国大陆上的新政权。结果是，华盛顿在执行它的亚洲政策中一般总是小心翼翼地避免触怒北京。朝鲜战争的发生使一切都变了样。

不管毛泽东和他的高级同事们能够在多大程度上预见到战争的准备和爆发时间问题，但是，1950 年 6 月 25 日凌晨爆发冲突的时候，他们显然没有预见到这是他们要直接关心的问题。第一，应该注意的是，被认为是中国革命主要支柱之一的土地改革法在 1950 年 6 月 30 日公布，仅在朝鲜战争开始后的第五天。鉴于中国共产党人为土地改革做了长期而积极的准备，而且他们又把这个问题看得极端重要，人们可以想象，他们会认为朝鲜半岛的战争只是一个插曲，它会很快地被得胜的金日成结束。第二，1950 年初，中国的领导者们正倾向于减缩军费，以支持他们的经济复兴计划。事实上，毛泽东在 6 月初就曾下令军队部分地复员。②

这一证据使得西方的评论家们最终认为：毛泽东不可能有意让他的国家卷入战争；③ "没有证据表明它是中国煽动起来的"；④ 另外，

---

① 国家安全委员会—48/1，2，1949 年 12 月，《国家安全委员会文件集》[547]，华盛顿，哥伦比亚特区：美国国家档案局；国家安全委员会—48—2，1949 年 12 月 30 日，同上；国家安全委员会—68，1940 年 4 月 14 日，同上。
② 艾伦·S. 惠廷：《中国跨过鸭绿江》[785]，第 17—18 页。
③ 施拉姆：《毛泽东》[630]，第 263 页。
④ 约翰·吉廷斯：《大国三角和中国的外交政策》[269]，载《中国季刊》[133]，39（1969 年 7—9 月）。

也"没有清楚的证据表明中国人参与了朝鲜战争的策划和准备"。①另一位学者却认为,战争原定8月开始,即在中华人民共和国计划收复台湾以后,但是,金日成抢先跑出了起跑线。② 当然,这位北朝鲜领袖马上暴露了他的极端好战性。战争爆发的当日他就在广播中宣布,他发动了一场决定性的"反攻",以扫荡敌人的武装部队。③《真理报》也不失时机地在6月26日替金日成的声明讲好话,它强调指出,是南朝鲜人发动了第一次攻击,北朝鲜军队是受命还击。

可是,北京直接关心的不是朝鲜半岛的斗争,而是杜鲁门总统6月27日的决定:派美国第七舰队插入台湾海峡,作为美国对远东爆发新冲突的部分反应。在中国报纸向读者解释为什么中华人民共和国没有介入朝鲜战争的同时,周恩来则斥责这是对中国领土的"武装侵略"。④

在以后的几个星期,中国的宣传媒介继续显示出,对台湾的关心大于对朝鲜的关心。当北朝鲜对闪电式胜利的希望破灭而局势开始转向有利于联合国和南朝鲜部队的时候,中国领导人似乎缓慢地,也很勉强地与金日成政权共命运了。8月20日,周恩来电告联合国,要求中华人民共和国出席任何关于朝鲜问题的讨论;几天以后,中国的一家杂志第一次明确地把北朝鲜的安全同中国的安全联系了起来。但是在联合国,西方代表们否决了苏联和印度关于邀请中国外交官员的努力,同时,苏联想开始谈判以摆脱日益不容乐观的军事形势的努力也失败了。

9月15日联合国开始了胜利的反击,以两栖部队在北朝鲜战线的后方仁川登陆,同时从半岛东南端的釜山防线中突围出来。当联合国部队向北推进的时候,斯大林悲观地通知北京,金日成可能要在中

---

① 惠廷:《中国跨过鸭绿江》[785],第45页。
② 罗伯特·西蒙斯:《紧张的联盟》[663],第102—168页。
③ 《金日成在朝鲜战争爆发之日的广播讲话》(1950年6月26日),载神谷不二编《战后朝鲜问题资料》[381],第1卷,309页。
④ 西蒙斯:《紧张的联盟》[663],第149—150页;惠廷:《中国跨过鸭绿江》[785],第58页;埃德加·斯诺:《大河彼岸》[672],第654—655页。

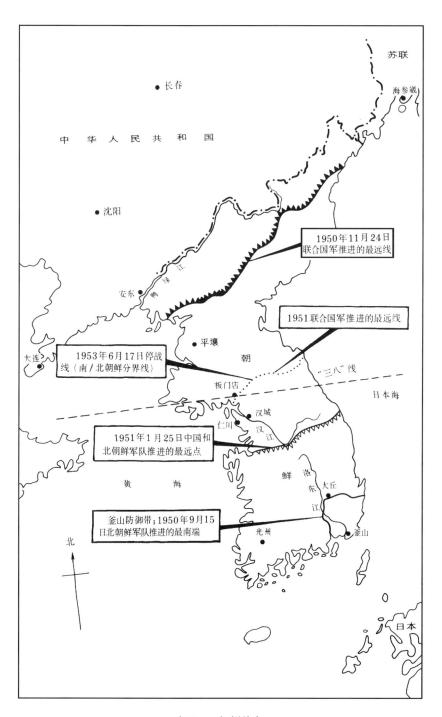

苏联

长春

中华人民共和国

海参崴

沈阳

1950年11月24日
联合国军推进的最远线

1951联合国军推进的最远线

安东

鸭绿江

平壤

朝

1953年6月17日停战
线（南/北朝鲜分界线）

大连

"三八"线

板门店

日本海

汉城

仁川

汉江

1951年1月25日中国和
北朝鲜军队推进的最远点

鲜

洛东江

大丘

黄 海

金山防御带；1950年9月15
日北朝鲜军队推进的最南端

光州

金山

北

日本

地图5　朝鲜战争

国土地上成立流亡政府。但是,中国人几乎从战争一开始就在集结军队,为介入战争做准备,所以他们警告联合国,如果北朝鲜领土被侵占,他们不能坐视。决定性的时刻出现在 10 月 1 日中国国庆节那天,南朝鲜部队跨越了"三八"线边界。就在那一天,毛泽东发了一道秘密指令,内容是中国军队可能参战,将使用"中国人民志愿军"的名义,用这个办法想把战争限制在朝鲜半岛内。[①]

三天以后,中国第二号将领彭德怀被紧急召唤进北京。他在北京发现他的最上层领导中的同事们已经在讨论北朝鲜撤退的意义,从彭德怀的叙述来看,似乎是毛泽东否决了多数人反对参战的主张,毛泽东所持的理由是,中华人民共和国有义务援助北朝鲜。[②] 毛泽东的观点后来在各民主党派与中国共产党的联合宣言中发表了,这项宣言声称:

> 历史的事实早已告诉我们,朝鲜的存亡与中国的安危是密切关联的。唇亡则齿寒,户破则堂危。中国人民支援朝鲜人民的抗美战争不止是道义上的责任,而且和我国全体人民的切身利害密切地关联着,是为自卫的必要性所决定的。救邻即是自救,保卫祖国必须支援朝鲜人民。[③]

彭德怀站在毛泽东一边,对美国出现在东北(从朝鲜进犯)和出现在上海及华东(从台湾进犯)的威胁表示关切。

这一章不是充分叙述朝鲜战争的地方。但是,由于中国人民志愿军的给人深刻印象的表现使中华人民共和国成为一个应予重视的军事

---

① 惠廷:《中国跨过鸭绿江》[785],第 68—91 页,关于中国的备战和斯大林的悲观看法,见姚旭《抗美援朝的英明决策——纪念中国人民志愿军出国作战三十周年》[831],载《党史研究》[695],1980 年,第 5—14 页。根据这份材料,联合国部队越过"三八"线是在 10 月 2 日。

② 《彭德怀自述》[570],第 257—258 页;英译本,第 472—474 页。

③ 《中国各民主党派关于抗美援朝保家卫国的联合宣言》,载《人民日报》,1950 年 11 月 5 日。

强国，所以值得简单地描述一下它是怎样取得这个荣誉的。根据美国海军陆战队的官方战史的说法，其情况是这样的：

> 虽然中国红军是一支农民军队，如果用它自己的战术和战略的标准来看，它也是一支第一流的军队。它的军力不足可能归咎于缺乏某些武器和装备，但它的半游击战术是以机动性为基础的，因此它不能有重武器和交通运输的负担。身穿厚棉制服的中国苦力在做一件事情时能够比世界上任何其他士兵做得更好；他能够用难以相信的秘密行动潜入到敌人阵地的周围。只有有这种经验的美国人才能体会到半夜被偷袭时的震恐心情，因为偷袭者像从地底下钻出来的妖魔鬼怪那样用手榴弹和冲锋枪的子弹射击我们。

> 记者们总喜欢谈到"亚洲游牧群众的人海战术"。再没有比这更不真实的了。实际上，中国人很少以团以上的单位进行出击。甚至这些行动也通常缩小到似乎是无休止的排的渗透。中国红军之成为可怕的力量，不是依靠他们人多，而是依靠诡计和突袭。

据他们的战斗对手的观察，中国人民志愿军的主要缺点是原始的后勤系统，它使战斗中的弹药很快供应不上；再就是原始的交通运输系统，这使得战术不够灵活，常常引起灾难性的后果："一营人一旦投入攻击，只要弹药能维持，就得坚持下去，即令事情表明他们攻打敌方战线最强大的部位碰得头破血流时也是如此。在许多这类事例中，其结果就成了战术上的自杀。"

彭德怀在 1950 年 10 月后期至 1951 年 7 月停战谈判开始时打了五次"战役"，他在他的回忆录中简单地叙述了这五次"战役"的每一次时间及其重要性。头两次战役打得异常顺手，联合国部队被迫退回南、北朝鲜交界的"三八"线。但是，到了 1951 年 1 月的第三次战役末尾的时候，中国人民志愿军缺乏空军和高射炮，而且它的供应问题也开始暴露出来。中国的兵力已经减少了大约一半。到了 1951

年2月，彭德怀感到不得不飞往北京向毛泽东解释军事上已显然危殆的处境。

到了1951年年中第五次战役末期，中国军队已筋疲力尽，蒙受了开战以来最重大的损失。西方评论家们后来议论说，如果那时一直保持着军事压力，中国人可能会被迫同意早日休战。我们可以再一次引用美国海军陆战队的官方战史，据说：中国人民志愿军的撤退是"被击败的军队的逃跑，有时溃不成军……从前很少有单个士兵自愿投降的情况，现在则成排、成连，甚至成营的残余士兵在放下武器后投降了。这在从前是没有的事，恐怕在朝鲜以后也不会再见得到。敌人是逃跑了"。

但是，联合国部队放松了压力，在1951年7月同意开始停战谈判，因而彭德怀的部队能够以营为单位挖掘地洞，并定期出击。在以后的两年中美国人伤亡了6万人，停战协定才得以签字。[1]

朝鲜战争使中国和美国都蒙受重大损失，流了很多血，损失了很多财产。当然，"抗美援朝运动"在国内掀起了爱国主义热潮，并且帮助巩固了新政权，但是，这只能视为偶然的"副产品"。干涉行动的消极影响大大超过了这种实惠。中国在国际上陷于孤立，又被联合国打上"侵略者"的印记，从此它被排除于联合国之外达20年之久。它也由于美国第七舰队的插手而无限期地延缓了它解放台湾的目标。东北仍然是中国人的，未受侵犯，但那简直不是什么纯收入。

按照这些考虑，中国人曾经批评苏联在朝鲜战争中的作用，就无须奇怪了。龙云早在1957年就公开地说过，中国单独担负打美国和援助朝鲜的费用，是不合理的。由于那时中国和苏联还是盟国，龙云不得不作自我批评，但是，看来很可能他替有这种普遍情绪的中国高级人士出了气。重要的是，龙云很快又在1958年12月复任国防委员会委员，此时中苏关系已经恶化。1963年，中苏裂痕公开化以后，中国人公开了他们关于苏联在朝鲜战争中的作用的观点："我们总是

---

[1] 《彭德怀自述》[570]，第257—264页；亚历山大·乔治：《行动中的中国共产党军队》[265]，第1—2页。前几段关于美国海军陆战队战史的引文，出自上书，第3—4页。

宁愿自己承担必要的牺牲重担，站在守卫社会主义阵营的最前线，而使苏联处于第二线。"① 第二年，中国人在《中共中央致苏共中央的信》中写道："至于苏联对中国的贷款，必须指出，其中最大部分，是我国用来从苏联购进军事物资的。这些军事物资的大部分，都已使用和消耗于抗美援朝战争之中……我们每年都在为苏联的这些贷款偿本付息，它占去我们对苏联出口的一个相当份额。这就是说，连在'抗美援朝'战争中向中国提供的军事物资，也不是无偿援助。"② 龙云被证明是正确的。

后来，还有另外一些同样的声明，其中著名的是中日友协的一位官员 1972 年 1 月对日本工会代表团的一次讲话，他说："苏联是一个死亡贩子。当中国派出志愿军和在朝鲜战场上流血的时候，苏联人躲在幕后，只贩卖军火。他们连本带利地索还债务。"③ 自此以后，据中国人透露，1950 年以后中国人向俄国人借了 13.4 亿美元，其中半数债务是因朝鲜战争而借的。另外，俄国人出售给他们的许多武器是过了时的。中国人的整个战争费用达 100 亿美元。④

有强有力的证据表明，这种苦味不是事后才尝到的。检查一下同时代的官方报告，人们会注意到，中国领导人在 1950 年建军节（8 月 1 日）一味地说苏联的好话，但是在 1951 年建军节就不再歌颂苏联人了——这是在中国人介入朝鲜战争以后。⑤ 从这一事实人们很容易想象，在中国正在作战的时候，它是怎样看待苏联的。斯大林把北

① 《在战争与和平问题上的两条路线：五评苏共中央的公开信》，载《人民日报》，1963 年 11 月 19 日。关于龙云的言论，见《龙云代表的发言》[487]，载《中华人民共和国第一届全国人民代表大会第四次会议汇刊》，第 1402—1403 页。
② 《中共中央给苏共中央的信》，1964 年 2 月 29 日。（译者注：引文据原件有所增补。）
③ 《每日新闻》[501]，1972 年 1 月 26 日，驻北京记者安藤的报道。
④ 见姚旭的文章 [831]，载《党史研究》[695]，1980 年，第 5、13 页。关于苏联的贷款数字，见本书第 260 页注①。
⑤ 在 1950 年的建军节那天，北京各界人民庆祝"八一"建军节和反对美国侵略朝鲜和台湾游行示威筹备委员会发布了主题为"反对美国侵略台湾和朝鲜"的 35 条口号，其中第 28 条是"全世界人民的伟大领袖斯大林大元帅万岁！"一年以后的 1951 年，中央人民政府人民革命军事委员会总政治部在 18 条建军节口号中，无一条说到斯大林，或苏联，或苏联共产党。

朝鲜置于有被消灭危险的境地，把中国也置于冲突的最前线。

斯大林不可能预见到继美国的介入而来的便是中国介入朝鲜战争的行动。但是，按照毛泽东的说法，斯大林"怀疑我们在赢得革命胜利以后，中国会像南斯拉夫，而我会是第二个铁托"。[①] 这位苏联领袖纵容金日成可能就是想避免这种危险，他用的办法是在远东制造紧张局势，使中美两国几乎必然相撞。不管是出于偶然或蓄意如此，结果是莫斯科得利。苏联有一份关于中苏关系的研究就是这样说的："朝鲜战争……长时期地切断了中国共产党中的民族主义领袖们和美国统治集团走向勾结的道路，并且迫使中国的领导人扩大同苏联的合作。"[②]

人们还注意到，在 1950 年 1 月和 1 月以后，苏联拒绝出席联合国安理会以要求驱逐国民党中国人的代表团和允许中华人民共和国在它回到联合国以前派代表团出席。这时，有些观察家已经怀疑，莫斯科实际上是想继续排除北京的席位。[③] 现在我们既然知道中苏关系之间有某种不愉快，就不难想象，苏联直到 8 月份以前，在朝鲜战争爆发以后最危险的时期，一直拒绝出席安理会，其目的是要利用美国重新介入远东，使华盛顿和北京打得不可开交。不管斯大林内心里的目的是什么，不容置疑的是，对中国来说代价高昂的朝鲜战争，是说明北京后来满腹牢骚地批评莫斯科的重要的原因。[④]

中国在朝鲜战争期间及其以后的外交关系

中国在朝鲜战争中的努力，自然有助于加强它在斯大林眼中的地

---

① 《毛泽东思想万岁》[507]（1969 年），第 432 页。

② 波里索夫和科洛斯科夫：《1945—1973 年的中苏关系简史》[58]，第 117 页。

③ 马克斯·贝洛夫：《苏联在远东的政策》[35]，第 82 页。

④ 对于苏联那时抵制联合国安理会一事，长期以来议论不一。关于这个问题的详细讨论，见日本外务省调查局第一课《朝鲜战争的进程》[259]；西蒙斯：《紧张的联盟》[663]，第 4 章；伊豆贝元：《朝鲜战争中的中苏冲突：苏联抵制联合国因安理会的背景》[359]，载《军事研究》，10.3（1975 年 3 月）。美国已准备在联合国对中国问题采取相当灵活的态度，见《美国对于因中国加入联合国各机构引起的问题的态度》[742]，载美国国务院《1950 年的美国外交关系》，第 2 卷，第 186—302 页。

位。1952 年 8—9 月，周恩来率领的一个中国代表团访问了莫斯科，在与克里姆林宫的领袖们谈判中显然取得了重要的成果。这是继 1950 年斯大林和毛泽东的最高级谈判之后的第二轮会谈。他同斯大林、外交部长维辛斯基等人进行了约一个月的商谈之后，发表了一项公报，还有一项《中苏关于中国长春铁路移交给中华人民共和国政府的公告》。与此同时，还签署了《关于延长共同使用中国旅顺口海军根据地期限的换文》。

就中国长春铁路来说，1950 年的协定原已规定，中、苏共同管理该路的一切权利以及属于该路的全部财产，在 1952 年底以前无偿地移交给中国政府。1952 年 12 月 31 日，移交铁路的最后议定书在哈尔滨签字，之后又举行了一定的仪式正式办了移交。次日，即 1953 年元旦，毛泽东打电报向斯大林致谢。

至于旅顺口海军基地的共同使用问题，也就是苏联在那里驻军的问题，双方在 1950 年已经同意，在缔结对日和约以后，或者不迟于 1952 年年底，苏方应撤退军队和移交设施。1952 年 4 月以后旧金山和约生效，但是在周恩来访苏期间，中苏双方的谈判者都同意，它是敌视中苏两国的一纸片面和约，所以他们在旅顺口问题上决定推迟行动，直到中苏同日本另签一和约时为止。应北京方面的"请求"，苏军仍应留驻旅顺。

这便是 1952 年中苏会谈的仅有结果。《人民日报》就解决久悬的铁路问题发表了一篇题为《欢呼中国长春铁路移交我国！》的社论，它对苏联显示的"兄弟般的、无私的援助"表示满意。但是，由于归还铁路是在 1950 年协定早已决定了的，这话的意思很明显，尽管周恩来代表团在莫斯科滞留很久，它还是没有从苏联人那里得到任何新的让步，不论在经济援助方面，还是在苏联支持朝鲜停战方面，都是这样。

中国人时不时地暗示他们有意于停战。但是，斯大林那时正在组织他的最后一次清洗政敌的行动，忙于国内事务，因此可以推测，他认为让中、美两国在朝鲜陷入困境的时间再长一些是有利的。因此，他对朝鲜停战并不热心。

由此可见，如果北京和莫斯科对朝鲜停战问题意见相左，这就足以说明为什么在周恩来访问莫斯科期间或在最后发表中苏公报时，谈判者在任何讲话中都无一字涉及正在进行的朝鲜战争。下列事实也可以印证这种看法：1952年10月5日开始的苏联共产党第十九次代表大会一直漠视朝鲜战争；刘少奇代表中国共产党致贺词时也绝口未提朝鲜战争。中国人愿意接受的是，1952年10月的上、中旬由北京主持召开亚洲太平洋和平会议。

斯大林以后的中苏关系

1953年3月5日斯大林之死肯定会开始中苏关系的一个新阶段，尽管北京官方不得不表示吊唁，但它可能由于这个原因而对此事件感到庆幸。的确，朝鲜战争问题有很快的进展。原来朝鲜停战谈判很困难，现在北京采取的外交主动行动马上加快了它的进程。3月后期，在周恩来建议自由遣返战俘的基础上，达成了关于交换战俘的谈判的协议。4月11日，签署了交换伤病战俘的协议；4月26日，朝鲜停战会议恢复了它的正常会议；6月8日签署了遣返战俘的协议；最后，在7月27日，朝鲜停战协定最后签订，从而结束了在朝鲜半岛的冲突。由此可见，朝鲜战争的结束主要是斯大林死后通过中国的外交努力所致，这时莫斯科正因严重的接班人斗争而处于瘫痪状态。

朝鲜停战以后，中国又找到了新的机会来增加自己的国际威望。像倡导和平共处五项原则的周恩来——尼赫鲁1954年6月的会晤；中国在其中起了积极作用的同年4—7月在日内瓦召开的关于朝鲜和印度支那的会议——这些都大大地有助于提高它的威望。就是在1954年6月5日的日内瓦会议期间，美—中开始了大使级的第一次会谈。但是，国务卿杜勒斯拒不与周恩来握手，他只保证保持最低限度的礼仪。

朝鲜战争以后的国际形势趋向缓和，所以对中国很有利。在国内，1954年9月它召开了全国人民代表大会并通过了国家的宪法，这表明了新政权的稳定。在1954年10月1日国庆五周年庆祝会上，北京主人招待了第一个访问中国的最高级苏联代表团。它由苏共第一书记赫鲁晓夫率领;还有第一副总理布尔加宁和副总理米高扬。这导致了中苏关系的普遍改善。苏联代表团签署了 10 项文件,包括宣言、公报、协定和议定书等。它们同意,驻旅顺口的苏联军队不必等到中国和苏联签订对日和约就应撤出。后来米高扬和赫鲁晓夫也承认是苏联"剥削"中国例证的新疆的中苏联合股份公司,这时也宣告结束。

因此对中国人来说,1954 年的中苏会谈是硕果累累的,他们可能第一次感到苏联的"兄弟般的友谊"是个现实。不像斯大林那样从不访问中国(他也确实从未访问过任何他的盟国),赫鲁晓夫开始了访问北京以进行会谈的外交做法。从前,这两个国家之间的大多数条约和协定都是在莫斯科签署和宣布的。现在,它们也开始在北京签署和宣布了。[1] 给人的印象是,中国人在他们和苏联人的关系中最后终于取得了"平等地位"。

这是怎么得来的呢? 其中有两个主要原因:第一,没有了斯大林,苏联别无选择,它必须给予中国以尊重,这是中国已经提高的国际威望和在朝鲜战争中的作用所要求得到的。第二,苏联内部的派系斗争也必然起了作用。引人注目的是,去北京访问的苏联代表团中没有外交部长莫洛托夫。

总之,赫鲁晓夫在五周年国庆节上的冗长的演讲中,大肆赞扬了中华人民共和国和它的领袖们,高度评价了中国在国际舞台上的所作所为,从参加朝鲜战争说起,也说到和平共处五项原则的宣布,因此称中国现在是一个重要的强国。微妙的分歧仍然在两国之间存在着,并且后来变成了它们关系恶化的重要因素,但是在 1954 年它们的关

---

[1]　经过复查,从 1950 年 2 月《中苏友好同盟互助条约》签订以后到 1957 年 7 月《科技合作委员会第六次会议议定书》之间,中苏两国所签署和公布的各种条约、协定、议定书、联合宣言、联合公报以及其他这类文件,在 1954 年 10 月中苏会谈以前数目达 29 件,其中 24 件是在莫斯科签署和发表,在北京的只有 3 件,还有 2 件在哈尔滨;但此后时期的文件,包括作为这次会谈结果所签订的那些文件计 37 件,其中 12 件签署和发表于莫斯科,22 件在北京,一件在旅顺口,一件在乌兰巴托,一件同时发表于莫斯科和北京两个地方。

系确有显著的改善，中国人因此为他们的工业化计划取得了主要的援助。①

万 隆 方 针

1954—1955 年采取的温和而缓慢的，但却是稳步的国内发展计划也反映在那时中国的对外政策中。和平共处成了著名的口号。

1954 年 4 月，中国和印度签署了关于西藏的协定（其中规定印度放弃从英国人继承下来的治外法权）：印度商人的特殊地位；印度在西藏土地上派驻分遣小部队；一个印度拥有的电话电报网。协定的前言里包含了关于国际行为的五项准则。在周恩来—尼赫鲁 6 月份的会晤中这几点被重新肯定为和平共处五项原则，后来又变成了中国政府外交声明的主要内容。1954 年 7 月印度支那停战协定在日内瓦会议上签字，部分地是由于北京对河内施加了压力，才使协定的顺利完

---

① 苏联在 1950—1957 年之间共给了中国 81 亿卢布（旧卢布），用于工业建设援助，其中包括下面 211 个项目：

    1950 年 4 月 50 个项目
    1953 年 9 月 91 个项目 } 56 亿卢布
    1954 年 10 月 15 个项目
    1956 年 4 月 55 个项目 25 亿卢布
      共 211 个项目 81 亿卢布

（资料来源：《人民日报》，1956 年 2 月 18 日和 4 月 8 日，1957 年 11 月 4 日。）

    1958 年及以后，苏联继续应允另外的援助，接着在 1958 年 8 月增加了 47 个项目，1959 年 2 月增加了 78 个项目，总共 125 个项目。那年的 4 月份，这些项目与从前的 211 个项目合并为新的 166 个项目。因此，预计到 1967 年由苏联援助而可以完成的工业建设总项目可达 291 个，200 亿旧卢布。可是，到了 1957 年 11 月初，其中只有 37 个项目完全完成（《人民日报》，1957 年 11 月 4 日），建设中存在明显的延误。在 1960 年中苏关系恶化以后，苏联在 7 月份忽然下令撤回所有专家，许多这类工业建设项目都停了工。苏联人到底完工了多少项目，其说不一。苏联的数字说是完成 198 项，而西方的材料认为可能完成了 154 项或 130 项。同样，对到 1960 年夏季中苏关系已经公开恶化的时候苏联贷给中国的款项总数（以美元计），也有不同的估计。莫斯科经常提到总数为 20 亿美元，并指出 5 亿美元是在朝鲜战争中给的，可是不清楚这 5 亿美元是否包括在 20 亿总数之内。有些西方的估计则高达 26.5 亿至 30 亿美元。所有贷款无论如何已在 1965 年偿清。

成成为可能。周恩来开完会回国的时候,他因人们普遍赞扬中国在其第一次重大国际会议上的表现而受到了鼓舞,于是满怀信心地宣布:"日内瓦会议的成就证明,国际争端是可以用和平协商的方法求得解决的。"①

1955年4月举行的亚非会议的成功也多少得力于周恩来所强调的和平共处的方针。这次会议于4月18—24日在印度尼西亚的避暑城镇万隆召开,有29个国家的政府代表参加,它实际上是当时亚洲和非洲全部独立国家的共同组织。周恩来特别强调了中国的和平共处政策,或叫做"万隆精神",他说:"我们亚非国家所需要的是和平和独立,我们并无意于使亚非国家同其他地区的国家对立,我们同样需要同其他地区的国家建立和平合作的关系。"②

周恩来利用了他个人的巨大魅力和外交机敏逐渐减弱了那些怀疑中国(如柬埔寨的西哈努克亲王)或怀疑共产主义(如巴基斯坦的穆罕默德·阿里总理)的领导人的敌对情绪。③他因此为18个月后他的成功的亚洲之行和为亚洲政治家们连续来北京作友好访问打下了基础。1955年初中国同南斯拉夫建立了外交关系,这也帮助周恩来铺平了他的道路,因为许多亚非国家的领导人都和铁托个人关系良好。

对其他与会者来说,中国的讲道理的态度已很清楚,因为周恩来建议中—美两国开展谈判来缓和两国间的紧张关系。其结果是,在这一年的晚些时候,在日内瓦开始了大使级谈判。这次谈判在开始后几个星期只达成了一项协议,即关于双方互相遣返平民的问题;但是,这些谈判后来移到了华沙,变成了未来多少年间中美外交的主要讲坛。中国还向华盛顿摆出了其他一些姿态,其中著名的就是建议交换

---

① 见周恩来在国务院第三十三次会议上的外交报告[142](1955年4月19日),载《中华人民共和国对外关系文件集》[159],3。关于西藏协定的文本,见安贝卡尔和戴夫卡尔《中国和南亚及东南亚的关系的文件集,1949—1962年》[5],第283—286页。
② 见周恩来在亚非会议上的讲话(1954年4月19日),载《中华人民共和国对外关系文件集》[159],3。
③ 关于对万隆会议和周恩来在那里的表现的描述。见乔治·卡欣《亚非会议》[379]。

记者访问，但被抱坚决敌视态度的杜勒斯所拒绝。1957年下半年北京放弃了温和的外交政策而采取了好战态度，其主要原因一定是中美关系未能取得进展。

中苏紧张关系的出现

中国新的外交路线也受到了苏联国内事件发展的影响。在1956年2月苏联共产党第二十次代表大会上赫鲁晓夫批评了斯大林，并且大胆地修改了列宁关于战争不可避免的教导。苏联共产党和中国共产党意识形态的争论，除了关于批评斯大林的问题、关于战争不可避免论外，也还有关于另外的一个新提法，即关于各国共产党可以无须经过暴力革命而取得政权的思想。在这些问题中，对毛泽东和其他中国领袖们说，他们关心的最重大而直接的问题是对斯大林及其"个人崇拜"的批评。

中国共产党第一次关于这个问题的评论，见于1956年4月5日《人民日报》发表的《论无产阶级专政的历史经验》一文。这篇文章是想摆平斯大林的功过，以平息赫鲁晓夫"秘密报告"的谴责言词在共产主义运动内部引起的混乱。按说毛泽东本人不喜欢这位已故苏联的领袖，他应该是欢迎对斯大林的批评的。但在另一方面，毛泽东也不得不提防对"个人崇拜"的攻击，因为它必然要引起对于他本人的地位和崇拜的疑问（见第二章）。在国际上，主要的直接问题不是理论上的，而是具体的：紧接着非斯大林化所引起的混乱和它所产生的波兰的动荡及匈牙利的叛乱之后，怎样重新建立该集团的团结和苏联的领导。面对匈牙利的骚动，苏联人以武力恢复了控制。可是在这样做的时候，他们大大地损害了他们的国际地位，并且使世界共产主义阵营出现了严重的裂痕。中国共产党人站出来维护苏联的威信，并且支持苏联共产党团结各国共产党。他们自己的地位因此大大上升了。

最初，中国共产党支持东欧各党谋求从莫斯科控制下取得更大的独立地位。当波兰在1956年波兹南起事以后的骚动时期，中国共产党支持波兰党的新领导人哥穆尔卡反对俄国人。但是，当纳吉领导集团威胁着要使匈牙利退出华沙条约时，中国共产党又毫不含糊地对军事干涉给予支持。12月29日《人民日报》发表论非斯大林化及其影响的第二篇重要文章《再论无产阶级专政的历史经验》。这份文件明显地暗示，在共产主义运动内部中国已是一个意识形态权威方面的潜在对手。1957年1月初，周恩来中止他的亚洲之行而率领一个代表团去苏联、波兰和匈牙利当和事佬，既想恢复苏联的领导地位，同时又告诉赫鲁晓夫和他的同事们，他们不能用斯大林的老方式来同东欧打交道。周恩来到苏联和东欧访问给了全世界这样一种印象，即中国在树立了它在亚洲内部关系的举足轻重的地位以后，又开始在欧洲事务中起着重要的作用。

中国共产党人尽管支持苏联共产党，但他们在对东欧动乱的原因所作的理论分析中却与苏联分道扬镳了。北京在《再论无产阶级专政的历史经验》中说，甚至在一个共产党国家中领导者和被领导者之间也可能有矛盾，但这种观点从未被苏联共产党接受，也是赫鲁晓夫一直否认的。[①] 根据这一立场，1957年2月毛泽东发表了他的关于正确处理人民内部矛盾的理论，它成了中国共产党4月30日发动的整风运动的基础。俄国人对这种发展看来是很不自在的，但是，当势如倾盆的批评使得"百花运动"在6月8日突然中断，以后又以"反右运动"为名对批评者进行反击时，俄国人才又感到了某种宽慰。因此，当毛泽东去莫斯科参加布尔什维克革命四十周年庆祝会时，中国人和苏联人的国内政策比较合拍，1954年苏联代表团访问北京时所植根的友谊也可以说还是差强人意的。

表明这两个国家之间当时友谊的事例有二，都发生在毛泽东访问莫斯科（11月2—20日）以前。第一，中苏关于新的防御技术的军事协定在1957年10月15日秘密签订。按照这个协定，苏联显然已允许中国拥有一颗原子弹样品和核技术。第二，1949年10月中华人民共和国成立不久就在中国成立了中苏友好协会，此时，在1957年10月也在莫斯科成立了相应的苏中友好协会组织。

① 关于这个问题的讨论，见麦克法夸尔《文化革命的起源》，第1卷 [495]，第172—174页。

这些发展部分地反映了赫鲁晓夫在夏季清洗了马林科夫、卡冈诺维奇和莫洛托夫以及后来排挤了国防部长朱可夫元帅之后，还需要中国共产党给予新的支持。但是，它们也反映了这两国领导人之间日益增强的互相依存和友谊。毛泽东对防御协定一定感到特别的满意，因为他很重视苏联在 1957 年 8 月发射了洲际弹道导弹，在 10 月份发射了第一颗人造地球卫星，在 11 月 3 日又发射了第二颗人造地球卫星。苏联的这些成就使得他发表了关于当前国际形势的著名论断："东风正在压倒西风。"① 也正是在这种看法的基础上他恳求莫斯科会议不要害怕核战争，他认为人类不会毁灭，而共产主义社会将会从帝国主义的废墟上出现。② 但是，这个口号和毛泽东对核战争的态度使他的许多同道们大大地感到困扰。③

除此之外，中国人和俄国人在莫斯科还就和平过渡到社会主义的问题发生了冲突，因为毛泽东争辩说，共产党只有通过暴力革命才能取得政权。北京关于这个问题的立场一旦大白于天下，它自然就减少了它周围的非共产主义国家的信任。周恩来追求的万隆精神似乎变成了一纸空言，同时这个印象又为 1958 年中国对中东危机的反应和北京对沿海岛屿的炮击所证实，而且它在 1959 年 8 月以后的中印边境冲突中变得更是十分清楚了。

---

① 这个口号在中苏争吵的过程中被莫斯科猛烈地攻击过。毛泽东在分析当时国际形势时引用一句中国古老的谚语"不是东风压倒西风，就是西风压倒东风"而首先提出了这个口号。毛泽东说："社会主义阵营必须有一个头，这个头就是苏联。各国共产党和工人党也必须有一个头，这个头就是苏联共产党。"

② 国际共产主义运动的团结，和苏联两颗人造卫星上了天，这两件事标志了两大阵营力量对比的新的转折点。十月革命产生了新世界，经过 40 年，新世界的力量已经超过了旧世界。现在全世界上有 27 亿人口，社会主义各国的人口将近 10 亿，独立了的旧殖民地国家的人口有 7 亿多，正在争取独立或者争取完全独立的国家的人口有 6 亿，帝国主义阵营的人口不过 4 亿左右，而且它们的内部是分裂的。现在不是西风压倒东风，而是东风压倒西风。（毛泽东主席向莫斯科中国留学生实习生的讲话：《新世界的力量已经超过了旧世界》，载《人民日报》，1957 年 11 月 19 日）。

③ 见中国政府发言人声明《评苏联政府 8 月 21 日的声明》（1963 年 9 月 1 日），载《人民日报》，1963 年 9 月 1 日。

中国和日本

最后，让我们看看北京先是坚持而后来又放弃万隆方针，是怎样表现在中日关系方面的。作为中国走向万隆方针的一部分，北京对东京的政策也有一个大转变，即从热情鼓励"日本人民的反美斗争"到强调与日本和平相处，这是因为在 20 世纪 50 年代初有了这样一些发展：斯大林以后的时代国际共产主义运动的变化；朝鲜停战以后国际紧张局势的缓和；国际舞台上和平共处五项原则的成功；以及在鸠山和石桥两届政府下日本对中国态度的改变。在 1953 年朝鲜停战协定以后，北京和莫斯科开始一致行动起来，以一种大异往昔的态度对待日本，强调同日本搞好政府之间的关系的重要性，同时热情地呼吁中日之间进行交流，认为恢复邦交的时机已经成熟。在 1954 年 10 月签署的一项中苏联合声明中，北京和莫斯科重申了这种态度，后来就变成了当时它们对日政策的基础。中国共产党原先鼓励日本人民在日本共产党领导下进行反对美帝国主义和日本政府的斗争，这时便降低了调子。①

1954 年秋季，日本各行各业的著名人士被邀参加北京的国庆典礼，中国红十字会的李德全夫人也访问了日本。这两个国家之间的交往越来越频繁，越来越热烈。中国对日本的灵活态度也反映在下列事实中：当日本记者问周恩来总理，他们这样假设是否正确，即废除中（台湾）日和平条约不一定是促进中国（中华人民共和国）和日本关系正常化的先决条件，而应该被看成是这样一个过程的目标或结果时，周恩来回答说："那都没有多大关系。"② 自然，中国对日本的这种态度不仅反映了中苏计划削弱日本对美国的信赖，也反映了中国的国外和国内政策是温和的这一事实。换句话说，它是中国共产党采取

① 如共产党和工人党情报局和中国共产党在 1950 年 1 月对日本共产党的批评所表明的，在中华人民共和国成立以后，中国共产党想输出"毛泽东的道路"，并领导日本、南亚和东南亚的民族解放斗争。

② 论及这个时期中日关系的著作，见中嶋岭雄《中国：历史、社会和国际关系》[540]，第 203—215 页。

的万隆方针的反映。

可是,中国以这些动机来呼吁恢复邦交,并没有博得东京方面全心全意的反应。鸠山政府倾向于不以任何言论或行动来触怒北京,它对中日私人交往采取袖手旁观的态度,但也没有采取步骤来满足北京的愿望。1956年12月组成的石桥政府受到了中国共产党热烈的欢迎,但它没有执政多久。接着上台的岸政府受到中国人越来越多的怀疑。

当岸首相在1957年5—6月间出访东南亚六国和美国的时候,中国人对日本的态度趋于强硬。特别是在台湾,岸表示了对蒋介石政权的支持,并且强调了日本—台湾的合作。另外,所有这一切又发生在这样一种时刻,即中华人民共和国的国内政策正发生重大的转变——从整风运动转到了"反右运动"。这对北京后来对日本的态度产生了决定性的影响,这种态度必然表现出中国放弃了万隆方针。

轮子几乎整整兜了一个圈子。1949—1950年盛行的是关于两个阵营的理论,1957年后期中国的对外政策便不再以这种过分简单化的提法为基础了。它的对外关系有了更加微妙的变化。但是,北京的意识形态方面的好战态度又一次高涨起来,并且现在又有所加强,因为它增长了自信心,同时又意识到自己的使命是力争把共产主义集团保持在正确的轨道上,以便重新发动对帝国主义的斗争。

第二篇

寻求中国道路，1958—1965 年

第七章

"大跃进"和延安领导的分裂

综　　述

　　1958 年开始时，中国共产党领袖们对其引导国家走上经济迅速发展和社会进步的能力抱乐观态度。的确，并不是所有政治局委员对于用以完成这些伟大工作的最好方式都意见一致，但是总的来说，高度的自信和作为基础的团结一致的程度无疑足以使中国共产党以坚定果断的态度行事。7 年以后，深刻的分歧使领导的分裂达到了这样的程度，毛泽东即将亲自发动毁灭性的打击以反对和他一起工作了三十多年的许多同事。这种抨击又将使中国进入大动乱的十年，以致即使是在 80 年代初期，当党的力量、威信和团结已经达到顶点时，北京的领袖们回顾 1958—1965 年这个时期前的一段时间时，也不无愁闷之感。1958—1965 年之间的八年是中国革命的一个重要转变时期。

　　的确，1949 年以后，对于中国共产党人来说，并不是一切都进行顺利。领导人之间对于发展工作的速度和形势有重大的不同意见。例如，1953 年财政部长薄一波因他主张的税收政策而受到尖锐批评，毛认为这类税收政策将使国家经济部门的发展放慢。1955 年毛对于拟议中的农业集体化的速度，公开地和他的同事们争论，并有力地推翻了他们已采用的方案。1957 年他努力鼓励非党知识分子批评党，这件事曾在最高层中引起激烈争论。在这一整个时期，当新的政治权力体制得到巩固时，它曾经一再作出努力以纠正党和政府官僚机构中的那些被认为是有害的倾向。

　　可是，1949—1957 年时期的要点是，处理矛盾的方式是设法在精英中保持基本团结和维护革命运动蓬勃向前发展。同样，虽则许多公民极不同意共产党这一时期的政策，党的威信和新体制的威信仍然很高。共产党人可以理直气壮地宣称，他们的政策将使中国更强、更富，即使他们不得不打碎一些鸡蛋来煎出他们的民族蛋饼。共产党在1958—1965年时期丧失的正是这种威信，同时带来了实际上的灾难性的后果。这一时期总的来说证明具有很大破坏性，这是令人啼笑皆非的，因为它以"大跃进"开始，"大跃进"方案是建立在近于乌托邦的乐观主义的基础之上，即认为党凭借其群众运动的方法能够达到一切目的。

1958年春季和夏季，毛和他的同事们大力推行"大跃进"计划，用以代替1953—1957年第一个五年计划期间采用的从苏联引进的发展策略。中国的领袖们需要某种方法以克服出现的薄弱环节，防止单纯地重复第一个五年计划的策略，他们决定利用动员群众的技巧，在抗日战争的年代里他们在延安已把这种技巧磨成了锐利的刀刃。这一新策略（连同其各种组成部分，包括农村的公有化）使国家投入了延续到1959年的生产狂潮中。可是，这个策略中的主要部分最终使得生产的高涨成了经济灾难的序幕，而不是期待的富足时代的序幕。

"大跃进"策略在政治关系中引起了重大变化。它从中央政府的官僚手中夺走不少权力，并在许多情况下将其转移给了地方上的党的干部。它在生产单位中将技术专家搁置一边，以善于激发工人热情的政治通才代替他们。它在所有领域把普及政治的需要抬高到了一个新水平，因为在政治热情的推动下进行超人的工作是成功地实现这一新的发展方式的关键。它也把重要的新的紧张引入了中苏关系，因为它事实上减少了在中国的许多苏联顾问的权力，含蓄地对以前神圣不可侵犯的苏联模式提出了异议。

既然有这许多变化，当"大跃进"开始摇摇晃晃地进行的时候，自然出现了一些严重的困难。到了1958年末，毛和其他的人发觉，以跃进为名的极端主义已经造成某些损害，他们适当地修改了目标和政策，以保持运动在轨道内进行。但是1959年初有关国家粮食征购实际结果的消息透露，情况比以前想象的更坏，在那个春季毛带头进行了使"大跃进"方案更加合理和效率更高的工作。可是，运动证明很难置于控制之下，因为 1958 年接过更大权力的那些人继续反对从那一年的政策作任何后退。

1959 年夏季，把"大跃进"置于控制之下的问题，以一种非常有害的方式和上层的精英政治缠在一起。彭德怀——他是军队的领导人，长期以来和毛的关系存在麻烦——6 月访问苏联和东欧归来后不久，在庐山召集的一次党的重要工作会议上尖锐地批评"大跃进"是"小资产阶级狂热"。彭在庐山的行动的基本原因仍然不能断定，但毛宁愿把它当做对他个人领导的直接非难，反应激烈。毛要求彭和他的支持者交出权力，并提出苏联已经卷入了彭的挑战。导致的直接后果是双重的：清洗彭压倒了控制"大跃进"的努力，于是引起激进政策的持续到 1960 年的第二次高涨；中国和苏联之间的关系变得更加紧张。

这两个结果在 1960 年都结出了苦果：跃进的高潮给经济进一步带来了更多的巨大损害，以至于到了 1960 年晚些时候饥荒已在国土上蔓延；和莫斯科的关系继续恶化，以致 1960 年夏季苏联突然取消了他们对中国的所有援助。苏联的帮助在那个时候对若干主要的工业发展项目仍然是十分重要的，因而这一行动在中华人民共和国产生了严重的经济后果。这也分散了北京对农村中正在逼近的经济灾难的注意，因而未能及时地采取解救农村紧张局面的措施。

因此到了 1960 年末，"大跃进"已经在内地引起了经济上的灾难，而在 1960 年，大于经济上的混乱就在城市中到处蔓延开来。这时北京看出了问题的全部严重性，拟订了一系列纲领性的文件以对付这种形势。在紧要关头的这一年，所有迹象表明，毛赞成他的同事们所策划的从"大跃进"大规模后退。实际上，1961 年 6 月毛在北京党的一次重要会议上作了自我批评[①]，全党采取了收缩政策，作为官方的原则。

可是，危机一旦开始减缓，当毛寻求恢复他作为确定当前基本任务者的身份时，领导人之间的紧张情况又出现了。在"大跃进"期

---

① 因为得不到这份自白的全文文本，很遗憾，不可能确定这一自我批评的特点是彻底的还是敷衍了事的。

间，由于他的严重错误判断，他的权力和形象受到了损害，他对他的影响力可能下降的担心增加了。他得出结论，苏联国内最近的事件表明，在错误的领导下，一个共产党国家实际上有可能变质，成为具有高度剥削性质的体制。实质上，毛断定"大跃进"已经损害了依靠动员群众获致显著经济发展的观点的信誉，但他仍然坚信动员群众对于防止革命蜕变成官僚主义的重要性，这样的事已经在苏联出现。

毛的那些直接控制中国共产党机构的同事们不同意后一见解。他们渴望恢复中国共产党内部的纪律，渴望推行一条适当利用专家和专门技术知识以发展经济的路线。因此，他们具有许多和毛相同的目标，但却避开了他的有些方法。由于随着"大跃进"出现的行政权的分散，如果毛找不到几个重要的伙伴来加强他的力量，那么这些人就很可能成功——虽贯彻毛的基本设想但在方法上加以修改，使它与他们的更加官僚主义的方法协调起来。

毛的这些伙伴有他的妻子江青、他任命来取代彭德怀的林彪，以及保卫系统的重要成员康生，他们同毛泽东及他以前的秘书陈伯达联合起来，要废止"大跃进"之后出现的这种做法。这一联合在1962—1965年之间逐渐形成的过程将进一步予以详细叙述。参加这个联合的每一个成员都有其个人的原因，他们一致认为应该改变继任顺序，以使刘少奇（或其他像刘这样的某一个人）最后不至于从毛那里接过全部权力。因此，这个时期就变得与结盟政治和继承密谋密不可分了。

当然，争论的具体问题在这几年里是有变化的。1962年前期，对农村已经达到的恢复的程度在认识上有重大的分歧。毛认为，恢复已经取得很大成就，足以使北京能够掌握主动并重新维护其权威。刘少奇、邓小平、陈云等人不同意，认为党必须继续落实紧急措施以解救危局。为那些在1959年就"大跃进"具有危险性提出警告的人平反的问题，这时也提了出来。毛同意这些"右倾分子"中的许多人现在应当予以平反，但他不肯让彭德怀复职，使他的许多同事（但不包括林彪）大为懊恼。

到了1962年秋季，毛已在"大跃进"后的恢复程度这一点上取胜，于是争论转移到在农村恢复政权的威力和声誉的最好方法这一点上。毛主张在农村中用对农民进行广泛政治动员的方法以重建党的政策。最后，他的同事们改用通过内部官僚主义的方式试图实现农村党的整顿。毛由于对其他政治局领导人偏爱官僚主义行事方式的倾向感到失望，便采取两种措施以增强他的那些政策在体制中的作用。

从 1963 年开始，毛泽东不断提倡把人民解放军作为中国人效法的模范组织。人民解放军在林彪领导下，从研制原子弹的进展（中国第一颗原子弹试验在 1964 年 10 月）到在 1962 年秋季与印度军队的边界战争中获得一系列给人深刻印象的胜利，在军事技术工作中表现良好。同时，林在部队中推行政治工作，以学习在《毛主席语录》中浓缩了的、教条化了的毛泽东思想为中心。在毛的眼中，人民解放军成了实现了技术和政治最佳结合的组织，毛谋求扩大它在政治体制中的作用。林彪有力地促进了这种发展——还有这种发展所依赖的主席的权力。

也是从 1963 年开始，毛指导起草了中国共产党中央委员会致苏联共产党中央委员会的九封"信"。这些论战的文件详细地说明了毛的论点，苏联已经蜕变成非社会主义的体制，毛把这一发展说成是堕落到了"修正主义"道路。毛用这些信在中国广泛地揭露修正主义的论点，实质上是要摆明（有点转弯抹角地）他反对和他对立的同事的政策的理由。

后来成为"文化大革命"初期主要对象的刘少奇和党的其他领导人在 1963—1965 年之间，实行一种给人以非常深刻印象的恢复经济的方案，使 1965 年的生产恢复到"大跃进"前夕所达到的水平（几乎是在所有的地区。当然，在一些地区还超过了这些水平）。如前所述，这些领导人似乎尽力顺应毛的许多要求，同时疏导这些要求，使之对他们所重建的官僚主义的体制少起破坏作用。可资利用的文件表明，这些领导人并没有忘记潜藏于林彪、江青、康生和他们的追随者的阴谋中的危险，但是似乎没有多少理由相信，在 1965 年以前，他们在根本意义上把这些危险看成威胁。

刘少奇、邓小平和与他们具有同样见解的同事，似乎把局势看成是困难的，但不是不能应付的。他们的这种估计最终证明是错误的而

273

带来了灾祸。他们努力在某种程度上满足毛，尽可能地限制他可能联合的伙伴在体制中的势力。因此，举例来说，1964 年开始的在非军事的管理机构中建立军队型的政治部门以增强军队势力的企图，就像江青屡次想取得文化政策的权力那样受到了强有力的抵制。但是，当这个 10 年的中期临近时，毛本人把这一发展较少地看成是国家政策之间的不可避免的摩擦，而是更多地从摩尼教善对恶的斗争这一方面去考虑。这种新看法自然大大地增加了风险，日益不安、心绪不宁的毛开始采取导致 1966 年发动“文化大革命”的重大步骤。

以上简要的综述指出了这一时期发生的四个主要变化：基本上团结一致的领导演变成意见有深刻分歧的领导；从完全正当的中国共产党统治演变成远不能欣然被接受的统治；党员从相对地有纪律、有生气的状况演变成意气沮丧、半信半疑的状况；从通过达成一致意见来处理党内矛盾的方式演变成解决这种紧张关系的基本准则的分歧。总之，在 1958—1965 年期间，中国的共产主义运动，无论从它在党内所具有的组织手段来说，还是从它在群众中所获致的正当性来说，都丧失了它的某些主要品质。这些损失促成了深刻的意见分歧，从而导致了“文化大革命”。这段历史更详细的情况有如下文所述。

“大跃进”的根源

许多种力量促成了共同采取名为“大跃进”的政策的决定。其中最重要的是仿照苏联发展策略的第一个五年计划所产生的问题。这是些以经济问题为其核心的政治的、社会的和经济的问题。

由斯大林制定而为中华人民共和国所采用的苏联策略需要两个条件：计划体制首先将资源导向发展重工业，同时冶金工业要得到最优先的考虑；农村地区急需资金，又因需要提供资源以特别使重工业和一般地使城镇地区得以发展而被剥削。中国人仿照苏联人非常成功地建立了他们的计划机构，以致在他们各自的第一个五年计划期间，中国人设法把他们将近 48％的国家资本投资专用于发展工业，而同类的苏联数字却低于 42％。问题出在等式的另一端——剥削农村地区以支持这种城市工业政策。

苏联在第一个五年计划期间曾经将农业既用做出口货物的源泉，使政府能够为工业进口机器和技术，也用做迅速扩大的城市工人队伍的食物的来源。成百万的农民死亡，或者直接由于莫斯科把集体农庄制度粗暴地强加给他们，或者即使在 1929—1932—1933 年期间农业生产下降超过 25％的时候，政府仍保持农业征购的固定水平，以致造成饥荒，不那么直接地致农民于死地。这种办法假定农业生产确有剩余，并设法使这些剩余产品用于政治领导的目的。

中国的情况在两个重要方面不同于苏联。第一，也是最重要的，1957 年中国的人均产量只有 1928 年苏联的一半，粮食产量是人均 290 公斤比 566 公斤；植物油产量是人均 1.7 公斤比 3 公斤。因此，苏联能够讨论如何保证最适当地支配稳定的农业剩余产品，中国则必须研究一种办法首先生产并增加这种剩余产品，然后做到控制其分配。第二，在社会成分上苏联共产党员 70％以上是城市居民，而中国共产党员则 70％以上住在农村。两党社会成分上的差别可能多少使中国共产党更不愿采取以农村的痛苦和成百万农村居民挨饿为前提的策略。因此，1957 年后期中国在探索一种可以提高农业产量的同时又使资本占用量多的重工业能够迅速发展的策略。1957 年 9 月和 10 月初，八届三中全会上曾热烈地讨论这种策略的各种因素，特别是农业方面的因素。

农业上的问题是，在北京致力于国家向重工业部门投资的同时，如何说服农民增加他们的产量和销售的货物。领导人清楚地认识到，直到那时所遵循的方案并没有解决这个问题。毛泽东要利用政治的和组织的手段来提高农民的产量。但是党的第五位成员和地位最高的经济专家陈云却在这样的前提下提出他所推荐的解决办法：农民只对增加了的物质刺激，而不对强迫或思想上的劝勉作出反应。物质刺激不仅要使农民的产品得到好价钱，而且要使他们能用他们挣得的钱买到消费品。因此，国家投资必须或多或少地向轻工业方面转移，以便提供必需的消费品以实现这一农村策略。轻工业部门也要以相当的利润率相对迅速地周转资金，从而在相当时期内为重工业的迅速发展提供足够的资金。

陈云从根本上争论说，因此，在这种有条不紊的方法中，每个部门都能帮助其他部门，中国人没有必要把在部门之间的交易看做一种输赢相等的游戏。他还指出，要是他的建议被忽视（事实上是被忽视了），要供养大批大批高报酬的城市工业工人是不可能的。陈云1957年的策略在很多方面与苏联尼古拉·布哈林1927—1928年的策略相似；和布哈林被斯大林置之不理一样，陈云也被毛从中央舞台推开。

陈云建议的政策——50年代中国提出的最全面的可取的发展办法——在某种程度上是因急于求成而未被采用。陈自己毫不犹豫地承认，他的平衡增长的方案在以后的几年中不会产生任何发展的奇迹。但是，对陈的失败的解释事实上要复杂些。他的策略认为，中国政府——不同于中国共产党——在经济管理中将继续起主要的作用。第一个五年计划制定的制度把巨大的权力置于中央政府各部。虽然和所有机构一样，各部也是在党的全面控制之下，但是非党专家在各部的工作人员中最为集中。

部里的工作必然重视读写能力、统计技能和抽象概括的能力——这些技能在城市知识分子中远比在农民群众中更为普及，而农民群众在党掌权前为党输送了大量的忠实成员。但是，"双百"运动及其导致的1957年的"反右运动"大大损害了城市知识分子和主要依靠他们的贡献的任何发展策略的声誉。实际上，紧接这个运动而强加给"右派分子"的严厉惩罚使许多知识分子完全成了从苦役拘禁地出来的人，因而改变了人力资源参数，而这种参数必然会影响政府所采用的发展策略。

在1957年夏季晚期和秋季，更加激进的反知识分子的气氛从城市扩散到农村地区。在农村，"反右运动"指向那些对此前两年席卷中国的农业迅速合作化（本质上是集体化）的功效表示怀疑的人。在中国农业的发展和机械化的低水平上，集体化本身是一项表示人的组织状况的因素在国家经济发展中居于首要地位的政策。因此，城市和农村地区的"反右运动"都增强了那些相信适当动员民众就能完成"资产阶级专家"认为不可能而不予考虑的工作的人的地位。在1957

年到 1958 年的冬天，农村的"反右运动"本身对于采取动员群众以建造水利设施的政策起了促进作用。这项政策证明是非常成功的，但也使那时农村组织结构内在的几个问题显著起来了。

第一，缺乏安排人力和资源的适当组织单位，妨碍了大规模的动员工作。第二，如果农民在非农业工作如水坝建造上投入成百万的劳动日，劳动力就将绝对短缺。第三，在农村中，在基层的政府单位和经济单位之间建立良好配合关系方面存在问题。1956 年，政府取消了区并合并了乡，但这很快引起了一系列越来越严重的组织上的问题，到 1957—1958 年冬季还没有解决。这些问题争论的结果成了在农村中建立一种更大的单位的压力，这种更大的单位将能管理更多的劳动力资源，也能灵巧地适应政府的行政等级制度。

在 1958 年初进行一些试验以后制定的解决办法是建立人民公社，其后在 1958—1962 年之间，人民公社本身经历了组织上的重大变化。最初的公社是巨大的集中化了的单位，包括几个标准的集市区域。[①]它们既作为基层政府机构，也作为主要的经济单位。它们的规模使它们不但能够管理农业生产，而且也能够管理当地的工业、商业、教育和民兵。此外，在公社指导下，农业劳动力的组织发生了引人注目的变化，许多农民当时被派到专业化的工作队，从一个村子转到另一个村子去完成特定的任务。

这些最初的公社管理起来证明规模过大；它们把社员收入的基础放在以好几万农民为单位的总产量上，这种尝试给予个人努力的鼓励太少。因此，从 1959—1962 年，在一系列阶段中，有效的集体组织的层次变得更低了。在公社中，这种演变最先促成大队的设立，然后是设立叫做队的更小的单位，农民个体的收入取决于这些相继变得更

---

① 标准的集市区域包括传统地在同一定期市场上买卖货物的一些村子。这些区域既有经济的同一性，又有社会的同一性，如婚姻关系经常是在同一集市区域的不同村子的农民之间发生。见施坚雅《中国农村的集市和社会结构》[667]，载《亚洲研究杂志》[361]（1964 年 11 月、1965 年 2 月和 1965 年 5 月）。中央委员会 1961 年 6 月的一项决议命令公社缩小到以前乡或联合乡的规模，见《中华人民共和国经济大事记》[235]，第 306 页。

小的单位的总产量。到了 1962 年，公社自身也缩小了规模，公社总数由原来的 2.5 万个增加到 7.5 万个。到 1962 年，这些变化使得许多公社大体上和以前的标准集市区域相似，使得公社内的最重要的经济单位——队——或者和小村子本身一致，或者和大村子中相对地有社会结合力的邻近的几个小村子一致。

在城市和农村地区，从专门技能向动员群众的转移——作为"反右运动"的结果——表明，最适合做动员群众工作的政治组织中国共产党将比它在 1953 年后遵循苏联式策略的期间，承担起相对来说更为重大的任务。中国共产党在管理广度上的这种扩展必然要以政府的官僚体制为代价。某些行政权的分散将缩减中央各部的权力。排斥专门技能的一个主要后果可能是保障发展策略的国家统计制度的破坏，发展策略有赖于可能性和最佳方案的专门测算。在最高一层，由政治局和书记处（以邓小平为首）领导的中国共产党机构将起重要得多的作用，而总理和国务院的作用相应缩小。

在"大跃进"策略的发展过程中还加进了两组争论。第一个五年计划在社会地位方面采用苏联对必需品的和身份的差别工资的办法，结果是中国城市社会到 50 年代中期变得越来越分出了层次。这种层次的划分扩展到政府官僚机构，1955 年供给制被一套复杂的干部等级制度所取代。类似的等级制度也应用于工业、商业和教育系统的不同部门。结果自然是中国人当中的地位意识日渐增强，一种对经济发展有好处但违反毛泽东革命意愿的名利心受到了鼓励。一种依靠思想的和强制的动力多于依靠经济的和职位的动力的方针可能消除第一个五年计划的这种有缺点的社会副产品。

另外，毛本人在这个制度中的地位可能受到所推行的经济发展的类型的影响。他个人在政治上的精力是放在外交政策（特别是对大国）、农村政策和有关革命情况变化的论争（主要是根据国家当时的基调和情况规定以多快的速度实行改革）这些领域中。城市经济，特别是财政和计划的专门事项是他了解得很少的课题。因此，在 1958 年 1 月举行的南宁会议上，毛非常厉害地抱怨说，财政部几年来送给政治局的表明见解的文件是如此专门和复杂，以致他只好甚至没有阅读就签署。这种状况自然限制了毛泽东在这一制度中的作用,他决定加以改变,强行通过一种发展的策略,将这种作用由他所不擅长的领域转移到他认为更有信心的领域。

最后,在最根本的层次上,产生"大跃进"策略的动力是来自中国共产主义运动历史中的非常深远的思潮。从前,革命一旦面临似乎是难以应付的成败关头时,一批创造性的以广泛动员各种力量为核心的军事和政治的政策保住了胜利。中国共产党在30年代中期进入延安时,是一批原有组织的褴褛不堪的幸存者。尽管有几年曾经面对来自国民党或日本人的几乎是连续不断的挑战,到第二次世界大战结束时,中国共产党和它的军队已经在规模上、力量上、活力上大大增大和加强了。中国共产党在以后的年代里非常自然地倾向于把在野的时代理想化,把它看成这样一个时期,那时党真正贴近群众,官僚主义和社会等级现象并未玷污革命的理想主义,动机良好的领导人和他们的追随者克服了似乎不能克服的遭遇而生存下来并终于取得了胜利。由于毛嫌恶第一个五年计划的社会政治结果和对他所渴望的工业迅速发展机会似乎构成威胁的农业基础这一薄弱环节,毛和顶层领导的其他许多人看来要回头注意延安精神(及其方法),把它作为他们的希望的源泉。动员群众、社会平等、抨击官僚主义、藐视物质上的障碍——对中国革命的奠基者来说,这些办法将会再次拯救革命。

因此,有许多种力量推动领导,特别是毛,在1958年采取"大跃进"的策略。发展中的困境,结合着对苏联模式的社会结果的不满,引起了这种对动员方法的探求,以取代以前的做法。党和政府机构之间以及农村中基层行政单位和经济单位之间的紧张关系又增加了这种紧迫感。最后,从1957年7月的青岛会议开始并持续到下一年,毛开始提倡一种使中国富强的全新的观点。在一系列会议(9—10月的三中全会、1958年1月的杭州、南宁会议和3月的成都会议)期间具体化了这种策略,号召用组织和动员的方法来实现农业和工业齐头并进的迅速发展。合乎逻辑的下一步——"大跃进"——在1958年5月党的第八届全国代表大会第二次会议上正式被通过。它的一个最显著的特点,即农业的公社化,在这年8月的北戴河会议上成为官方政策。

"大跃进"策略

简单地说，"大跃进"策略有四个主要部分：[①]

1. 靠充分动员未充分就业的劳动力以弥补工业和农业两者资金的缺乏。这个办法在农业地区尤其重要，动员群众在那里将会导致基本上是自筹资金的发展，从而解决成为障碍的农业问题以求得快速全面的发展，为城市的工业发展提供资源（尤其是食物）。而这又可使中国得以实现工业和农业同时并举。

2. 通过为中国经济的主导部类制定宏伟目标，以及在根本上真正鼓励使其他部类赶上这些主要部类的任何改革，来完成"计划"。"困难脚下踩"，写出了这种做法的气概。

3. 在工业中，既依靠现代的也依靠传统的方法来提高产量。因此，举例来说，一方面主要的钢铁联合企业得到大量的新投资，另一方面任何敢于冶炼的团体都可以"土法"炼钢。总之，传统部门要给现代化的部门以投入，虽然实际上得不到报偿。

4. 在所有领域，蔑视技术规范（以及强调技术规范的专家）以利于获得用这个年代的词汇来说是"多快好省"的效果。实际上，"多快"淹没了"好省"。

这个显然无知的办法似乎暂时有效。自然，这种现象在一定程度上是虚假的——统计制度实际上的破坏，再加上对干部施加的沿着这条路线以创造惊人成绩的巨大压力。并非太不可思议的后果是，数量非常巨大的虚假报告使领导严重地误解了国家事务的实际情况。但是，有两个因素结合起来的确使 1958 年成了有显著实际经济成就的年份，因而给"大跃进"策略添加了某种可信性。

第一，1958 年的气候异常良好，结果是与通常可能有的情况相比，农业成绩较好，其他事项持平。伴随迅速设立公社而来的组织上的混乱无疑减少了农业产量，但是作为主要条件的气候状况，在这个关系

---

① "大跃进"的经济策略将在本书第八章中分析。

重大的年份的大部分时间里，非常有利于至少给人以富裕的表象。

第二，在工业部门，第一个五年计划期间着手的许多主要项目在1958年开始取得效益，显示出惹人注目的工业产量的增长。对一个需要相信激进的"大跃进"策略的效力的领导集团来说，客观条件再次使他们有可能为其信仰找到某种支持。

在1958年开头和年中的几个月里，这些不同的因素，既在中国共产党内也在一般民众中，导致对"大跃进"的逐渐增强的支持。外国观察家们对群众努力完成气势惊人的工作任务以跃进到共产主义的激情感到吃惊。一群群农民实际上没有休息地、不可思议地投入大量时间，连续几周地维持着令人极度疲劳的进度。当这种激情逐渐达到高潮时，领导对这种努力的功效提高了要求。在某些地区，新成立的公社开始废除作为交换媒介的货币；到了秋季，人们普遍地、想当然地认为延续多年的粮食问题已经解决，这导致对许多公社居民免费供应食物。中国共产党的干部在贯彻动员群众的策略中，从政府里那些和他们地位相当的人的手中接过越来越多的工作；在中央，邓小平领导的党的书记处获得了空前的权力和威信。如果"大跃进"获得了即使是所期待的成就的一个相当部分，它无疑也将使已经给人以深刻印象的中央领导的团结进一步加强。但事态并未向那个方向发展。

"大跃进"的政策

记载表明，刘少奇、邓小平和大多数其他领导人在整个1958年全心全意地支持"大跃进"的策略。实际上，在政治局一级中那一年明显地持不同意见的文职人员只有总理周恩来和负责经济的最高官员陈云。在军队中，许多军事领导人并不喜欢支持民兵和分担"大跃进"加给中国人民解放军的民事工作的新义务。在这些持不同意见的军人中，最著名的可能是国防部长彭德怀元帅。

刘少奇和邓小平从"大跃进"中得益不少。两人都主要从事党务工作，如上文提到的，中国共产党机构作为一个整体在"大跃进"中大大扩大了它的权力。邓小平在1957年的"反右运动"中起了重要作用，回溯到20世纪30年代，他可能被看做党内毛泽东一派的一员。"大跃进"主要是毛主义用来替代苏联发展策略的另一个选择，邓和这种努力的成就密切相关。邓通过他的中国共产党书记处领导人的职位在指挥"大跃进"的事务中起了重要作用。

刘少奇对毛泽东有更大的个人独立性，但刘也要考虑继任问题。在 50 年代中期，毛曾经提出自己应当退居"第二线"，到了 1958 年初，他表示将让出自己的国家元首的职位和摆脱党领导中的许多日常工作。如此，毛泽东就能既确定继任人选，又可以更充分地致力于中国革命未来方向的研究。刘少奇在 1958 年或许已很留心继承问题，而对毛泽东的方案的个人支持在获取毛应允其为下一个继任人的策略中是重要的。[①] 因此，刘少奇在为中国正式采用"大跃进"策略的党的第八届全国代表大会第二次会议上，发表"大跃进"的基调演说，并不出人意外。事实上，1959 年 4 月当毛泽东让出国家元首职位时，刘的确接替了毛。此外，"大跃进"既然使中国在共产主义的道路上迅速前进，它自然将为继任者创造一种可羡慕的继承局面。没有迹象表明，1958 年时刘少奇认为"大跃进"还会造成其他的结果。

上面提到的其他三位领导人的担心是容易理解的。陈云反对的原因集中在他坚定地认为应为中国寻求适当的发展策略，这种见解和"大跃进"基本的纲要根本不同。周恩来无疑对自己的机构国务院在中国发展策略中的地位降低不满，此外，周恩来很可能相信和陈云的主张更相近的策略。彭德怀从 40 年代起在许多争论问题上和毛泽东的意见不同。那时彭负责和日本对抗的百团大战，其后毛对这次进攻的计划和指挥提出了尖锐批评。彭德怀曾经领导在朝鲜的中国部队，在彭的指挥下，毛的儿子在彭的飞机被击落时遇了难。[*] 朝鲜战争结束时，毛和彭之间的关系变得更坏了。单单由于这些个人原因，彭也很可能反对像"大跃进"那种与毛非常一致的策略。

但是彭德怀的反对有比个人怨恨更为坚实的原因。彭希望有一个强有力的、现代化了的、专业的军事机构，他相信苏联是必需的武

---

① 刘在 1945 年已正式得到这种应允，但可能还不足以使他具有 1958—1959 年时的充分自信。

* 译者按：原文如此。

器、装备、技术和援助的唯一可能的来源。彭谋求和苏联的良好关系，并且理所当然地要人民解放军以苏联红军为榜样。由于他看重苏联军事援助，他几乎没有其他选择。但是，毛不同意所有这些考虑。他认为军事开支必须削减，达到这一目的的最好方法是使人民解放军增强它的进行游击战的能力（以便防御侵略和免遭长期占领），与此同时发展本国的核武器能力。后者可以使核讹诈受挫，不那样，中华人民共和国就容易受到这种讹诈。这个策略的核武器部分无疑非常需要苏联的合作，但是传统派则指出，中国应当发展自己的军事教范和装备而不是依靠苏联模式。

如上所述，毛把"大跃进"设想为摆脱苏联发展模式的束缚的一条出路，这是因为中国自有其非常不同的条件。在军事方面也是如此，当时毛力求放弃苏联模式，他在一次长时间的扩大的军事委员会会议上说明了这一点。这次会议是在 1958 年 5 月党的第八届全国代表大会第二次会议通过"大跃进"策略后不久召开的，并延续到了 7 月。赫鲁晓夫曾经支持毛的核援助的要求（其原因，和中苏关系相比，与共产党集团的事务更有关系），可是中国传统军事策略中的这个转变增强了已在迅速发展的中苏紧张关系。[1] 根据彭的观点，把游击战作为人民解放军任务的看法，除了损害解放军外，还贬低了它，因为这种看法要求军队与民众建立更密切的工作关系，这项任务打断军事训练，让军队领导庞大的民兵部队的发展和管理。

最后，正在这个时候，毛把长期的亲密支持者和中国最好的军事战略家之一的林彪调进政治局，使林在中国共产党内的地位比彭还高。对林和彭两人来说，含义必定都是清楚的。在 1958 年，这种紧张关系与领导主体对"大跃进"策略的总的热情相比，还不明显，但是当"大跃进"开始遇到严重问题时，它就上升到表面，引起了深刻的怨恨，并妨碍了在策略上及时地改变对"大跃进"本身的安排，最终造成了最大的政治和经济的灾难。

1958 年秋季，一些领导人的视察旅行表明了问题正在形成。在

---

① 关于这一时期的中苏关系，见本书艾伦·惠廷所写的第十一章。

某些地方，农民食物短缺的情况证明官方统计提供的几乎所有地方都相当富裕的报告是虚假的。在其他地区，长势极好的庄稼也没有完全而适时地收割，因为转移到地方工业或离乡参加城市中的国营人工厂的工人太多。1958 年时城市人口的增长简直是直线上升。同时，钢铁部门的成绩表明 1959 年生产 3000 万吨钢的理想主义的原目标（1957 年的总产量是 535 万吨！）是不能达到的。因此，到 1958 年晚期，毛认识到必须进行调整，尽管他仍然认为"大跃进"的基本策略是正确的。

毛在 11 月的第一次郑州会议上开始主张这种调整，然后在武昌中央工作会议和随后的 1958 年 11 月至 12 月的六中全会上予以贯彻。他要求 1959 年的钢的指标从 3000 万吨减少到 2000 万吨，他又建议政府公布低于那时内部估计的最高的粮食产量统计数字。毛本人使他自己在这个时期的观点带有将北戴河会议的革命激情和实事求是的精神结合起来的特征。[①] 但是，实事求是精神——令人不安的 1958 年底国家实际粮食征购的结果所迫切要求的——很快迫使毛泽东采取更有力的措施以抑制"大跃进"中日益明显的过分行动。

这时，中国领导人在 2 月晚期的第二次郑州会议上聚集在一起以制订 1959 年的策略，毛决定需要使用强硬的措辞以防止"大跃进"变成一场灾难。在集中讨论农村公社问题时，毛声称，自己赞成"右倾机会主义"。实质上，他要求减少公有化的程度，把更多的所有权下放给公社本身这一级之下的组织。他要求对基层干部和农民的利益不要采取那种满不在乎的态度，并威胁说（为了增强效果），如果再不适当地改正，他将退党。这里，人们感觉到，毛仍然充分相信"大跃进"的基本策略是正确的，但他担心，执行政策的干部中的"左"倾错误将导致既给中国也给毛泽东自身的地位带来巨大损害的灾祸。在这同一时期，毛请陈云在制定适当的工业指标和贯彻有关的措施时发挥积极的作用，以使"大跃进"更合理更有效地进行下去。

随后一两个月的事件表明，毛在迫使中层干部紧跟以改正 1958

---

① 《毛泽东思想万岁》（1969）[507]，第 258 页。

年的失误中遇到了麻烦。有些"大跃进"早期的忠诚拥护者如河南的吴芝圃和四川的李井泉，这时几乎没有表现出从他们更早的立场上后退的意向。柯庆施——上海党的第一书记，也是"土法"炼钢运动的主要支持者之一——不愿承认这个运动的问题。更普遍的是，支持进行"到底"的情绪在从省到公社各级党组织中似乎仍很强烈。

还不完全清楚情况为什么就是如此。它可能在一定程度上反映出以下的事实：这些干部由于"大跃进"策略而得到了更大的权势，可是却没有在或许会使他们更深刻地感受到政策压力的基层工作过。还有，从省到公社各级农民干部更专心致志于这一运动的事实或许可以部分地解释这种现象，因为"大跃进"有几分太平盛世运动的气氛，它可能使农村摆脱城市的控制，使农民干部摆脱城市出身的专家的检视。总之，所有迹象表明，毛在1959年春季剩下的全部时间里，为了使他的基本发展策略成功，把大部分精力放在抑制"大跃进"的过分行动上。

西藏叛乱中断了1959年春季对发展问题的集中注意。这个边境地区——它的社会和中国人谋求建立的共产主义社会有很大不同——已有一段时间潜伏着不满的情绪。虽然通过允许推迟进行重大改革而达成某种和解，从而在西藏保持了平静，但从别处传进来的"大跃进"的消息引起了严重的紧张。居住在四川省的西藏人于1956年，居住在甘肃和青海省的西藏人于1958年曾经发动叛乱，从这些地区来的逃亡者住在拉萨，助长了那里的不安。汉族战士和平民的某些个别行动和错误1959年初在这种紧张的气氛中导致了一场实际的叛乱，达赖喇嘛于是逃到印度避难。

叛乱无疑出乎中国人的意料，只能从这个地区之外增派部队以平息叛乱。尽管比较容易地就挫败了叛乱的主力，但怎样处理产生的外交和治安问题却继续烦扰着领导，一直到了夏天。[1] 但是并没有迹象表明当时领导对怎样处理这个争端有分歧。

---

[1] 据彭德怀后来回忆，7月的庐山会议进行时，他很记挂西藏问题。《彭德怀自述》[570]，第267页。

庐山会议，1959 年 7 月

到了 7 月，当最高领导人聚集在胜地庐山时，西藏叛乱从军事角度看已经平息，尽管它在外交上的影响才刚刚开始。毛泽东和他的同事们现在把注意力转回到审查经济形势和规划新策略上。毛看来至少对他抑制"大跃进"过分行动的努力正获得适当成效而感到相当满意。

可是，庐山会议几乎整个 7 月都在继续，并且证明是中华人民共和国历史上最重大的会议之一。会议快结束时，毛开始猛烈抨击彭德怀——中国的国防部长、人民解放军十元帅之一——并着手必要的工作以使林彪元帅取代彭。虽然当时的议事日程仍然是巩固而不是扩大"大跃进"运动，但毛还是发动了一场反右倾机会主义者的运动，这个运动使巩固工作陷入困难，它本身导致了"第二次跃进"，带来了灾难性的后果。关于庐山会议这些年来有大量可资利用的资料，但是有关个人的动机和个人的策略仍然得不到解答。

实际上，解释这个问题要回溯到会议本身召开以前。彭德怀曾经到几个华沙条约国家旅行，1959 年 6 月 12 日回到北京。他在这次旅行中曾经会见赫鲁晓夫，很可能表示了他对公社计划及其对军队、中苏关系以及其他种种问题的影响的普遍忧虑。总之，几乎就在彭回到北京以后，赫鲁晓夫突然取消了协议——协议规定苏联向北京提供毛非常看重的核援助——又对公社计划进行了公开的抨击，这是苏联领导人第一次对中国的努力作出这样公开的批评。

当毛发动他对彭的反击时，他试图表明赫鲁晓夫和彭共谋，因为赫鲁晓夫在"大跃进"问题上对中国施加压力，与此同时彭就在庐山不公开地抨击这项政策。给情况更增添了一层神秘色彩的是，彭在其庐山活动中的一个亲密合作者是外交部副部长、和苏联有长期密切联系的张闻天。麦克法夸尔认为，怂恿彭在庐山批评"大跃进"的人的确是张闻天。[1]

---

[1] 罗德里克·麦克法夸尔：《文化革命的起源》，第 2 卷 [496]，第 204—206 页。

　　总之，彭德怀就是在庐山这个地方最初在小组讨论中对"大跃进"进行了批评，其总的调子似乎和毛泽东几个月前所作的那种评论是一致的。只有一种评论与毛不一致，大意是毛可能不完全了解他家乡发生的事情，因为那里的人民接受的国家援助比毛了解的要多得多（这是一种极易引起争论的说法，因为毛含蓄地自称他自己比任何其他领导人都更了解中国农村的情况）。

　　7 月 14 日彭德怀给毛泽东写了一封信，概括了他对"大跃进"问题的看法。彭决定采取这个行动可能是由于他觉察到在庐山有一种持续而令人不安的不切实际的态度，要不然就是他可能受到了张闻天的鼓动。实际上，彭的目的也许是要使毛为难，也可能要搅乱毛已作出的让刘少奇继任的安排。在"文化大革命"中，彭在审问下声称，他想把这封信作为对主席表示由衷敬意的信息，只是为了给主席看。① 但是，使他非常惊奇的是，主席把这封信付印，散发给所有在庐山参加会议的人，并给了它相当正式的堂皇标题：《彭德怀的意见书》。

　　7 月 23 日毛泽东对这封信作出了猛烈的反应。张闻天（可能还有其他的人）在会议上插进来的评论可能使毛泽东确信，他手里有一个滚雪球似的问题，应该迅速而果断地处理。另一种说法是，毛可能一接到彭德怀的信，就基本上把彭"挂"了起来，用他的行动作为以他自己喜爱的林彪取代彭的理由。如果林彪是忠诚的，那么赫鲁晓夫 7 月 18 日在东欧的一次演讲中对于公社的公开批评就让毛泽东占了理。

　　不管怎样，毛泽东在 7 月 23 日采取的直接反对行动，在可以允许的批评和彭德怀的"右倾机会主义"的评论之间划了一条明晰的界线。他断言，彭图谋攻击主席，而不只是对怎样更好地进行"大跃进"提出建议。他讥讽地质问道，为什么彭不在春季早些时候的会议上表达他的意见，因为那时彭已经完成了导致彭得出他的否定结论的调查。毛提醒他的听众，他自己对"大跃进"中所用的方法曾经严厉地批评，但是彭却保持沉默。现在，离开 10 月份革命胜利 10 周年还

---

① 　关于彭德怀在审问下对庐山的回忆和在中国公布的这封信的唯一的审定文本，见《彭德怀自述》[570]，第 265—287 页。

有几个月，彭德怀选定在为即将到来的这段时间的政策定调子的一次重要会议上突然发动攻击，显然是从某些方面得到了事实上的支持。在北京中南海，彭住在毛的住宅的隔壁，这一事实很可能增加了毛的懊恼和被欺瞒之感。毛的结论很清楚：彭是如此明显地违反了行为准则，以致他和他的"集团"的错误不能不受到纠正。赫鲁晓夫对公社运动的批评给谴责彭开了方便之门：彭在把他的批评意见告知他在政治局的同事之前，已经告知了苏联领导人，以便取得他们的帮助。

毛的辛辣描述震惊了他的听众。彭德怀随后几个晚上通宵未眠，据说对完全出乎意料的毛的反应感到困惑。既然彭所说的许多话事实上是毛本人在几个月前赞同过的那种措辞，因此毛态度的激烈使其余的人明显地感到迷惑不解。如上所述，毛曾正当地抱怨彭先前的沉默。同样，彭在给毛的信中的某些批评似乎是以巧妙的方式直接而严肃地批评毛本人，而不只是批评毛支持的政策（对这些政策彭仍然大多保持沉默）。可是毛的反应却一反常态，因此很可能有某种另外的利害攸关的缘由。

首先，彭德怀是那批元帅中的一人，一般来说这批人在1949年共产主义胜利后对于最高职务的分配有所不满。在夺取政权的几十年中，中国共产党的大多数领导人是在根据地，但有些人或者是在中国城市组织地下网络（如刘少奇），或者是做正式与国民党联络的工作（如周恩来）而度过了他们的许多时间。1949年后，后面这一批人不相称地分担了最高职务。1954—1955年的阴影似的高岗事件是庐山会议之前政治局一级的唯一一次清洗，它似乎涉及某些前根据地领导人对新政权中的领导职务的异议（主要是对周恩来和刘少奇）。彭德怀据说卷入了那个事件，但是减少损害的愿望导致一个决定，把随之而来的清洗尽可能控制到最少数的人。因此，毛可能把彭在庐山的行动看成彭要得到更高职位的第二次尝试。毛不久前把彭的竞争者林彪调到级别比彭更高的中国共产党的职位上，对比之下，这表明毛事实上在寻求办法使彭自在地离开政权。彭在庐山的批评可能给毛提供了一个机会，分发彭的信件便是这个部署的第一步。

庐山会议前几个月，刘少奇担任了毛让出的中华人民共和国主席的职务。这再次肯定了刘成为毛的继任者的资格,在公开场合中刘的照片前所未有地开始被给予与毛的照片同等的地位。这个变化很可能加深了关于继任问题的暗中竞争,导致彭德怀采取比他在其他情况下可能采取的更为严重的行动。这也可能增加了毛泽东对继任问题严重性的敏感,使他更加容易从有人想削弱他的权力(和他选定他自己的继任人的能力)的企图方面去考虑彭的批评。

张闻天也参加了这个事件。张闻天在长征时曾经成为党的总书记,但后来在延安,毛使他自在地离开了这个职务。张是受过高等教育和善于言谈的人。1949年以后他渐次被降级。他和苏联的紧密联系使他理所当然地成为北京驻莫斯科首任大使的人选,但是当他从这个职位返回时,他不得意地成了外交部的副部长。也许更为重要的是,他在1956年党的第八届全国代表大会上从政治局正式委员降为候补委员(1961年他正式地完全离开政治局)。张很可能认为他应得的职位比委任给他的职位要高,在1959年,由于有关"大跃进"和有关继任问题的紧张情况,他可能已经决定采取行动。张闻天和彭德怀在庐山的私人谈话可能加强了他的机会已经到来的意识,他可能巧妙地利用了不那么老练的彭,让彭去提出评论。张可能认为,他能够通过彭把他个人的抱负和许多老元帅的抱负结合起来。而且,彭被认为与许多最高领导人很有交情,而张不是如此。因此,在这个事件中,彭可能是配角,而不是策划者,被张用来在庐山创造一种气氛,这种气氛将证实张闻天对"大跃进"的滔滔不绝的批评是正当的。在7月20日的会议上,张终于发表了那样的批评。[①]

毛泽东对张闻天的这种活动也许早就很敏感,这可能决定了毛考虑彭的批评的框架。这也可能有助于说明毛收到彭的信后等了9天才进行反击这一事实。当然,另一种代替的办法是,毛可以只传播彭的信,在毛泽东明白说出他的强烈意见以前,让任何支持者在随后的讨论中有足够的时间亮相。如果毛泽东接受"张闻天当策划者、彭德怀当配角"的说

---

① 对于涉及张闻天作为主要策划者的情节,麦克法夸尔提出了有力的证据,见麦克法夸尔《文化革命的起源》,第2卷[496],第204—206页。

法，毛泽东仍然可能决定把反击的矛头主要指向彭，这有几个原因：他的降低彭和提升林彪的总的愿望；他需要一个更知名的替罪者；或许彭自己和赫鲁晓夫的讨论，可能使得他成为两人中更易受到责难的人。

最后一个可能性是，彭德怀的异议比张闻天的异议对毛泽东含有更大的危险性。彭不同于张，彭和一批重要的赞助者——老元帅们——有密切联系。而且，彭的职务和张的职务不同，彭作为国防部长有接触情报的极好机会，使彭能了解毛切望牢牢地保持在他自己控制之下的两大类人的意见：中国的农民（彭通过军队的邮件和其他来源了解他们的意见，因为几乎所有应征入伍的人民解放军都来自农村），和人民解放军本身。因此，毛可能认为必须把他的火力对准彭，即使张在庐山是批评的幕后的主要人物。

庐山会议上的对抗是在接下去的8月的庐山八届八中全会和9月的扩大军事委员会会议期间结束的。在后一会议期间，彭德怀正式失去了他的国防部长职位，并被告知去学习几年。张闻天和另外两人（黄克诚，人民解放军总参谋长；周小舟，毛家乡湖南省的第一书记）作为"军事集团"（似乎是误称）① 的成员同样被清洗。

庐山会议的影响

如上所示，庐山会议和彭德怀事件的长期影响是深远的。最重大的影响之一是，毛泽东在庐山似乎破坏了调节最高领导人之间这方面的争论的不成文的惯例。庐山会议之前，正常情况是，任何领导人都可以在党的集会上自由地发表意见，争论可以是激烈的。谁也不会因为说了什么而受到责备，只要他正式接受并按照最后达成的决议行事。但是毛在庐山的行动可以说已经改变了这一切。

首先，毛泽东把最上层同事的内部批评叫做"无原则的派别活动"。然后毛要求其他的人在他自己和他的反对者之间作出抉择，失

---

① 至于他们四人为什么被叫做"军事集团"，几年后彭德怀仍然表示迷惑。除了彭否认存在任何集团以外，四人中的两人也和军队没有联系。但是彭回忆说，毁损他名誉的人极端坚决地给他们贴上这个标签。见《彭德怀自述》[570]，第278—279页。

败者要受到惩罚。这种态度最低限度将妨碍政治局委员之间未来的自由讨论。由于事实上要求几乎所有其他最高领导人[1]都要表态，这无疑就要种下以后会产生后果的怨恨。没有迹象表明，毛泽东在庐山划线以后有任何高级领导人投票反对他。

彭德怀事件还产生了某些既具有短期重要性也具有长期重要性的人事变动。最直接的结果是林彪升任国防部长。林彪，如前所述，是毛泽东的长期追随者，林的新职务使毛比起以前来或许能更牢靠地控制人民解放军。林则坚决地防止彭恢复政治上的原有地位，因为那会对林自己的权力构成威胁。[2] 以下将要谈到，这个争端在 60 年代初期使中国的政治继续恶化。

还发生了与庐山会议有关的其他人事变动。罗瑞卿离开公安部长的职位，担任人民解放军的总参谋长。较不明显的变动是，华国锋在湖南省得到提升，担任一个更高的职位。华的提升可能是由于毛泽东在庐山的紧急时刻他对毛的一次忠诚的行动。如果是这样，华的贡献也许是：在毛的故乡韶山支持毛的发展方式，反对其上级——湖南第一书记周小舟所支持的彭德怀的指责。华情愿割断与上级的长期关系而为毛效劳，比 10 年以后当毛泽东再次需要忠诚的部下以清除林彪事件以后的反对者时，对毛有更大的帮助。

最后，如前所述，庐山会议的动态和随后的反右倾机会主义运动中断了毛泽东半年前发动的整顿和巩固的工作。1959 年秋季，反机会主义的运动席卷全国，所有那些几个月前对"大跃进"政策的功效表示过怀疑的人都被免职。这个运动实际上终止了 1959 年春调整和巩固公社的工作，到了 1960 年初期，新的跃进已经开始进行，这并不出人意料。毛泽东支持这种发展，例如他于 1960 年 3 月承认鞍山钢铁公司新"宪法"，用一种把重点放在政治上的管理方法取代那里

---

① 有些人，如邓小平和陈云由于不同的原因未出席庐山会议。

② 由于毛泽东日益意识到安全受到美国的威胁，事实上彭德怀于 1965 年被选定去领导中国西南部的"三线"开发工作。但是"文化大革命"中断了彭的工作。彭被传唤到北京，受到红卫兵的批判、鞭打和监禁，直至 1974 年去世。

以前仿效马格尼托哥尔斯克的钢铁企业的管理方法。4月，全国人民代表大会正式采纳毛泽东的12年农业发展纲要（1956年前半年短暂的"小"跃进的一个主要部分）。在同一次全国人民代表大会上，毛的亲密支持者谭震林再次认可公社计划。实际上，1960年春季这几个月都在尽力组织城市人民公社，恢复干部"下放"。现在还不清楚，在彭德怀的非难之外还发生了什么事情，致使毛泽东放弃了1959年早期的分析，而赞成恢复对"大跃进"策略的信心。1960年上半年领袖们把他们的注意力主要集中于中苏关系这一事实，使得这个"跃进"策略迅速扩大到引起灾难的程度。

第二次"大跃进"彻底地失败了。根据1981年发表的数字，1960年的农业产量只有1958年的75.5%（1961年的产量又下降了2.4%）。轻工业主要用农业产品作为原料，因而轻工业的变化比农业产量的变化晚一年才显示出来。1960年，轻工业产量减少9.8%。然后1961年下降21.6%，1962年又下降8.4%。这种积累性下降将导致可与食物短缺相比的商品的极度缺乏。重工业产量也急剧下降，1961年与1960年相比下降46.6%，1962年比1961年又下降22.2%。[①]

总之，1959年晚期和1960年重新开始的跃进导致了中国（也许是世界）20世纪破坏性最大的饥荒。这次大规模饥荒的主要原因是政治性的。那些错误的政策（如1959年时决定要农民让土地休闲，以避免因为仓储设施不足难以处理预料中的剩余农产品而造成的损失）必然导致严重的食物短缺。由于政权对于问题，对于继续到1961年的高农业征购定额拿走农村可以到手的粮食的程度缺乏了解，这类短缺大大加剧。恶劣天气和1960年年中苏联专家的撤离增加了困难，但是这后两个因素都不会引起发生于1959—1961年的多于2000万人的"超额"死亡（超过正常死亡率的死亡）。[②]

---

① 数字引自马洪的一篇论文，载《人民日报》，1981年12月29日，第5版，英译文载《外国广播新闻处》[250]，1982年1月8日，第11—12页。马洪没有指出他的百分数是怎样计算出来的，他可能利用了每年的总产值。

② 从1959到1961年，中国人口总量下降1350万。"超额"死亡的数字自然远高于此数。国家统计局编：《中国统计年鉴，1984年》，第81页。进一步的论述见本书第八章，第340页注②和注③。

　　重新开始的"大跃进"的可怕后果和清洗彭德怀的怨恨结合起来，使政治上的一致松散了，这种政治上的一致曾经使延安领导在在野的时代和执政的头十年中团结在一起。这种政治上的退步经过了一系列争端的发展过程，任何一个争端实质上可能都是易于处理的。但是合在一起它们就为延安领导的最终分化创造了条件：这就是无产阶级"文化大革命"。在 60 年代初期，六股各色各样的绳子编织成了这幅政治退步的挂毯。

　　其一，赫鲁晓夫决定尽力使"大跃进"停止进行，在 1960 年的危机达于顶点时迅速撤回苏联顾问和取消援助，以便向中国表明中国和苏联的关系的高度重要性，这些事情的意想不到的效果是使毛泽东震惊地对俄国革命的发展从根本上重新评价。在苏联的发展和其领导人的行动中，毛以前固然觉得有许多地方犯了错误，但是他以前并没有从苏联制度根本变质方面考虑。赫鲁晓夫粗鲁的强制策略引起了这种可能性，而这种思想是令人吃惊的。含蓄的意思是，如果苏联革命能够从社会主义变成法西斯主义（或者社会帝国主义），那么任何社会主义革命在理论上都是可以转变的。由于毛泽东在北京的地位因"大跃进"的失败而大为减弱，他显然开始担心他在北京的毕生事业可能最终不是世界上最合理的社会，反而是为一个极度的剥削制度奠立基础。

　　因此，毛泽东开始把他的大部分精力专用于处理与苏联的争端，他把在马克思列宁主义方面受过训练又很了解苏联事务的康生引进中央舞台，帮助自己为中苏关系而战斗。由于毛在几年当中开始对自己的继任人所遵循的路线产生非常严重的怀疑，因此毛利用和"苏联修正主义"的斗争，在中国公开了事实上等于对他自己同事的政策所作的批评。据说，康生 30 年代中期在苏联学会了在政治上暗中斗争的手段，因此在 60 年代早期，康生在北京的权势增强了在紫禁城中以斯大林主义，而不是以传统的毛主义的比赛规则进行斗争的趋势。

　　其二，毛泽东在中国共产党最高层中的威信，由于大失败的"大跃进"而大受损害。1961 年 6 月，毛在北京的中国共产党中央工作会议上实际上作过某种形式的自我批评。如前所述，到 1959 年，不论在何种情况下毛泽东都已打算在政治局中退居"二线"，以便能够把更多的时间专用于主要的争端而少陷入日常的行政事务。但是1960—1961年的灾害一旦完全显露出来，毛泽东发现自己与他本人所希望的相比，被更有力地排除在日常事务之外。同时，他从前的某些主要支持者，如邓小平，不再对他表示他自认为应当受到的尊重（林彪证明是显著的例外）。因此，举例来说，毛在"文化大革命"中抱怨邓1959年以后不听他的话。如前所述，邓以前是毛的一个主要支持者。但是，当收拾"大跃进"灾难的残局的时刻到来时，邓凭借他的中国共产党书记处的职位起了主要的作用，在适当的补救办法和要汲取的教训方面邓和毛的意见不完全相同。

第三股绳子恰恰就是不同的领导人从完全失败的"大跃进"中得出了不同结论这一事实。毛泽东承认，如他随后的行动所表明的，政治动员本身不能导致快速的经济增长，因此毛并未宣布增加主要产品，以之作为"文化大革命"的一个目标。但是，也如无产阶级"文化大革命"所证明的，毛仍然相信政治动员具有改变政治权力的前景、价值和分配的能力。作为对比，大多数在庐山反对彭德怀的毛的支持者，在他们对1960—1962年的形势作了调查研究以后，断定大规模的政治运动和整个延安式的"高潮"政治实际上在所有方面已经变得只起反作用。因此，当毛不再把政治运动看做经济增长的基础时，他的许多同事则要求完全避免搞运动式的政治。

其四，中国共产党本身负责组织"大跃进"，作为这个巨大努力失败的结果，中国共产党在威信和组织能力方面都受到了损害。当国家慢慢脱出"大跃进"时，中国共产党低层组织的沮丧情绪变得更加厉害，因为曾经支持第二次跃进的干部现在终于由于他们的"左"倾主张而被清洗，而毛自己的责任则被小心地掩盖，以保护他的合法地位。例如，毛1961年6月的自我批评从未传达到基层组织。由于1960—1962年中国共产党基层干部负担过重，许多人丧失了他们的革命热忱，因而使得中国共产党基层组织在一定程度上立脚不稳，那是不足为怪的。怎样才能最好的整顿中国共产党基层组织的问题在上层引起了另外的分歧，因为不同的领导人提出了他们自己处理这个重要争端的多少有些不同的方法。

第五个问题与中国以多快的速度从"大跃进"的破坏中恢复过来的争论有关。对功过的不同评价当然可以为采取不同的措施以导致比较正常的局面提供各自的根据。当这个争论在1962年进行时,毛泽东比他的许多同事更加乐观;实际上毛似乎已经开始怀疑悲观的人试图限制他自己在体制中保有的机动灵活性和周旋余地。当毛变得更关注修正主义时,这类争论对他有了越来越大的重要性。

最后,不管人们对中国恢复工作的速度抱有什么看法,他们对"大跃进"(特别是它的第二阶段)已经造成的非同一般的损害都是毫不怀疑的。换句话说,1959—1961年的事实基本上证明了彭德怀在庐山的所说所写是正确的。火上添油的是,彭德怀于1962年完成了范围相当广泛的农村调查,那年8月他总结了自己的调查结果,向中央委员会提交了一份8万字的文件,为他的平反提供根据,理由是他在庐山的原则性批评是正确的。但是,林彪不能容忍为彭平反,毛也不愿意。此外,到了1962年,毛可能已经开始考虑格外依靠林和人民解放军的必要性,因为毛对他的其他同事的担心增强了。因此,毛阻止为彭平反——这样做使到那时为止的调节领导人之间关系的准则进一步受到了损害。

"大跃进"以后:刘邓纲领

总之,"大跃进"的失败在中央领导人面前都留下了一大堆问题。这些问题各不相同:从最高领导人之间的人际关系到磨损了的制度的能力,到外交政策与国内政策的关系。基本的政治方法同当前经济及其他方面的目标一样,都有争论。此外,所有这些事情相互影响的方式往往容易加深毛泽东的怀疑,使之更加难于找到意见一致的解决办法。说得详细些,这些争论有如下述:

在1960年7—8月的北戴河会议期间,领导开始把注意力转向克服"大跃进"的灾害。那年6月苏联对中国全部援助的终止迫使北京从自力更生以求发展这方面去考虑问题,并审度农村正在恶化的形势。在其后的一两个月中,当夏季的严重歉收变得明显时,当局在北戴河，接着又经过几次反复的考虑，采取了几个主动行动：

首先，第二次"大跃进"正式被终止，指导方针这时变成"农业为基础，工业为主导"，以"调整、巩固、充实、提高"取代以前的"多、快、好、省"的提法。毛泽东在1959年首次提出"农业为基础"的方针，但是直到1960年秋季才实施。它在1961年1月的九中全会上成为中国共产党的正式方针。

其次，中国共产党中央通过重建六个中央局谋求加强对受到破坏的全国的党的机构的控制（解放初期存在的相应的大行政区政府未重建）。据说，曾经尝试通过后退到提供更大物质刺激的办法来解决农村的困难情况。引起灾难的秋收暴露了问题的重要性，以致周恩来在11月主持拟订了有关农村政策的紧急措施，即名为关于人民公社的《十二条》。这份权宜的文件实际上允许在公社之内真正分散权力。用安奉俊（音）的话来说，随着贯彻《十二条》，"大跃进完全失败了"。①

但是，解除干部贯彻"大跃进"政策的压力并没有指明中国共产党应当从此走向何处。"大跃进"失败的具体原因仍然不清楚，中国共产党还没有得出适当的答案以使国家回到长期发展的道路上去。相反，在1961年春季，地方领导人一般都被给予很大的灵活性以实施他们认为可以减轻蹂躏着中国的饥荒所必需的任何措施，这些措施甚至包括许多地方对公社的事实上的解散。在政策方面，有两种解决办法被采用。第一种由林彪提出，以部队为中心，强调恢复政治学习，以之作为提高修养和增强纪律的一种手段。第二种由刘少奇和邓小平提出，即在主要工作领域内进行一系列的调查研究，以便为纲领性的政策文件提供资料。

1960年9月，林彪在部队中要求拟订集中学习毛泽东著作的规划。农村的饥荒在战士中引起了不可忽视的沮丧情绪，林认为，重要的是恢复政治工作以防止这种现象。既然这种努力一般是针对几乎没有受过教育的农村新兵，就必然会把毛的思想简单化和教条化。为了试图使毛的思想能为普通战士所理解，终于出版了《毛主席语录》，

---

① 安奉俊（音）：《中国的政治和文化革命》[2]，第47页。

这本"小红书"在"文化大革命"中成了红卫兵的圣经。但是,在1960—1963年期间,那些负责中国城市工作的人指责了林彪对毛泽东著作的教条主义解释在军队以外也管用的想法。

刘少奇和邓小平指导了调查研究和起草一系列纲领性文件的过程,这些文件一般以其各自的条款的数目来称呼。1961—1962年期间,公布了下列重要的政策文件:《农业六十条》、《工业七十条》、《科研十四条》、《手工业三十五条》、《财经六条》、《文艺八条》、《高教六十条》、《商业四十条》。这些政策文件,其起草过程的具体情形当然都有所不同,但有一些要素是共同的。每一种都有一个党的领导人负责起草过程。例如,毛泽东主管《六十条》的起草工作,薄一波照管《工业七十条》(在李富春主持初步工作以后),李先念照管财政,周扬和陆定一处理文艺,彭真掌握教育,等等。

此外,在书记处下设立了三个职权广泛的政策小组以监督和协调有待商讨的主要领域的政策:李富春和陈云小组审查经济政策,彭真负责文化和教育事务,邓小平控制政治和法律工作。于是,举例来说,这种工作方式使得陈云于1961年在以下领域作了重要的政策报告和讲话:化肥生产、外贸、城市人口增长、农业政策和煤的生产。如下所述,1962年早期,陈云主要专注于中国的形势和将来要采取的政策的总的审查。[①]

在拟订各种纲领性文件的过程中,典型的办法是,负责的人通过开展现场调查,常常包括访问与他过去有联系的适当的单位或场所,首先查明实际情况和问题。此外,再召开有关的专家或实际工作者的会议,动员他们给予支持并征求他们的意见。这些文件要起草若干次,大多数草案都反映了党内的和非党专家的补充评审意见。这种做法认为专家能够作出有价值的贡献,这和林彪同一时期在军队中采取

---

① 在这一过程中,中国共产党和政府的不同机构的明确规定的任务还不清楚。邓小平领导的书记处似乎承担起草这些文件的总责。但是涉及的主要个人,包括薄一波、周扬、陆定一(到1962年为止)和陈云,他们自己并不在书记处工作。书记处显然联系一批机构,包括与之有关系的国务院的部门,以制定上述政策。国务院在起草这些文件过程中的作用仍不清楚。当然,这些政策一旦被政治局认可,国务院便以贯彻。

的办法完全相反。对林彪来说，毛的思想既包含了问题的答案，也包含了需要的任何启示的源泉。因此，在"大跃进"的灾难以后，领导人之间的分歧已超出了个人政治上好恶的范围，而是包括了制订政策过程和政治考虑这些根本方面。

刘少奇和邓小平领导的机构所制定的政策实质上也打击了作为"大跃进"的基础的想当然的设想。例如，在化肥生产方面，陈云要求增建 14 个工厂，每个厂具有每年生产 5 万吨合成氨的能力。这些工厂应当是大而现代化的，用以代替"大跃进"期间变得非常普遍的效率差的小规模化肥生产。而且，它们需要从国外引进相当多的主要部件，使中国离开以前的自力更生政策。薄一波的《工业七十条》重新强调专家的作用和物质刺激的效用，这几乎和毛泽东前一年提倡的"鞍钢宪法"直接抵触。《文艺八条》允许重新采用传统艺术形式，允许艺术家探索范围更广的主题。《教育六十条》强调教育质量，砍掉了作为"大跃进"策略一部分而开办的许多民办学校，《农业六十条》明确地提出了一批详细的条例，规定生产队为核算单位，提供自留地，一般来说，努力使农业生产转向一种为农民劳动提供更多物质刺激的制度。

这些政策全面地标志着一个引人注目的变化，即不再考虑"大跃进"时的优先事项了。它们使专家和专门技能回到了中心舞台，更加依靠现代化的投入以实现增长，重新把中央的官僚体制控制加之于各个活动的领域，更多地在个人的物质利益而不是思想动员的基础上向群众提出要求。没有迹象表明毛泽东在 1961 年期间反对这些倾向。实际上毛亲自积极地参与了《农业六十条》的起草工作，并在 1961 年 3 月的广州会议上要求进行认真的调查研究。6 月，毛泽东在北京的中央工作会议上作了自我批评。但是，因为这些调查研究和商议导致了政策性纲领文件的出现，毛显然变得日益不安——而且感到不安的不是他一人。

七千人大会，1962 年 1—2 月

国家以多快的速度恢复，未来的目标和时间因而应当怎样安排，当有关这方面的根本分歧在 1962 年出现时，紧张的局面突然爆发了。1—2 月召开了七千干部工作会议以审查领导方法并对形势进行总结。

对于前者的共同意见比对于后者的多。刘少奇在这次会议上作了主要报告和几次其他的发言,他要求更广泛地运用民主集中制,少由主要人物个人发布命令。在1月26日和27日的演说中,他把最近大部分纷扰的责任归之于党中央,强调防止那种粗暴的清洗与反清洗的重要性,这种清洗和反清洗在前一两年曲折复杂的情况下困扰着党。刘具体地批评了紧接庐山会议之后的对"右倾机会主义"的猛烈抨击,据说他曾经要求为"右倾分子",尤其是为彭德怀平反。毛泽东1月30日在会议的讲话一般地赞同了这些论题,毛告知听众中的干部,他本人在去年6月已经作过自我批评(他也预先通知他们要准备作同样的自我批评)。因此,这次会议有助于整顿很不一致的党内决策机构。

但是在其他领域,会议未能得出一致意见。在引起"大跃进"灾难的原因方面,刘少奇认为政策上的错误决定占70%,苏联取消援助和连续几年的恶劣气候占其余的30%。毛泽东认为实际情况正好相反。刘少奇还认为,经济仍然处于危急时期,恢复需要很长一段时间。对比之下,毛泽东认为现在形势在很大程度上已经恢复正常。也许毛的意思是,他的评价只适用于政治形势而不适用于经济形势。总之,刘当时对于一般情况似乎怀有比毛远为忧郁的估计。刘的比较悲观的估计可能从而为更有效地解救危急形势的办法提供了理论基础。

值得注意的是,周恩来在这次会议上支持毛泽东,似乎对"大跃进"作了全面的肯定的评价。对比之下,在1962年晚些时候的实质性争论中,周恩来强烈地支持刘少奇和陈云。因此,周在七千人大会上的行动显然反映了他工作上的一贯做法,即每次公开出现意见不一致时,总是支持毛,这比他真正同意毛见解的时候要多。周常常被中国人比作"柳枝",他在1962年春季的行动再次证实了这种恰如其分的性格描写,也就是说他既有力量,也有随风弯曲的适度的才干。并不出人意料,在这次会议上,毛泽东也得到林彪强烈的口头支持。

另外三位领导人的见解不很清楚。邓小平重申毛泽东思想的正确性,但是在诸如为右倾分子平反等实质性问题上,他支持刘少奇。陈云曾被邀请作财政和贸易的报告,但他表示异议,理由是他还没有完全弄清楚这个领域的情况。但是,彭真的行动或许最清楚地总括了政治局委员们1962年1月发现自己所处的困难而又动荡不定的处境。

彭真曾经命令他在北京市各级组织的下属调查研究"大跃进"灾难的原因，并为他准备一份报告。还不清楚他这样做是根据自己领导工作的需要，还是作为确定从"大跃进"中应当汲取什么教训的范围更广的领导工作的一个组成部分。总之，最初的调查研究于1961年5月晚期开始，11月彭真发出第二道命令，作为这项工作的一个部分，应当检查1958—1961年之间的中央的一切指令。邓拓——北京党的一个书记，1957年以前曾经编辑《人民日报》——负责这次调查研究。1961年12月在畅观楼召开了一次会议之后，邓拓向彭报告了集体作出的结论。

他们提出的这份报告把造成灾难的过错直接归之于"大跃进"策略中的动员政策。中央批准并转发的虚假报告太多，发布的互相矛盾的指令太多，在号召地方干部行动时实际上完全不顾经济现实。总之，"大跃进"的灾难应主要归咎于政治局。既然1958年后毛泽东是这个机构的实际领导，畅观楼报告事实上几乎可以肯定成了对毛本人的工作的严厉批评。

1962年1月彭真参加七千人大会，据说他准备详细说明畅观楼报告提出的问题。但是，当彭领会了会议的性质时，他犹豫了，事实上他并没有在这次重要的会议上批评毛泽东的领导。彭到那时已完全认清"大跃进"灾难的严重程度，将来肯定不会再支持这种动员工作。同时，他不能使自己直接和毛争辩。这种踌躇不前的矛盾心理从而说明，即使在1961年令人难受的经历之后，在1962年及其以后的一整段时间里，党内仍然存在支持"大跃进"式政策的强有力的思潮。

鉴于"大跃进"酿成的问题很严重，而毛泽东仍然能够使1962年的七千人大会那样的秘密会议的结局朝一定方向发展，这件事本身便表明了对毛固有威信的尊重。它反映了1949年后毛泽东在中国共产党内的无与伦比的地位。与其他执政的共产党不同，中国共产党设立了第一书记（或总书记）和主席两个有区别的职务。前一职务是党组织等级制度的一个重要部分，后一职务则在这一等级制度之外和之上。主席的职务的正式权限在一定程度上是在连续的几种党章中逐渐形成的，但其实际权力则来源于任职者的才干，这个任职者实际上被看成哲学家首领。在毛同事的眼中，他被概念化地当成了中国革命本身。而人民则认为，毛可能犯严重错误，因而可能试图通过官僚主义的手段损害他所创始的事业，但没有人有勇气（或胆量）直接就毛对当时形势和党的重要工作的根本评价提出疑问。总之，对毛泽东的权力没有有效的制度上的限制，当毛认为受到挑战或威胁时，他很熟练地运用了这一优势。

遗憾的是，能够得到的七千人大会的文件不足以具体说明会上辩论的动态或最后达成一致意见的详情。结果似乎是，会议留下了许多只得到部分解决的问题。实际上，会议设法处理的主要争端，在此后至"文化大革命"前的整整几年里继续在领导人之中引起不和与关系紧张。这些争论有如下述。右倾分子的平反：这次会议达成的折中意见是，同意许多人应当调回，但彭德怀和某些其他主要右倾分子应当挂起来。对当前形势的估计：这次会议并没有取得能保持一两个月的一致意见。毛泽东似乎硬让会议采取了一种适度的乐观的看法，但几乎随即受到挑战，仍然成为引起争论的问题。整党：完成重建有纪律的、能迅速作出反应的党组织的必不可少的工作虽然在这次会议上有某些进展，但是怎样才能最好的完成这项工作的争论将继续引起领导人之间的不和。因此，1962年1—2月的会议标志着一种无把握的转变——从1961年的失望朝着1962年及其以后更积极地努力引导事态发展的方向的转变。虽然这次会议反映了北京再次准备开始采取主动行动这一事实，但是也透露出了前此三年的创伤引起的中央领导内的分歧。

这些思想方面的裂隙在财政部预算的压力下开裂得更宽了一点。陈云正好在1962年2月的七千人大会以后得到这个预算。按照当时的规划和项目，中央政府当年得面临20亿到30亿元的财政赤字。陈云对财政赤字引起的通货膨胀压力一直是敏感的，他准备了一份涉及面很广的报告，以忧郁的措辞预测总的形势，要求适当改变计划，包括按比例大大降低上月讨论过的生产指标。陈云担心食物状况恶化，建议采取紧急措施额外增加鱼和大豆的供应。他还极力主张，不利的农业形势需要修改新近通过的恢复计划。这种状况将限定1962—1965年这段时间为恢复时期，在恢复时期精力仍将集中在农业生产方面，冶金和机器制造工业的发展必须加以抑制。

由于毛在武汉，刘少奇负责政治局的日常事务。他召集西楼会议讨论陈的意见，会议是 2 月 21—23 日在北京的一座建筑物西楼召开的。西楼会议强烈地支持陈的冷静的估计，这一估计总的来说似乎都和刘本人在最近结束的七千人大会上描述的图景相近。此外，刘和邓小平在西楼都赞成农业中的各种"个人责任"制（事实上是部分地分散），这些办法曾经在像安徽那样的受到沉重打击的省份试行。这种支持反映了对农业情况到这次会议召开时为止仍未"翻身"的看法。李先念在西楼也承认刘少奇对最近国家财政工作的批评是正确的。

西楼会议决定召开国务院各党的核心小组会议讨论这一新的估计。它们在 2 月 26 日开会，热烈支持陈的分析，并把会议结果提交书记处。刘少奇力请书记处把陈的报告作为中央委员会的文件并附上政治局常务委员会的批注意见分发。因为有人（未指名）反对所提出的文件的基调，刘、邓和周到武汉向毛报告文件的内容和背景。据说毛赞成分发文件。在这以后，陈让中央财经小组讨论这份文件和一份也反映了陈的意见的有关的商业工作的报告。

中央财经小组开会以后，由周恩来负责这个重要的机构。据说，陈由于有病不得不从日常事务中退下来，不过他显然还是一个不出面的有影响的顾问。[①] 冶金部拒绝接受陈的分析，仍旧提出较高的钢铁指标——到 1970 年安排 2500 万到 3000 万吨——以之作为新的五年计划的核心。陈与此不同，强调恢复时期之后需要平衡发展。1962年初夏，周恩来召集六个中央局的书记，与政治局委员一道集中讨论陈的意见，周把陈的意见作为中国共产党的规划的正确框架予以推荐。柯庆施——来自上海的毛主义的忠实拥护者，在 1958 年的土高炉运动中他是一个主要人物——反对周的见解，理由是总理叙述形势特点的措辞比七千人大会的用语要坏得多。周反击说，预算赤字是在会议结束以后才获悉的，是它们导致了这次修正。周的发言因而分发

---

① 刘少奇于 1966 年"供认"，1962 年时他过分受陈的看法的影响。陈似乎也出席了 1962年 9 月的十中全会，虽然"文化大革命"以前没有他公开露面的其他报道。

给范围更广的人，这显然压倒了柯的强烈的反对。

因此，1962年上半年对于形势出现了两种大不相同的估计。毛泽东至少受到某些地方官员、军队方面的林彪和重工业部门的人的支持，[1] 认为国家正在顺利恢复的路上前进，因而为了使中国进一步沿着社会主义道路前进，开始发挥主动精神的时间已经来到。因此毛反对农业方面进一步非集体化，反对在其他领域，如文化领域走回头路。毛对苏联革命的发展的沉思促使他对中国这几个月的发展趋势感到担心，但是总的来说，从1962年2月至8月的北戴河中央工作会议期间，他的绝大部分时间是在中国中部的半退隐的生活中度过的。

相反，刘少奇、邓小平、陈云等人在2月晚期，断定形势仍然极端严重，在北京真正能够再次采取主动行动之前，必须有一个有效的恢复时期。严酷的农村形势需要正式承认农民的投机活动和那种称为"单干"的分散形式，以对农民的物质利益作出更大的让步。社会风纪普遍不良需要政府在精神食粮方面向大众的爱好让步，允许上演旧的歌剧、话剧和创作少谈革命政治问题而偏重传统的受欢迎的主题和人物的其他作品。令人失望的经济形势也需要政府劝说以前的资本家和有专门技术的知识分子积极努力以恢复城市经济。因此，当毛认为总的形势允许重新作出努力以推动国家再次向他的社会主义理想前进时，他的许多同事却迟疑不决。他们认为，在可以实行更积极的策略之前，政府应当后退得更远一些，并在制度上培养其复苏的能力。

北戴河会议和十中全会

在1962年8月的北戴河会议[2]上，这两种看法之间的冲突发生

---

[1] 对毛的支持无疑也来自其他的人，如农业方面的谭震林，但是缺少证实这一点的参考文件。

[2] 这次工作会议于8月6日开始，继续到这个月的后期。这类夏季的中央工作会议不只是事务会议，尽管它们在拟定政策方面是极端重要的。除此之外，它们还是社交聚会，常常有夫人伴随，有文娱晚会，有时间到附近旅行和消遣。主要领导人可能赶不上参加会议的重要部分，大概就阅读一下会议速记记录以了解审议的事情。因此，会议似乎常常拖延一两个月，甚至可能像这里的会议那样进行到一定程度时转移地点。这些会议当时一般不报道，因而常常不可能确定开始和结束的准确日期。

了。刘少奇及与他志同道合的人在参加这次会议之前，曾经用了几个月的时间积极贯彻陈云对中国形势的分析中的政策内容。因此，举例来说，他们于2月在广州召开了全国科学和技术工作会议，一个月以后又在同一城市召开了全国戏曲创作会议。两个会议都试图向与会的党外人士的爱好让步，以求得他们的支持。到了8月初，一个相关的农村短篇小说会议又在大连举行。其间，邓小平召开了一次书记处会议，审查关于"单干"的材料，他在会上发表了他后来的名言："不管黑猫白猫，捉住老鼠的就是好猫。"当然，前文已经列举的围绕陈云评价的一系列事件正在展开。

毛泽东是以另外一种心情对待这次会议的。他显然越来越感到自己在决策的主流中处境孤立，尽管中央委员会的文件在公布之前仍需得到他的签署。据说毛曾经停止参加1958年1月的政治局会议。[①]最初，这也许反映他在"大跃进"开始时得到了更自由地作出决定的权力；或者这也许是他真正想退居"二线"以使他的同事取得更高威望的努力的一个方面。但是时间久了，这很可能对他产生了另外一种意义，使他日益感到自己被他的同事所孤立和怠慢。毛于1962年的确为了在组织中重新树立自己而开始寻求办法，而1962—1965年这一时期政治领域最令人关心的一个方面就是组成联盟，这一联盟将使上了年纪的党主席在1966年获得支配地位。

主席的这种寻求正和三个重要人物——江青、林彪和康生——各自的政治野心的扩张相吻合。其他的人则留在不引人注目的位置上，间或起重要的作用。陈伯达——他总是毛主义的效忠者——愿意促进任何可能增强他的保护人的作用的行动。汪东兴——毛从前的警卫人员——专注于拜占庭帝国宫廷式的安全方面。周恩来在政治竞争中谨慎从事，他的行事对主席和其他政治局委员都一直保持公开。但在1966年的紧要关头，周断然靠近毛的一边，使主席能够完成必要的联合以发动"文化大革命"。

---

① 《读卖新闻》，1981年1月25日，英译文载《外国广播新闻处》[250]/《中华人民共和国》，附件，1981年3月13日，第7页。

但是，由于毛面临 1962 年夏季晚些时候的北戴河中央工作会议，他还得制定他的挑战的步骤或他的策略。他深为七千人大会以来这几个月的事件所苦恼，可是，在北戴河会议的头几天还要懊恼地听着报告。最受尊敬的老元帅之一的朱德要求在农业中扩大个人责任制，提倡使他和刘、邓对农村问题的评价完全一致的其他措施。陈云重申了他对农村情况和工作的见解。其他政治局委员在主要的争论领域作了报告，[①] 但遗憾的是，得不到有关他们发言的时间安排或内容的资料。时间安排是重要的，因为毛在 8 月 9 日向大会发表讲话时用了极为尖刻的挖苦话，以致他的讲话很可能严重地影响了整个会议进程的气氛。

毛激烈地抨击了财政部，财政部的有预算赤字的计划为陈云 2 月的报告和随之而来的一切提供了基础。然后他强调中国仍然面临需要阶级斗争这一事实，他显然认为，从社会主义的政策不断后退简直就是增加这个领域的危险。他直接抨击在农业中采用个人责任制，号召进行"社会主义教育"运动以整顿农业地区的党组织。他警告要防止资本主义甚至封建主义在中国复辟的可能性。江青后来透露，她曾经向主席做工作，使他对 1959 年以来文艺的"堕落"保持警惕；毛在北戴河会议的讲话中强调需要无产阶级思想意识，她的挑动从中得到了反映。[②]

毛因而成功地扭转了议程，结果是，议程至少部分地反映了他自己主张的头等大事。他威严地出席这些中央秘密会议，他的意见很容易被接受，他也在这些会议上充分利用了他的政治影响。在这次会议上，刘少奇至少在某些方面显然对主席的头等大事提出了异议，因为刘后来解释说他在北戴河曾经"右倾"，而且在 9 月 24—27 日召开的十中全会以前没有着手改正自己的错误。结果是在多少加深了的政治紧张气氛中，拼合成了一个折中的方案。

十中全会透露了北戴河会议上激化了的所有分裂和矛盾。毛主持

① 当时只是政治局候补委员的陈伯达作农业报告；李先念作商业报告；李富春（可能和薄一波一道）作工业和计划报告；陈毅作国际形势报告；刘少奇也向会议发表了讲话。
② 罗克珊·威特克：《江青同志》[797]，第 304—305 页。威特克把这次讲话的日期定在 8 月 6 日，而其他的文献资料则定在本书正文采用的日期 8 月 9 日。

这次会议，他向与会者的演说把苏联变质和阶级斗争在未来几十年中仍将在中国存在这一事实紧密联系起来。但是，在这次会议上，毛被刘和其他的人说服，明确了不应当让阶级斗争的争论压倒十中全会作出的其他政策决定，1959 年庐山八中全会以后就曾经发生这种情况。①

毛对阶级斗争的全面关心反映了他更为根本的担忧，即中国革命正在向"修正主义"的道路滑下去。好嘲笑人的人可能会说，对毛来说，凡是他不喜欢的任何事物都是"修正主义"，但是把这个词贬低到这样的水平实际上将使人产生误解。毛很想领导革命沿着集体主义和相对的平等主义的道路前进。他总的说来不信任根基在于城市的官僚和中国的知识分子。尽管他的许多具体政策建议具有剥削农村来发展以城市为基地的工业的效果，但他似乎仍然真心诚意地认为自己是中国贫苦农民的代表。虽然毛相信技术进步的功效，不过他仍然不相信促成技术发展所不可缺少的高度文明及其载体。

由于"大跃进"的悲剧性后果，到了 1962 年，毛不再坚持动员群众能够恢复国家的生产能力的主张。因此毛继续屈从于党企图充分利用物质刺激和专门技能以稳定局面的要求。但是到了十中全会时，毛也决定划出界线。他坚决反对农业生产中的分散化，坚决要保持住公社（或在那些已被放弃的地区恢复公社）。他还认为，现行政策将增强他最不信任的社会中的那一部分人——在农村，是从前的地主、富农；在城市，是从前的资本家、技术专家和知识分子——的力量。他也担心，一段时间的正常状态将使许多中层干部中滋生出懒惰的官僚主义倾向，他们在过去就极易染上这种恶习。因此，毛要求采取措施将政治讨论引入工作日程（但不中断正常工作）。他还加强了负责处理那些滑向反革命的人的机构——公安部和中国共产党的监察委员会。

十中全会在理论上接受了毛的全面分析，但在它的具体条款中保

---

① 《人民日报》，1982 年 1 月 15 日，第 5 版，英译文载《外国广播新闻处》［250］，25（1982 年 1 月），K22。毛演说的部分原文见《中国的法律与政府》［136］，1.4（1968—1969 年冬季），第 85—93 页。

留了 1961—1962 年期间为了从"大跃进"中恢复过来而拟定的办法。由此而产生的折中公报，有些段落重复了毛的语言，另外一些段落插进了刘、邓和陈提出的理论。据传刘少奇、李先念、邓子恢和习仲勋在这次全会上作了自我批评，这证实达成这一折中方案是不容易的。这次会议仍然感到为难的一个次要论题是彭德怀事件。如前所述，彭为了为他的彻底平反提供根据，写出并传播了为自己辩护的八万字的报告。毛迟疑不决，只同意将来给彭分派某种低级别的工作。主席认为只有那些充分承认了他们的错误的人才能平反——显然不愿意承认，在彭的案件中错误的是毛。

许多中国和西方的史料编纂著作把 1963—1965 年这段时间描述成两条路线斗争的时期，一方面是毛主义阵营，另一方面是一个刘邓司令部。然而实际情况并不如此简单。帮助毛于 1966 年发动"文化大革命"的那批人由不同的分子组成，他们由于不同的原因而结合在一起。因此，需要弄清这些年的一个重要方面：毛主义联盟的不同组成部分是怎样形成的，以及每个部分是怎样影响这个时期的政治的。另一个重要方面是，当毛开始既要努力对付他可能的联盟伙伴，又要努力对付刘少奇及其同事所实行的政策时，他自己思想的发展情况。两个重要的联盟集团以林彪和江青为首。分析了这两个联盟集团以后，我们再转而分析毛直接对付 1963—1965 年期间刘及其伙伴的主要政策性倡议的努力。

林彪地位的提高

林彪于 1959 年 9 月成为国防部长以后，面临两项工作。一项是巩固他在人民解放军中的地位，另一项是稳固他和毛泽东的关系，并帮助毛增强他自己在中国政治体系中的力量。林为了完成这两项互相关联的工作实行了一种复杂的策略，最终使他处于帮助毛发动并维持"文化大革命"的重要地位。

林通过恢复党的军事委员会的突出地位，开始了他对人民解放军的改革。这个机构在彭德怀任职的整个时期名义上存在，但实际上它的作用似乎因彭和毛日渐疏远而减弱了。林使军事委员会重新活跃起来，任命中国 10 个元帅中的 7 人（不包括彭德怀和据说在 1959 年支持彭的朱德）为常务委员。

关于军事委员会的组成情况所知甚少，因为中国从未公布它的委员的全部名单和工作人员的详情。① 不过，在 1976 年以前，所有确定为军事委员会委员的人都是在职军人，唯一例外是它的主席毛泽东。军事委员会是党的一个正式机构，是党借以对专职军人实行监督的行使领导权的工具。事实上，党的领导人如周恩来，在军事委员会的重要会议上发表过讲话。但是，这个机构日常工作的领导权一般属于国防部。既然毛是唯一能被确定为军事委员会委员的文职人员，设立这个机构的真正目的似乎就是在军事决策中给予中国共产党的主席②一个特殊的地位。因此，使军事委员会重新活跃起来也许应当更准确地看成是重新维护毛和现役军事部队的紧密联系。

林不但把军事委员推到了舞台中央，他还进行了人事上的更动以保证他对国防部的控制。他任职的当时就很快解除了 7 名在职副部长中的 3 名，并任命了 6 名他自己的新的副部长。据说，他实际上对中国的高级指挥部做了一次清扫，把从前的 7 个部门改组成 3 个，任命那些看来会拥护他的人负责每个部门（包括罗瑞卿，在庐山摊牌以前他是公安机关的负责人）。部内的这些人事变动可能和军事委员会的重新活跃有联系：国防部的所有高级职务由军事委员会正式委派。

如前所述，林在此前后开始在军队中强调运用毛泽东思想。人民解放军中其他的许多人不同意这种观点，但林把这当做他国防部长任内的中心装饰品。林的观点在 1960 年 9—10 月的中央军委扩大会议结束时成为官方政策。这正好发生在《毛泽东选集》第 4 卷出版的时候。无论这两件事在计划和实施方面有无联系，林的方针使他进一步

---

① 在第二手文献中可以见到的对军事委员会的最完整的说明是哈维·内尔森的《中国的军事制度》［549］。

② 在邓小平于华国锋任职时停止这一惯例以前，中国共产党的主席依据职权也是军事委员会的主席。

得到了烦恼日渐增多的毛主席的喜爱，则是没有多少疑问的。

实际上，普及特定领导人的著作被看成是重要的政治问题，这突出地表现在出版刘少奇的选集和陈云的论文集（1962 年都在编辑）的计划上。两者都未出版，据说是因为刘本人反对发表他的著作，而毛实质上把陈的书搁置了起来。① 在刘 1959 年 4 月从毛那里接过中华人民共和国主席职务以后，毛和刘的相关的待遇问题已经成为一个敏感的政治问题。

其后，林彪连续地采取主动步骤以提高人民解放军在中国共产党事务中的作用。他开始迅速地增加军队中的党员人数，也许是由于这将在全国的共产党事务中给他以更大的发言权。此外，在 1963—1965 年期间，他在某些方面模糊了党和军队之间的界线，成功地扩大了人民解放军在组织方面的责任。在这几年中，好几个军区的领导人在紧接"大跃进"之后成立的六个中央局的五个局中当了书记。同时，至少有一半省党委第一书记在军区成了政治委员，使他们至少是部分地置身于人民解放军总政治部的指挥系统之中。这种在党和军队中的双重任职，在理论上曾经用来增强党对人民解放军的控制，但经验表明，实际效果正好相反。实质上，这些都是人民解放军增强它相对于党的力量的夺权措施。隶属于林的人民解放军也加强了它对平民百姓的控制。毛在 1962 年命令在军队监督下成立民兵，执行这项命令增强了军队和非军事部门的联系。

既然军队有这些功能，毛日益强调人民解放军是能够把政治和专门知识成功地结合起来的模范组织——用当时的术语来说，能够又红又专。因为就在这几年，林在军队中加强了专业训练和纪律，而且军队正在领导研制中国原子弹的工作。1962 年 10 月人民解放军还在和印度的短暂边界战争中表现良好，因此提高了它的威望和声誉。

1963 年，人民解放军树立了几个政治上忠诚的正面典型，包括

---

① 关于刘少奇，见《人民日报》，1982 年 1 月 15 日，英译文载《外国广播新闻处》[250] /《中华人民共和国》，1982 年 1 月 25 日，K19—22。关于陈云，见邓力群《向陈云同志学习做经济工作》[707]，第 8—9 页。

一个在一次偶然事故中牺牲的无私的战士雷锋和一个突出的连队南京路上好八连。1963 年 11 月，继号召人民效法这些军队模范之后，毛全面号召人民"向人民解放军学习"，既然党被认为是一切智慧的源泉，这是一个令人吃惊的口号。在主席的眼里，第一个五年计划的问题实质上表明了政府管理工作不够充分，而"大跃进"的灾难又大大损害了中国共产党的声誉。因此，毛开始把军队当做能够使优秀的政治素质与他认为是中华人民共和国所必需的技术—组织专业知识协调发展的模范的机构。

毛很快从号召向人民解放军学习发展到更直接地采取措施以增强军队在政府和党内的影响。1964 年，遵照毛的指示，政府单位在单位内部成立了政治部门——随后一些中国共产党的机构也如此。这些部门以军队内部的政治组织为榜样，不少工作人员不是学过军队为此目的而开设的训练课程，就是本人是新近复员的军人。这些部门从未牢固地建立——部分地由于政府内和党内的抵制，部分地由于它们不能明确规定它们的任务，部分地由于在谁将充当其工作人员的问题上不断有小的争论。但是，整个这一套做法再次反映了人民解放军对党和政府采取的日益扩张的态度——而毛支持这种发展趋势。

1965 年 5 月，林彪采取了在人民解放军中取消所有军衔的不寻常措施。这一主动行动再次使军队显得在政治上是最"先进的"，因为只有它在把革命的平等主义的理想付诸实施。此外，从政治势力的观点看，这种措施在某种程度上可以增强林在人民解放军内的权力。从本质上看，这意味着从前军官的权力现在只能从他实际从事的工作中得来。他不再拥有其本身能够给予某些权利和特殊待遇的军衔。既然林在军队内占有行使权力的最高职位，其余 8 个元帅（罗荣桓于 1963 年去世）和全体军官本身的独立自主的权力必将多多少少地被这个措施所削弱。

1965 年，人民解放军还直接控制了公安部队。原公安部长、在公安机关中有牢固联系的罗瑞卿，这时是人民解放军的总参谋长。如我们后来将要看到的那样，林彪于 1965 年 12 月对罗荣桓采取敌对态度，到 1966 年 5 月将罗清洗并加以毁谤。清洗的一个结果是使林处于能够引导公安机关（全国权力最大的机构之一）的力量去支持毛和林自己的更有利的位置。"文化大革命"一开始，似乎他就很好地利用了这种力量。①

　　但是，和罗瑞卿的冲突不光表现在控制公安力量这个问题上。1965 年这一年对中国的外交政策来说是很不利的。春季周恩来曾希望组织一次采取反苏路线的亚非会议，但这个努力失败了。中华人民共和国还试图对 8—9 月的印度—巴基斯坦战争的结果施加影响，却没有成功，而苏联最终证明能够在那场冲突中起建设性的调解作用。中华人民共和国精心培养的印度尼西亚共产党，当其于 1965 年 9 月支持一次失败了的反对军方的政变企图时，终于招致灾难。所有这些失算在北京产生了一种日渐增强的受到孤立和围困的感觉，正在这个时候，美国又开始大大加强它在越南的卷入，从而出现了美国在不久的将来直接进攻中国南部的可能性。

　　在这种令人担忧的国际环境中，北京的领导人就抉择和策略问题展开争论。罗瑞卿似乎更愿意谋求和苏联建立较好的关系——以在越南共同努力与美国战斗为基础——以求减轻中国所受的一些压力。罗推荐第二次世界大战前夕的苏联策略——突出发展常规部队，以便完全在国门之外与敌人交战。这个策略从而又要求中国最大限度地增加与军事有关的重工业的产量，将力争高效率的工业生产作为最优先的目标。既然这个策略有其后勤方面的要求，它也意味着中国城市将作为这项工作的重要生产基地，而苏联的帮助将可用来补中华人民共和国薄弱的工业基础之不足。

　　相反，林彪认为，越南应当基本上自己作战，中国予以间接支持但不直接介入。他称赞中国共产党的抗日策略，这个策略要求诱敌深入国土，然后通过游击战术把它拖垮。这又需要：疏散工业，以地区为基础的自给自足的政策，强调民兵和非常规部队而不是正规军的作用，在民众中激发高度的政治热情。这在策略上并不需要——而且实际上反对——恢复和赫鲁晓夫后的苏联领导的友好关系。林把他的论

---

① 如下文所述，关于公安机关，康生也起了重要作用。

点和毛的语录紧紧联结在一起，他提倡的这种策略和主席优先选用的一整系列国内、国外政策和军事政策巧妙地互相呼应。刘少奇和邓小平似乎反对其中的许多部分。

因此，在树立林在军队中的地位并增强人民解放军相对于党和政府的作用的同时，林也小心谨慎地树立毛，努力在组织系统中支持主席所选择的政策。一般来说，军队中对毛的信仰全面地提高了主席政治上的特殊地位。的确，从 1964 年开始，为军队使用而编辑出版的毛的语录书被分发给模范青年以奖励他们的成就。在更具体的问题方面，如林在关于越南的涉及面很广的建议中所阐述的那样，他自己还直接卷入毛和刘、邓等人的越来越容易发生问题的关系中。林的主要目的有时候看来的确是要加剧毛和他的政治局同事之间的紧张关系。

例如，在正式免去彭德怀国防部长职务的 1959 年 9 月的军事委员会扩大会议上，林对彭和彭的错误性质的抨击远比毛的抨击严厉。林在力图巩固他新近获得的职位的同时，坚持彭实际上难以挽救，而毛泽东思想是马克思列宁主义的精华。林的职务最后由毛批准，从而更在毛主席和比较同情彭的其他政治局委员之间打进了一个楔子。在 1962 年 1—2 月的七千人大会上，当为总结中国经济处境困难的原因而发生争论时，林迅即为毛（及"大跃进"本身）辩护。林不但有力地支持毛和三面红旗（"大跃进"、人民公社和"总路线"），而且他还号召所有与会者学习毛泽东思想。虽然缺乏文献材料以详细说明林在党的杰出人物出席的其他会议上所起的作用，但他似乎很可能不断地作过努力，以树立毛主席的威信，并恶化毛和其他领导人的关系。例如 1966 年 5 月，林含糊地提到反对毛的政变的可能性和毛保护自己免遭那种危险的必要性。

这些活动表明，林彪是一个野心勃勃的人，他在 1959 年就任国防部长后立即制定了一整套明确的政治策略。这个策略，除了打算完全地巩固他自己在毛心目中的地位以外，还把他和毛的命运联结在一起，而当时"大跃进"的灾难性后果导致了一种需要，即靠林运用他的力量以增强毛在组织中的地位。总之，林的主动性说明他不只是一个受毛操纵的人，相反，当他的利益和毛的利益一致时，他似乎也努力防止毛和他在政治局的同事之间的关系的任何改善。当然,林在这种努力中最有成效的工作是什么,大概仍然只有少数几个参与者本人才知道。

应当提到,毛泽东从未完全成为林彪的主动行动的俘虏。举例来说,如别的地方提到的,在1964年的东京湾事件之后,毛看出越南战争可能逐步升级,从而对中国国家安全造成越来越大的威胁。作为对策,毛中断了原有的第三个五年计划策略,取而代之的是,要求把主要投资资源用于在中国西南偏远的内地以建设"三线"工业。毛设立以余秋里为领导人的非正式的国家计划委员会负责这个新策略。这一机构基本上由70年代被叫做"石油帮"的那些人组成,在"文化大革命"期间它并入并接替了正式的国家计划委员会。这个机构提出的方案和林彪用来对付越南问题的方案是相同的。但是毛选定了林的仇人彭德怀负责以四川为基地的建设"三线"的指挥部。

文化:江青

为发动"文化大革命"而形成的联盟的第二个主要组成部分是毛泽东的妻子江青及其在文化领域拼凑起来的一批人。实际上,1966年2月当林彪委托江青召开部队文艺座谈会并让她担任军队的正式文化顾问时,林和江无疑已经勾结起来了。这第一次给了江一个据以实现她的政治目的的正式职务。[①] 但是,江得到林的这一帮助只是由于她在此之前的几年里曾经作出很大努力以培养她自己在文化领域的才干并争取到了她的丈夫对她的观点的支持。

对于文化政策应当向什么方向发展,江青长期以来有固定的看法;在同样长的时间里,她也憎恨共产党的文化当局疏远她。江青到延安并得到毛泽东的欢心时,她取代了毛的得人心的第二个妻子贺子珍,贺是参加长征的极少数妇女之一,受过极大的苦。毛的同事们得到毛的同意,如果他们不反对毛让江取代贺成为他的妻子,他将让江青置身于政治之外。

---

① 50年代初期江青曾担任文化事务方面的一个不重要职务。

即使是在延安，江青也曾提倡发展新型的革命文艺节目，在那些年代里她在发展革命戏剧方面是很积极的。她是一个非常灵巧、机敏而心怀奢望的女人，显然深切地感受到男性统治的文化和宣传机器对她的强行排斥。1949 年以后，江青仍然处于不怎么引人注目的地位，部分地由于她的持续的健康情况问题，部分地由于文化当局不愿意听从她或在组织系统中给她一个正式职位。但是，江似乎在某种程度上的确是毛的不拘礼仪的政治上的知心女友。例如，1959 年 7 月当毛告知她庐山会议上出现了麻烦时，她便飞到了庐山。毛那时不要她来，但显然没有阻止她参与其事，实际上毛从会上把她叫来，是要和她商量他对彭的异议的对策。

1959 年，江青的健康情况似乎开始好转，当她的身体健康有了更大保证时，她参与政治和文化事务的劲头也增加了。庐山会议以后江到上海休养，她在那里的时候到过许多剧院。她对演出的内容感到吃惊，发现"旧"的主题和形式非常流行，认为应当予以纠正。江开始逐渐拼凑一帮人，他们将帮助她实现她的对京剧以及中国文化其他方面的革命化计划。

对于江青的尝试，毛当然是重要的，她自己声称，到了 1962 年她已经说服毛必须注意文化领域。实际上，毛于 1962 年春季指示她为中央委员会的文化政策起草了一份政策报告。江的努力为毛在 1962 年 8 月的北戴河会议上发出的提倡"无产阶级文化"的号召提供了某些基本情况。但是，江的表明见解的文件在 1966 年 5 月以前并没有变成官方政策，1966 年 5 月，她的这份作了重要修订的文件草案成了导致"文化大革命"的基本文件之一。

江青和康生

江青发现有两个在革命以前的岁月里就与她有联系的人在利益方面和她是天然一致的，他们是康生和柯庆施。康生是山东省诸城人，与江是同乡。在江青去延安以前他们两人便彼此相识。康生专门从事三个方面的工作：和其他共产党联络、公安和高等教育。他们之所以走到一起，是由于康生 20 世纪 30 年代中期在苏联向内务人民委员会学习公安工作的要点时，显然在马克思列宁主义方面受过相当深的训练，以及他正卷进了与修正主义和反革命的争端之中。

50年代以前康生曾在公安事务中负重要责任，当赫鲁晓夫在苏共二十次代表大会上作非斯大林化的报告时，他因而受到了某种责备。1956年9月康生从政治局正式委员的地位下降，与此同时，党删去了列入中国共产党章程的毛泽东思想是指导思想的一部分的字句。但是，到60年代初期，事情向着可能有利于康生的方向发展。随着中苏争端达到紧急阶段，毛——他仍然是中国方面处理争端的主要人物——需要一个有康生这种知识的理论家帮助他草拟中国共产党中央委员会抨击"赫鲁晓夫修正主义"的文章。同时，康生听说——可能通过他和江青的长期友谊关系——毛正打算竭力推动中国文化的无产阶级化。康生能够在这个尝试中起有益的作用，如果他能把这个尝试和反革命活动联系起来从而为他的参与提供根据，就更加如此。

康生在1962年9月的十中全会上实现了这种联系，他在会上对习仲勋发动攻击，因为后者与关于刘志丹的一部据称是反革命小说的写作过程有牵连，刘志丹是陕西共产党早期游击战的战士，死于1936年。康生声称关于刘的这部小说实际上是诽谤毛，认为为了当前政治批评的目的而利用小说是一个发明。他因而和江青建立了一种思想上的联系，江青正试图促使毛注意前此数年她在知识分子的著作中所发现的对毛的政治上的攻击。

康生随后充当了江青和一些过激的知识分子之间的桥梁，在"文化大革命"初期她把这些过激的知识分子带到了前台。康生在高等教育方面的工作使他得以插手主要的教育单位，并利用这一有利条件培植骨干分子。后来弄清楚，这些人当中最突出的是中国科学院哲学研究所的关锋和戚本禹、北京大学哲学系的聂元梓以及高级党校的几个人。[1] 康生和林彪一样，如果必要，便乐于挑起纠纷以达到他的目的。例如，康在高级党校攻击杨献珍的"合二而一"理论是对毛主席哲学上的前提"一分为二"的否定，是反毛主义的。康通过这种理论

---

[1] 《争鸣》（香港），34（1980年8月），第45页。

上的欺诈设法清洗杨，以增强他在高级党校的追随者的权势。到 1964 年年中，康本人还深深地卷入了江青使京剧革命化的工作。①

上海市长柯庆施是江青的老朋友。柯在 1958 年曾经是叫嚷得最凶的"大跃进"（特别是土高炉运动）的支持者之一。1958 年春季他成为政治局委员，而上海成了跃进策略的主要受益城市。② 如前所述，甚至在 1962 年年中柯仍旧支持对当时局势的毛主义的说明，反对陈云等人的比较悲观的看法。因此，柯庆施和康生、林彪以及江青一样，当然要尽力支持毛泽东的立场。

1962 年后期，康生和柯庆施谈到必须让文艺刻画 1949 年以来的 13 年中从人民行列中涌现出来的英雄，这是一条与江青本人的思想非常合拍的路线。柯在"大跃进"时期早已站在上海"工人作家"一边反对专业作家。③ 1963 年 1 月，柯在上海就提出了要求，号召当地的知识分子抛弃旧的节目，采取十中全会阶级斗争的观点，上演刻画 1949 年后工人、农民、士兵行列中的英雄的新戏剧。毛泽东不久就予以支持，而把文化部叫做"帝王将相才子佳人部"。

1959 年，江青在文化事务上和柯庆施在上海有过联系，60 年代初期她始终在这个问题上和他保持接触（柯死于 1965 年）。江通过柯联系上了张春桥（他在上海的文化机关工作）和姚文元（上海的评论家）。而姚又已和上海新近发展起来的"无产阶级作家"——50 年代拿起笔的工人——建立了很好的关系。④

因此，江青在 60 年代初期对她丈夫做了工作，并开始拼凑她自己的主张进行一次中国文化"革命化"的小集团。文化部、教育部和中国共产党的宣传部都有江青的老对手，不重视她，而且嘲笑她的工作。在处理文化问题的几次全国性会议诸如 1964 年 6—7 月的京剧现

---

① 《争鸣》（香港），34（1980 年 8 月），第 45 页。
② 见克里斯托弗·豪的论文，载克里斯托弗·豪编《上海：一个亚洲主要城市的革命和发展》[310]，第 173—179 页。
③ 见拉格瓦尔德的论文，载豪编《上海：一个亚洲主要城市的革命和发展》[310]，第 316 页。
④ 同上书，第 309—323 页。

代戏观摩演出大会上，冲突发生了。江青已在上海发展她自己的样板戏，并通过毛泽东继续施加压力以革新提供给人民的精神食粮。最后，大约在1964年6月，党的书记处成立了五人小组以协调文化改革。彭真负责这个小组，人们可以想象到，毛认为彭有可能代替刘少奇作党主席的接班人。但是，康生是小组成员，非常明显，康忠于毛泽东和江青，而不是刘少奇或邓小平。

对于江青来说，五人小组证明是障碍而不是在文化政策中进行积极改革的力量。小组一般听从北京文化机关（在小组中，由中国共产党宣传部的负责人陆定一代表）的选择。江为了把她在文化和政治领域的优先事项列入国家议事日程，继续寻求其他途径。她所采取的手段——最后证明对全国政治有极大影响——围绕着康生1962年在十中全会上掀起的争端而施展，即小说和戏剧可以用于政治目的。江特别指出吴晗写的剧本《海瑞罢官》。这部剧本写一个面对政敌不公正的攻击的明代官员的正直行动，而江向毛证明，这部剧本实际上等于暗中为彭德怀辩护。江的具体指责似乎讲得通，但很可能是错误的——吴晗开始写有关海瑞的剧本是在庐山会议以前，而且他是应毛泽东当时的秘书之一胡乔木的专门要求而写的。① 然而在1965年越来越充满怀疑的气氛中，江说服毛让姚文元写了一篇批判文章，抨击这部被假定为影射了政治问题的剧本。

1965年11月发表的姚文元的批判文章很重要，这有三个原因。它把文化改革的争论看做政治的而不是纯学术的问题，因而使当局有可能再次开展一场针对知识分子的重要政治运动。它抨击彭真的下级和朋友所写的剧本，因而对彭真是一个考验：他是保护吴晗还是站在毛的一边。② 它来自上海（毛当时住在那里），体现了毛的决定，即

---

① 关于这个问题的早期的考察，见麦克法夸尔《文化革命的起源》，第2卷[496]，第207—212页。

② 实际上，彭真两条路都走不通。他要是保护吴晗（如他后来试图做的那样），他将因这种行动而使自己容易受到责难。但是，要是他攻击吴晗，他也会因承认让一个反毛主义的分子在他自己的北京市政府获得高级职务而削弱了自己。由于这一事件对彭真的前途可能产生的消极作用，人们希望对姚文元文章的真实背景知道得更多一些。

北京的领导人已远远离开毛所提出的论点，毛将不得不主要依靠中央政治机构以外的力量着手抨击他们。江青的小集团为这一工作提供了重要的力量。

但是，江青到1965年为止除了与康生联系外，所接触的都是激进的知识分子和在组织系统中级别较低的人。因此，当江加入发动"文化大革命"的联盟时，她招纳了一些对1949年以后发展起来的官僚政治准则和做法抱反感的人。这是些有主意的人，而不是有组织才能的人。因此，毫不奇怪的是，他们自己将证明，他们长于出主意而不适合做组织工作。

江青的联盟包括康生，这一事实对于60年代的政治是重要的。康生是无情的，他毫不犹豫地消灭那些妨碍他的人。1962年及其以后，康走向政治舞台中心，这使他能指望利用彭德怀事件的严酷性（它破坏了从前党内斗争准则），促使党的领袖们完全改变政治争论中的相互对待方式。跟随江青的激进知识分子从未受过这些党内准则的锻炼，因而很容易参与完全违背以前的常规的行为。张春桥是60年代中期这个集团里唯一具有广泛做官经历——除了秘密的治安工作以外——的人。不必奇怪，张也是这个集团中对需要维持秩序、树立威信以及当这个集团取得政权时确保官僚政治基础等事项最容易产生共鸣的人。

总之，江青想改变中国文化，想对她在文化当局的陆定一和其他领导人手下所忍受的多年怠慢进行报复。她的联盟包括了那些乐于进行无情斗争以破坏党的制度的人。林彪在进行官僚政治的角逐中则更加小心谨慎，这场角逐可能导致他取代刘少奇做毛泽东的接班人。为此林要利用江青的破坏性力量（以及她挑起毛最强烈冲动的能力），因此，如上所述，林在1966年2月通过委任江当军队的文化顾问而和她结成联盟。江后来便用这个职位作为讲坛，从那里向那些反对她的文化观点的人进行广泛攻击，而不管那些人和军队有无关系。

整　风

现在让我们把注意力的中心从毛泽东最后的合作者们移到他本

人。到了 1962 年，毛认为革命同时受到了顶层和基层政治组织的反对力量的威胁。在顶层，毛认为他的同事们要继续实行的政策只能增强社会上反共产党势力的实力。在基层，毛认识到"大跃进"给基层党组织造成的损害，特别是在农村，是巨大的。他决定，如哈里·哈丁所述，用整风运动来克服这两个问题。[①] 整风实际上可使毛下令设立新的分等级的临时机构，这种机构将用来对付原有机构，以解决问题。对于毛，它是一种用来增强他在组织系统中的影响的理想工具。

毛在 1962 年 8 月的北戴河会议和 9 月的十中全会上强调需要整风。关于整风的必要性，没有出现什么争论，但随后的事件证明对于利用什么机构却有重大争论。农村整风的试验已于十中全会后在选定的点上进行，试验结果为农村整风——即社会主义教育运动——的早期纲领性文件提供了基础。

毛本人在 1963 年 2 月和 5 月的中央工作会议上，在起草这份文件中起了决定性的作用。制订的《前十条》要求成立"贫下中农协会"，作为对犯错误的基层干部实行监督的组织。后来证明，这种做法的问题在于贫下中农在"大跃进"时期也深受痛苦，到了 1963 年，他们当中的许多人要么大失所望，要么腐化了。当这种情况在这一年中变得显而易见时，邓小平和彭真制订了新的措施（《后十条》），并于 1963 年 9 月予以公布。

《后十条》承认"贫下中农协会"中的问题，提出了更严格的入会标准。更为重要的是，拟订这份文件的前提是，这些协会本来就不能适当地监督公社和大队的委员会。因此它要求成立以城市为基础的工作队来开展这次整风运动。它进一步主张这些工作队在处理基层干部的问题之前应当首先处理省、地、县各级的问题。既然这些较高级的机构位于城市，因而文件提出发动城市"五反运动"以整顿较高级的机构，为在基层贯彻工作打下适当的基础。[②] 结果这些改变使农民的协会实质上处于无重要工作可做的状态。整风完全变成了党内的事

---

① 哈里·哈丁：《创建中的中国》[291]，第 196 页。
② 不要把这次"五反运动"和在 1952 年初期达到高潮的同名运动混淆了，见本书第二章。

情。但是，毛泽东把动员非党群众看成是对整风过程的有利因素之一，他于 1964 年 6 月指出，他担心这次进行的社会主义教育运动没有充分地把贫下中农发动起来。

在 1964 年开头的一段时间里，高级干部下基层开展对当地情况的调查研究工作。这种获取资料的办法溯源于延安时期的工作方式，反映了领导人知道不能依靠正常渠道上来的报告这一实际情况。因此，举例来说，刘少奇到河南省去了 18 天——河南省在"大跃进"时是一个样板，在这个运动结束时处于危险的状态。刘的妻子王光美则用假名在靠近她的家乡城市天津的桃源大队住了 5 个月。

刘少奇的调查结果使他对于农村地区的情况深感悲观。调查结果证明，腐化现象很普遍，不少基层干部反对党（农民反对党的也占不小的比例）。当他们考察归来时，他们认为反革命力量控制了中国农村不小的部分，需要采取严厉的措施以挽救局面。毛泽东很可能同意这种判断——但他随后强烈地不同意所采取的措施，后来又强烈地同意所采取的矫正措施。

1964 年 9 月拟订的《后十条》修正草案反映了刘少奇对整风运动的看法。修正草案要求组成大的工作队下到选定的公社，实际上把公社接管过来，从根本上动摇它，以便予以整顿。一个工作队在一个地点大约停留 6 个月，严厉地处理那些被发现的已经变得怠惰和腐化的干部。与此同时，这些工作队还将在农村公社进行新的阶级划分——在 50 年代初的土地改革以后第一次进行了这种工作。按照《后十条》修正草案的日程，整个社会主义教育运动将在全国用 5 至 6 年的时间完成。

毛泽东对于实施《后十条》修正草案有三点意见：第一，修正草案把抨击的目标从修正主义缩小到了贪污腐化。第二，修正草案给予干部的处罚过于严厉。第三，修正草案导致强迫公社接受庞大的工作队，而不是动员群众自己去开展运动。总之，社会主义教育运动被曲解到了这样的程度，它不再是宣传毛关于修正主义的看法的手段，而是已经成了相对来说粗暴地在农村党组织中重新强化纪律的一种尝试。

毛泽东对于这些倾向作出的反应是，通过他自己新的社会主义教育运动纲领性文件来取得主动权。1965 年 1 月公布的毛的《二十三条》

重新确定了运动的方向，以便它能成为对各级党组织进行有关修正主义罪恶的普遍教育的运动。在农村地区，这意味着撤回工作队，许多被工作队严厉惩处的从前的干部恢复了工作——免去了接替他们的人的职务。这简直是在"文化大革命"的前夕扩大了干部队伍的分裂。

因此，毛利用整风作为在社会上推行他的政治议程的手段的努力，证明只是部分地成功了。当毛从 1964 年开始试图通过在政府和党的机构内设立政治部以使他的政治见解能更快地被接受时，掌权的官僚机构证明它们有能力保护自己处理自己组织事务的权力。《后十条》修正草案是严厉的，但其办法还是使整风问题保持在党内，防止大规模地利用非党群众来整顿中国共产党。但是，正是毛对中国共产党内政策方向的日益担忧——这种担忧是江青、康生和林彪（与陈伯达等人一道）培养起来的——使得毛越来越坚决地要增强他对这个核心政治组织的影响。

变化中的毛泽东

毛本人并没有江青那种耿耿于怀的个人的屈辱感，也没有理由相信他在 60 年代后期（如果那时如此）以前，对林彪作为他的接班人的想法完全感到称心如意。[①] 事实上，在 1963—1965 年，毛泽东似乎不太认真地考虑过树立彭真作为他的接班人以取代刘少奇。因此，如上文提到的，毛渐渐介入了共同发动"文化大革命"的联盟，但是他与他们当中无论哪个人的目标和看法都不是完全一致的。那么，毛自己又是怎样得出结论必须对他在政治局中的同事发动正面攻击呢？

要理解毛在 1959—1966 年这关键几年心理上的发展变化，有三个因素似乎是极为重要的：他对中国革命可能向什么方向发展的理解有变化；他对接班人问题不断关心；以及与此相关的他对死亡正在逼近的意识。所有这一切在某种程度上纠结起来，加深了毛的忧虑——他毕生工作导致的政治制度到头来将偏离他的理想，并证明和它所取

---

① 实际上，当 1966 年毛对林彪的信赖达于顶点时，据说他曾写信给江青表示他对林彪不信任。

代的政治制度同样是剥削性质的。

毛泽东对革命前途的担心和他逐渐形成的关于苏联政治制度变质的分析是分不开的。的确，毛在他的一生中用了不少时间与中国共产党内所受的苏联影响作斗争，在思想实质和作风两个方面他都是中国领导人中最少苏联味的。在50年代中期，毛曾经作出协调一致的努力以使中国离开苏联发展模式，从1958年开始，他把军队和军事学说也包括在这一努力中。在1959年以前毛已经认为苏联领导人常常专横傲慢，并对中国情况缺乏了解，而在1959年以后他开始深思这样的问题：苏联革命本身是否从根本上误入了歧途，改变了它的性质。

实际上，当苏联开始试图干涉中国的内部事务，声称它本身的革命时代已经结束，并谋求和美国达成更稳定的和解时，毛泽东开始怀疑，社会主义在一个国家的胜利是否能保证资本主义不会在那个社会里复辟。许多事情促成了这种思想上的变化。毛认为，他看出了赫鲁晓夫1958年试图对中国海军施加影响，还看出了赫鲁晓夫另外一个企图，即通过取消核援助的协议和1959年与彭德怀共谋来干预中国事务。在那一年，毛还看到：赫鲁晓夫宣称苏联已经成为"全民国家"，而不是实行"无产阶级专政"；[①] 他在美国的戴维营最高级会谈及与此有关的与西方和平共处的努力；在1959年北京与新德里的边界紧张局势中莫斯科表面上中立；以及1960年年中苏联从中国撤走顾问。这些只不过是几个例子。

毛泽东出于这种新的忧虑，开始用一段时间学习苏联的政治经济学，他断定，在这个重要的理论领域甚至斯大林也造成了某些根本性的错误。毛指示中国代表团就有争议的论点和苏联人辩论，而苏联的反应更增加了他的忧虑。江青注意到苏联顾问于1960年迅速撤走曾使毛"震惊"，[②]他可能从那时起就断定，为了使苏维埃制度回到坚实的基础上，最低限度赫鲁晓夫本人必须被取而代之。苏联领导不肯罢免赫鲁晓夫大大加深

① 通过把苏联叫做"全民国家"，赫鲁晓夫指出，在苏联剥削阶级已被消灭，阶级斗争已经结束。对比之下，"无产阶级专政"是当权的共产党用来进行反对剥削阶级残余的阶级斗争的专政形式。
② 威特克：《江青同志》[797]，第304页。

了毛的忧虑。

和赫鲁晓夫在 1958 年后的几次会议上进行过斗争之后，毛泽东于 1963 年决定，是将论战公之于众的时候了。在这个意识形态的重要方面，他的政治局同事们显然不能拒绝他的领导。因此，在1963—1964 年，毛指导写了九篇论战文章，每一篇在中国都广为宣传。如上所述，在写这些文章时毛利用了康生的才能，当时康生已经在国内文化竞技场上专注于反对修正主义的斗争。

回顾起来，毛似乎是利用九篇论战文章作为在国内宣传他的政治观点的手段。这些论战文章提出了毛实际上与他在政治局的同事们不同的所有论点，同时又把毛的政治观点与那时正在进行的反苏斗争等同起来。中国人的民族主义同毛对"修正主义"的政治批判的这种联系，证明是一种有效的结合——事实上很有效，以致后来在"文化大革命"期间毛让中国的宣传工具攻击刘少奇就是"中国的赫鲁晓夫"。

但是，在这种处理方法中，除了精明的策略外，还有人的悲剧。没有理由怀疑毛自己不相信他所说的关于苏联革命变质的话。显然他可能认为同样的力量也正在中国发展，在中国，他的同事们现在主张（如他们在 1956 年主张的那样）阶级斗争应当包摄于极为重要的生产斗争之中。如果允许这种倾向继续下去，年轻一代将不可避免地和修正主义观点一道成长。历史到头来无疑将证明对毛是无情的，就像斯大林死后对斯大林那样。毛是一个对中国历史具有敏锐意识的人，在1965 年他把自己和祖国最伟大的皇帝作了比较。他这时可能看到一种可能性，即把他当作事实上将国家引入歧途的人来回忆。同样不安的是，毛留给中国的遗产可能是一种剥削他所热爱的农村并和帝国主义勾结的政治制度。因此，当毛在 60 年代前半期看到中国国内的趋势时，他对苏联革命演变的看法更加深信不疑了。①

---

① 附带说明，1964 年 10 月赫鲁晓夫被赶下台之后苏联领导在与中国争论的问题上并没有改变莫斯科的立场，这一事实使毛泽东确认，是制度而不只是某一个人变了质。这有助于解释，如前文所述，1965 年春季毛泽东激烈反对罗瑞卿的建议，即中国与苏联合作以反对美国在越南逐级上升的行动。

毛泽东在中国政治活动程序中所起作用的变化也促成了他的紧迫感。如前所述，据说他曾停止按时出席 1958 年 1 月的政治局会议。[①] 在这之后，他仍然收到政治局审议的报告，所有用中央委员会名义发出的文件在作为正式文件发布之前他还得批准它们。[②] 但是，同样的限制显然不适用于以邓小平为首的党的书记处所发出的文件，书记处在 60 年代前半期制定政策的程序中起了主要的作用。如前所述，毛后来抱怨说，1959 年以后，邓在政策问题上不和他商量。虽然这一抱怨很可能为了加强效果而被夸大，但不满情绪无疑是存在的。

更重要的是，毛泽东不再按时参加政治局会议，但这事实上却标志着他对政治体制比以前任何时候更起支配作用的时期的开始。毛当时也表示，他希望让出他作为国家元首的职务，以便他能专心致志于革命发展的重大问题。因此，毛于 1958 年在党和国家两个方面，都设法使自己更处于左右一切的地位，牢固地控制着重要的政策的方向，与此同时，又将他信赖的人安排到了接班人的位置上。在 1958—1959 年，刘少奇、邓小平和林彪获得更大的职权反映了贯彻这个策略的情况。

但是，在"大跃进"失败以后，毛泽东在 1962 年发觉他不再能够完全控制政策的基本方向。刘少奇和邓少平这时似乎反而限制他接近政治主流，曲解他的指示（例如关于整风的指示）的意义。因此，毛在 1958—1959 年想退居"第二线"，但因这种做法的内涵在"大跃进"之后起了变化而灰心丧气。毛因而开始考查他所推荐的接班人，以便断定他们能否维护他认为对革命前途至关重要的总方针。毛越考查越证明他们（林彪除外）不合适。

毛泽东优先考虑的事和他的接班人优先考虑的事越来越不一致，其核心问题在于他们从"大跃进"汲取的教训各不相同。如上所述，毛认识到动员群众对于迅速发展经济不是主要的。但是与此同时，毛

[①] 在这个日期以后，毛泽东只出席他要发表讲话的政治局会议。在其他情况下，他靠听汇报了解政治局会议上发生的事情。

[②] 政治局发出的文件据说要以中央委员会的名义发出，所以这一规定事实上使毛泽东能够控制所有由政治局送出的正式文件。

保留了他对动员群众作为更新意识形态、改革社会和整风的手段的信念。但是,动员群众并不是北京的中央各部能够予以落实的政策。相反,就其根本性质来说,动员群众依赖的是中国共产党内多面手的技能,而不是技术专家,并且需要容忍充分地下放权力,容许这个策略必然引起的灵活性。因此,动员群众在某种程度上本来就是一种反知识的和反官僚主义的方法,虽然不完全摧毁中央集权的、专家控制的政治制度也能实现这个目的。

刘少奇和他的同事们从"大跃进"得出结论,中国已经发展到动员群众不再是政策的有用工具的程度。由于1962年国家的经济和政治制度处于危险状态,他们认为必须采取有力措施将对经济的控制重新置于中央各部和各委员会的专家之手,必须作出相应的努力以重建能将中央和基层联系起来的有纪律的党和国家的机构。重要政治运动所具有的"高潮"政治只能破坏他们正在作出的尽力解救恶劣形势的努力。运动的方法在延安和50年代初期曾经对中国共产党很有用处,但是它不再适合于60年代的错综复杂的管理国家的工作。

毛泽东通过一系列措施试图使整个制度回头注意他自己优先考虑的事情。有些措施,如利用整风运动在组织体系中恢复动员群众的方法,前文已予详述。除了这些以外,毛还在不同的领域内时常提出优先选择的具体政策,其效果是抨击了刘、邓面向城市和看重技术的策略的前提。在文化方面,毛受到他的妻子和康生的鼓动,要求作家和艺术家下到基层,以便通过和普通人,特别是和农村人生活在一起以体验生活。在医药方面,他对卫生部进行了一系列抨击,要求国家最好的医生离开城市到农村地区行医。① 在教育方面,他主张精简课程,把注意力更多地集中于应用科学而不是理论研究,以及体力劳动与大学课程有效地相互结合。毛也希望修改学校课本,以便更好地顾及本地的需要和情况。② 在所有这些领域,毛泽东的提议对于北京有关的部的职能部门所实行的管理来说,都将起到釜底抽薪的效果。

---

① 详情见戴维·兰普顿的《中国的医药政治》[417],第129—192页。
② 详情见西博尔德的《中国的革命教育》[649],《导言》及第5—62页。

毛泽东还反对在组织国家专业化公司以管理主要经济部门的方案中所体现的经济上的集中化和专业化。毛把这些公司叫做"托拉斯"，力主以更大程度的行政区自给自足取而代之。如前所述，这个办法又和 1965 年毛为了对付美国在越南的威胁逐级上升而提出的战略巧妙地联系在一起。①

毛泽东的主张的效果实际上在所有领域多半是相同的。在每一种情况下，刘少奇等人总是接受毛对现行政策批评的总的矛头所向，采取某些措施以实现毛的想法。但是，这些措施还是远远达不到毛所想的那种激烈的制度调整。结果是，毛越来越认为他的同事们控制的是一个官僚主义的庞然大物，它吞噬了他的迫切要求，使它们变质成为一种很难影响制度的基本功能和倾向的无关痛痒的改良。

最后，毛对这些问题的忧虑在 1964—1965 年迅速加深，因为，如我们可以获悉的他的讲话和接见所表明的那样，他开始把注意力集中在自己的死亡上。从 1964 年开始，他多次讲了"去见马克思"以及任何人都必然要死的话。1965 年早期他在接见安德烈·马尔罗时也以一种令人吃惊的方式透露出这种担心。虽然不可能确切地知道毛这时的精神状态，但似乎有理由像罗伯特·利夫顿那样推测，毛日益明白他有形的生命行将结束，明白他和他所开创的革命事业的命运在根本上的一致性。换句话说，毛认为他只有通过他所领导的革命沿着正确的道路继续下去，他才能不朽，② 但是当毛环顾周围时，他所看到的是他挑选的接班人的修正主义对这一事业造成的破坏。毛心理上和政治上的负担因而变得如此沉重，以致他终于认为不得不对他曾经耗费毕生精力所缔造的党发动一场粗暴的正面攻击。

延安领导的分裂

以上的分析集中于那些归拢在一起而触发了 1966 年"文化大革命"的种种不同因素。相对来说，还很少谈到这个重要运动的对象。

---

① 关于托拉斯，见安奉俊（音）的著作 [2]，第 139—144 页。
② 罗伯特·利夫顿：《革命的不朽》[455]。

关于 1962—1965 年的政策和发展情况可以写得很多，这是一个恢复经济和在许多有关经济领域的政策制定方面取得显著成就的时期。但是，这一分析的经济方面归入另外一章；在政治方面，看来领导们是在努力重建 1956 年晚期已经发展起来的体制。在这种体制中，明确地划分了责任，有权力的书记处能满足政治局各方面的要求，政府的行政管理范围很广，使用涉及面很广的国务院委员会以防止这个体制因按照职能而变得四分五裂，等等。①

看来这个体制的领导者们自己并不认为他们是在走向和毛泽东的较量。他们仍然尊敬他，努力迁就他的那些很可能他们认为多少是带错了方向的政策要求。但是他们难以克制地关心着国家在"大跃进"以后如何重新站稳脚跟，以及他们在处理中国的社会问题时如何重新获得主动权。在这方面，如前所述，他们不同意毛对 1962 年——可能包括这时以后——的形势所作的比较乐观的估计。而且他们肯定意识到了毛未来的结盟伙伴得以实现其野心的潜在危险。因此，如已指出的那样，他们努力限制解放军对其他机构的渗透，试图使江青不能掌握文化领域的权力。遗憾的是，可以用来具体说明限制康生权势增大的措施——如果有这样的措施的话——的资料太少。

的确，从"大跃进"到"文化大革命"这一时期的信息，我们大多得自 1966—1976 年的论战性的文献材料（也常常得自几乎具有同样偏见的 1976 年以后的材料），因此我们务必记住有关这八年历史中的存疑问题。未知的主要问题和有重大疑问的领域如下：

第一，并未参加"文化大革命"结盟的各个领导成员对毛泽东和他这些年优先考虑的政策的看法如何？"文化大革命"期间提供的记载几乎全是反面的，但是也是有高度选择性的。例如，当宣传机关据说试图缩小毛的优先考虑的事项的重要性时，事实上当时的官方宣传工具却极力突出对毛的崇拜和对修正主义的批判。同样，虽然有一系列的迹象表明，在这个时期后半期的大部分时间里毛泽东特意提升彭

---

① 1965 年时，国务院各部和主要委员会的数目达到 55 个，与"大跃进"时期政府机构调整前的第一个五年计划的高峰期间的部委数目相同。

真，事实上"文化大革命"期间所能获得的所有引用彭的话却都是他指责毛的卫生政策、江青改革京戏的尝试，等等。的确，在实质性的争端上，刘少奇周围的领袖们看来总是试图反驳毛，而不只是迁就他（尽管可以理解，他们对江青不那么容忍，对康生①和林彪更是留神）。因此，到了1964年前后，毛可能在他自己的头脑里已经开始相当严重地曲解了事实，他的妻子等人煽起了他的疑心，他们希望利用领导机关的重新安排而得到益处。虽然刘及其同事们在优先考虑的事项和方法上无疑和毛的意见不完全相同，但毛变化中的精神状态和对他的死的担心却可能使他把那种正常的政策争论改变成道德上的善恶势力之间的斗争。

第二，遗憾的是这段历史的一个重要方面——公安机关和毛泽东的警卫部队的作用——还向公众严加封锁，不予透露。如前所述，康生和罗瑞卿两人在公安系统中曾经是关键人物。当罗在庐山会议后离开公安部到解放军时，公安部由谢富治接任，谢在"文化大革命"早期又青云直上，成为政治上的有力人物。谢于1966—1967年迅速提升，这表明公安部在导致"文化大革命"的冲突中起了重要作用，但却不能得知详情。中共中央办公厅的前领导人杨尚昆在1966年被正式清洗，据说他在毛的私人住所安装窃听器。杨一离职，毛本人的警卫部队（8341师，该师也为其他高级领导人提供保护）在毛的长期警卫人员汪东兴的领导下很快便接过了中共中央办公厅原来的职能。同一部队在"文化大革命"中还负责拘留高级领导人。但是在1966年以前的年代里，关于汪东兴及整个警卫机构的任务，其具体情况却知道得很少。

第三，周恩来的作用仍然不很清楚，尽管周在所有这些年里都保持了高大的形象。周的全部经历表明，在1962—1965年的政策问题上他可能倾向于刘少奇的选择，可是在1966年夏季、对毛泽东发动

---

① 例如，王稼祥阻止康生有充分机会接触中国共产党和其他共产党的关系的资料，《工人日报》，1986年2月4日；英译文载《外国广播新闻处》[250] /《中华人民共和国》，1981年2月26日，L—9。

"文化大革命"来说，周的支持证明是至关重要的。周在1966年的表现因而使人们对他前几年的真正作用提出了问题。周本人是否开始想要取代刘少奇做毛的接班人？如果是这样，周是否暗地里促成毛不信任他的同事？也许周只是遵循惯例，在任何最后的较量中他都支持毛，虽然他可能试图削弱某些他所不同意的毛的有关政策方面的抨击。遗憾的是，周是一个非常重要的人物，以致于有关他的不同的假设将成为对关系重大的这几年作出很不相同的解释的依据，而把不同解释区别开来的不可或缺的资料正在消失。

总之，尽管所有这些年份已经过去，资料已可到手，但是对"大跃进"到"文化大革命"这一时期仍然是顶多只能部分地了解，而且在未来的若干时间里还将如此。既然"稳健派"有可能对文献作出贡献，许多情况还可以进行综合，但是这些补充的资料仍将留下大量令人不安的缺漏。不过，在目前所能弄清楚的情况的基础上，对"是什么导致延安领导的分裂"这一问题的答案是明确的，它有三个结合起来的因素：从"大跃进"灾难性的后果中汲取的不同教训；由毛泽东的继任人选问题产生的紧张关系，这个问题在1958年以后总是排在议事日程上；以及一个上了年纪而且肯定越来越衰老的领导人的日益增长的忧虑。可是，使我们得以判断这些因素各自的相对重要性和影响力的资料欠缺得太多了。

第 八 章

重压下的中国经济，1958—1965 年

在第二个五年计划（1958—1962 年）开始的时候，关于第一个五年计划的教训及其对中国正在逐渐形成的发展策略的影响，在中国共产党内并没有一致意见。1953 年到 1957 年这几年获得了空前迅速的经济发展，但是从 1956 年起第一个五年计划的策略受到了严重的怀疑。第一个五年计划期间的发展是很不平衡的，工业产量提高得更快，几乎是农业的 5 倍。[①] 农业的落后的成绩使五年的人均粮食消费——卡路里总摄入量的约 90％ 的来源——的增长低于 3％，而且大大限制了工业消费品的发展，因为工业消费品的发展严重依赖农业部类的原料供应。

从规划制定者的观点看，1954 年以后他们无论以实物税的形式还是用固定价格征购的办法，能够从农村得到的粮食的绝对数量都连续下降，这甚至比生产发展缓慢的情况更为严重。1956 年下半年重新开放农村民间集市增加了完成收购定额的困难。尽管民间集市的交易应当限于次要产品并且不能有按计划应出售给国家的产品，但集市经营的范围还是迅速扩大到包括粮食、油料籽和棉花。

国家和集市之间的竞争是如此激烈，致使国务院由于面临 1957 年夏季出现的粮食短缺，于 8 月颁布条例禁止在农村集市上出售粮食、食用植物油籽和棉花（都受到向国家交售定额的限制）。但是，在 1957 粮食年度（到 1958 年 6 月 30 日为止）内，国家收购的谷物数量下降到略低于

[①] 按净增值（不是总产值）和可比价格计算。在第一个计划期间工业和农业的增长率分别是每年 18.7％ 和 3.8％。杨坚白、李学曾：《农轻重结构》[825]，载马洪、孙尚清合编《中国经济结构问题研究》[488]，第 106 页。

1956 年的水平，仍然少于 1954 年或 1955 年，这表明对集市贸易的禁令未被广泛实施，农民能够拒绝把谷物交给国家。

国家控制的粮食数量在下降，但需求却增加了不少。完全由国家负责供应粮食的城市的人口大量增加，特别是在 1956 年。此外，在 1957 年，中国在和其最大的一个贸易伙伴苏联的贸易中第一次不得不保持出超。中国对苏联的出口几乎全是农产品、矿物和其他原料，因此维持这种出超对国家控制的农业资源提出了额外需求。尽管 1957 年需要的最初的出超额不大，大约是 1.3 亿美元，但苏联拒绝答应中国 1957 年提出的在 1955 年到期的贷款之外再行贷款的要求，这意味着以前的贷款到期时，在以后几年将增加所需的农业出口余额。[①]

最后，围绕第二个五年计划的最重要的争论问题是提高中国农业增长率的前景。总理周恩来、国家计划委员会领导人李富春、财政部长李先念、关心经济问题的政治局委员陈云和其他许多人的稳健的看法是，农业生产的增长率能够增加一些，但这要求增加分配给农业的国家投资资金的份额，并增加分配给化肥工业和某些类型的农业机械制造业的投资。这种体现在第二个五年计划提案中的看法，含蓄地否定了进一步改革农业生产单位的体制能够为更迅速的发展提供基础的论点。实际上，到 1958 年年初，农业发展与意愿相反，在集体化以后越来越明显地慢下来了。例如，粮食产量在第一个五年计划的前三年每年增加 4％以上，但在后两年，在高级农业生产合作社变得普遍以后每年都低于 3％。[②]

毛泽东有完全不同的观点。他认为制定规划的人在集体化的速度上，更广泛地说在发展的速度上，特别是在工业发展的速度上，看法过于小心谨慎，因而他在 1956 年曾和这种看法进行斗争。尽管当他的动员策略在 1956 年年中受到抑制时他似乎受了挫折，但他的基本观点并没有改变。他仍然倾向于相信，体制上的改革，尤其是当其与动员资源的运动结合起来时，能够对更迅速的发展道路提供一个引人

---

① 国家统计局：《中国统计年鉴，1983 年》[157]，第 359 页。
② 国家统计局：《伟大的十年》[681]，第 119 页。

注目的突破。

如在本书第七章中指出的，毛泽东认为体现在拟议中的第二个五年计划的观点是保守的，在 1957 年晚期和 1958 年早期这几个月的时间里他展开了取而代之的努力。这种努力在 1957 年秋季的八届三中全会上开始。毛在这次会议上谈到了做事的两种方法，"一种是慢差的办法，另一种是快好的办法"，① 并且反对给他 1956 年的动员运动所加上的约束。毛努力绕过计划制定者对农业的比较谨慎的看法，在当时重新提出了在 1956 年被不声不响地搁置下来的他的 12 年农业发展纲要。11 月，《人民日报》发表社论，重新提出 1956 年跃进的口号："多快好省"。② 同月，毛在莫斯科宣布，中国主要工业产品的产量约在 15 年内将超过英国，③ 几乎可以肯定，他这样做事先并没有和他在政治局的同事们商量。

当动员的口号和对 12 年纲要的讨论恢复时，计划制定者反应缓慢。国家计划委员会主任在 1957 年 12 月宣布的几个五年计划的指标，说起来实际上甚至可能比周恩来上一年在第八次全国代表大会上最初提出的还要谨慎些。例如，提出的粮食和棉花的指标按比例缩减了，粮食从 2.5 亿公吨减至 2.4 亿公吨，棉花从 240 万公吨减至 215 万公吨。因此，毛在 1958 年 1 月党的重要的南宁会议上，直接批评了周恩来、陈云和李先念，因为他们实际上拒绝支持他提高生产指标的努力。

这一批评也没有导致很大的变化。南宁会议结束后不久，薄一波将 1958 年年度计划提请全国人民代表大会批准。1.96 亿公吨的粮食产量计划水平意味着 5.9% 的增长率，并没有大大超过 5.4% 的长期年增长率，后一增长率包含在上年 12 月李富春提出的规定 1962 年的粮食指标为 2.4 亿公吨的第二个五年计划中。④

---

① 罗德里克·麦克法夸尔：《文化革命的起源》，第 2 卷 [496]，第 16—17 页。
② 同上书，第 17 页。
③ 薄一波：《崇敬和怀念——献给党诞生的六十周年》[583]，载《红旗》，1981 年第 13 期，第 66 页。
④ 薄一波：《关于一九五八年度国民经济计划草案的报告》[582]，载《人民手册》[364]，1959 年，第 240 页。

最后，1958 年螺旋式上升的生产指标由毛泽东在早春于四川成都召开的一次中央委员会委员和地方党委会委员的会议上提出。在这次会议上，毛慎重地赞成一个在河南省制定的宏伟的农业发展方案，这个方案除了其他内容外，还保证在一年之内使粮食产量翻番。但是，毛的慎重由于他自己鼓励各省之间在提高谷物产量上互相竞赛而被破坏了。

"大跃进"的经济策略

"大跃进"是以毛泽东对中国农业面临的紧张状况的误解作为根据的。和 1956—1957 年其他方面显示的迹象相反，毛仍然相信较大的农业生产单位可以导致有效的规模经营。他还相信，在农业经济中动员现有资源，主要是劳力，将为更快发展提供一个突破口。

动员劳力的策略在很大程度上用于可以指望大幅度地提高农作物产量的水利和灌溉工程。尽管支持农业发展的国家资金的分配额有适度增加，但农业发展策略在很大程度上要靠本身的力量来实现。

"大跃进"策略的工业部分显然不同。对体现"两条腿走路"精神的"土高炉"和其他小规模工厂的方案给予了极大注意。但是工业方面的"大跃进"策略是以生产资料的大量投入为基础，部分地以进口机器和设备为基础。总之，工业化策略主要是进一步强化在第一个五年计划中已很明显的资本密集型的发展方式，而农业发展是以大规模的改革和动员策略为基础。

这两种策略在 1958 年交叉起来。一项空前的雄心勃勃的水利工程计划于 1957—1958 年的冬季在农村动工。这项工程反映出 12 年农业发展纲要恢复了活力，这个纲要越来越强调几乎可以不要国家协助或提供资金而由集体单位在本地进行的小规模工程。薄一波报告说，到 1958 年 1 月为止，一亿农民紧张的工作已成功地为 780 万公顷土地提供了灌溉设施。[①] 到这一年年末，据称已增加到 3200 万公顷，

---

① 薄一波：《关于一九五八年度国民经济计划草案的报告》 [582]，载《人民手册》 [364]，1959 年，第 235 页。

比 1957 年 9 月国务院和中共中央联合下达指示时指标所规定的面积多十多倍。[①] 增加的数额据称几乎相当于总灌溉面积的两倍。

为水利工程而大规模地动员劳力导致 50 年代后期农村的重要体制改革——成立人民公社。尽管农业生产合作社仍然是被认可的组织，但由于对水利运动的要求提高了，因此开始出现局部地、看来是自发地合并农业生产合作社的现象。这种合并在 1958 年 3 月的成都会议上被默认，导致合并的加速进行，最后大约在几个月内出现人民公社。和 1955—1956 年的社会主义改造一样，新的组织形式很快普及。到 1958 年末，99.1％的家庭都是公社成员。[②]

公社有几个显著的特点：最重要的是，它们在地域上是广阔的，并具有以前给予乡一级政府的职能。最初每一个公社平均约有 5500 个农户，大约是 1955—1956 年形成的高级农业生产合作社的规模的 25 倍。公社既负责户口登记、税收和治安，也负责筹办某些公共事业，如小学和初级中学教育以及公共医疗事业。

第二，个人和集体都可做的事情明确地改由后者去做。私人的农业用地——供家庭消费和市场买卖的副食品，尤其是猪的主要来源——在公社制度下被取消。农村周期性的集市也普遍地被削减，进一步减少了从销售手工业和其他家庭生产的产品中挣得现金收入的机会。其他许多与消费有关的活动如做饭、洗衣和抚养孩子，从家庭转移到以公社为基础，以便部分地把妇女从劳动中解放出来去参加农活。这些向集体化程度更高的活动的转移导致普遍地把私人农具以及在较小范围内把私人家庭财产充公。

第三，收入分配原则基本上改变。在高级农业生产合作社内，纯收入（总收入减去生产费用，各项税收以及公益金与公积金）按照社员的劳动贡献进行分配。对比之下，在公社内，纯收入的大部分是以

---

① 国家统计局：《伟大的十年》[681]，第 130 页。麦克法夸尔：《文化革命的起源》，第 2 卷 [496]，第 34 页。中国共产党中央委员会和国务院：《关于今冬明春大规模地开展兴修农田水利和积肥运动的决定》，载《人民手册》[364]，1958 年，第 533—534 页。
② 国家统计局：《伟大的十年》[681]，第 43 页。

人头作为基础进行分配，这和这段时期宣传公社具体体现了从社会主义向共产主义分配原则发展的思想是一致的。即使是按照劳动贡献分配的一小部分，现在也是以将劳动力分等并据以付酬的这样一种制度为基础进行分配。这一切做法都是为了急剧缩小公社内的收入差别。

随着公社化运动，同时出现了大量增加粮食产量的想法。实际上取代邓子恢成为中国共产党农村工作部领导人的谭震林在 1958 年 8 月报告说，创纪录的夏粮已经收获，谷类年度产量至少可以达到 2.4 亿公吨，也许多达 3 亿公吨。[①] 到了 12 月，在八届六中全会的公报上公布的 1958 年粮食产量是 3.75 亿公吨，为 1957 年 1.85 亿公吨水平的两倍。这个数字在 1959 年 4 月的国家统计局的公报上得到证实。

造成这些极不真实的数字的原因有：1958 年头几个月以来农业中明显地出现了运动气氛；中国共产党增强了权力，尤其是公社一级的中国共产党委员会起了关键性的作用；以及统计制度普遍混乱。由于基层统计资料的收集工作和监督制度遭到破坏，又有来自上面的要求汇报引人注目的突破产量事迹的强大压力，公社一级的政治干部便呈报高度夸大了的产量数字，这些数字的准确性未经认真核验便又上报各级行政机关。这些材料在北京刚一汇总出来就被接受，借以证实毛泽东对农业发展速度可能引人注目地加快的判断是正确的（至少初期是如此）。

承认这些关于农业产量的数据在几个方面有较大影响。它为提高投资增长速度和大幅度加快工业发展提供了动力。中国的政治领导人最终相信，为不断增加的城市人口提供足够口粮这个老问题已经得到解决，因此有可能缓和对当前非农业人口增长的限制。

此外，产量激增将大大增加产量和农业地区口粮消费水平之间的余额，为大幅度加快筹措投资资金提供了基础，这些资金大部分将用来支持工业投资。农村繁荣的假象也使人们设想能成功地在实行公社食堂的同时实行公社的供给制。最后，把浮夸的产量报道当做现实来接受导致错误地缩小谷类作物的播种面积，这是一项促成食物大量短缺的政策。

---

① 麦克法夸尔：《文化革命的起源》，第 2 卷［496］，第 82—83 页。

"大跃进"中的工业

1958 年提高钢铁产量指标可以作为例子说明"大跃进"在工业方面的发展情况。1958 年 2 月薄一波提出的最初指标是 620 万公吨，比上一年 535 万公吨高 19％。[①] 三个月后政治局把指标提高到 800 万—850 万公吨，而到 8 月，紧跟着对 1958 年可能的农业收成的较高估计，毛泽东说服政治局赞成 1070 万公吨的指标。[②] 在几个星期之内毛又提出 1200 万公吨的高指标。

在整个 1958 年中，资本投资指标也同样提高。年初提出的 145.77 亿元指标——比 1957 年的投资预算额略多 22 亿元——很快被更具雄心的目标代替。[③] 最后，国有单位的投资达到 386 亿元，几乎是 1957 年水平的两倍。[④] 尽管小型工业是投资趋向的非常明显的部分，但绝大部分增加的数额都被引入了中型和大型的国家企业。在 1958、1959 和 1960 年，开办的这类企业（这三年分别是 1587、1361 和 1815 个），年年都超过了整个第一个五年计划所开办的 1384 个大中型企业的数量。[⑤] 例如，冶金部门开办了 157 个大中型企业，煤炭部门 61 个，电力部门 200 个，化工部门 85 个，建筑材料部门 80 个，以及第一机械工业部所属的 180 个。[⑥]

随着与投资趋向相联系的建设项目的增多和钢铁、机械设备以及其他工业品产量的增加，非农业劳动力随之也空前地增加了。国家单位的职工人数仅仅在 1958 年就几乎增加了 2100 万，和 1957 年相比

---

① 薄一波：《关于一九五八年度国民经济计划草案的报告》 [582]，载《人民手册》 [364]，1959 年，第 230 页。

② 麦克法夸尔：《文化革命的起源》，第 2 卷 [496]，第 89—90 页。

③ 薄一波：《关于一九五八年度国民经济计划草案的报告》 [582]，载《人民手册》 [364]，1959 年，第 237 页。

④ 《中国统计年鉴，1981 年》[156]，第 295 页。

⑤ 崔捷：《基本建设的调整》[726]，载柳随年编《六十年代国民经济调整的回顾》（以下简称《六十年代》）[473]，第 73 页。译者注：原文如此。据所列数字仅两年超过。

⑥ 吴群敢：《关于大跃进失误和调整的历史经验》 [815]，载柳随年编《六十年代》 [473]，第 26 页。

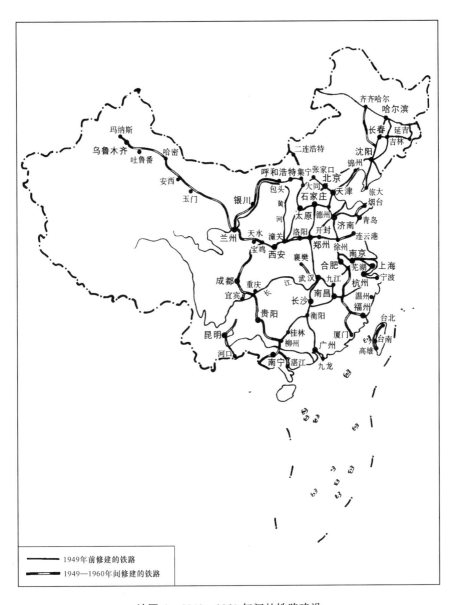

齐齐哈尔
哈尔滨
玛纳斯
乌鲁木齐
吐鲁番　哈密
长春　延吉
吉林
安西
沈阳
锦州
二连浩特
旅大
呼和浩特　集宁　张家口
北京
玉门
银川
包头
大同
天津
烟台
黄河
石家庄
太原　德州
青岛
天水
潼关
洛阳
开封
济南
连云港
兰州
宝鸡
西安
郑州
徐州
襄樊
合肥
南京
成都
重庆
武汉
芜湖
上海
宜宾
长江
九江
杭州
宁波
贵阳
南昌
长沙
温州
衡阳
福州
昆明
桂林
柳州
厦门
台北
河口
广州
台南
南宁　湛江
九龙
高雄

————　1949年前修建的铁路
——◇—　1949—1960年间修建的铁路

地图 6　1949—1960 年间的铁路建设

增加了 85％。1959 年和 1960 年另外又增加了 500 万。1960 年结束时，国家单位就业的最高水平是 5044 万，是 1957 年数字的两倍多。[①]

现代部门劳动力的空前增加对国家实行粮食定量配给以及市场供应其他食品提出了不寻常的要求。尽管增加的许多劳动力要么是单身男子要么是把家属留在农村地区的合同工和临时工，但城市人口仍增加了 3124 万，国家通过粮食定量配给制度供应粮食的人数增加了 2800 万。[②] 符合粮食定量配给条件的人口的比重在 1957—1960 年之间增加了 1/3，从 15％左右增加到 20％左右，其中 1958 年增加了一半以上。[③]

投资的大量增加和城市人口的极大增长这两者导致国家对农村人口提出了空前的粮食需求。1958 年，公粮和义务交售给国家的粮食在 1956 年和 1957 年的平均数上增加了一千多万公吨。1959 年，收购达到了 6740 万公吨的空前高额数字。此外，由于粮食产量与 1957 年相比降低了 2500 万公吨，交售量等于总产量的 39.7％。尽管有些粮食返销给了农民消费者，但国家在 1959 年购买的粮食，扣除返销的，占总产量的 28％，大大高于 1957 年 17％的净收购率。[④]

最后，接受夸大了的粮食产量数字在 1959 年导致了该年农业计划中巨大的计算错误。既然 1958 年粮食产量极大增加，计划制订者便决定缩减总播种面积，而给棉花、食用油籽以及其他非粮食作物分配稍高的份额。结果，1959 年的总播种面积比 1957 年少 10％，粮食播种面积下落 13％。事实上，1959 年的单位面积产量和 1957 年并没有什么显著差别，而总产量下降 13％，约 2500 公吨。[⑤]

尽管 1959 年减少播种面积的错误在下一年被部分地扭转了，但是总产量仍然继续下降。产量的减少部分地是由于公社制度下造成的农业管理不善。最明显的是，许多"大跃进"时期兴办的灌溉工程设计

---

① 《中国统计年鉴，1981 年》[156]，第 107 页。

② 《中国统计年鉴，1983 年》[157]，第 103 页。

③ 徐棣华：《精简职工和城市人口》[327]，载柳随年编《六十年代》[473]，第 123—124 页。

④ 《中国统计年鉴，1983 年》[157]，第 393 页。

⑤ 拉迪：《中国现代经济发展中的农业》[422]，第 42 页。

拙劣，结果降低了而不是提高了产量。这在华北平原上更是一点不假。在那里，不能提供适当的排水系统意味着灌溉将导致土壤含盐量增加，因而降低产量。农业劳动力的大量减少反过来又影响农业产量。在1957—1960 年间，非农业职工人数迅速增加的必然结果是农业劳动力减少了 2291 万，下降 10％还多。[①] 最后，1960 年的恶劣天气也会进一步降低产量。最终的结果是：1960 年粮食产量 1.435 亿公吨，低于1957 年的产量 26％，是 1950 年以来的最低水平。

其他食用作物也遭受了灾难性的减产。1960 年的油料作物产量比 1957 年的产量少一半，比中国共产党掌权后的任何其他年份都低。甘蔗和甜菜的产量陡然下降，到 1962 年可能降到 1957 年产量的 1/3或更低的水平。到 1962 年，肉类产量只有 1957 年水平的一半。[②]

粮食产量的下降和分配制度方面的失误导致了 20 世纪面积空前的饥荒。根据官方资料，死亡率在 1956—1957 年平均是 11.1‰，1959 年上升到 14.6‰，1960 年达到 25.4‰的高峰。1961 年的死亡率陡然降到 14.2‰，但仍比 1956—1957 年的水平高出不少。1960 年死亡人数大量增加，以致在这一个年头中中国人口减少了 1000 万。[③]累计增加的死亡人数——除开预期的正常死亡数——估计有 1600 万到 2700 万。[④] 这部分地是婴儿死亡率急剧增加的结果。[⑤] 人口统计的

[①] 《中国统计年鉴，1983 年》[157]，第 122 页。

[②] 同上书，第 158 页。

[③] 同上书，第 103—105 页。

[④] 较小的数字是将官方关于增加的死亡率的资料应用于官方公布的一系列总人口的数字而得出的。但是西方人口统计学者一致的看法是，中国的资料在 1949 年后的整个时期里少算了死亡率。得出这个结论是因为，如果不承认实际死亡率高于公布的死亡率，中国关于年龄结构和按年龄的生育率资料便不能和公布的人口总数一致。科尔估计，在 1953—1964 年之间登记了全部死亡人数的 63％，在 1964—1982 年之间，登记的死亡人数上升到 85％。科尔估计，如果考虑到少登记的死亡，在 1958—1963 年之间多死2700 万人。安斯利·科尔：《1952—1982 年间中国人口的急剧变化》[175]，第 70 页。

[⑤] 广泛认为，中国的婴儿死亡率资料一直少报了，这大概解释了没有登记死亡的大部分原因（见本页注④）。利用官方公布的年龄结构、按年龄的生育率和人口总数重新推算的中国人口动态表明，1957 年和高峰的 1960 年之间的婴儿死亡率增加了一倍多。朱迪斯·班尼斯特：《中国人口新资料的分析》[17]，载《人口和发展评论》[586]，10.2（1984 年 6 月），第 254 页。

最后结果比这些数字很可能要大得多，因为出生率从 1956—1959 年的平均 33.0‰下降到了 1961 年的 18‰的波谷。

就历史时期的比较来说，这些资料表明，丧失的生命远远多于中国 20 世纪其他的歉收或自然灾害时死亡的人数。20 世纪中国的主要旱灾饥荒于 1900 年、1920—1921 年和 1928—1930 年发生在中国北部和西北部。1920—1921 年的饥荒，就持续时间和地域两方面说，可能是最严重的，至少使 2000 万贫苦农民受到煎熬，但是经过政府和私人努力部分地得到了缓和，死亡人数估计不超过 50 万。① 在 1928 年波及河南、陕西和甘肃的大饥荒中，② 死亡人数要多得多，超过 200 万。和 1920—1921 年的饥荒相比，更多的死亡一般归因于蒋介石北伐导致的铁路运输的中断，这实际上削弱了救济活动。

人们很可能回想起铁路时代以前的 1877—1878 年饥荒的历史，以便弄清"大跃进"灾难的规模。那次饥荒主要发生于陕西和山西，但也波及河南、河北和山东的一部分地区，政府和私人从沿海地区运输粮食到内地的工作受到运输工具不足的阻碍。估计有 900 万至 1300 万人因饥饿和跟着发生的传染病而死去。③

在现代人口统计上，苏联农业集体化当时及其以后曾发生过接近"大跃进"危机范围的灾难。一致的估计认为，主要由于政府政策造成的粮食极度缺乏而引起的死亡人数大约为 500 万，大致是俄国农民的 1/25。④ 如果用西方对过量死亡人数的估计来代替官方的数字，相比之下，中国饥荒的死亡人数为这个数目的 3—5 倍，甚至按比例也超过了苏联饥荒。

---

① 玛丽-克莱尔·贝尔热尔：《1920—1922 年的中国生存危机》[40]，载《经济、社会、文化纪事》[10]，38.6（1973 年），第 1361—1402 页。
② 同上书 [40]，第 1398 页，估计死亡人数"超过 200 万"。何炳棣：《1368—1953 年中国人口的研究》[302]，第 233 页，估计在陕西一省有 300 万人死亡。
③ 何炳棣：《1368—1953 年中国人口的研究》[302]，第 232 页。
④ 达纳·G.达尔林普尔：《1932—1934 年的苏联饥荒》[193]，载《苏联研究》，15.3（1964 年 1 月），第 259 页。

中国饥荒的范围

关于这次大饥荒的范围所知不多，但是可以提出两个假定。其一，这次饥荒是不均衡的，是农村事件。其二，即使在农村地区，死亡也高度集中在有些地区。

几种以经验为基础的证据表明，这次饥荒不均衡，主要在农村。首先，如表 5 所示，平均粮食消费量的下降在农村地区要严重得多。到 1960 年，农村谷物消费量下降了 24％，而城市消费量下降不到 2％。在 1961 年，全国平均消费量到达最低点时，农村消费量下降 52 公斤或 25％，而城市消费量只下降 15 公斤或 8％。按绝对数量来

表 5　　　　　　城市和农村粮食消费量，1952—1965 年

（每人公斤数）

年　份	全　国	市	农　村
1952	197.5	—	—
1957	203.0	196.0	204.5
1958	198.0	—	201.0
1959	186.5	—	183.0
1960	163.5	192.5	156.0
1961	—	180.8	153.5
1962	164.5	—	—
1963	—	—	159.5
1964	—	—	178.5
1965	184.0	—	177.0

注：消费量以"贸易粮"单位计算，按中国统计惯例，贸易粮包括未加工的稻谷和小米（原重）以及加过工的其他粮食。在中国统计惯例中，粮食包括禾谷类、薯类（以相当于粮食的重量计算）以及大豆和其他豆类。"—"表示缺乏可以利用的资料。

资料来源：拉迪：《中国现代经济发展中的农业》[422]，第 150、158 页。王平：《大跃进和调整时期的人民生活》[766]，载柳随年编《六十年代国民经济调整的回顾》[473]，第 163、169 页。谢渡扬：《回顾六十年代初农业的调整》[320]，载柳随年编《六十年代国民经济调整的回顾》[473]，第 64 页。

说，植物油和猪肉的消费量城市比农村下降得多，但这两项消费量城市仍为农村的两倍。此外，由于卡路里摄入量绝大部分是从谷物的直接消费得到，因而城市消费者受的损失无疑比农民要小。

其次，将死亡率分成"市"和"县"两部分的中国资料表明，在饥荒年月里农村地区发生的死亡是不成比例的。甚至在一般或正常年份，包括农村地区也包括小城镇在内的"县"的死亡率也比市的死亡率高30%—60%。表6的资料说明，在1960年——全国死亡率最高的一年——县级登记的死亡人数上升到了高达市登记的死亡率的两倍以上的水平。

表6　　　　　　　　　　死亡率，1956—1962年

（每千人死亡数）

年　份	全　国	市	县
1956	11.40	7.43	11.84
1957	10.80	8.47	11.07
1958	11.98	9.22	12.50
1959	14.59	10.92	14.61
1960	25.43	13.77	28.58
1961	14.24	11.39	14.58
1962	10.02	8.28	10.32

注："市"指批准成立"市"建制的城市——国务院用这个名称指行使主要行政和经济中心的职能的城市——登记的死亡数。在1958年，有185个市，其中北京和上海由中央政府直接管理。"县"指市以外的其他地区，也就是在城镇和农村登记的死亡数。

资料来源：国家统计局：《中国统计年鉴，1983年》[157]，第105页。

几乎可以肯定，甚至这些数字也缩小了"大跃进"时期加大了的市和农村死亡率之间的差距。县的资料合并计算城镇（那里一大部分居民通过粮食定量配给制度可以得到配给的粮食）的死亡率和周围农村（那里一般却得不到政府供应的粮食）的死亡率。

这种历年资料在消费量方面分别以市和农村计算，在死亡率方面分别以"市"和"县"两部分计算，同样可以用表明饥荒主要是在农村的他种证据予以证实。

第一，在公布的中国资料中很少提到的饥荒一律是指农村饥荒，

而不提城市死亡率。[①]

第二，家畜的急剧减少证实了农村消费水准所承受的压力。猪首先被屠宰，因为饲养它们是为了通过在集市上出售猪肉能带来食物和现金收入。猪的数量在1957—1961年间急剧减少了七千多万头，也就是48%。但是，农民也宰杀了他们耕畜的30%以上，在拖拉机时代到来之前，这是农业资源的重大损失。[②] 这些方面的下降可以和苏联集体化运动和跟着发生的饥荒危机时期的家畜损失相比。

第三，农村地区粮食实际短缺，在1959年后导致大量耕地从种经济作物转到种谷类作物。在1959—1962年间经济作物总面积下降了35%，当时分配给非粮食作物的耕地数量达到了最低水平。下降的最大份额是由棉花播种面积骤然下降造成的，棉花是中国最主要的非粮食作物。[③] 次要经济作物的播种面积甚至以更大的比例下降。

第四，某些农村地区在整个1962年中粮食供应持续地处于饥饿水平表明了农村生活水准所受的异常压力。迟至1962年春季，在甘肃西北部的敦煌、玉门、酒泉和金塔等县，70%居民的粮食消费量每天不足1/4公斤，这个水平大约是我们常说的"半饥饿"标准的一半。在甘肃张掖县，半数农村居民的粮食消费量甚至更低，每天只有3盎司。[④] 这样的例子表明，即使全国的数据显示死亡率回降到了1957年的水平，饥饿状况在1962年也还继续存在，尤其是在比较偏僻的地区。

最后，农村集市上可以买到的食品的价格上涨幅度惊人也反映了

---

① 最权威的"农村饥荒"参考资料是薛暮桥和骆耕漠写的。在"大跃进"开始时，薛同时担任国家经济委员会和国家计划委员会的副主任和国家统计局局长。到1961年他只保留了国家计划委员会副主任的职务。骆在"大跃进"时期也是国家计划委员会的副主任。薛暮桥：《当前我国经济若干问题》[330]，第14页。骆耕漠：《关于我国计划经济的形成及其发展的曲折过程的分析》[477]，《经济研究》[140]，1981年2月，第42页。

② 《中国统计年鉴，1983年》[157]，第177页。

③ 《中国统计年鉴，1981年》[156]，第138—139页。

④ 王平：《大跃进和调整时期的人民生活》[766]，载柳随年编《六十年代》[473]，第169—170页。

农村地区粮食短缺。中国共产党中央委员会于 1959 年下半年批准重新开放在 1958 年公社运动开始时关闭的农村集市。最初这些集市限于买卖不属于国家统一收购的农产品。但是早在 1960 年这一禁令就没有普遍推行。到 1960 年下半年，由于实际的短缺，绝大多数农产品的农村集市价格涨到国家收购价格 2—3 倍的水平。可是谷物的价格却暴涨到国家固定价格的 10 倍，而在 1961 年，这个差距就更加大了。[①] 农村自由集市粮食价格是每公斤 2—4 元，为所有谷类征购价格平均每公斤 0.13 元的 15—30 倍。集市上的猪肉价格涨到每公斤 10 元，为国家收购价的 14 倍。[②] 这些食品价格上涨的幅度大大高于其他严重饥荒事例中有记录的上涨幅度，为上述人口统计资料提供了进一步的证明。[③]

政府从农村抽调谷类的史无前例的比率、公布的农村饥荒的材料、家畜存栏数的下降、农作制的改变和农村集市粮食的极度昂贵，所有这些表明饥荒主要是在农村。但是，即使是在农村地区，饥荒的死亡似乎也集中在某些地方。这种推测是以两种由推断而来的看法和有限的资料为基础的。其一，全国谷物产量年年呈现出相对小的波动，因为全国的产品是在极不相同的气候和种植条件下生产的。但

---

① 赵兴汉、曹振良：《浅谈农产品收购中的一物多价》[89]，载《价格理论与实践》，1982.4，第 26 页。项镜泉：《六十年代调整时期稳定物价经验初探》[312]，载《价格理论与实践》，1982.2，第 22 页。
② 薛暮桥：《关于一九五八——一九六六年国民经济建设的情况和经验》[332]，《经济参考资料》，1 [139]，第 13—14 页。拉迪：《中国现代经济发展中的农业》[422]，第 225 页。
③ 在 1943 年的孟加拉饥荒中，有 300 万人死于饥饿和相关的事件，主要的日常食品稻米的价格到 1943 年 5—8 月上涨到最高峰，为 1941 年水平的 4—5 倍。饥荒的前一年 1942 年国家制订了一项禁止各邦间稻米贸易的禁令，有效地制止了谷类流入孟加拉邦，否则将减缓该邦谷类价格的螺旋式上涨。直到印度全国政府制订出统筹各邦间粮食运输的计划，才在 1943 年的最后几个月打破了价格的螺旋形上升。1974 年的孟加拉国饥荒提供了另外一个例子，其谷类价格上涨的幅度远远低于中国。1974 年 10 月稻米零售价格上涨到高峰，比 1973 年 12 月水平高 210%，在受饥荒影响最严重的朗布尔地区，稻米最高零售价格比 1973 年 12 月水平高 265%。虽然政府公布的由于饥荒而死亡的官方数字是 2.6 万人，独立的估计则把死亡数提高了许多倍。见 A.K. 沈《贫穷与饥荒：一篇关于权利与权利丧失的论文》[648]，第 64、66 页。

是，如果考虑到像华北平原、西北黄土高原这些地区；或者更扩大一些，如果考虑到省一级，波动就更大。例如，辽宁省 1960 年的粮食产量降到 310 万公吨的波谷，是 1958 年水平的一半，低于 1957 年水平 40％，下降幅度比全国平均数要大得多。[①]

在 50 年代，中央政府在地区之间调拨大量粮食，不但支援专业化的作物制度或有大量城市人口的省份，而且用来缓和由于洪水、旱灾或某种其他自然灾害造成的地方性粮食短缺。例如，辽宁省因为是最城市化的省份，在第一个五年计划期间每年得到大约 166 万公吨的调拨粮食，是所有省份中数量最多的。[②] 在"大跃进"时期，这些地区之间的农产品流通量削减了。例如，省际之间的粮食运输总量在 1958 年减少了 150 万公吨。[③]

在某种程度上，发生这种削减的原因是，地方自给自足是公社运动思想的一个主要方面，但是，这种削减之所以发生也有另一个原因，极度的政治动员使地方政治领导人难以要求中央给予粮食援助。的确存在一些有文献记载的说得通的事例：有些地方政治干部禁止把当地粮食短缺的消息传播出去，因为这种消息和他们先前报告的"丰收"前后矛盾。由于通常能缓和地方粮食短缺的地区之间农产品的流通量被削减，总产量严重不足的地区更不可能指望调拨的粮食。

中国资料提到 1960 年山东、河南、山西、安徽和江苏几省一些地区的"非正常死亡"。[④] 这些省份中，安徽可能是人口减少最严重的。1960 年全省的死亡率猛增到 68‰，为全国平均数的 3.5 倍多。[⑤] 由于 1960 年的出生率是 11‰，这个省的人口在一年中很可能下降了将近 6％，也就是 200 多万人。[⑥] 单单安徽人口的下降就可能说明官

---

① 《辽宁经济统计年鉴,1983 年》[449]，第 424 页。

② 肯尼思·R. 沃克：《中国食用粮食的收购和消费》[759]，第 87 页。

③ 拉迪：《中国现代经济发展中的农业》[422]，第 41 页。

④ 柳随年编：《六十年代》[473]，第 180 页。

⑤ 译者注：原文如此。应为 2.5 倍多,参见本书表 6。

⑥ 托马斯·P. 伯恩斯坦：《斯大林主义、饥荒和中国农民：大跃进时期的粮食收购》[46]，载《理论与社会》[710]，1984 年第 3 期，第 344 页。

方公布的 1960 年全国人口下降数足足为 20％的原因。[①] 值得注意的是，安徽 1960 年死亡率的增加量大大超过印度孟加拉邦 1943 年大饥荒期间出现的增加量。[②] 其二，饥饿造成的死亡在历来专门种植非粮食作物的地区一定更严重。在正常情况下，这些地区的农民在当地农村集市买粮或靠从政府购买粮食。"大跃进"开始时，地方农村交易因集市普遍关闭而中断。即使在集市重新开放以后，交易的价格实际上也变得极不利于这些农民。集市上可以买到粮食，价格上涨了许多倍，可是直接卖给政府或在农村集市上出售的纤维作物——烟草、甘蔗等等——的价格却提高得不多，甚至下跌。那些依靠政府售粮过活的人情况可能更糟，因为这个时期的混乱情况和强调自给自足减少了政府的返销粮。

不论是何种情况，非粮食作物生产者或畜牧产品生产者出售他们的产品以换取通常提供比较低廉的卡路里来源的谷物的能力都减弱了，同时种植纤维作物和其他非粮食作物的生产者也更不容易获得粮食。在饥荒情况下，死亡集中在农村非食物生产者的类似情况是普遍地可以看到的。对中国饥荒的这一假设的可靠性似乎可以从表述性的证据中得到证实。在"大跃进"期间遭到破坏的山东西北部历来是棉花产区，这一地区的一些农民来到黄河以南，在那里他们能够用他们的衣服和其他所有物换取粮食，借以度过 60 年代初期的日子。[③] 这种现象表明，政府能掌握的谷类粮食的再分配中断了。

---

① 参见本书表 6。

② 在孟加拉因饥饿而死亡的高峰年 1949 年，格里诺估计有 370 万人死亡，其中 170 万不是在饥饿状态下死去的。死亡绝大部分发生在农村，孟加拉原来的农村人口是 5520 万。因此，1943 年的死亡率是 67‰，略多于 30‰的正常死亡率的两倍。虽然安徽省高峰年的死亡率和孟加拉邦实际上相等，但正常死亡率可能是孟加拉的一半左右——因此，安徽死亡率的增加量要大得多。保罗·R. 格里诺：《现代孟加拉的繁荣与苦难：1943—1944 年的饥荒》[277]，第 200、309 页。

③ 菏泽、德州、聊城和惠民四个地区陷入这种状况的深度是惊人的。到 1961 年，棉花产量少于第一个五年计划水平的 10％，谷物产量降到 100 万公吨以下，比较起来，1956—1957 年的平均产量是 300 万公吨，1959 年是 225 万公吨，1960 年是 160 万公吨。拉迪：《中国现代经济发展中的农业》[422]，第 117 页。

不可能外出或住在远离有余粮的地区的农民生活得更差。宁夏南部的固原县是一个例子，这个偏远的适于畜牧的县在 50 年代主要靠销售皮革、肉和羊毛获致农村繁荣。这时死亡率很高，以致人口（1957 年是 27.5 万人）在 1959 年和 1960 年两年都下降。[①] 有关固原地区内邻近几个县的表述性的报告甚至表明饥饿不只是在一个县，范围要更广阔。西北畜牧业地区的饥荒和 1972—1974 年间埃塞俄比亚的饥荒有许多相似之处，那里受灾最重的区域是东北的沃洛省，特别是阿法尔的牧畜地区以及哈勒尔盖省内的牧畜地区。在这些事例中，牲畜和牲畜制品价格的下降（和粮食价格比较）实际上降低了畜牧者出售牲口以购买粮食的能力，而粮食在饥荒前的年代是卡路里摄入量的主要来源。

党对饥荒危机的对策

"大跃进"引起的危机给中共提出了 1949 年执政以来所面临的最严重的难题。可是处理政治事件的程序不但使党难以预先考虑危机的严重程度，而且导致了加深饥荒的决策。甚至更可惊的是，党在已经掌握了发生范围广阔的饥荒的不容置疑的证据后，党仍然无能为力，不能或不主动对 20 世纪最大的饥荒作出适时的、有内聚力的明确对策。

农业方面的动员策略失败的迹象早在 1958—1959 年冬天已可得知。1958 年 11—12 月在武昌举行中央全会时，中央委员会的委员清楚，宣布 1958 年粮食产量是 3.75 亿公吨和棉花产量是 350 万公吨之举，是没有什么根据的。根据当时的政治局委员和国防部长彭德怀对那次会议上的讨论的叙述，统计制度已坏到不可能有任何信心地去了解实际产量的水平。按照彭的说法，会上有些同志认为产量超过 5 亿公吨，并且不顾精确的计算，认为"工业现在大大落后于农业"。彭对公布的产量水平的精确性提出异议。据彭说，毛泽东亲自作出了宣

---

① 中国科学院地理研究所经济地理研究室：《中国农业经济地理总论》[165]，第 366 页。

布 3.75 亿公吨数字的决定。① 公布的产量数字因此反映了政治的而不是统计的判断。

虽然这些数字成了 1959 年农业计划的根据，但至少有两个政治局委员对公布的谷物产量的巨大增长量的正确性提出了异议。彭德怀在武昌会议结束后的某个时候，为了直接调查农村情况而到了湖南省。彭发现他访问的农村的情况是严重的，并断定以前提交给中央的产量数字是夸大的。彭等不及回到北京再直接报告他的研究结果，担心"群众有饿死的危险"，他便发了一封紧急电报给中央委员会，请求将省的税收和义务交售的定额减少 1/4。②

陈云（党的位居第五的领导人，更是经济事务方面的最高级人物）也不相信提交给北京的各地报告，于 1959 年春季针对性地专门访问河南，该省在 1957—1958 年的水利运动中，随后又在建立公社中起了突出的开路作用。他也发现，地方政治干部不了解这个省农村地区的状况，没有掌握真实粮食情况的足够资料，受了基层提交的夸大了的报告的欺骗。③ 还不清楚陈是怎样使他的发现引起其他政治局委员注意的，但是，认为陈云对情报保守秘密是不可置信的。

彭德怀和陈云在 1958—1959 年冬春之际的报告发出信号，"大跃进"的基本策略出现了问题。规模巨大的公社体制和大量的政治动员并没有提高农业产量，虽然 1958 年的气候条件总的来说比 1956 年或 1957 年都有利。④

彭德怀在 1959 年 7 月于庐山召集的党的关系重大的会议上向"大跃进"策略，更重要的是向毛的领导提出了引人注目的挑战。但是，彭的抨击被毛断然拒绝，"大跃进"进入了新的高潮，不可能再对政策进行批评。更为重要的是，为工业化而强化的资源动员正在加

---

① 尼古拉斯·R. 拉迪、肯尼思·利伯塔尔编：《陈云的发展中国的策略》[425]，xxv。

② 同上书，xli。李锐：《读〈彭德怀自述〉》，载《光明日报》，1982 年 3 月 30 日，第 5 版。

③ 邓力群：《向陈云同志学习做经济工作》[707]，第 54—55 页。

④ 1958 年因灾祸和自然灾害而减产三成以上的播种面积是 1373 万公顷。1956 年和 1957 年遭受同样损失的面积分别是 1523 万公顷和 1498 万公顷。《中国统计年鉴，1983 年》[157]，第 212 页。

速进行。在 1959 年，投资额提高到国家收入的 43.4%，达到空前的高峰。国家在很大程度上是靠从农民那里增收谷物、蔬菜和纤维作物以支持这种努力。对农村人口提高谷物收购数量的结果见表 7。包括必须留给用于牲畜饲养和来年作物种子的粮食在 1959 年引人注目地下降到人均 223 公斤，只有 1957 年水平的 3/4。同样，即使产量下降，1959 年国家对油料籽的收购量与 1957 年相比，仍提高了 1/4。出口到苏联的农产品的数量日益增多，用以支付逐渐增加的、占较高投资额的主要部分的进口机械和设备。

表7　　　　　　　　　粮食总产量和政府与农业地区的交易量

年　份	产量[a]	收购量[a]	返销量[a]	农村留粮总量[a]	农村人均留粮量[b]
1953—1957（平均）	181.614	48.699	15.456	148.371	280.5
1957	195.045	48.040	14.170	161.175	294.6
1958	200.000	58.760	17.035	158.275	286.4
1959	170.000	67.405	19.840	122.435	223.3
1960	143.500	51.050	20.155	112.605	211.9
1961	147.500	40.470	14.665	121.695	229.0
1962	160.000	38.145	12.425	134.280	241.4
1963	170.000	43.465	15.045	141.080	245.2
1964	187.500	47.425	15.580	155.655	270.5
1965	194.520	48.685	15.090	160.925	270.5

注：a.100 万公吨。b. 公斤。全部按原粮（即"原重"）计算。农村留粮等于总产量减去收购量加返销量。收购量和返销量资料指生产年度，即日历年的后半年加下一日历年的前半年。

资料来源：国家统计局：《中国统计年鉴，1983 年》[157]，第 103、393 页。

最可惊的是，正在 1959 年死亡率上升的时候，中国的谷物出口量如表 8 所示，达到了历史最高水平。1959 年的出口量（主要是稻米和豆类）达到第一个五年计划平均水平的两倍，而进口量（大部分是小麦）却降到六年中的最低水平。因此，1959 年的净出口量是第一个五年计划的年度平均水平的两倍多。与此类似，1959 年棉纱和棉布的出口量分别是 1957 年水平的两倍和将近两倍。按价格计算，

中国对苏联的出口量在 1957—1959 年之间上升了 50%，在 1959 年
占中国出口量的 60%。[①]

表 8　　　　　　**粮食出口量和进口量，1952—1965 年**　　　(1000 公吨)

年　份	出口量	进口量	净出口量
1952	1528.8	0.1	1528.7
1953	1826.2	14.6	1811.6
1954	1711.0	30.0	1681.0
1955	2233.4	182.2	2051.2
1956	2651.2	149.2	2502.0
1957	2092.6	166.8	1925.8
1958	2883.4	223.5	2659.9
1959	4157.5	2.0	4155.5
1960	2720.4	66.3	2654.1
1961	1355.0	5809.7	−4454.7
1962	1030.9	4923.0	−3892.1
1963	1490.1	5952.0	−4461.9
1964	1820.8	6570.1	−4749.3
1965	2416.5	6405.2	−3988.7

注：出口和进口均以原粮（"原重"）计算。
资料来源：国家统计局：《中国统计年鉴，1983 年》[157]，第 422、438 页。

此外，在 1958—1962 年的"大跃进"危机的高峰期，政府用于
农村救济的费用每年少于 4.5 亿元，集体农业中的每一个人每年合
0.8 元左右，[②] 而粮食短缺地区的集市价格已经达到每公斤 2—4 元。
集体单位内部的公益金并不能成为对饥饿的农村人民提供有效援助的
另一个来源。在死亡危机达于顶点的 1960 年，公益金总额只有 3.7
亿元。[③]

---

① 国家统计局：《中国经济统计资料选编》[158]，载薛暮桥编《中国经济年鉴，1982
年》[331]，viii—38、vii—47、viii—59。
② 拉迪：《中国现代经济发展中的农业》[422]，第 131 页。
③ 《中国统计年鉴，1981 年》[156]，第 195 页。

由于危机严重，在 1960 年对饥荒作出的几种仅有的政策上的明显反应是微不足道的。首先，谷物收购量缩减了 1600 多万吨（表7）。但是，由于返销给农民的粮食并不多于前一年，总产量又下降了 2500 多万吨，农村留下的粮食甚至从 1959 年的低水平进一步下降，农村死亡率于是直线上升。其次，出口缩减，中国人开始讨论大规模进口小麦。但是，1960 年的出口量仍然高出第一个五年计划平均水平不少（表8），而进口的决定与作为对付农村危机的对策相比，似乎和出现的城市消费标准的危机更有关系，到进口合同谈判开始时农村危机已经继续了一年半。城市消费标准在 1958 年和 1959 年保持不动不只是由于收购达到创记录的水平，而且在某种程度上也靠降低国家控制的粮食库存。在一次保存所剩不多的剩余库存的努力中，通过定量配给制度供应城市居民的粮食定量在 1960 年 9 月人均每月减少了一公斤。[①] 小麦进口合同于 10 月谈判并签字。

最后，周恩来起草的一份文件包括了农村政策方面的改变，文件的标题是《关于农村工作的紧急指示》。中央委员会于 1960 年 11 月认可的这一指示不顾某些党员的反对，谋求通过改变农业的内部体制缓和农村危机。指示正式承认公社对于提供适当刺激和劳动密集型耕作方法的有效管理是太大了，把有权作出决定的单位由公社向下转移到大队，大队是三级农业组织结构中规模居间的比公社小的单位。指示在某种意义上也谋求提高最低一级单位生产队的权力。

虽然决定进口谷物，把决定权和收入分配权下放至公社的较低层次，这些措施有可能部分地减轻与公社制度有关的阻碍作用，但直到 1960 年晚期对"大跃进"策略才着手重新评价，处理危机的更具内聚力的对策才开始出现。这个主动行动由周恩来领导的，他恢复了重要的制定政策的组织财经小组以领导制定恢复策略。周重建这个小组的主要做法是他亲自邀请陈云回来，让陈在厘定经济政策方面起积极的作用。陈在庐山会议召开前的 1959 年上半年以后没有露面，可能是由于健康原因，但更可能是由于他反对"大跃进"的政策。在 60

---

① 柳随年：《六十年代》[473]，第 180 页。

年代初期，陈云在拟订恢复策略中作为主要人物又重新出现。

陈云的看法的核心是，只有更平衡的发展策略才可能实现持久的恢复。虽然他很自然地赞成降低农村社会主义的程度，但他认为，农村体制内部的改革既不能为恢复也不能为将来的持续发展提供适当的基础。陈云的策略包括更深远的改革：更积极地运用价格政策；根据作物类型和区域间贸易的相对优越性提高农业生产的专门化程度；发展给农业提供化肥的现代化学工业；恢复正常集市渠道；大量减少投资额并在投资结构中由冶金和机械转向消费品和可以用来支持农业生产的重点工业品；以及在农业地区重新安置将近 3000 万人，他们在1957 年后最初由于城市可做的工作增多，后来由于求食而移居城市。①

在中国最高层领导人中，陈云对中国农业问题了解最深。很清楚，陈云的看法看来是由 1955—1956 年的集体化的经验形成的，这种经验证明，生产中无论存在什么规模的经济都远远不足以弥补大生产单位所起的阻碍作用，大生产单位在分散生产的条件下很难对个体劳动进行监督，这使得按个人生产能力付酬很困难。因此，陈云和毛泽东的意见极不相同，毛仍然寻求主要通过加强动员劳动力和在农业中增加其他投入以发展农业。此外，陈在 1955—1956 年曾经反对关闭农村集市以致减少农民赚得额外收入的机会。最后，陈主张较低投资额——和毛明显不同，毛似乎对"大跃进"的过量投资额引起的问题不在意，迟至 1960 年仍然相信 30％左右的投资额是可以维持的。②

但是，由于连续不断的反对，周恩来、陈云等人将要用两年以上的时间去促成这些政策得到赞同和贯彻。争论最初集中在农业政策上。1961 年，陈云等人的农村调查增强了那些寻求比 1960 年《关于农村工作的紧急指示》所导致的改革更为根本的改革的人的权力。陈在对他的家乡——靠近上海的青浦县的调查中发现，即使在这个相对地繁荣、没有报道过自然灾害的长江流域地区，也是"粮食不够吃"，

---

① 邓力群：《向陈云同志学习做经济工作》[707]，第 8 页。
② 克耶尔德·埃里克·布罗兹加德：《改革例证：中国经济的调整与改革，1953—1982年》[64]，载《现代中国》[532]，1983 年第 2 期，第 255—256 页。

党的干部管理不当破坏了积极性，夸大的自报产量仍在向上级报告。陈建议进一步加强家庭生产、扩大自留地，以及农村政治干部对种什么作物的决定少进行干预。[①]

陈云对农业的担心不只是根据对个别地区的调查研究。国家粮食储备连续下降和恢复地区间粮食调拨的困难也使他忧心忡忡。到 1961 年年中，国家粮食储备减少到略多于日常储存，而在 1956 年年中和 1957 年年中国家粮食储备曾分别达到 2135 万公吨和 1820 万公吨。[②]1960 年 12 月，当北京、天津、上海和其他主要城市以及遭受了重大自然灾害的地区受到了难以承受的维持粮食供应的压力时，中央政府发出紧急指示，要求那些有余粮的省份动员所有可用的人力以保证完成省的调运粮食的义务。[③]可是，与第一个五年计划乃至 1959 年下半年和 1960 年上半年当 1958 年的自给自足政策被放弃而地区间的粮食调运恢复时相比，调运的总数是很小的。[④]

由于农民越来越不愿意向国家出售，即使维持适度收购水平也是困难的。这在某种程度上反映了人均产量的低水平和农村的饥饿状况。但是，由于农村严重缺乏消费品，在许多余粮地区，即使按 1960 年实行的较高价钱农民也不愿出售粮食。在工业产品减少和分配制度被破坏的时候，农民幸而有了多于他们自己消费需要的余粮，他们感兴趣的是获得实在的商品而不是购买力迅速下降的货币的数量。为了使农民出售他们的粮食，从 1961 年冬季开始国家不但必须付出较高价钱，而且不得不保证农民购买农村中供应数量不足的商品的权利。按新的较高的固定收购价格售出 750 公斤谷物，其交换条件是给予农民生产者按当时的零售价格购买以下商品的权利：15 英尺[*]棉布、一双胶鞋、20 英尺针织品、1.5 公斤糖、两包香烟、400 克装

① 陈云：《青浦农村调查，一九六一年八月》[117]，载《陈云同志文稿选编（1956—1962 年）》[112]，第 130—146 页。
② 拉迪、利伯塔尔编：《陈云的发展中国的策略》[425]，xxix—xxx。
③ 柳随年：《六十年代》[473]，第 181—182 页。
④ 肯尼思·R·沃克：《中国食用粮食的收购和消费》[759]，第 155、158 页。
＊ 应作尺，下同。——译者注

填衣被用的絮棉。①

　　改进短缺商品供应以给予积极鼓励的做法因得到批准而加强。1962年3月，为了使政府掌握更多粮食，颁布了一项严厉制止在农村集市上买卖粮食的指示。②但是，如表7所示，收购工作恢复得很慢。

　　农业地区中继续存在的这些问题促使陈云等人谋求进一步改革。1962年1月刘少奇在七千人大会上的报告反映了所作的努力，报告描绘了农村仍然存在的严峻情况。但是争论还在继续。除了毛泽东和他的最亲近的拥护者以外，还包括一大批干部在内的"大跃进"的支持者，在1962年认为，调整政策已为新的跃进提供了条件，他们谋求在预定于1963年开始的第三个五年计划中体现这些政策。周恩来、刘少奇、陈云和其他稳健的领导人赞成把调整时期延长到1965年，这将导致继续优先考虑农业发展和延缓冶金部王鹤寿等所推行的雄心勃勃的工业化方案，王鹤寿等人仍然强烈支持以重工业为基础的工业化策略。③这个正在进行的争论是引人注目的，因为它表明1960—1961年的整风运动不足以在经济政策上广泛地恢复一致意见，整风运动撤换了一批不能"充分理解社会主义和共产主义之间的区别"的"左"倾的省和省级以下的政治领导人。④

投资的规模和结构

　　陈云、李富春等人最优先考虑的事是果断地控制投资的水平和比率。资本积累速率的急剧增加，从第一个五年计划平均24％到

---

① 赵兴汉、曹振良：《浅谈农产品收购中的一物多价》[89]，《价格理论与实践》，1982年第4期，第28页。王平：《财贸方面调整的情况和经验》，载柳随年《六十年代》[473]，第148页。

② 柳随年：《六十年代》[473]，第195页。

③ 拉迪、利伯塔尔编：《陈云的发展中国的策略》[425]，xxxiii。吴群敢：《关于大跃进失误和调整的历史经验》[815]，载柳随年《六十年代》[473]，第35页。柳随年：《"调整、巩固、充实、提高"八字方针的提出及执行情况》[472]，《党史研究》[695]，1980年第6期，第29页。

④ 弗雷德里克·C.泰韦斯：《中国的政治与清洗》[702]，第448—450页。

1958—1960 年平均 34％，对经济提出了严峻的要求，并使资源利用效率突然发生引人注目的下降。物资短缺和协调众多主要项目的困难致使完成项目所需的时间大大增加。结果是工资总额大幅度增长，主要是支付大量建设工人，但工业产品却没有相应地增加。工业产品产量的增加和高工资总额不相称的情况当然和农业产量同时下降严重地掺和在一起。

这种失调也反映在政府预算上，政府预算是大多数投资项目的资金来源。早在 1958 年预算就有赤字。到 1960 年赤字大量增加，超过 80 亿元，约为岁入的 15％。这种发展导致了过大需求和通货膨胀的压力。到 1961 年投资支出和政府开支被大量压缩。政府开支 1961 年下降 290 亿元，1962 年又进一步下降 60 亿元。到 1962 年预算结余接近 10 亿元。国家投资在 1960—1962 年间下降得甚至更加引人注目，从 389 亿到 71 亿元。作为国民收入一部分的积累降至 10.4％的低水平。

投资下降部分地反映了"大跃进"的经济崩溃，但是，尤其是在 1960 年以后，也反映了财经小组在制定政策方面的优势。例如，钢产量从 1960 年的 1866 万公吨缩减到 1962 年的 670 万公吨；煤产量从 39700 万到 22000 万公吨；水泥从 1565 万到 600 万公吨；金属切削机床从 153500 台到 22500 台，等等。

与减少投资同时，关闭了好几万建筑和工业企事业单位，将近 3000 万城市居民被迫在农村重新定居。特别是在 1961 年，由于建设项目减少和 2.5 万个国家工业企事业单位关闭，547 万工业工人和 295.6 万建筑工人失去了工资收入来源，还有大约 1000 万城市居民在农村重新定居。尽管争论激烈，但在财经小组的坚持下，1962 年又关闭了另外 1.8 万个国家工业企事业单位，又有 419 万工业工人和 157 万建筑工人失去他们的工作，同时有 2000 万城市居民迁居农村。[①]

① 柳随年：《"调整、巩固、充实、提高"八字方针的提出及执行情况》[472]，第 27 页。《中国统计年鉴，1983 年》[157]，第 126 页。

这种大规模强制重新定居方案累积起来的效果是很大的。国家企事业单位的工业劳动力减少 45%；建筑工人的数目减少 35%。到 1963 年年中城市居民减少 2600 万，有权靠国家定量配给制度得到谷物的非农业人口减少 2800 万。[1] 压缩劳动力减少了国有工业的工资总额，从 1960 年的 114.1 亿元到 1963 年的低水平 80.2 亿元，还减少了建筑业的国家工资总额 21.4 亿元，也就是 52%，降低了过大需求引起的通货膨胀压力。此外，关闭亏损的工业企事业单位增加了预算收入。曾经达到 46 亿元高峰的国家工业企事业单位的持续亏损到 1963 年减少到 12 亿元，这大部分是靠关闭持续亏损的企事业单位做到的。[2]

农业政策

尽管对"大跃进"导致的农业危机的最初对策是极不充分的，但到 1961 年显然有了更实质性的政策改革。这些改革谋求对中国农村当前的福利需要作出反应并为农业的恢复和持续发展提供坚实的基础。一次最有影响的改革是明显减少向国家义务交纳的谷物。与 1959 年的 6740 万公吨相比，1961 年降到了 4050 万公吨。更加重要的是农村保留的产量份额上升到 82.5%，和第一个五年计划时的份额大致相等。减少征购定额使 1958 年开始的农村消费的急剧下降得以终止。这类减少对财政有极大的冲击，因为大部分减少的征购量属于公粮，农民交公粮给国家没有任何财政补偿。因此，有偿交付的份额（所谓收购定额）增加了。这些改革的财政效果是农业税减少了 113 亿元。交售谷物的补偿费（所谓定额收购价）在 1961 年提高了 27%。大多数其他农产品收购价在 1962 年或 1963 年也以较小数额提高。油料籽 1961 年国家提价 19%，棉花 1963 年国家提价 10%。[3] 最后，农村地区的福利开支增加了，以便对低收入农村居民提供更多的

---

① 谢渡扬：《回顾六十年代初农业的调整》[320]，载柳随年《六十年代》[473]，第 60 页。

② 吴群敢：《关于"大跃进"失误和调整的历史经验》[815]，载柳随年《六十年代》[473]，第 48 页。

③ 同上书，第 46 页。

收入和商品。农村每年的人均福利开支，1963—1965 年是 1958—1962 年一般水平的三倍，虽然按绝对数值来说仍然不高。[①]

采取了更广泛的措施以促进农业的恢复，并为农业的持续增长打下基础。这些政策在很大程度上降低了党在管理农业中的作用，但是它们同样也含有积极作用，其中最重要的是放宽了对农村民间集市的约束和恢复小块自留地。早在 1959 年秋季，农村周期性的集市已在一些地方重新开放，增加了农民的赚钱的机会。1961 年年中正式承认自留地，这是 1958 年秋季公社运动开始后的第一次，尽管许多地区在此之前已经予以恢复。分配作自留地的面积占耕地的 5％—7％。同时，国家取消了公社成立时硬性规定的对私人家庭副业生产的禁令，允许恢复私人家庭饲养猪、羊、鸡、鸭和其他家畜，还可以从事家庭纺织、缝纫、刺绣和其他手工业，以及采收野生植物（如蘑菇）、钓鱼、打猎、养蜂和养蚕。这些活动的大部分产品可以在农村民间集市上出售。

由于作出决定的权力在 1961—1962 年下移到公社—大队—小队三级结构的最低一级，以及小队的规模缩小到平均 20—30 户，和 1955—1956 年冬季以前农业组织的主要形式初级生产合作社相当，党的作用也减弱了。这一改革实质上减少了主要居于大队和公社两级的党的干部作出决定的大部分权力。

此外，以前党的干部任意调拨和分配农业资金的做法也少了。小队在总收入中可以拨出用于投资和公益金的份额分别限制在 3％—5％和 2％—3％。而且这些资金的支出要由每一小队作出决定，而不是由上级干部作出决定。[②] 这些措施在很大程度上恢复了劳动与报酬之间的联系，而这种联系在基本核算交给由党的干部直接控制的大单位时实际上曾被破坏了。

在中国农村的某些地区，改革超出了官方认可的范围，集体农业

---

① 《中国统计年鉴，1983 年》[157]，第 453 页。
② 谢渡扬：《回顾六十年代初农业的调整》[320]，载柳随年《六十年代》[473]，第 57 页。

完全瓦解。土地被分给了当地的社员，恢复了个体农业。单干户有义务完成国家分配的销售额，但在其他方面，在农作制、投入的用途等问题上可以自由地作出他们自己的决定。在所有重要的范围内党对农村经济活动的参与程度都突然下降了。①

维持长期农业增长的积极措施集中在投资和支持农业生产的专业化上。分配给农业、水利工程等的国家投资额，与第一个五年计划的7.8％和1958、1959年的10.5％比较，1963年提高到了25％以上。此外，工业中的投资结构转向支持农业。例如，专门调拨了钢铁、木材、竹材之类的物资，用以增加中小型工具、带柄工具、大车和船只的产量。到1962年年末，这些项目的可供量恢复到了公社前的水平，弥补了1957—1961年之间由于毁坏或磨损而造成的工具、船只和车辆的大量损失。②

除了单纯地恢复"大跃进"破坏的农业部类的资源之外，还进行了广泛的改革。1961年陈云在通过党的决策机构推行一项发展化肥工业的重要计划中是起了作用的。③ 这表明与第一个五年计划的做法相比有了根本改变，当时分配来发展化肥工业的投资资源是极少的。这反映出陈确信，动员劳动力不能为农业的持续增长提供基础。此外，按照陈云的规划而建设的工厂的规模，是作为"大跃进"时期通常叫做"两条腿走路"方针的一部分而建设的小型工厂的许多倍。工业支持农业发展的原则基本上背离了中国共产党执政头10年的政策。

采用专业化政策也促进了农业的长期发展。在"大跃进"危机达到高峰的时候，非谷类作物的播种面积压缩了，在60年代早期，某些地区提出地方谷物自给自足可以为农业的恢复打下基础。陈云断然反对这种方针，因为它将导致很低的效率。他认为，削减经济作物已

① S.C.陈：《连江县的农村人民公社》[102]，第81—122页。
② 1957年到1961年之间在中国南部大约损失了75％的小型铁制农具、35％—40％的竹木工具、40％的传统中型农具、35％的农用船只，在中国北部损失了30％的大车。谢渡扬：《回顾六十年代初农业的调整》[320]，载柳随年《六十年代》[473]，第54页。
③ 陈云：《加速发展氮肥工业，一九六一年五月》[116]，载《陈云同志文稿选编》[112]，第108—115页。

经做得太过分了。如果国家商业系统不能供给生产粮食条件比较优越的地区多种多样的农产品，那么这些地区就将占用粮田，从而减少他们对国家的销售额。[①] 乍看起来自给自足似乎可以为发展提供基础，但是陈指出，这只会导致所有地区生产更多的获利较少、成本高昂的产品。

到了 1963 年，陈云的观点在"高产稳产"区的政策中得到了体现。[②] 按照这个方案，治水好的和粮食实际上或有可能高产的地区，通过额外供应化肥和其他投入而得到支持，集中从事谷物生产。这些地区成为政府收购的大部分谷物的产地，收购的谷物主要用来养活城市人口。历来以种植纤维和油料籽作物、烟草等较为有利的生产者也得到支持，恢复了他们历来所种的作物。

经济恢复，1963—1965 年

农业对策

总的来说，农业恢复计划只获得了一般的成功。谷物产量从 1960 年 14350 万公吨的低点到 1965 年上升到刚刚低于"大跃进"前的高峰年 1957 年的水平。但是，从那以后人口已经增加了 8000 万，人均产量仍然大大低于"大跃进"前的水平。这意味着 1962 年中央委员会通过的在五年时间内逐渐减少粮食进口的目标没有获得多大成绩（表8）。[③]

在比例上无例外地比谷物下降得更多的纤维作物、甘蔗和甜菜以及其他一些非谷类作物的产量水平，到 1965 年超过了"大跃进"前的水平。但是油料籽作物却显著落后，这在很大程度上是由于播种面积仍被压缩。到 1965 年，许多重要作物的单位产量超过了"大跃进"

---

① 拉迪：《中国现代经济发展中的农业》[422]，第 45 页。

② 柳随年：《六十年代》[473]，第 207 页。

③ 同上书，第 200 页。

前的水平：粮食提高 10％以上，棉花将近 50％，油菜籽将近 60％。
这些资料表明，60 年代早期采用的专业化政策在随后几年里对生产
率的增长作出了贡献。畜牧业的产量和水果产量证明是恢复的有力典
型。肉和木材的产量都比 1957 年的水平提高 40％。[①]

虽然不是所有作物都恢复到了 1957 年的水平，但农业得益于 60
年代中期以后普遍栽培对化肥反应迅速的矮秆水稻品种，形势较好。
水浇地的数量在 1965 年上升到 3300 万公顷，比 1957 年多 600 万公
顷。更值得注意的是，足足有 1/4 的总灌溉面积用机械抽水（使用电
力泵或汽油泵），而 1957 年仅占 4％。这改善了灌溉管理，对于与栽
培高产水稻品种同时出现的作物复种制是至关紧要的。

工业对策

工业恢复远比农业迅速。1963—1965 年，轻、重工业产量每年
分别增长 27％和 17％。到 1965 年，钢、电力、水泥和重型汽车等主
要产品的产量水平是 1957 年的两倍多。工业消费品的产量也大幅度
上升。例如，1965 年缝纫机和自行车的产量分别是 1957 年的四倍和
两倍多。

比一般产品产量增加的水平更令人难忘的是：在 20 世纪 60 年代
中期出现了重要的工业新部门；一批重要的投资项目也完工了，这些
项目曾经由于苏联取消技术援助而遭受挫折。显著的例子是石油和石
油化学产品。中国人在 50 年代曾经严重依靠从苏联进口石油和石油
产品。50 年代中期每年原油产量只有每天 2 万桶左右，主要靠 1949
年以前开发的西北部甘肃省的玉门油田。由于产量和炼油能力有限，
中国依靠进口。例如，在 1955—1957 年，进口量大致是本国产量的
两倍。[②] 中国于 50 年代着手进行一项有魄力的石油勘探计划，导致
了 50 年代晚期在东北部松辽流域的发现，在那里开发了中国最著名
的油田——大庆。

---

① 《中国统计年鉴，1983 年》[157]，第 162—164、171—172、178、245 页。
② 鲍大可：《从全球角度看中国经济》[25]，第 460 页。

这些努力的结果是原油产量的持续增长。尽管大部分重工业产品的产量在20世纪60年代初期大幅度下降，但在整个"大跃进"和整个恢复时期原油产量却年年上升。到1965年，全年度日产量超过20万桶，差不多是50年代中期水平的10倍。天然气的产量也不断上升，1965年达到年产11亿立方米，为第一个五年计划年最高水平的40倍。

炼油和相关的石油化学产品、化肥以及制药工业也有相应发展。在第一个五年计划期间炼油只限于小型设备，每年的分馏能力平均稍稍超过100万吨（每日2万桶）。在1958年甘肃兰州和1963年大庆的主要大型炼油厂建成并投产以后，精炼产品的数量和品种大幅度上升。1963—1965年的精炼产品的平均产量是第一个五年计划时的七倍，补充国内产量的进口的原油和精炼产品急剧下降。周恩来在1963年晚期自豪地宣布中国石油基本自给自足，到1965年进口量降到100万吨，只有本国产量的10%。

合成纤维工业在1957年还处于初期阶段，每年只能生产200吨。到1965年，年产量的水平是5.01万吨。化学农药的产量在1957年只有2200吨，但到1965年上升到1.05万吨。同样，化肥产量在1957年仅有15.1万吨，而到1965年达到173万吨。

新工业产品不限于化学制品之类的生产资料，而且也包括消费品。钟表工业于1957年拿出了它的第一批产品400只手表。在随后几年中，产量不断上升（在60年代初期没有回降过），到1965年年产量超过100万只。

因此，尽管工业投资在60年代前半期急剧减少，重点部门仍在继续发展，有时还很快。这种调整所以成为可能，在不小程度上是由于中国独立地建成了一些主要工厂，如一个生产石油精炼设备的工厂——该厂在50年代中期或后期最初由苏联援建，但在60年代中期苏联取消技术和管理援助后拖延了下来。

稳定物价

恢复生产以及采取其他措施导致了物价尤其是农村集市的物价重新稳定。在1961年市场缺货的高峰时期，集市物价指数达到1957年的 4.92 倍的水平，甚至国营零售商店的价格也上涨了不少。① 几乎是作为紧急措施以吸收过剩购买力，陈云制定了一项计划，在 1961 年和 1962 年每年进口 100 多万吨糖（是 50 年代平均年进口量的 10 倍），制成糖果主要在城市市场上高价销售。城市地区的餐馆也增加了食品原料尤其是珍馐美味的配给量，以很高的售价转卖。②

从 1962 年起物价开始下跌，在某种程度上是由于采取了这些措施，但更为根本的是由于农业生产部分地恢复了。到 1964 年，农村集市价格下跌到只有 1957 年价格 2 倍的水平。国家职工生活费指数也降低了。在 1961—1962 年，他们付出的钱增加了 20％多，是第一个五年计划时期通货膨胀率的 6 倍。生活费指数于 1963—1965 年下降，部分地由于城市市场价格降低，部分地由于零售商品的国营价格降低，后者在 1961—1962 年也曾经上涨。

结束语

中国的国民收入反映了工农业的恢复。以实际价值计（考虑了价格水平的变动以后），1965 年的国民总收入比 1957 年多 29％，比 1962 年的波谷高 51％。比较而言，国民收入的下降和恢复的速度都超过了美国 30 年代大萧条时期国民收入的波动幅度。美国在 1929 年和大萧条低谷的 1933 年之间，国民平均收入下降 32％，相比之下，中国在 1959—1962 年间下降 35％。由于美国经济深层结构上的问题，美国在 1940 年以前没能重新达到 1929 年的产量水平，1940 年上距大萧条开始 10 年，上距波谷 7 年。比较起来，中国到 1964 年已重新达到"大跃进"前的总产量水平，从低点算起要少两年，原因在于倒退主要是政策失误引起的。一旦政策得到改正，恢复就能开始。

尽管按国民收入计算恢复很快，但这既不能用来遮盖"大跃进"的灾难，也不应用来遮盖某些领导成员未能充分理解国家陷入深渊的

---

① 项镜泉：《六十年代调整时期稳定物价经验初探》[312]，第 22 页。

② 《中国统计年鉴，1983 年》[157]，第 439 页。陈云：《目前财政经济的情况和克服困难的若干办法（1962 年 2 月）》[118]，载《陈云同志文稿选编》[112]，第 169 页。

实质。在 1958—1965 年的整个时期内国民收入的增长每年只有 3.2％，从第一个五年计划已经达到的 8.9％急剧地降了下来。[①] 影响更大的是，"大跃进"导致了 20 世纪最大的饥荒，随后又使将近 3000 万人不得不重新定居。此外，尽管按人均实际价值计的国民收入到 1965 年超过 1957 年水平 15％，但个人消费还没有恢复到第一个五年计划已经达到的水平，这在很大程度上是由于农业在最主要的消费品方面未能重新达到"大跃进"前的人均产量水平。如表 5 所示，人均谷物消费仍然低于 1957 年水平将近 10％，实际上也少于 1952 年。农村消费甚至下降更多，仍然比 1957 年少 13.3％（表 5）。同样，1965 年的棉布消费仍比 1957 年少 8.7％，而且农村人口不是按比例承受负担，他们的消费仍少于 1957 年 17.1％。食用植物油消费也下降，因为人均产量仍然比 1957 年少了将近 1/4。[②] 农村地区的消费尤其低，每年人均只有 1.1 公斤，低于 1957 年水平 40％，而且可惊的是，低于 1960 年已经下降了的水平 1/4。[③]

这些数字在某种程度上反映了"大跃进"在农业部门的严重影响。但是，它们也反映了正在进行的关于适当发展策略的争论和保证足够资源以维持农业发展的困难。周恩来、陈云和其他稳健人物终于成功地把调整时期延长到 1965 年，将第三个五年计划的开始延缓到 1966 年。他们在关于钢产量指标高低的重大争论中引人注目地成功了，使原来提出以供选择的 2500 万和 3000 万公吨减少到 2000 万公吨。[④]

但是，从更广的意义上说，他们只不过稍稍改变了"大跃进"的失调的发展策略，在贯彻"把农业放在首位"的策略中并不完全成功。事实上，到 1965 年末国有工业的固定资产达到 960 亿元，为

---

① 《中国统计年鉴，1983 年》[157]，第 23 页。
② 吴群敢：《关于"大跃进"失误和调整的历史经验》[815]，第 37 页。
③ 王平：《"大跃进"和调整时期的人民生活》[766]，载柳随年《六十年代》[473]，第 173 页。柳随年：《"调整、巩固、充实、提高"八字方针的提出及执行情况》[472]，第 24 页。
④ 拉迪、利伯塔尔编：《陈云的发展中国的策略》[425]，xxxiii—xxxiv。

1957 年水平的 3.5 倍。[①] 恢复以重工业为基础的经济发展策略的持续压力仍然存在。[②] 即将到来的第三个五年计划（1966—1970 年）和第四个五年计划（1971—1975 年）的特点明显地反映在下列几项政策中：

第一，在调整的最后三年中，投资增长速度急剧提高。作为本身增长很快的国民收入的一部分的积累，从 1962 年的 10.4％上升到 1963—1965 年的平均数 22.7％。[③] 第二，分配给农业的投资额从 1962 年的 21.3％的最高点下降到 1965 年的 14.6％，预示在此后十多年里还将继续下降。[④] 此外，在 1962—1965 年间，国家在某种程度上为了得到更多资金以发展工业，将其支付农民必须交售给国家的农产品的价格平均降低了 6％。[⑤] 最后，党在农村的作用再次增强。早在 1962 年，毛泽东就在为农村"阶级斗争"的新高涨而工作，借以反对他所认为的资本主义的重新抬头。这在短期内便导致了恢复党对农业生产的控制、收缩农村集市交易以及由此而造成的农业生产率的停滞不前。

对中国农民来说，不幸的是，"大跃进"的主要教训并没有被足够多的中国最高政治领导人所充分了解。于是一项失调的发展策略又强有力地出现在前面，这项政策将在 10 年中导致工业迅速发展（只在 1966—1967 年有短暂下降），但农业的成效却要逊色得多。

---

① 《中国统计年鉴，1983 年》[157]，第 12 页。
② 柳随年：《"调整、巩固、充实、提高"八字方针的提出及执行情况》[472]，第 29 页。
③ 《中国统计年鉴，1983 年》[157]，第 25 页。
④ 农业部政策研究室：《中国农业经济概要》[530]，第 103 页。
⑤ 《中国统计年鉴，1983 年》[157]，第 455 页。

第 九 章

教育的新方向

　　根据对中国 1949 年以后习惯上的时期划分，1958 年的"大跃进"标志着苏联直接影响的结束和一条新的中国式社会主义道路的开始。具有讽刺意义的是，这个时期引导中国教育发生变化的主要原则之一，很可能是受到了对教育方面"斯大林模式"的批评的启发，而这种批评是苏联在斯大林 1953 年去世后开展起来的。苏联早在 1956 年通过的关于劳动在教育中的作用的决定，直至 1958 年正式颁布之前，在苏联的教育中一直未被广泛推行。这些被视为"赫鲁晓夫改革"的决定，旨在缩小教育与实际生活的距离。在推行这些决定时，赫鲁晓夫抱怨那些未能升入大学的高中毕业生没有做好生产劳动的准备。他指出："正是一些青年人，他们不愿意去做工或务农，觉得那样有损于他们的身份。"[①]

　　因此，1958 年苏联教育改革的构想是：让所有中学生都做好参加劳动的准备，而不论他们何时结束学业，生产训练也被列入必修课中。每年升入苏联高等院校的新生，至少应有 80% 从那些中学毕业后劳动过两年以上的人中招收。[②]

　　赫鲁晓夫的改革从来没有同苏联的教育体制成功地结合过，也没有使它的主要倡导者逃脱政治上垮台的命运。在中国，一种有关劳动教育的类似的讨论也是从 50 年代中期开展起来的，而 1958 年的改革

---

① 引自简・英格瓦・洛夫斯特《中国的教育政策》[478]，第 61 页。

② 乔治・Z.F. 贝雷戴、威廉・W. 布里克曼和杰拉尔德・H. 里德编：《变化中的苏联学校》[39]，第 86—100、290—291 页；简・彭纳、伊凡・I. 巴卡洛和乔治・Z.F. 贝雷戴：《苏联教育的现代化和多样性》[571]，第 102—117 页；奈杰尔・格兰特：《苏联教育》[275]，第 96—103 页。

则具有一种更为复杂的历史。一部分原因是，改革的主要倡导者在位的时间更长，因此改革持续的时间更久。另一部分原因是，政策的实施依据的是群众运动的方式，改革开展得更为坚定，更为猛烈。这种"方式"，是在 1949 年以前的农村经验（这种经验和延安发展模式都是中国共产党在适应民族习惯时所获得）的基础上的又一新发明。

早在 40 年代中期，毛泽东就已发现了很多这类惯常的做法，它们使群众的力量与情绪能够用来战胜对重大社会变革的反抗。这一发现在许多方面都很好地满足了党的需要，包括土地改革、农业改造以及 50 年代初反对"资产阶级思想"反动表现的运动。采取群众运动方式所要付的部分代价，就是在运动过程中时常发生的过火行为。但是，毛泽东在他的 1927 年关于湖南农民运动的考察报告的一个经常被翻印的段落中写道："矫枉必须过正，不过正不能矫枉。"而在群众运动最后的"巩固"阶段，这些损失总是被控制住，过激举动也得以纠正。在那种时候，过激举动就可能被归咎为是少数不听信号而仍远远跑在前头的误入歧途的人所为，或者是少数"在幕后"蓄意制造麻烦的人所为。不过，在 1958 年，为了推行"社会主义建设总路线"（"大跃进"还更著名），这一方法还是被最狂热地利用了。这一次，过激举动不是那么容易被遏止，最终的责任也不那么容易被转嫁。①

中国的新战略实际上并未放弃苏联模式，更确切些说，是力图造成一种能让人接受的对苏联模式的适应性。其结果便产生了"两条腿走路"的思想，即希望既采用现代手段也采用传统的或土生土长的手段来获取更多、更快、更好的成果。这后一种手段，从精神上与形式上说都来自党的延安经验，只是现在整个社会与经济都正在被调动起来，同时设法致力于使一体性、质量、计划的原则同灵活性、数量、地方自主的原则结合起来。因此，即使就教育而言，1958 年改革的目标也远远超过了苏联在同一时期所提出的目标。

———————————

① 关于将群众运动作为实施政策的一种方法的文章，是以对土地改革时期群众运动的分析为基础的，这种分析见于 40 年代后期的党内文献（苏珊娜·佩珀：《中国的内战：1945—1949 年的政治斗争》 ［574］，第 254—260、264—274、294—297、312—327 页）。也参见本书第四章，第 185 页注②。

教育"大跃进":1958 年

　　教育方面的重要文献是 1958 年 9 月 19 日由中共中央和国务院颁发的"关于教育工作的指示"。① 这项指示号召开展文化革命,批评了教育工作中忽视政治、忽视中国共产党的领导、忽视生产劳动的错误。它要求同那种"为教育而教育"、"劳心与劳力分离"以及"教育只能由专家领导"的资产阶级思想进行坚决的斗争。

　　为了加强党的领导,这一指示概括地论述了不久将在整个教育制度中实施并保留了该制度主要特点的一些改革。这些特点正如继承于苏联制度中的许多特点一样,在提出它们的政策变成历史以后仍将继续长期存在。所有中央政府各部门所属的学校,在政治上应该受当地党组织的领导。在一切高等学校中,应当建立学校党委领导下的校务委员会负责制。这是因为一长制,或者说一个人的管理,容易脱离党的领导,因此是不妥当的。

　　学校党委,应当配备党员去做校内的学术和行政领导工作;而党委成员,包括党委书记,要力求担任政治课的教学、研究工作。在提拔师资时,要首先注意政治思想条件、学识水平和解决实际问题的能力。正式的学校文凭和资历应当放在次要的地位。在鉴定学生的时候,同样要首先注意政治觉悟的程度和解决实际问题的能力,而后注意课内学习的成绩。

　　为了最终打破每所学校在教学、科研和行政管理上的资产阶级学术统治,提出了六项措施。这些措施旨在使"群众"(包括学生)参与学校管理的各个方面成为制度化。六条"群众路线的工作方法"的第一条,是"大鸣大放"和大字报。要聘请有实际经验的人同专业教师共同授课。学生们要参与对同学的鉴定。包括党团干部在内的领导人员要尽可能在生活和劳动中同学生打成一片,教师应该接近学生,与学生之间建立"民主的平等的"关系。

---

① 《人民日报》,1958 年 9 月 20 日,第 1 版。

在所有各级学校中，必须把生产劳动列为正式课程。每个学生必须依照规定参加一定时间的劳动。为了推行新的勤工俭学运动，学校应在所在地区政府的指导和帮助下办农场或工厂。学生们可以在学校自办的工厂和农场中劳动，也可以到校外的工厂和农业合作社去参加劳动。工厂和农业合作社也要办自己的学校。

对教育提出的数量指标，就像对经济所提出的一样，是过高的。自 1958 年起的 3—5 年时间内，要基本上扫除文盲并普及小学教育。在相同的时间内，农业生产合作社（或假定在刚刚建立的新的公社制下的它的同级单位）要社社有中学，还要使学龄前儿童都能入托儿所或幼儿园。在 15 年内，要使每个有条件的自愿的人，都可以受到高等教育；然后再用 15 年时间从事高等教育的提高工作。

教育的目的，是培养有社会主义觉悟的有文化的劳动者，这是全国统一的。但是，为了这个统一的目标，可以采用很多不同的办学形式，包括国家办学与集体办学并举；普通教育与职业教育并举；成人教育与儿童教育并举；全日制学校、半工半读学校和业余学校并举；免费的学校与不免费的学校并举。

更具体地说，在群众中迅速普及教育和提高工农业技术水平的任务交给了半工半读学校和业余学校。这是因为这些学校可以不要政府的财政支持就自己办起来。它们也不需要专业人员，依靠的是"能者为师"的原则。这类学校在课程、师资、设备方面将逐渐变得更加完备。这时候，业余学校与半工半读的学校就没有区别了，所有学校都将变为免费的学校。

1958 年 9 月的指示还规定，某些现有的正规学校应担负提高教育质量的任务。这部分学校必须有完备的课程，注意提高自己的教学工作和科学研究工作的质量。这一指示说："这些学校应该在不损害原有水平的情况下，努力帮助建设新校的工作；但降低这些学校的水平，对整个教育事业来说是不利的。"

同一指示包含了将在今后 20 年内设法促进教育的发展，并沿着有利于稳定的道路继续探索能令人满意的平衡的所有要素。据说，在 1958 年，当时的大辩论是针对"某些资产阶级教育家"以及赞同他们的"我们的某些同志"的，他们打算限制教育发展的范围和速度。据说他们还提倡只搞一种形式的学校制度：由国家开办并由国家提供资金，具有正规的校舍、正规的教师和正规的教育方法的学校制度。这些"错误建议"遭到了反对。毛泽东"两条腿走路"的战略被用来作为适当时期内在工农群众中普及教育的唯一手段。

陆定一进一步解释了新的战略，他说，没有这个新的战略，"我国要想普及中小学教育就很困难……因为国家无法负担这笔庞大的经费，而且生产也会大受损失"。为此，他宣布："我们共产党人与资产阶级教育学者不同。"①

10年之后，这些"错误建议"将被认为是"刘少奇的修正主义教育路线以及几千年旧教育制度的残余"。② 刘少奇后来被定为倒退路线的象征性代表，可能是因为一些更具体的理由。毫无疑问，除了"文化大革命"中那些不合逻辑的指控外，没有证据能证明，当50年代资产阶级教育家提倡一条腿走路的时候，刘少奇是站在资产阶级教育家一边的。

一方面，坚决地反对引进苏联教育模式的，正是资产阶级教育家们自己；而后来加给刘少奇的罪名，也是说他赞成资产阶级教育家的意见。使问题进一步复杂化的是，1958年9月的指示是那些指控刘少奇的人们作为革命性文献而接受的，但这一指示却包含着明确的指令，即提倡两种不同的教育：符合正规制度的求质量的学校教育和符合半工半读趋势的大众教育。这反映在这一时期的主要口号"两条腿走路"中。然而，正是这种"双轨制"，后来却被指责为刘少奇修正主义在教育中的最主要的特征。③

---

① 陆定一：《教育必须与生产劳动相结合》，载《红旗》第7期（1958年9月1日），见《当代背景材料》[735]，516（1958年9月2日），第4页；也参见林枫《全力以赴地投身于工农群众知识化、知识分子劳动化的文化革命中去》，新华社——英语，北京，1960年6月1日，见《当代背景材料》[735]，622（1960年6月28日），第13页。
② 《十七年教育战线上两条路线斗争大事记》，载《教育革命》，1967年5月6日，见彼得·J.西博尔德编《中国的革命教育》[649]，第29页。
③ 同上书，第31—33页。

当这条新路线看来肯定要推行时，资产阶级学术权威们对它提出了反对。他们已不必再事事效仿苏联了，但是丢掉的这个包袱只不过是被另一个同样沉重的包袱所代替，基本的苏联式高等教育结构仍没有发生根本性变化。实际上，他们在1957年5月和此前发出的大多数怨言，在"反右运动"和随之而来的"大跃进"过程中都被荡涤一空。他们所反对的状况实际上更强化了。后来对刘少奇提出指控的那个事实，由于道理不足而不再提了，因为从逻辑上说不可能同时把所有事情都推到他身上：既提倡苏联模式，又站在反对这一模式而又要求单轨制正规教育形式的资产阶级学术权威一边；既主张双轨制，又反对1958年9月指示所明确说明的"两条腿走路"方针。①

既然后来的指控中存在不可调和的矛盾，那么，对1958年的指示及随之而产生的政策的似乎最有道理的解释就是，这些指示和政策正好代表了党在那个时期所主张的东西，即，一种在可以预见的将来既普及教育，同时又尽力保持现有体系的优点的企图。为了能弄明白后来的指控的意思，我们必须转而考虑1958年所提出的方针是如何实施的，以及教育制度在那一过程中是如何得到改造的。

1958年，在农村，公社代替了农业生产合作社。教育的扩展成了创造这一新的农村组织形式的运动的陪衬。据说在1958年，有6000万人投身于"扫盲运动的高潮"。"数百万人"上了新成立的成人农民业余学校。到了1958年第四季度，在很多地区，这种业余学习"陷于停滞"，因为这种学习受到了秋收和伴随全国性土法炼钢运动而增加的活动的双重压力。公社接到指示，学习活动明年春天再行恢复。②

在1958年，小学也"雨后春笋般地涌现出来"。据报道，到9月份，新建立的小学校已有33.7万所，全国小学生入学人数从1957年的

---

① 关于根据其他资料所得出的相同结论，参见罗德里克·麦克法夸尔《文化革命的起源》，第2卷 [496]，第108—113页。
② 《中共中央、国务院关于在农村地区继续扫除文盲、巩固和发展业余教育的指示》，1959年5月24日，译文见《中华人民共和国法规汇编》[155]（以下简称《法律汇编》），载《联合出版物研究服务处》，多种丛书 [374]，14，346（1962年7月2日），第321页。

6400 万人增加到 8400 万人。根据一个月以后的另一项报道，小学生入学人数实际已达 9260 万人，小学校的数目则已接近 100 万所。[①] 如前所述，使这一切成为可能的手段就是建立民办学校。作为既席卷农村又席卷城市的群众运动的一部分，这些学校被开办起来，数字在不断增加。

无论在城市还是在农村，这种民办主张都适用于中学。它使得中学的入学人数到 1958 年秋季学期开始时比 1957 年的 700 万人增加了一倍，达到 1400 万人。民办思想同半工半读课程相结合的农村民办中学，是这一时期的发明。这些学校代表了在农村推进群众性中学教育的最初尝试。据官方统计，1955 年全国每个县平均只有 1.7 所中学。城市中学未计算在内。[②]

新的农村中学就方向上说是职业性的。除了基本的语言、数学和政治课外，还要上农业生产技术课。学习规定以初中念完为期限，目的是使学生为将来作为农业生产者而生活做好准备。这些学校通常是以半工半读为基础进行管理，企图通过学生劳动项目的收入大部分实行自给。学校的建筑与土地由合作农场以及后来的公社提供，随后所需的费用则主要通过学生的生产劳动所得来支付，学生最重要的生产劳动是在由集体为此目的而分给学校的土地上从事耕作。

官方对宣传这些学校的经济性质甚为迅速。来自江苏省的一组数字表明，在普通初级中学中，国家每年要为每个学生负担 187 元的费用，而农村中学的学生却只需 13 元。就最初提供的数字而言，它与浮夸的要求相吻合，与那个时代的风气是一致的。到了这一运动的调整阶段之后的 1960 年，已有了将近 3 万所这类学校，平均每个公社约有一所，其学生总数达到 290 万人。[③]

---

① 《从没有这么多人上学》，载《北京周报》［568］，30（1958 年 9 月 23 日），第 4 页；《三季度的成果：仍然加速增长》，载《北京周报》［568］，33（1958 年 10 月 14 日），第 14 页。

② 1958 年入学人数根据《三季度的成果》，14；早期学校统计数字根据《时事手册》，23（1956 年 12 月 10 日），译文见《中国大陆杂志选粹》［736］，71（1956 年），第 27 页。

③ 罗伯特 D. 巴伦德森：《共产党中国的农业中学》［20］，载《中国季刊》［133］，8（1961 年 10—12 月），第 106—134 页；本文的修订版见原作者：《共产党中国的半工半读学校》［19］，第 6 页。

当民办思想应用于学校教育的第三级，并以 15 年内普及高等教育为目标时，就不那么成功了。据称，到 1958 年 8 月，高等院校的数字已从 1957 年原有的 227 所增加到 1065 所。大学生人数从 40 万人增加到 70 万人。另外，到 1958 年秋，已建立了 2.35 万所业余"红专"大学和半工半读大学。[①]

业余"大学"是由工厂和公社为成年工人和农民开办的。这些学校自称在各个学科中——不论是专业学科还是普通学科，都能提供较为先进的指导，对任何符合教师条件的人都给予信任。在调整时期以及随后出现经济困难的那几年，大多数这类学校都未能幸存下来，只有少数后来还有耳闻。

不过，结合半工半读而运用民办思想的试验，在 1958 年时遍布于所有各级。其中最富有创造性和最成功的例子——可能由于创办它得到国家领导人的欣赏——是江西共产主义劳动大学（江西共大），它也创建于 1958 年。这所学校在调整时期仍然保留了下来，接着又成了全国的样板。在国家领导人中，与这一农村教育的试验有个人联系的，有毛泽东、朱德和周恩来。负责建立这所学校的省里的最高领导人是江西省省长邵式平（据认为是该大学的创建者）、省委书记刘俊秀（共大第一任校长）和副省长汪东兴（校党委书记，不久后他调回北京，再次负责公安部，"文化大革命"期间升入中央政治局）。这所大学是由江西省领导与中央的国家农垦部及省的农垦局共同建立的。

江西共大的特点是有一个建立在全省农垦基地之上的分校网，各个分校成了农垦工作的组成部分。学生们（以及工作人员）起初的主要工读活动是垦荒。这些土地原本都是未经开垦的，由农垦局根据协议分配给他们，他们将其再造为森林地或植上树。学校的建筑也是由学生和学校的工作人员建的。从 1958 年到 1962 年，学生用于学习和劳动的时间大约各占 60％和 40％。1962 年以后，学校的基本建设已

---

① 关于 1957 年的数字，参见本书第四章表 4。关于 1958 年的数字，据《从没有这么多人上学》，载《北京周报》[568]，30（1958 年 9 月 23 日），第 4 页；《三季度的成果》，载《北京周报》[568]，33（1958 年 10 月 14 日），第 14 页。

经完成，学习时间增加到约 70％。

学生的主体以从中学到大学的年龄段者为多。1958 年的第一届学生中，有很多是曾被派往农垦基地的干部，分校就是在那些基地上建立的。但是，成年干部和工人从没有成为学生的主要来源。这所大学主要在江西省内招生，但从 1958 年到 1965 年间，也有从其他各地来入学的。例如，有好几千学生来自上海。招生是通过各种不同方式进行的，至少在开始时，学生受教育的程度是很不相同的，从"粗识几字"的到高中生都有。分校很快就在全省普遍建立起来，一个县至少有一所，此外还有专区一级的分校以及位于省会南昌市郊的主校。这些学校都教授从初中到大学的各级学校的课程。分校在学校事务和政策问题上受母校的指导和领导，而整个联合体的精力则主要放在农业和林业专业上。

截至 1980 年，毕业于共大的学生累计 20 万人，他们中的大多数成了"农村基层干部"，虽然不一定是毕业分配去的。共大毕业生的分配工作遵循两条不同的原则。县级分校的学生根据"社来社去"的原则通常仍返回其本公社，然后根据当地的情况按需分配工作。他们中的很多人后来成了生产大队和生产队的领导。

专区级分校和主校的毕业生（1965 年以前有很多来自外省的学生），有时是按照社来社去的办法，有时则根据正常的工作分配计划和步骤来进行。按照后一种办法分配的学生，就成了县里和省里负责农业、林业、农垦以及其他一些领域（共大不时开设这些领域的课程）的机关和部门的干部。这些毕业生中的很多人后来成了公社党委书记。共大学生通常是分在江西省工作，不过有些外来的学生又回到本省去了。

江西共大从来也不是完全自给自足的（能够不依靠国家某种形式的财政支持而生存下去），但从这整个联合体的全部历史看，其相当一部分收入仍旧是依靠学生的劳动和学校的生产事业。经过一段时间以后，它的那些事业发展了起来，除了农垦和造林，还包括工厂、林业中心、果园和牧场等。这样，为了未开垦土地的分配、有利可图的产品项目的转让、供应品的有保证的配给以及运输和销售最终产品，便需要有一个县级和专区级支持的扩大的网状组织。不过，据学校的行政官员说，地方当局在面临稀有资源竞争的情况下情愿加强支援网的一个原因，是这所学校起先是由高级别的领导人所创办，而且随后得到了创办人的关照。按这些行政官员的看法，政治和行政的支援网是这所大学取得成功的决定性因素。

不论政治与经济如何发生变动，包括 60 年代初经济困难时期它的分校有一半被关闭，这所学校的重要地位仍然得到了毛泽东的确认，他在 1961 年 7 月 30 日的指示中赞扬了它的半工半读方向。它的地位一直维持到 1979 年，此后它的主校改成了一所正规的全日制农业大学，其分校则被撤销。这样做的原因是，坚持半工半读方向所培养出来的是一种已不再被中国新的标准化的高教制度所承认的学生。[①]

江西共产主义劳动大学之所以独一无二，不仅因为它取得了如此的成功，还因为它是全省性的学校，以及它持久地信赖半工半读的课程。正规的全日制中等和高等学校以各种不同的方式响应了 1958 年关于所有学生都必须参加体力劳动的指示。起初，在 1958 年下半年，大炼钢铁风行一时。干部、知识分子和学生参加农业劳动在这一时期也被大肆宣扬。另外，到 1958 年底，中等和高等学校共开办了 15 万多个工厂、车间和 10300 个农场。在这些工厂和车间中，有 7200 个是高等院校所办，21500 个是中等专业学校所办，122800 个是中学所办。[②]

由于力求与苏联模式相适应，因此有关教育发展方面的"大跃进"战略并未过多地抛弃苏联模式，但它仍然显示了对所有这些革新的自力更生性质的强调。在突出劳动与学习相结合的实践的和理论的意义的同时，也同样强调了这些革新在经济上所具有的意义。用于农业中学的预算分配表明，国家教育预算的主要部分继续用于正规的全日制学校。在接近 1958 年底发表的一份有关文教的财政工作报告中，

---

① 据作者 1980 年 10 月在江西共大的为期一周的访问，此前不久官方将这所学校更名为江西农业大学。也参见约翰·加德纳的《知识青年与城乡差别，1958—1966 年》[261]，载约翰·威尔逊·刘易斯编《共产党中国的城市》[438]，第 250—253 页；巴伦德森：《半工半读学校》[19]，第 39—56 页。

② 《教育概述》，《北京周报》[568]，2（1959 年 1 月 13 日），第 5 页；凌扬（音）：《学校办工厂》，《北京周报》[568]，39（1958 年 11 月 25 日），第 15 页。

这一点也得到了证实。就在那一年中，据说大学生的人数增加了78％，中学生增加了一倍，小学生的入学人数则增加了 70％，所有这些主要是地方办半工半读学校这一新事物的成果。而在同时期内，国家财政支出仅增加 5％。[①]

然而，1958 年的新路线看来对"右派"学术批评家一开始就没什么妥协的余地。正如情况所表明的那样，新的高等教育的专门化结构仍然保持下来，教研组作为基层组织单位也保留下来。在这个时期，苏联式体制中很多不太重要的特点被抛弃或得到修正，但取代它们的东西仍然与传统学术性不合。高教部被撤销，新的学位制方案也被撤销，后者直到 70 年代后期才恢复。已经列入这些方案内的学生在 1959 年是不带学位而分配工作的。

"三三"制被引入了高等学校。这是一种支配了所有法定工作时间的循环制，即教学人员要用 1/3 的时间从事教学，用 1/3 的时间进行研究，用 1/3 的时间开展社会调查。目的是培养教学人员能同样良好地完成这三项工作。[②]

教学计划与教科书的修改立即开始，为的是将学生参加劳动和内容更为实用这些新的要求结合进去。但是这些修改必须通过"民主的"方式来完成，要由学生、技术专家和职业教师共同参加。笔者在香港的一位被采访者是 50 年代末北京的一位年轻的大学教师。他叙述了他们是如何修改大学化学基础课教材的，他把这种删减和简化形容为是一种相当合理的努力。相比之下，引起一位俄国科学家反感的是，他发现昆明师范学院学化学的低年级学生在学习中修改了他们的有机化学课本。化学系也决定抛弃美国和苏联的无机化学教学中所遵循的专门用来鉴别所有普通元素的"资产阶级"方法，而代之以集中

---

① 《财政部、文化部、教育部和卫生部在全国文教系统财政工作经验交流会上的报告》，1958 年 11 月 5 日，译文见《法律汇编》[155]，载《联合出版物研究服务处》，多种丛书 [374]：14，335（1962 年 7 月 2 日），第 315 页。关于 50 年代的教育预算，也参见利奥·A. 奥林斯《共产党中国的专业人才与教育》[560]，第 14—17 页。
② 苏珊娜·佩珀：《中国的大学》[576]，载《现代中国》[532]，8.2（1982 年 4 月），第 162 页。

力量研究铜，因为云南有大量的铜。[①]

　　一种大学入学的新形式也在 1958 年开始采用。那一年没有进行全国统一的大学入学考试。取代它的是由高等院校单独或联合进行的各自的考试，就像它们 1952 年以前的考试办法一样，不过教育部仍下发了考试科目的指导大纲。可是，1958 年的大学招生还有个特点，就是强化了对政治标准的使用，这种使用是从正反两方面进行的。有某种家庭背景的青年——主要是那些出身于资本家和地主家庭的人，特别是那些其父母在以前的运动中被挑选出来作为打击对象的人——都不同程度地受到歧视。

　　如果这种问题足够严重，那么有这种问题的人就将完全被拒之于大学校门之外。举例来说，笔者在香港的一个被访问者，他的父亲是逃往台湾的江西的一个资本家兼地主，还是国民党军官。由于这种再坏不过的家庭出身，他的儿子在 1958 年不能进入江西共产主义劳动大学学习，虽然他在那年通过了该大学的入学考试。他也不能进入这一地区的其他任何大学学习。最后他只能在精心地掩盖了自己的真正出身之后，才进了哈尔滨的一所技术学院。没有太严重政治问题的人可以进大学，但也只能是师范学院之类的不太受欢迎或没什么声望的学校。

　　相比之下，工农出身的投考者或参加过革命工作的干部投考者则可以优先入学。更具体地说，在 1958 年，工人、农民、速成中学的工农毕业生及干部，只要具备推荐的条件，不需经过任何书面考试就可以上大学。[②]大批学生显然是以这种方式上了大学。中国高等学校中每年出身于工农的学生比例，从 1951 年的 19％增加到 1957 年的 36％。由于实施了新的优先入学办法，到 1958 年这部分人增加到 48％，而 1959—1960 年则增加到 50％。[③]

　　科学计划也受到了影响。20 年规划的实施时间表被缩短了 5 年。研究所抓紧提前完成分派给它们的任务。另外，还建立了数百个新的

---

① 米哈伊尔·A. 克洛奇科：《在红色中国的苏联科学家》[393]，第 137—140 页。

② 《光明日报》，1958 年 7 月 3 日，第 1、2 版。

③ 国家统计局：《伟大的十年》[681]，第 200 页；李洪勇（音）：《中国文化革命的政治》[430]，第 79 页。

研究所，设立了数千个新的科研项目。那些不满的"资产阶级"知识分子，即对中国的"飞跃"持怀疑论者，看到了他们的地位被工人阶级同事们削弱了。几千名熟练工人被提升为工程师和技术员，而同样多的农民则变成了科学家。后者中有很多人被委派到农业研究所和农业大学的岗位上去。据报道，到 1960 年，有 4.5 万名上海工人和农民科学家参加了那里的科学技术协会，接近其会员人数的一半。这些科学家被称赞为新型的知识分子，他们并不是老式知识分子的变型，他们仍继续从事生产劳动，并不把他们的脑力工作当做个人所有的权利来对待。[①]

余波：1959—1960 年

到 1958 年底，所有战线上的群众运动高潮都已过去，然后常有的紧缩和反思开始了。像过去多次出现的那样，"群众运动的规律"继续发挥着作用。随着事态的发展，运动的参加者们发现他们自己被重新分为左或右，这要由他们所关心的事物和倾向性来定。彭德怀在 1959 年 7 月党的庐山会议中站到了对立面上，其结果是被罢了官。毛泽东则寸步不让，但据后来的解释，他也不是没有为前一年发生的某些经济上的过分行为承担责任。

与工业和农业的统计数字不同，教育的统计数字不必等到庐山会议上才往下修正。在 1959 年 4 月全国人民代表大会的报告中，周恩来虽然没有实际上承认对教育的数字估计过高，但他提供的 1958 年入学数字比几个月前所公布的要低得多。他提供的数字是：大学生 66 万人，中学生 1200 万人，小学生 8500 万人（有关简要数字参见 392 页表 9）。

在指出今后的道路时，周恩来在他的报告中评论说："去年一年，各级学校都有了很大的发展；现在需要在这个大发展的基础上进行整顿、巩固、提高的工作。"在进一步表明党的教育方针将要着手的重

---

① 　郑竹园：《1949—1963 年共产党中国的科学和工程人力》[121]，第 61—67 页。

大行动时，他又说：

> 在各级全日制的正规学校中，应当把提高教学质量作为一个经常的基本任务，而且应当首先集中较大力量办好一批"重点"学校，以便为国家培养更高质量的专门人才，迅速促进我国科学文化水平的提高。[①]

教育部新部长杨秀峰在同一次全国人民代表大会会议上作了更为明确的发言。他说，在 1958 年，由于缺乏经验，学校为了生产劳动而砍掉了太多的课（中文原文为"上课少了些"，——译者）。现在应该努力对此作出改正，把生产劳动正式列入教育计划，但要明确其目的性。他重申了 1958 年 9 月指示中的这一点：必须将群众性半工半读学校的劳动与以求质量为方向的全日制学校的劳动区分开来。他说：我们要"提高各级全日制学校的质量，并且在全日制学校当中，挑出一批学校，作为重点，着重提高质量，使成为教育事业中的骨干"。他赞扬这种有选择性的发展是一种"合理使用有限的力量"的方法，这样才能"既照顾普及，又注意提高"。[②]

这样，不平均发展的路线就很明确地形成了。但它是 1958 年 9 月那个"革命性"指示的直接的必然结果，该指示毫不含糊地号召要把半工半读学校的劳动与其他学校的劳动区别开来。这种双轨制以及其中所固有的社会不平等，后来被称为是刘少奇与毛泽东关于教育方针的主要分歧点。假如的确如此，那么这两个人在这个问题上的分歧也应该发生在后来，要不然列入 1958 年 9 月革命性指示中的关于求质量的学校的条款就是违背毛泽东的意愿的。争议可能是当整个社会

---

① 周恩来：《政府工作报告》，1959 年 4 月 8 日，转载于罗伯特·R. 鲍伊和费正清编《共产主义中国，1955—1959 年》[59]，第 517 页。对 1958 年三级学校入学人数的一个最高估计（《北京周报》[568]，33（1958 年 10 月 14 日），14），分别为 70 万，1400 万和 9260 万。

② 新华社——英语，北京，1959 年 4 月 28 日，见《当代背景材料》[735]，577（1959 年 5 月 14 日），第 14 页。

卷入"两条腿走路"变得明显时产生的。而且，这种争议，只有在该制度以被规定的方式实际开始发挥作用之后才可能发生，也就是说，只有在群众运动发动起来之后，在用来发动群众的原则开始制度化之后，它才可能发生。

紧接全国人民代表大会之后，中共中央和国务院于 1959 年的五六月间共同发布了一系列有关教育的指示。其中一项关于高等学校的指示承认，在 1958 年中，各省、市和中央政府各部成立了 700 多所新学校。这项指示提到："某些学校符合高等院校的标准，可以继续办下去。"指示接着列出了用来确定应否允许一所学校继续办下去的具体标准；如果可以办下去，就应给这所学校确定准确的名称，如学院、技术学校或干部培训班等。

另一项关于对学制进行试验性改革的指示指出，很多学校根据 1958 年 10 月发布的一项中央指示贯彻了这种试验。1959 年 5 月的新指示就试验提出了严格的界限，它涉及课程的改变、教学方法以及将中小学从 12 年制减并为 10 年制（12 年制是以 1949 年以前的学制为基础，也是以美国的实践为基础；苏联则实行 10 年制）。今后在各省、市，只有少数专门被选定的中小学才能继续这种应当置于教育部监督之下的试验。在关于试验预计要持续到 1961 年的这个决定中，要求所有其他全日制学校都要在现有的体制下办学。1960 年，陆定一和教育部长杨秀峰在报告中指出，这种试验着重于质量，目的是在努力缩短正规学习时间的情况下依然保持高标准。

1959 年的另一项指示规定了各级全日制学校劳动和学习的时间。大学每年的劳动时间被定为 2—3 个月，教育部被授权在全部课程内指定出专用于主要课程的总课时。高中学生的劳动时间为每周 8—10 小时，初中学生为每周 6—8 小时，9 岁以上的小学生为每周 4—6 小时。这些时间表构成了 1961—1962 年起草的全日制学校较为正式的条例的基础。1963 年颁布了新的条例，这些条例稍稍减少了劳动时间，中学每年为一个月，高小每年为半个月。

1959 年恢复了全国统一的大学入学考试，以后每年照此实行，一直延续到"文化大革命"开始的 1966 年。但是，在 1959 年，工人、农民和干部仍可在推荐的基础上，由他们所报考的学校评定后入学，而不必参加全国入学考试。①

有关科学和技术方面紧缩的早期详情（如果有的话），不得而知。前面提到的1958年时在中国工作的俄国科学家指出，当他1960年回国时，科学研究的组织和实施都没有什么变化，只是同以前相比，有更多的人来到实验室和办公室工作。在他第二次旅行并接着叛逃到西方后，他扼要地讲了与中国科学研究有关的两点。第一点是中国的事业过于模仿当代苏联的体制，既不考虑其缺陷，也不考虑它是否适合于一种不发达的科学环境中的各个方面。第二点是党的决策者未能把握住与科学工作有关的特殊问题。他们遵循苏联的建议，将科学研究的力量集中在专门化的研究所，而不是大学。由于甚至没有足够的训练有素的科学家来充实研究所，这就加剧了现时的科学人才供应的紧缺状况。同时，这些科学家不能带出新手，而大学则失却了培养下一代科学家的能力。新建的研究所在物质方面要比苏联同类的机构优越，但是没有足够的训练有素的人员来保证教学与研究的进展。

根据这位苏联观察者的看法，科研机构在相当程度上掺杂进了不称职的领导。科学院及其在省里的分院，不是由科学家来领导，而是由那些不懂科学发展的必要条件（即时间和完善的准备工作）的党的官僚来领导。工作经常受到政治活动和会议的干扰；研究计划在能取得任何成果之前总是时断时续，看起来没有一定之规。与处于早期发展阶段时的苏联导师们相比，中国领导人甚至更加轻视有别于实际运用的纯科学。

另外，老一代训练有素的科学家被怀疑为阶级敌人，而外行不管是否受过训练，都得到鼓励去从事研究。最后，他谈到了党的官僚强

---

① 1959年指示的译文见《法律汇编》[155]，载《联合出版物研究服务处》，多种丛书[374]，14，346（1962年7月2日），第318—343页。关于教学试验，参见陆定一的报告（新华社——英语，北京，1960年4月9日）和杨秀峰的报告（新华社——英语，北京，1960年4月8日），均载《当代背景材料》[735]，623（1960年6月29日）。学校条例译文见苏珊·舍克《1963年全日制中小学暂行工作条例，注释及翻译》[661]，载《中国季刊》[133]，55（1973年7—9月），第511—546页。

加给所有科学研究的保密要求。它不仅禁止与外部世界的一切联系；也禁止中国内部科学共同体的不同学科间的科学交流。①

显然，在 1961—1962 年之前，科学战线上的重要调整没有受到注意。当时的官方政策承认了"大跃进"时期的发展超过了合理限度，并要求许多新成立的研究所合并或撤销，以便提高质量，在那些设备最好的研究所中集中开展研究。官方还承认，科学事业需要技术和训练，需要一个稳定的、组织良好的科学共同体。群众路线的参与也许是"过于简单化"了。②

两条腿走进 60 年代

试图用"群众运动规律"的思想作为框架以对方针的贯彻进行分析，其困难在于，这样做需要假定一位超然于争端之上的领导人。作为运动的首创者，他不仅要使运动进行下去，而且后来还要决定运动达到最高峰的时刻，以及巩固阶段何时能安全开始。这是关键性的一步。必须充分胁迫反抗势力，使它不再是一种威胁，而新的领导者则必须做好开始实施新方针的准备，运动本来就是为了实施新方针而发动的。

这是计算代价和可以进行纠偏的时刻。自然，并非所有的错误都能轻易纠正，特别是当这些错误与自然灾害纠缠在一起时。同样自然的是，当运动从一个阶段进展到下一个阶段的信号发出时，某些参与者拒绝对此作出反应。这是一个易犯的错误，因为运动的原则从未提前宣布过。这些还没有学会运动规律，至少是还没有学会机会主义的价值的少数个人——通常是青年人，他们是些缺乏阅历的参加者，易把起初的动员阶段理解得过于呆板——他们代表了群众运动方式的受损方面。他们与运动所打击的正式目标一起，总是要为运动作出牺

---

① 克洛奇科：《在红色中国的苏联科学家》［393］，第 28—31、102—104、130—131、135—140、176、194—213 页。

② 郑竹园：《1949—1963 年共产党中国的科学和工程人力》［121］，第 31—33 页。

牲，并付出最沉重的代价。

假设运动的发起人仍然权力在握，他就仍然具有其后对运动的转弯变向作解释的权力，以便使自己处于最有利的地位。但是，当运动向前发展时，他实际上将无法控制运动发展的所有转弯变向本身。如果这是一场真正的群众运动，如果它是超出领导—群众正式的联系途径而在众多民众被动员起来自发参与的基础上形成的，那么，这一运动将暂时被允许以一种特别的方式去发展，它本身还要承担某种风险。这是必然的，因为正是在运动失控时，便要出现过头行为。根据毛的说法，只有这样做才能纠正错误，克服阻力。这些情况也使得任何其他人实际上难以对随后的解释作出识别——何为事实，何为杜撰；难以确定在任何特定时期内谁对什么实际上负有责任。

当然，这就是使群众运动成了毛作为贯彻方针的方法这样一种有用工具的原因。至少在暂时情况下，这种方法给了他作为运动的发起人的地应，给了他以反对敌对势力的一种群众力量的压倒优势，而不论这种敌对势力可能是谁，或可能是什么。它还使他有可能——只要他依然控制着党中央及其宣传工具——将错误与过激的责任转嫁到那些在运动中实际上做了错事的人身上去，从而掩饰这种责任。

作为发起人，他保持着区分什么是正确行为与什么是错误行为的权利，保持着事件向前发展时更改定义标准的权利。例如，狂热行为可能是不可避免的，因此它在某个阶段是有益的，而在另一个阶段则是有害的。如此，政治盟友可以变成敌人；某个时期曾作为正确的东西提倡的，在另一个时期就会被弃置一旁。在运动的巩固调整阶段，当残存的任何敌对势力可能以各种方式重新组合，企图夺回它们失去的某些东西时，情况尤其复杂。

在下一个主要运动的初始阶段，即1966年的"文化大革命"中，那些自1958年以来的几年内所发生的事件，被解释成是刘少奇及其同伙对1958年推进的毛的正确教育路线所作的逐步破坏。然而，一种似乎更有道理的解释是，60年代初教育方面的发展——在1958年群众运动的高潮及其1959年的调整阶段之后——在很大程度上是依照 1958 年 9 月指示所开辟的路线前进的，尽管它遭到了这个时期无法预料的经济困难的破坏。运动就是这样在前进，这条路线所固有的矛盾也随之发展。

举个例子，既发展半工半读学校又发展重点学校和全日制学校的决定，可能最初是想要"既顾到数量，又顾到质量"，这是教育部长在 1959 年初宣布的。但在实施这条路线期间，这两种学校制度的差别，更重要的是接受其教育的两种人之间的差别，越来越严重了。

在这种发展背景下，出现下面的情况就是必然的了：毛泽东本人在 60 年代中期放弃了他曾运用于教育的"两条腿走路"的口号，而以否定的措辞把它重新解释为是刘少奇的有害的、不平等的"双轨制"，或两种教育制度。在这一发展背景中，也包含了其他一些矛盾。但不论怎么说，两种不同形式的学校教育之间存在着分工的不同，企图以此为基础来建立一种教育制度，实际上是更扩大了这两种学校教育形式的差别。

半工半读思想的"失败"

就 60 年代初期而言，当时的来自官方的有关教育的数据资料，尤其是全国范围的资料，是很难见到的。[1] 这可能是大混乱的一种反映，这场引起所有各部门统计数据的大混乱是由那个时期的经济困难造成的。有关这几年的大部分可以得到的资料，是事后公布的，即在"文化大革命"拉开序幕和正式开场的 1964—1968 年间，由官方报刊以及非官方的红卫兵刊物公布的。红卫兵的材料倾向于反映当时所盛行的毛主义的解释，但却详细地展示了大量以前无法得到的资料。[2] 现在还有甚至更大量的来源基本相同但通过不同渠道收集的资料补充进来。这些资料是香港学者对从前红卫兵时代的学生的访问记，而这

---

[1] 例如，参见巴伦德森的以这些资料为基础的关于农业中学的最新著作《半工半读学校》[19]，第 28—38 页。

[2] 主要以这些资料为基础的叙述，有加德纳的《知识青年与城乡差别，1958—1966 年》[216] 和李洪勇（音）《中国文化革命的政治》[430]。

些学生最初是来自广州。[①]

根据这些后来的数据，农业中学在 60 年代初急剧减少。据官方计算，1960 年，这些学校全国共有 3 万所，在校学生为 290 万人。到 1962 年，农业中学减少为 3715 所，入学人数为 26 万人。小学也被压缩，与 1958 年所宣布的学龄儿童 80％上小学的比例相比，这一时期只有 56％。[②]

这种滑坡很可能要归因于经济问题。但是半工半读思想在 1964—1965 年又一次流行起来，那时它也被引入小学一级。而官方报刊在那一时期对这一思想的宣传则暴露了它没有取得成功的更为根本的原因。那个预定要由这种学校提供服务的对象群，把这种学校视为正规的全日制学校所提供的"真正"教育的二等替代物。对脑力劳动与体力劳动差别的传统看法依然占支配地位，并且由于仍处在维持生存水平的农村经济中的日常生活经济状况而增强了。

在香港对几位从前的中国农村学校教师的访问透露，一个简单的事实是，假设有一种选择：或是送他们的孩子去县城的正规全日制中学（当时一个县一般只有一两所），或是送孩子去离家近一些的半耕半读中学，大多数农村家长都要选择前者。这是因为，他们知道前者质量高，这种教育可以为他们的孩子提供一个逃避农业劳动生活的机会。事实上，绝大多数农村孩子没有机会进正规中学。上这些学校的主要还是些县城里的孩子以及农村中的杰出学生。但是，假如要在送孩子去新的半耕半读农村中学和让孩子全天在家劳动以补充家庭收入

---

① 现在或很快就可利用的研究是：安妮塔·詹（音）：《中国社会结构的反映：广州学生的变化中的看法》[77]，载《世界政治》（1982 年 4 月），第 295—323 页；安妮塔·詹（音）：《毛的孩子们：红卫兵一代的性格发展与政治上的积极精神》[76]；安妮塔·詹（音）、斯坦利·罗森和乔纳森·昂格尔：《学生与阶级斗争：广州红卫兵冲突的社会根源》[79]，载《中国季刊》[133]，83（1980 年 9 月），第 397—446 页；斯坦利·罗森：《红卫兵的派性与广州的文化革命》[620]；斯坦利·罗森：《下乡青年在中国文化革命中的作用：广州实例》[619]；苏珊·L. 舍克：《竞争的同志：中国的职业性刺激与学生的策略》[660]；乔纳森·昂格尔：《毛统治下的教育：广州学校中的阶级与竞争，1960—1980 年》[713]。

② 加德纳：《知识青年与城乡差别，1958—1966 年》[261]，第 246 页。

这二者间作选择的话，绝大多数农村家长宁愿选择后一条道路。农民们的推理是，为什么要到学校去为劳动生活做准备，为什么当留在家里劳动更有利可图时却要去学校做毫无收益的劳动呢？这些都是从农村家庭对成本—利得的精打细算中显露出来的典型问题。

由于农业劳动仍然毫无改变地被视为人类生产活动阶梯上的最低一级，因此半耕半读农业学校就继续被人们看做是提供向上和向外发展道路的正规教育形式中最低下的一种。如果某个农村青年上了这样一所学校，并且仍然不得不回到农业劳动中去，就会被所有的人认为是受了屈，至少被认为是一种浪费。只要有这种环境存在，当地的干部和教师——他们得不到那种使得江西共产主义劳动大学坚持下去并取得成功的高级支持者的激励——便无法把他们自己的半耕半读学校建设成为一种可以接受的替代物。①

这里，还有以另一种形式表现的，最早在 1957 年就承认了的发展着的问题，即怎样提供合理的中级教育形式，它既可以成为某些人的大学预备学校，也能使大多数人在此完成学业。如果没有任何中学，问题就不会发生。如果有了中学但却表现为两种不同的形式，那么在那些久已对利益不均的每一个具体表现都非常敏感的人们中间，必然出现的矛盾就尖锐起来了。

尽管如此，1965 年 4 月，教育部还是召开了关于农村半耕半读教育的第一次全国会议。会议赞扬了为在农村普及小学教育、发展中学教育铺平道路方面所取得的"多快好省"的成绩。这次会议报告了正规全日制学校的许多不足，并要求它们进行整顿。但这次会议承认，"两种教育制度"，即全日制和半工半读制度，将一起继续存在相当长一个时期，然而半工半读代表了社会主义教育发展的长期方向。

---

① 关于这一时期的问题，也参见朱莉娅·匡（音）《大跃进的教育试验及其内在的矛盾，1958—1959 年》[412]，载《比较教育学评论》[187]，3（1979 年 10 月），第 443—455 页；朱莉娅·匡（音）：《转变中的中国教育：文化革命的序曲》[411]，第 81—129 页；昂格尔：《毛统治下的教育》[731]，第 48—65 页。关于农村对待农业劳动的态度，参见威廉·L. 帕里什、马丁·金·怀特《当代中国的农村和家庭》[563]，第 110—111 页。

在中学一级，半工半读学校教育将成为这种制度的主要依靠。[①]

1965 年 11 月，举行了城市半工半读会议。刘少奇引人注目地出现在这两次会议上，并在两次会议上都表示，发展两种教育制度就是坚持"两条腿走路"的方针。但是，半工半读班级的低下地位显然也被认识到了。在城市中，它被作为一种手段而得到提倡，依靠这种手段，那些小学毕业而不能升入正规初中的学生能被组织起来边劳动边学习。另外，只有少数城市青年此后还能继续他们的学习或是在城市中找工作；大多数人将不得不接受在农村中的工作任务。半工半读学校被看作一种为城市青年过那种生活做准备的工具。[②]

后来对刘少奇的指责，正是说他宣扬了两种分离的、不平等的教育制度的这种显而易见的发展，而没有提倡半工半读思想本身。他被说成是阉割了这一思想的"革命性精髓"。

正规全日制的"成功"

专业学者，不论是受通才型的西方学问影响的，还是被迫接受更专门化的苏联模式的，或是不得已而选定新的中国社会主义方向的，他们仍然还是知识分子。他们利用"两条腿走路"的方针所提供的机会，利用"大跃进"以后所承认的恢复教育秩序和质量的需要，为某种制度的建立而迈出了他们自己的"腿"。这种制度，不仅在他们自己的眼里，而且同样在其他任何人的眼里，都完全优于另一制度。

在金字塔顶端的照例是精英们的重点学校，这些学校在全日制学校制度的各级上发展起来。从幼儿园一直到大学。有关重点学校的历史，似乎湮没在时间的迷雾中了。据 1980 年在中国对 12 所大学及许多中学的行政管理人员所作的访问，关于这一制度的准确起源以及何人对此负责，都没能得到明确的回答。一位教育部的发言人有个最为详细的答复，其中有一些还是由别人补充的，所有这些答复还没有在别处遭到过反驳。这位发言人否认这个制度曾受过苏联教育范例的任

---

① 《人民日报》，1965 年 5 月 30 日，第 2 版。

② 《人民日报》，1965 年 12 月 16 日，第 1 版。

何启示。相反，这一制度的起源应归之于这种重点思想：它是中国共产党在 1937—1949 年的抗日战争和解放战争时期的经济发展策略的基础，这一策略就是在贫困的农村根据地为经济建设的目的而集中使用人力、物力。

这种思想随后被用在教育方面。其最早的实例是"中心学校"，推行这种学校是 1942 年延安改革的一部分。1949 年以后对这种思想的宣传推广，现在可以追溯到 1953 年由毛发出的办好重点中学的一项被广为引用的指示，尽管这一指示在当时并未发表。直到 1959 年，在周恩来于当年 4 月的政府工作报告中援引了上述指示之后，重点学校才开始有组织地建立起来。它们在"大跃进"期间出现的群众性教育迅速扩展的背景下，被用来当做保持教育质量的一种手段。[①] 尽管从 50 年代中期起重点学校就已存在——通常是简单地指定那些 1949 年以前最有声望的学校——但这种制度直到 1960—1966 年期间才在全国范围内得到协调一致的发展。

1965 年以前，发展城市半工半读学校的作用是为农村培养人才；相反，以城市为基础的重点学校制度的主要作用从一开始就是为高等院校培养人才。重点学校的意思直接被解释成大学的预备班，与这种学校相联系的每个人的生活都围绕着这个目标。例如，1962 年，广州城区与近郊区的中学根据其大学升学率而划分了等级。学校被分为三类。在第一类最好的学校中，每年都有 70%—90% 的毕业生能够升入大学，广州的大学生大多数都是来自第一类中学。第二类学校通常可达到 15%—30% 的升学率，或者还要少些。第三类学校包括民办中学和农业中学，它们的学生通常进不了大学。

具有从初中升高中进而升大学的最高升学率的学校，被指定为重点学校，保证它们能得到最好的教师，最充足的财政经费，最良好的设备以及最优秀的小学和初中毕业生的源源不断的供应。那些在中学入学考试中获得最高分的能够进入第一类学校，学术成就的天平也因

---

① 苏珊娜·佩珀：《中国的大学：毛泽东以后的入学政策及其对中等教育结构的影响——一份研究报告》[575]。

此而向他们倾斜。仅据 1962 年官方所宣布和当地报纸所发表的材料看，这种等级体系仍然继续在内部使用，并根据公众意见进行了改善，此后它成了评价这些学校的根据。①

所有原始资料显示，在 60 年代初期，这种用于中小学的等级制度不仅限于广州，而且成了一种全国性的现象。例如在邻省福建，在那些相邻的沿海城镇中有一些 1949 年以前由华侨提供基金而创建的好学校，由于这些学校的布局及其地理上的接近，便促成了一种全省性的考试竞争方式。这些竞争每年在大学入学考试时达到顶点，福建也因这些学校所达到的升学率而受到了全国的称赞。省教育厅厅长王于井利用其职位和声望的影响推动这种工作，亲自视察沿海城镇和升学率高的学校。她鼓励这些学校为夺取优胜红旗而展开竞赛。这种竞争进行得非常坚决。据在香港被访问的一位从前的学生说，在经济萧条的那几年中，他所在的学校里年龄小些的学生要把他们每月粮食定量的一部分捐给毕业班的大同学。这不仅仅是要在紧张的试前死记硬背阶段保持这些学生的体力，而且也是要使整个学生群体投入为学校赢得好评和"荣誉"的斗争中去。

至于在这种新的成绩等级制度中受惠的是什么人的子女，罗森和昂格尔在一次对广州一些中学的随机取样调查中发现，"优秀的"工农阶级的青年在那些升学率最低的质次的正规初级中学中占多数。这就导致了新学校都建立在从前没有学校的工人阶级聚居区内。相比之下，在最好的重点初中里，只有 11％的学生出身于工农家庭；48％则是"革命干部"子女。革命干部是另一"优秀"类别，他们不仅是官僚等级制度中的高级官员，而且都是在 1949 年以前入党和参加革命的。

在邻近的一些初级中学中，比例几乎完全相反，只有 8％革命干部家庭出身的学生，却有 42％工农家庭出身的学生。知识分子的孩子在质量较低的学校中占 20％，而在精英学校中却占 32％。在招生人数更少的高中一级，竞争就更为激烈，学术标准因此较高，干部子女的比例明显下降。在最好的重点学校里，他们占学生总数的 27％，

---

① 罗森：《红卫兵的派性》[620]，第 18—22 页。

而工农青年占 12%。知识分子孩子的比例达到 34%，而其他非知识
分子中产阶级家庭的子女占 36%。[1]

这项调查涉及 1962—1966 年的 5 年时间。在更为详尽地观察了
那一时期的变化后，罗森得出结论，由于有关方针目的的冲突加剧，
教育制度日益分为两叉。在 1961—1962 年，恢复了对学校成绩和入
学考试分数的强调，以便在 1958—1959 年靠推荐接受工农入学的试
验之后提高质量。陈毅的著名讲话为此定了调。他在 1961 年指出：
"学习专业是学生的政治责任。"第二年周恩来再次肯定了"大跃进"
后的调整，他在 1962 年 4 月的二届人大三次会议的报告中表明了这
一点。他强调，政府将继续调整文化、教育、科研和公共卫生事业，
改进工作质量。[2]

但是，提高正规学校的质量并非是事情的全部。1961 年，毛泽
东写了一个指示，赞扬江西共产主义劳动大学的半工半读方向；1962
年，他发出了"千万不要忘记阶级斗争"的著名告诫。[3] 这一号召出
现在毛泽东给党的八届十中全会的信中和全会公报上，它表明 1962
年 9 月召开的这次会议再次肯定了阶级斗争学说。[4]

重申阶级斗争还预示了最后融合进 1966 年"文化大革命"的社
会主义教育运动的来临。这一运动是作为一场教育与灌输运动而展开
的，旨在纠正"大跃进"以后"三年自然灾害"期间发展起来的农村
干部的贪污腐败以及农民的资本主义自发倾向等"不良倾向"。[5] 到

[1]　引自由罗森和昂格尔共同对 70 年代中期生活在香港的一些原广州学生所作的一项调
查：罗森：《红卫兵的派性》[620]，第 26 页；昂格尔：《毛统治下的教育》[731]，第
26—27 页。

[2]　《全国人民代表大会新闻公报》，载《北京周报》[568]，16 (1962 年 4 月 20 日)，第 6 页。

[3]　《从中华人民共和国建国前夕到中国共产党八届十一中全会期间两条路线斗争概述》，
译文见《当代背景材料》[735]，884 (1969 年 7 月 18 日)，第 20 页。

[4]　"公报"，载《北京周报》[568]，39 (1962 年 9 月 28 日)，第 7 页；《在八届十中全会
上的讲话》[512]，1962 年 9 月 24 日，载斯图尔特·施拉姆编《毛泽东的讲话和信件》
[634]，第 189—190 页。

[5]　理查德·鲍姆、弗雷德里克·C. 泰韦斯：《四清：1962—1966 年的社会主义教育运
动》[32]；理查德·鲍姆：《革命的序幕》[30]。

1964年，这场运动逐步升级为以农村干部为对象的大规模整风运动，并伴随了新的全国范围的对政治的强调。

从1963年起，重新把高中和大学入学标准的重点放在了政治条件和阶级出身上。针对每一个人尤其是针对青年人的"社会主义教育"加强了，其注意力集中在马克思列宁主义、阶级观念、阶级斗争和直接参加劳动上面。对那些不了解1949年以前的中国的小学生和中学生来说，关键问题是要将旧社会的剥削压迫之苦与新社会之甜进行对比。每个有苦难经历可以诉说的老工人和老农民，成了学校集会与讲坛上经常被请来的发言人。由于国家正在从"大跃进"以后的经济低谷中摆脱出来，由于青年人可能难于正确地进行比较，这种做法便具有显而易见的重要性。例如，在广州，社会教育的一个早期课题，就是"回忆对比大旱之年新旧社会的不同遭遇"。广东在那时，即1963年5月，正处于一场严重的旱灾之中，这场旱灾是"连续几年"频繁的自然灾害中最近的一次灾害。

作为政治教育的一部分，大学师生在1964—1965年曾一度有几个月被派送到农村，在那里，他们参加工作组，调查农村干部，重新给农民家庭分类，并获取农民生活的第一手知识。到1965年年中，不断加剧的政治活动被称为是一场"文化战线上深入进行的社会主义革命"。一位评论员指出："经济基础和政治制度发生变化以后，作为意识形态一种类型的文化，也必须随之发生变化。"否则，社会主义革命就有半途而废的危险，其成果将会损失殆尽。[①] 这一论题进而预示了1966年"文化大革命"的开始。

在1964年初的春节讲话中，毛泽东还批评了正规中小学教育的

---

① 滇竹（音）：《文化革命的成果》，载《北京周报》[568]，42（1965年10月15日）。关于对青年进行的社会主义教育运动，可参见（举例）广州《羊城晚报》，1963年5月28日，译文见《中国大陆报刊概览，补遗》[739]，116（1964年1月28日），第1—3页；《北京日报》，1963年11月30日，译文见《中国大陆报刊概览，补遗》[739]，123（1964年8月21日），第23—26页；《北京日报》，1964年5月4日，译文见《中国大陆报刊概览，补遗》[739]，126（1964年9月18日），第4—7页；《北京日报》，1964年10月12日和上海《文汇报》，1964年9月12日，译文均见《中国大陆报刊概览，补遗》[739]，133（1965年2月12日），第13—18页。

学究气和不切实际性，这是他对这一问题所作的许多公开性评论的第一次。12 年学制太长；课程设置既多且繁；考试过于呆板；学生毕业后难以找到工作，因为他们只做了继续学习的准备，而不是打算去从事劳动。① 这也预告了将在"文化大革命"中被充分发展的主题。

可是，对学校成绩的强调依然令人不安地与不断发展着的政治活动结合在一起。1964 年，高教部得到恢复，表明了对精英层质量的继续关心。第二年，高教部长承认，大学入学条件实际上仍然遵循 1958 年以前的定则，工农青年只有当其考分达到竞争标准时才能给予优先。

由于在这些矛盾的要求下进退两难，正规学校制度只得努力去满足两方面的要求。政治学习和竞赛运动，如 1963—1964 年学习社会主义英雄雷锋的运动，被带进了依然为追求合格率所支配的学校生活。这种对合格率的追求甚至扩展到了普通学校，它们也加入了竞争，都沿着提高分数的最佳途径去制定策略，以此来提高它们的声望。在这些情况下，重新以阶级出身为重点的精英层的主要受益者，就只能是那些革命干部的子女，他们具有无可挑剔的阶级凭证，除此之外是那些知识分子以及其他中产阶级成员的高分子女。出身不好或剥削阶级出身的青年发现，不论其学习成绩如何，获得入学许可都越来越困难。

工农青年，尽管有着好的阶级出身，也难以在竞争中取胜。在他们生活的地区，提供给他们的多是一些最新的学校，其中很多不过是刚刚建立的，甚至连高中班都没有。当然，1961—1962 年以后，高

---

① 《春节谈话》，1964 年 2 月 13 日，载斯图尔特·施拉姆编《毛泽东的讲话和信件》[634]，第 201—211 页。毛泽东的评论，在 1966 年以后作为批判正规学校的依据而得到广泛宣传，毛的谈话中加入了×××同志关于教育的谈话，后来发现这位同志是邓小平。尽管由这两个人所作的批评都直接反对正规学校，但邓和另一个未辨明身份的同志的发言还是赞成制度的多样化以及在小学和中学两级实行"两条腿走路"。他们特别提倡两种不同的班：一种是大学预备班，另一种是职业班。毛除说了一句赞同的话以外，并未对这一观点作详细阐述。只有邓评论说必须提高质量。毛显然专注于这些改革：至少按照当时正规学校制度中所公认的传统标准来衡量，这些改革将对其起暗中破坏的作用。

中一级几乎没有发展。因此，工人阶级的青年在学术上处于劣势。他们由于经济上的原因，在念完初中或许在上职业学校以后，为了找工作，也很愿意结束自己的正规教育。广州在1964—1965年建立了31所新的职业学校，主要是在半工半读基础上开办的。[①]

表9 1958—1965年学校数与学生数

年份	大 学		中 学		小 学	
	学生	学校	学生	学校	学生	学校
1958		660000		普通：8520000 专门：1470000 农业与职业： 2000000		86400000
1959		810000 （全日制） 300000 （业余）		12900000		90000000
1960		955000				
1961		819000				
1962		820000				
1963		680000				
1964		700000				
1965	434	674000	80993 （包括61626所 农业与职业）	14418000 （包括农业与职业 的4400000人）	1681900	116000000

资料来源——1958年：国家统计局：《伟大的十年》[681]，第192页；1959年：杨秀峰：《积极进行学校制度的改革》，新华社，北京，1960年4月8日，载《当代背景材料》，[735]，623（1960年6月29日），第11页；1960—1964年：罗伯特·泰勒：《中国知识分子的困境》[700]，第138页；1965年：入学学生总数引自《北京周报》[568]，5（1978年2月3日），第16—17页；学校数与农业、职业学校入学人数引自《1980年中国百科年鉴》，第535—536页。

苏珊·舍克的进一步分析，显示了在这种竞争的学校结构内的学生生活状况。在那些她在香港访问过的青年人中，有一半学生上的是最好的重点中学。其他人则曾是正规全日制城市学校的学生。她的被访问者中有2/3是在广州的学校上的学；其他人则是在广东省和其他地方的一些城镇学校接受的教育。约有一半人出身于中产阶级家庭，

① 罗森：《红卫兵的派性》[620]，第一章各处。

其中大多是教师、医生和其他白领劳动者的孩子；几乎所有剩下的人都是剥削阶级家庭出身；只有极少数人出身好，是工农青年。正像他们的入团申请书所表明的那样，只有 1/3 的人在政治上是积极的。所有这些人都是在 1960—1966 年间上的中学。

即使是离开了本土来到香港的这群学生，也普遍接受了平均主义和集体主义思想。但是除此之外，他们也显露了学生的行为方式，特别是在高中一级——在 16—19 岁之间——这些行为方式与那些思想形成了对照。与他们共存的是一个非正式的学生亚文化群，支配这个亚文化群的目标是在大学中赢得一个受人羡慕的地位，或者等而次之，在中学毕业后分配给一个城市工作。在美国的高中里用于约会、体育运动和课外活动的时间，在中国的环境里，则被用来将学生引导到"互助"关系和加强个人竞争的成人世界中去。

在这个过程中，学生们也学会了对性质相反的行为作出评价，但不是出于"正确的"推理。不积极的人总是想躲避积极分子，不愿与他们共有秘密，因为这种秘密日后可能被用来伤害自己的前途。私人友谊绝没有被这种紧张关系损害，实际上却得到了加强。学生们寻求志同道合的伙伴，这些伙伴能够信赖，不会为了个人利益和政治利益而利用朋友的坦率。学生们还倾向于把正式的同学鉴定会变为相互保护的仪式。这些青年人在很小的时候就学会了在积极分子中辨别诚实与虚伪；在同学中识别背叛与忠诚；学会了区分真正的友谊与自私自利的同盟。

然而，舍克的调查结果表明，在不同类型的学校中，学生们的表现也可能不同。例如，在全日制的技术中学（中等专业学校）里，学生的表现看来与官方的思想较为接近，学生积极分子受到同学们的羡慕。这些学校中的学生已经准备接受在他们毕业以后保证分配给他们的普通技术工作。而在大学预备班里，赌注既高又非常不可靠，成功就意味着有一个可靠而受人尊敬的未来，失败则可能被放逐到农村去劳动。①

---

① 舍克：《竞争的同志》[660]，第 59—60 页，以及全书各处。

罗森发现了类似的区别。由于个人的政治积极性是除继承下来的阶级出身和取得的考试分数外的又一种衡量标准,因此,表明积极性的愿望在有名气的学校中比在一般学校中更加明显。取得青年团员的资格被视为上大学的垫脚石,那些在学术等级上处于上流的学校,其入团率相应也是最高的。

政治学习与竞赛运动在缓和这种竞争与追求功利的气氛时只获得了极小的成功。这些运动的确使许多学生产生了积极性,既有真实的也有假装的。在这一过程中,有些学生,甚至整班学生,决心不去考大学,志愿到农村安家落户。但是,只要考试和通过考试而来的大学经历仍然是正规学校制度成功的公认顶点,那么,识别哪些学生是"为革命"而学习,哪些学生在走为个人利益和荣誉而奋斗的资产阶级道路,就仍然是困难的事。

在这种趋势下,农村工作是中学所有可能选择的职业中最不理想的工作。不过,从1961年开始,它日益受到提倡,因为相对于新的进入劳务市场的人数而言,城市的工作机会减少了。除了那些被群众运动产生出来的热情所激发而自愿到农村工作的人外,几乎所有的人显然都把到农村工作视为一场无论如何都应避免的灾难。

农村是城市垃圾倾场的看法,被1961—1965年间所采取的选择工作的方式证实了。由于1965年城市半工半读会议的肯定,那些能够继续学习的青年和能够得到工作的青年得以留在了城市。大多数剩下的人,将不得不到农村去。到农村去工作,成了惩罚家庭出身不好的青年的一种手段,同时也打上了在城市的地位与成就的等级制度中失败的烙印。[①]

因此,就很多方面而言,到1965年为止的中国的教育制度,是对"工农群众知识化,知识分子劳动化"这一"大跃进"思想的嘲

---

① 托马斯·P.伯恩斯坦:《上山下乡:中国青年从城市走向农村》[43];罗森:《下乡青年在中国文化革命大跃进中的作用》[619]。关于城市青年的工作选择,参见D.戈登·怀特《下乡青年的政治》[781],载《中国季刊》[133],59(1974年7—9月),第491、517页。

弄。此外，对这一思想的滥用，也是毛"两条腿走路"方针的必然结果。这一结论尤其是基于这一假设：重点学校的思想不是对 1958 年改革的歪曲，而是它不可缺少的部分。

民办学校与半工半读学校是从 1944 年普及教育的战略直接派生出来的。所不同的是中国共产党现在所管辖的范围包括整个国家，而不仅仅是落后的边远地区。因此毛又回到了 1949 年以前的经验上去，但是方法不同，他改造了关于重点的思想，以之作为一种起保证质量作用的选择办法。也是从 1949 年以前的经验改造来的群众运动的热情，则是将新的两条腿走路的模式送入中国社会的运载工具。

这些结果应是 1958 年 9 月指示的起草人们能够预见到的，但显然他们没有预见到。延安模式可能在封闭的环境中充分发挥过作用，这种模式起初就是根据这种环境而设计的。但是当把它们移植到由学术专家而设并为学术专家而设的现代正规学校制度上来的时候，任何政治修补与意识形态改造都不能使这种正规制度和实际存在的分裂结构有什么不同。当正规制度把优质教育奉献给那些处于最受益地位的人的同时，要让半工半读制度担负起教育农民与工人阶级的任务，这证明了它只不过是一种使所有的旧裂痕立刻制度化的新手段。那种从"两条腿走路"方针产生出来的教育制度，实际起的作用是扩大了精英与群众的差别，脑力劳动与体力劳动的差别，农民与其他人的差别。

到 1964 年，这些后果已是不可避免的了。很可能在那个时候，毛泽东才决定将他创造的这个制度在它得到进一步发展以前摧毁掉，并指责"资产阶级教育家"对建立这个制度负有责任。当然，他当时有充分的理由必须摧毁这个他们所管理的制度。农民们自己也看不起半耕半读农业中学。工农出身的青年仍然大量地被排斥在精英的大学预备班之外。这种大学预备班，在 1959 年刚刚发出开办的信号后，几乎立即就焕发出了活力。

但是，最有力的打击可能是：接班人一代，即那些革过命的干部们的子女，正在最好的重点学校里汇集。在那里，这些阶级出身好的继承人正在被那种"资产阶级"个人主义、脑力活动的兴趣以及职业抱负所侵蚀，而这些正是毛泽东和中国共产党至少 20 年来努力要从中国知识阶层中清除掉的东西。

毛和他的同事们曾经在农村中度过了大半生。党的历史上最重要的教训也是从农村生活的体验中得来。然后他们又都已转移到了城市，他们的子女也已变成了城市青年。他们本身也以城市人经常表现出来的同样厌恶来看待农村生活。眼下，他们还能得到阶级凭证的保护。要不然，他们也得去设计各种个人战略以逃避农村工作，就像另一些生来特权较少的人已经在做的那样。与那些参了军、复员后要找个非农业工作的典型农村青年相仿，革命干部们也已发生了变化。但是，他们曾发誓要克服的中国社会内的基本的城乡矛盾，仍与从前一样尖锐。

这些需要考虑的事情为 1966 年毛主义的指示提供了某种实质性的东西："走资本主义道路的人"已经钻进党内，并且正在威胁着下一代。解决的办法就是努力将 60 年代发展起来的对立的、竞争的结构统统摧毁。这将在另一场群众运动的过程中来完成。指望有一种教育制度能符合下述条件，将被证明是更为困难的——以某种能有效地、比较公平地将城市—乡村、精英—群众这些矛盾的目标结合在一起的结构来代替原来的那些结构。

第 十 章

党和知识分子:第二阶段

"大跃进"中给知识分子所做的努力抹黑

"反右运动"中对具体的知识分子的镇压,在"大跃进"中改变成了一般地反对智力活动。当知识分子和学生都在"百花运动"中批评党时,领导把知识分子当做中国实现现代化的主要人物的希望落空了。在十来年思想灌输和思想改造运动之后,知识分子仍然怀疑党的政策。宣传部长陆定一在"大跃进"时期的讲话反映了领导对知识分子大失所望。在"百花运动"中,他曾用毛的口号鼓励知识分子以其西方学识积极参与国家建设和工作,而在1958年3月13日《光明日报》的一篇文章中,他却把西方学识当做"毒草"予以否定:"资产阶级的哲学、社会科学、文学、艺术,已经完全破产。它对我们只有一个用处,就是当做毒草来加以研究,以便使我们有个反面的教员,使我们学会认识毒草,并把毒草锄掉变为肥料。"

虽然知识分子在"大跃进"中比"反右运动"时较少成为攻击的直接对象,但他们在中国社会中的相对地位却进一步降低了。和"百花运动"时期相比,"大跃进"时期强调的是政治上可靠,而不是专业技术。提出了一个新口号,要求从事一切职业的人,包括知识分子在内,要"又红又专",而重点在"红"。当运动取得势头时,重点几乎完全转移到了"红"。才智被等同于政治信仰,不再被看成是少数人所专有,这种变化成了"文化大革命"的前兆。用马克思列宁主义毛泽东思想的思想武器武装起来的党的干部受到赞扬,认为他们强于西方方式和思想培养出来的知识分子和专家。此外,群众的创造力和智力,与过去相比,在很大程度上被理想化,当做近似于神秘教义的东西来接受。刚从文盲状态中摆脱出来的农民和工人被捧成科学家、哲学家和诗人，由于他们的"无产阶级"觉悟，他们实际上可以取得任何成就。对比之下，知识分子由于他们沾染了资产阶级个人主义、自由主义和无政府主义思想而受到诽谤。

学问完全被看成是实用的，并且等同于工业和农业生产。对社会科学和人文学科而言，科学和工程学的重要性仍在增加，但是即使是科学家和工程师也奉命要向普通农民和工人的成就学习。学术标准降低了。对现代化至关重要的数学和科学理论的学习被忽视，以便有利于掌握专门的技能。

几乎所有年纪较大的城市知识分子和学生都被送到农村和较小的城镇劳动改造一段时间，他们将在那里通过体力劳动和与群众结合而受到再教育。他们在大学和研究中心的职位由比较年轻的、受过更多政治灌输的党的干部所填补，他们乘这个时机挤进了知识队伍。那些设法留在他们机构中的年纪较大的知识分子被降职担任下手或者甚至勤杂职务。过去的教科书被废弃，新教科书由党的干部和较年轻的学者以及大学毕业生集体撰写。知识分子和其他的人一样被要求为革命而大量生产他们所生产的东西。牺牲质量以提高数量。

为"大跃进"而利用文学，典型地说明了在智力和创造性努力的其他领域中所发生的事情。交付给作家们的宏大计划，必须在1958年内完成。党执政以来作品很少的著名作家巴金，保证要在一年时间里写一部长篇小说、三部中篇小说和翻译几篇作品。作家协会宣布，中国的专业作家将创作700部小说、剧本和诗，这些作品将是易于读懂的，并有助于新人新事的出现。尽管对专业作家提出了异乎寻常的要求，但更重视的却是不掌握熟练技巧而承担了政治任务的作家。和在其他领域中一样，专业和业余之间的区别被模糊了。"作家"的人数1957年还不足1000人，1958年猛增到了20万人以上。几千忠诚的业余爱好者甚至成了荟萃杰出人物的作家协会的会员。

"大跃进"反知识分子的和集体主义的风气在匿名的业余作者的集体创作活动中表现了出来。它们创作了"大跃进"时期最有特色的文化成果——工人和农民在大型集会上创作的诗和歌词。党的干部提出主题和思想，并在群众朗诵它们时记录下来。党巧妙地利用这些诗歌创作会来表达党的意愿，而且用这些诗歌激发群众迅速推动经济发展的热情。

中国共产党从30年代晚期以来一直使用这种灌输思想和动员的方法，但从来没有达到像"大跃进"中这样深入细致而普遍的程度，这时诗歌连续不断地通过喇叭广播，到处粘贴在墙上。中国最主要的文学刊物《人民文学》完全放手发表工人和农民的作品。

中国的文化沙皇周扬为"大跃进"的文学艺术提供了一个理论框架——革命的现实主义和革命的浪漫主义的结合。虽然这个理论被当做毛泽东独创的思想提了出来，但它是苏联的社会主义现实主义思想的重申。事实上，早在1934年，苏联的文化领袖日丹诺夫就提倡革命的浪漫主义，所下的定义是，按照共产主义理想状态中会有的情况描写人物和事件。在和苏联的关系正在恶化的时候，中国共产党在"大跃进"中试图使它的文化政策摆脱其苏联渊源和苏联在斯大林后的时代里对现实主义而不是对社会主义的强调，因而用另外的名目来表述苏联的文学理论。但是与"大跃进"之前和苏联的关系较好时完全一样，文学作品要在日常生活中表现未来的美景，并激发对党的政策的热诚。

在"大跃进"余波中对知识分子的放松

由于50年代后期和60年代初期的经济混乱，党修改了公社制度，同意给予自留地，认可私营服务性行业，容许物质鼓励，以便补救"大跃进"的经济损失。党也放松了它对知识分子的控制，以便在这一努力中争取他们的合作。1961年开始并延续到1962年秋季的相对放松时期，既和"百花运动"相似，但又有所不同。对待知识分子的态度比较温和、比较宽容的两个间歇期，在某种程度上都是前一时期抑制知识分子的副产品。

和1955年的反胡风运动相比，"反右运动"和"大跃进"使更多的知识分子沉默不语，感到沮丧。相当一部分人面对加强了的批评和强制的劳动改造变得越来越消极。社会科学、人文学科、艺术，甚至一般的学科的学者都不愿创新和参与其事。这种从抑制到相对放松的变化，除了其本身的辩证发展规律以外，还受到政治和经济原因的支配。中共面临混乱的经济以及由于1960年中苏分裂苏联科技专家的撤走，非常需要知识分子的帮助。因此它指望使他们重新活跃起来，给他们提供了思想和物质的鼓励。

在1961—1962年放松后面的推动力量是刘少奇和党的官僚机构，而不是在发动"百花运动"中曾经起了很大作用的毛泽东。刘和大部分官僚机构以前只是勉强同意"百花运动"，现在他们却领导了使知识界恢复活力的工作。他们和毛一样，对使知识分子的精神自由化或使之多元化并没有兴趣。但是他们愿意鼓励一定程度的思想上的活跃和批评，如果这种活跃和批评能创造一种对科学、技术和经济发展更加有利的气氛而又不致削弱政治控制。

表面上，1961—1962年的放松有许多和"百花运动"相同的装饰和口号。几个高级官员为之造声势。陈毅副总理1961年8月发表的讲话，使人联想起周恩来1956年1月发表的宣告开展"百花运动"的讲话，陈毅在讲话中号召更加尊重学者，更加看重他们对国家的贡献，试图以此鼓舞知识界。和毛在"百花运动"时说过的一样，陈解释说，党多年的教育已经使得知识分子在政治上是可靠的。总之，陈在知识分子的改造方面很有信心，因而他相信他们不再需要在政治会议和体力劳动中花费时间，以致忽略了他们自己的工作。陈宣称：只要专家们在他们的专业中证明是有成果的，对社会主义建设作出了贡献，就不应当反对他们少参加政治活动。陈并且宣布，知识分子并不需要全面精通马克思列宁主义和完全受党的思想意识的约束。在毛主义的用语中，这意味着一个人可以专多红少。

陈毅对共产主义重新作了说明，在措辞上更接近于赫鲁晓夫的实用主义的解释，而不是中国共产党的更偏重于意识形态的看法。陈声称，知识分子表明他的政治态度，不是靠不断地表白他对政权或其政治制度的忠诚，而是靠对现代工业、农业、科学和文化的发展作出贡献。按照陈的看法，这种行动是社会主义政治观点的一种表现。他担心，如果对知识分子的态度没有这种变化，国家的科学和文化将永远落后。①

周恩来，特别是在 1961 年 6 月 19 日的一次讲话中，也支持更大的言论自由，这次讲话在 1979 年以前没有发表，但其内容在知识界很可能是众所周知的。他甚至认可对党的领袖们所已同意的决定进行批评。"即使是党已经研究通过的东西，也允许提意见。中央工作会议正式通过的东西都允许讨论，允许提意见，加以修改"。② 尽管周没有提倡对发言权提供法律保证，他却主张采用一种更符合西方态度而不是以前党对待知识分子的态度的方式。只要一个人的工作不反对党，不反对社会主义，就应当被容许。在智力活动和政治活动之间也应当有个分别。他还抛弃了对政治可靠性的强调——这是"大跃进"的特点——而重视专家的意见。

周在 60 年代早期的看法是，与通晓政治却无技能的人相比，精于其本职工作的人对社会主义发展的价值要大得多。甚至毛在那时也表示了总的看法：应当允许知识分子的工作相对地不受政治原因的妨碍。毛 1962 年 1 月 30 日在七千人大会上指出，知识分子不必一定是革命的，只要他们是爱国的，我们就将联合他们，并让他们继续从事其工作。③ 他对放松表示了明显支持，号召人民发表他们的看法，只要他们不违反党的纪律和不参加秘密活动就不必害怕惩罚。

党作了专门努力以争取科学家的合作。为了克服"大跃进"期间科学水平的下降，1961 年 1 月的第八届中央委员会的第九次全会要求改善科学工作的地位。科学工作者得到保证：有足够时间从事他们自己的研究，并增加物质鼓励。他们在指导工作方面也被给予更多的责任。各级行政官员奉命在技术问题上要注意科学和技术人员的意见。评价科学工作者应当根据他的专门知识，而不是根据他的思想。

---

① 《光明日报》，1961 年 9 月 3 日，第 2 版。
② 周恩来：《论文学和艺术》，《文艺报》［778］，1979 年 2 月；《北京周报》［568］，（1979 年 3 月 30 日），9。
③ 斯图尔特·施拉姆编：《毛泽东的讲话和信件，1956—1971 年》［634］，第 169 页。

《光明日报》在 1961 年 11 月 5 日指出：我们"不要拿科学家在哲学思想上是唯物论者或唯心论者作为标准来判断他在自然科学上有成就或无成就。一个在哲学上是唯心论的科学家可能在自然科学上有很大的成就，这在科学界是极多的。"

和"百花运动"时期一样，开了摩根遗传学课程，同时也用赞誉的口吻提到那些以前被贬低的科学家，如牛顿、哥白尼和爱因斯坦。更加注意为学生提供更广阔的理论科学教育，而不仅仅是专门化的技术训练。由于科学家和技术人员在履行他们对国家的义务时，有了更大的处理权，党已为新的专家阶级的出现创造了条件，专家们的决定的根据是与政治更加无关的标准，他们的行动可能意味着一种对党的控制的潜在挑战。

甚至在社会科学方面，知识分子也被给予了更多的自由。社会科学工作者受到鼓励去探索不同的研究方法，进行各种尝试和提出不同的假设。权威刊物《红旗》登载的几篇文章向社会科学工作者建议，他们不一定要专注于直接与政治斗争和阶级斗争有关系的问题。随着这种号召，出现了一些前所未有的讨论，尤其是在经济方面。有几个经济学家提出了类似于苏联改良主义经济学家提出的建议。他们对于经济问题，像他们的苏联同行那样，提倡一种注重实效的而不是空头理论的态度。他们极力主张以利润和效率而不是以政治标准作为投资的根据，主张由市场而不是行政决定来确定价格。除了利润和价格机制之外，有些经济学家还推荐用数学方法，差额地租、经济核算和资本利息作为促进中国现代化的手段。

1961—1962 年许给作家的自由，其范围与以前放松的时期所许给他们的相似。和在早些时候的间歇期一样，号召作家利用种种表现风格和表现手法。社会主义、现实主义和革命的浪漫主义不再像在"大跃进"时期那样，被规定为唯一的文学类型。此外，还强调更专门的文学标准和艺术的内在价值。这种更有创造力的看法不仅被党的领导人所容忍，而且被积极地提倡。和在"百花运动"中一样，不但允许作家风格多样化，而且允许他们的题材和主题多样化。《文艺报》的一篇专论写道："作家艺术家完全可以按照自己的不同情况，自由地选择与处理他所擅长、他所喜爱的任何题材"。[①] 作家们不再必须去描写建设工程乃至阶级斗争；他们现在被允许描写家庭生活、爱情、天性和日常生活的琐碎事情。

不过，和"百花运动"不同的是，1961—1962 年发表意见的极少数知识分子仅限于机械地重复官方路线。尽管经济学家的讨论无疑具有政治含义，但当局这时克制着没有进行反击。在这个经济危机时期，从以下的现象可以明显地看出党的领导人的担忧：他们愿意研究，或者至少是允许发表比较激进的经济建议，这些建议有可能导致更有效地利用稀少的资源。

甚至小说家巴金所写的一篇表面上很大胆的文章《作家的勇气和责任心》，和毛泽东的路线也是一致的，这篇文章是为纪念毛的《在延安文艺座谈会上的讲话》20 周年而写的。尽管巴金的论证表述得很有力，但这些表述与当局抨击官僚主义窒息了中国文化生活的说法仍是一致的。巴金的文章的开头以一种忧伤的语气表达他对日渐衰老而没有创作出任何他认为有价值的东西而感到的不安。这种不安必定是大多数 1949 年后极少出版文学作品的五四作家所共有的。巴金悲叹道，作为作家，他没有履行他的义务，相反，"这些年来我不断地叫：全心全意地献身于人民文学事业……可是我一直把时间花在各种各样的事情上面……写得少，而且写得很差"。是什么妨碍他履行作家的责任，巴金断言，是指挥他可以写什么内容的文学界的官僚主义。

巴金这样描写这些官僚主义者："那些一手拿框框、一手捏棍子到处找毛病的人……他们喜欢制造简单的框框……更愿意把人们都套在他们的框框里头。倘使有人不肯钻进他们的框框里去，倘使别人的花园里多开了几种花……他们就会怒火上升，高举棍棒，来一个迎头痛击。"[②] 巴金并没有引出明显的结论，说拿圈捏棍的官僚主义者的存在应归因于党的政策。用普通的话来说，他跟当时的当局一样，也强调了领导与被领导之间更加团结的必要。巴金建议，做到这一点要

---

① 《文艺报》[778]，3（1961 年），3。
② 《上海文学》[652]，5（1962 年），3。

靠表达不同观点的民主方法，而不是靠吓唬不同意见的人服从的专断专横的方法。

因此，表面上，这个放松时期似乎是本着原来的"百花运动"的精神。在实际行动中却并不如此。尽管用了许多相同的方法，用了几个相同的字眼，但从刚一开始它的范围就限于科学和学术问题。党不愿意容许 1957 年春季那种大撒手的讨论。放松刚一开始，它就要求明确区别学术领域的争论和政治舞台的争论。有些知识分子以前曾经要求这种区别，以便他们能够在他们自己的领域内更自由地表达自己的意思而没有强加的政治标准。党现在这样要求是为了知识分子不致把党容许学术问题中的更自由的讨论理解成，像 1957 年发生过的那样，准许他们审查政治问题。

这次有限制地放松的特点可以从陈毅所作的号召知识分子争论的讲话中看出来。除了强调知识分子的优点和不再强调政治可靠性以外，陈毅坚决认为需要继续进行思想灌输。许可的是，和管制更严的时期相比，思想改造将以不同的方式进行。党寻求通过使接受马克思列宁主义成为一种自愿的而不是被迫的行动，对知识分子进行思想灌输。陈毅清楚地说明了这一目的，他声称："思想改造主要是靠个人的觉悟，要他自己好好考虑，企图用强制的办法、群众的压力来解决思想问题是不行的。"①

思想改造会要在一种心理上少受威胁的气氛中进行。党把 60 年代早期的这种会叫做"神仙会"，以把它们更轻松自在的方式和以前运动的批评和自我批评会所使用的强大压力区别开来。这种会将留下一种飘然的感觉，仿佛一个人成了神仙；这种会不是靠强迫来改造知识分子，而是用"和风细雨"来滋润他们。

这个用语也曾在"百花运动"中使用，不过是为了不同的目的。那是指知识分子在批评干部时所用的方法，而不能反过来用。这个用语的意思实际上由陈毅作了说明，他说，在改造别人时，我们一定"不能损害人家的感情，打击人家的心灵……要耐心地诚恳地采取耐

① 《光明日报》，1961 年 9 月 3 日，第 2 版。

心教育的态度，不要随便采取简单的办法"。[①] 和以前一样，知识分子被分成学习小组，但这些小组中的讨论要引导成为非正式的闲谈，而不是干部逼迫作出的自白。如果在闲谈的过程中犯了思想"错误"，个人并不受到排斥，仍然是小组的成员，并且受到同志式的对待。如《人民日报》所说，党的目的是："通过思想交流，互相帮助，大家自然就会对方向、是非有相同的明确的认识。"[②]

党号召在学术领域和政治领域的争论之间要有明显的区分，就是要把知识分子的讨论限制在学术领域内，但这并不意味着把党限制在政治领域内。党和过去一样，寻求对学术实行控制，尤其是在非自然科学方面。只有对党有益的学术讨论才是被允许的。自相矛盾的目的仍然是党对知识分子政策所具有的特征。这个政策谋求鼓励知识和科学方面的努力，与此同时却又坚持思想控制。鼓励学者们寻求真理，但真理不能与毛的教导或党的现行纲领背道而驰。出版非官方的刊物、墙报、组织独立团体以从事自发的意见交流，与 1957 年春季一样，是不允许的。

1961—1962 年放松的独特之处

由于新自由的性质模糊，由于知识分子过去的经验，除了少数人外，大多数知识分子和非党人士都不愿参与其事。他们担心，运动的目的是审查他们的思想，而不是改进文化和科学。有几个人指出政治和学术领域讨论之间的分界线不明确，不肯表示自己的意见。他们声称他们有关学术问题的意见可能被解释成为有关政治问题的看法。另外一些人还以了解不够为托词谢绝讨论。

和"百花运动"不同，那时批评主要来自知识界和学生，而1961—1962 年听到的批评却来自党领导集团中居于高位的知识分子——官员，尤其是来自中央宣传部和中共北京市委，也就是在实行放

---

① 《光明日报》，1961 年 9 月 3 日，第 2 版。
② 刘国钧：《"神仙会"促进了知识分子的自我改造》，载《人民日报》，1961 年 5 月 16 日；《中国大陆报刊概览》[738]，2.513，11。

松中起作用的组织。他们用的是更曲折地通过文学和历史的引喻进行批评的儒家方式，而不是"百花运动"的更直率的西方方式。此外，在 1957 年春季，"民主"领袖和学生是对中国共产党的一党统治表示异议，而在 1961—1962 年，知识分子—官员却不攻击他们在其中占有重要位置的党。倒不如说，他们是在巧妙地批评毛泽东和他的动员群众、经济跃进和思想改造运动的政策。他们也为前国防部长彭德怀辩护，彭德怀在 1959 年 7 月因批评"大跃进"而被毛免职。

不过，60 年代早期比较宽松的气氛、日渐加强的对"大跃进"的失望以及对中国上了年纪的领导人的能力的担心，还不能充分解释为什么这些知识分子—官员决心公开批评，他们对表示异议的后果是完全知道的。在"文化大革命"中有人指责刘少奇和邓小平是幕后操纵者，但没有提出多少证据。他们和北京市委的领导人彭真有比较直接的联系，而彭真则具体主管知识分子事务和领导党的宣传部的正副部长陆定一和周扬。不过，这些政治上机敏的官员不大可能听任对毛泽东和他的政策进行攻击，除非他们得到了刘和邓的支持，刘和邓自己不可能不加隐讳地批评毛而不损害团结一致的领导的门面。事实上，刘曾赞同"大跃进"，并曾在贯彻"大跃进"中支持毛。但是，刘在 1962 年 1 月七千人大会上所作的报告中对"大跃进"的革命说教方式和穿插着的激变方式表示失望。这种办法曾经适用于游击战时代，但是现在刘谴责它们有损于建设一个现代的、工业化的社会。这种看法含蓄地同意了知识分子—官员的批评。

北京市委的知识分子

1961 年 5 月，彭真指示他在北京市委最亲密的助手对"大跃进"作出评价。在北京市委书记处书记邓拓的指导下，大约有 12 名市委委员集合在一起研究中央委员会关于"大跃进"的指令。审议的结果是，他们不但向彭真提出对"大跃进"的批评，而且在北京的剧院、报纸、杂志、影片、讲演和讨论中突然发出对毛泽东的批评——虽然是间接的；同时为彭德怀辩护——同样是遮遮掩掩的。彭真是否明确地提倡这种攻击，还不清楚，但这种攻击没有他的批准或者至少是容忍,显然不可能在他的管区内出现。既然彭过去在政治上具有正统派的观念,他就不大可能在思想上和知识分子—官员完全一致。不过,据说彭真读了他们的一些文章后说,内容"丰富多彩","很受欢迎"。[①]

邓拓是和北京市委有联系的知识分子—官员的领袖。他是新闻工作者、历史学家、诗人和古典学者,他以他对"大跃进"的马克思主义的批评,结合着对五四时期西方自由主义的价值观以及儒家传统准则(尤其是关怀农民处境)的重申,为这批人树立了知识分子的榜样。在1952—1957年期间,他是《人民日报》的总编辑,从1954年到1960年,是中华全国新闻工作者协会的主席。1957年邓拓被免去《人民日报》总编辑的职务,或许是由于邓和他的庇护人彭真一道,不愿支持毛的"百花运动",大概还不肯宣传毛关于正确处理内部矛盾的思想。邓的老朋友彭真于是委派他到北京市委,他在那里办了一个叫做《前线》的理论刊物。

邓拓和北京的一个副市长吴晗亲密地在一起工作,吴晗是第一流的明史学家,代表了另外一部分知识分子。在30年代和40年代,他在民主党派中很活跃,并和西方化的学者如胡适和冯友兰有交往。邓拓的另一个合作者是作家廖沫沙,他是30年代上海文学界的一个杰出人物,是北京市委统一战线工作部的领导,也在宣传部任职。这几个人来自不同的背景,但有长期个人交往,并对某些原则意见一致。

他们最锐利的武器是杂文,这是一种短小、含蓄、讽刺的小品文形式,鲁迅在30年代曾经非常有效地用来反对国民党和他在思想上的敌人,他的追随者也在延安用过。邓拓、吴晗和廖沫沙是写这种杂文的能手。他们用笔名吴南星在《前线》上发表了67篇杂文,名为《三家村札记》。邓拓也在《北京晚报》和《北京日报》上发表了他自己的系列文章:《燕山夜话》。

他们把官僚主义的领导人大概私下说过的话寓言似的但却是生动

---

① 《捣毁"三家村"的黑后台》,《光明日报》,1967年6月18日;《中国大陆报刊概览》[738],3977,14。

地在公开场合说了出来。这些杂文由于含蓄，不大可能被广大读者充分了解。但它们的间接寓意很可能被知道党的事情的政治精英和知识分子精英所了解。尤其是邓拓，他利用古代人物和历史事件转弯抹角地批评当代的人和事。他的杂文表面上似乎是温和的社会和历史评论，但实际上却是对毛的领导和政策的毁灭性的（虽然是含蓄的）批评。和鲁迅的杂文一样，这些短论是用伊索寓言式的语言写的，想让有限范围的具有类似见解的知识分子和领导人了解。

有几篇杂文似乎是指责对毛的个人崇拜。它们指出，一个人乃至一小批人是不可能了解一切事情和掌握一切事情的。在他们的一篇短论《专治"健忘症"》中，他们暗示，毛患了一种导致他不合理的行为和决断的精神错乱症。"得了这种病的人……常常表现出自食其言和言而无信……其结果不但是健忘，而且慢慢变成喜怒无常……容易发火，最后就发展为疯狂。"忠告——显而易见是暗指毛说的——是，在这种情况下，"必须赶紧完全休息……勉强说话和做事，就会出大乱子"。[①]

邓拓对毛的最大胆的批评可能包含在《王道和霸道》中。邓把古代历史学家刘向对王道的解释"人情和法律道德相结合"，和霸道作了对比，霸道"依靠权势，蛮横逞强，颐指气使，巧取豪夺"。他说，用现代的说法，王道可以看做是群众路线，而霸道可以看做"主观武断"、"一意孤行"。[②]

与邓拓怀疑毛的统治能力一样尖锐的是，他攻击了毛的"大跃进"政策。邓在《爱护劳动力的学说》中对强迫使用农民劳动力以从事大规模建设工程提出抗议。邓再次用古代统治者作为例子批评现在的统治者。他写道："早在春秋战国及其前后时期，许多古代的大政治家已经知道爱护劳动者的重要意义……《礼记·王制篇》写道：'用民之力，岁不过三日。'"他最后说："我们应当从古人的经验中得

---

① 吴南星：《三家村札记·专治"健忘症"》[819]，《前线》，14（1962年）；《当代背景材料》[735]，第792期，第4页。

② 马南（邓拓）：《王道和霸道》，《燕山夜话》[489]，四集，第13—16页。

到新的启发,更加注意在各方面努力爱护劳动力。"①

在另外一篇短论中,邓拓论及德国哲学家厄恩斯特·马赫时,悲叹马赫及其追随者相信他们能够完成他们所希望的任何事情,结果他们碰上现实的限制,最后毁灭了他们自己,从而暗中批评了毛泽东的唯意志论的发展观念。在一篇题为《今年的春节》的短论中,邓直接提到"大跃进"引起的食物短缺,指出传统的政府预防这种短缺,而现在的政府却没有履行它对人民的责任。

在攻击毛泽东和"大跃进"的同时,邓拓为彭德怀进行辩护。他的几篇杂文显而易见地是暗指彭,描述了勇敢而廉洁的官员,他们因为抗议不公正的行为而受到不正当的控告。他描述的一个人物是明代的高级官员李三才,李三才因为在朝廷上勇敢地揭发宦官的罪恶而被罢了官。李一再上书要求皇帝亲自审问,但他被拒绝了。据传,李于是说:"余难自抑,欲以帛百端尽述余之苦。"② 这可能是暗指据传彭那时正在写的为自己辩护的 8 万字自述。邓于 1962 年 3 月 29 日在《北京晚报》发表这篇短文,彭的辩护最终在 1962 年 6 月提交党的中央委员会。

这些杂文不管怎样挑剔毛和"大跃进"的毛病,它们与官僚政治领导的看法一般仍然是一致的。但是,其他杂文就不一定和领导一致了。它们要求一定程度的人身自由和领导所不准许的学者们在政治决策中的发言权。它们记述宋、明和清代的学者、诗人、艺术家和进谏的人,这些人在批评严酷的统治者时英勇而正直,而不管后果如何。邓还赞美那些"欢迎杂家"的传统统治者,他说的"杂家"就是具有非正统观点的知识分子。"现在我们如果不承认所谓'杂家'的广博知识对于各种领导工作和研究工作的重要意义,那将是我们的很大损失。"③

---

① 邓拓:《爱护劳动力的学说》,《燕山夜话》[489],一集,第 58 页。
② 邓拓:《为李三才辩护》,《燕山夜话》[489],五集,第 150 页。引文不见于该文,此处按英文翻译。——译者
③ 邓拓:《智谋是可靠的吗?》,《燕山夜话》[489],四集,第 17—19 页。译者按:引文出自邓拓《欢迎"杂家"》,《燕山夜话》,一集。

邓屡次举出晚明的东林党人，作为参与政治的知识分子集团的范例。与毛轻视当官的做学问或学者议政的态度截然相反，邓声称："片面地只强调读书，而不关心政治；或者片面地只强调政治，而不努力读书，都是极端错误的。"[1] 他在文章结尾说，如果我们的祖先知道这种道理并努力仿效，生活在现在的人难道可以不懂并照这种道理去做吗。他称赞东林党人，还因为他们拼死纠正他们在社会上看到的错误。他发表了一首描述他们的勇气的诗：

> 莫谓书生空议论，
> 头颅掷处血斑斑。
> 力抗权奸志不移，
> 东林一代好男儿！[2]

这首诗后来也可以用来作为邓拓及其伙伴的墓志铭。

尽管吴晗在 1949 年中华人民共和国成立之后相对地沉默寡言，并在 1957 年抨击右派分子中起了积极作用，但他在 1959 年却突然开始写作关于正直的明代官员海瑞的文章。毛在 1959 年 4—5 月的党的会议上曾经号召效法海瑞对官僚主义恶劣行为的批评。毛的秘书胡乔木请作为明史专家的吴晗写关于海瑞的文章。但是，吴晗的一部著作——有关这个著名的地方官被朝廷罢官的剧本，后来却被当做对毛的政策、"大跃进"和彭德怀被免职的间接批评而受到攻击。

这部剧本集中描述苏州农民的困苦处境，他们向海瑞控诉，他们的土地被地方官员没收。海瑞不顾地方官员的威胁和贿赂，在一次恢复这个地区的繁荣和稳定的努力中，要求退回非法没收的土地，平息不满，停止霸道行为。海瑞还下令处死一个地主的儿子，因为他杀害

---

① 邓拓：《事事关心》，《燕山夜话》[489]，二集，第 60—62 页。
② 邓拓：《太湖吟》，《光明日报》，1960 年 9 月 7 日。译者按：组诗《太湖吟》中，《过东林书院》一首作："东林讲学继龟山，事事关心天地间。莫谓书生空议论，头颅掷处血斑斑。"《访高子止水》一首作："力抗权奸志不移，东林一代好男儿！攀龙风节扬千古，字字痛心绝命辞。"

了一个老年农民。地方上的地主和官员恳求皇帝宽恕地主的儿子并解除海瑞的职务，皇帝就这样办了。这部剧本尽管写的是历史事件，却揭露了使农民穷困和不顾农民愿望的政策。因而有可能被解释成为彭德怀努力帮助农民而辩护。虽然这部剧 1961 年 2 月上演时得到了好评，但演出几次以后就被停演了。

和党的宣传部有联系的五四作家

一批在党的宣传官僚机构中担任高级职务的作家、剧作家、文学批评家、诗人、新闻工作者表示了和北京市委的知识分子—官员的见解近似的看法。这几种人从 30 年代起在导致党执政的长期斗争中一直有紧密的联系。他们在不同时期，在日本、上海、延安、重庆和香港，在"左翼"文化和新闻界曾一起工作。在和宣传部有联系的一批人中，有的是中国最著名的五四作家，如田汉、夏衍、阳翰笙、巴金和茅盾。这批人的党的领导者是周扬和一个 40 年代在延安形成的亲密同事的小团体。

尽管从毛 1942 年发表《在延安文艺座谈会上的讲话》以后，周扬的主要职责是保证思想上的正统性和开展一系列毫不留情的运动与清洗，但他在 60 年代早期却是怀疑毛在指导中国发展中一贯正确的那批人中的一个成员。在从"大跃进"的教育革命后退和振兴智力活动及文化的努力中，周扬是一个领导人。他在公开讲话中，支持更具创造性的、更多样化的风格和较少空论的题材。在向小会和他的朋友们讲话时，他支持以更西方化的态度对待文化。在"文化大革命"中，周扬被指责一直在鼓吹自由主义的和资产阶级的观点，但事实上直到 60 年代早期为止，在执行毛的文化政策方面他一直是坚定的。

情况可能是这样，当官僚集团和毛在"大跃进"之后发生意见分歧时，周扬这个典型的党的驯顺的成员，赞同官僚集团和他以前执行毛的政策一样，毫不迟疑地执行他们的政策。但是，他偏离毛的政策不只是由于集团的或组织的原因。除了他对毛的政策大失所望之外，他还对"大跃进"时期表现出来的反知识分子、反专业的观点有不同的意见。虽然他主要是一个文化官员，但他也是一个西方化的城市知识分子，对包括 19 世纪欧洲伟大作家在内的传统造诣很深。虽然在"大跃进"运动中周扬是推动受到土生土长的民间传说滋养的集体业余写作的一个领导人，但他保持了传统的西方化的文学和学术的见解。

在 60 年代早期，周扬和他的同事谋求减轻"大跃进"在文化上的影响和重新振奋中国知识分子的精神。在 1961 年的一次文学座谈会上，周扬推荐文化上的审慎的非政治化，作为减轻"大跃进"引起的紧张的一种方法。在那样一个高度政治化的社会里提倡无关政治的艺术创新，是一个重大的政治行动，但也是一个与党降低前一时期政治热情的努力相一致的行动。

周扬还降低了阶级倾向性作为评价文学的标准的重要性。文学应当吸引除了反动分子以外的所有阶级，而不只是工人和农民。《人民日报》庆祝毛主席延安讲话 20 周年的社论《为最广大的人民群众服务》解释说，延安讲话以来形势已经改变，因而也就必须改革文化，以便文化能够为更高层的读者服务。①

虽然允许知识分子不考虑马克思列宁主义，但由于和苏联决裂，和西方疏远，他们不能像在"百花运动"中那样面向国外。因此，他们重新上演 20 年代和 30 年代在比较自由的上海创作的剧本和电影。重新上演的一个剧是阳翰笙写的《李秀成之死》，阳翰笙是中国文学艺术界联合会的副主席和党的书记。这个剧最初在 1937 年作为统一战线的文化政策国防文学的作品上演过，并在那时得到党的公开赞成。这个剧于 1956 年重新上演，又于 1963 年 2 月再次搬上舞台。在 30 年代，这个剧鼓吹阶级合作反对共同敌人，但在 60 年代早期的背景下，却似乎象征了彭德怀和毛泽东之间的冲突。李秀成被描写成一个英勇的人，敢于拼着性命向太平天国的领袖洪秀全提出异议，洪秀全则被描写成不愿听从这个伙伴的忠告，顽固地坚持一种导致太平军失败的政策。

60 年代初期在银幕上和戏院中重新塑造的 30 年代小说和故事中的人物，是在革命当中进退两难的、疑惑的、痛苦的、感情矛盾的

---

① 《人民日报》，1962 年 5 月 13 日。

人，不能确知应朝哪条路走。仿佛上演他们的故事是为了和"大跃进"文学作品的理想化的英雄和坏蛋相对照，"大跃进"的文学作品和传统的中国文学作品一样，通过虚构的英雄和坏蛋的典型教导道德价值和准则。

这些变化了的 30 年代的人物，成了 50 年代晚期和 60 年代早期故事中所描写的"中间人物"。他们也是夹在新旧社会之间具有双重性格的人，他们的矛盾更多地存在于他们自身之中而不是存在于他们和其他阶级之间。他们是 1962 年 8 月在大连召开的一次会议的论题，这次会议由周扬主持，由周的主要副手邵荃麟阐述。邵尽管原来是短篇小说作家，但主要还是以有权势的文学方面的官员而知名。1949 年以后，邵作为思想改造运动的领导人很快出了名。可是在大连会议上，他断言，"中间人物"代表了普通的中国农民，他们不是党描述的完美英雄，而是处于"落后"和"先进"思想之间的中间阶段的人，自身兼有积极的和消极的因素。邵号召作家们描写绝大多数还没有委身于革命的人，而不要去描写英雄和坏蛋的极端例子。

邵荃麟的观点直接攻击党的基本的政治和思想的教导。他揭穿了官方对现实的看法和实际存在的状况之间的差异，并暗示被当做革命支柱的无数中国工人和农民并不是官方所描述的值得仿效的革命者。事实上，在"进步的"和"落后的"道路之间摇摆的，并不像党断言的那样只是少数的资产阶级和知识分子，而是人口的绝大多数。

由于作家们被强制地袭用思想上的八股，而不是以讲究实际的现实主义态度写作，邵荃麟惋惜模范人物在"大跃进"时被形容得太过分，这意味着"脱离现实"。[①] 农民潜在的共产主义动力并不像毛泽东和党所期望的那样，已在"大跃进"中出现。邵认为，过高估计农民对革命的思想上的准备促成了"大跃进"的失败。

对毛泽东政策的批评者们因此越出了政治上支持他们的人所允许的批评。刘少奇和官员们可能需要对"大跃进"、动员群众和经济上不合理的事进行批评。他们甚至希望思想和文化更加繁荣，还希望放

① 《文艺报》[778]，8/9（1964 年），15—18。

413

松对学术和创造性工作的思想限制，这样有助于解决"大跃进"所引起的一些问题。但是，在后来"文化大革命"期间对党的官僚主义领导人的猛烈指控中，并没有迹象表明他们愿意放弃对学术——尤其是邓拓和吴晗所要求的那种类型的人文主义的学术——的政治和思想的控制。而且，刘少奇和官员们与毛泽东一样，不愿意在制定政策和按正常程序对他们的政策进行公开批评方面给予知识分子发言权。他们也不愿意允许对农民和工人的革命基本信仰的怀疑。领导支持特定的批评和相对地放松控制，这并不意味着它将容许他人插手政治、分散它的权力和怀疑它的群众支持。

对毛的思想上的阶级斗争的抵制

在 1962 年 9 月的十中全会上，毛泽东宣布了从 60 年代早期的相对放松转向增强对知识分子的控制。他提倡思想上的阶级斗争，这是不言而喻地号召向批评他的人进行攻击。他表示担心，在很大程度上受思想甚至受虚构的文学作品影响的舆论，能够推翻政权，这反映出他日益着迷于思想觉悟。十中全会标志着毛开始努力制止对他的政策的批评、制止革命势头的减退，并实行"文化大革命"。他最初试图通过党的官僚机构去完成这些工作。

但是，毛的思想上的阶级斗争的号召在学术界触发了一种表示异议的新形式。党和非党的知识分子都投入关于阶级斗争的争论，在争论中毛思想的主要意识形态的根据受到了怀疑。尽管异议采取了不同的形式，但一致的主旨是希望少一些而不是多一些两极分化——减弱而不是加强阶级斗争，调和而不是强调中国社会中的差异。

有些著名的学者谈到需要团结全国为社会所有阶级共有的目标而奋斗。他们试图在中国传统中找出不只和某些时代某些阶级有关，而是和所有时代所有阶级有关的道德价值和美学价值。通过在他们各自的领域——历史、哲学和美学——中寻找中间立场，他们的讨论含蓄地推翻了毛的思想上的阶级斗争的号召。1963 年在农村发动的制止自发的个体农业倾向的社会主义教育运动，并没有扩大到知识界。

那么，在毛提倡思想斗争并加紧控制知识界的时期，背道而驰的思想怎么能够表现出来呢？负责加紧控制的宣传部和北京市委正是曾经负责 60 年代放松的机构。口头上他们同意毛泽东恢复思想上的阶级斗争的要求，但在实际上他们担心一个新的运动将导致像"大跃进"那样的破坏而不愿照办。对毛以前政策的失望使得领导者不是那么轻易地对他的新的要求作出反应。而且，既然他们管辖的部门就是异议的根源所在，他们当然并不急于推行一个最终将归咎于他们自己的运动。

并且，如毛泽东后来所指责的，在各种文化领导层中已经出现一个正在增强的官僚化的过程，这是任何极权主义的组织在革命阶段结束以后都不可避免的。文化官员们掘壕自固，依靠在 30 年代上海比较自由的环境中和 40 年代的内战中发展起来的亲密个人联系而结合在一起。他们也关心革命精神被腐蚀，但被以前的运动弄得筋疲力尽，吃够苦头，他们不愿再次发动他们过去策动过的那种全国性的激烈的思想改造运动。因此，尽管他们以华丽言词号召阶级斗争，但他们的语调却是温和的。他们可能不同意某些和他们、和刘少奇，同样也和毛泽东意见相反的知识分子，但他们允许进行某些坦率的思想上的争论。结果是冲淡了毛对阶级斗争的要求。在"大跃进"的余波中，文化官员和知识分子一样都希望有一个和睦的而不是冲突的时期。

这些官员在中国的大学于"大跃进"之后恢复传统的教育实践方面起了重要作用。党的书记处委托周扬挑选大学文科课程的教材。他试图完全改变"大跃进"时期强调政治、毛泽东思想和群众办科研的做法，重新提出专业的、以学术为方向的教育以促进中国的现代化。周扬指出：如果我们把所有学生培养成政治积极分子，那么我们的政治积极分子就太多了。他们将成为没有专业知识的空头政治家。[①] 作为提高学术水平的部分措施，增加了西方培养的老教授的薪金，使之大大高于"大跃进"时期中大量培养出来的年轻教师的工资。周扬还委派许多杰出的西方培养的学者去领导一些委员会，这些委员会将挑

① 《周扬反革命修正主义言论集》，《中国大陆杂志选录》[737]，648，11、15。

选文科教材以取代年轻教师和学生在"大跃进"中编写的材料。这些知识分子像五四作家支配文学刊物一样，也支配主要的学术刊物。这些刊物的专栏引起了知识分子的热烈争论，这些争论最终触及了中国领导面临的根本的思想问题。

从"大跃进"的革命实践和严重混乱后退回到的另外一个方面，是更有助益的儒家的观点，因为这种观点体现了全面的持久的道德价值。这种对儒家学说全面再评价的努力在"百花运动"中已经开始。这种努力在"大跃进"的余波中再次提出，到1963年取得了一定势头。学者们用马克思主义的术语表达他们的再评价，很像19世纪中国的文人学士以正统的儒家学说表达他们对西方思想的介绍。例如，哲学家冯友兰表示，早期马克思主义的一小部分，《德意志意识形态》，是他认为儒家学说具有普遍性的根据。虽然冯说，当中国从奴隶社会向封建社会发展时，孔子代表新兴的地主阶级，但冯认为，孔子学说对所有非统治阶级——农民、手工业工人、商人——和对地主一样都有意义。在与奴隶主和贵族的斗争中，地主必须赋予他们的意识形态以一种"普遍性形式"。[1] 冯断言，儒家关于仁的概念（仁爱或人类友善）有阶级特性，但也体现了所有阶级的普遍伦理标准，因为地主要利用它来获得广泛的支持。

更肯定地评价儒家的另一个推动力是1962年11月——毛泽东在十中全会上讲话后仅一个月——召集的一次会议。从全中国来的知名学者出席的这次会议成了对中国历史的种种非马克思主义解释的讨论会。其中最有争议的是广州中山大学刘节的看法：中国历史的模式和西方模式不同。阶级斗争可能曾经支配西方历史的发展，并且可以解释当代的事件，却不曾支配中国的发展。刘坚决认为，由于阶级斗争的理论是马克思和恩格斯在近代明确地表述的，古代的思想家不可能理解这种思想。我们不应当把我们时代的问题不适当地强加于古人。[2]

---

[1]　冯友兰：《关于孔子讨论的批评和自我批评》，《哲学研究》[97]，6（1963年），载《中国的历史和哲学研究》[138]，1.4（1968年夏），第84页。

[2]　《中国的哲学研究》[137]，（1972—1973年秋冬），第18页。

许多历史学家除了对马克思主义关于历史的阶级观点表示异议外，还对毛主义关于中国历史中农民起义是革命运动的观点表示怀疑。有些学者以严密的马克思主义的说法争辩说，农民是一种保守的力量，并不要求新的制度，像上层阶级那样只要财富和权力。尽管他们的论证是以历史学的术语表述的，并且充满了马克思主义的术语，但是他们和那些支持"中间人物"的概念的人一样，反驳了毛主义颂扬农民为革命者的说法，并对"大跃进"提出了另外一种形式的批评。他们认为政治精英和农民一样创造历史，并告诫说，要防止夸大农民起义的作用。尽管他们的批评在一定程度上受到公认的马克思主义对农民革命潜力评价不高这种观点的支持，但也受到儒家有关农民的传统观点和西方学术中让历史事实决定分析的传统观点的影响。他们说，历史事实证明，农民反抗统治阶级的起义是自发的无计划的反对镇压的行动，而不是有组织的革命运动。

许多年以来，并且在 1963 年的讨论中，北京大学历史系主任翦伯赞提出了一种后来被叫做让步论的观念。这种观念对把革命当做改善中国农民命运的动力含蓄地提出了疑问。在一个王朝被推翻后，新的统一王朝暂时放松了它对农民的镇压。它在减轻租税、分配小块土地和开垦新的土地方面愿意对他们让步。这些行动并不是革命的；相反，它们由于向农民提供福利而阻碍了革命。因此，改善农民生活是阶级调和而不是阶级斗争。

冯友兰依照他的阶级之间有共同利害关系的看法，也指出："统治阶级的思想家，为了本阶级的长远利益，往往主张对于被统治阶级的利益作一些让步，以减少他们的反抗。"[①] 不愿冒起义危险的农民促进了社会对立阶级的共同行动，这转而推进了社会。是阶级斗争的缓和而不是阶级斗争的强化被看做历史的动力和改善农民处境的动力。

中国科学院经济研究所的许多经济学家，也怀疑毛在社会主义教育运动中在经济领域强化阶级斗争的努力。其中最著名的是经济研究

---

① 冯友兰：《批评和自我批评》，载《中国的历史和哲学研究》［138］，第 1 卷，第 4，86—87 页。

所所长孙冶方。他在 20 年代就是党员，曾在苏联学习，并在 60 年代早期当讨论利别尔曼的经济改革时再次访问过苏联。他回国后提出了类似的改革建议，如给予企业更大的经营自主权，允许一部分利润留归企业用做鼓励增产和改善管理的奖金。既然科学知识将代替群众运动，那么是利润而不是政治觉悟将成为投资和发展的决定因素。孙把利润看做技术可行性和有效经营的最敏感的标志。在农业经济方面，他赞成恢复个体家庭经济和给每个农民家庭规定产量指标。他和他的同行们并不怀疑社会主义计划原则或国家调节的任务，但他们指出，忽视物质刺激在经济上是不合理的和有害的。

对毛政策的更直接的批评是孙把公社的特点说成是一种"急躁冒进……的错误"。他在对干部训练班的一次讲话中说："我们……想一步登天，就来一个越大越好，结果助长了瞎指挥……忘记了生产力，把人的主观能动性过于夸大。"[1] 他重申马克思主义的看法，革命要靠增加生产和技术进步。只有生产力发展到高水平，才有可能实现按每一个人的需要进行分配的原则。尽管刘少奇在"文化大革命"中被控随声附和孙的思想，但他并没有像被责备的那样提倡"利润挂帅"，他的物质刺激政策和第一个五年计划时相比，相对来说是有限度的。

不过，孙与其他学术界和文化界人物一样，他的批评和建议在为广泛而深入地改变"大跃进"的经济、教育和文化政策而创造舆论倾向方面是起了作用的。这些批评和建议也导致毛争取另外一批知识分子去批驳他们的评论和提出不同的解决办法。

激进的知识分子

"大跃进"以后，当毛的老战友和党的官员们对他的领导提出疑问时，他变得越来越对他们起疑心，越来越转向所信任的少数知己，特别是他的妻子江青、他以前的秘书和捉刀人陈伯达以及与党的保卫

---

[1] 贡文声：《孙冶方的"理论"是修正主义谬论》，《人民日报》，1966 年 8 月 8 日；《中国大陆报刊概览》[738]，3766，17。

机构有长期联系的康生。他们在 60 年代早期又继而与一批年轻的激进知识分子发生了紧密联系，这些激进知识分子在谴责年纪较大和有地位的知识分子的看法时，扮演了令人注目的角色。他们包括来自中国科学院哲学社会科学部和上海市委宣传部的两批不同但又部分重合的人，都擅长意识形态领域的争论。他们虽然接受过学术方面的训练，但他们有两点不同于年长的知识分子：他们所受教育的马克思主义的倾向性更强，在学术等级制中地位较低。他们在组织和管理工作方面经验也较少。他们和年长的知识分子对立，既有思想方面的原因，也有两代人之间的、个人的和机会主义的原因。

张春桥是这批人中年纪较大的一个。他 1910 年出生于一个知识分子家庭。和他的知识分子对手一样，30 年代他活跃于上海的"左翼"文学界，40 年代在边区做宣传工作。但是，直到 1949 年以后他才开始获得重要职务。在"大跃进"中，他积极阐述毛泽东的政策，不久以后，他成了中共上海市委及其常务委员会的成员。1963—1964年，当政治局委员、上海市委第一书记和毛的心腹柯庆施给予毛的妻子江青以改革京剧的机会（在北京，中央宣传部党委和北京市委拒绝给她这种机会）时，张春桥和党的高级官员有了联系。上海市委宣传部，特别是张和他的年轻同事姚文元，被动员起来帮助江青。

姚文元最初因与中央宣传部周扬身边的文学官员联合而出了名。[1] 尽管他在反对胡风、艾青、丁玲和冯雪峰以及右派分子的运动中很积极，但他特别令人注目的原因是，50 年代晚期他攻击文学理论家巴人，认为巴人的观点存在全民共同人性的因素；攻击巴金，在巴金的作品于 1958 年再版后不久，给他贴上"反动的"标签。姚终于被叫做"棍子"，靠骂人压制作家。他的批评极大地激怒了年长的五四作家，以致周扬和他的助手林默涵亲自干预，制止他对他们的攻击。

受到文化官僚机构的漠视后，姚文元、张春桥和江青联合起来，成了天然的盟友。他们和一批与中国科学院哲学社会科学部有联系的年轻哲学家和历史学家——主要人物是关锋、戚本禹、林聿时和林杰——

---

① 拉斯·拉格瓦尔德：《作为文学评论家和理论家的姚文元》[597]。

联合起来,大大增加了他们向年长知识分子的观点挑战的智力本钱。

张春桥和他们当中的几个人至少在"大跃进"时期就早有联系,当时他和哲学家关锋以及另外一个同行吴传启写文章,提倡按照军事共产主义和巴黎公社的做法限制物质刺激。事实上,张推行毛的"大跃进"观点的文章大概引起了毛的注意。这篇文章发表在《人民日报》上,由毛写了编者按语,按语没有完全赞同它的意见,只号召读者用它作为讨论的起点。①

60年代早期的激进知识分子的文章和讲话有种种论题,但共同的特点是它们吸取毛的思想的激进方面比吸取传统的马克思主义要多。他们继续阐释毛在"大跃进"期间表现出来的信念,但这时是用意识形态和政治的用语而不是经济用语表述。和他们的指导人一样,他们坚持经济的社会主义改造并不能自动地改变资产阶级思想。必须进行思想上的阶级斗争以反对资产阶级的上层建筑,资产阶级上层建筑即使其生产资料已被消灭,仍然残存并发挥作用。"大跃进"中曾被激发起来以克服自然力和经济限制的主观意志这时又将被激发起来反对资产阶级和修正主义思想的势力。他们把主观意志和革命热情等同起来,试图动员群众的主观意志以反对占优势的资产阶级上层建筑,尤其是反对年长的知识分子。

1963—1964年和年长知识分子争论中所用的论证方法、词藻和准则为"文化大革命"提供了思想体系上的基础。在反对现存的思想和官僚主义体制时,他们是中国的新"左"派。他们的论点不但表达了他们自己思想上的不同意见和个人的对抗,而且也反映了一部分人,尤其是受过教育的青年对社会经济方面的真正不满,他们反对等级制度中缺乏变动性,反对受过充分培养的年长者和受过较少培养的年轻人之间的不平等。

他们和著名知识分子的争论使他们在激进知识分子和学生中得到了某种支持,使他们获得了声望和臭名,这些可以被政治首领用来谋

---

① 《人民日报》,1958年10月13日。也见帕里斯·张《中国文化革命中的激进分子和激进思想》[85],第81页。

求对体制的破坏。还不清楚毛在多大程度上鼓动这个集团和他们在多大程度上鼓动毛。在"文化大革命"前的时期里,毛和他的心腹朋友江青、陈伯达、康生和柯庆施常常提到一般的论题和准则,但他们在"文化大革命"开始之前并没有直接监督这些人的写作——甚至在"文化大革命"开始时,也不能完全支配激进的知识分子。

和年长的知识分子形成对比,激进分子在毛的十中全会讲话后,迅速而有力地接受了他提出的进行思想上的阶级斗争的要求。尽管年长的知识分子控制了学术刊物的编辑部,激进分子也能在这些刊物上发表文章。他们对年长学者的普遍批评是,他们散布了不同阶级有共同利益的思想,可是实际上只存在阶级斗争。但是,在1963—1964年,他们和年长知识分子在理论上和思想上的争论还未达到"文化大革命"期间将形成的那种极端对立。形势还没有严重到足以引起毛和党的官员之间,或他们和年长知识分子之间的不可挽回的分裂。尽管激进分子响应毛的阶级斗争号召,但他们在1963—1964年的论证还没有简单化为以后那样的陈词滥调。他们使用了范围广泛的资料,并承认问题的复杂性。他们参加热烈的交流,而且在绝大多数情况下都是按照学术标准,以一种心平气和的、实事求是的态度进行讨论。在这个时候他们还不反对中央宣传部,只是在文化机构内组织小集团。

在哲学社会科学部的年纪较轻的知识分子中,哲学家关锋可能是最有名的。从50年代早期以来,他写了许多关于中国古代哲学家如庄子、荀子和孔子的有学术见解的论文。有几篇是和两个同事林聿时和林杰合作的。关锋在50年代后期和60年代早期因批评冯友兰不顾阶级特性,提倡对哲学思想的超阶级的解释而出了名。他攻击这样知名的哲学家,可能部分地出于求名的动机,但也和他以前的学术态度,即强调哲学和社会理论的阶级性的看法是一致的。关和一个同伴断言,阶级斗争和发展是不可分的:"客观的文明社会的历史是阶级斗争的历史。"[①] 他们在反驳翦伯赞关于农民起义是反抗压迫者的自

① 关锋、林聿时:《关于哲学史研究中阶级分析的几个问题》,《哲学研究》[97],6 (1963年),载《中国的历史和哲学研究》[138],1.4(1968年夏),第66页。

发行动的观点时断言，否认反对地主的起义是反封建主义，也就是否认农民的革命性。激进的历史学家戚本禹和林杰在稍后发表的一篇论文中坚决主张，不是像翦伯赞断言的对农民的让步，而是农民反对地主阶级的革命斗争推动了历史的发展。①

论文的作者们按照这种对历史的看法断定："必须坚持阶级斗争的理论，同阶级敌人进行针锋相对的斗争。"②他们责备翦伯赞这样的学者不但反对用阶级斗争去解释历史，而且反对用历史研究去为当前的政治斗争服务。这种反驳预示了"文化大革命"，尤其是预示了对那些知识分子——他们不管是在个人研究的情况下还是在反对同事的情况下，都拒绝听从毛对斗争的号召——的攻击。

激进知识分子还用历史人物作类比以批评当时的领导人。戚本禹以一种和阳翰笙的剧本正好相反的态度，对待太平军最后的将领李秀成这个人物。阳把李描写成一个向独断独行的领袖挑战的勇敢的人物，反过来，戚把他描述成一个放弃革命斗争并出卖领袖的人。既然当时努力为彭德怀恢复名誉并批判"大跃进"，戚的描述既可能用以类比彭对毛的批评，也可能用以类比刘及党的领袖们后来抵制毛的政策。戚并不否认李参加过革命斗争，"李秀成在太平天国革命史上的这些功绩是应该予以充分估价的，是不能抹杀的。但是，他在被敌人俘虏以后丧失革命气节、背叛革命事业的事实，也是否定不了的"。他认为必须鄙弃那些在不利情况下背弃革命事业的人。背叛不只是缺点或错误，而是反革命的行为。因此李不能被宽恕，因为革命的首要问题是区分敌我。③戚反对对非难革命政策的人的任何宽容。

尽管激进知识分子批评著名的学者如冯友兰和翦伯赞，但他们没有公开攻击那些和北京市委或党的中央宣传部联系密切的人。吴晗关于历史的某些看法受到了批评，但没有公开提到他的杂文或他对海瑞

---

①② 戚本禹、林杰：《翦伯赞同志的历史观点应当批判》，《红旗》[345]（1966 年 3 月 24日）第 19—30 页，《联合出版物研究服务处》[374]，第 35、137 页。

③ 戚本禹：《评李秀成自述》，《历史研究》[444]，《人民日报》、《光明日报》1963 年 8月 23 日转载，标题有改动，《北京大公报》也予转载，见《联合出版物研究服务处》[374]，26，631。13—14、15。

这个人物的利用。1964 年，戚本禹、关锋和林杰写了关于吴晗剧本的评论，但他们的论文被北京市委和宣传部压下，没有发表。只是当北京的知识分子—官员及其政治上的支持者将要被打倒时，这些评论在 1966 年 4 月才得以发表。

"文化大革命"中有过这样的指责：有人处心积虑地努力把这些争论严格地保持在历史和哲学范围内，以防止攻击具体个人和具体政策。结果，争论表现为学术讨论，而没有显露出它们本来是有后台的政治和思想斗争。争论双方，即使是激进分子一方，都引用了许多中国的和西方的历史资料，也都承认争论的复杂性和有所保留。他们的论点在"文化大革命"中将变成口号，但在较早的这个时期，它们表面上是学术性的，有见识的。

京剧改革

激进分子攻击文化当局的另一个侧面是改革京剧的工作。江青将在这一努力中起带头作用，这并不奇怪，因为这是她有自己的经验的领域。[①] 尽管她把自己看做知识分子，然而她所受的正式教育并不广博。她毕业于初级中学，曾在山东实验戏剧学校学习。30 年代她到了上海，在低水平的影片中扮演小角色。在那个时候，后来在中华人民共和国成为戏剧电影界领导人的五四作家田汉、夏衍和阳翰笙，在"左翼"集团里是主要的电影编剧人和影片导演。他们不欣赏她的演剧才能，不肯给她重要角色，很明显，这渐渐引起了她对他们的敌意，以致后来在"文化大革命"中她将予以报复。

1938 年日本轰炸上海时，她和许多上海知识分子及学生一道前往延安。她在那里受到来自她的故乡山东诸城县的康生的照顾。他帮助她在鲁迅艺术学院得到一个职务。她在毛和他的第三个妻子离婚后和他结了婚。由于党领导集团某些成员的坚决主张，她在中华人民共和国早期被迫答应将不参加政治活动。她来自上海的"仇人"在文化领域内升迁到了有权势的职位，而她的任务和联系却限制在文化部审

① 罗克珊·威特克：《江青同志》[797]。

查影片的电影指导委员会内。

直到 60 年代早期当对毛和"大跃进"的间接批评触动了她时，她相对来说是不活跃的。她自称她劝毛注意这些批评。她曾谈到她这个时期的任务：在教育和文化领域内，我是一个游动哨兵……我的职责是仔细检查某些刊物和报纸，把值得注意的……东西……提交给主席。[①] 她还审查了一百多部剧本，并让康生向她的老对手中华人民共和国戏剧界的领导人夏衍转达她的看法：最近上演的多数剧目很坏，吴晗的《海瑞罢官》应当禁演。夏几乎没有给予注意。尽管吴晗的剧被禁止了，但传统剧、历史剧和鬼戏仍继续演出。1962 年 12 月，她再次批评了戏剧节目，这次并要求停演鬼戏。但是，尽管鬼戏随后被禁演，传统剧和历史剧仍在上演。

由于存在宣传机构的这种阻力，江青把她的攻击转向京剧。这种中国传统戏剧的主要形式被看成是歌剧，因为它结合了唱功、做功、模拟、道白和武术。它的人物和情节是定型的，将善恶之间的对抗戏剧化，是向未受教育的群众以及文化精英传播思想上的教导和道德价值的一种有效手段。江青试图把传统的人物间的关系改革成工农兵英雄人物和地主、资产阶级坏蛋之间的对抗的阶级斗争。

和描写"中间人物"的故事形成对比，江青的京剧表演了男女英雄的事迹，他们没有疑惧、缺点、忧伤或心绪不宁，完全为思想上的目标所鼓舞，为革命而成就了超人的功绩。她努力改革传统歌剧，抛弃它的内容但利用它的程式化的技巧和风格，并与中国民间舞蹈和革命歌曲结合起来。她不接受西方文化，但吸收最平庸的、传统的苏联式舞蹈、音乐和歌曲。这些办法加上阶级斗争、军事冲突和供模仿的英雄人物的内容预示了将要支配"文化大革命"的官方文化。

她的这一努力得到了毛的支持。自从延安时代起她就曾关心传统歌剧的改革，但传统歌剧证明是不易改革的。即使在"大跃进"时期，当大多数有创造力的艺术刻画阶级斗争时，京剧剧团仍在上演传

---

① 江青：《为人民作新贡献》，《东方红》，1967 年 6 月 3 日，见《中国大陆报刊概览，补遗》[739]，192，7。

统节目。60年代早期,京剧和地方剧一样是繁荣的。1963年12月,毛痛斥传统歌剧,不仅是因为它不易改革,而且因为它被用来批评他。他还抨击负责上演这些歌剧的文化官员:文化部很少关心文化。旧剧充满了封建的帝王将相,才子佳人,但文化部一点不关心。

在大约与此同时的另一次讲话中,毛要求对此事立即采取行动:在文化领域内,尤其是在戏剧范围内,封建和落后的东西占了统治地位,而社会主义的东西却被忽视……既然文化部负责文化事务,就应当注意这方面出现的问题,指导审查,认真改正。如果什么事情也不做,文化部就应当改成帝王将相才子佳人部或洋人、死人部。毛的话是"文化大革命"的华丽言词的先声,不过他仍然给改革留下一个机会,加了一句:如果情况得到了改正,那就不必改变名称了。①

江青得到毛的认可,着手她的上演革命样板戏的计划。上海市委宣传部主持的1963年12月25日至1964年1月26日的华东戏剧会演说明了这个计划的目的。柯庆施在会演开始时公开重申毛上月的指示,并谴责"不健康的资产阶级情调和那些反动、荒诞、色情、迷信的东西对群众的影响。对比之下,社会主义文艺是团结人民、教育人民、打击敌人、消灭敌人的思想武器"。② 新的革命样板戏将起这种作用。

文化机构对毛的压力和江青的改革努力反应迟缓。但是,把关于这个问题的争论,像后来在"文化大革命"中所评述的那样说成思想上的两条路线斗争,是不十分准确的。和江青及其伙伴一样,文化机构也主张改革,但是它试图使改革和它本身官僚政治的需要一致起来。然而,尽管这还不是两条明显对立的路线之间的直接对抗,但这并不意味着不存在两个集团之间的冲突。江青只被列为京剧改革讨论的一个发言者,而且她的讲话当时的报纸并未发表,这一事实表明,如她后来所指责的那样,官员们拒绝给予她新闻报道的机会。

---

① 《〈延安文艺座谈会上的讲话〉发表以来(1942—1967年)毛主席关于文艺的重要指示》,《文艺红旗》,1967年5月30日,见《中国大陆报刊概览》[738],4000,23。
② 《解放日报》社论,1963年12月25日,第3版。

尽管某些文化官员多多少少不愿改革京剧,但江青和官员之间的冲突与其说是是否需要改革,不如说是由谁来进行改革。这是派系斗争,而不是什么思想斗争。她受文化官员阻碍的原因,与其说是他们不愿赞同毛的京剧改革要求,不如说是他们憎恶她对他们的领域进行干预。只是当"文化大革命"中这些官员被清洗时,她才得以放手使京剧革命化,并使之成为中国主要的文化精神食粮。

党的整风,1964—1965年

毛思想上的阶级斗争的号召和进行京剧改革的建议,虽然在宣传工具中和在会议上得到了响应,但实际上并未落实,于是他就在1963年晚期和1964年,越过对具体文艺形式如歌剧和小说的批评而攻击文化官僚机构本身。1963年12月12日,毛断言:各种文艺形式问题不少。在许多部门中社会主义改造至今成效甚小,还是"死人"统治着……社会和经济基础已经改变,但作为为基础服务的上层建筑的一个部分的文艺仍然是一个严重的问题。因此我们应当继续进行调查研究,认真注意这个问题。许多共产党人热心提倡封建主义和资本主义的艺术,却不热心提倡社会主义的艺术,岂非咄咄怪事。① 他在下一天(12月13日)给中央委员会的指示中,甚至提出了更严厉的批评,责备某些委员保守、自大、自满。② 他谴责这些,根据是他们只谈他们的成绩,而不承认他们的缺点,或表面上应付一番。

他在1964年2月春节有关教育的讲话中,预示了"文化大革命"的极端的反智力的特点:在全部历史中,科举考试得中状元的人极少成就大名。他指出,明代仅有的两个政绩良好的皇帝勉强才能够读写。他轻视知识分子在中国发展中的作用。他说,在嘉靖朝(1522—

① 毛泽东:《在柯庆施同志报告上的批示》,《毛泽东思想万岁》[507],载《当代背景材料》[735],901,41。
② 毛泽东:《中央委员会关于加强相互学习和克服保守、自大、自满的指示》,《毛泽东思想万岁》[507],载《当代背景材料》[735],892,15。

1567 年），知识分子当权时，情况不好，国家混乱……读书太多显然是有害的。① 毛吩咐，把演员、诗人、剧作家、作家赶出城市和政府机关。他们应当定期地分批下放到农村和工厂。他甚至以严厉制裁相威胁，只有他们下去了，他们才会有饭吃。②

　　文化官员们或者是不理解、误解了毛的话，或者是故意不予理睬。他们可能感到有足够把握，他们的官僚政治的保护人对于毛的意见口头上说得好听，但除了例行公事以外，实际上并不执行。他们的确如毛所要求的，送了一批批知识分子、文化干部和学生到农村和工厂去。但是，他们没有重视他 1963 年 12 月的指示：在他们的领域内实行"思想改造"，并"认真"审查他们自己的部门。

　　他们含蓄地拒绝了毛对他们妨碍革命的主要批评，接受了他对执行他的政策不够有力的次要的责备。周扬在 1964 年 1 月早期召开的一次会议上承认：有时工作抓得不够紧，在扶植社会主义新事物方面不够努力。③ 但是，周对他的部门和同事的这种批评是半心半意的。支持他抵制毛的思想斗争要求的原因可能是，他知道在毛 1963 年的讲话后不久，刘少奇发表了和毛的看法针锋相对的有关上层建筑的意见。毛认为上层建筑落后于经济基础的变化，而刘据说却断言现在上层建筑的工作和经济基础是适应的。④ 周对毛改革文化领域的号召响应不力有其职务上的正当理由。

　　由于文化官员规避毛的命令，毛在 1964 年 6 月 27 日发出了更有力的指责性的指示。而且，他的怒气与其说是针对参加这些争论的知识分子，不如说是针对允许这些争论发生的文化官员们。他说，各协会和它们所掌握刊物的大多数（据说有少数几个好的），15 年来，基本上（不是一切人）不执行党的政策，做官当老爷，不去接近工农

---

① 施拉姆编：《毛泽东的讲话和信件，1956—1971 年》[634]，第 204 页。

② 同上书，第 207 页。

③ 《文艺战线上的激战》，《首都红卫兵》，1967 年 7 月 7 日，载《当代背景材料》[735]，842，17。

④ 《欢呼毛泽东文艺路线的胜利》，新华社，1967 年 5 月 17 日；见《中国大陆报刊概览》[738]，3950，13。

兵，不去反映社会主义的革命和建设。最近几年，竟然跌到了修正主义的边缘。如不认真改进，势必在将来的某一天，要变成匈牙利裴多菲俱乐部那样的团体。①

但是，他们在1964年发动整风并不只是由于毛的压力；它也表现出他们自己对思想修养衰退的关心。当一些年长的知识分子继续要求宽松的时候，官员们却谋求加紧控制。他们过去允许知识分子进行批评是出于实用的原因，而不是因为他们是思想自由的提倡者。既然经济恢复在进行，他们并不需要太多的批评，这种批评，和江青努力规避党的正常做法一样，对有条不紊的发展可能正好起破坏作用。官员们和毛之间的分歧，与其说和应否重新加紧控制有关，不如说和如何做到这点有关。毛要求的是扩展到顶层文化机构的大规模的群众运动，而官员们却开展限于文学和学术领域的整风。它只肤浅地触及极少数毛指责过的"高高在上的"文化官员。

开展整风的是通常负责思想改造运动的人——宣传部、文化部和北京市委的官员们。1964年春季，党的书记处设立了一个协调文化改革的高级别的工作组，叫做五人小组。它以彭真为首，成员有陆定一、康生、中央委员会办公厅主任杨尚昆、《人民日报》总编辑和新华社社长吴冷西。小组中唯一接近江青及其伙伴的人是康生；其余的人和文化机构是一致的。毛的心腹朋友和激进知识分子通过康生能够插手整风，但他们只起次要作用。

军队也在运动中起次要作用。1959年林彪取代彭德怀任国防部长后，人民解放军在文化领域中日益变得令人注目。人民解放军设立了歌剧、文学和艺术的团体，但这时它们是平行于——而不是取代——党的团体。在以毛的思想使官僚机构重新获得活力的努力中，人民解放军的政治官员被安插进文化、宣传和教育的机构，就像他们被安插进经济和行政机构一样。但是，这个网状系统不是在人民解放军总政治部的控制之下，而是在党的中央委员会的控制之下。党的领导在很大程度上负责这次整风，并下决心防止这次整风爆发成为有可

---

① 《关于文艺的指示》，《毛泽东思想万岁》[507]，载《当代背景材料》[735]，891，41。

能转而反对自己的群众运动。实际上，1964 年夏季发动的党的整风并不是一次冷酷打击的运动，而是一系列反对仅次于最高层文化官员的一些著名知识分子的小型运动。

官员们似乎努力要把注意力从他们自身引开，挑选了一个在他们核心集团以外的知识分子作为主要靶子。他就是中央委员和主要的马克思主义理论家杨献珍。他在苏联过了 20 年，20 世纪 20 年代在莫斯科东方劳动者大学学习，30 年代是苏联外国文学研究所中国部的负责人。既然政府日益进行反苏责骂，杨就成了合适的靶子。杨还在高级党校和陈伯达发生派系冲突。或许更为重要的是，杨提出了和毛当时强调斗争正好相反的概念。

当反对杨献珍的运动在宣传工具中展开时，党校、大学和研究所对调和论的企图——如杨所赞同的"合二而一"的用语所表达的——进行了集中反击；"合二而一"同毛强调阶级斗争的用语"一分为二"背道而驰。毛在《关于正确处理人民内部矛盾的问题》所论述的非对抗性矛盾的概念中，在《矛盾论》所论述的对立面的相互关系中，也都谈论过对立统一问题。但是，毛强调，在不断的斗争中一种力量被另一种力量所转化，和统一相比，转化是更根本的；而杨强调，统一并不能消除对立，而是各自依然独立，因互相需要而结合在一起。他主张寻求对立思想意识的共同点，但允许差别继续存在。就中华人民共和国来说，这种思想的言外之意是，在一个统一的国家之内容忍不同的观点和阶级。

除了平息调和的要求外，对杨的批判也被用来抑制 1964 年仍有共鸣的对"大跃进"的批评。杨在"大跃进"中曾在学术界发动一场名为"思维与存在问题"的争论，这场争论可以被解释成对毛的政策的含蓄的批评。杨认为无论怎样博识的人也不能不顾历史的无情规律，或者使他的意识同客观情况固有的限制相对立。杨的论点包含马克思主义的正统观念：社会必须经过经济发展的各个阶段，不能一跃而进入共产主义。既然中国是一个经济落后的国家，过激的改革将起相反的作用，因为它们和中国的实际不符。

与攻击"合二而一"思想时一样，在很大程度上是根据未公开发表的论文把这些意见归之于杨的。1958 年，在一次访问农村以后，杨写了一篇文章，对中国社会革命的性质提出疑问，并否定群众在"大跃进"中的能动作用。他警告说：抛弃客观规律和对主观作用的片面论述就是形而上学，这只能变成唯意志论。[①] 和在"中间人物"的讨论当中一样，杨把"大跃进"的失败归因于毛的革命幻想和不革命农民的现实之间的矛盾。

批评杨的主要人物是他意识形态上的老对手艾思奇，艾要惩戒杨和像杨这样没有完全投身于继续斗争的人。他的话已经暗示出即将来临的"文化大革命"对追求缓和的党内同事的攻击。他指出"这条路线不但在敌我之间一分为二，在朋友之间，也把最接近的朋友和动摇不定的朋友一分为二"。他警告说，如果党容忍那些动摇不定的人，那么社会主义就不能实现。"不是分清敌友，而是敌友不分，或者在朋友中只是一味'求同存异'，没有斗争……就会把革命领错了路而使革命失败。"[②] 虽然担心动摇不定的同志和继续斗争只是 1964 年整风的许多内容之一，但它将成为"文化大革命"的基调。

整风还攻击了杨的传统的马克思主义看法：政策必须顺应历史尚未展开的阶段，才能为社会主义创造条件。这次讨论类似于西方 19 世纪和 20 世纪早期许多次思想和哲学的争论——有些人相信存在永远不变的历史规律，有些人如列宁相信人类有能力形成自己的历史。毛在 1963 年 5 月，在《人的正确思想是从哪里来的?》中最后一次阐述列宁主义传统，他在这篇文章中写道："正确思想，一旦被群众掌握，就会变成改造社会、改造世界的物质力量。"一个人认识他是否正确地反映了客观世界的规律的问题，要到"由精神到物质的阶段……把认识放到社会实践中去"，才能得到证明。[③] 因此，毛坚持，人必须实践才能知道他是否准确地反映了客观世界。

---

① 丛卫：《杨献珍同志为什么要顽固地反对思维与存在的同一性》，《光明日报》，1964 年 12 月 11 日，见《中国大陆报刊概览》，[738]，3380，5。

② 艾思奇：《不容许用矛盾调和论和阶级调和论来偷换革命辩证法》，《人民日报》，1965 年 5 月 20 日，见《中国大陆报刊概览》[738]，3475，7。

③ 毛泽东：《人的正确思想是从哪里来的?》，《四篇哲学论文》[505]，第 134—135 页。

和毛认为思想取决于行动形成对比，杨的罪名是认为思想只是一种物质发展的被动的反映。他因否认主观能动性和革命精神而受到批判。实际上，杨并不否认主观的和革命的精神，但他强调主观的和革命的精神必须同清醒地重视客观限制结合起来。他以及几个具有他的看法的党领导集团的成员，无疑认为他们是按马克思主义的，也是真正列宁主义的传统行事。即使是列宁对主观因素和革命意志的强调，也附有真正努力去准确了解"客观现实"的条件。

关于杨的思想的讨论主要是一场正统马克思主义的关于按阶段顺序发展的观点和经由马克思列宁主义传到毛的卢梭—雅各宾唯意志论的观点之间的思想争论。关于这次争论，党的官员似乎在很大程度上采取了稳健的办法。杨被免去高级党校副校长的职务，由他的老对手艾思奇接任。但是杨没有受到强烈的指责和被扣上以前运动中给知识分子对象定性的帽子。大部分批评学术性多于政治性，比较实事求是而不是一味论战。

杨的见解批评了当局突出未来的乌托邦而不是处理当前的现实，同样，邵荃麟关于农民是"中间人物"而不是革命者的看法也含有这样的意思：官僚机构和毛一样不了解农民的真正需要。因此，整风的另一个论题是反驳邵的"中间人物"思想。当局不是针锋相对地讨论这个问题，而是用邵的批判反击他本人，指责邵和许多小说家如赵树理、周立波和马烽，正是他们把农民描写成动摇不定和感情矛盾的人，因而表现出他们自己脱离了农民。

但是，邵是这场反对"中间人物"运动的主要靶子。即使存在从毛和他的伙伴那里来的压力，但选择像邵这样的人——中国作家协会党组负责人，和文化官僚机构有直接联系——似乎也是由于官僚机构本身为了要继续掌权。把攻击限制在一个重要官员身上，保护了他的同事们，尤其是周扬。因此，邵成了文化当局"失误"的替罪羊。

周扬亲自指导这场反对邵的运动。他本人校阅了许多评论文章，试图使讨论避开政治问题而限制在文学问题上。在周扬的指导下，运动很快从指责邵和"中间人物"的否定阶段转到明确社会主义新人的新行为方式、新价值和新信念的肯定阶段。和邵的怀疑革命、因斗争而感到迷惑、想得到物质利益的农民形象形成对比，当局把农民描述成绝对乐观、不惜自我牺牲和坚持革命信仰的英雄。

尽管周扬努力控制运动，但激进的知识分子，最突出的是姚文元，仍然介入了这次讨论。他们当时的公开看法和文化当局没有多大差别。姚甚至间接承认大多数农民仍然是不革命的，但是写大多数就是对正在萌发或发展的新事物的排斥和压制，是对表面上仍然广泛存在的旧事物的扩大保护。[①] 因此，姚建议作家们不要描写大多数而要描写少数。积极地、充分地、生动地塑造英雄人物，从而启发和鼓舞人民。[②]

这个时期塑造了几个和"中间人物"形成对照的英雄人物。从50年代晚期和60年代早期的大量文学作品中的非英雄人物到60年代中期的英雄人物的变化，反映了从承认人和经济的局限性到相信自我牺牲的新人能够克服一切障碍的变化。主要文学作品的主人公从信仰模糊的普通农民和工人改变成了"平凡的"英雄，通常来自人民解放军，例如雷锋，他们对毛主义的奉献和无私品德的信仰，以及对毛的忠诚是坚定不移的。

伴随这种变化的是从个人所写的传统的小说、短篇故事形式转移到更容易驾驭的、半虚构的、几乎是作为神话予以介绍的由编委会署名的日记，如《雷锋日记》。50年代后期仍在写作的有名望的作家发表的作品越来越少，主要属于人民解放军宣传部的用假名的集体的作品越来越多，这是人民解放军日益插手文化领域的一个迹象。

反对"中间人物"的运动转入电影艺术方面继续进行。电影不但描写了非英雄的主人公——尤其是在据30年代文学作品改编的影片中——而且是由曾经引起江青怨恨的夏衍和阳翰笙指导的。她曾像插手歌剧一样，试图插手电影。她向陆定一和周扬指出很多她声称毛要批判的影片。但是只有几部受到批判。的确，受到批判的影片都和她

---

① 姚文元：《使社会主义文艺蜕化变质的理论》，《光明日报》，1964年12月20日，见《中国大陆报刊概览》[738]，3374，4。

② 同上。

过去的仇敌有关系,但是在宣传部的监督下,批判本身一般是温和的。最受注意的影片是《林家铺子》,由夏衍根据茅盾的小说改编成电影。尽管1959年最初放映时很受欢迎,1964年却受到批判,因为主要主人公的种种人际关系不是以尖锐的阶级矛盾为基础。这个故事在30年代曾有积极影响是被承认的,因为它展示了小资产阶级的困境并增进了他们对革命的支持。但是现在它被看做是不适当的,因为已不再需要工人和资产阶级之间的合作了。

相对来说,电影的整风一般是有限度的。这部影片和其他几部影片一起受到了批判,但并没有群众运动或批判它们的大规模的会议,有的乃是和这些影片的作者和制片人有密切联系的同行的温和批评。可是少数批评暗示了"文化大革命"中将向五四作家倾泻的那种攻击。例如,有一篇评论断言夏衍代表了这种知识分子:他们虽是党员,但仍然在内心深处隐藏着一个资产阶级王国。[①] 此外,它谴责他们的资产阶级思想对青年有一种腐蚀性影响。

这次整风在利用宣传工具、批评和自我批评会和选择个人靶子方面类似于其他思想改造运动,但是它的处理方法却是不同的。尽管主持者大多数是指挥1955年反胡风运动和1957—1958年"反右运动"的宣传部的同一批人,然而这次整风却不那么直截了当,那么彻底,对它的受害者比较宽大。也许这批人和他们以前一样,急于要阻止毛所说的"滑向修正主义",但是有一些因素使他们踌躇不前——日益官僚化,担心令人头晕眼花的失去控制的另外一次全面的运动,以及对毛的政策的怀疑。此外,群众被发动起来的整风将不但像在"百花运动"中那样对他们本身是一种威胁,而且对整个党也是一种威胁。

结果,似乎对毛的愿望有了误解,这在一些情况下是真实的,在另外一些情况下则是故意的。毛在"百花运动"中,在1957年3月12日向全国宣传工作会议所作的讲话,以前没有发表过,而在1964年6月整风刚刚发动的时候发表了。尽管有些措辞似乎经过修改,但

---

① 苏南沅:《〈林家铺子〉是一部美化资产阶级的影片》,《人民日报》,1965年5月29日,载《当代背景材料》[735],766,9。

这个讲话既然是在毛对知识分子和党不那么失望的时候作的，因而要求批评要有限度和体谅别人。毛告诫说，对知识分子的批评必须是"充分说理的，有分析的，有说服力的，而不应该是粗暴的、官僚主义的，或者是形而上学的、教条主义的"。而且，他提倡对有不同意见的知识分子采取耐心的方法："这种人在很长的时间内都会有的，我们应该允许他们不赞成。"[①] 这个讲话，连同毛的简短指示，在如何贯彻整风的问题上是不明确的，如果有所指，那就是主张说服，而不是强迫。

不管是否是故意的，宣传机构宁愿把毛的话解释成有限制地进行整风的命令。和过去一样，点名批评个人是作为传递思想信息的工具。但是不是像在1955年反胡风运动中有一个明确的靶子，或是在"反右运动"中有一个像丁玲集团或中国民主同盟那样的明确的团体，这次同时发动几个战役反对几个有关但不相同的靶子，这有助于分散这次运动。

除了杨献珍和邵荃麟以外，这次整风还批判了哲学家冯定强调所有人的共同本能，欧阳山描写没有阶级内容的爱情，以及美学家周谷城谈论统一整体意识。这是一个广泛的运动，涉及哲学、历史、文学理论、艺术和思想体系，但它是不彻底的——夸张的文词和事实之间、宣布的政策和执行情况之间存在差距。此外，以前运动的革命激情已不复存在；受影响的是大城市中的一小批党的知识分子。和既影响知识分子也影响群众的反胡风运动相反，没有作出多少努力以使普通工人和农民卷入。没有过去和将来运动所特有的大型斗争会或大字报。

大多数整风主要是在文化部和中国文学艺术界联合会中悄悄地开展的。和公布胡风的信件或在"反右运动"中重新发表丁玲的小说和文章相比，出现了似乎是有意封锁材料的情况，所以难以形成大规模的批判。除了邵荃麟大连讲话的断断续续的引语外，没有其他任何人在大连的讲话的真实记载。据说周扬制止公布它们。除了"一分为二，

---

① 毛泽东：《在中国共产党全国宣传工作会议上的讲话》，《当代背景材料》[735]，740，10。

合二而一"的说法外，没有作出什么努力去简化思想上的主旨以保证它们能被没有文化的人所理解。大部分评论具有一种难以理解的充满马克思主义抽象概念的思想论争的特点，仿佛是要转移对它的政治含义的注意。尽管这次整风无疑是政治性的，其内容却显然是学术性的。

对点名靶子的处理是宽大的。他们始终被叫做"同志"，这种称呼，胡风和丁玲在针对他们的指控刚开始时便失去了。和过去不同，这次整风结束时全国各地都没有发表作为进一步思想灌输资料的难堪的自我批判。没有发表杨献珍、邵荃麟或其他人的公开自白书。不承认他们的"错误"的人和刊物，没有受到任何程度的惩处。和1954年冯雪峰及其《文艺报》的同事因拒绝学生对俞平伯的批判而被清洗形成对比，《中国青年》由于它最初拒绝攻击冯定，只发表了一篇不疼不痒的自我批评便算了事。

然而有证据表明，周扬和文化当局受到了压力。不只邵荃麟，而且周扬的亲密同事、江青过去的仇敌田汉、夏衍和阳翰笙都被免职。茅盾也不再当文化部长。被认为由周扬及其伙伴完全把持的刊物《文艺报》发表了许多文章批评它自己曾经赞扬像赵树理和欧阳山这样一些描写"中间人物"的作家。有一个评论家谴责《文艺报》说的是革命，行的却是修正主义。另一个评论家谴责它依靠一小批专业作家而不考虑群众来稿。这些便是"文化大革命"中对文化官员的主要指控。

周扬的一些亲密伙伴的去职和来自江青的挑战似乎标志着周扬经管了几近30年的文化机构终结的开始。可是，尽管文化机构为了得到毛的谅解，非常主动地将它的某些最著名的人物免职并改组它的领导班子，但它的工作仍然照样进行。尽管毛曾指责大多数文化官员搞修正主义，但和前几次运动相反，当时像胡风事件的所有追随者和像丁玲事件的所有伙伴都受到与他们的领袖相似的惩罚，这次批判了少数同事便就打住，对他们的指责也多半限于一些具体的错误。如后来"文化大革命"中所描写的，他们像"车"，牺牲他们是要保"帅"——周扬。甚至周的其他亲密伙伴林默涵、袁水拍、何其芳，这次都没有受到批评。

周扬的上级宣传部长陆定一接过茅盾的文化部长的职务。到了

1965 年春季，对夏衍、阳翰笙和田汉的批评已经减弱。周扬能够保护他的机构的大部分免遭攻击。而且，他似乎曾经防止人民解放军渗透进他的机构，这种渗透已经影响了其他官僚机构。到 1964 年年末，以人民解放军政治委员制度为榜样而建立政治部门的工作，在几个主管经济的部中取得相当进展，而存文化部中这种制度却没有什么迹象。

尽管那些被挑选出来批判的人不像过去那样是众所周知的知识分子，而是在宣传和思想方面有长期经历的党员，但他们并非位居文化领导集团的最上层。他们也不是曾经最尖锐地批评毛和"大跃进"的人。"三家村"集团成员之一的廖沫沙写了一篇自我批评，却没有提到他参加"三家村"或他批评毛主义纲领的事。很可能，当周扬谋求保证对他的老友进行温和的批评时，彭真保护了"三家村"。反对他们下属的激烈批判运动将使他们作为赞助者而受到反弹过来的打击。像过去的运动那样，没有提到下属的错误反映了他们领导人的错误这一事实。

和以前运动最重要的不同可能是，在对替罪羊的否定评价方面和在强迫接受一条不可更改的路线方面并没有全体一致的看法。这次有着不同的看法，有为受害者作某种辩护的，有多多少少偏离强加的路线的。攻击者占优势，但辩护者和主张缓和的人并没有像在其他运动中那样从舞台上消失。将要统治"文化大革命"的所有论题——阶级斗争、意识的改造、对青年和党领导人当中革命精神衰退的担心——在 1964 年的整风中都出现了。但是，这次讨论是有矛盾的，再次反映了文化当局有不同的看法，从而又反映了政治领导内部的不一致。

这次整风的另一个独有的特点是，当它展开时，对某些批评家，尤其是对激进的知识分子进行了公开的批评。姚文元因他以前批评审美学家周谷城而在 1964 年受到指责。《人民日报》1964 年 8 月 2 日的一篇文章说姚的评论自相矛盾和与历史事实不符。在这篇可能是间接评论毛的文章中，两个批评家形容姚的观点是以歪曲现实的僵硬公式为基础。① 这些反批评反映了文化官员仍然占有优势的地位。可是

---

① 金为民、李云初：《关于时代精神的几点疑问》，《人民日报》，1964 年 8 月 2 日，载《当代背景材料》[735]，747，25。

他们没有走得太远,因为毛同样保护激进的知识分子。

到了 1965 年年初,周扬谋求迅速地正式结束这次整风。他早些时候,即在 1964 年 11 月,在中国文学艺术界联合会的各个协会中暂时停止整风,理由是别处需要干部。1965 年 2 月末,他召开了一个编辑和撰稿人的会议,他在会上指责整风中最近的评论是教条的、简单化的和言过其实的。其后,整风便逐渐停止了。和他在以前运动中的习惯一样,他在 1965 年 4 月 15 日和 16 日总结了成绩并宣布整风结束。

周在他最后的报告中再次承认,在批判修正主义和贯彻整风中他行动迟缓。但是他不承认像毛在 1963 年 12 月 13 日指示中所追究的任何严重缺点。关于他的某些同事,周同意他们做了一些他们应当为此而受到批评的事情,但是他坚决认为:党没有把他们看做右派分子。我们和他们的矛盾和斗争仍然是人民内部矛盾和党内斗争。① 他们可能在文化领域中误入歧途,但没有在政治领域中犯修正主义的错误。周扬还声称,他们已不再持有某些这类看法,因此不应当再受到批评。

在科学方面,和在艺术及人文学科方面一样,毛的指示被置于不顾,在某些情况下还受到抵制。在 1964 年 2 月 13 日的春节教育工作座谈会的讲话中,毛曾赞扬本杰明·富兰克林和詹姆斯·瓦特是科学家的榜样,他们在他们的日常工作中有所发现。对比之下,许多大学的科研部门只是聚会的场所,在那里存在极其严重的资产阶级思想。② 艾思奇在《红旗》新设的栏目《自然科学和唯物辩证法》中争辩说,科学成就取决于马克思主义辩证法的应用,并且指责那些不肯将辩证法应用于科学研究的人。

可是在 1965 年,《中国青年报》发表了许多号召青年"专"而不"红"的文章。它建议他们不管马克思主义的辩证法,并且要在研究

---

① 《文艺战线上的激战》,《首都红卫兵》,1967 年 7 月 7 日;《当代背景材料》[735],842,27。

② 施拉姆编:《毛主席向人民讲话》[634],第 208 页。

中心而不是在田间和工厂工作。在一次关于"红与专"的座谈会上，有人甚至鼓励使用资产阶级专家，这样做恰恰是因为推动他们的是资产阶级的世界观。"一些资产阶级技术专家尽管他们的世界观还没有得到改造，而他们却可以在无产阶级领导下，为社会主义服务……如果他们在马列主义研究上花时间太多，那么专得一定会差一些。"①

《中国青年报》的一篇社论认为，一个人的"红"并不表现在参加会议和政治学习方面。对一个科学家来说，红表现在把他的大部分时间用于专业活动方面。它告诫说：我们决不应当吹毛求疵地把献身于学习、积极努力从事深入研究和专业工作看做个人主义的表现。②

因此，毛有理由对1964—1965年的整风不满。它不是扩大成为一次较大的群众运动，而是渐渐消失，变成相对来说是低调的、无成效的事件，成了种种看法的传播媒介，有的背离了他自己的看法。党在言词上强烈，但在实际执行方面却是肤浅的，而人民解放军则正在用革命的激情和行动努力进行思想灌输。正是毛授权开展他认为十分必要的思想改造的机构抵制、甚至反对他的要求。到了1965年秋季，毛已经放弃了依靠党开展"文化大革命"的想法，并和他所亲近的江青、陈伯达、人民解放军和激进知识分子一道发动了他自己的"文化大革命"。和党的整风形成对比，毛的"文化大革命"将在思想、发动群众和彻底清洗不听从他的命令的人等方面强制地做到全体一致。

知识分子从60年代早期起所表现的对稳定和和解时期、对专业和思想标准、对思想和现实之间的一致性以及对农民真正要求的认识等方面的关心，都被压制下去。他们的倡导者被清洗，其中的一些人在"文化大革命"中被害死。但是在毛之后的时代，邓小平的领导将与少数知识分子和青年一样，寻求实现涉及上述这些事项的改革。

---

① 田和水：《红专二者不可兼得》，《中国青年报》，1964年12月26日，载《当代背景材料》[735]，757，6。
② 《又红又专是时代对青年的要求》，《中国青年报》社论，1965年7月24日，见《中国大陆报刊概览》，[738]，3517，5。

第十一章

中 苏 分 裂

1958—1964 年，中苏争论成了中国外交政策中压倒一切的问题。[①] 50 年代前半期，北京关注的是中美关系中的台湾问题、朝鲜战争、被排斥于联合国以及美国的经济封锁。这些都是重要问题，涉及到主权、国家安全和经济发展诸方面。在这个意义上，中苏关系与中美关系有着密切联系，因为中国在防御和经济发展上都依靠莫斯科。

这些问题并没有从北京的议事日程上消失，但在 1958 年以后，与中苏争论相比，它们成了第二位的问题。台湾海峡除去 1958 年和 1962 年短暂的紧张时期外，是一个相对静止的对抗点。同样，朝鲜也保持一种"不战不和"的分裂局面。中国迅速与欧洲、非洲和亚洲国家发展关系，大大抵消了对其联合国席位实质性的（如果不是象征性的）剥夺。外贸的扩大，打开了通向欧洲与日本的科技通道，冲淡了美国封锁的影响。

1960 年在布加勒斯特和莫斯科召开的多国共产党会议，与 1958 年和 1959 年赫鲁晓夫在北京和毛泽东的两次会见相比，在中苏同盟中煽起了更大的争吵，终于导致同盟的形存实亡。1960 年，苏联取消一切经济援助，以及此后不断升级的边界事件，将有限的友好关系

---

① 论述中苏争论的文献，不但数量大且给人以深刻印象。我所依据的主要著作有：兹比格涅夫·K. 布热津斯基的《苏联集团》[66]（以下简称《集团》）；亚历山大·达林等编的《国际共产主义的分歧》[192]；约翰·吉廷斯的《中苏争论概观，1963—1967 年》[268]；威廉·E. 格里菲思的《中苏的分裂》[281]；威廉·E. 格里菲思的《中苏关系，1964—1965 年》[282]；G.F. 赫德森等的《中苏争论》[343]（以下简称《争论》）；库尔特·伦敦编的《一致与矛盾》[480]；以及唐纳德·S. 扎戈里亚的名著《中苏冲突，1956—1961 年》[837]。

变成了某种程度的敌视。中国指责苏联 1959 年在精英层和 1962 年在新疆少数民族问题上介入中国内部事务，从而在盟国之间互相抵触的在国外的优先权常有的分歧中，增加一个爆炸性因素。最后，毛指斥赫鲁晓夫为思想异端，给过度吹嘘的"磐石般的团结"以最后的一击，这个徒有虚名的"团结"，曾经是斯大林时期中苏关系的特征。

不过，中苏分裂尽管惹人注目，却不是简单的历史的重复。有多种因素促使莫斯科与北京分离。从个人方面说，尼基塔·赫鲁晓夫和毛泽东的个性，就和一般同盟所需要的磋商、妥协与合作格格不入。这两位独断独行者特有的对人的态度，也把正常的分歧变成了相互的敌视。

这些分歧包括政治、经济和军事诸方面。两个共产党之间的龃龉，要追溯到 20 年代中期。中国人不听斯大林的劝告，依靠自己取得了革命的胜利，这使毛泽东和他的同事们在斯大林去世之后与其他共产党领袖相比，有如鹤立鸡群。有利于莫斯科的力量对比，至少在政治上被有利于北京的威望对比所抵消。

这种力量与地位上的不相称，在 50 年代前半期与中国完全依赖苏联的经济和军事援助同时存在。贸易和援助条款以及没有明言的中国在核时代对苏联的军事依赖，对双方来说都引起了实际的与心理上的问题，这在 50 年代后半期愈来愈明显。中国经济与军事发展的巨大需求，加重了由于第二次世界大战的破坏和战后东欧卫星国的需求而造成的苏联资源紧张。北京对莫斯科在轻重缓急上的考虑有不同看法，是可想而知的。

除了这些基本上是双边的问题之外，同盟还面临在第三国关系上的协调问题。苏美 1955 年在日内瓦和 1959 年在戴维营的最高级会谈，与北京同华盛顿之间缺乏外交承认形成对照。伴随苏联强调"和平共处"而来的，是对核时代的战争冒险的警告。这意味着苏联默认美国对台湾的防卫义务，它使中国国民党人在同共产党人的内战中，免于最后失败。在南亚，正当印度与中国的边界争端爆发为与西藏叛乱相联系的武装冲突时，莫斯科却向新德里求爱。更远一点说，中国自命亚非会议的领导，而苏联则对新独立的第三世界怀有野心。甚至苏联花相当大的代价获得的缓冲地带东欧，也不是北京不可及的，特别是在 1956—1957 年，有的东欧国家领导把寻求中国的帮助作为向莫斯科讨价还价的手段。到 60 年代初，这导致北京公开支持阿尔巴尼亚反对克里姆林宫。

在马克思列宁主义构架内部，这两个共产党巨人争相对全世界的共产党和民族解放运动施加理论与实际影响。苏联的议会道路与中国的革命道路，各有其支持者。一个与此有关的问题是，支持资产阶级政权而不支持他们的反对派共产党，重新引起了自下而上与自上而下的统一战线的历史争论。在这个理论上有点深奥的抽象争论后面，是权力和影响的真正竞争，在最高层恶化了中苏关系。

但是，把北京在国外的所作所为都说成是它同莫斯科的争论引起的，是不对的。有许多行动是针对别的国家或对它们作出的反应，完全与争论无关。亚洲弧形地带对北京来说是注意的焦点，对莫斯科则是次要的。印度和印度尼西亚固然助长了中苏的竞争，但它们本身就值得注意。除了外交政策这个独立的外部因素外，内政在决定中国的对外关系中起着重要作用。同样，经济因素的影响，无论着眼于人口统计学与发展的一般层面，或是"大跃进"的特殊后果，都不能忽视。

中苏关系的多面性，给分析与叙述带来严重困难。究竟同盟是怎样和为什么分裂的，我们没有多少可靠的直接证据。双方大量的争论文章有时候是可靠的并透露了真情，但很多却部分地受到歪曲或完全隐瞒了真相。

最后应提请注意的是："中国"、"北京"、"领导"等用语所表示的在外交政策上的一致，几乎根本不存在。这种用语抹杀了个人、派别或集团所持的看法。在大多数情况下，这个令人烦恼的问题还不能得到回答。因此，我们只好照字面抄写，而不把任何特定时间在某个具体政策上的一致当真。

由于 1958—1964 年间中国的外交政策专注于中苏争论，这就提供了一个中心主题，我们将围绕它来叙述其他方面的发展。这样，为了考察分裂的后果，就有必要对它的前因，即 1957 年 11 月执政的共产党莫斯科会议，作扼要的追述。

第一阶段:1958 年

重新阐明的中苏关系:1957 年 11 月

布尔什维克革命 40 周年,为国际共产主义的新总路线的设计和执政的共产党之间的关系的调整,提供了一个讲坛。这也是毛第二次访问莫斯科和第二次公开会见赫鲁晓夫的场合。对毛来说,这个时间选择从几方面看都很凑巧。南斯拉夫不同意莫斯科对执政的共产党的态度,促使铁托抵制这次会议,但南斯拉夫派出了一个强大的代表团。铁托的缺席,使赫鲁晓夫不安,因为他本想以他的个人威望,弥合斯大林造成的裂口。在国内,赫鲁晓夫战胜主席团的大多数,他们在头年 6 月曾提议撤销他的第一书记职务。但那是一次侥幸的脱险,一些赫鲁晓夫的批评者准备在机会到来时再次向他挑战。

而毛呢,他刚经历了一个短命的和有点尴尬的"百花齐放,百家争鸣"实验,这个实验是放松对知识分子和政治批评的限制。在一阵公开批评的风暴之后,那个夏季的一场严厉的"反右运动"恢复了党的严格控制。同时,毛的著名演说《关于正确处理人民内部矛盾的问题》在 1957 年 6 月公开发表,在世界范围内——特别是在东欧赢得了注意。认为社会主义社会存在利益上的"非对抗性"矛盾是正常的,没有理由对之采取命令主义态度与强制手段,这是难得的承认。结果,尽管毛的这些阐述当时在中国证明是破坏性的,却有利于他的国际声望。

在会议前夕,还发生了一件事,似乎有利于赫鲁晓夫,却被毛巧妙地加以利用。1957 年 10 月 4 日,苏联发射的第一颗人造地球卫星进入轨道,连同前此在 8 月 26 日宣布的洲际弹道导弹试验成功,象征苏联具有了同美国在战略核武器上的成就相匹敌的能力。但克里姆林宫知道把象征变成事实还需要一段时间,没有过分宣传,以避免向仍旧保持优势的美国挑战。毛却没有这种顾虑,他满有信心地宣称:

"目前形势的特点是东风压倒西风。"① 这样，毛就在实际上给赫鲁晓夫出难题，要他以一种过分自信的（如果不是过分挑衅的）姿态，用人造地球卫星造成的心理优势，压"美帝国主义纸老虎"。

各种情况的结合，使毛得以在莫斯科会议上对有重大争论的问题插进中国的观点。"和平力量已经大大成长，已经有实际可能来防止战争"的断言，被毛的"只要帝国主义还存在，就有发生侵略战争的土壤"② 的警告所抵消。附随的原话明确地对后一种前景作了更浓厚的渲染。此外，在对赫鲁晓夫强调的取得政权的"和平道路"作了详尽阐述之后，注意的是"非和平地过渡到社会主义"——"列宁主义教导我们，而且历史经验也证明，统治阶级是不会自愿让出政权的。"在关于放松还是加强国内和党内控制的争论上，会议宣言坚决断言："在目前条件下，主要的危险是修正主义，或者说右倾机会主义。"

一般地说，语言比较温和的地方，反映了赫鲁晓夫更愿强调的东西，虽然分歧还不像后来那样明显。同时，主张在内政和外交上实行更强硬的路线的，也不仅仅是毛。此外，毛还支持赫鲁晓夫反对哥穆尔卡，后者的波兰式社会主义道路和含蓄地提出的摆脱莫斯科的控制而独立的主张，是向正确路线的标准苏联定义提出的挑战。这个支持对于加强赫鲁晓夫在会议中的地位，其重要性不亚于毛断言苏联在科技和武器制造上的成就，已经使国际形势达到了一个新的"转折点"。结果，集团的领导责任落到莫斯科头上，但阐释集团的政策，需要北京点头。这样，让苏联居集团之首，并不使中国处于被动地位。

中苏在莫斯科的交易，不仅是口头上的互惠。会议前夕，苏联同意在研制核武器上向中华人民共和国提供帮助。正如北京后来声称的，在 1957 年 10 月 15 日，签订了一个《国防新技术协定》，并说赫鲁晓夫答应"向中国提供原子弹样品和生产原子弹的技术资料"。③ 这说明为什么陪同毛的是他的国防部长彭德怀元帅，而到 11 月 6 日，又有一个军事"友好"代表团参加进来，到 11 月 29 日才离开。同

---

① 布热津斯基：《集团》[66]，第 299 页。

② 全文见赫德森：《争论》[343]，第 46—56 页。

③ 《评苏联政府八月三日的声明》，《北京周报》[568]，6（1963 年 8 月 16 日），第 7—15 页。

时，一个以郭沫若为首的科学代表团和中国科学院的一个小组同他们的苏联同行会见。12月11日，一个为期五年的中苏科学合作协定连同1958年科学合作议定书在莫斯科签字。

看来这些协定对中国的核武器计划有比较大的帮助，如同美国情报后来所透露的那样。①虽然莫斯科从未证实过中国的声明，但它对北京的援助是真实的，尽管在1959—1960年就终止了。在兰州附近建立的一座气体扩散工厂，是标准的苏联设备的复制，至少在外观上是这样。在罗布泊核试验基地，支援用的基础设施是按照苏联设计布置的。在附近可以看见一个与苏联导弹一模一样的导弹，至于它是模型还是可以使用的，则不能确定。这样，是否真有答应一个"原子弹样品"的事，可以存而不论，而这些显示实际分享核武器技术的指示物，表明1957年的协定有效地促进了中国的研制计划。

总之，中苏在1957年秋的交互作用，似乎真地加强了同盟，尽管那时也播下了以后关系紧张的种子。如毛提出"社会主义阵营必须有一个头，这个头就是苏联"和"各国共产党和工人党也必须有一个头，这个头就是苏联共产党"，既有有利影响，也带有潜在麻烦。

同样，毛泽东夸大苏联的导弹成就，可能令人惊慌失措，但这在当时并不预示中国方面有冒险行动的危险。更令人烦恼的是，毛以一种骑士的豪爽态度谈论核战争，他说，在这场战争中，尽管"死掉一半人，还有一半人，帝国主义打平了，全世界社会主义化了"。不过，无论毛的大言壮语如何令他的苏联听众不安，却不妨碍赫鲁晓夫同意中国分享核武器技术。尽管苏联领袖将会后悔并终于取消这个决定，但在当时却没有表现出这种谨慎。这样，中国的外交政策就在新阐明的中苏关系中进入了1958年，这个关系是通过最高层的顺利协商建立的。

1958年：概观

几年后，毛把1958年看成中国革命胜利以后的发展的一个水准

---

① 下面一段引自作者有权使用的美国政府情报，作者于1961—1966年在国务院情报研究办公室任职。

基点："从一九五八年起，我们就确定了自力更生为主，争取外援为辅的方针。"① 这句就中苏关系而说的话的含义，在内政与外交上都得到证实，它具有深远的影响。

内政方面，"大跃进"招致赫鲁晓夫公开的与私下的批评，说是照抄"军事共产主义"。这伤了中国人的感情，被认为是干涉内政和公开侮辱一个同盟国。毛在1958年公然漠视苏联的经济方法，完全不理睬苏联顾问，他们的无所作为导致1960年的最终撤退。最后，夸张地宣称"大跃进"的成功与断言人民公社提供了越过苏联发展阶段的通向共产主义的捷径，含蓄地向社会主义阵营假定的意识形态和经济上的领袖克里姆林宫提出了挑战。

国际关系方面，中国坚定不移地攻击东欧的"修正主义"，超过了苏联的立场，特别是1958年春对南斯拉夫的攻击。7月，赫鲁晓夫在美国海军陆战队在黎巴嫩登陆时对中东危机的谨慎处理，引起北京提出一条更强硬的路线，要求作出更好战的反应。此后不久，两位领袖在中国首都进行了历时三天的秘密会谈，会谈时有苏联高级军官在场。但在会谈中，毛没有通知赫鲁晓夫即将在这个月下旬对沿海岛屿金门进行炮击和封锁。这个单方面行动，引起美国在台湾海峡大规模部署海军和空军，而且，根据苏联权威人士提供的消息，这个行动还促使赫鲁晓夫决心取消刚在头年签订的核武器技术协定。

对1958年的这个简短的概观，说明内政与外交的重大发展及其复杂的相互影响。学者似的分析至今是以探索因果联系来验证一个假设，即用一个单一的因素来解释中国政策的两个方面。这个方法强调国内政治，表现为在"齐放与争鸣"试验的余波及其"反右"结局中，"左"派或"激进"派占了优势，"温和"派或"右"派处于劣势。② 然而，虽有专题研究，却没有找到对中国在这两方面的表现作整体性说明的足够的证据。尽管"文化大革命"当中及其以后的解释

---

① 毛泽东：《在扩大的中央工作会议上的讲话》（1962年1月30日），见斯图尔特·R.施拉姆编《毛主席向人民讲话》[634]（以下简称《讲话》），第176—178页。

② 扎戈里亚：《冲突》[837]，特别是第2章。

与揭露，部分地弄清了一些孤立的事件，但仍不能说明在台湾海峡的行动和向莫斯科的意识形态挑战后面的全部考虑。

这不是否定这个假设，而是避免把内政和外交政策归因于一个总的因果关系的解释，因为那样一来，逻辑推理和似乎合理的设想必然代替了直接证据。的确，就金门岛来说，在政策的起因上，不仅需要而且也许应该把内政与外交分开。台湾海峡的形势，至少部分地取决于中美关系，它的历史要追溯到1954—1955年的第一次沿海岛屿危机。因此，它本身就值得注意，特别是已知中美大使级会谈在1957年12月陷于停顿，以及在此之前的两年里，北京想在台湾问题上达成一个暂时协定的愿望未能实现。

同样，对南斯拉夫"修正主义"的刺耳攻击，部分地是对铁托在1958年3月的一个重要声明中正式提出他的"社会主义的独特道路"的反应。这是重提一个主要争论，它第一次出现在1948年，导致共产党情报局公开谴责贝尔格莱德，它一直困扰着贝尔格莱德与莫斯科的关系，此后在不同程度上也困扰着与北京的关系。

分析这个时期的第二个重要的假设断言，苏联的导弹成就促使北京在从东欧到东亚的一系列问题上坚持它的立场。但这个论点至今也未得到证明。1958年事件的经过，提供了足够的解释，不需要一个整体论的假设。在可以把政策归因于个别人亦即毛的限度内，认定一个单一的因素决定各种各样表面相似的行动，似乎是有理的。但问题是，所有这些内政和外交上的决定，是在什么程度上由毛一个人单独作出的。鉴于毛在那年秋天辞去国家主席只保留党主席的职务，这个问题就特别有意义。在可以得到更多的证据之前，不忙于作出因果关系的解释，同时，我们可以将事件按发展顺序加以排列。按先后顺序，而不按重要性的顺序，我们先考察黎巴嫩危机的处理，然后是北京最高级会谈和炮击金门。最后，"大跃进"的泛滥后果也值得一提。

黎巴嫩和北京最高级会谈

1958年7月31日至8月3日赫鲁晓夫和毛在北京的秘密会谈，是双方先在南斯拉夫问题，后在美军在黎巴嫩登陆问题上的争论积累成为分歧之后举行的。两位领导人是在这种政治气氛中交换意见。3 月间，南斯拉夫共产党发表了一份长达 230 页的南共纲领草案，正式宣布一整系列在内政和外交政策上的广泛立场，向莫斯科提出并经 1957 年 11 月执政的共产党会议认可的立场提出公开挑战。这个文件在共产主义世界征求意见时，引起强烈的反应。它所主张的不结盟与中立地位，与华沙条约的原则背道而驰。在对西方和第三世界社会主义者的态度上，它完全漠视了当地共产党人的领导作用。它强调的内部自治和各国共产党一律平等，与长期形成的以莫斯科为首的概念相对立。

毫不奇怪，以克里姆林宫为首的其他共产党宣布抵制即将召开的南共代表大会。但是，尽管《共产党人》杂志仅仅在大会开幕三天前发表了一篇详尽的批评，莫斯科仍采取了一种克制态度，称南斯拉夫为"同志"，并公开宣布"永远是南斯拉夫的朋友"。[1]

北京可没表现出这种克制。在大会闭幕后，《人民日报》没有使用"同志式的"语调，而是攻击南共"领导集团"和他们的"彻头彻尾的修正主义"纲领，说这是开倒车，或甘冒与集团决裂的危险。[2]北京还宣称，1948 年共产党情报局关于铁托的决议仍然是正确的。这是中国第一次承认由斯大林开始的攻击。斯大林的第二个动议，1949 年共产党情报局的一个把铁托同"美帝国主义"捆在一起的决议，已经在 1955 年赫鲁晓夫调停争端的贝尔格莱德之行后撤销。

接下来的一个月，当北京逐渐加强攻击时，莫斯科却固执地较慢作出反应，并且不像北京那么严厉。此外，苏联还同南斯拉夫保持正常的国家关系。贝尔格莱德则当它的驻北京大使被拒绝接近中国领导之后，撤回了大使。赫鲁晓夫继续称铁托为"同志"，北京则使用了贬义的"铁托集团"。这样，虽然苏联的批评几乎在每一点上都反驳了铁托，但在语言的选择上却明确无误地表达了赫鲁晓夫的愿望："保留一线希望，在某些问题上寻求可以接受的对话形式"。[3]与此对

---

① 扎戈里亚：《冲突》[837]，第 180 页。
② 《现代修正主义必须批判》，《北京周报》[568]，11（1958 年 5 月 13 日）。
③ 扎戈里亚：《冲突》[837]，第 182 页。

照，中国的攻击则似乎故意要摧毁这种可能性。

有人提出毛有两重动机：首先，加强集团的团结，反对中立主义或贝尔格莱德提出的不同意识形态，以便更有力地对付帝国主义；其次，通过攻击南斯拉夫在和平共处与缓和东西方紧张关系上的观点，阻止赫鲁晓夫同西方搞缓和的意向。这种分析根据的是 1958 年 5 月中国在华沙条约缔约国会议上的声明。陈云重复毛头年 11 月在莫斯科说的话，宣称："一切'恐美病'都是毫无根据的。任何对于帝国主义战争力量估计过高，对于和平和社会主义力量估计不足，都是极端错误的和有害的。"他更加严厉地说："如果说在以前，例如在十月革命以后，列宁、苏联共产党和苏联人民，面对着资本主义世界的包围和十四国武装干涉，都毫无所惧，那么，当此社会主义阵营已处于完全优势的情况下，怎么能对帝国主义反而更害怕呢?"[1] 与此对照，赫鲁晓夫的报告则用生动的语言描绘核战争毁灭性的后果，号召单方面的和相互的裁军，强调"负责的政治家之间的会议将会导致争论问题的解决"。

差不多与此同时，毛在 1958 年 5 月八大二次会议上的讲话，在措辞上把赫鲁晓夫对核战争的阴暗描绘同他自己著名的信念——中国在损失一半人口之后会生存下来——结合起来。他的话值得大段引证，因为是在内部讲的，反映了他自己的看法。在小标题为《准备最后灾难》的一段里，他警告说：

现在讲点黑暗，准备大灾大难……战争疯子甩原子弹怎么办? 甩就甩吧! 战争疯子存在一天，就有这个可能……

战争与和平，和平的可能性大于战争的可能性。现在争取和平的可能性比过去大。社会主义阵营力量比过去强大……但也有战争的可能性，要准备有疯子。帝国主义为了摆脱经济危机……

要准备真正打怎么办? 要讲讲这个问题。要打就打，把帝国主义扫光。然后再来建设。从此就不会再有世界大战了……

---

[1] 扎戈里亚：《冲突》[837]，第 188 页。

打起仗来无非是死人。打仗死人我们见过。人口消灭一半在中国历史上有过好几次……原子仗现在没经验，不知要死多少。最好剩一半，次好剩三分之一……几个五年计划就发展起来，换来了个资本主义全部灭亡，取得永久和平，这不是坏事。①

毛扼要地讲了中国由汉至唐曾多次损失上千万人口以支持他的分析。但他没有像他在莫斯科或陈云在华沙那样断言社会主义阵营的优势。他也不是在一种好战的或挑战的场合讲这个题目。他更没有想用中国的行动去试探美国的决心的意思。从这些话来看，中国私下的态度不能说是鲁莽的或冒险主义的，更不是企图引发一场可能导致苏美核战争的东西方冲突。

不过，中国公开的夸张言词与论战，不管是表面指向南斯拉夫或拐弯抹角地提到华沙，都表示了中苏在对抗帝国主义的正确战略与策略上的分歧。这些分歧在中东危机中变得更为明显，这次危机始于伊拉克的起义，它导致伊拉克脱离它的西方盟友，终止于美海军陆战队在黎巴嫩和英军在约旦登陆。

赫鲁晓夫对这些事件的反应，是建议美、英、法、苏和印度立即在日内瓦或别的地方举行最高级会议。他在 7 月 19 日写给艾森豪威尔的信，用恰当的温和语言，提出这个独特的建议："我们向你呼吁并非出于恫吓，而是出于理智……各国领导人不应当依靠煽起战争狂作为出发点，而应当依靠理智和冷静来寻求解决的办法。"② 这就拒绝了两天之前《人民日报》阐述的立场："不能对美帝国主义的侵略行为有任何的姑息容忍……如果听任美国侵略者为所欲为，那么，不但中东的人民要遭受奴役，而且新的世界战争也将不能幸免……因此让全世界人民紧急行动起来。"③

---

① 毛泽东：《在八大第二次会议上的第二次讲话》（1958 年 5 月 17 日），见《毛泽东思想万岁》，以下简称《万岁》（1969 年）[507]，第 207—208 页。
② 扎戈里亚：《冲突》[837]，第 198 页。
③ 同上。

更糟的是，赫鲁晓夫的建议排除了中国而包括了印度。三天后北京终于认可了它，并在此后对分歧保持缄默。赫鲁晓夫在 7 月 23 日进一步抱怨北京，他同意西方的反建议，五国最高级会议在联合国安全理事会范围内举行，这样就包括了台湾，而排除了中华人民共和国。

8 月 3 日，一份中苏联合公报透露，赫鲁晓夫与陪同他的苏联国防部长马林诺夫斯基 7 月 31 日以后曾秘密会见毛和他的同事。马林诺夫斯基在 8 月 1 日没有参加人民解放军的周年庆祝会或在会上讲话，联系到国际局势，这说明这次最高级会谈是为了紧急目的而匆忙召开的。时间的选择还可能具有国内的含义。7 月 25 日，北京宣布，中共中央军委在 5 月 27 日至 7 月 22 日举行了有高级军官 1000 余人参加的"扩大会议"。毛和他的高级将领根据当前国际局势，谈到中国军事能力的发展原则和国防问题。

不幸的是，对这两件事，至今都没有发表过详细的报道，虽然后来中国和苏联的资料有两点是一致的：第一，毛没有同赫鲁晓夫讨论即将开始的炮击金门；第二，关于以某种方式共同使用中苏在中国的军事设施的问题，引起相当大的争论，最后未取得一致。对这两点，即使不免于推测，仍应多说几句，因为它们对后来中苏关系的紧张起了作用。

1958 年 11 月下旬，毛在一次内部讲话中说："中苏会谈……其实会上没有谈一句台湾局势问题。"[①] 苏联后来宣称，事先没有"像友好、同盟、互助条约的精神所要求的那样"进行商量，因而看来是确实的。[②] 提到中苏条约的"精神"而不提条约本身，在处理关系的方法上强调了基本分歧。对毛来说，金门纯属内政问题，中国可以想怎么处置就怎么处置。同莫斯科商量非但没必要或不明智，而且也不适当，因为这等于邀请外国干预内政。

---

① 毛泽东：《和各协作区主任的谈话》（1958 年 11 月 30 日），《万岁》（1969 年）[507]，第 255 页。

② M. I. 马卡罗夫等：《中华人民共和国的外交政策》，第 28 页，转引自乔纳森·波拉克《中国外交政策中的观念和方法：金门决策》（哲学博士学位论文，密歇根大学，1975）[585]，第 347 页；又见 A. S. 惠廷对 M. S. 卡皮查的访问记，1975 年 6 月 10 日。

但对赫鲁晓夫来说，美国对蒋介石承担义务和美国军事力量出现在台湾海峡，不能不影响苏联。至少，中美在台湾海峡的对抗，可能使苏联对另一次柏林危机的时间选择与策略变得复杂。最糟的是，由于双方都有盟友，中国国民党与共产党军队的地区性交火，可能使它们各自的超级大国支持者卷入，从而使事态升级。虽然这不一定导致美苏冲突，但将危及赫鲁晓夫一直在策划的最高级会议。

1958 年 8 月 23 日开始了炮击金门，为了对美国在该地区和华盛顿作出的初步反应预留地步，北京在 9 月 6 日提出中美谈判的建议。第二天，赫鲁晓夫写信给艾森豪威尔，警告说，侵犯中国"也就是对苏联的侵犯"。但私下里，据说他这时就已决定，毛的行为使苏联有理由终止核分享协定，虽然这个决定的正式通知直到第二年的 6 月才出现。[①]

在北京最高级会议上关于所建议的军事合作的苛刻交易，其结果也许已经使赫鲁晓夫怀疑核分享是否明智。没有比这更不合时宜的了，因为中国在前几个月里重新强调了"自力更生"和反对依靠外国人（苏联人）。这个国内动向与同盟内部紧张关系的加剧是一致的，后者已经明显地表现在对南斯拉夫和中东问题的分歧态度上。

1958 年上半年，毛作了一系列讲话，中心是唤起与动员中国人民实行"大跃进"。[②] 在这个问题上，他一再攻击"崇洋"的"奴隶思想"，明确地反对依靠苏联。下面的摘录，说明了他讲话的主旨：

> （1958 年 3 月 10 日）：硬搬苏联的规章制度，就是缺乏独创精神……因为我们不懂（重工业、计划、银行和统计工作），完全没有经验，横竖自己不晓得，只好搬……卫生工作也是，害得我三年不能吃鸡蛋，不能吃鸡汤，因为苏联有一篇文章说不能吃

① A. S. 惠廷对 M. S. 卡皮查的访问记。
② 见《在最高国务会议上的讲话》，1958 年 1 月 28 日；《在成都会议上的讲话》，1958 年 3 月；《在军委扩大会议小组长座谈会上的讲话》，1958 年 6 月 28 日，载施拉姆编《讲话》[634]。

鸡蛋和鸡汤,后来又说能吃。不管文章正确不正确,中国人都听了都奉行。总之是苏联第一……

苏联的设计,用到中国大部分正确,一部分不正确是硬搬……我们对整个经济情况不了解,对苏联和中国的经济情况的不同更不了解,只好盲目服从。现在情况变了,大企业的设计、施工,一般说来,可以自己搞了;装备,再有五年就可以自己造了。①

(1958年6月28日):战争中按照苏军条令执行是不行的,还是搞自己的条令……"八大"决议中有一节关于技术改革的问题,按照今天的发展情况来看,提的不妥当,就是过分强调依靠苏联的帮助。争取苏联援助是很需要的,但主要的还是自力更生……这次会议主要是打倒奴隶思想,埋葬教条主义……

我们有丰富的经验,比苏联的多,把自己的经验看得那么不值钱,是不对的……目前苏军顾问搞的东西(作战计划、想法)都是进攻的,都是胜利的,没有防御,没有打败仗的,这是不符合实际情况的。②

毛在内部讲话中详加阐述的主题,在公开文章中只作了比较简单的暗示,暗示正在减少对苏联援助的依靠。5月,人民解放军空军司令员刘亚楼预告,要把军事武器改进的基础放在本国的而不是苏联的方法上:"我们中国的工人阶级和科学家一定能够在不久的将来制造出最新式的飞机和原子弹来。到那时……可以用祖国的工人、工程师、科学家自己制造的原子武器和导弹。"③

这些在内部讲话和公开声明中,暗示了降低对苏联援助所抱的希望,与1957年的原子弹分享协定的精神正好相反,而这一协定已在履行中。一种解释可能是,和赫鲁晓夫建议美苏谈判核禁试问题有

---

① 施拉姆编:《讲话》,[634],第103页。
② 同上书,[634],第125—130页。
③ 爱丽丝·兰格利·谢:《共产党中国在核时代的战略》[318],第112页。

关。他在 4 月 4 日致世界各国首脑包括周恩来的信中指出，由于现在只有苏联、美国和英国拥有核武器，"比较容易达成"一项禁试协定，而当"经过一段时期之后，其他国家也可能掌握核武器，到那时，达成停止试验的协定自然就更加复杂了"。[1] 4 月 22 日，他同意艾森豪威尔总统关于美苏就如何监督停试进行技术研究的建议。

对这个明显地反对北京最终拥有核能力的建议，中国人的愤懑是可想而知的，除此之外，中苏拟议中的在其他领域的军事合作也发生了争论。的确，这可能是促成北京最高级会谈的近因。会谈中究竟提出了什么建议和要求，双方事后的报道有出入，但在一点上一致，即在联合使用中国海、空军和通信设施上发生争吵。[2] 前几个月在较低层次发生的争执，显然导致了在北京加以解决的尝试。但没有取得一致。相反，双方分手时，关系可能比从前更坏。究竟是赫鲁晓夫希望增加联合设施来交换核分享呢，还是毛要求范围更广的现代武器而对苏联的要求未作让步，从现有证据看，还不能断定。但中国人对一支外国军队在本国出现的敏感，加上毛重新强调"自力更生"，造成了使双方此后互相怨恨的一种僵局。

炮击金门

1958 年 8 月 23 日，中共炮兵部队向金门岛发射了大约 4.1 万发炮弹，是近十年来一再发生的敌对行动中总数最高的。[3] 目标的三面离大陆炮兵阵地不过几千码。将近 8 万名国民党军队和 4 万名平民，主要依靠来自 125 英里之外的台湾的海上供应来维持这个沿海基地——

---

① 麦克法夸尔：《文化革命的起源》，第 2 卷 [496]，第 66 页。

② 波拉克的《观念》[585]（第 350—352 页）查阅了苏联和中国的原始资料，包括美国学者对卡皮查的访问记，并开列了苏联的要求，可能包括海军进入中国港口，为苏联海军提供通信设施，建立沿中国海岸的中苏联合舰队，苏联在中国设置雷达跟踪站以监视美国导弹，以及在中国建立苏联截击机基地。中国的要求可能是苏联扩大潜艇建造援助，最终包括核潜艇；苏联的防空部队受中国控制；以及对进攻金门的各种空中与地面支援。

③ 波拉克：《观念》[585]，第 117 页。波拉克的数据，是根据不再作为机密的美国政府文件和经过彻底查对的新闻报道，以及中国的消息来源，包括国民党和共产党的在内。

蒋介石政权最后剩下的合法领土之一。金门与厦门隔海相望，国民党驻军的大炮有效地封锁了厦门港的出入口，威胁着附近的航运。

此后一星期内，福建省无线电台不断地向金门播出投降的最后通牒，同时间歇地对金门进行不同强度的炮击。[1] 米格—17 式飞机对军事目标进行轰炸和扫射，同时海军部队阻断从台湾来的供应。8 月 28日，《人民日报》在头版登出国防部对四天前击沉一艘国民党船只的嘉奖令，宣称这"显示了我人民海军的威力，给盘踞金门的蒋贼军与台湾的海上联系以严重威胁，使之更加处于困境"。[2] 嘉奖令命令海军"再接再厉，与前线陆军、空军部队密切协同配合，准备随时给蒋介石卖国军增援部队以更大的打击"。

但 8 月 27 日以后，军事行动的节奏和水平急速下降。这只能部分地归因于台风的影响。美国对炮击的反应提供了一个补充解释。在炮击开始后的几天里，美国在西太平洋的第七舰队和在日本的第五航空队进入加强戒备状态。驻在地中海的第六舰队中的"艾塞克斯"号航空母舰和四艘驱逐舰，奉命开往台湾地区。除此之外，有另外两组航空母舰编队，加强台湾海峡的巡逻，美国还在台湾举行了一次防空演习。太平洋战区的美国军事指挥官们在岛上开会，检查前些时候宣布的将在 9 月初举行的中美联合军事演习，它将包括 3800 名美国海军陆战队。到 8 月 29 日，有 50 多艘美国舰只，包括 6 艘航空母舰和500 多架战斗机和轰炸机，它们或已到达台湾地区，或正在途中。第二天，第七舰队的一支分队准备为开往金门的国民党供应船只护航。

美国的政治声明，虽然意义含糊，却留有卷入的足够余地，增加了北京的担心。炮击开始那天，杜勒斯国务卿发表了一封信，回答国会关于最近在沿海岛屿附近大陆军事行动增加的意义的质询，他指出："如果有人假定，即使中国共产党人想用武力改变现状，现在进攻并企

---

[1] 最初的投降号召威胁"在金门登陆"和完全封锁；中国新闻社 1958 年 8 月 28 日福建前线普通话广播，出处同前 [585]，第 128—129 页。随后广播的最后通牒，省去了入侵的威胁。炮击密度每天 3000—36000 发。

[2] 同上书 [585]，第 122 页。

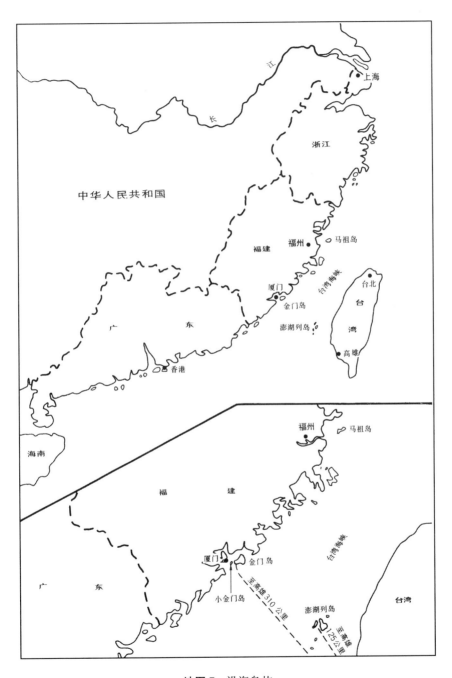

地图 7　沿海岛屿

图占领这些岛屿，可能是一种有限行动的话，那将是非常危险的。"①

8月27日，艾森豪威尔总统声称，有1/3的国民党军队在这些岛上，这就使"这些岛屿与福摩萨的防御体系连接得比以前（1954—1955年）更紧"。②他援引1955年的福摩萨决议，该决议超过1954年关于台湾和澎湖列岛的共同防御条约的限制授权总统，在他认为对保卫台湾是必要的时候，得使用武力。他还警告，如果这些岛屿受到侵犯，"美国不会放弃它的义务"。四天后，美国陆军部长布鲁克在台北警告北京，"不要低估"美国的警告。

事情的发展显然与毛的期待相反。9月5日，他在最高国务会议上承认："你看金门、马祖打这样几炮，我就没有料到现在在这个世界闹得这样满天风雨，烟雾冲天。"③尽管他把这种"混乱"归咎于"人民害怕战争，害怕美国给各地带来灾难"，但没有掩饰对他的失算感到吃惊。

9月6日，周恩来公开建议恢复从头年12月以来陷于停顿的中美大使级会谈。虽然他的讲话紧接在杜勒斯9月5日发表的声明（这是到那时为止美国支持国民党人的最明确的许诺）之后，但仔细研究中国人的言行，其中暗示了他们在杜勒斯记者招待会前就已有了减少战争发生危险的决心。一个月后，在10月6日，彭德怀元帅宣布停止炮击和封锁一星期。又过了三星期，他宣布只在单日炮击。紧张缓和下来，没有发生进一步的行动。

在计划炮击金门时中国人主要考虑的是预料到的美国的反应。毛在内部的自我批评，说明他没料到反应会这么强烈。但中国官员在炮击结束后立即宣布成功，声称炮击的目的就是要使美国军队卷入，从而使他们不可能在"两个中国"运动中对沿海岛屿弃之不顾。④这后

---

① 波拉克：《观念》[585]，第157—158页。

② 同上书[585]，第158页。

③ 毛泽东：《在最高国务会议上的讲话》（1958年9月5日），载《万岁》（1969年）[507]，第239页。

④ 安娜·路易斯·斯特朗：《中国在台湾海峡的战略》[688]，《新时代》，46（1958年11月），第8—11页。

一种解释，看来是一种事后的补苴。最初向金门驻军广播的最后通牒，要求他们投降。此外，毛 9 月 8 日在最高国务会议上讲话，要杜勒斯和艾森豪威尔"采取主动，慢慢脱身……怎么脱法呢？就是这十一万人〔他所估计的金门和马祖的国民党军队人数〕走路"。[①] 毛特别指出金门和马祖的"陷阱"并没有关闭，可以"逃跑"。

这说明这一行动有一系列目的，最好的结果是，趁美国军事力量专注于中东危机时，夺取这些岛屿。即使这个目的达不到，那么炮击也可能迫使华盛顿给予北京对台湾的权利以应有的尊重，恢复大使级会谈。与此有关的是头年发生的某些事情。

1957 年，在北京经过两年努力想同华盛顿达成一项暂时协定之后，关系突然恶化。那年 5 月，美国透露出想在台湾部署射程为 650 英里、能携带核弹头的"斗牛士"导弹。6 月，杜勒斯国务卿发表一篇不寻常地敌视与不妥协的对华政策演说。12 月，当华盛顿方面的大使级会谈代表被调往别处，由一个低一级的官员代替他时，北京停止了中美大使级会谈。

1958 年 2 月，周恩来在全国人民代表大会上回顾外交政策的讲话回敬了美国，有意不提先前的"和平解放台湾"，痛骂华盛顿制造"两个中国"的阴谋。6 月 30 日，北京公开要求美国在 15 天之内派出一名大使级代表，恢复会谈，否则中华人民共和国将"认为美国已经决心破裂中美大使级会谈"。[②] 华盛顿拒绝顺从最后通牒，故意延迟美国驻波兰大使为代表的任命。这时，爆发了黎巴嫩危机。

几个月后，毛在最高国务会议上讲话，把这两件事联系起来：

> 美国人历来欺侮我们，在中东事件以前，他公开发表一个备忘录，说中国之坏，坏得透顶……他又断绝日内瓦的谈判。那好，我们就限个期限来谈。后来到了中东事件的末尾，他东西来

① 毛泽东：《在最高国务会议上的讲话》（1958 年 9 月 8 日），《万岁》（1969 年）〔507〕，第 239 页。
② 波拉克：《观念》〔585〕，第 89 页。

了，他比我们那个期限推迟了几天。我们的限期是十五，他十七号回的信，要谈判。我们没有发表，因为这个时候，我们不在乎你那个东西，我们要打炮了，我就不发表那个东西。[①]

中国人突然将"解放台湾"的主题引进支援黎巴嫩的群众示威游行，并加速将喷气战斗机、大炮和军队运到沿海岛屿和台湾的对面。7月22日，主要的军报《解放军报》醒目地登出一条电讯，纪念在金门以南的一个小岛挫败国民党入侵五周年，宣称"人民解放军海防部队官兵，一致表示……时刻准备解放祖国领土台湾和金门、马祖等沿海岛屿"。[②]《人民日报》在第二天重登了这条电讯。

7月29日，米格—17飞机第一次以战斗姿态在沿海出现，击落两架在金门以南巡逻的国民党战斗机。一年多前修建的一些机场，在7月底8月初已可使用。一条通往厦门的长达500英里的铁路（在福建修建的第一条铁路）已在2月完成，现在担负起大约400门指向金门的大炮和集结在福建前线的30万人以上的军队的后勤任务。

这样，北京同华盛顿的关系在1957年年中开始严重恶化。它在大使级会谈上的强硬立场，始于1957年12月。它对沿海岛屿的军事行动，以中东危机为契机，始于1958年7月下旬。这说明一系列决定及其贯彻执行，是在失败的赫鲁晓夫—毛会谈之前。把强调"自力更生"与坚持"解放"台湾是"内政"联系起来看，毛似乎希望，进攻金门会促使驻军投降而不引起美国的反响，以此向赫鲁晓夫显示北京的决心、华盛顿的软弱和莫斯科的瞎担心。

但是，毛的失算不仅带来了中美军事对抗，而且严重地恶化了中苏关系。9月5日，外交部长安德烈·葛罗米柯和他的高级中国专家M.S.卡皮查一起到达北京，商讨金门事态。第二天，周要求恢复中美大使级会谈。9月7日，赫鲁晓夫写信给艾森豪威尔说："对我国伟大的朋友、盟邦和邻国中华人民共和国的侵犯也就是对苏联的侵

① 毛泽东：《在最高国务会议上的讲话》(1959年4月15日)，《万岁》(1969年)，第290页。
② 波拉克：《观念》[585]，第89页。

犯。忠于自己义务的我国，将尽一切可能同人民中国一道来维护两国的安全。"[①] 他为北京的行动辩护，说北京"致力于解放本国领土"，"完全有合法权利"和"合法的自卫措施"。

但私下里，苏联首脑显然被毛的单方面行动所激怒。据卡皮查说，赫鲁晓夫拒绝他的同事们对公开支持毛所表示的反对，他辩解说，一旦艾森豪威尔介入，同盟需要他作出反应，但在紧张消除后，有必要重行检查中苏关系。[②] 据传毛在会见葛罗米柯时对逐步升级的核战争危险采取的掉以轻心的态度，进一步促使苏联决心撕毁 1957 年的核协定。

莫斯科同北京的公开论战发生在 1960 年中期，这些论战包括苏联宣称它在金门事件中制止了美国的一次进攻，中国则否认有这种进攻的可能，尤其是在赫鲁晓夫写信给艾森豪威尔的时候。[③] 毛在紧接这件事之后的讲话中，没有任何指责苏联支持不充分的话，因此，随后的交锋不大可能反映当时关系紧张的真正原因。中国人既未邀请也不需要苏联人介入他们的行动，而且正好相反，从原则上将它排除了。但金门在苏联停止核援助的决定中所起的作用，不管是真是假，证明是重要的。

"大跃进"和苏联的批评

在炮击金门期间，北京用"大跃进"的口号动员全国。8 月 29 日，中共中央政治局扩大会议通过了《关于在农村建立人民公社问题的决议》，宣称这些"共产主义社会的基层单位"将"加快社会主义建设的速度，而建设社会主义是为了过渡到共产主义积极地做好准备。看来，共产主义在我国的实现，已经不是什么遥远将来的事情了，我们应该积极地运用人民公社的形式，摸索出一条过渡到共产主

---

① 波拉克：《观念》[585]，第 230—231 页。

② A.S. 惠廷对 M.S. 卡皮查的访问记，1975 年 6 月 10 日。

③ 1963 年 8 月 21 日和 9 月 1 日苏联政府声明；1963 年 9 月 1 日中国政府声明；见威廉·E.格里菲思《中苏分裂》[281]，第 365、382 和 439 页。

义的具体途径"。①

虽然这一发展的基本意义与重要性纯属内政问题,但它溢入中苏关系,引起了同盟内的进一步摩擦。在中国方面,人民公社及其供给制、公共食堂和托儿所,被官方欢呼为"不仅是中国历史上的伟大事件,而且是世界历史上的伟大事件","是一件具有世界意义的事"。②与此对照,在整个秋季,苏联人在有关中国的正式讲话、消息和官方声明中,有意地避免提及人民公社。赫鲁晓夫在同参议员赫伯特·汉弗莱谈话时,说人民公社是"反动的"。③他把它们同革命后莫斯科流产的公社试验相比附,说这个试验的失败是因为"没有刺激,你就不能得到产品"。他的话公开后,中国人认为违反了盟国之间应有的行为准则。

1958 年 12 月 10 日,中共中央全体会议的一项决议推迟了早先提出的建成社会主义的时间,说要"15 年、20 年或者更多一些的时间",建成共产主义的时间就更长了。④它宣布,与按"需"分配相对立,"按劳分配"将"在长时期内,必要占有重要地位",如果过早地实行按"需"分配,"无疑是一个不可能成功的空想"。

这个从 8 月下旬提出的立场的退却,既未结束中国国内也未结束中苏之间在"大跃进"问题上的争吵。苏联继续对经济后果持怀疑态度。苏联顾问由于他们的警告受到轻蔑而感到失望。⑤苏联官员憎恨日益增加的向中国交货的要求。苏联领导人对中国人在意识形态上的优越感怒不可遏。虽然基本上是一个内政问题,但毛的轻率的经济试验,必然影响到对外关系,就像他炮击金门的决定表面上也是内政问

---

① 全文见《北京周报》[568],29(1958 年 9 月 16 日);转引自扎戈里亚《冲突》[837],第 97 页。

② 《朱副主席在新疆军区和生产兵团视察作重要指示》,《解放军报》1958 年 9 月 26 日;李先念:《人民公社所见》,《红旗》1958 年第 10 期。转引自扎戈里亚《冲突》[837],第 102—103 页。

③ 同上书[837],第 99、126 页。

④ 同上书[837],第 125—126 页。

⑤ 关于苏联顾问在 1958—1959 年间的经历和批评的扼要重述,见 O.B. 波里索夫和 B.T. 科洛斯科夫《1945—1973 年的中苏关系简史》[58],第 144—145 页。

题一样。

炮击金门在人民解放军方面来说，是以丢脸告终。毛的"战略上藐视，战术上重视"的反复告诫，未能约束住他的手。同样，"大跃进"以 1960—1961 年的经济灾难告终。毛对经济的无知（他过后才承认），加上傲慢自大，导致他的失败。在莫斯科看来，这两件事情上的重大失误表明了妄自尊大。这个看法终于促使苏联在 1960 年取消援助，从而使 1958 年中国宣布的"自力更生"成为必要。

第二阶段:1959—1960 年

概观

1959—1960 年，中苏同盟由于关系紧张而接近破裂，它是下述事实造成的：赫鲁晓夫在美国同艾森豪威尔会谈，莫斯科在中印边界争吵中公开保持中立，北京向克里姆林宫的意识形态领导地位挑战，苏联取消援助，以及布加勒斯特和莫斯科各国共产党会议上的论战。尽管以上的事态发展对国家、地区和世界政治有着引人注目的深远意义，但也还有另外一些关系需要中国迫切注意。西藏叛乱迫使对重要的喜马拉雅山山口宣布控制，因为通过它们，游击队可以逃跑，也可以回来。这引起中印关系不和，而以前他们曾发誓友好，虽然实际上是竞争。

中印关系紧张又引起中缅边界争论，因为有争议的麦克马洪线穿过这个地区。此外，缅甸的共产党起义对北京是否诚心支持邻国的"人民战争"是一个考验。老挝也向革命的花言巧语挑战，因为根据1954 年日内瓦协议成立的中立政权，到 1958 年让位给了一个美国支持下的反共政府。更远一点，印度尼西亚提出了难题。先是美国想通过一次苏门答腊叛乱推翻苏加诺的企图遭到失败。然后，由军队领导的反共势力想通过煽起反华情绪刺激北京作出过火反应，以破坏苏加诺的亲北京方针和他与印度尼西亚共产党的联系。

这些事态发展充满了中华人民共和国的外交议事日程，它们提出的问题，即使不要求行动，也要求回答。意识形态和理论公式可以指导北京在社会主义集团和国际共产主义运动的总路线上同莫斯科论战。但把它们照搬到特殊情况中来就是一种不合适的指南。毛泽东可以根据在 1960 年把中苏关系带到破裂边缘的总政策,亲自控制重要的声明。但周恩来和外交部则看来与此不同,他坚持 1955 年在万隆会议上采取的比较克制的态度,用"上层统一战线"反对"帝国主义和殖民主义",在 1959—1960 年发生的大多数重大对抗中,他都采取这种态度。

老挝

老挝的事态发展,揭示出北京在谨慎的外交与革命暴力之间的选择。前者在这个时期占优势。根据 1954 年的日内瓦协议建立的老挝国际监督和监察委员会,安排了 1958 年 5 月的选举,这次选举老挝共产党阵线得票最多。中立的首相富马亲王因此要求国际监督和监察委员会离开,它的使命显然完成了。当它在 1958 年 7 月离开时,亲王已经辞职,而"左"—中联盟已经被一个以培·萨纳尼空为首的反共联盟所代替。他的领导的结果,是 1959 年 1 月一个台湾领事馆的开设,这时培·萨纳尼空宣布不再受日内瓦协议的约束,并公开威胁要和美国结盟。北京正确地指控华盛顿一直在幕后操纵。它担心老挝同台湾勾结,因为在边界山林地区的国民党残部正在向云南骚扰。

2 月,陈毅正式指责"美帝国主义"破坏日内瓦协议,阴谋侵略印度支那。他还要求老挝国际监督和监察委员会执行协议。3 月,东南亚条约组织举行军事演习,以假想的中国进攻为对象,演习中包括了核武器。中国新闻媒介指责这个把泰国、老挝和南越联合起来的"三国军事同盟",但没有号召巴特寮采取对策。

3 月,中国不得不承认边境的"骚乱",把云南境内的间谍活动与暴乱归咎于美国向国民党军队空投补给。[①] 同月爆发的西藏叛乱,也许使忧虑更加深重,因为它导致达赖喇嘛逃往印度,跟随他的有上万名难民,他们可能是未来的游击队员。中央情报局—国民党间谍网

---

① 李侪今(音):《共产党中国对老挝的政策:个案研究,1954—1967 年》[429](以下简称《老挝》),第 52 页。

对西藏叛乱的支持，使北京关于老挝的指责是可信的。①

5 月，培·萨纳尼空下令解除巴特寮两个营共 1500 人的武装，于是爆发了战斗。一个营逃走，并在共产党北越的帮助下，开始攻击万象军队。同时，北京加强了语调。它攻击老挝和泰国外交部长的联合声明（这个声明认可老挝参加一个地区性组织），并再一次要求老挝国际委员会挽回局势。但背地里，北京开始与河内合作。它提供数量不大的军援、顾问、训练，并在少数民族中招募人员，以支持巴特寮。②那个夏天，老挝和法国的一项联合公报授权美国供应和训练老挝军队。8 月，北京作出反应，正式要求恢复老挝国际委员会的监察监督活动，根据日内瓦协议撤回美国的所有军事卷入，恢复到以前的状况。

9 月中旬，联合国调查小组的到来，显然对双方起到了抑制作用，伤亡人数和零星战斗的明显减少，证实了这一点。调查小组的报告声称有中国援助的证据，包括武器、军服和医药品，但它暗示，比起北越的作用来，是第二位的。军事局势因此僵持不下。

1959 年底的右翼军事政变，被北京谴责为"法西斯军事独裁"，独裁者富米·诺萨万继续攻击巴特寮部队，使北京发誓要和"美国扩大老挝内战的冒险"对抗。③ 但没有继之以行动。1960 年 5 月，周恩来访问河内，发表了一个联合公报，仅仅要求老挝国际委员会恢复活动和坚持日内瓦协议。

北京相对消极的态度似乎证明是正确的，因为 1960 年 8 月，一个中立的军官贡勒在万象夺取了政权，目的是结束美国的干涉和恢复富马亲王的首相职位。但中国想在富马亲王和巴特寮之间重建统一战线的努力，受到由美国和泰国支持的、富米·诺萨万在寮国平原的对立组织的反对。到 12 月中旬，富米的军队占领了万象，富马逃往柬埔寨。重新开始的内战，使两个超级大国成为对抗双方的代理人，美

---

① 艾伦·S. 惠廷：《中国的威慑微积分学：印度和印度支那》[786]，第 1 章详述了在西藏的秘密活动的证据。
② 李侨今：《老挝》[429]，第 55 页。
③ 《人民日报》，1 月 8 日；北京电台，1 月 11 日；《人民日报》，1 月 22 日；《大公报》，1 月 23 日；李侨今：《老挝》[429]，第 65—66 页。

国用顾问、坦克和大炮支持富米，贡勒和巴特寮则得到苏联的空运补给和北越的供应。

陈毅发表强硬讲话，警告说，这是自 1954 年以来"美帝国主义"在印度支那地区策动的一次"规模最大的武装干涉"，是一个"阴谋"，最终目的是进攻中国和越南，因此中国不得不采取"适当措施"。[①] 但北京继续赞成河内提出的重开日内瓦会议和恢复老挝国际委员会活动的建议。这样，到这一年的年终，中国的公开态度没有实质性改变，它赞成协商而不是战争，只是在秘密支持巴特寮武装部队上略有改变。

柬埔寨、泰国和缅甸

中国对非共产党邻国老挝的政策，同样地避开了激进的革命路线，与它同莫斯科的论战形成对比。当诺罗敦·西哈努克亲王 1956 年访毛并公开拒绝东南亚条约组织的保护时，中柬关系还是非正式的个人关系。几个月后，北京给柬埔寨 2240 万美元建立胶合板、水泥、纺织和造纸厂，这是北京第一次给一个非共产党国家的援助。那年 12 月，周恩来访问金边，但正式的外交关系始于 1958 年 7 月。

柬埔寨政府怀疑派往柬埔寨的中国经济代表团资助左翼报纸并在学校和民间团体中扩大"左"派影响，于是限制外国参与华侨占支配地位的某些行业，对学校实行控制，同时取缔民间团体。[②] 1960 年，据说有几百名华侨因颠覆活动被捕，加上其他种种事情，有几十名华侨在周恩来于 5 月的另一次访问之后被驱逐回中国。但是，这些活动究竟在多大程度上是旨在搞一次真正的革命运动，或仅仅是北京企图改变当地华人前此的亲台湾倾向，则至今都很难说。就柬埔寨的左翼活动来说，到 1961 年为止，法国和仅次于法国的苏联的影响要明显得多。

与老挝对照，1960 年结束时，北京与柬埔寨的关系往好的方向

---

① 李侨今：《老挝》[429]，第 74 页。
② 梅尔文·格尔托：《中国与东南亚，生存政治学》[286]（以下简称《生存》），第 62 页。

发展，刘少奇访问金边的结果，是签署了一个友好和互不侵犯条约。*虽然没有发生实质性变化，但这一条约象征两国关系在将来日渐密切。

中国与泰国的关系，在这几年实际上不存在。曼谷显然敌视中柬关系，证据是它在1958年10月全面禁止从中国进口货物，以及打击共产党和"左"派的活动。1959—1960年，中国、北越、巴特寮老挝的合作，被看成是对泰国安全的潜在威胁，如果老挝受共产党控制的话。曼谷因此加强了对富米·诺萨万的支持和与美国秘密计划的合作。

北京对泰国在老挝境内及其周围的活动，只在口头上作出反应，很少在泰国本国向泰国挑战。泰国共产党直到20世纪60年代中期，只不过是一个微不足道的麻烦。它这时同中国唯一明显的关系，是一封祝贺中国10周年国庆的电文，完全不提革命的事。与柬埔寨不同，泰国人多、经济实力强的华侨社会，坚持亲台湾的倾向。

与老挝毗邻的第三个非共产党国家缅甸，向北京提出三个难题。在缅甸的国民党残部对云南造成威胁。边界争执使双方军队都卷了进去。缅甸共产党，特别是所谓的白旗派，沿中国边界用游击战反抗仰光的统治。国民党残部的存在，不像在老挝和泰国那么严重。一半以上的军队已经在前几年撤回台湾，剩下的人对鸦片生意比对反共活动更感兴趣。同时，共产党起义者似乎很少得到中国的帮助，从1954年至1958年，仰光没有报告有中国武器的迹象便是证明。①

但从1954年起，中缅边界就是一个难解的结。在1956年的一次小冲突之后，互相从佤族地区和克钦邦有争议的地区撤走军队，使紧张有所缓和，但从1956年至1958年的谈判没有取得成果。这对仰光是个敏感的问题，因为要控制一条长达1350英里的边界，其中许多地方被反叛的掸族、克伦族和克钦族等少数民族以及白旗派残余所分割。

但缅甸坚持不懈地追求中立，这对中国有好处，排除了美国出现

---

* 译者按：刘少奇当时并未访问金边，中柬友好和互不侵犯条约是1960年12月19日在北京签署的。

① 约翰·H.巴奇利：《缅甸与中国》[15]，见A.M.哈尔珀恩编《对华政策：六大洲所见》[287]，第308页。

的可能。当 1959 年 10 月联合国的一项谴责中国在中印边界争端中使用武力的决议进行表决时，缅甸弃权，中立的政治价值就显露出来了。这促成奈温在 1960 年 1 月访问北京，达成一项边界协议，从中缅实力对比的悬殊来看，这个协议比所能期望的还要宽宏大量。① 只有西端部分没有定界，那里中、缅、印三国的交界处是在有争议的麦克马洪线上。

当然，很可能是中印争执促使北京与仰光和解，不仅是为了报答缅甸在联合国表决时弃权，而且给新德里一个信号：和解是可能的。在这方面，中国在 1960 年 3 月 21 日同尼泊尔签订了边界和经济援助协定，接着在 4 月 28 日同加德满都签订了友好条约，在这中间，周恩来在新德里会见了尼赫鲁，这些都不是巧合。陈毅的阿富汗之行和 1960 年 8 月 26 日在喀布尔签订的友好和互不侵犯条约，无疑也是出于同样的动机。中国愿意在领土争端上妥协；但是，如果印度不愿仿效，它就可能在邻国中陷入政治孤立。

印度尼西亚

印度尼西亚与上述国家不同，没有任何与中国毗连或靠近的领土，可以被看成一个特殊问题。但在 1958—1960 年间，它也迫使北京在"上层统一战线"和一种比较严厉的立场之间作出选择：前者以国家关系为主，但要求中国在利益上作出让步，后者是对抗与压力，可能包括革命。

像在老挝那样，北京在 1959 年有过短暂的犹豫不决，曾尝试采取一种比较强硬的立场。但终于在 1960 年向雅加达退让。也像在老挝那样，双边关系中，一方面交织进美—台关系，另一方面交织进苏联政策。印度尼西亚不涉及中国的安全问题。此外，对北京来说，苏加诺是一个比梭发那·富马更强和更可靠的朋友。

---

① 中国得到面积为 59 平方英里的 3 个村子和佤族地区的 73 平方英里土地；缅甸得到"1941 年线"上 6 个村子中的 4 个，加上南碗指定区的 85 平方英里土地，见梅尔文·格尔托《生存》[286]，第 95 页。

1958 年初的苏门答腊叛乱向雅加达的统治提出了挑战。接着美国第七舰队出现在印度尼西亚沿海，诡称在必要的时候保卫美国人的生命安全。但是，东南亚条约组织可能支持叛乱的暗示、美国 B—26 飞机从菲律宾基地运送中国国民党武器的迹象，以及俘获一个以冲绳为基地的美国飞行员的事实，这些加在一起，泄露了华盛顿—台北的勾结。[①]

1958 年 4 月，北京谋求利用这个事实，向印度尼西亚贷款 1600 万美元购买大米和棉布。5 月，它公开将台湾与叛乱联系起来，认为中国和印度尼西亚间有共同安全利益。北京保证的未加详细说明的帮助，附有一个非公开的建议，据说包括"志愿人员"。[②] 日益壮大的印度尼西亚共产党的参政，加强了这个有利的国际环境，虽然印度尼西亚共产党的方针明显地更倾向于莫斯科而不是北京，不过无论从哪方面说，这都得感激苏加诺的"有控制的民主"。

但是，当苏门答腊的叛乱得到控制后，局势就迅速起了变化。印度尼西亚在它与亲台湾侨团的关系由于台北的活动而破裂之后，目标转向其余的华人，把他们作为控制对象。军队指挥官看来会得到他们所接管的华人商店，平民也将由于金融和制造业方面华人竞争的减少而受益。最重要的是，保守的军事领导想使苏加诺改变他的亲北京立场，转而亲西方并在印尼共产党变得更强大最后脱离苏加诺而独立之前与其决裂。在苏加诺方面，他拒绝压制军队，因为他们曾镇压叛乱，他还要依靠他们实现他的扩张计划，首先取得西伊里安然后取得马来西亚的统治权。

于是，在 1959 年 5 月，印度尼西亚商业部宣布，将在 12 月之前，吊销所有在乡下的外侨零售商的营业执照。中央军队的一项命令，批准地方指挥官"出于安全的理由"将外侨从他们的居住地迁走。一个西爪哇上校因此下令所有的外侨在 12 月之前迁入城市。这些事态发展打开了歧视之门，在全国范围内反对并没收华人的商业利益。

---

① 戴维·莫辛戈：《中国的印度尼西亚政策，1949—1967 年》[535]，第 141—145 页。
② 同上书 [535]，第 146 页。

这些步骤是在雅加达的权限之内合法地采取的。虽然它们违反1955年的中国—印度尼西亚双重国籍问题条约的精神，但这个条约还有待雅加达批准。北京缺乏提出抗议的任何正式根据，于是，在9月建议进行"秘密外交"，印度尼西亚外交部长苏班德里约遂于10月访问北京。但据说他受到群众大会上慷慨激昂的演说的叱责和这样的威胁：如果歧视华侨的措施不加收敛，新加坡的码头工人将抵制印度尼西亚货物。① 他回国后不久，商业禁令有所缓和，西爪哇对在5月之前申请为印度尼西亚公民的华侨免除禁令。

但是，当西爪哇的上校采取先发制人的（并往往是粗暴的）行动驱逐华侨时，局势紧张起来。中国大使馆人员去该地利用传单和会议发动抵抗。印度尼西亚官方的反应是逮捕当地华人并对所有使馆人员的活动加以限制。12月，陈毅要求立刻批准条约，保护华侨及其权益，遣返卖掉财产后自愿回国的华侨。第二天，北京开始了一个有组织的运动，说服从外面去的或在当地土生土长的华侨离开印度尼西亚回国。

成千担心他们的生命财产的人响应这个号召。为应付一次可能的集体迫害而出现的消费品囤积，以及由于抢购外汇，引起了通货膨胀。对主要出口产品如椰肉干、石油、橡胶和锡的加工和交易至关紧要的华侨，以及向农民提供贷款、沟通城乡交易的华侨，他们可能的离去有造成经济根本混乱的危险。

北京增加了压力，但雅加达的态度很坚决，不允许从这个国家带出财产和外汇。两个首都日益增长的对抗意识，威胁着印度尼西亚共产党，它经受不起跟中国走下去的后果，也经受不起丧失一个主要的财政支持来源。② 这个窘境正是印度尼西亚政府的法令立意要造成的。1960年2月，在这个争吵的高潮，赫鲁晓夫访问雅加达，提供2.5亿美元信贷，对北京来说，问题就更复杂了。

这一连串相反的压力，促使北京在所有的问题上让步，1960年4月10日周恩来在人民代表大会上说的话，就是一个信号。他特别提

---

① 戴维·莫辛戈：《中国的印度尼西亚政策，1949—1967年》[535]，第165—166页。
② 同上书，第180页及以下各页。

到"修正主义"阴谋挑拨中国和印度尼西亚的关系，这就暗示了最后被迫作出的这个决定，是由于害怕莫斯科利用这个争吵，从而讨好苏加诺、军队和印度尼西亚共产党。此外，在时间的选择上，与中国同缅甸和尼泊尔的边界协定巧合，与中印争吵相联系。

印度

1959—1960 年中印关系出现的危机，影响到中国其他的国际关系，特别是同苏联的关系。从 1954 年起，北京和新德里公开支持和平共处五项原则，但私下对边界问题有分歧，这表现在两国各自的地图上。不过，由于西段的拉达克实际上无人居住，双方又都尊重东段的东北边境特区，问题尚处于休眠状态。

其后，在 1958 年，北京透露新建成一条连接新疆和西藏的公路，它穿过阿克赛钦高原，该地在新德里的地图上属于印度。印度派去查看的巡逻兵被俘，并被扣押了一个月，这引起了印度的抗议。那年 12 月，尼赫鲁在写给周恩来的信中重申他的立场，没有提到公路。周在 1 月作了回答，说边界从未划定，公路是在中国领土上。① 周建议，尽管东段的麦克马洪线是非法的，但双方应继续维持边界现状。尼赫鲁在 3 月的回答，重申了印度要中国在各点上回到它的边界一侧的要求。

同时，一场酝酿已久的康巴人的叛乱，从西藏东部蔓延到了拉萨地区。1959 年 3 月 10 日，首府的一次群众示威游行试图劝阻达赖喇嘛逃往印度。但它的后果却是人民解放军开火，随即发生暴乱，在猛烈的战斗中，达赖逃走。北京对新德里公开同情西藏人表示抗议，但 3 月 31 日，达赖喇嘛及其数千追随者得到新德里庇护。这引起北京报界的进一步攻击，5 月 16 日，正式谴责印度"干涉中国内政"。②

控制主要的喜马拉雅山口成为一个重要问题，因为它们成了游击队进入西藏和难民进入印度的通道。1958 年 8 月，人民解放军企图堵塞这种流动，结果在东段的朗久与印度巡逻队发生冲突，一名印军

---

① 哈罗德·C. 欣顿：《世界政治中的共产党中国》[297]，第 285 页。
② 同上书 [297]，第 287 页。

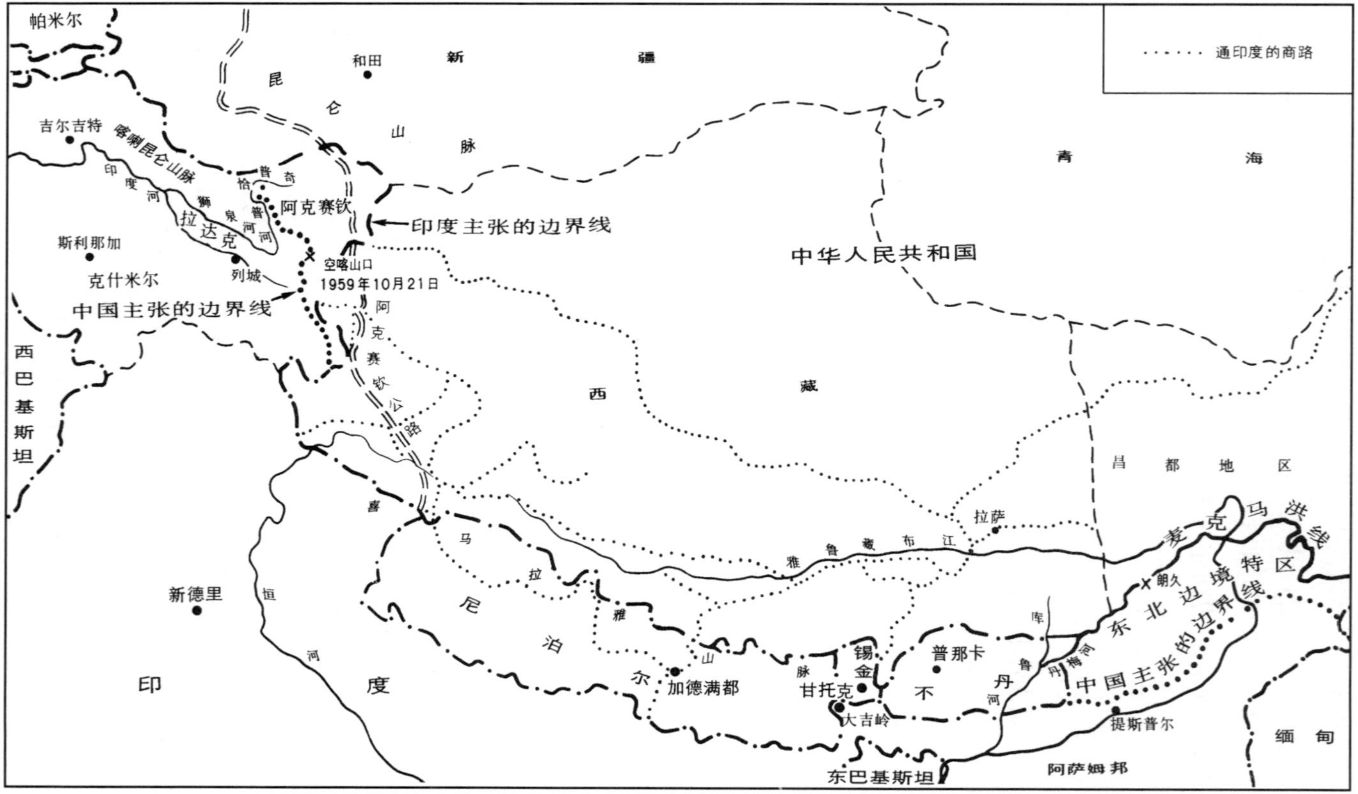

地图 8　中印边界

被杀。印度人放弃了这个阵地，让中国人占据了。9 月 8 日，周恩来为人民解放军的行动辩护，说他们的目的是防止残余的西藏武装叛乱分子出入边境。[①] 但周重申他的建议，通过协商解决边界分歧，在解决之前，双方维持边界现状。

同时，在 9 月 6 日，中国官方告诉苏联代办，新德里曾挑起边界争端。他们警告莫斯科，"尼赫鲁正在力图利用苏联向中国施加压力，不能上当"。[②] 但三天后，苏联代办将一项准备在 9 月 10 日发表的塔斯社声明的文稿交给中国政府，声明称中印边境事件是"可悲的"，以一种完全中立的态度含蓄地反对中国的立场。[③] 塔斯社责备"西方国家的某些政治集团和新闻界"试图"阻挠国际紧张局势的缓和"，并在赫鲁晓夫访问艾森豪威尔的"前夕使局势复杂化"。

根据北京后来的驳斥，莫斯科不听中国的规劝，提前发表塔斯社声明，"公开暴露了中苏之间的分歧……不问是非曲直"。[④] 此外，1959 年 9 月 13 日，莫斯科签署一项协议，给予印度第三个五年计划3.75 亿美元以上的援助，这项援助的谈判从 7 月就开始了。克里姆林宫对印度的援助比以前多了一倍，从而表明了它在逐步升级的中印对抗中站在哪一边。

在赫鲁晓夫于美国之行之后在北京出现期间，这个问题显然触发了他和北京领导人之间的一场尖锐交锋。北京方面说赫鲁晓夫"不愿意了解边界问题的真相……一口咬定反正打死人就是错误的"。[⑤] 但10 月 21 日在西藏、新疆、拉达克交界处的空喀山口战斗中，死了更多的人，有 9 名印军被打死，10 名被俘。11 月，中印双方递交备忘录，中国建议双方从麦克马洪线后撤 20 公里，并建议在年底之前进行谈判，未取得一致，但双方停止了边界巡逻，从而减少了进一步冲突的危险。

---

① 哈罗德·C. 欣顿：《世界政治中的共产党中国》[297]，第 289 页。
② 《人民日报》，1963 年 11 月 2 日，见吉廷斯《概观》[268]，第 114 页。
③ 《塔斯社声明》，1959 年 9 月 9 日，同上书 [268]，第 326 页。
④ 同上书 [268]，第 114 页。
⑤ 同上书 [268]，第 115 页。

最后，在 1960 年 4 月，周恩来在新德里会见尼赫鲁，但他 6 天后离开时，在边界争执上未达成任何协议。为了西藏的安全，中国拒绝在经过拉达克的公路尤其是山口的问题上妥协。同样，在尼赫鲁自己的国大党内表现出来的印度民族主义情绪，以及舆论的反对，也阻挠尼赫鲁接受北京关于在拉达克维持现状的建议，尽管这将包括北京接受麦克马洪线。

同时，中印关系继续给中苏关系增加麻烦。赫鲁晓夫回到莫斯科后，公开谴责边界冲突是"可悲的"和"愚蠢的"，使他"遗憾"和"痛心"，但没有站在中国一边，连暗示一下都没有。北京不断非公开地向苏联大使提出抗议，说这种"严守中立"实际上是反对中国，偏袒印度。但是，1960 年 2 月上旬，苏共中央在给中共中央的"口头通知"中说，北京的做法是"狭隘的民族态度的表现"，而新德里"是一个在军事和经济方面远比中国软弱的国家"，不可能"真的会妄想对中国发动军事进攻"。① 这就使双方的立场固定起来，成为不可调和的争论。

苏美关系与中苏关系的比较

1959 年 9 月至 10 月，在赫鲁晓夫相继对美国和中国进行访问期间，"和平共处"与"武装斗争"两条路线的理论问题和台湾这个实际问题，把苏美关系和中苏关系联系了起来。两个问题都无须立刻在行动上作出抉择，无论它是以同美国进行战争的形式，或以夺取台湾的企图出现。但是，赫鲁晓夫的旅行，迫使北京对他的各种各样的声明作出反应。拿西藏、中印边界、老挝和印尼的情况来说，它们全都立即威胁着中国的利益，因此，赫鲁晓夫的话招致北京强烈的批评就不奇怪了。

北京的论战，由《红旗》发难，针对赫鲁晓夫—艾森豪威尔会谈，在 1959 年 8 月他们宣布此事之后和 9 月他们会谈的前夕就开始了。它的主题是攻击这样一些人，他们"认识不清楚帝国主义的本

---

① 《塔斯社声明》[268]，第 115 页。

质，对帝国主义抱着这样那样的幻想，因而经常处于被动地位"。更坏的是，他们认为"美帝国主义者"会"放下屠刀，立地成佛"，因此不再号召进行长期、艰苦的反帝国主义斗争，而"帝国主义再也不会做捣乱的工作了"。[①]

1959 年 9 月 30 日，赫鲁晓夫在北京反对这条路线。他表面上是祝贺中华人民共和国 10 周年国庆，声称，"现在，某些资本主义国家政府的领导人，开始表现了一定的以现实主义态度来了解世界上的既成形势的倾向"，他特别提到他的印象："艾森豪威尔总统……明白必须缓和国际紧张局势……因此，我们这方面应该尽力排除作为解决争端的手段的战争，应该用谈判来解决争端。"[②] 任何企图"用武力去试试资本主义制度的稳固性都将是错误的"。

10 月 31 日，在苏联最高苏维埃会议上，苏联首脑含蓄地把毛比做托洛茨基。赫鲁晓夫把 1918 年布列斯特和约时期列宁"灵活的外交政策"与托洛茨基"臭名昭彰的口号'既不签订和约，也不进行战争'"相比，说"他这样做迎合了德国帝国主义者的口味"。[③] 中国有"法律上和道义上的权利"收复台湾，对此，赫鲁晓夫表示同情和支持，但他避免提到它的"解放"。至于老挝，"在那里发生的小战斗，只要采取明智的态度和遵守国际协定，是可以解决的"；因此，苏联反对"即使是微小的战争火苗，因为它会助长侵略势力"。

总之，在对付"美帝国主义"问题上，是对抗还是妥协，北京同莫斯科的分歧是根本性的。尽管在赫鲁晓夫同艾森豪威尔的公开交换意见中，没有特别提到台湾，但苏联首脑的话，含蓄然而清楚地反对中国用武力得到它。在中印边界争端的问题上，也发生了同样的观点冲突。而且，在每个问题上，原则立场的分歧都与利益立场的分歧相对应。除了激发起北京的民族主义感情的台湾和边界这两个涉及领土的问题外，还存在着地位与威望的问题。赫鲁晓夫可以在同等的外交

---

① 《北京周报》[568]，1959 年 9 月 22 日。

② 同上 [568]，1959 年 10 月 6 日。

③ 扎戈里亚：《冲突》[837]，第 282 页。

地位上和艾森豪威尔会见，但就美国的承认和联合国席位来说，毛却在会见范围之外。同样，在边界争端中采取中立，莫斯科可以增加它对新德里的影响，而北京的影响则减少了。

这些外交上的利益冲突，加上对中国国内发展的尖锐分歧，在同盟内部造成了一个近乎全面的僵局。赫鲁晓夫通过批评人民公社和"大跃进"干涉中国内政，损害了毛的个人领导能力。苏联阻挠中国的核武器计划，妨碍了它未来的防御潜力。从目前掌握的证据来说，这两个问题之间的联系只能根据情况进行推测。但主要的事态发展在时间上的巧合，足以加强毛对赫鲁晓夫的口是心非的怀疑。此外，当然还可能有秘密情报加强了这种怀疑。

这样，在国防部长彭德怀率领"军事友好代表团"从东欧和蒙古回来一星期后，苏联 1959 年 6 月 20 日的取消 1957 年核援助协定的信来了。当华沙条约缔约国开会时，彭在波兰。据传当他与赫鲁晓夫同时访问阿尔巴尼亚时，他们曾有过一次友好的谈话。彭在回国途中两人又在莫斯科会面。7 月 14 日，彭上书毛，即著名的攻击"大跃进"并含蓄地攻击毛本人的信。7 月 18 日，赫鲁晓夫打破半年来暂停公开批评中国的做法，大骂那些在 20 世纪 20 年代提倡公社的人是"不懂共产主义为何物，并且不知道怎样建设它"。因此毫不奇怪，在后来的庐山会议上，北京指控彭的攻击得到"赫鲁晓夫现代修正主义集团的支持"。[1]

不管是赫鲁晓夫与彭德怀共谋，或是他感到毛在会议上受到反对，想加以利用，因而采取独立行动，两人见解的巧合，使毛有理由作出共谋的暗示。如果说在 1958 年 8 月的最高级会谈时，赫鲁晓夫在与毛的非公开谈话中对"大跃进"持批评态度，尽管令人恼火，还是可以容忍的；[2] 但是，游说中国的政界，停止援助中国的原子弹计划，在侮辱之外又加伤害，则是不能容忍的。这种事态发展似乎是为

---

[1] 《北京周报》[568]，1966 年 7 月 1 日。

[2] 《苏联政府声明》，1963 年 9 月 21 日，见吉廷斯《概观》[268]，第 96 页。根据这个说法，"中国领导人充耳不闻"。

了对中国内政进行政治干预而施加经济压力。

中苏分歧公之于众

1962 年 2 月，华沙条约缔约国发表了宣言，宣称："当代国际生活中的主要问题是能否完全排除新战争的可能性，在目前条件下，新战争会导致亿万人的死亡和整个整个国家的毁灭。"① 两个月后，《红旗》杂志编辑部文章《列宁主义万岁》承认，"帝国主义战争会给各国人民带来巨大的牺牲"，但再次保证说："他们在帝国主义死亡的废墟上，将会以极迅速的步伐，创造出比资本主义制度高千百倍的文明，创造起自己真正美好的将来。"②

这两个声明记录了莫斯科和北京在对待美国及其伙伴的总路线上的对立态度。向多数听众发表它们，说明双方都愿意把争论从双边的对抗扩大到多边的对抗。但在这个过程中，不再提 1958—1959 年的具体问题，重点转移到意识形态和理论问题。这预示了一个争夺国际共产主义运动领导权的斗争，它由北京发起，向莫斯科提出挑战。

1960 年是空前的公开论战与非公开激烈争吵的一年，两个共产党首都通过大量的文章和会议展开他们的争论。在 2 月的华沙条约会议上，中国的代表虽然只有一个观察员，但明确地声明不同意会议宣言。然后在 4 月，《红旗》和《人民日报》登出对列宁著作的长篇阐述，证明北京的立场不仅在此时此地是正确的，而且完全符合奠基者的教导。文章用暗示的手法，引经据典地揭露赫鲁晓夫的众所周知的立场是"现代修正主义"。6 月，在世界工联理事会会议上，中国人利用主人的身份，游说各国代表反对莫斯科的总路线，从而把双边的争论变成多边的讨论。

莫斯科迎击北京的挑战，以纪念列宁诞生 90 周年为名，由一个政治局委员发表了一篇冗长的意识形态上的反攻文章。6 月，在世界工联理事会会议之后，展开了进一步的交锋，但第一次在精选出来的

---

① 全文见 G.F. 赫德森《争论》[343]，第 66 页。
② 同上 [343]，第 93—94 页。

听众面前面对面的交锋，发生在 1960 年 6 月 20—26 日布加勒斯特的罗马尼亚工人党代表大会上。一个关于这次会议发言的可靠报道，透露了双方在 50 个共产党的代表们面前展开舌战的程度。①

赫鲁晓夫批评中国人的全球战略和国内经济发展。他宣称，不能把核武器信托给他们，并把毛与斯大林相比——自负，与现实隔离。中国人回敬，指责赫鲁晓夫背叛马克思、列宁和斯大林。苏联领导人责骂那样一些人，他们"行动像孩子，玩拼字游戏"，"现在机械地重复弗拉基米尔·伊里奇·列宁在几十年前说的话"。② 中国共产党在休会时散发一个声明，谴责赫鲁晓夫采取"家长式的、武断的、专横的态度"。③

中国共产党的声明是对苏联共产党 6 月 21 日致中共通知书的回答，这个通知书是赫鲁晓夫在会议开幕时散发的。中国共产党的声明宣称，赫鲁晓夫在会上"突然袭击地提出了会谈公报草案"，没有预先征求意见，也没有在会上充分讨论。中国人进一步宣布，"在有机会时"，他们将"继续同苏共和其他兄弟党，就我们同赫鲁晓夫同志的分歧观点，进行认真的讨论"。对《苏共致中共通知书》，也将在适当的时候予以答复。这样，布加勒斯特会议就成了一系列新的（包括公开和非公开的）交锋的第一个回合。

当一阵疾风暴雨般的论战在那个夏天的报刊上出现时，莫斯科突然于 7 月中旬通知北京，将在 9 月初撤回全部苏联技术人员。北京后来宣布，有 1390 名专家撤离，343 项合同被"撕毁"，"257 个科学技术合作项目被取消"。④ 莫斯科抵赖说，自从"大跃进"开始，专家已不可能起任何实际作用，并引证它 1958 年提出要他们那时就离开

① 《中苏争论及其意义》[75]，中央情报局，1961 年 4 月 1 日，绝密＃142274—b（以下简称《意义》）。原为绝密，本文引用 1960 年在布加勒斯特、莫斯科和莫斯科会议前起草声明期间的三次对抗的第一手报道。其中许多材料为 1963 年的公开论战所证实。
② N.S. 赫鲁晓夫：《在罗马尼亚工人党第三次代表大会上的讲话》，1960 年 6 月 21 日，见吉廷斯《概观》[268]，第 346—347 页。
③ 同上书 [268]，第 350 页。
④ 《北京周报》[568]，1963 年 12 月 6 日，见吉廷斯《概观》[268]，第 142 页。

的建议。① 虽然他们也许成了多余的，但据北京说，他们撤走时，带走"成千的"蓝图和技术资料，这只能煽起中国人的民族主义，加强对毛自夸的"自力更生"方针的支持。北京对撤退专家的反应是公开宣称它有能力"依靠自己的努力……建设社会主义"。9月10日，它非公开地答复6月21日的苏共通知书，谴责莫斯科通过撤回技术人员施加压力，但在结尾轻蔑地说："真理是不能用钱买的。"②

从9月30日到10月22日，26国共产党的代表齐集莫斯科，为将于1960年11月10日至12月1日召开的81国共产党会议起草一份宣言。在这两次集会上，以赫鲁晓夫、苏斯洛夫和其他苏联领导人为一方，以邓小平为另一方，展开了唇枪舌剑的交锋。毛未出席会议，他和金日成是唯一缺席的集团领导人。刘少奇在会上很少说话，但在胡志明的怂恿下，在对会议声明议定一致意见的成功的最后努力中同赫鲁晓夫私下见了面。③

苏联方面的注意力主要集中在从理论上阐述对待战争的正确态度，包括一般战争、局部战争、"民族解放"战争和革命战争。中国人则作出针锋相对的回答，并超出这个范围，重提两个首都之间的具体政策争论。邓小平回顾1956—1959年的事件，包括外间所传苏联对中国军事设施的要求、莫斯科对中印争端的反应、公开批评"大跃进"和人民公社、赫鲁晓夫未经证实的对艾森豪威尔谈论中国的言论、苏联报刊的反华运动（其中包括对中国的威胁）、撤回技术人员，以及未加详细说明的"边界侵犯"。④

在出席会议的81个共产党中，只有极少数支持北京，其中的阿尔巴尼亚一直在攻击苏联的政策和实践。在一些问题上，澳大利亚、日本、北朝鲜、北越和印尼的代表或多或少站在中国一边。但是，赫鲁晓夫成功地动员了占压倒多数的支持，反对不在场的毛。这次会议

---

① 《苏联政府声明》，1964年8月14日，同前［268］，第137—139页。
② 《意义》［75］，附录，第4页。
③ 同上书附录，第33页。
④ 同上书附录，第25—26页。

一致通过了一个调和的文件，它把分歧意见勉强拼合拢来，避免了一次公开的分裂局面，但没有增进所有出席者发誓要维护的"团结"。这些加上莫斯科撤回经济顾问和援助、1960年公开与非公开的论战，实际上结束了中苏同盟，只剩下工作关系。赫鲁晓夫将争论个人化，表现在他采取最严厉的路线，反对毛的个人领导地位，这就给对抗加上一个额外的因素，至少在四年后他下台之前，排除了任何和解。

第三阶段:1961—1962年

1961—1962年，中国的外交政策议事日程没有增加新的内容，但以前的问题有了新的变化，总的来说是变得更坏了。中苏分歧加进了阿尔巴尼亚作为争论的前哨，在印度问题上的争论变得更加激烈，随着1962年10月的古巴导弹危机爆发了公开的论战。印度沿有争议的喜马拉雅山边界同中国的侦察战术竞赛，触发了一场短暂的战争，在战斗中，人民解放军以破竹之势打到拉达克和东北边境特区没有争议的边界。台湾的蒋介石想利用"大跃进"造成的经济灾难，摆出一副咄咄逼人的入侵姿态，人民解放军对此作了相应的部署，北京召唤华盛顿去华沙开大使级紧急会议。几乎与此同时，一大批出逃的人越过新疆边界，导致北京谴责莫斯科企图分离广大的中亚地区。在邻近的老挝，另一次日内瓦会议结束了共产党与非共产党军队之间正在进行的对抗，双方主角和他们的代理人在分歧上达成妥协，足以化解危机，并掩盖对整个印度支那的日益增长的争夺。

但是，使1961—1962年有所不同的，是"大跃进"令人吃惊的后果，由于苏联撤回顾问和援助，情况更糟了。20年后发表的统计数字表明了中国人口的绝对下降，原因是饥饿与疾病导致的死亡增加和低怀孕率与高婴儿死亡率导致的出生率减少。这时获得的人民解放军的秘密档案，透露了军队士气的下降，原因是家乡绝望的经济情况和整个农村实行军事管制，后者是为了防止抢劫粮仓和杀害干部。

这个国内背景促成外交政策上一种增大了的外部威胁感，这种外部威胁被看成是针对中国的经济困难而来的。1962年中期，这种威胁在西、南、东三方面出现，两个超级大国直接或间接地卷入了其中一方面或几方面。虽然这些全都不是新问题，但它们对中国领导者的影响是空前的，以致一个消息灵通的外交官说他们"吓慌了"。①

中苏争论

恩维尔·霍查拒绝受 1960 年莫斯科声明的约束，也没有被莫斯科要对阿尔巴尼亚进行政治干涉的威胁所吓倒。反之，他和毛联合起来谩骂苏联"修正主义"。1961 年 2 月，在地拉那的党代表大会上，出现了一个早期的中—阿协议，那以后，莫斯科撤回了经济顾问和援助。10 月，在苏共二十二次代表大会上，对斯大林和阿尔巴尼亚的尖锐攻击，引起周恩来退出会场。赫鲁晓夫于是断绝同阿尔巴尼亚的外交关系，并在 1962 年从苏联与东欧联系的主要组织经互会和华沙条约集团中，将阿尔巴尼亚驱逐出去。那年春天，莫斯科通过维护"社会主义"团结的言词和行动，修补与贝尔格莱德的裂痕，从反面驳斥了北京的攻击。1962 年 9 月，苏联国家元首勃列日涅夫访问南斯拉夫，以巩固恢复了的关系。

在家门口，一个明显的苏联颠覆活动的威胁在新疆出现。1961—1962 年，与中国其他地方相类似的经济失调，促使非汉族居民逃亡，他们越过苏联边界去找他们的生活水平较高的同族人。移居者有 6—8 万人。他们中有许多人得到官方心照不宣的鼓励，像同时在香港边界出现的情形那样。但是，成群出亡的增长与速度显然引起北京的惊慌，1962 年 5 月，突然加强了限制。由于迁移需要得到苏联领事馆的默许，发给旅行签证，地方暴乱和人民解放军的镇压不可避免地涉及苏联人。据说周恩来为这些动乱向莫斯科道歉，但在 7 月，新的限制迫使苏联关闭在新疆的所有领事馆，并把边界变成一条无人居住的安全地带。

接着，北京公开指责莫斯科企图"分离"新疆。这种事情当时并

---

① 当时作者可以利用的情报。对这个时期和这些问题的全面论述，见惠廷《中国的威慑微积分学：印度和印度支那》[786]，第 1—5 章。

未发生，但当时的状况很容易使某个或更多的集团信以为真。此时回想起 1871 年俄国人占领伊犁河谷和 1944—1949 年苏联支持东土耳其斯坦共和国，就进一步给争论火上加油。

同时，一种渐渐出现的苏印军事关系，似乎预示了次大陆的一个更加坚固的反华联盟。1961 年 4 月，莫斯科卖给新德里 8 架四引擎军队运输机在拉达克使用。莫斯科接着提供能在 17000 英尺高度空运人员和给养的直升机。1962 年 6 月，苏印就苏联提供工厂最后在印度成批生产喷气式战斗机进行讨论。

第三个有关中国国家安全的事态发展，是 1962 年 8 月莫斯科通知北京，它已接受美国的建议，停止核扩散，不向非核国家转移核技术。这些国家也要同意保持作为非核国家。北京立即要求莫斯科不要用条约的形式同意这个协定，否则将公开谴责。

在这个实质性分歧的背景下，1962 年 10 月发生了古巴导弹危机。在长达一星期的对抗中，中国人从克制发展为发表一个保证支持莫斯科的政府声明。但危机刚过去，北京就公开责备莫斯科把中程导弹运进古巴是"冒险主义"，在美国发出最后通牒后将它们撤出来是"投降主义"。群众集会严厉指责苏联的做法，为古巴的主权辩护。

北京对莫斯科的短暂支持，正值中印在喜马拉雅山边境发生战斗的第一个星期，这可能反映了北京拿不准苏联会作出什么反应。《真理报》以立即支持中国的立场酬答这个表态。但中印战争一结束，北京对古巴问题的态度也就改变了，1962 年 12 月 12 日，赫鲁晓夫在最高苏维埃会议上讲话，对印度好战的说法表示轻蔑，说中国有关国家安全的论点是把国家安全与边界争端混为一谈。

与在公开的报刊上或秘密会议上进行的意识形态辩论对照，在阿尔巴尼亚的对抗和涉及战争或近乎战争状态的国家利益冲突，使莫斯科在一些真正重大的问题上反对北京。这种更进一步的紧张关系终于分解了中苏同盟，使其不再具有任何实际意义。

中印战争

1962 年上半年，印度巡逻队推进到喜马拉雅山边境有争议的地

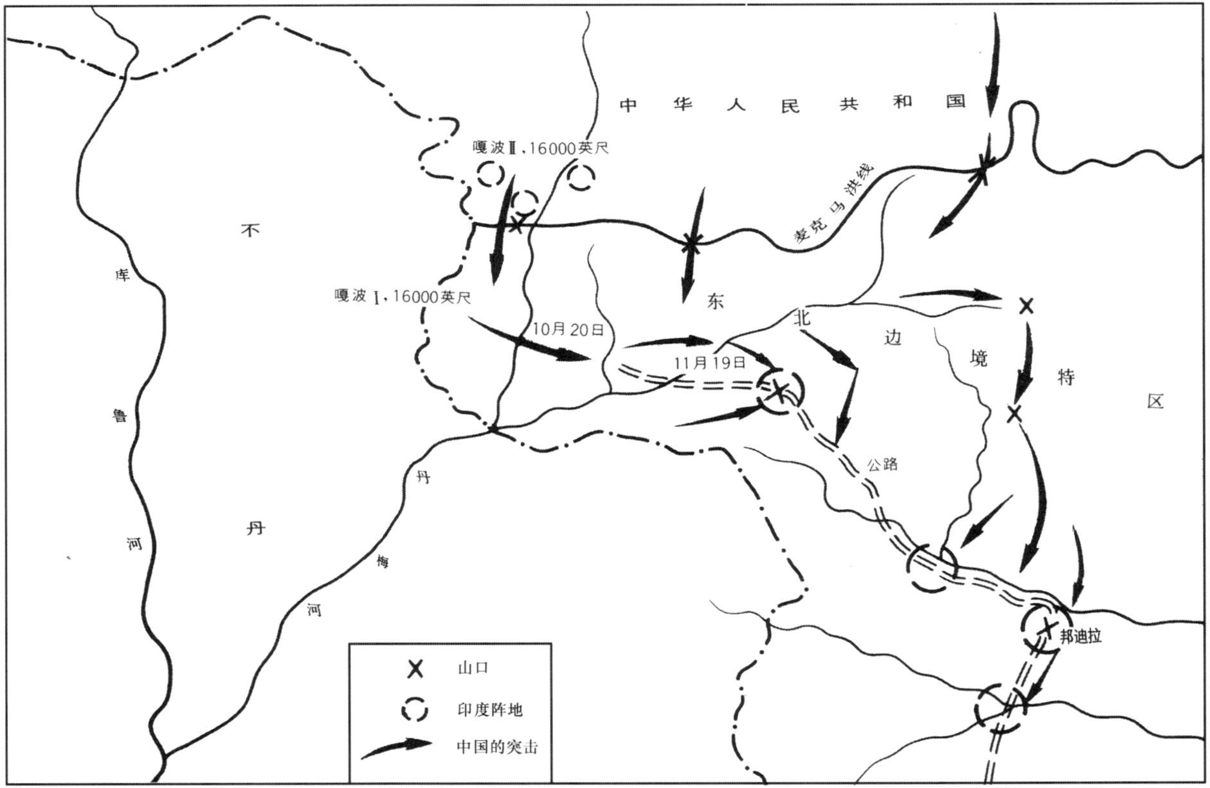

地图 9　1962 年中印战争

区建立前哨据点，这与先前人民解放军的推进相似，但往往落后于他们。如果像北京声称的，存在可以决定所有权，那么双方都能玩这个游戏。由此而发生的对抗、抗议和偶然事件，逐步上升为公开的谩骂，并在夏末秋初加快了秘密外交的步伐。9 月中旬，北京警告新德里不要"玩火"，并建议一个月后进行没有先决条件的讨论。截止时间过去了，印度没有依从，同时更严重的事件造成了双方的伤亡。10 月 20 日，在印度越过麦克马洪线进入没有争议的西藏领土时，人民解放军在边境的东段和西段发动了一次协同进攻，反对所谓印度的"大规模的全面进攻"。

一个星期后，人民解放军停止了进攻，北京静观新德里、莫斯科和华盛顿的反应。外国进攻引起的民族主义情绪，加强了印度拒绝调解的态度，加上两个超级大国由于忙于它们自己的纷争，对此比较消极，促使中国在三星期后恢复了进攻。11 月 20 日，在发起进攻整整一个月后，北京宣布单方面停火，把军队从 1959 年 11 月 7 日的实际控制线后撤 20 公里，条件是印度军队也停止战斗，并且不再企图收复冲突开始前占有的阵地。

人民解放军证明它在各方面都占优势。占据高地，并有很好的公路供应路线，人民解放军的火力很容易就摧毁了印度的进攻，印军是上山，并且仅仅依靠搬运工爬上高海拔的崎岖地带搬运给养。中国人把印度军队从北京声称的所有领土上赶走，但没有越过任何没有争议的边界。人民解放军俘虏 3968 人；印度则一个也没有。新德里宣布的伤亡数字为死亡 1383 人，失踪 1696 人。北京没有发表可供比较的统计，但从战斗的特点看，中国的损失无疑小得多。许多印军小队在突然袭击下倒下，其余的逃走。在政治上，北京给新德里以最后的羞辱，不仅无偿归还全部东北边境特区，而且归还全部战俘以及开列出详细清单的卡车、大炮和弹药。最后的但并非最不重要的是，在同赫鲁晓夫处理古巴问题的暗中对比中，毛既不是"冒险主义"，也不是"投降主义"。他独一无二的结束战争行动的做法，排除了"帝国主义"或"修正主义"替尼赫鲁采取任何行动的可能，而同时保住了具有战略意义的阿克赛钦高原，新疆至西藏的公路就从那里通过。

台湾制造的紧张局势

1962 年 5 月 29 日，外交部长陈毅在一次与新闻界的会见中，详细谈到中国对美国和印度的外交政策问题。他一再提到台湾利用大陆的严重经济问题在美国支持下进犯大陆的可能性。承认反对共产主义的人在中国"可能有几百万"，陈指出，"蒋介石的进犯，意味着他们又有一个攻击政府的理由"。[①]

北京的警报是对台湾准备进攻的迹象作出的反应，台湾准备进攻似乎是受到了美国高级官员访台的鼓励。3 月，台北提前一年征召新兵，并无限期地延长原定退伍的军人的服役时间。它还把海上运输组成"动员编组"。5 月，向工商业征收一种税率很高的"入侵准备捐"。同时，华盛顿任命一个具有两栖作战经验的第二次世界大战时的海军上将为驻台湾大使。

这时，在 1962 年的整个 5 月间，数万难民越过香港边界，从经济混乱中寻求救助。这引起全世界对中国国内危机的注意，导致从美国、英国和加拿大向香港紧急运送粮食，以及美国提高中国移民限额。在这种情况下，人民解放军于 6 月的头三个星期，赶调 10 万人以上的军队到台湾对面的浙江和福建。6 月 23 日，北京只提前 24 小时通知召开华沙中美大使级会谈，对支持蒋介石侵犯大陆提出警告，特别暗示了朝鲜战争给美国带来的后果。

除了美国大使否认有任何这样的企图外，四天后，肯尼迪总统公开确认，美国的政策是"反对在这个地区使用武力"。这些再保证证明是可信的，人民解放军撤销部署，危机于是过去。但是，这个插曲促成了来自印度的威胁的意识，因为印度与台湾和中央情报局进行合作，为西藏游击队提供庇护和给养。这种联系受到《人民日报》一篇文章的注意，它报道一家印度报纸的话：中国面临"在两条战线上作战"的前景。这样，新疆的居民出逃、苏联对新德里的军事援助、印度巡逻队的前进行动和台湾的进犯准备，所有这些在时间上的巧合，

---

① 艾伦·S. 惠廷：《中国的威慑微积分学》[786]，第 63—64 页。

在北京看来，在 1962 年夏天融汇成了一种互相配合的威胁。

老挝：第二次日内瓦会议

北京在新疆、台湾海峡和西藏以好战的态度对待威胁。在老挝，证明使用外交手段就够了。1961 年初，肯尼迪政府曾讨论武装干涉，但最后接受了英国的建议，即召开第二次日内瓦会议，安排国际委员会监督停火，然后成立一个以梭发那·富马为首的中立的联合政府。

北京于是不再反对国际委员会的活动，支持日内瓦协商，同时暗地里用军用品和顾问加强巴特寮。中国的政策目的是减少美国干涉的威胁，使老挝脱离东南亚条约组织的保护，减少河内和巴特寮对苏联援助的需求。协商一直拖到 1962 年，这时右翼军队突然进攻巴特寮。共产党的一次猛烈反攻，威胁着当地力量的均势，肯尼迪总统于是派遣五千多名海军陆战队到泰老边境，英国、澳大利亚和新西兰也派出空军部队，对一次东南亚条约组织会议作出呼应。

莫斯科采取低姿态，而北京公开威胁进行干涉。不过，在私下里，北京的劝告显然使巴特寮有所克制，三方面最后同意组成联合政府，并立即得到中国的承认。1962 年 7 月 23 日，日内瓦会议以确认老挝的中立结束，虽然只由 14 个签字国联合协商作出保证。在协商过程中，停火从未见效，但以后逐渐平静，三方各自保有自己的军队。北京小心地把公开的漂亮话、外交上的妥协和对巴特寮的暗中支持混合起来，成功地使莫斯科相形见绌，阻止了华盛顿，而没有冒公开对抗的危险。

第四阶段：1963—1964 年

概观

在稳住濒于崩溃的经济，挡开在新疆、西藏和台湾海峡的明显威胁后，北京的内忧外患的压力在 1963—1964 年减少了。但没有一个重要问题得到解决，有些问题则恶化了。中苏争论爆发成公开论战，双方通过发表冗长而详细的信件、声明，互相指责，互相揭发。毛火上加油，暗示他可能要求归还所有根据沙俄条约割让的领土。由于中国坚持就有争议的边界举行双边讨论，边界事件成倍地增加。最后，在莫斯科与华盛顿签订一项核禁试条约后，北京爆炸了它的第一颗原子弹。

由于美国在南越的军事存在迅速膨胀，印度支那的重要性日渐增加。美国威胁北越，如果它不停止支持南方的共产党叛乱，就要对它进行轰炸。1964 年 8 月，美国飞机借口北越巡逻艇在东京湾袭击美国驱逐舰，攻击了北越的巡逻艇基地。北京因此派遣米格战斗机到河内，表示支持北越，莫斯科则避免直接卷入。

老挝被牵连进越南战争，因为共产党从北至南的渗透路线，遭到从泰国的美军基地起飞的飞机的袭击。这样一来，又促使北京增强它在老挝的存在，并鼓励泰国共产党的好斗性。在赫鲁晓夫的下台、周恩来去莫斯科试探新领导的失败之行和印度支那可能发生中美对抗的凶兆中，结束了 1964 年。在这些反面的事态发展中，法国承认中华人民共和国，这是北京外交进展上的一个正面象征，它多少抵消了中国策略在亚非竞技场上的挫折。中国同巴基斯坦、柬埔寨、缅甸和印尼的关系，由于外交手段对革命言辞占了优势，继续得到改善。至于日本，在中国的经济从"大跃进"的灾难中恢复过来以后，贸易有很大的增长，北京认识到，从高层"非官方的"经济协定中，比从早先无益地企图迫使或说服日本重新考虑它同台北和华盛顿的联系，在经济和外交上得到的实惠更多。

中苏的裂缝扩大

1962—1963 年之间的冬天，莫斯科同北京的争论在东欧国家的党代表大会上表面化，接着，中国猛烈攻击第三者的党，拿它们代替真正的靶子苏联。亚洲和欧洲感到忧虑的共产党人呼吁和解，促使双方同意在 1963 年 7 月举行会谈。但到 6 月，北京违背"暂停"论战的保证，公开列出 25 个原则性论点，供双边会谈讨论。这个会谈按计划在 7 月 5 日开始，但八天之后，《人民日报》恢复了它的反苏社论。莫斯科立即作出反应，在一篇公开发表的长文中，回顾了争论的起因和历史。

表面看来，中国是不妥协的，在双边关系上制造更大的紧张。但背地里，苏联的政策在多国核武器协议的范围内跨出了重要的一步，它旨在限制中国。这个问题本已搁浅，但自从赫鲁晓夫 1958 年 3 月昙花一现地单方面停止试验和他 1959 年 1 月提出亚洲无原子武器区的建议以来，这个问题就潜在地造成不和。北京曾支持这两个建议，尽管不及时。但更近一些，它曾私下一再警告莫斯科，反对"同美国签订某种条约，来剥夺中国人民采取措施抵抗美帝国主义核威胁的权利"。[①]

不顾北京的反对，1963 年 7 月 15 日，在中苏会谈中间，赫鲁晓夫开始同美国和英国谈判在大气层禁止核试验。7 月 21 日，中苏会谈休会，"再过一些时候"继续举行。7 月 25 日，禁试条约签字。

赫鲁晓夫的时间选择，再具刺激性不过了，北京相应地作出反应。政府声明、社论、两党之间的通信，在中国和苏联的报纸上激增，对意识形态异端、政治上的背叛和两国的国家利益包括安全受到直接威胁的指责，都用文件作了详细的证明。除了追溯到苏共二十大和炮击金门的行动与事件外，出现了一个新的争论点，涉及中苏边界和沙俄从中国夺去的土地。

领土问题的最初出现，差不多像一个旁白，当赫鲁晓夫 1962 年 12 月回敬中国批评他在古巴导弹危机上的行为是"投降主义"时，责骂毛继续容忍葡萄牙和英国统治澳门和香港。1963 年 3 月，北京回答美国共产党重弹赫鲁晓夫的老调，引证了许多 19 世纪帝国主义侵夺中国领土的例子，包括俄国通过三个"不平等条约"夺去中国西部、北部和东北部的许多领土。《人民日报》社论结尾说："你们提出这一类问题，是不是要把所有不平等条约问题通通翻出来，进行一次总清算呢？你们是不是想过，这样做会引起什么后果呢？难道你们认

---

① 《中国政府发言人声明》，1963 年 8 月 15 日，见约翰·吉廷斯《概观》 [268]，第 186—187 页。

为，这样做对你们真的会有什么好处吗?"①

北京在《苏共领导同我们分歧的由来和发展》中，指责莫斯科1962年在新疆进行颠覆活动时，"引诱和胁迫几万中国公民跑到苏联境内"。② 莫斯科回答说："从1960年起，中国的军人和平民一贯侵犯苏联边界。仅1962年一年，就有五千多次……记录在案。"③ 莫斯科的声明指责北京拒绝就边界问题进行商量以避免某些误会，而"对据说是过去造成的……某些部分不公平的划界，作出明确的暗示"。

1964年2月25日，双方就这个问题在莫斯科进行会谈。四天后，北京指责道："最近几年苏联方面经常破坏边界现状，侵占中国领土，制造边界事件。"④ 但这个声明宣称："尽管与中俄边界有关的旧条约是不平等条约，中国政府仍然愿意尊重它们，并以它们为基础合理地解决这个问题。"

这个说法没有维持多久。7月10日，毛接见日本客人时，威胁要重新讨论整个领土问题，指出：苏联面积有二千二百万平方公里，人口只有二亿二千万。现在是结束这种分配的时候了……大约一百年以前，贝加尔［湖］以东的地区变成了俄国的领土，从那时起，海参崴、伯力、堪察加和其他地区成了苏联领土。我们还没有提出算这笔账。⑤ 随后，周恩来声明，日本报纸对毛主席的话作了某些不正确的解释，但他没有驳斥会见报道的任何具体部分。苏联的宣传工具充分利用毛的话，作为中国"扩张主义"的证明。毛的这番话也许使苏联人暗下决心增加面对中国的军队，这方面的证据从1965年出现，在随后几年继续增加。

---

① 《人民日报》，1963年3月8日，见丹尼斯·J. 杜林《中苏冲突中的领土要求》［206］，第30页。

② 《人民日报》和《红旗》杂志编辑部文章，1963年9月6日，同前［206］，第32页。

③ 《苏联政府声明》，1963年9月20日，同前［206］，第32页。

④ 《中国共产党中央委员会1964年2月29日致苏联共产党中央委员会的信》，同前［206］，第37—38页。

⑤ 《世界周报》(Sekai Shubo)，1964年8月11日，同前［206］，第43—44页。一种权威的但非官方的中文本，见《万岁》(1969)［507］，第540—541页，证实了日本人的报道。

1964 年 10 月 14 日，赫鲁晓夫在一次实际上的政变后下台，列昂尼德·勃列日涅夫和阿历克赛·柯西金就任领导。10 月 16 日，中国爆炸了它的第一颗原子弹。事件的这个巧合，为周恩来 11 月 5 日赴莫斯科进行 1963 年 7 月以来的第一次高级会谈提供了一个吉利的背景。但当周 11 月 14 日回到北京时，没有发表任何联合公报，中苏关系基本上停留在赫鲁晓夫被赶下台以前的状况。

印度支那战争加剧

在日内瓦形成的脆弱的老挝和解，经不住派别之间的战斗，由于河内与华盛顿在南越的隐蔽斗争升级，局势恶化了。北越利用老挝运送军队和给养到南方进行游击战争，促使美国通过泰老中间地带对渗透路线和巴特寮基地进攻。1964 年 6 月，在进行这种进攻时，炸中康开市的中国代表团驻地，炸死一人，伤五人。北京提出抗议，但没有公开的行动。

8 月，两艘美国驱逐舰在东京湾执行电子情报任务，配合隐蔽的南越人攻击北越的雷达设施，遭到河内鱼雷艇的袭击，没有造成大的损害或任何伤亡。两天后，这两艘驱逐舰在夜里回来时，又报告它们遭到袭击。（后来发现报告是错误的。）约翰逊总统立即下令空袭六个北越海军基地。莫斯科跟河内的愿望相反，建议把这个事件提交联合国，但北京派出一中队由在中国训练的越南人驾驶的米格-15 和米格-17 式飞机。

中国公开地发出警告："美帝国主义任何时候侵犯越南民主共和国的领土、领海和领空，中国人民义无反顾，必将坚决支援越南人民反抗美国侵略者的正义战争……如果它敢于发动对越南民主共和国的进攻，中国人民绝不会袖手旁观，坐视不救。"[1] 暗地里，北京在它的南方地区增加战斗机的品种，并在紧靠印度支那的北边，修建了三个新机场，其中两个看来是预备支持北越的空中防御的。[2]

---

[1] 《北京周报》[568]，32，1964 年 8 月 7 日。
[2] 艾伦·S. 惠廷：《中国的威慑微积分学》[786]，第 176—177 页。

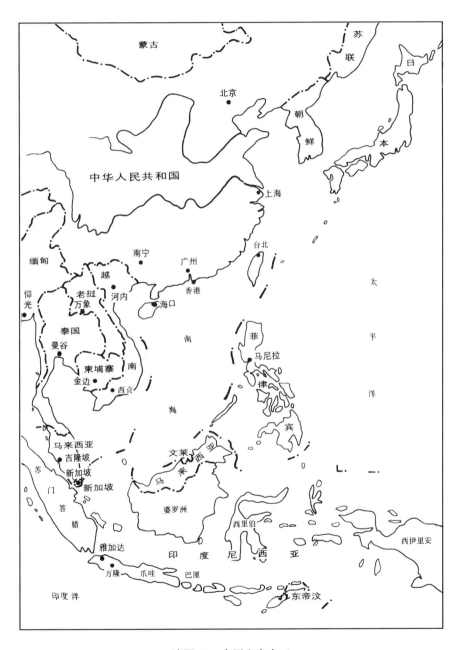

蒙古

苏联

日

北京

朝鲜

本

中华人民共和国

上海

缅甸

南宁

广州

台北

仰光

越

老挝
万象

河内

香港

海口

太平洋

泰国

南

菲

马尼拉

曼谷

柬埔寨

南

律

金边

西贡

海

宾

马来西亚

文莱

西亚

苏门

吉隆坡
坡

米

答腊

新加坡

新加坡

马

婆罗洲

西里伯

西伊里安

雅加达

印度尼西亚

万隆

爪哇

巴厘

印度洋

东帝汶

地图 10 中国和东南亚

到 1964 年底，美国在泰国的军事人员达到 6500 人，绝大多数是空军。飞机从泰国的秘密基地出动，加上中央情报局领导的老挝人的出击，从地面和空中攻击巴特寮和老挝东部的所谓胡志明小道。10 月 1日，泰国共产党祝贺中国国庆的贺信号召推翻曼谷政权，表现出空前的好战。一个月后，秘密电台泰国人民之声用汉语广播，发起泰国独立运动，公开承认目标是驱逐"美帝国主义出泰国和推翻他侬政府"。[①]同时，北京电台将它的泰语节目从每周 14 小时增加到 21 小时。

这些措施没有一项使北京承担了任何具体行动的义务。各种公开的和隐蔽的手段，目的都在于制止华盛顿将它空袭北越的威胁付诸实行和制止曼谷参与老挝的斗争。但尽管这些措施仅限于表示将来可能采取的步骤，却改变了中国卷入印度支那的性质。北京对河内的保证暗示中国将对美国轰炸北方作出反应，如果美国真这样做的话。不作出反应，会使中国此后的制止努力丧失信誉，从而在中苏对第三世界的影响的竞争中，有利于莫斯科。此外，北京鼓励泰国共产党的好斗性，改变了它自 1955 年万隆会议以来的温和姿态。放松对当地起义的控制，再要收住就很难不向河内作出让步，因为河内也是泰共的保护人，且不说这样做对中国在别处的革命声誉也是潜在损害。

亚非世界

这个革命声誉已经受到与中国外交目的相反的压力，特别是在当时已被纳入亚非的第三世界。1964 年初，北京提出，在国际体系中有一个"辽阔的中间地带"，它"包括两个部分：一部分是亚洲、非洲和拉丁美洲已经独立和正在争取独立的国家……另一部分是整个西欧、大洋洲和加拿大等资本主义国家……这些国家的统治阶级既剥削和压迫别人，同时又受到美国的控制、干涉和欺负……在这方面，它们同社会主义国家和各国人民有共同点"。[②]

---

① 梅尔文·格尔托：《生存》[286]，第 12—13 页。
② 《人民日报》社论，1964 年 1 月 21 日；又见《北京周报》[568]，4，1964 年 1 月 24日。

　　这一阐述，正好是在 1950 年以来第一个主要大国承认中华人民共和国之前一星期作出的。1964 年 1 月 27 日，法国和中国建立外交关系，从而证明对这个"中间地带"第二部分的说法有道理。尽管戴高乐总统的行动在日本引起争论，池田首相没有表示要照他的样子行事而不跟美国走的意向。1964 年 11 月接任首相的佐藤，起初似乎答应加强关系，但不久，中国人认为他像他的兄弟、50 年代后期担任首相的岸信介一样敌视他们的利益。他们只得满足于作为 1962 年廖—高碕贸易协议的结果而建立的事实上的外交联系，它导致把外交和贸易官员派进北京的日本"民间"贸易办事处。

　　在"中间地带"的第一部分中，中华人民共和国赢得承认的有肯尼亚、布隆迪、突尼斯、刚果（布拉柴维尔）、中非共和国、赞比亚和达荷美，时间都在 1963 年 12 月至 1964 年 11 月之间。这样，和中华人民共和国有外交关系的国家，总数达到 52 个。

　　新独立的非洲国家在这个过程中的突出地位，增强了 1963 年 12 月 14 日至 1964 年 2 月 4 日周恩来访问 10 个非洲国家的重要性。他的多重使命是，解释中国为什么拒绝签署核禁试条约而同时爆炸它自己的原子装置，鼓励反苏立场和在经济上"自力更生"，并把革命言辞提高到一个不符合他的总理身份与外交家名声的高度。所有这些带来的结果是各种各样的。

　　北京对非洲的政策在三个层次上运转：官方的、个人的和革命的。象征性的许诺和贷款，只能象征性地与西方和苏联的援助项目对抗，但不能在实际上竞争。周恩来通过亚非人民团结组织认识的好斗的个人和有潜力的反对派领袖，得到津贴和去中国旅行的机会，往往使当地政府感到头疼。造反者得到公开的宣传和暗中的金钱、武器援助与劝告。

　　但当中国的被保护人把矛头指向黑人政府，如同在卢旺达、喀麦隆和刚果（利奥波德维尔）那样时，非洲人的反应往往是批评性的，同中国援助安哥拉和葡属几内亚的反殖民地游击队时不同。因此，周恩来在索马里断言"整个非洲大陆是一片大好的革命形势"，就受到这样一些领导人如突尼斯的布尔吉巴总统和埃塞俄比亚的海尔·塞拉西皇帝私下的和公开的反对。

周恩来的一个特殊问题是，非洲人不愿在中苏争论中有所偏袒，并对中国企图操纵亚非人民团结组织以达到这个目的感到失望。1963年2月在坦噶尼喀召开的亚非人民团结组织会议，参加者分成了支持莫斯科或北京的派别。中国人在反对苏联和印度立场的几个要点上占了优势，并主宰了以后亚非人民团结组织分支机构的会议。一个结果是，北京提出召开另一次万隆会议，但缺乏支持。取而代之的是，大多数非洲领导人要求召开第二次不结盟会议，这将排除中—苏争论者。后一个会议的计划在1964年3月出现；马里拒绝参加，这是周的游说取得的唯一成功。实际在7月召开的会议，通过了赞成和平共处和反对生产、获得与试验核武器的决议，全都反驳了北京的观点。

同亚非世界个别国家在国家关系上取得的成功，多少缓和了这些挫折。北京同桑给巴尔左翼政权的密切联系，在1964年4月桑给巴尔与坦噶尼喀合并后仍然保持，新国家坦桑尼亚得到北京一笔为数4200万美元的巨额信用贷款，加上1964年6月一笔280万美元的赠款。那年8月，尼雷尔总统宣布，他已经邀请了中国专家训练坦桑尼亚军队。中国的迫击炮、重机枪和反坦克炮，在下年2月公开展示出来。①

在南亚，中国和巴基斯坦的关系稳定地加强。虽然巴基斯坦领导人明显地拒绝任何同盟，但他们暗示的一个非正式谅解，在1964年得到北京的低调支持，当时中国声明，在印巴的克什米尔争论中，站在巴基斯坦一边。在周恩来的拉瓦尔品第之行后，2月发表了联合公报，要求争论"按照克什米尔人民的愿望获得解决"，他们中的大多数是穆斯林。在这次访问中，外交部长陈毅提出"亚洲人的亚洲"，以迎合他的对手外交部长布托，后者对东南亚条约组织的矛盾态度，使陈把巴基斯坦描述成"既是结盟的又是不结盟的"。②

7月，中国答应给巴基斯坦6000万美元无息长期贷款，用黄麻、

---

① J.D.阿姆斯特朗：《革命外交》[12]，第224页。
② 哈利德·B.赛义德：《巴基斯坦与中国》[624]，见哈尔珀恩《对华政策：六大洲所见》[287]，第258—259页。

棉花和成品偿还，巴基斯坦则购买中国的水泥、糖厂和机器。10 月，新华社宣称，两国有着"反对外国侵略与干涉的共同事业"。这个说法没有提到承担明确的义务，但暗示了北京与拉瓦尔品第之间关系的一个发展，同莫斯科与新德里的关系相并列。

对柬埔寨，中国也保证支持，但未明确它的实际内容。1963 年11 月，金边拒绝美国的经济和军事援助后，北京宣布："如果……柬埔寨王国竟然遭到美国及其仆从国家所策划的武装入侵，中国政府和中国人民将坚决站在柬埔寨王国一边，并且给予全力的支援。"① 但第二年 10 月，西哈努克亲王透露，他未能使北京同意一项共同防御条约或声明进攻柬埔寨就等于进攻中国。他去北京压范文同总理接受现行边界也失败了；中国发起这个谈判，但没有为柬埔寨提供支持。不过，在这个限度内，北京巩固了它和金边的保护与被保护关系，以对抗华盛顿与曼谷和西贡的联盟。

仰光拒绝在中印冲突中站在新德里一边反对北京，这之后，缅甸从中国的外交优先于革命中得到好处。1963 年 4 月，刘少奇去缅甸首都，同意完成 10 个援建项目，包括桥梁、水电站和生产胶合板、纸张、糖和纺织品的设备。中国的声明在谈到"民族解放斗争"时，小心地不提缅甸共产党，而在刘访问的那个月，仰光宣布大赦，并提出无条件地同所有的造反者谈判。那个夏天，白旗派的资深干部从中国回到缅甸。北京的影响显然促使白旗派代表团同缅甸政府在 9 月开始了讨论。②

1964 年 3 月，这些讨论的失败和仰光禁止所有的政党（除去官方支持的），没有改变中国的政策。1964 年 2 月和 7 月周恩来和陈毅对仰光的访问，显露出在许多问题上有分歧，但存在足够的一致，使援助项目可以继续进行，并使中国报纸停止发表批评性意见。1964年的夏秋期间，当缅共中央委员会决定采取一条更好战的路线，要"赢得战争，夺取政权，完全消灭"仰光政权时，北京保持沉默。泰

---

① 梅尔文·格尔托：《生存》[286]，第 65 页。
② 同上书，第 100 页。

国共产党推翻他侬的号召，包含在 10 月 1 日它给北京的国庆贺电中，但缅甸的贺电没有提这种要求，尽管它刚决定了要战斗。它反而称赞"政府的和平中立外交政策"。

中国和印度尼西亚的关系，由于中国强调政府之间而不是党之间的联系，同样获得成功。1964 年 3 月，北京提出将中国银行在印度尼西亚的资产交由雅加达控制。由于这家银行曾经在华侨商业团体中为印度尼西亚共产党筹集资金，这个建议似乎表示北京断然放弃干涉印度尼西亚内政的诚意。在 1964 年 10 月的开罗不结盟会议上，苏加诺要求支持他对抗马来西亚遭到拒绝，就于 11 月 4 日飞到上海与周恩来会谈。三个星期后，陈毅去雅加达进行一星期的磋商，结果发表了一个联合新闻公报，在广泛的问题上取得空前的一致，包括支持"粉碎"马来西亚的斗争。[①] 中国还为外汇储备和经济发展提供一笔 5000 万美元的信贷。

北京在"辽阔的中间地带"追求一种心照不宣的联盟，就如它对世界事务的公开分析那样，使政府关系成为主要的，革命关系成为次要的。阿尤布·汗、西哈努克、奈温和苏加诺得到刘少奇、周恩来和陈毅的青睐，刘和周并给予他们数量不大的经济援助，这从中国明显的窘迫情况来看，表示的情意是相当大的。除了利用这些领导人和政权对他们的紧邻的不满之外，中华人民共和国的政策还小心地培养反苏或反美态度的萌芽，这可以加强中国反对两个超级大国的地位。这样，尽管中苏在意识形态上唇枪舌剑的论战使北京成为一个维护马克思列宁主义的激进革命者的角色，但中国在 1963—1964 年的外交政策却与近 10 年前著名的万隆会议时相似，只有正在升级的越南战争威胁着中国自己确定的利益。

1964 年：分水岭的一年

从几方面看，1964 年是中国对外关系的一个分水岭。关键领域在性质上的变化，给不远的将来提出了新的问题和前景。首先，中苏

---

① 莫辛戈：《印度尼西亚》[535]，第 208—209 页。

争论深入扩大。其次，美国在越南的战争升级，激起北京增加对河内的支持。第三，中国爆炸第一颗原子弹，使它成为核大国小团体的一员，但并没有增加它在今后若干年内的防御能力。它甚至引起一个可能的威胁，即苏联、美国或两者都参加的预防性攻击。

逐渐恶化的中苏关系，由于毛泽东在 7 月的接见中，公开向苏联控制西伯利亚和苏联远东的许多地方的合法性提出挑战而加速恶化。在同一个月发表的《人民日报》和《红旗》杂志编辑部的第九篇论战系列文章《关于赫鲁晓夫的假共产主义及其在世界历史上的教训》，扩大了攻击苏联领袖的范围，它断言：“赫鲁晓夫修正主义集团，就是苏联资产阶级特别是这个阶级中的特权阶层的政治代表……〔它〕控制了苏联党政和其他重要部门。”[①]

但四个月后，周恩来去莫斯科，看看赫鲁晓夫的下台是否能够改善关系。具有讽刺意味的是，北京 7 月的分析证明是正确的，至少赫鲁晓夫的同事们在中苏关系上维持强硬路线。这预示一个长期的激烈对抗，不是莫斯科的任何领导更换所能改变的。

越南愈益恶化的局势，使中苏关系进一步复杂化。只要莫斯科和北京的争论停留在政治范围内，不论是意识形态还是战略问题，对中国的切身利益来说就不是主要的，特别是对它的国家安全来说是如此。自然，边界事件和划界上的小分歧，可能扩大到需要进行较大的防御战。但无论如何，在报纸上和在共产党的会议上进行舌战，涉及的是语言而不是行动。

但东京湾事件后，出现了美国空袭北越和扩大美国在南越的存在的前景。这迫使北京增强了它对河内的赞助，包括使北越放心和尽可能制止美国。在这种情况下，中苏争论威胁着中国以及越南的安全。它至少使对河内的军事援助的运输变得复杂了。最坏的情况是，它可能鼓励华盛顿入侵北越，就像它在北朝鲜曾经做过的那样，如果需要，就阻断或破坏中国援助它的盟国的能力。美国空军攻击中国，可能像在朝鲜那样不会受到中苏同盟的禁止，因为这对伙伴已经使他们

① 《北京周报》［568］，1964 年 7 月 17 日。

的争吵发展到了似乎不可弥补的地步。

首先，对中国国家安全最大的威胁，在于苏美勾结起来防止北京很快拥有一种可以使用的核能力的前景。1959 年，莫斯科违背向北京提供一个原子弹样品的诺言。1963 年，莫斯科和华盛顿就反对大气层试验达成了协议。有两个超级大国反对中国的核未来，两者之一或两者都能攻击初期的生产设施，破坏——也许是一劳永逸地——这个难得的力量来源。这样，1964 年 10 月的试爆，既是使中国人感到骄傲也是使他们感到担心的事情。

其次，中国恢复 20 世纪 50 年代中期在第三世界的地位的前景，显得非常暗淡。促进第二次万隆会议的努力，由于亚非互相冲突的争论和普遍不愿让中苏对抗进一步分化各个组织而遇到阻碍。接着，印度尼西亚在 1965 年 1 月 5 日突然退出联合国，致使周恩来要求"彻底改组"联合国，如果不成，"也可以另立一个革命的联合国"。① 这增加了北京同第三世界其他政权的问题，它们在这个世界组织中的会员地位，是被普遍认可的资格的一个表征。

最后但并非最不重要的一点是，中苏关系、印度支那战争、中国与第三世界的相互影响，这些相互联系的问题迅速地发展到一个危险的汇合点，而这时国内政治即将有一个引人注目的、最终是破坏性的转折，它将威胁到中华人民共和国这个具有结合力的实体的生存。国内外政策的纠结已经证明是危险的。1959 年彭德怀对毛的经济管理提出挑战，与赫鲁晓夫诋毁人民公社和撕毁核分享协定巧合。这对毛在 1964 年行将结束时合理地处理他面临的国内外问题，是一个不妙的兆头。这个问题的全部后果，要在以后 18 个月才尖锐地显示出来。的确，从这一点看，1964 年结束了中国对外关系中的一章，在今后许多年里，中国的对外关系还要经历更大的危险和紧张。与此相比，在 1958—1964 年期间，尽管有金门事件和中印战争，还要算是相对平静的。

---

① 周恩来总理 1965 年 1 月 24 日在为印度尼西亚外交部长苏班德里约举行的宴会的上讲话，见《北京周报》[568]，1965 年 1 月 29 日。

后　记

　　到 20 世纪 60 年代中期，中国共产党政权的记录是胜利与悲剧参半。它的初期证明是建国努力的惊人成功。和平统一的恢复所产生的普遍安心情绪，有助于新政府很快确立威信。经济恢复，通货膨胀得到控制。土地改革和城市的一系列运动，表明这个政权乐意使用各种强迫形式包括死刑以消灭反对者和恐吓潜在的批评者。党的国家迅速地控制了社会的各个阶层。

　　尽管这些任务异常巨大，中国领导人也感到有足够的信心在朝鲜战争中打败美国人。结果，战争的成就帮助巩固了政权，加强了中国与到那时为止多少对它有些警惕的苏联的同盟。到 1953 年签订停战协定时，中国领导人按照苏联的样板并在苏联的帮助下开始了他们的第一个五年计划。1955—1956 年，在毛的指挥下，中国共产党表现出它的精湛的组织技巧，在几个月内使中国的五亿农民集体化了（这个过程在苏联用了好几年，付出了无数生命）。

　　这个社会主义革命的胜利（它很快得到工业和手工业方面相似成就的补充），容许在国内放松控制，因为政权把注意力中心从意识形态目标转移到经济目标上，并为发展的利益谋求尽可能广泛的联合。但是，当毛对苏联的贬低斯大林运动和匈牙利事件作出反应，并企图用"百花齐放"和整风运动进一步缓和党的统治方法时，这个试验就在他的面前爆炸了。接着，1957 年的"反右运动"使中国很大一部分知识分子和技术领导停止活动。然而，那年第一个五年计划结束时，中国人可以祝贺他们自己在富强的道路上迈出了给人以深刻印象的第一步。尽管被排除在联合国之外，中华人民共和国也已经被它的亚洲邻人看成初期的超级大国。

但中国的领导人，特别是毛泽东，被他们初期的成功引入了歧途。他们对缓慢的发展步子不耐烦，将它归咎于苏联的方法而不是中国的落后。他们的革命胜利告诉他们，人民能够战胜明显地占压倒优势的敌人。决定的因素是具有胜利意志的"群众"的精神，而1949年胜利后，在一系列由"阶级斗争"观念支持的群众运动中，中国共产党动员人民的技巧提高到了一个新的水平。中国城市和乡村的经济与政治生活起了很大的变化。我们将在最后一卷考察这个变化对中国城乡居民的影响。对苏联的工业化模式大失所望，对延安的比较简单、较少城市气的、集中化的生活的怀念，使毛和他的同事们设想出一个战略，要利用中国众多的人力资源去完成经济发展。如果中国守纪律的千百万人，组织在新发明的人民公社中，难道大自然就不能像国民党军队那样被制服吗？

"大跃进"的悲剧和它导致的数百万人的死亡，是这种极端的狂妄自大的代价。在它阴暗的余波中，中国领导人似乎同意了设法恢复经济的极大重要性。"大跃进"的灾难性政策被抛弃了；人民公社制度被大幅度修改。到1965年，主要的经济指标恢复到1957年的水平。时间和生命已经损失了，但也许痛苦的经验将来会对这个政权有帮助。"大跃进"引起的政治创伤，导致少数长征领导同志的失宠和它的主要发起人毛的丢脸。毛从政府退下来，但他的同事们努力用物质刺激来获得经济增长使他苦恼。可是，在中国领导的最高层，曾经在过去的共产主义运动中起过良好作用的广泛团结，表面上似乎是完整的。中国人民已被证明的恢复力，表明一个新的开始是可能的。

但是不然。在"大跃进"中，北京和莫斯科在种种政策问题上的酝酿中的争论，开始沸腾了。当中国人坚持他们的权利，向莫斯科的全球战略提出质问时，俄国人突然撤回了他们的技术援助人员。苏联人的横暴，重新唤起了中国领导人对百年来列强凌辱的愤怒。苏联在中印边界争端中的中立，似乎是对国际共产主义团结的背叛。美国、英国和苏联在1963年的部分禁试条约上签字，在中国人看来是一个证据，证明苏联领导人已经抛弃中国——和列宁主义——而赞成迁就美帝国主义。北京在论战中严厉地谈到资本主义在革命故乡的复辟。

　　也许所有的中国高级领导人都对苏联对待他们国家的态度感到愤慨。几乎可以肯定，他们也同意在"大跃进"的灾难之后，在国内应当做些事来恢复党和人民的信心。似乎只有毛得出这样的教训：若不采取激进的、紧急的措施，中国将跟随苏联走上修正主义的错误道路。

　　虽然在毛的老同志中很少有人能认识到这一点，但长征—延安一代人已经到了一个十字路口。对大多数中国领导人来说，中华人民共和国头 15 年的经验培养出一个信念，即经济发展和人民幸福必须优先于社会工程。越南战争的扩大，有把中国再次卷入同美国冲突的危险；应当避免国内斗争。

　　但是，毛现在明显地愈来愈想到自己的死，害怕若不动彻底的外科手术，和他的名字密切地联系在一起的革命，就将变成一场徒劳。在我们的最后一卷里，我们将跟踪他的思想发展，记述他在中国发动的无产阶级"文化大革命"，分析这动乱的 10 年对中国人民和他的后继者的影响。

　　在目前这一卷里，某些中国历史上著名的主题已经出现：开国统治者的决定性作用，这是因为他要按照他的观念塑造新的政权并且走在那些帮助他创业的伙伴的前面；统一中国作为承担天命的最终证明的极端重要性；绝对必须有一种正统意识形态来说明人在世界中的位置；需要一个官僚主义精英集团来阐释这种意识形态并贯彻它的教导。

　　但到 1965 年已经很清楚，中华人民共和国不简单地是变大了的旧的最高权力。复兴是传统中国的神话，即使不是它的现实；这个国家的新统治者的口号是变革。现代通讯技术帮助他们控制人民，这是最妄自尊大的皇帝所梦想不到的。他们致力于现代化是在削弱传统社会；即使变化来得比他们希望的慢，那也主要是因为他们的急躁——特别是毛的急躁，但也有他的同事们的急躁——破坏了过去的节奏。他们认识到，中国已不再是一个在显赫的孤立中我行我素的中央王国。在中国之外，有一个需要赶超的不按北京的鼓点行进的更广大的世界。但在 20 世纪 60 年代中期，中国领导人囿于一个信念，认为他们能够单独地完成这个任务。他们自己的愚行加上外部危险，最后使他们认识到事情并非如此。这种无知的结局将是我们最后一卷的一个重要主题。

参考文献介绍

政治挂帅:略论 1949 年后的
中国研究

　　这篇文章安排在有关中华人民共和国具体方面的各章书目介绍之前。它通过鉴别有关当代中国的主要资料,说明它们的主要局限,评价外国研究者可以到手的变化着的混杂在一起的资料的意义,探索关于中国的学术著作的发展。

　　研究 1949 年后政治、经济、社会和文化的学者,面临许多严重的约束。当代中国的研究者学习使用驳杂的资料:大陆的中文报纸及其译文,逃亡者和西方居民的叙述,对逃亡者和海外华侨的访问,小说,外国政府的分析(有时部分地根据秘密得到的情报),从个人观察推知的情报和在中国的实地调查。由于这些资料的每一种都有固有的局限性,研究中国实质上就是从多种多样的资料中寻找汇合点。如果各种资料指向一个相似的方向,研究者可以多少相信结论的确实性,但当资料指向根本不同的方向时,分析者就必须具有合格的判断力,并设法调和明显的不一致。

　　但在谈这些问题之前,对研究中华人民共和国的困难再作一点一般的观察,我想是适当的。主要的困难是:中国政府的保密;大多数外国学者,在 1979 年以前不能在中国进行研究,因而必须倚赖断续而不完整的资料去研究现实社会,以及可资利用的各种资料的意外中断。可以得到的资料既阐明中国也歪曲中国的程度,使研究者在方法论问题上徘徊了 30 年。

　　保密的倾向明显地表现在中国政府拒绝公布 1959—1978 年的任

何可靠的统计数字。不愿意透露"大跃进"失败到什么程度、对国家安全的极度担心、"文化大革命"中统计网点的破坏，以及一种深深植根于文化的对保密的偏爱，合起来使二十多年来中国的发展成了一个真正的谜。生产统计资料、人口数字、政府的收入与支出、个人收入与消费、外贸情报、就业统计、党和政府重要会议的记录、法律简编、官员的任免情报、政治和军事官员的传记资料，所有这些都是不可能得到的。外国政府和西方学者用了很大的精力收集这些资料，这种情况的存在一般被视为当然。从 1978 年起，中国政府逐渐开始公布统计数字，并企图重建其中几年的资料。但国家一级的许多重要统计数字仍然无法得到，省一级的资料仍很罕见，而许多可以得到的统计数字或者使人感到迷惑，或者是不准确的。

外国学者遇到的又一个难题是：在 1979 年以前，就研究的论题来说，中国实际上关上了大门。诚然，到 20 世纪 60 年代中期，曾有几家西方和日本的报纸派记者驻在北京，而从 1949 年起，几乎一直有一些西方大学生在中国的大学里学习。西方外交官也偶尔发表他们对北京的印象。但是，西方人是被隔离的，不得进入研究的图书馆，不能自由旅行或在北京以外的地方持续地住一个时期。在中国确有西方侨民受雇于政府，但他们的著作相当缺乏批判力而且肤浅。在 1979 年之前，就一切实际论题来说，都不得不在远处研究中国。用以了解现实社会的可供选择的材料，都必须予以扶植。

为了补偿，西方学者在香港建立起一个研究基地，那里的主要档案集中在联合研究所（URI）和大学服务中心（USC）。那时在这些档案馆里的研究，是把对中国逃亡者的访问整理成有关当代中国各方面的专题著作。① 对香港提供情报者的访问本身，成了一门艺术，研究者得知道逃亡者的所长与所短。他们的局限是：大多数提供情报者来自中

---

① 托马斯·伯恩斯坦：《上山下乡：中国青年从城市走向农村》[43]；杰罗·姆·A. 科恩编：《中华人民共和国刑事诉讼程序入门，1949—1963 年》[179]；理查德·所罗门：《毛泽东的革命和中国的政治文化》[674]；伊日拉·F. 沃格尔：《共产主义统治下的广州：一个省城的规划与政策，1949—1968 年》[749]；林恩·怀特：《在上海的经历：在一个发展中的中国城市里涉及个人能力的社交指南，1949—1966 年》[782]。

国南方和沿海,他们中间缺乏比较高的官员,难于估计他们的可靠性和他们可能有的政治偏见。这些缺陷中的大多数,可以通过富于想象力的然而又是严格的访问程序得到斟酌和考虑,但有时候由于提供情报者相对的少和无法将他们置于他们的住所或工作场所的背景下,给这个情报来源带来了限制。1979年中国对外国人的研究实行开放,并没有扩大到允许社会科学家去采访在统计上具有重要意义的人口抽样实例,或在一个持续的时期内对现实社会进行观察。因此,访问逃亡到香港的人,仍是一个比较重要的,即使是有缺点的当代中国资料来源。

另一个困难是原始资料的不连续性。在中华人民共和国的整个35年中,只有少数出版物没有中断。《人民日报》、上海《文汇报》和政府的杂志《新华月报》(从1956—1961年改为《新华半月刊》),是唯一想得起来的三种。"大跃进"以后,许多杂志和报纸停止卖给外国人,其他的出版物则在"文化大革命"中停刊。

部分地补偿这种不连续性的,是一系列独特而有启发性的资料,对不同时期有用,并对研究有重大影响:(1)朝鲜战争后,有的中国战俘愿意被送往台湾而不是中华人民共和国,他们提供了中国人民解放军的情况;[1] (2)中国洗脑技术的美国牺牲者,在50年代中期被释放,他们的叙述阐明了中国人使用小组压力的技巧;[2] (3)1957年"百花运动"中迸发出来的对这个政权的看法;[3] (4)可以利用《工作通讯》,这是人民解放军的一种内部刊物,台湾获得1961年的许多期;[4]

---

[1] 见威廉·布拉德伯雷《群众在战斗与被俘中的表现:朝鲜战争中的共产党战士》[61];亚力山大·乔治:《行动中的中国共产党军队:朝鲜战争及其余波》[265]。

[2] 罗伯特·利夫顿:《思想改造和极权主义心理学:对中国"洗脑"的研究》[454];埃德加·H.斯凯恩:《中国人对战俘的灌输计划》[627],见《精神病学》,19.2(1956年5月),第149—172页;埃德加·H.斯凯恩等:《强制的劝说》[628]。

[3] 丹尼斯·杜林:《共产党中国:学者反对派的政见》[205];罗德里克·麦克法夸尔:《百花运动和中国的知识分子》[493];聂华苓:《百花文学》[552]。

[4] J.切斯特·郑:《中国红军的政治:人民解放军〈工作通讯〉的译文》[122];约翰·威尔逊·刘易斯:《中国的保密军队报纸:"牵连"与"揭发"》[440],见《中国季刊》[133],18(1964年4—6月),第68—78页;拉尔夫·L.鲍威尔:《共产党中国的军政关系》[587]。

(5) 1962 年,一批难民流入香港;① (6) 1962—1964 年的社会主义教育运动中,关于福建连江县和广东宝安县的文件;② (7) 1966—1968 年"文化大革命"中的红卫兵小报;③ (8) 1972 年中央委员会叙述林彪事件的秘密文件;④ (9) 1976 年邓小平的反对者散发的对邓在 1975 年复出时期的政策进行谴责的文件;⑤ (10) 1976 年天安门事件中,群众发表的意见;⑥ (11) 1977 年叙述"四人帮"罪恶的中央委员会秘密文件;⑦ (12) 1978—1979 年民主墙运动中的大字报和刊物;⑧ (13) 1980—1981 年对"四人帮"和林彪的同谋进行审判时发表的起诉书。⑨

这些资料引起相当大的注意,但不清楚它们所提供的见解是只限于所涉及到的具体时间、地点、问题呢,还是一般说来都适用。资料缺乏连续性和短期内资料的突然增多,也许使中国看起来比实际上更动荡,更不安定,更反复无常。资料的不连续性使人很难准确地指出趋向。

还有一个问题是这篇文章想要部分地解决的,就是关于掌握原始资料和第二手资料的目录。收录中国电台广播的几个主要翻译机构,

---

① 鲍大可和沃格尔:《共产党中国的干部,官僚政治和政权》[28];科恩编:《刑事程序》[179];卢西恩·派伊:《中国人的政治精神:政治发展中的危机的心理文化研究》[592];理查德·所罗门:《毛的革命》[674];沃格尔:《共产主义统治下的广州》[749]。

② 莫里斯·弗里德曼:《中国人的家系与社会:福建和广东》[256];S.C. 陈和查尔斯·P. 里德利:《连江县的农村人民公社》[102]。

③ 李洪勇(音):《中国文化革命的政治:个案研究》[430]。

④ 高英茂编:《林彪事件:权力、政治和军事政变》[384]。

⑤ 肯尼思·利伯塔尔等:《中国的中央文件和政治局政治》[453]。

⑥ 《革命诗钞》[395],两卷;萧兰编:《天安门诗钞》[821]。

⑦ 王学文(音):《"四人帮"事件:中共中央文件的正式揭露》[764],见《问题和研究》[358] 13.9(1977 年 9 月),第 46—58 页。

⑧ 詹姆斯·佟(音)编:《中国的地下刊物》[719],见《中国的法律与政府》[136],第一部分,13.2—3(1980—1981 年秋冬),第二部分,14.3(1981 年秋);詹姆斯·西摩:《第五个现代化:中国的人权运动,1978—1979 年》[651];戴维·S.G. 古德曼:《北京街头的呼声》[272]。

⑨ 最高人民法院研究室编:《中华人民共和国最高人民法院特别法庭审判林彪、江青反革命集团案主犯记事》[727];《中国历史上的伟大审判:审判林彪和江青反革命集团,1980 年 11 月—1981 年 1 月》[276]。

它们的目录一般得不到。最近几年，许多带有"内部"标志的中文书，已经在西方出现，但没有一个中心协调组织来指出什么书可以得到。各种昙花一现的材料——在中国的旅行日记和报告，同中国有往来的机构的香港会谈记录和业务通讯——在许多大学的中国研究中心都可以找到，但它们通常都没有编目，或在目录中看不出它们的内容。

对第二手资料的掌握，如果不是不可能，也是一大难题。这些问题引起的后果是，精明的内行学者养成了读脚注的习惯。一本书到手，先查脚注，看有没有新的资料。

基本资料及其局限

中国出版物

中国出版物——书籍、刊物和报纸为研究中国提供了主要的资料。这些资料来自这个政治体制的各个机构。中国共产党中央委员会在它进驻北京之后不久，出版了《人民日报》，并从 1958 年起，出版《红旗》杂志作为它的指导性理论刊物。国务院出版一份公报，刊登主要指示。[1]

在一次重要的全国性会议，如全国人民代表大会、中国共产党的代表大会或中央全会、共青团或文学艺术界联合会的大会之后，通常都有专刊。一本小册子汇集了会议的主要文件：高级领导人的讲话、指示、决议，等等。中央各部、各省、大学、研究院和群众团体如妇联和共青团，一般都有各自的出版社，除了在"文化大革命"及其余波中（1966—1976 年）陷于瘫痪外，出版了许多书籍、小册子、刊物和报纸。从 20 世纪 50 年代起，许多地区或专区和县都出版报纸，在"大跃进"时期以后中断。在毛以后时期，地方出版社开始出版地方志、地方文学作品和一些刊物。

---

[1] 《中华人民共和国国务院公报》，国务院出版，从 1955 年至今，不定期。

建立书目管理

研究者的一大难题是建立在中华人民共和国出版的书籍、刊物和报纸的书目管理。中国出版的两种书目对此是有帮助的：期刊《全国新书目》和年刊《全国总书目》。这两系列的目录书和小册子在大陆出版，按主要的论题类别把书名分类。中国国外的主要图书馆，拥有这两系列书目中的绝大多数，在大陆中国的图书馆中，不难得到全套。但这两个系列的书目，有着严重的局限性。

有许多书名在西方图书馆中根本没有实际用处，在大陆图书馆也往往找不到书。而且，有些在大陆印刷的非常有趣和有用的书籍和小册子，既不在《全国新书目》中，也不在《全国总书目》中。这些出版物带有"内部"的标志。它们所包含的材料，出于各种理由，使作者或政府认为是敏感的，因此不允许在非中国人中间流传，或法律禁止带出这个国家。这种机密或秘密材料（大多数是 1949 年以后时期的）没有列入大陆的书目。因此，根据中国书目编纂一本引人注目的书名目录，用处是有限的。对书籍和小册子的书目管理，最后只能通过孜孜不倦地梳理中国国内外图书馆的目录，通过获得出入书库的机会，以及通过拥有私人收藏的西方和中国学者的帮助，建立起来。

建立对刊物和报纸的书目管理是另一件事。大多数主要报纸出版详细的索引。《人民日报》和《光明日报》上的文章，分类编入《人民日报索引》和《光明日报索引》。有几种地区和省的报纸，如《南方日报》也出版索引。除《人民日报索引》可完全得到外，其他报纸索引西方图书馆一般只有部分收藏，但大陆图书馆往往全都有。

另一种极有用处的索引是《全国主要报刊资料索引》。它的文章分类比较精细，而且有不少期甚至涉及"内部"刊物的文章。西方图书馆有这个索引 1955—1959 年的全部和 20 世纪 60 年代与 70 年代的零星部分，但在许多大陆图书馆可以看到全部。在广泛收藏省级报刊的中国图书馆使用这个有价值的书目，对研究确定好的题目是一个有效的途径。

使用中国报刊的一个主要困难，是发现它们的存在。许多是属于"内部"保密级的，因此《全国总书目》不常提到。这个书目也不提出版物的性质。《当代中国研究指南》出版于 1967 年，仍然是对中国定期出版物的一个独一无二的指南，它开列了 20 世纪 50 年代和 60 年代的许多部级刊物，其中不少在"文化大革命"中停刊，到 70 年代才恢复。①

有了定期出版物的名单以后，研究者面临一个新的难题：到何处去找这些刊物和报纸？西方收藏的中华人民共和国的报纸和期刊，一般没有联合目录。确有几个部分目录，② 但如今已过时。研究者别无选择，只好到一些主要的收藏当代中国资料的地方去寻找：在澳大利亚，有澳大利亚国立大学和澳大利亚国家图书馆；在英国，有大英博物馆和东方与非洲研究院；在法国，有国立图书馆（巴黎）；在西德，有亚洲情报研究所（汉堡）；在香港，有大学服务中心、中文大学和香港大学；在日本，有国立议会图书馆、经济发展研究所和东洋文库；在瑞典，有大学图书馆（斯德哥尔摩）和隆德大学图书馆；在台湾，有国际关系研究所和调查局；在美国，有国会图书馆（华盛顿）、加利福尼亚大学中国研究中心图书馆（伯克利）、芝加哥大学远东图书馆、哥伦比亚大学东亚图书馆（纽约）、哈佛大学哈佛—燕京图书馆（马萨诸塞州，坎布里奇）、密歇根大学亚洲图书馆（安阿伯）、斯坦福大学胡佛图书馆（加利福尼亚州，帕洛阿托）、华盛顿大学远东图书馆（西雅图）。

另一个选择是利用中国的图书馆。北京图书馆和上海市图书馆是主要的知识库，中国科学院的社会科学图书馆和几所大学的图书馆也有丰富的藏书。北京图书馆从 1949 年起，出版一种有用的馆藏报纸目录，它透露出收藏的广泛，有全国性的、省的，甚至有省以下的报纸。③

有三种有价值的报刊文章汇编或摘要值得提到：《复印报刊资

---

① 彼得·伯顿和尤金·吴：《当代中国研究指南》[47]。
② 特别参见 G. 雷蒙德·纳恩编《国际收藏的中国定期刊物，1949—1960 年》[554]；伯纳黛特·P. N. 史和理查德·L. 斯尼德：《共产党中国的期刊》[656]。
③ 《北京图书馆馆藏报纸目录》[567]。

料》，联合研究所的剪报档案，《新华月报》。人民大学编辑出版一种全年合订本，收入重要的或有启发性的文章，题目范围很广泛。这个系列和《复印报刊资料》，是翻印人民大学的剪报档案。它显然是在1978 年以后开始出版的，在 1980—1981 年向外国人开放。1982—1983 年，标上"内部"，继续向全国的许多图书馆分送，1984 年重新向外国人开放。在中国以外，联合研究所在它的香港档案馆继续保持剪报服务。这种服务从 20 世纪 50 年代初到 60 年代末一直很活跃，此后逐渐萎缩。许多西方图书馆得到的是缩微胶卷档案，香港浸礼会学院得到原档案。50 年代和 60 年代初期这个档案特别丰富，当时联合研究所有一个进取的与基金充裕的计划以获致中国出版物，并有一个胜任的班子剪辑和整理档案。的确，联合研究所的剪报档案对 60年代和 70 年代初写成的专题著作，提供了大量的参考文献。①

中国人出版一种定期的主要报刊文章的摘要。从 1949 年起，《新华月报》以月刊的形式出现（从 1956—1961 年，以半月刊的形式出现，名为《新华半月刊》）。这种篇幅很大的出版物，平均 200—250页，内容是重要的指示、讲话、社论、评论、新闻电讯，以及每月的大事记。1979 年，《新华月报》变成专门的档案刊物，即政府和党的政策的一种半官方公报，同时出现一个新的姊妹刊物《新华月报文摘版》（后名《新华文摘》），重印全国各地报刊上有关历史、经济、哲学、文化、政治的文章，以及短篇小说和诗歌。

中国出版物的局限和机会

使用中国出版物带来难题和限制。出版物由国家控制，为统治者的目的和官僚机构的多种多样的组织利益服务，官僚机构控制着各个出版社。中国的新闻事业缺乏独立、批评和尽责的传统，社会科学则缺乏超然的传统。出版物公开承认为宣传任务服务，宣传当前的政策（通常是说好），诋毁先前的、被抛弃了的政策。相当大一部分国内报纸所报道的

① 例子是约翰·威尔逊·刘易斯的《共产党中国的领导》［436］；弗朗兹·舒尔曼的《共产党中国的意识形态和组织》［637］；詹姆斯·汤森德的《共产党中国的政治关系》［720］。

"新闻",在西方记者看来不是新闻,而是对当前政策的解释(它可以巧妙地不同意某些部分)和来自模范单位的报道,这些单位成功地贯彻了国家的政策,或来自地方的报道,讲这些地方由于忽视政策而陷入了明显的困难。报道外交事务,也倾向于恪守官方的政策。

只是在毛泽东以后的时期,才开始出现一些书籍和刊物,以系统的方式分析国内政策的效果,或阐明政治、社会和经济过程。例如,新华社从1981年起出版的一种发行很广的期刊《瞭望》,报道中南海(北京的政府所在地)的个人活动与考虑过程。高级官员写的不少回忆录,透露了从20年代到毛去世时的党内人物、作风和政策争论的一鳞半爪。小册子和报刊文章开始讲述1949年以来高层政策斗争的发展情况。除毛以外的高级官员的演讲和著作集开始出现;如朱德、陈云、周恩来、刘少奇、董必武、邓小平等人的选集,现在可以得到。社会科学刊物的数目日益增加,开始从各方面详谈当前的政策选择,并透露反官僚主义的争论意见。看来这些小册子是真想把中国的某个方面告诉一个感兴趣的读者,而不是向读者说教,那个方面为什么是有利的。

但所有这些都是最近才有的事,在1949年以后的大部分年代里,把出版物作为可靠的资料来源有效地加以利用,是一门艺术。中国以外的学者研究出各种技巧,以比较精确的方式翻译难解的中国出版物。例如,中国外交政策的观察家仔细检查新闻媒介中的所有声明,以了解中国在一些重大问题上的态度的发展,如参加朝鲜战争,中国在1958年金门—马祖危机中的举动,在1962年的中印边界战争和中苏争论中的表现。[①]从这些研究中了解中国人表示他们意图的方式,中国人在危机中的表现,中国对双边关系的处理。研究高层政治斗争的学者,仔细检查《人民日报》刊登的领导人照片中谁出现,谁缺席,和他们排列的位置,注意领导人宣布当前口号所用的不同顺序

---

① 见艾伦·S.惠廷《中国跨过鸭绿江》[785]和《中国的威慑微积分学》[786];乔纳森·波拉克:"中国外交政策中的观念和方法:金门决策"[585];唐纳德·扎戈里亚:《中苏冲突》[837]。这些研究把对中国出版物的仔细阅读和对外交、军事行动的研究结合起来。

（例如，领导人是说"抓革命，促生产"呢，还是"促生产，抓革命"？），留心领导人引用了哪一位元老的话（只引用毛泽东的话？刘少奇的话引用没有？等等），仔细阅读有关一个领导人的新闻，他以前负责别的领域，而现在有了新的职务（撤去以前的职务和任命新的职务都没有正式宣布）。从无数这样的线索中，西方解释出 1955—1956 年关于农业合作化的争论，1956—1957 年对知识分子政策的争论，和在"大跃进"问题上高层领导人之间的分裂。① 值得注意的是，后来在"文化大革命"中和在毛以后时期透露出的情况，表明这些解释虽不是在每个细节上都正确，但在大体上是正确的。

　　同样，在分析政策的贯彻执行和进行社会学的分析时，也开始采用新的策略。一种显而易见的方法是阅读所有能够得到的关于一个具体现场的材料，对那个现场作详细的考察，再通过访问丰富这些资料。② 另外一种方法是研究一个具体政策的发展和它在一个时期内的贯彻，③ 还有一种方法是考察一个或一套机构，利用所有能够得到的

---

① 研究中华人民共和国的政策与实践（"北京学"）方面的例子，见安奉俊（音）《中国的政治和文化革命：政策进程的动力》[2]；帕里斯·H. 张：《中国的权力和政策》[86]；默尔·戈德曼：《中国知识分子：建议和异议》[271]；罗德里克·麦克法夸尔：《文化革命的起源》，第 1 卷 [495] 和第 2 卷 [496]。

② 林恩·T. 怀特第三：《在上海的经历》[782]；多萝西·索林格：《中国西南的地方政府和政治一体化，1949—1954 年：个案研究》[670]；肯尼恩·G. 利伯塔尔：《天津的革命与传统，1949—1952 年》[452]；唐纳德·麦克米伦：《中共在新疆的政权与政策，1949—1977 年》[524]；戈登·贝内特：《华东：一个中国人民公社的历史》[36]；维维恩·舒：《过渡中的农民的中国：向社会主义发展的动力，1949—1956 年》[662]。

③ 关于教育，罗伯特·泰勒：《中国知识分子的困境：政治与大学招生：1949—1978 年》[700]。关于公共卫生，戴维·M. 兰普顿：《中国的医药政治：1949—1977 年的政策发展过程》[417]。关于农业机械化，本尼迪克特·斯塔维斯：《中国的农业机械化政策》[685]。关于企业管理，斯蒂芬·安多斯：《中国的工业革命：1949 年至今的政策、计划和管理》[9]；钟昌吾（音）：《毛主义与发展：中国的工业管理政策》[153]。关于科学技术，理查德·P. 萨特梅尔：《研究与革命：中国的科学政策与社会变化》[692]。关于官僚主义管理，哈里·哈丁：《创建中的中国：官僚政治的问题，1949—1976 年》[291]。关于少数民族政策，琼·托伊费尔·德雷尔：《中国的四千万：中华人民共和国的少数民族与民族平等》[210]。关于粮食管理，肯尼迪·R. 沃克：《中国食用粮食的收购和消费》[759]。

关于这个组织的材料：有关它的法律条文，谈到它的任务的讲话和文章，有关它的下属机构的文章，等等。[①] 这种研究通常主要依赖所要调查的机构控制下的出版物——例如，研究青年团，要从青年出版物中取得大量材料；研究工会，要从工会出版物中取得大量材料，等等。（研究人民解放军除外，因为军队出版物通常是高度保密的，不能得到。）不论是把注意力放在一个具体的现场，还是放在政策问题或是机构上，依赖出版物都会碰到问题。出版物谈结构而不谈过程，更注意正式的而不是非正式的方面。它使人感到中国的机构是有效率和胜任的，它暗示政策是符合实际的，它示意全国是一致的。虽然这些意见准确地传达了来自北京的想法，但实际情况往往离政策很远。中国比它的精英人物通常承认的要参差不齐得多——至少在毛泽东的时期是如此。

结果是促进了另一种使用出版物的策略：把资料聚集起来，把事例放在它们特定的背景中，从中国极大的多样性导引出可以证实的假设。例如，在研究企业管理时，斯蒂芬·安多斯和安德鲁·瓦尔德用了 187 个从出版物上搜集来的管理实例，验证何种类型的工厂在一个时期内运用特殊的管理形式。安多斯和瓦尔德想知道哪一类工业（重、轻或化学）更易采用工人参加管理，或干部参加劳动。理查德·鲍姆根据广东报纸提到的"文化大革命"在农村的后果，仔细标出它们的地理位置，以确定哪一类人民公社和生产大队在 1966—1969 年的动乱中受害。[②]

在不同的研究中，约翰·伯恩斯和伊丽莎白·佩里都仔细阅读出版物中有关农民的政治表现的报道。伯恩斯由此发展出一种类型学，

---

① 乔治·N.埃克隆：《为中国政府的预算提供资金：大陆中国，1950—1959 年》[212]；凯瑟琳·H.萧：《共产党中国的货币与货币政策》[314]；李卓敏：《共产党中国的统计制度》[442]；本尼迪克特·斯塔维斯：《中国的人民公社与农村发展》[684]。

② 安多斯：《中国的工业革命：1949 年至今的政策、计划和管理》[9]；安德鲁·瓦尔德：《报刊报道与中国社会的研究》[757]，见《中国季刊》[133]，79（1979 年 9 月），第 569—592 页；理查德·鲍姆：《农村的文化革命：剖析一种有限的造反》[31]，见托马斯·鲁宾逊编《中国的文化革命》[617]，第 367—476 页。

研究农民如何追求他们的政治利益,而佩里则探索引起农民参加暴力抗议的情况发展。[①] 弗雷德里克·泰韦斯仔细阅读省一级出版物,以估计各省响应中央各种计划的程度,然后通过参照各省的某些政治与经济条件,对这种响应作出解释。他按响应的程度排列各省,又按党组织的强弱或经济发展水平等方面排列各省,验明这两者之间的相互关系。[②]

这些以及其他的研究尝试,仔细地积累了许多实例、事例、行为或实践的例子(包括工厂管理、省里对中央指示的响应,或农民的利益追求等类型),这些是研究者想了解的。行为类型学于是发展起来,并根据类型学,把记录下来的实例加以分类。运用社会科学的一种传统方法,这些实际应用被看做因变数。分析者的任务是通过参照行为发生的不同场合,解释实例在不同行为类型中的分布状况。这样,尽管大陆的出版物有缺陷,仍然可以用来对彼时彼地的特殊现象的变化试着进行解释。不过,这些分析的正确性,多少仍有待证明。出版物没有提供一个有代表性的样品;能从出版物上搜集到的实例,通常数量很少,不允许使用复杂的质量分析技术;对实例的来龙去脉知道得不够多,不能验证和衡量所有有关的自变数。

中国出版物的翻译

中国出版物是大多数问题必不可少的情报来源。自然,某些问题完全被排除在出版物的论述范围之外:自然灾害和大的政策失误,如1960—1962 年的饥荒与营养不良的程度,或"文化大革命"的恐怖与死亡;政策在党的高层的形成过程;公安系统的组织与任务;人事制度(任命、升迁与免职是怎样作出的);确定与变更价格的方法;国家的中间层——省、特区、自治区和县的组织、职责与作用。不论是在经济、政治或文化方面,出版物对这个体制的最高层和基层的报

---

① 约翰·伯恩斯:《中国农民利益的表达,1949—1974 年》[70],哥伦比亚大学哲学博士学位论文,1979 年;伊丽莎白·J·佩里:《社会主义中国的农村暴力行为》[581],见《中国季刊》[133],103(1985 年 9 月),第 414—440 页。

② 弗雷德里克·泰韦斯:《中国各省的政策:主题与变奏》[703],见约翰·M.H. 林德贝克编《中国:一个革命社会的管理》[457],第 116—192 页。

道都比中层多。除去这些重大的脱漏外，出版物能使研究中国的学者对当前政策、领导人之间的政策分歧和基层的发展得到一个总的印象。不过，即使在这些题目上，出版物在说明的深度上仍有不足。因此，研究者必须把出版物与其他资料结合起来。

中文出版物的一个重要部分有译文。北京的外文出版社和其他单位，用多种外文出版供海外阅读的材料。例如，《人民中国》半月刊从 1950 年开始出版，至 1957 年由《北京周报》接替，该刊从 1958 年 3 月起，用 20 种以上的外文出版。中国政府由新华社发布一份每日英文电讯稿。1981 年，英文《中国日报》开始在北京出版。

外文出版社通过它所翻译的许多长篇小说和在《中国文学》上发表的短篇小说，提供了接触中国小说的机会。此外，政府和共产党的主要声明、重要讲话以及它们的摘要，照例是以小册子或书籍的形式翻译出版。这样，《毛泽东选集》、《邓小平选集》、每次人民代表大会的文件和中央全会的公报，在中文本出版后不久，就由外文出版社发行。

外国政府把一些中国的译文编进它们自己的翻译丛书，并为这些丛书另外翻译了新闻电讯、报刊文章和书籍。例如，英国广播公司出版日刊《世界广播摘要（远东）》[63]，这套刊物在中华人民共和国成立之前就有了，它收入来自中国的主要新闻的全文或摘要，包括省级新闻广播的译文。美国政府已经出版了几套翻译丛书。从 1950 年至 1979 年，美国驻香港总领事馆保持一个很大的出版物监视单位，它发行几套丛刊：《中国大陆报刊概览》[738]（1974 年后，更名为《中华人民共和国报刊概览》）；《中国大陆杂志选粹》[736]（后来名为《中国大陆杂志选录》[737]，1974 年后更名《中华人民共和国报刊概览》）和《当代背景材料》[735]，这是一种题目类似的文章的合编。总领事馆为这三个翻译丛刊提供了一个极好的、详细的目录索引。但这个索引不涉及增补的丛刊，增补的丛刊归入低级安全保密级，后来才向一般公众开放。《世界广播摘要（远东）》可以订阅，并且是缩微胶卷，因此许多图书馆都有。总领事馆的丛刊，在它们出版的大部分时间里，只发给数目有限的专门研究东亚的图书馆。因此不像《世界广播摘要（远东）》那么容易得到，尽管涉及面更广。

美国政府的外国广播新闻处提供一种监听中国广播的每日汇编。这个汇编以外国广播情报服务处全球范围监听的一部分的分册形式出版。1967 年以前，广播监听的中国部分在亚洲分册里，而在 1968 年，《外国广播新闻处（中国）》［250］以单行本出版。按惯例，它只分送给少数图书馆和学者，但后来可以通过预订得到。香港的出版物监视单位关闭后，《外国广播新闻处》收入了一些以前《中国大陆报刊概览》—《中国大陆杂志选录》丛刊所包含的材料。①

美国政府的第三种翻译丛书，是《联合出版物研究服务处》［374］，它提供 1957 年以来的中国书籍和报刊文章的英文翻译（特别是省一级的）。这套丛书的历史，以及坚持作索引的种种努力，是非常复杂的。只要说一点就够了，《联合出版物研究服务处》改变过几次，因此有几种持续时间不同的分类丛书，题目包括农业、科学与技术、地方政治、能源、教育，以及每期《红旗》杂志的全文翻译。美国政府以香港为基地的翻译丛书在 1979 年 6 月结束后，《联合出版物研究服务处》丛书被冠以《中国报道》（*China Report*）的名称，并改为六个分类丛书：农业；经济事务；政治的、社会学的与军事的事务；工厂与设备资料；科学与技术；《红旗》。《联合出版物研究服务处》丛书由于它经常变动，没有一个方便而连贯的索引以供检索。1957—1960 年上半年有一种单独的索引，而另一位编者编了从 1962 年至 1970 年期间的索引。② 从 1979 年起，有的分类丛书偶尔把以前各期的内容汇编成单行本。

还有三种有用的翻译丛书值得提及。从 1955 年至 1977 年，香港的联合研究所出版的《联合研究服务》［734］按各个当代题目汇集译文。M. E. 夏普公司从 1968 年起，出版一系列季刊，每种季刊刊登

---

① 《外国广播新闻处每日报道索引：中国》［351］（康涅狄格州，新迦南：新闻库，1975—）。见书目提要对这个出版物的全面介绍。

② 见理查德·索里奇编《当代中国：联合出版物研究服务处出版的关于中国的报导的书目》［676］；西奥多·基里亚克编《美国联合出版物研究服务处研究译丛书目索引》［413］，第 1—8 卷。

一个专门领域的译文：《中国的法律与政府》、《中国的经济》、《中国的教育》、《中国的社会学》。这些不同的季刊经常出专号。例如，《中国的法律与政府》就出过关于林彪事件、党的组织、人事管理等专号。一个英国政府机构的香港分支——地区情报处，监听省级电台的广播，出版《省级电台广播》(*Provincial Radio Broadcasts*) 周刊，从 1963—1974 年，分送少数图书馆、新闻记者和学者。这套优秀的丛刊的有些项目，常常是《外国广播新闻处》和《世界广播摘要（远东）》所没有的。

除了这些经常性的中文资料翻译丛书之外，还有许多限定题目的专门汇编。例如，有关下列题目的原始文献：中国的教育政策,[①] 农业政策,[②] 经济组织,[③] 军事命令,[④] 中美关系,[⑤] 中苏争论,[⑥] 几个经过挑选的时期的重要政策声明,[⑦] 领导原则[⑧]和专题短篇小说选。[⑨]

总之，通过翻译提供接近中文新闻媒介的门路的尝试是很广泛的。但覆盖面很不均衡，欲对大多数问题进行认真的研究需要使用中

[①] 斯图尔特·弗雷泽：《中国的共产主义教育：前 10 年的成绩》[254]；彼得·J. 西博尔德编：《中国的革命教育：文献和注释》[649]。

[②] 赵国俊：《大陆中国的农业政策：文献研究，1949—1956 年》[94]。

[③] 赵国俊：《大陆中国的经济计划及组织：文献研究，1949—1957 年》[95]。

[④] 高英茂编：《人民解放军与中国的建国》[386]；高英茂：《中国共产党军队的政治工作制度》[388]。

[⑤] 罗德里克·麦克法夸尔：《中美关系，1949—1971 年》[494]；吉纳·萧和迈克尔·威吞斯基：《中美关系正常化及其政策含义》[313]。

[⑥] G.F. 赫德森、理查德·洛温撒尔和罗德里克·麦克法夸尔：《中苏争论》[343]；戴维·弗洛伊德编：《毛反对赫鲁晓夫》[247]；亚力山大·达林等编：《国际共产主义的分歧》[192]；约翰·吉廷斯：《中苏争论概观》[268]；威廉·格里菲思：《阿尔巴尼亚与中苏分裂》[280]，《中苏的分裂》[281] 和《中苏关系，1964—1965 年》[282]。

[⑦] 罗伯特·R. 鲍伊和费正清编：《共产主义中国，1955—1959 年：政策文件及分析》[59]；联合研究所：《中共关于无产阶级"文化大革命"的文件，1966—1967 年》[732] 和《中共中央文件》[732]；H. 欣顿编：《1949—1979 年中华人民共和国文献概览》[299]。

[⑧] 约翰·W. 刘易斯：《共产党中国的主要原则》[439]。

[⑨] 佩里·林克编：《〈人妖之间〉及刘宾雁在毛以后所写的其他短篇小说和报告文学》[461]。

文资料。几家全国性大报的文章和社论、高级领导人的讲话，重要的
国家指示，是容易得到的，而省级报纸、部级刊物以及篇幅跟一本书
一样大的专题论著，并不是都有译文。由于政府（中、美、英的）对
主要的翻译业务提供经费和管理，它们倾向于为政府眼前的利益和目
的服务，而这并不总是同历史学家和社会科学家的长远利益和目的相
符。例如，《外国广播新闻处》丛书在美国情报部门内是广泛使用的。
虽然它的内容包括题目范围很广的报道，有家庭生活、社会环境、地
方政治等，但它的任务是告诉读者中国在世界事务中的意图、潜在能
力与战略。《联合出版物研究服务处》丛书关于社会环境、地方政治
和经济方面的情报，比《外国广播新闻处》多，但它也特别着重于中
国的科学发展和涉及美国的商业问题。结果，翻译丛书在诸如全国性
政治、外交政策、军事和科学论题上的覆盖面比较广，而关于党史、
文学、哲学、地方政治、文化和社会生活的文章的报道，则不大令人
满意。翻译的范围在不同时期也有很大的不同。

　　此外，虽然不能得到确实数字，但可以得到英译文的中文出版物
的百分比在两个时期可能是很低的：第一，从 1949 年至 1954 年，这
时西方的监听和翻译机构正在建立中；第二，从 1978 年至今，这个
时期中国出版的报纸、刊物和书籍的数量猛增，而翻译机构没有相应
地增加。覆盖率最高的时期大概是 50 年代后期，那时翻译工作进展
迅速；还有就是"文化大革命"时期（1966—1969 年），那时中国出
版界引人注目地减少了出版物的数量，重复很普遍，而且出版的东西
有很多是已经翻译了的。60 年代初期、70 年代的初期和中期，就弄
不清了，因为许多先前是公开发行的出版物，被列入"内部"，不允
许带出这个国家。

回忆录和旅行报告

　　许多以前在中国居住过的中国人和西方人，发表了感想、回忆、
日记，或关于他们在大陆经历的自传性记述：40 年代后期，联合国
救济总署的一个技术专家，在农村看见过土地改革；1949 年留在北
京的一对美国夫妇，被当成外国间谍关进监狱；一个天主教神父在共

产党的革命中受到宗教迫害；一个中国新闻记者在 50 年代逃到香港；一个学生经历了她所在大学的改革；一个在朝鲜战争中被俘的美国人，他选择留在中国直到 1965 年；一个母亲是中国人、父亲是法国人的人，在走向自由之前，在监狱和劳改营度过几年；一个在中国的苏联科学家，他最后叛逃到西方；一个瑞典外交官，他目睹了"大跃进"后最糟几年的北京；一个在中国的非洲学生，受到中国的种族歧视；一个加拿大记者，他在 60 年代中期从北京发出报道；一个在非洲的年轻中国外交官叛逃到美国；一个受雇当英语教师的澳大利亚人，他所在的学院处于上海"文化大革命"的旋涡中；前孙中山广东军政府外交部长的儿子，他长期受雇于外文出版社，记述了红卫兵对外事系统的冲击；河南省一个年轻的"文化大革命"参加者，同他的美国语言老师结了婚，然后移居到美国；一个英国外交官卷进了 1978—1979 年的民主墙运动；几个美国、英国和加拿大记者，他们在毛泽东以后的时代的早期，从北京发出报道。这份名单是上百个这类记述的一部分，传达了亲身经历者关于在中国生活的非同寻常的故事。[①]

这些记述为中国的出版物提供了有价值的补充。它们往往谈到一些中国出版物所不谈或谈得不充分的题目：监狱制度；中国生活中触目的不公正、暴力、压迫、社会的不断变动；中国共产党的严密控制和逃避控制的机会。亲身经历者偶尔被卷进政治意义重大的事件，如1957 年 5 月北京大学的"百花运动"，或 1976 年 4 月 5 日的天安门

---

① 威廉·辛顿：《反省》[300]；阿林和阿黛尔·里克特：《释放的俘虏》[614]；卡洛·休戈：《在毛泽东的土地上》[689]；埃里克·周：《人必须选择》[145]；玛丽亚·晏（音）：《宏大的园地：红色中国学生生活写照》[833]；莫里斯·R.威尔斯：《叛徒》[794]；包若望和鲁道夫·切尔明斯基：《毛泽东的犯人》[18]；米哈伊尔·克洛奇科：《在红色中国的苏联科学家》[393]；斯文·林奎斯特：《紧要头头的中国》[458]；伊曼纽尔·约翰·赫维：《在中国的一个非洲学生》[296]；查尔斯·泰勒：《在红色中国的记者》[698]；董继炳（音）和汉弗莱·伊万斯：《思想革命》[729]；尼尔·亨特：《上海日记》[348]；杰克·陈：《文化革命内幕》[100]；梁恒和朱迪思·夏皮罗：《革命之子》[446]；罗杰·加赛德：《活跃起来：毛以后的中国》[262]；福克斯·巴特菲尔德：《中国：活跃在苦海中》[72]；理查德·伯恩斯坦：《从世界的中央寻求关于中国的真相》[42]；杰伊和林达·马修斯：《十亿》[520]；戴维·邦纳维亚：《中国人》[56]；约翰·弗雷泽：《中国人》，第 253 页。

事件。亲身经历者参与中国的生活史，看到了出生、结婚、礼拜、养儿育女、找工作、变老、死亡。

由于中国的出版物不肯细讲中国的这些方面，由于中国小说喜欢用过分光辉的词句描写生活，个人的记述就为社会科学家和社会历史学家提供了特别重要的材料。例如，《剑桥中国史》第 15 卷马丁·怀特的文章，从亲身经历者的记述中汲取了不少材料。但这些记述有着严重的局限。显然，它们并不比观察者机敏，有许多作者不是很严谨、很有察觉力，或很好问。回忆录往往不完整。许多西方观察者不会讲汉语，从而成了他们的翻译者的俘虏。许多人本想深入了解中国，结果只是看到了中国。许多中国人报道中国，拣西方人或出版者爱听的说。还有一些人利用这个机会向他们自己或向读者证明他们的生活是正当的。总之，亲身经历者关于中国的记述，具有这一类固有的缺陷。除此之外，还有一个在高度分割的社会里练就高瞻远瞩能力的问题，在这样的社会里，某一职业与居住区的成员，可能很少知道别的地方的发展情况，而由于政策的变化，生活经常是在变动中。结果是，个人观察的正确性往往受到时间和地点的限制，很难知道这类记述所提供的见识是否具有普遍意义。

一个与此有关的类型是中华人民共和国的短期访问者的记述。在 70 年代中国开放以前，这类通常由新闻记者所写的报道，是大学生和公众用以窥视所谓竹幕后中国的流行方式。典型的做法是，到北京、某些省城和几个供参观的工厂和公社作一两个月的旅行，然后写出旅行报告，企图捕捉住中国的基调。它们的标题就传达出它们的调子：《我看见了红色中国》、《中国醒来的时候》、《中国没有苍蝇》、《蚁冢》、《黄风》、《大河彼岸》。[①] 它们对在读者中形成中国这个时期的形象有影响。浏览一下这些书，提醒我们，现时来自中国的报告能够把人引入歧途到什么程度，特别是如果旅行者进入中国而没有充分

---

① 利莎·霍布斯：《我看见了红色中国》[304]；罗伯特·吉莱恩：《中国醒来的时候》[284]；G.S. 盖尔：《中国没有苍蝇》[260]；苏珊·拉宾：《蚁冢》[414]；威廉·史蒂文森：《黄风》[687]；埃德加·斯诺：《大河彼岸：今日红色中国》[672]。

的准备。问题的复杂性和多样性往往被忽略,而当前的成功和表面的一致常常被强调。70年代有一个时期,当中国的开放使访问者在欣快情绪的支配下蜂拥到这片他们新发现的土地时,这种类型的报告增加了。那些得出比较暗淡但比较准确的评价的人,知道反面的报道会危及他们的中国主人和朋友,往往既不谈他们的反应,也不私下散布他们的印象。即便是大学里的中国专家,大多数也不太清楚在毛的最后几年里,经济困难、政治恐怖和国家精英之间关系紧张的程度。

但有一类旅行报告证明是有用的,这就是训练有素的职业观察家对中国有限的方面所作的严谨的报告。[①] 例如,美国的美中学者交流委员会派出许多科学代表团到中国去考察各个领域的状况。社会科学家代表团、人文学者代表团,在特定的地方,工程师和技术员也去。其他国家的各种机构也在进行类似的研究。20世纪70年代初开始同北京打交道的公司,开始在它们力所能及的范围内,对中国的机构作出简要的描述和评价。有些公司——例如在70年代初独家承建几座大型化肥厂的普尔曼—凯洛格公司——对中国有广泛的暴露。中国雇用的外国人常常写一些范围广泛和引人入胜的有关他们经历的记事。结果产生许多有关某些学术和商业领域的专题著作和非公开的论文,可以作为基准,用以衡量毛以后时期的连续性与变化[②]这些代表团的

---

① 这类报告的例子包括 S.D. 理查森的《共产党中国的林业》[612];W.R. 格迪斯:《共产党中国的农民生活》[263];巴里·里奇曼:《共产党中国的资本家和经理》[613],见《哈佛商业评论》(1967年1月),第57—78页;杰弗里·奥尔德姆:《中国的科学:一个旅游者的印象》[558],见《科学》,147.3659(1965年2月),第706—714页。

② 例如,见美国全国科学院出版的美中学者交流委员会编写的报告[185]。它们评价了中国各门科学的状况:植物研究(1975年),固态物理学(1976年),昆虫防治(1977年),理论数学和应用数学(1977年),古人类学(1977年),口服避孕药和类固醇化学(1977年),小麦(1977年),天文学(1977年),地震工程学和减少意外事故(1980年),海洋地理学(1980年),核科学(1980年),牲畜农业(1980年)。又见余英时编《中华人民共和国的中国古代史学,汉代研究代表团的报告》[836];美中学者交流委员会:《中国的传统绘画和现代绘画》[185];安妮·瑟斯顿和贾森·派克编:《中国的人文主义的与社会科学的研究》[714];魏斐德编:《中华人民共和国的明清史研究》[753];美中学者交流委员会:《美中学者交流委员会经济代表团访华报告》[185];美国农村小型工业代表团:《中华人民共和国的农村小型工业》[6]。

成员，也常常把他们的观察写进日记或记事，供私下传阅。这些材料对将来研究 70 年代的中国，可能十分有用。

　　同样有价值的观察者记事，是同中国人进行谈判的政治人物、外交官和军人的回忆录。马修·李奇微和 C. 特纳·乔伊是朝鲜战争和板门店和谈的美方参加者，他们的两本朝鲜战争记事，对这些题目提供了原材料。1950 年下半年印度驻华大使的回忆录，对中国通过外交手段阻止美国军队接近鸭绿江，提供了重要情报。[①] 印度外交官阿瑟·拉尔提供了中国人 1962 年在日内瓦的表现的内幕。[②] 特别值得注意的是，理查德·尼克松、吉米·卡特、亨利·基辛格、赛勒斯·万斯、日比格涅夫·布热津斯基、亚力山大·黑格、威廉·萨弗埃尔和罗伯特·霍尔德曼的回忆录，它们记述了 1972—1982 年的中美关系，描写了许多中国领导人。写回忆录的也不限于比较健谈的美国和印度官员。英国、加拿大、荷兰、法国、日本和苏联的官员也记述了他们同中国官员的交往。这些记述不总是准确的，有的则是为个人利益服务的，但它们都有独特的见闻与见识。

　　摆在研究者面前的一个主要问题是，如何得以对这些根本不同的并且常常是昙花一现的材料的书目进行核查。少数大学图书馆有计划地购买所有这些从前的居留者、旅行家和官员所写的个人记事，但从目录的书目提要项目，通常既看不出书的种类，也不大知道作者的情况，更不可能请中国高级官员验证一下该书是否简化了与他们的会谈。这些书对政治史家可能很有用，即使作者当时并不明白会见中所传达的信息的重要意义。例如，回想周恩来从 1971 年至 1973 年对西方人士的许多次会见，其中包含了关于林彪事件和他自己的国内政治斗争的微妙信息。然而在这些会见中，只有少数几次被完全和准确地记录下来，而它们的汇编，西方连一本也没有。

　　对昙花一现的材料的取得，甚至更加困难，虽然就美国来说，有三个收集工作是有益的。美中贸易全国委员会保有它自己的组织档

---

① 　K. M. 潘尼卡:《在两个中国》[561]；马修·李奇微:《朝鲜战争》[615]。

② 　阿瑟·拉尔:《共产党中国如何谈判》[416]。

案，详细记录了它早期与中国商业和工业机构的谨小慎微的接触，并将访问者记述中国经济各个方面的文章，编成内容广博的档案。这些档案存放在密歇根大学的杰拉尔德·R.福特总统图书馆。美中学者交流委员会建立了关于大学和研究机构的广泛的档案，通过全国科学院可以得到它们。最后，密歇根大学的本特利历史图书馆，依靠一笔基金赠款，建立了中美关系档案，它企图收集凡是可以得到的在 70年代初访问中国的美国人所写的旅行报告，包括私人日记。①

艺术创作

大多数外国社会的研究者，常常发现他所研究的那个社会的艺术创作具有内在的美学价值，但当艺术家经常处于恐怖和政治控制之下时，艺术创作就不会繁荣。对中华人民共和国来说也是这样，自1949 年以来，引起公众注意的艺术创作很少，看来也不会有持久的价值。中国人民在毛主义时代体验到的紧张情绪、英雄主义与剥夺，使艺术的被愚弄显得更加可悲。一个与历史相称的诗史时代，在艺术创作中作了不适当的表现。

然而，研究中国社会的学者却发现这些艺术创作对许多研究目的是有用的。也许，最没有充分地加以利用的信息来源是虚构的文学作品：长篇小说、短篇小说、剧本、歌剧和诗歌。其他的艺术创作则更多地揭示了社会：招贴画、电影、广播和电视剧、绘画、广告、通俗喜剧，等等。这些材料对经济学家或政治学家也许不像对人类学家、社会学家或文化史家那样有直接的重大意义，但它们愈来愈多地被一切社会科学用做了解大众文化的形成和表现的手段。（我们在这里看到了包括莱维—斯特劳斯和布劳德在内的法国社会学家和社会历史家在中国研究领域的直接或间接的影响；也就是说，我们看到了对验证全体居民的共有意识及其对精英人物的影响的日益增长的兴趣。）但因为是由国家指导、审查和控制艺术创作，一些不同的艺术形式如小说、儿童故事和招贴画，就多是表达政治领导人的信念和目标，而很

① 《在中国的美国人，1971—1980 年：密歇根大学国立中美关系档案馆指南》[7]。

少反映大众的价值观念——虽然作品一定要充分体现当前的文化才能使它的信息被理解。

因此，以艺术创作为根据的大多数研究，就是要利用这些材料来弄清楚领导人企图向大众反复灌输的信念和价值观念。例如，社会学家玛丽·谢里登利用虚构的文学作品探索英雄模范所做的贡献，这些英雄模范是中国人民的仿效对象，[①] 查尔斯·里德利和艾琳·布卢门撒尔在各自的研究中分析儿童读物的主题，以查明向 13 岁以下孩子灌输的价值观念。[②] 约瑟夫·黄把中国的长篇小说作为生活的反映来研究。[③] 文艺界被用做高层政治斗争的一个战场，尤其是在毛泽东的时期，有几位学者研究被争夺的领域（特别是江青企图改革的京剧），以及 60 年代初借古喻今的戏剧和批评。[④]

有少数学者企图从虚构的文学作品中得到社会学的资料。他们的论点是，虚构的文学作品与行为模式有某种关系，即使是社会主义现实主义的理想化描写，也反映了有关的真实，如中国地方领导人的社会经济描述，小集团的行为动态，解决冲突的机制等。[⑤] 最后，少数中国作家揭示了中国官僚主义作风的性质和"文化大革命"的悲怆感情，其感人而有洞察力的风格不亚于任何社会科学家。小说家王蒙详细描写了党内的人事工作。爱调查研究的新闻记者刘宾雁揭示了党委内部的权力关系。陈若曦讲了"文化大革命"的严酷、虚伪与痛苦。1976 年贴在天安门广

---

① 玛丽·谢里登：《对英雄的仿效》[655]，《中国季刊》[133]，33（1968 年 1—3 月），第 47—72 页。

② 艾琳·布卢门撒尔：《中国道德教育中的榜样：儿童读物透视》[53]，密歇根大学哲学博士学位论文，1976；查尔斯·里德利、保罗·戈德温和丹尼斯. 杜林：《共产党中国培养模范公民》[616]。

③ 约瑟夫·黄：《共产党中国的英雄人物和反面人物：作为生活反映的中国当代长篇小说》[337]。

④ 见默尔·戈德曼《中国知识分子》[271]；克莱夫·安斯利：《吴晗的异端邪说》[11]；詹姆斯·普西：《吴晗：借古非今》[590]；科林·麦克拉斯：《中国的业余戏剧，1949—1966 年》[498] 和《文化革命后的京剧（1970—1972 年）》[499]，见《中国季刊》[133]，55（1973 年 7—9 月），第 478—510 页。

⑤ 特别见弗雷德里克·盖恩斯兰《文化与决策：中国、日本、苏俄和美国的社会势力》[258]，密歇根大学哲学博士学位论文，1984。

场的悲愤的诗词，有力地传达出 70 年代中期许多城市居民的愤世嫉俗与怨恨。这类作品对于了解中华人民共和国，就如索尔任尼琴和帕斯捷尔纳克的作品对于了解斯大林主义及其遗产一样必要。

因此，艺术创作对了解精英人物和群众文化提供了重要的补充渠道。80 年代，中国开始出版许多有关文化领域的研究指南和书目提要。但尽管有这些帮助，仍然很难得到有关的材料。一种英文资料来源《中国文学》（*Chinese Literature*）特别有帮助。也许从远处了解中国文学的唯一办法，是通过主要的文学出版物，如《文艺报》，但这些是直系刊物，有些更有趣和富有革新精神的作品，出现在知名度较小的刊物和地方刊物上。在中国文艺界险恶的浅滩上航行，不时会碰上宗派主义、谨小慎微和含沙射影的暗礁，大多数研究者需要中国知情人士的帮助——虽然他们给予这种帮助是小心谨慎并可能是为个人利益服务的。但到 80 年代中期，许多研究中国文学的外国学者，通过会议见到了他们的中国同行，并同他们保持直接联系。在他们的帮助下，翻译中国新的虚构文学作品和研究中国现代文学成了中国研究中最活跃与最令人兴奋的领域之一。①

访问从前的中华人民共和国居民

自 1949 年以来，有计划地访问从前的中国居民，一直是一个重要的情报来源。有几个因素说明了访问逃亡者的重要性。学者对研究现实社会无能为力，无疑是主要的因素。这不仅因为在毛的时期实地研究中国在事实上不可能，而且因为中国对研究的开放还不到能进行现场研究的程度。除了 1979—1981 年的一个短暂时期和少数其他难得的情况外，外国社会学家和人类学者一直不能使用他们的学科的研究方法：长期住在一个社区里，向他们所研究的居民提出秘密的与公

---

① 例如，佩里·林克编：《人妖之间》[461]；佩里·林克编：《顽强的毒草》[462]；佩里·林克编：《玫瑰与刺》[463]；尤金·约扬编：《艾青诗选》[225]；苏珊·沃尔夫·陈译：《冯骥才：菊花及其他故事》[103]。分析见邦尼·S.麦克杜格尔《中华人民共和国的通俗文学和表演艺术，1949—1979 年》[522]；梅仪慈《丁玲的小说》[240]；杰弗里·C.金克利编《毛以后：中国的文学和社会，1978—1981 年》[391]。

开的问题单,进行随机取样。

即使在有观察与访问机会的地方,学者也不得不在权力主义的政治制度下进行他的研究。关于提供信息者的机密性,总是有不能保持的危险。大多数研究者认为,有必要采取不寻常的措施,以保护向他们提供信息的人不受政治迫害,特别是在这些人提供了政府所不喜欢的数据或说明的情况下。此外,从问题是否受欢迎、许可停留时间的长短和研究者为加深调查而需要接触文件材料等方面来说,在中国进行现场研究,至今仍然是艰苦与受限制的。这意味着多数研究者宁肯在进入中国之前做好准备;初步研究在中国之外完成。

此外,相当多的中国人移居香港、台湾、印度和西方国家,提供了一批具有吸引力的提供情况的人。逃亡者来自中国各地,其中大多数来自广东和沿海城市(特别是上海)。虽然在逃亡者中,知识分子所占的百分比比他们在总人口中所占的百分比高出许多,但在逃亡者中也有农民、工人和青年,因此可以对不同职业和不同代的人进行研究。虽然少数过去的党员、公安人员和人民解放军成员离开了这个国家,但逃亡者中最大的缺陷是担任过重要职务的官员相对地少。不像苏联和东欧,中国还没有一个高层的叛逃者。但是,在 1962 年由于恶劣的经济情况而逃到香港的逃亡者中,有少数层次较低的官僚,他们有助于了解中国的组织情况。

有些偶然的观察家怀疑这些离开中国的人能够提供有用的情报,因为他们对这个政权抱有偏见。这种怀疑看来是没有根据的。许多逃离大陆的逃亡者,不是出于对政权的恐惧或反感,而是为了亲属团聚或为了改善经济条件,他们对中华人民共和国仍怀有相当深的爱国主义感情。而且,许多人虽然疏远这个政权,却并不把这种情绪夹带进他们对中国的政治制度、经济实践或社会风俗的叙述中。总之,精心安排的访问程序和设计完善的问题单,能够把提供情况者的偏见的影响减少到最低程度。逃亡出来的提供情况者的局限,主要不在偏见而在不完整和记忆的淡化,难于核实他们所提供的情报,以及研究者在辨别正确提问方面所面临的难题。现场研究的一个很大好处是,观察者沉浸在社区里,开始调整询问,提出一套经过修改的问题;在离开研究现场的地方访问提供情况的人,研究者很难确定什么是提供情况者应该知道的,和什么是最好的和最恰当的问题。另一方面,提供情况者从他对社区的义务中解脱出来后,可能谈论他在家乡不愿意谈论的敏感问题。

因此,访问从前的中华人民共和国的居民,成了研究中国的一个必要的组成部分。1963 年香港大学服务中心的建立,推进了这件事情。从那时起,差不多有几百个研究项目都涉及访问和利用大学服务中心及联合研究所的图书馆,从 60 年代中期至 70 年代中期达到一个高潮。虽然在中华人民共和国的历史上,一直有提供情况的人移居香港,但有三批人引起特别的注意:50 年代初期和中期来的城市知识分子和商人,他们是在经受迫害之后离开的;1960—1962 年的经济萧条时期到香港寻求避难所的广东农民和其他的人;60 年代末和 70 年代初逃避"文化大革命"动乱的青年。这三批人中的每一批,都为具体的研究工作提供了机会。

一些国家的政府也在香港支持访问研究项目。到 70 年代后期为止,英国和美国政府领导了一项广泛的计划,目的是从新近到达香港的人中确定中国的经济状况。这些访问中的一部分是美国农业部估计中国农业产量的依据,有缩微胶卷可供利用。日本政府访问了 1949 年以后留在大陆的日本人。他们往往是有见识的技术人员,和中国人结了婚,在工厂以至市政部门担任负责的技术职务。联合研究所也采访大陆的日常情况,可以得到制成缩微胶卷的访问记录。

从 70 年代中期起,出现了两种新型的提供情况的人:旅居国外的中国人和住在中国的外国外交官和商人。前者包括中国的外交官、商业代表、新闻记者、访问学者和留学生。在 80 年代,不再像毛泽东时期那样受到严密的监视与约束,居留海外的中华人民共和国公民的数目激增。现在还没有重要的研究项目提出要利用这一批提供情况的人,但在非正式的、不作记录的前提下,许多中国人是乐意对想要了解他们国家的外国人有所帮助的。他们往往比聚集在香港的逃亡者有较好的职位和更多的见识。把高层政治斗争中不清楚的方面补缀起来,也逐渐变成可能了。但外国观察家面临的问题是,如何核实情报，使其达到学术性的文献编集标准。这些资料的优点是，它们展示出中国政治生活中非正式的与个人的一面，以及社会生活的某些方面，这些方面是出版物或逃到香港的人都没有透露过的（如精英人物中间的婚姻模式和他们的家庭生活）。

对中国的某些有限方面作了大量曝光的外国人，也是 80 年代一个增长中的资料来源。外语教师、商人、科学家、律师、学生、导游、合资企业的经理、外交官、军官和艺术家，自 70 年代后期以来，都同他们的中国对手有广泛的职业上的接触。正如我们已经指出的，有少数人记述了他们的经历，但多数人还没有这样做。现在，以分散的方式存在着大量的情报，涉及中国官僚主义的不同方面、经济和某些官员。例如，世界银行已经存储了大量关于中国重要经济部门的专家评价；多国能源公司对石油、煤炭、天然气和核能工业有独到的见解；基金会的代表同中国社会科学院有影响的领导人已经成为熟人。除了少数例外，在中国分析家中，还没有人企图把这类情报以系统的方式集合起来。卢西恩·派伊根据他对同中国做生意的美国商人的访问，写出了开拓性的专题论著《中国人的商业谈判作风》，显示出这方面的潜力。

能不能建立起对逃亡者、旅居者和外国人的访问记的书目管理呢？这个问题从两点来看是合时宜的。第一，就拿为专题论著提供情况的人来说，有没有任何档案？回答是"没有"，这样，学者只好阅读第二手文献，这是咎由自取。例如，下列作者的著作都谈到 50 年代和 60 年代的公安系统：鲍大可、伊日拉·沃格尔、杰罗姆·科恩、维克多·李、斯坦利·卢布曼。[①] 宁愿让类似之处归因于这些学者在 1963—1966 年期间都访问过有限数目的逃亡到香港的人，也不愿让第二手报道的相似来增强对研究结果的准确性的信任。重复并非是完

---

① 见科恩编《刑事诉讼程序》[179]；斯坦利·卢布曼：《毛与仲裁：共产党中国的政治斗争与争论的解决》[486]，见《加利福尼亚法律评论》，55：5（1967 年 11 月），第 1284—1359 页；维克多·李：《惠阳的公安局与政法工作，1952—1964》[445]，见刘易斯编《共产党中国的城市》[438]；鲍大可：《共产党中国的干部、官僚政治和政权》[28]。

全的，只不过因为曾在福建和广东的公安系统中工作过的相对来说为数不多的逃亡者，是所有这些报道的来源。同样地，维克多·福肯汉、戈登·贝内特和本文作者曾根据十分相似的线索写过中国的官僚主义作风，特别是在财政领域。[①] 所以毫不奇怪，结论都差不多，因为所有这些作者都程度不同地倚赖同一个见多识广的前广东财贸系统的干部。在青年研究方面，也多少存在类似的情况，但不严重，因为这方面提供情况的人比较多，但在70年代初以大学服务中心为基地的学者所用的资料中，仍有尚待查核的重复。

社会科学的专业标准，一般要求访问资料有准确的脚注和对访问记进行认真登记。理想的做法是，把抄本和注释归档，备第二次分析用。20世纪50年代和60年代所做的访问逃亡者的谈话记录，对于能读到它们的将来的学者会很有益处。这是衡量中国实际发展的基线，不幸的是，除去某些例外，中国研究领域没有坚持这些标准。伊日拉·沃格尔在哈佛大学东亚研究中心存有一套很有用的访问记，那是他对60年代中期广东省的研究的副产品。奥德丽·唐尼索恩曾慷慨地与别人共享她有关中国财政情况的许多访问记。我在1964—1965年关于地方政府的访问记和1971—1972年关于中国官僚主义作风的访问记，也是这么处理的。马丁·怀特存有他关于地方社会组织的访问记。这些资料存放在密歇根大学本特利历史图书馆。据我所知，除此之外就没有其他像这样储存起来备第二次分析之用的成套访问资料了，这将长期不利于这个领域。

尽管有这些问题，根据逃亡者访问记所写的专题著作，经受住了严峻的考验：在中国对研究开放后，学者们所发现的中国，并没有太大地偏离通过香港的研究所发现的中国。有三种很不相同的研究方法，都以访问逃亡者为基础，值得提及。1964—1965年，鲍大可深

---

① 维克多·福肯汉：《福建的县政府》[233]，见《中国季刊》[133]，59（1974年7—9月），第518—543页；戈登·贝内特编：《中国的财政与贸易：政策读物》[37]；米歇尔·奥克森伯格：《中国官僚机构内部的联络方法》[557]，见《中国季刊》[133]，57（1974年1—3月），第1—39页。

入细致地访问了三个中下级官僚,又比较粗略地访问了其他几个人,然后描述出一个部、一个县和一个公社的结构。这本书后来作为了解 80 年代中国机构的出发点,变得非常有用。马丁·怀特和威廉·帕里什合作,访问了几百个来自中国各地的人,收集有关 60 年代后期和 70 年代农村和城市生活的资料。他们利用这些资料制定标准的生活模式,用以检验情况的差别与范围,以及解释变化。他们的专题著作将在许多年内影响研究的议事日程。最后,安妮塔·詹(音)、理查德·马德森和乔纳森·昂格尔访问了几个从同一个农村来的人,反复核对他们所得到的材料,写出这个村子从 1962—1983 年的政治史。这些和其他以访问逃亡者为根据的专题著作的成果是,学术界对中国基层的社会、政治和经济进程的了解,也许超过对东欧大多数社会主义社会的了解,更无疑超过对苏联和现场研究受到限制的许多发展中国家的了解。

现场研究

从 1979 年起,西方和日本的学者有机会在中国进行现场研究。一小批人类学者、社会学者和政治科学家,从 1979—1981 年,可以在中国农村住上一个时期;1981 年后,中国政府对这类活动加以限制。① 此外,在农村作短期停留、重复访问同一个农村地点、通过公开与秘密的问题单对城市地区进行调查研究、访问中国官员等,都是可能的。除去少有的例外,通过对居民区和工作单位的广泛观察,进行城市现场研究,到现在为止还不可能。② 除了这些机会之外,学者还结合在中国的教学工作进行研究。例如,尽管禁止现场研究,在省立大学教书的人类学者,仍可进行农村研究。和大学和研究所有密切联系的法学家、社会学家和经济学家在进行他们的专门研究,政治科

---

① 这类研究的初步成果,见玛杰里·沃尔夫《把革命放在次要地位:当代中国妇女》[802];斯蒂文·莫舍《破碎的大地》[533];威廉·帕里什编:《中国农村发展的难题:发展中的争论》[562]。

② 一个例外是盖尔·亨德森和迈伦·科恩的《中国的医院》[295]。

学家则利用他们的大学同中国机构建立的联系进行态度调查。

举一些例子，已经着手的现场研究有：农村生活，对老人的照顾，妇女地位，毛泽东以后的大学管理，河北省水资源的开发与分配，国家与省一级的预算过程，在四川省和辽宁省的定点人口统计简况，南京、石家庄和武汉近郊县的领导，外交政策机构的组织，意识形态的最新发展，以及"文化大革命"中的个人生活。[①] 事实上，自20世纪80年代初以来发表的大多数有关当代文化、社会、政治和经济问题的研究，在不同程度上都是依据个人观察和在中国的访问。

没有一份在中国进行实际研究的全体学者的现成名单。研究当代中国是一个世界范围的事业，来自澳大利亚、英国、加拿大、丹麦、法国、德国、日本、新西兰、瑞典、苏联和美国（只提主要的国家）的学者，不是在进行人类学研究，就是忙于访问计划。安排这类研究，往往是通过非政府的赞助，个别国家甚至没有保存集中的记载。到80年代中期，常发生这样的事，一个外国学者去访问一个官僚或学者，才知道另外一个外国人在几天前刚访问过他，提了差不多同样的问题。有些中国官员和学者，花相当大一部分时间会见外国人。

只有少数研究者把他们从现场工作中得来的原始资料归档，这些资料包括访问记录、注释、统计数字和单位的说明。如果不马上作出巨大的努力来搜集这类原始研究资料，它们很可能丧失，也就无从进行第二次分析了。[②] 正如从卜凯或甘布尔在20世纪20年代和30年代的

---

① 例子包括苏珊娜·佩珀：《中国的大学》[575]；德博拉·戴维斯-弗里德曼：《长寿：中国的老人与共产党革命》[196]；戴维·M．兰普顿编《毛以后中国的政策贯彻》[418] 中的几篇文章；蒂伦·怀特：《在中国农村贯彻"一对夫妻生一个孩子"的人口计划：国家目标与地方政策》[784]，见戴维·M．兰普顿《政策贯彻》[418]；史蒂文·巴特勒：《中国农村行政机构中的矛盾与决策，1969—1976 年》[71]；鲍大可：《中国外交政策的制定》[26]；斯图尔特·R．施拉姆：《"经济挂帅"？三中全会以来的意识形态与政策，1978—1984 年》[636]，见《中国季刊》[133]，99（1984年9月），第417—461页；安妮·瑟斯顿：《中国文化革命的受害者：看不见的创伤》[713]，《太平洋事务》（Pacific Affairs），第一部分，57.4（1984—1985年冬），第599—620页，第二部分，58.1（1985年春），第5—27页。
② 史蒂文·巴特勒是一个例外，他与人共享他的关于河北人民公社的原始材料。刘易斯·普特曼为这些意外的材料作了计算机使用的准备。

研究中或从日本人在 30 年代和 40 年代的社会调查中得到的原始材料,证明对当前的研究很有价值一样,从当前的中国研究中搜集资料,建立一个单独的档案馆,即使接触机会受到高度限制,也总比没有它好。

在中国进行研究有许多好处。学者对他们的研究有一个视觉印象;抽象的概念得到现实的印证。人民公社的生产大队在初听之下给人一种不屈不挠而且效率高的调子,但当知道大多数生产大队实际上就是那些穷困的、呆滞的、满是尘土的传统村庄时,事情看来就不一样了。当分析家们经过北京各个部门潮湿昏暗的走廊,看到在过分拥挤的办公室里坐在办公桌前打盹的官僚时,他们发现这不是他们原来所想象的中国官僚机器有条不紊的活跃景象。当然,视觉印象可能把人引入歧途,但有很多东西是从对中国的实际研究中而不是从先入之见中得到的。

虽然以经验为根据的研究成果不容易概括,但从到现在为止的著作中,我们可以看出几点结论。

第一,在北京宣布的政策以及报刊对它的详细阐述同它在基层的实际贯彻之间,存在很大的距离。它可能被过分曲解,从而超出了北京的愿望,或受到冷漠,远远达不到北京的意图。统计数字和新闻报道也没有充分反映出中国现实的多样性与差异性。这不仅是为了表明与中央指示一致进行不准确的和歪曲的报道,而且即使是准确的数量资料,也难以看出质量差别。例如,从各省的小学入学人数看,中国的农村儿童几乎普遍有受教育的机会。在各省之间和一个省的各县之间是存在差别的,但统计数字表明,在每个地方 80％以上的农村儿童都进了小学,对一个发展中国家来说,这是一个给人以深刻印象的记录。但是,这些数字一点不说明学校教育的质量。有关医生和保健、饮食、工业生产等方面的数字,也存在类似的问题。亲自的观察促使学者要谨慎解释中国的数据和提高对这个国家的多样性的敏感。

第二,通过现场研究和访问所揭示的中国,比通过其他资料显示出来的中国,像台湾、香港和 1949 年以前的中国那样,更是"中国的"。特别是当资料的外表被逐渐剥掉之后,大陆中国人的利害关系、动机因素和信仰,使人想起在这个文化区的其他部分的中国人:看重家庭，强调人际关系中的礼尚往来，报恩意识和忠于同一社会关系网中的人，喜欢和谐与害怕乱子，不善于处理冲突。[①] 这样一些概念如"派"、"感性"、"关系"、"礼貌"和"德"，对理解当代社会和文化跟过去一样重要。不是所有的中国人都同等看重这些特质。事实上，另一个现场研究的结果涉及文化的多样性。有些人尊重教育上的成就，另一些人则诋毁它。有些人逃避"乱"，另一些人则好像在寻找它。现场研究既使人对概括中国文化和中国人的个性产生较大的迟疑，也使人产生一种亲身体会即尽管如此，中国仍然保持着它明显的社会特质。我们看见的社会，比以往在资料中看见的更为复杂；到目前为止，毛的革命还没有把这个社会改造成他所想象的样子。

研究者得到的第三个压倒一切的印象，是看到一个政治体制的横断面，在这个体制里，讨价还价，达成一致和官僚主义政治是普遍的。问题是，这个研究结果是只适合于毛以后时期呢，还是它也概括了自 1949 年以来（就如它概括了 1949 年以前）中国政治这个方面的特点（也许不像那么强烈与突出）。至少自"大跃进"以来，甚至在"文化大革命"中，有许多官僚个人和地方单位享有有保证的收入来源，从而有了某种权势。把这些下级机构看成是独立的或自治的是不对的；它们仍然依靠上级单位分配物资。同时，这些下级单位控制着上级单位需要用以完成它们的任务的资源。这样，基本上根据在中国的现场研究中进行的访问，对中国的经济和政体究竟是高度集中还是分散这个老问题，已经从研究结果中得出新的看法，即在许多重要领域，这个体制既不由中央也不由地方支配，而是以相互依赖为特点。研究任务于是变成了解中央、省和地区的相互依赖和与此相联系的讨价还价，以及中央—省—地关系的变化，这种变化取决于地区和涉及

---

① J. 布鲁斯·雅各布斯：《中国的政治联盟中排他主义的一个雏形：一个台湾乡区中的"感情"与"关系"》[360]，《中国季刊》[133]，78（1979 年 6 月），第 237—273 页；卢西恩·派伊：《中国人的政治精神》[592]；理查德·所罗门：《毛泽东的革命》[674]；理查德·W. 威尔逊：《学做中国人：台湾儿童的政治社会化》[795]；玛杰里·沃尔夫：《林家：一个中国农民家庭的研究》[801]；莫顿·弗里德：《中国社会的组织：对中国一个县城的社会生活的研究》[257]。

的起作用的领域。举三个例子来说，中央政府与上海、四川、青海的关系，在性质上是不同的，同时，中央、省和地方的相互作用，比如说在公安、能源、教育和水资源管理等领域，是很不相同的。

这些以及其他一些强调通过现场研究和访问中国官员的对当代中国的了解，得来并不容易。在中国，研究的障碍是难以对付的。提供情况的人很容易给自己招来麻烦，因为他们泄露了与当前政策相反的情况，或者安全官员认为他们违反了有时是欠明确的安全法规。为了保护提供情况的人，进行学术研究的学者把情报作为背景资料，从报纸上求得证实，引用公开的材料。或者，研究者隐瞒资料来源，有时甚至更改关于地点或机构的细节。总之，学者不得不停止遵守职业准则，即为了知识的积累、验证与复制，要精确地报告资料来源。在中国的学术研究工作者宁愿被迫采取一种同样正直但不相同的新闻记者准则，即在必要时通过隐瞒提供消息者姓名的技巧，准确地弄清事实。

在中国进行研究的另一个难题，是这个体制的许多方面仍然对调查者关门。到现在为止，对外国学者关门的重要方面有：党和党的组织部，军队，公安机关和中南海这个大综合体的决策过程，它相当于克里姆林宫或白宫综合体，是国务院和党中央委员会机关所在地。这就是说，学者对公开的政策了解较多，而对经济、社会和政治的进行过程了解较少。

由于这些以及其他的障碍，研究者发现访问和现场研究往往补充和丰富了从其他资料来源得出的研究结果，但它们不能代替文件研究以及可能时在香港进行访问的需要。如果研究者在进入中国之前作了相当准备，那么他们在中国的调查会有很大的提高。他们提的问题因而更有针对性，得到的回答因而可以放在一个更广阔的背景上。有些社会科学家显然是出于训练时养成的习惯，轻视依靠出版物而相信个人观察，他们报告的研究结果（常常是这个体制的不足与过分的地方）看起来"新"，其实与此同时，出版物上正在进行这方面报道。的确，我们怀疑，如果较高的当局不承认这些过分之处，它们是否会被透露给外国调查者。

英文第二手文献

我们已经指出支撑中国研究的各种资料来源。接触每种资料来源的机会，各个时期不同，因此，任何特定时期可以得到的资料的范围，与这个时期以前和以后可以得到的资料的范围不同。原始资料的不连贯性，构成中国研究的一个基本方面，向方法论和分析提出了严重的挑战。既然资料基础在不断改变，我们如何衡量连续性与变化？前一个时期的新资料，如"文化大革命"揭示的关于精英人物在50年代后期和60年代的斗争，使继续重新解释以前的事态发展成为必要。中国研究领域里的新手可能认为分析家不同意他们对过去事件的解释，其实这种分歧实在应归因于新情报的获得。

简单地说，西方对中国的解释经历了不同的阶段，很难确定这种解释上的变化在什么程度上是由于中国的事态发展，在什么程度上是由于可以得到的情报的不连贯性。进一步说，尽管对过去作出了新的解释，但对一个时期最初的印象一旦形成——以那个时期所能得到的情报的独特组合为根据——那个形象就会存留下来，而向第一印象提出挑战的新情报往往受到很大的怀疑，虽然新情报的可靠性并不比最初的资料的可靠性差。总之，当代中国的研究是一个不断扰动和变化的领域；当学者结合关于过去事态发展的最新资料进行研究时，就需要不断地修改他们的解释。虽则大多数分析家对资料问题的态度是谨慎的，这个领域偶尔也发生弊端。举一个例子，有的分析家迷恋新的研究发现，企图根据这种新发现重新解释整个过去。例如，研究者在1966—1970年得到的文献，说明了毛泽东和刘少奇之间从50年代中期开始的不断增长的冲突和他们在1965—1966年关系破裂的原因。有的分析家孤立地抓住这个材料而忽视中国共产党的这两个巨人之间长期合作的记录，着手把他们之间的关系从一开始就描绘成敌对的。

另一个极端是企图拒绝新材料或进行巧辩。例如，毛泽东的专制甚至残暴的特点，是到了他的晚年才变得完全明显的，这从他以前的同事对他的行为的描述和有关在他领导下制定政策的过程的透露可以看出来。虽然有些解释抓住这个材料,把毛自他在党内掌权起就描绘成一个暴君,而其他的解释则倾向于把毛的阴暗面限制在他衰老的晚年,对他的早期保存一个光辉的形象。

在重新解释过去方面还有一个挑战,这就是在毛以后时期得到的关于"大跃进"以后时期(1960—1962 年)经济萧条的深度和关于"文化大革命"的恐怖程度的情报。中国农村在建立人民公社之后,营养不良与饥饿现象比那时外部世界一般所了解的更为广泛与严重。"文化大革命"及其余波分裂了知识分子的组织和城市地区的社会生活。社会的和文化的解释,没有充分反映这些痛苦的经验和它们引起的人民对官场的态度,遗漏了中国现代发展的主要方面。但在 80 年代之前,对这些事情知道不多,就谈不上进行探索并将它们反映在分析中了。对偶尔研究中国的学者来说,结论是明显的:书是什么时候写的和当时可以得到什么资料,在形成分析的轮廓中至少同作者对待一个题目的不可避免的偏见和没有明言的假设一样重要。因此,在评述有关中国的第二手文献之前,回顾一下这个领域发展的各个阶段,是有用的。

50 年代和 60 年代初期:极权主义模式的优势

中国体制最初的形象来自两类资料:中国出版物,逃亡者访问记和报道。后一类的相当大一部分谈到思想改造和中国制度的强制方面。[①] 当中国的统计系统开始形成并提出可靠的生产数字时,中国出版物开始以某种准确性描绘这个国家的经济发展。1955 年公布的第一个五年计划(1953—1957 年),进一步表明一种经济与政治制度在平稳地和有效地运行。除了高岗事件,美国学者没有发现在高层有其他分歧。而且,中国出版物铁板一块的性质与没有出现大的清洗,暗示领导层是一个团结的集体,决策是集体作出的。中苏同盟和苏联在中国的广泛存在,进一步促使分析家强调这个新政权的性质类似于苏

---

① 爱德华·亨特:《红色中国的洗脑》[347];利夫顿:《思想改造和极权主义心理学:对中国"洗脑"的研究》[454];埃德加·斯凯恩、英奇·施奈尔和柯蒂斯·巴克:《强制的劝说》[628]。

联：它的领导者坚持马克思列宁主义；高层政治领导对整个社会与文化实行极权主义的控制；中央计划经济，这种经济中的资源分配是由政治决定的。

中国的这个形象，自然引出几个关键性的问题，引起学者的兴趣与争论。第一个问题是，毛泽东是否对马克思列宁主义理论有创造性贡献。[①] 第二个问题是，中国共产党的理论与实践在多大程度上吸收了中国的传统思想。[②] 第三个问题是，控制与动员的机制如何实际起作用，特别是对知识分子，他们在 20 世纪 50 年代初经历了严厉的共产党统治。[③] 研究极权主义模式全盛时期的代表著作有：W. W. 罗斯托等的《共产党中国的展望》[621]；理查德·沃克的《共产主义统治下的中国：第一个五年》；吴源立（音）的《共产党中国经济概观》；鲍大可的《1949—1955 年的早期共产党中国》[23]；李卓敏的《共产党中国的经济发展》[441]；彼得·S. H. 汤的《今日共产党中国》[694]；美国参议院政府工作委员会的《共产党中国的国家政策

---

① 见许华茨《"毛主义传说"的传说》[643]，《中国季刊》[133]，2（1960 年 4 月），第 35—42 页；《论毛泽东的"创造性"》[642]，《外交事务》（Foreign Affairs），34.1（1955 年 10 月），第 67—76 页，和《中国的共产主义与毛的崛起》[639]；魏特夫：《"毛主义"的传说》[799]，《中国季刊》[133]，1 和 2（1960 年 1 月和 4 月），第 72—86 页和第 16—31 页；阿瑟·A. 科恩：《"毛主义"有何创造？》[178]，《共产主义问题》（Problems of Communism），10.6（1961 年 11 月），第 34—42 页，和《毛泽东的共产主义》[177]。

② 见富兰克林·霍恩《中国的政治传统》[308]；戴维·S. 尼维森：《共产党的伦理学与中国传统》[553]，《亚洲研究杂志》[361]，16.1（1956 年 11 月），第 57—74 页；芮沃寿《斗争与调和：现代中国竞争准则的表征》[810]，《世界政治》（World Politics），6.1（1953 年 10 月），第 31—44 页；贺凯：《传统的中国审查机关与新的北京政权》[342]，《美国政治科学评论》（American Political Science Review），45.4（1951 年 12 月），第 1041—1057 页。

③ 见 S. B. 托马斯《共产党中国的政府与管理》[711]；赵国俊：《共产党中国的群众组织》[93]；H. 阿瑟·斯坦纳：《共产党中国当前的"群众路线"策略》[686]，《美国政治科学评论》，45.2（1951 年 6 月），第 422—436 页；文慧·C. 陈：《共产党中国的战时"群众"运动》[106]；反对集中营制度国际委员会：《关于中华人民共和国的强迫劳动和集中营的白皮书》[184]；魏文启（音）：《1952 年以前的共产党中国的法院与政策》[775]；陈锡恩：《中国知识分子的思想改造》[104]；查默斯·约翰逊：《共产党对知识分子阶层的政策》[367]。

机构》。在有了事后 20 年的认识的有利条件之后，再去读这些著作，是有启发的。它们所根据的资料，没有提供丝毫关于各级统治集团对贫乏资源的无休止的争夺、控制机构的缺点以及某些文化与社会模式的顽固性方面的情况。这些著作在相当大的程度上（虽然程度各有不同）也表现出对中国事态发展的敌意或反感；看到成就时，也承认得比较勉强。当时的国际政治显然对学术认识有影响。（我们怀疑，20 年后这本书的读者是否也会有类似的反应。）然而，这些著作具有值得注意的学术价值，因为新近的中国历史编纂工作把 20 世纪 50 年代描绘成毛统治下的太平盛世，其特点是规律性、可预报性、合理性、有效性，甚至对人民还有几分仁慈。而这个时期的第二手文献却提醒人们这些年月的易变性、试验性、无情，甚至是乱糟糟。

极权主义模式的支配地位在进入 20 世纪 60 年代后仍然保持着，不过，由于斯大林以后时期苏联制度在性质上的变化和对共产党政权的理解更加老练而有所缓和。1960 年，《中国季刊》的创办给这个领域提供了讲坛，使分析加强了。受过比较法律学、经济学、社会学和政治科学训练的一代比较年轻的学者开始进入这个领域，较大的当代中国研究中心不仅在美国，而且在英国、澳大利亚和印度纷纷建立起来。1963 年，香港的大学服务中心敞开大门，从而促进了对逃亡者的访问。此外，1961—1962 年的许多难民，其中有前官僚、农民和知识分子，他们对这个制度比较地不那么疏远。最后，由于"大跃进"的灾难，政府停止发表它的经济工作的统计数字，以前外部世界可以得到的省级报纸和政府各部的刊物，已不能够得到。资料来源起了很大的变化，从主要依靠中国出版物，转向对照使用情报较少的出版物和逃亡者访问记。同时，几种难得的资料——1957 年"百花运动"中迸发出来的批评，从前不可能得到的人民解放军的《工作通讯》，有关清洗国防部长彭德怀的情报，以及县级机关的文件——说明了以前被掩盖起来的政治问题、过程和政治斗争。

这些事态发展使研究事项有了进展，虽仍着重在极权主义模式的范围。香港的访问揭示出中国社会仍在极权主义的控制之下，这重新唤起学者对下述问题的兴趣：国家与社会之间的相互作用和共产党人

使这个分裂的国家重归统一的手段。① 可以就中国官僚机构的结构向从
前的官员进行采访，虽然由于缺乏高级官员而不能对决策过程进行确
定性的研究。② 从毗邻香港的广东省来的大量逃亡者，使人能对该省与
中央政府的关系进行详细的研究。③ 中苏争论和中国脱离苏联模式，促
使对中苏的共产主义进行比较研究。④ "百花运动"、"反右运动"和由
此引起的知识分子逃往香港，引起了对知识分子阶层的兴趣。⑤ 随着第
一个五年计划的完成，仔细检查中国头10年发展的数字，收集记载经济
成绩与实践的日志和法定的摘要，经济学家开始发表比较精深的经济分
析。特别值得注意的是奥德丽·唐尼索恩题为《中国的经济制度》[202]
的广博的制度概观。毫不奇怪，国民收入概算与对具体经济部门制度的
描述，开始引起注意。⑥ 军队的《工作通讯》和彭德怀事件，推动了对
军队的研究。⑦ 把中国出版物与逃亡者的报告结合起来，也利于对政治
关系、中国的法律制度，以及研究政治的小团体的动态的研究。⑧ 这一时

---

① 舒尔曼：《共产党中国的意识形态和组织》[637]。

② 见鲍大可《共产党中国的干部、官僚政治和政权》[28]。

③ 沃格尔：《共产主义统治下的广州》[749]。

④ 库尔特·伦敦编：《一致与矛盾：中苏关系的主要方面》[480]；唐纳德·特雷德戈尔
德编：《苏联的共产主义与中国的共产主义：相似点与不同点》[721]。

⑤ D.W.福克马：《中国的文学教条与苏联影响，1956—1960年》[249]；戈德曼：《共
产党中国的持不同文艺见解者》[270]。

⑥ 刘大中和叶孔嘉：《中国大陆的经济：1933—1959年的国民收入和经济发展》[474]；
沃尔特·盖伦森、亚力山大·埃克斯坦和刘大中编：《共产党中国的经济趋向》[218]；
W.W.霍利斯特：《中国的国民生产总值与社会价值，1950—1957年》[305]；肯尼
思·R.沃克：《中国农业的计划：公有化与私人经济成分，1956—1962年》[758]；亚
力山大·埃克斯坦：《共产党中国的国民收入》[213]；德怀特·珀金斯：《共产党中国
的市场管理与计划》[577]；乔治·埃克隆：《为中国政府的预算提供资金：大陆中国，
1950—1959年》[212]。

⑦ 拉尔夫·鲍威尔：《共产党中国的军政关系》[587]；约翰·吉廷斯：《中国军队的任
务》[267]；埃利斯·乔菲：《党与军队：中国军官的职业化与政治控制，1949—1964
年》[366]；爱丽丝·兰格利·谢：《中国的秘密军事文件：军事学说与战略》[319]，
《中国季刊》[133]，18（1964年4月），第79—99页。

⑧ 杰罗姆·科恩：《中华人民共和国刑事诉讼程序入门，1949—1963年》[179]；詹姆
斯·R.汤森德：《共产党中国的政治关系》[720]；马丁·怀特：《中国的小团体与政
治仪式》[788]。

期主要出版物的这份不完全的名单的触目之处，是集中注意力于国家及其对老百姓的控制，可以得到的资料说明了中国的这些方面。可以得到的资料与从极权主义模式导引出来的研究事项之间的这种一致，一直保持到 60 年代中期。

　　自然，其他一些重要的智力趋势使这个领域活跃了起来。特别是研究中国思想史的学者，他们的著作往往富有马克思列宁主义知识，集中注意力于中华人民共和国的意识形态与哲学思潮。例如，许华茨在一系列卓越的论文中，探讨毛主义中国的思想发展，把这些发展放在中国传统思想的背景中加以研究。[1] 斯图尔特·施拉姆写了公认为优秀的毛泽东传记，集中注意力于他的思想发展，并从中国的传统影响中探索他的某些思想根源。[2] 约瑟夫·利文森试图把中国表面上处于统治地位的信仰体系马克思主义的出现，与儒学在现代的发展联系起来。[3] 这些以及其他一些由历史学家所写的著作，论述中华人民共和国但不局限于此，展望了共产党统治的头 15 年，揭示出使毛和他的同事们绞尽脑汁的一个根本思想问题：如何使中国现代化而不失去中国的独特性。

　　另一种展望出自对宗教、农村社会和家庭组织感兴趣的人类学者。[4] 避开极权主义模式，而转向国家与社会之间相互作用的传统模式，人类学者关注的是国家改造社会的能力。这是个更为复杂的问题，因为社会有能力同化国家机器的下层机构，或向它提出实际挑

---

① 这些论文收入许华茨的《共产主义与中国：不断变动的意识形态》[641]；又见他的《寻求富强：严复与西方》[640]。

② 见斯图尔特·R. 施拉姆的著作《毛泽东》[630]，《毛泽东的政治思想》[631]；又见陈志让的《毛泽东与中国革命》[108]。

③ 特别见约瑟夫·利文森的三部曲《儒家的中国及其现代的命运》[434]；又见约瑟夫·利文森的《梁启超和近代中国思想》[433]。

④ 施坚雅：《中国农村的集市和社会结构》[667]，《亚洲研究杂志》[361]，24.1，2，3（1964 年 11 月，1965 年 2 月和 5 月），第 3—44、195—228、363—400 页；杨庆堃：《一个共产主义过渡初期的中国农村》[822]，《中国社会的宗教》[824] 和《共产主义革命中的中国家庭》[823]；莫里斯·弗里德曼：《中国东南部的家系组织》[255] 和《中国人的家系和社会：福建和广东》[256]。

战。最后，少数分析家根据现代化理论提出警告说，中国领导人自
1949 年至 60 年代中期所进行的经济和政治改造，并非只有中国才
有；别的地方的现代化过程中也出现过精英集团的内部冲突和人民中
间的严重的社会紧张。这些分析家在"文化大革命"前夕警告说，不
应把中国持续的稳定视为当然。[①] 历史学者、人类学者和现代化理论
家的研究课题，得自理论素养的比得自可利用的资料的更多。也许值
得指出，在我看来，他们的著作比那些基本上取决于可以得到的资料
的研究项目，更好地经受住了时间的考验。

20 世纪 60 年代后期和 70 年代：斗争模式的优势

　　"文化大革命"及其余波深刻地影响了论述中国的第二手文献。
出乎意料的是，中国的极权主义在 1966—1976 年期间更甚于其他任
何时期，这时社会、文化、经济各个方面的政治化达到最高点，对领
袖的神化达到历史上从未达到过的个人崇拜顶点，恐怖成为一种生活
方式。然而除去少数例外，研究领域却从极权主义模式转向更加复杂
的方面以解释中国的现象。在某种程度上，这个模式不再能使研究者
着迷，特别是它对于说明变化无能为力。而且，极权主义模式假定有
一个相对来说不受斗争影响的、受过锻炼的政治统治集团。如果说
"文化大革命"有什么启示，那就是：不仅在这个运动刚刚发动以后，
而且在这以前，中国就受到斗争的折磨。

　　重要的不只是"文化大革命"的事实，1966 年以后获得的新材
料，对中国分析家也有重大影响。特别这时在有组织的混乱中发行的
红卫兵小报和其他昙花一现的材料，提供了自 20 世纪 50 年代中期以
来，关于高层政治迄今不为人知的情况。以前往往不知其存在的重要
指示的原文，现在被公之于世。像 1959 年的庐山会议和 1962 年 1 月
的中央工作会议这样一些重要会议的主要材料，出现在社会上。毛泽
东和其他领导人的讲话和文章的有价值的汇编，在中国国内流传，其

---

① 特别见卢西恩·派伊的《一定条件下的中国》［595］，《外交事务》，45.2（1967 年 1
月），第 229—245 页。

中一些流传到国外。这种泄露的原因,是互相敌对的战斗组力图玷污对立面的声誉。

与此同时,难民继续逃往香港,其中有愈来愈多感到幻灭的能说会道的年轻人(许多是从前的红卫兵),他们曾被送往中国农村。有重要意义的是,中国出版物的质量起了变化。通过历史影射现实的政策辩论不断增加。甚至中国的新闻记者也得不到可靠的统计数字来充实他们的报道。的确,由于国家统计局已被取消,检查产品的数量与质量变得极其困难,最高领导人对他们的经济和政治究竟知道得怎样,也不清楚。大致说来,1966—1976 年的主要资料,由三部分组成,即香港的访问、"文化大革命"泄露的特殊材料和愈来愈枯燥乏味的出版物。(出版物质量的下降和难以获得,导致西方学者日益依靠美国和英国对电台广播的监听。)香港监听哨的重要性增加了。身临其境的新闻记者和外交官,是首先写出关于"文化大革命"的长篇报道的人。①

现实和这些资料显示出一个斗争中的社会:领导人被自相残杀的斗争所折磨;精英集团中的一部分人与社会上的一部分人串联起来,折磨社会上其他部分的人;地方上的单位分成势不两立的两派,互相攻击。记述的关键问题是要弄清楚:斗争爆发的确切时间,引起这个体制分崩离析的原因以及斗争过程带来了什么。研究者很快就在所有这些问题上发生了分歧。有些人把"文化大革命"归因于 20 世纪 50 年代中期,另外一些人归因于庐山会议,还有一些人归因于毛对 60 年代初的政策和机构调整愈来愈不满意。更有一些人避开全部争论,而展开一场更为复杂的辩论,内容是,在易变的联盟中产生了分歧,这种分歧在 1964—1965 年发展到一个危机阶段。②

至于斗争的根源,有些人集中注意力于毛的企图改造中国;另一

---

① 斯坦利·卡诺:《毛与中国:不断革命》[383];爱德华·E. 赖斯:《毛的道路》[611]。

② 安奉俊(音):《中国的政治和文化革命》[2];洛厄尔·迪特默:《刘少奇与中国"文化革命":群众批评的政治》[201];麦克法夸尔:《文化革命的起源》[495、496]。

些人强调结构上的缺陷和毛主义体系的分裂；还有一些人把混乱归因于政治文化上的深刻缺陷；有少数人则企图归因于越南战争带来的外部压力和内政造成的结果；更有人研究社会内部的和经济的压力。记述上的第三个基本任务，是把握"文化大革命"的斗争过程：红卫兵是怎样组织起来和怎样互相作战的，在一些具体单位发生了什么事情，等等。学术工作仍处在初期阶段；有些典型的著作现在可以得到；但在这些著作写作时，对作为一种社会运动的"文化大革命"的全部动力，无论在中国还是在西方都只有模糊的了解。[①]

除去描述，对一个斗争中的中国的感性认识，会推动对中国的权力分配和政策制定过程的分析；新的资料使这两个课题都能进行。资料也刺激了对中国公共政策的兴趣。毛在教育、公共卫生、农业、公安、文化、企业管理、军队事务、控制官僚主义等方面的改革，和国家改变分层体制的尝试，激起外部对毛的政策本质的兴趣。此外，在"文化大革命"中，红卫兵小报和官方的出版物上，有许多文章详细讲到自1949年以来"修正主义者"同"社会主义者"之间的"两条路线斗争"。大意是说，毛在每个领域的支持者，如何受到"走资本主义道路"的当权派刘少奇和邓小平的代理人的反对、阻挠或破坏。彭真和罗瑞卿被认为在公安工作上推行了刘的"黑线"，邓子恢曾经是他在农业方面的极坏的帮手，薄一波和陈云是经济领域的主要罪人。这些揭露成了热心探索具体领域的政策发展的外国研究者著述的内容。

更准确地说，新的问题逐渐支配了这个领域。到20世纪70年代中期，对中央决策过程的性质展开了热烈的讨论。[②] 有些人把决策

---

① 见李洪勇（音）《中国文化革命的政治》［430］；斯坦利·罗森：《红卫兵的派性与广州的文化革命》［620］。

② 例如，见安德鲁·内森的《中国共产党政治的一个宗派主义典型》［545］，《中国季刊》［133］，53（1973年1—3月），第1—33页；安德鲁·内森与埃德温·温克勒之间的争论：《中华人民共和国的政策摇摆》［546］，《中国季刊》，68（1976年12月），第720—750页；邹谠：《中国共产党政治中非正式团体的研究的序言》［725］，《中国季刊》65（1976年3月），第98—114页。

过程看成是主要受毛的控制;这位主席把斗争引进了这个体制。另外一些人用新的资料证明,宗派斗争是这个体制特有的弊病,毛和他的联盟者就是几个在斗争的宗派之一;这个体制的动力,来自互相斗争的宗派力图生存下去,壮大自己,战胜对手。还有一些人强调,政治斗争是在实际存在的复杂问题上展开的,领导人之间的分歧未必使这些派别在一个又一个问题上互相反对。更有一些人拒绝参加辩论,认为决策过程随着时间与问题的不同而变化。看法之多,表明新资料除了它已经提出的问题之外,还可以引出更多的实质性问题,但资料的性质不允许对非此即彼的解释作严格的检验。

在中央与省的关系问题上,存在同样的情况。有些人把这个经济体制看成是中央控制的,而另一些人则说它是"由许多小单位组成的",其中的下层单位——省、县、公社——享有相当大的自治权,并有顶住中央的能力。"文化大革命"中对各省官员的责备,为辩论的双方都提供了依据。总之,各省对北京从 1966—1976 年发布的不同政策作出的显然有差别的反应,以及各省广播电台在主题内容和着重点上的明显不同,这些在企图解释这种现象的外国的中国问题专家中,引起了一片争吵。①

唐纳德·克莱因和安妮·克拉克编的一本关于中华人民共和国精英人物的重要参考书《中国共产主义人名词典,1921—1965 年》[392] 的完成,美国政府积累起来的传记档案的比较容易得到,以及经过"文化大革命"中的提升与清洗引起的精英人物的较大变动,刺

---

① 奥德丽·唐尼索恩:《小单位组成的中国经济:文化革命以来的某些经济趋势》[203],《中国季刊》[133],52(1972 年 10—12 月),第 605—619 页;尼古拉斯·拉迪:《中国财政管理中的集中与分散》[424],《中国季刊》,61(1975 年 3 月),第 25—60 页,和《中国的经济增长和分配》[421];奥德丽·唐尼索恩和尼古拉斯·拉迪:《评中国财政管理中的集中与分散》及《答复》[204],《中国季刊》,66(1976 年 6 月),第 328—354 页;罗伯特·M. 菲尔德、凯思林·麦克格林和威廉·B. 阿布尼特:《中国的政治斗争与工业增长:1965—1977 年》[241],载《毛以后的中国经济》[373],第 1 卷,第 239—284 页;弗雷德里克·泰韦斯:《中国各省的政策》[703]。

激了研究精英人物浮沉的兴趣。[①] 这种对中国精英人物的数量分析发生兴趣的另一个原因，是缺乏关于其他题目的确凿资料；这个领域之所以引起兴趣，是因为比较说来，这里的机会比别处大。关于精英人物升降浮沉的原因，在这个领域里也爆发了热烈的讨论。什么最能解释提升与贬抑：是非正式的保护人与受保护人的关系，真才实学，正式的官僚地位，还是意识形态与政策优先？如果保护人与受保护人的关系具有决定意义，那么保护的根据是什么：是同乡，老同志，老同学，还是他们有一个共同的资格更老的后台？如果提升的标准是真才实学，那么什么本领是成功必不可少的？持各种不同观点的人都想证明自己是对的，但由于资料的性质，最后只能得出非常模糊的研究结果。牵涉的因素很多，而这些因素的分量又随着时间、机构、地点和统治集团的层次的不同而变化。事业成功的标准，50 年代不同于 60 年代，党内不同于军内，上海不同于湖南，并有助于区别在一个公社里、在省一级和在中央委员会里的政治关系。

　　尽管这个发现也许不值得惊奇，但它强调对中国的多样性要有敏锐的感觉，避免简单的概括。资料刚刚开始允许（事实上是要求）人们看到中国的政治与社会的富于差别的图景。结果，经过仔细研究的专题著作增多起来，它们针对的是在具体时间、地点条件下的具体社会部门。对中国社会的差别性的敏感和不再着迷于极权主义模式，引出两个新问题。中国社会结构的分层模式和总体性质是什么？社会的不同部分和政治体制如何相互影响，这些部分采取什么战略以影响国家的政策？在这一点上，资料也允许人们提出高深的问题，不过，研究结果仍然是初步的，往往不能令

---

① 蒙蒂·雷·布拉德：《中华人民共和国精英人物研究：文献评论》[68]，《亚洲观察》(*Asian Survey*)，19：8（1979 年 8 月），第 896—910 页；罗伯特·A. 斯卡尔皮诺编：《中华人民共和国的精英人物》[625]；威廉·丁：《中国军队宗派主义的纵向研究》[717]，《亚洲观察》，19：8（1979 年 8 月），第 789—800 页；保罗·汪：《社会主义过渡时期的中国高层领导》[805]；D. 迈克尔·兰普顿：《通向权力之路：当代中国精英人物的浮沉》[419]。

人满意。①

　　总之,"文化大革命"及其余波时期的资料,允许政治学家和社会学家提出比以前成熟的问题。他们经受了一次文献爆炸,但仔细检查这些文献,发现先前根据往往是不完全的资料所写的专题著作的结论,不是过头而是不及。扎实的研究结果,不因大量新资料的出现而受影响。经济学者和人类学者的情况最糟。唯一可靠的关于中国的统计数字,来自同中华人民共和国有贸易关系的第三国的报道。毫不奇怪,分析中国的对外贸易成了经济学者所喜欢的题目之一,他们还勇敢地对中国的经济工作作出估计。② 部分地为了弥补确凿资料的不足,他们还用比较观点和历史观点去看中国的发展经验,并对此进行窥察。③ 尽管有这些做法,但再清楚不过的事实是,中国统计数字的缺乏与不可靠,严重地阻碍了对中国经济的研究。人类学者的情况甚至比这还要糟。由于被拒绝进入中华人民共和国,他们集中在香港和台湾。

　　历史学家不愿意采用使人迷惑的"文化大革命"时期的材料和对红卫兵材料的可靠性存在一定的怀疑,他们对写 60 年代后期和 70 年代的当代中国,比他们早先更加踌躇。④ 他们在新闻记者和政治学家占优势的第二手学术文献中,痛苦地失去了自己的看法,这些文献专

---

① 见维克多·福肯汉《当代中国的公民与团体》[232];戴维·古德曼编:《中华人民共和国的团体与政治》[273];维克多·倪和戴维·莫津戈编:《当代中国的国家与社会》[548];詹姆斯·沃森编:《革命后中国的阶级与社会阶层》[771]。
② 亚历山大·埃克斯坦编:《中国经济产品的数量测度》[216]。特别值得注意的,是美国国会联合经济委员会资助的丛书:《大陆中国的一个经济侧面》[370],两卷;《中华人民共和国:经济评价》[371];和《中国:经济的再评价》[372]。又,艾伦·P.L.刘:《共产党中国的政治文化与集团斗争》[464]。
③ 德怀特·珀金斯:《1368—1968 年中国农业的发展》[578];德怀特·珀金斯编:《从历史角度看中国的现代经济》[580];罗伯特·德恩伯格编:《从比较的角度看中国的发展经验》[200]。
④ 例外有,费正清:《中国:人民的中央王国与美国》[226];莫里斯·迈斯纳:《毛的中国:人民共和国史》[526];约翰·伊斯雷尔:《无产阶级文化大革命的意识形态的连续性与不连续性》[356],见查默斯·约翰逊编《当代中国的意识形态与政治》[368];詹姆斯·P.哈里森:《取得政权的长征:中国共产党的历史,1921—1972 年》[292];理查德·C.桑顿:《中国:为权力而斗争,1917—1972 年》[712]。

门注意有关政治斗争、精英人物的浮沉、决策过程，以及中国国内的多样性与差异性等问题。就如对待极权主义问题那样，有不少分析家由于竭力要说明当前的形势而严重地低估了中国的变革潜力。这个难点加上70年代初新的资料来源（对中国的短期访问）的冲击，导致对毛的政策效果作出过分乐观的估计，从而掩盖了公众对这个政权的普遍失望。关于"文化大革命"怎样离开了中国发展的主流，这是历史学家应当提供的；关于持续的高经济增长率的障碍，这是经济学家不能提供的。

有四个值得注意的例外应当提及。鲍大可在他的《前途未卜》[24] 中，对毛的后继者将面临的问题的范围作了估计。鲍大可抛弃中国政治的斗争模式，假定理性终会占上风，认为在毛以后时期，经济上、国家安全上、社会政策上的变革是必然要发生的。弗朗兹·迈克尔汲取香港、台湾对毛的评价，写成一篇控诉这位主席的严厉的诉状。① 读者从这部研究著作里必然会得到的印象是，一种与斯大林的命运相似的命运，在等待着这位当代中国的暴君。邹谠在一系列犀利的论文中，把极权主义模式与历史观点结合起来，证明社会的极端政治化与对知识分子的迫害，是与五四运动以来占支配地位的思想潮流不相符的。② 邹谠进一步说，在中国，宗派斗争引起生死斗争；胜利者将消灭他们失败了的对手。邹谠的动力分析暗示了政策突然逆转的可能性，这是因为胜利的一派要同中国社会长远的趋势保持一致。最后，理查德·洛温撒尔，一个共产党革命的比较研究学者，早就认为基于乌托邦幻想的政权是不能持久的，不可避免地会屈服于更加独断的官僚主义统治。③ 至于50年代和60年代初的分析，分析家由于不让可以得到的资料和当前事件完全支配他们的研究项目而得到好处，他们在处理材料时，心目中有一个由历史观点和比较观点所充实的动

---

① 弗朗兹·迈克尔：《毛与不断革命》[529]。

② 邹谠：《从历史的角度看文化革命和毛以后的改革》[724]。

③ 理查德·洛温撒尔：《共产党政策中发展与空想的对立》[481]，见查默斯·约翰逊编《共产主义制度的变化》[369]，第33—116页。

力模式。

最后要说的是，这个领域的发展，不是典型积累式的，即在前人的研究结果上建立新的研究。我们的分析的一个主要意思是，许多论述 1949 年以后中国的著述由于新资料的出现而过时，因此对先前的研究结果进行再解释就仍有必要。这样，就需要优先对新近的和最好的分析作有选择的评述，其次才是先前的专题著作，即使它们有可称赞的学术价值并在当时对这个领域起了促进作用。下面的书目介绍，就是根据这个原则编写的。

各章参考书介绍

米歇尔·奥克森伯格在前面那篇全面的分析文章中，列出有关研究中华人民共和国的基本资料和由此产生的主要书籍。下面有关本书各章的书目介绍，不可避免地在许多参考书上与那篇总的评述相重复。

我们想，这个重复可能是有帮助的，因为撰稿者都根据他们所写的题目，各自提出对重要著作的选择，而奥克森伯格教授则着重于中国的政治问题。

第一章　中国的再统一

探讨这个变化多端的题目，我们可以从朝代的比较开始，特别是它们的建立与灭亡。有关这个题目的文献比我们可能期望的要少。1944年，14位京都和东京的学者联合起来，进行一项"征服的王朝"的共同研究，其中就有当时日本想要取而代之的。在中国事变中，对以前的实例作一个历史考察可能是有用的。1943年，东亚研究所出版了一本300页的《异族统治中国史》［718］。这本书考察了北魏、金、元、清等几个朝代的由来、职官与军事制度、经济与宗教机构，以及对中国和中亚的政策。1952年，香港新亚学院的钱穆教授出版了一本类似的开路之作，题为《中国历代政治得失》［127］。这个题目分析的是汉、唐、宋、明、清五朝的政府组织、考试制度和经济制度。这本虽然简短然而有趣的概观，现在已由薛君度和乔治·O.托顿第三译成《中华帝国的传统政府：批判性的分析》（香港中文大学出版社，1982年）。贺凯出版了一本对朝代比较有重要帮助的《中华帝国职官词典》［340］（斯坦福，1985年）。它扩充了原有的中文手

546

册《历代职官表》[338]，并提供了实用的英文对应官衔。

关于朝代的建立和它们重新统一中国的记事，见芮沃寿对隋、霍华德·J. 韦克斯勒对唐、小埃德蒙·H. 沃西对宋、爱德华·L. 德雷尔和约翰·W. 达迭斯对明的研究，小约瑟夫·F. 弗莱彻对满族人的研究可与魏斐德研究满清征服的新作《大事业》[754]结合起来看——以上在第一章第 10 页注①中，均作了注释。关于秦汉两朝的建立，见《剑桥中国史》第 1 卷，1—5 章。一旦开始研究，会发现关于朝代建立的文献是极多的，但全面的比较研究却意外地少。

第二章 新政权的建立和巩固

对 1949—1957 年的研究，必须主要地建立在中华人民共和国当代出版物的基础上。在那几年里，特别是 50 年代中期，这些材料在可利用性和相对地详尽与坦率上都有可取之处。除了可以得到全部重要的中央报刊如《人民日报》、《工人日报》和《学习》之外，还可以得到许多省级报纸和从 50 年代中期起的政府部门的专业刊物，虽然在收藏上存在相当大的空白点。收藏这些出版物最丰富的，是美国国会图书馆，香港联合研究所根据这些资料编了一种很有用的、范围广泛的剪报档案。美国驻香港总领事馆在其所编各种丛书的相当广泛的基础上，提供中国报刊的英文翻译——特别是《中国大陆报刊概览》[738]，《中国大陆杂志选粹》[736]（后来改为《选录》）和《当代背景材料》[735]。提供这种英文翻译的，还有联合研究所从 1955 年开始的《联合研究服务》[734]。

当代官方文件的各种汇编，也是可以得到的。特别有用的是年刊《人民手册》[364]和期刊《中华人民共和国法规汇编》[155]。主要的英文汇编有：《1955—1959 年的共产党中国：政策文献，附分析》[186]；《中国共产党第八次全国代表大会》[219]；罗德里克·麦克法夸尔编：《百花运动》[493]；以及哈罗德·C. 欣顿编：《1949—1979 年中华人民共和国文献概览》[299]。

补充当代文献的，另有几个资料来源：亲身经历过中华人民共和国初期发展的中外人士的个人记述；1966—1969 年"文化大革命"
中发表的报道；和毛以后时期出现的资料。所有这些资料提供了进一
步的看法和信息，但各有偏见，需要用现有资料进行仔细估价。中国
逃亡者的第一手报告已被结合进各种第二手著述中，在提到的这个时
期，值得注意的有伊日拉·F. 沃格尔的《共产主义统治下的广州：
一个省城的规划与政策，1949—1968 年》[749]。逃亡者写的关于这
个时期的主要作品有周鲸文：《十年暴风：中国共产党政权的真相》
[148]；罗伯特·罗和汉弗莱·埃文斯：《逃出红色中国》[479]；穆
富升（音）：《百花凋谢：毛统治下的中国知识分子》。* 1949—1957 年
在中国的外国人所写的书有博德：《北京日记，1948—1949 年：革命
的一年》[55]；阿林和阿黛尔·里克特：《释放的俘虏》[614]；莫里
斯·威尔斯：《叛徒：一个美国人在共产党中国的 12 年》[794]。此
外，还有鲍大可的《共产党接管前夕的中国》[22]，虽然对共产党的
实际统治仅有简短的记述，但对中国共产党在 1949 年继承的形势，
提供了有价值的见识。

　　1966—1969 年出现的"文化大革命"资料，基本上有两类：关
于许多领导人在 1966 年以前的所谓罪行的大有争议的"揭发"；可疑
的"文化大革命"前的文件，它们只有在那时才可以得到。揭发不仅
见于 1966—1969 年的官方出版物，而且特别见于所谓的红卫兵资
料——小报和小册子，它们由各种"造反"组织非正式出版，但得到
中共党内高层中一些派系的支持。各主要图书馆都收藏有这类材料的
汇编，美国驻香港总领事馆的各种丛书中有范围广泛的译文。此外，
电台广播的揭露可查看《外国广播新闻处：共产党中国》[251]；英
国广播公司《世界广播摘要：远东》[63]；《中国省级广播电台新闻》
[551]。

　　用处更大的是 1949—1957 年的文件，大多通过 1966—1969 年的
红卫兵资料可以得到。原文分析建立了对这些文件的高度信任，其中
最重要的，是毛泽东对党内的讲话和指示。毛的言论最值得注意的汇

---

* 　Mu Fu-sheng, *The wilting of the Hundred Flowers* : *The Chinese intelligentsia under Mao.*

编有《毛泽东思想万岁》[506、507]、《毛泽东思想杂集》[508]；陈志让编：《毛泽东》[109]；陈志让编：《毛泽东文集及书目》[110]；斯图尔特·R.施拉姆编：《毛泽东的讲话和信件，1956—1971年》[634]。

毛去世后，官方出版了他1949—1957年时期的著作《毛泽东选集》第五卷[502、503]，它既提供了一些以前得不到的文献，又提供了一些与"文化大革命"中非正式发表的原文不同的（但一致的）原文。另一本重要汇编是《陈云文选（1949—1956年)》[114]。此外，官方新闻媒介和一批内容充实的回忆录、年表、党史，回顾了1949—1957年间的许多事态发展。当前（80年代初）官方对这个时期的看法，见《关于建国以来党的若干历史问题的决议》[607]〔《北京周报》，27（1981)〕，和权威性较小的廖盖隆《历史经验和我们的发展道路》[447]（《问题和研究》[358]，1981年10月和11月）。廖的文章仅是日益增多的内部文章、书籍、刊物和文献之一，它们在中国官方机构中发行，它们对中华人民共和国历史上的这一时期或别的时期有重要阐述，现在外部也可以得到，西方图书馆有收藏。最后，日益增多的学者的交换，提供了同中华人民共和国学者共同讨论1949年以后的重要事件的机会。

现在已经开发出一批数量很大的关于1949—1957年时期的第二手文献。这类文献的主要指南有：彼得·伯顿和尤金·吴：《当代中国研究指南》[47]（其中也包括原始材料）；米歇尔·奥克森伯格、南希·贝特曼和詹姆斯·B.安德森合编：《当代中国政治的第二手英文文献书目》[556]；施坚雅等编：《现代中国社会：有分析的书目》[669]（包括西文、中文和日文出版物）；和年刊《亚洲研究书目》[50]。

在20世纪60年代中期以前，对50年代初期和中期以及总的来说对当代中国的专题研究是很少的；最值得注意的出版物都是一般性的，如鲍大可的《1949—1955年的早期共产党中国》[23]；彼得·S.H.汤：《今日共产党中国》[694]；S.B.托马斯：《共产党中国的政府与管理》[711]。但从60年代中期起，新一代学者开始写出视野广阔和老练的研究著作。关于中国政治，包括 1949—1957 年期间的重要关节在内，有很多作品，主要是：哈里·哈丁：《创建中的中国：官僚政治的问题，1949—1976 年》［291］；弗朗兹·舒尔曼：《共产党中国的意识形态和组织》［637］；弗雷德里克·C.泰韦斯：《中国的政治与清洗：1950—1965 年的整风和党的准则的衰败》［702］；詹姆斯·R.汤森德：《共产党中国的政治关系》［720］；沃格尔：《共产主义统治下的广州》［749］。

有些集中于意识形态问题的研究，包括这个时期的重要断面，如阿瑟·A.科恩：《毛泽东的共产主义》［177］；斯图尔特·R.施拉姆：《导言：从历史角度看文化革命》［633］，见他的《中国的权力、参与和文化变化》［632］；许华茨：《共产主义与中国：不断变动的意识形态》［641］；约翰·布赖恩·斯塔尔：《继续革命：毛的政治思想》［679］。此外，许多研究专门领域的专题著作阐述了 1949—1957 年时期的一些方面。这些著作中最重要的如杰罗姆·艾伦·科恩：《中华人民共和国刑事诉讼程序入门，1949—1963 年》［179］；琼·托伊费尔·德雷尔：《中国的四千万：中华人民共和国的少数民族与民族平等》［210］；约翰·吉廷斯：《中国军队的任务》［267］；埃利斯·乔菲：《党与军队：中国军官的职业化与政治控制，1949—1964 年》［366］；戴维·M.兰普顿：《中国的医药政治：1949—1977 年的政策发展过程》［417］；本尼迪克特·斯塔维斯：《中国的农业机械化政策》［685］；马丁·金·怀特：《中国的小团体与政治仪式》［788］。

过去 15 年中，出现了高质量的专题研究，它们是专门研究中华人民共和国的前八年的。关于中国城市的权力巩固过程，最好的研究是肯尼思·G.利伯塔尔的《天津的革命与传统，1949—1952 年》［452］；苏珊娜·佩珀的《中国的内战：1945—1949 年的政治斗争》［574］的最后几章，可以作为前书的补充。多萝西·J.索林格的《中国西南的地方政府和政治一体化，1949—1954 年：个案研究》［673］，考察了解放后地方政府的性质。威廉·布鲁格的《中国工业企业中的民主与组织（1948—1953 年）》［65］，分析了 1949 年后的工业组织的政策。弗雷德里克·C. 泰韦斯的《中国精英人物的训练：整风的强迫与说服的方法，1950—1953 年》[701]，对党早年的整风运动的考察，比《政治和清洗》[702] 更详尽。

有几本重要著作对主要的农村改造——1950—1952 年的土地改革和 1952—1956 年的合作化——作了考察。50 年代后期的一本杰出的论著，是杨庆堃的《一个共产主义过渡初期的中国农村》[822]。更近的作品有托马斯·保罗·伯恩斯坦：《中国和俄国农业集体化的领导和动员的比较》[44]；维维恩·舒：《过渡中的农民的中国：向社会主义发展的动力，1949—1956 年》[662]；约翰·汪：《中华人民共和国的土地改革：农业体制的改造》[804]。除此之外，关于这些问题还有几篇重要文章，如杰弗里·希林劳：《中国南部的土地改革与农民动员，1947—1950 年》[658]，见戴维·莱曼编《土地改革与农业改良主义：对秘鲁、智利、中国和印度的研究》[431]；肯尼思·R. 沃克：《回顾集体化：1955 年秋至 1956 年春的"社会主义高潮"》[760]，《中国季刊》[133]，26（1966）。

两篇未发表的哲学博士学位论文，对 50 年代中期的政策制定过程，作了相当重要的说明。查尔斯·托马斯·芬格的《中华人民共和国的政治与政策制定，1954—1955 年》[243]，考察了中华人民共和国进入官僚化的最高阶段时，各个政策领域的相互关系。米歇尔·C. 奥克森伯格的《共产党中国的政策的明确表述：群众灌溉运动问题，1957—1958 年》[555]，把研究延伸到"大跃进"，揭示了很多形成中共规划的政治、技术与管理的因素。

罗德里克·麦克法夸尔对 1956—1957 年的重要事态发展——政治自由化，关于经济政策的辩论，第八次党代表大会和党的整风——有非常广泛的研究：《文化革命的起源》，第 1 卷：《1956—1957 年的人民内部矛盾》[495]。对这些问题的进一步看法和不同的解释，见下列各书的有关部分，D. W. 福克马：《中国的文学教条与苏联影响，1956—1960 年》[249]；默尔·戈德曼：《共产党中国的持不同文艺见解者》[270]；理查德·H. 所罗门：《毛泽东的革命与中国的政治文化》[674]；泰韦斯：《政治和清洗》[702]。

有几种研究的辅助读物值得注意。香港时事通讯《中国新闻分析》[132]，是从 1953 年以来提供有关各种论题的极有价值的资料摘要。肯尼思·利伯塔尔的《1949—1975 年党中央和政府会议研究指南》[451]，汲取当代和"文化大革命"的资料，确定 1949 年后主要的决策会议。很多著作提供了传记资料，如唐纳德·W. 克莱因和安妮·B. 克拉克：《中国共产主义人名词典，1921—1965 年》[392]，以及《现代中国人名词典》[264]，《共产党中国人名辞典》[787]。

第三、八章　经济

1960—1978 年期间，少发表或不发表经济数字的政策和中国国内禁止认真的经济分析，不仅在更近一些的时期而且在"文化大革命"突然开始之前的几年里，就已经对中国经济发展的分析起了抑制作用。国家统计局于 1979 年发表 20 年来的第一份公报，及随后发表的大量新材料，既有数量又有质量，既包括当前的也包括历史的发展，使情况起了显著的变化。在统计材料中，最重要的是《中国统计年鉴》，从 1981 年以来由国家统计局用中、英两种文字出版。它们不仅提供当前的统计数字，而且提供了 1950 年以后的大量统计数字，其中许多是以前没有发表过的。例如，1981 年的年鉴（1982 年出版）包括了 1950—1981 年许多进出口产品每年的数量，以及同一时期与 26 个贸易伙伴实现的进出口价值。后来的几册透露了关于早些年的新数字，也提供了每年对许多系列的修正。

此外，从 1981 年起，中国出版规模巨大的《中国经济年鉴》[162]，它提供主要的经济文件、经济政策声明和有关经济发展的法律与法令的全文；评述各省和省一级自治区的经济发展。还出版几个重要部门的年鉴，如《中国农业年鉴》[170] 从 1981 年开始出版，《中国煤炭工业年鉴》[169] 从 1983 年开始出版。所有这些年鉴包含的材料，既涉及长远的也涉及新近的发展。

提供中国人的分析或讲话原文的最重要的书籍有，马洪和孙尚清编：《中国经济结构问题研究》[488]；《陈云文稿选编（1949—1956

年)》；这本书后来在中国公开出版，书名《陈云文选（1949—1956年)》[113]；《陈云同志文稿选编（1956—1962年)》[112]；这本书后来公开出版，书名《陈云文选（1956—1985年)》[115]；《马寅初经济论文选集》[490]；以及柳随年编的《六十年代国民经济调整的回顾》[473]，此书对于我们了解"大跃进"的后果极为重要。

中国共产党的重要刊物《党史研究》，发表了许多批判性的经济分析和以前不能得到的讲话。从这些材料中选出的几本汇编已经出版，其中最有价值的是朱成甲编的《中共党史研究论文选》[149]。周太和编的《当代中国的经济体制改革》[147]，提供了主要改革与政策倡议的编年提要。房维中编的《中华人民共和国经济大事记（1949—1980年)》[235]是一部规模巨大的简编。

关于中国经济发展的第二手文献，范围很广但质量参差不齐。有关50年代的，由于有国家统计局和计划部门发表的相当全面的报告，一般说来，远比有关20世纪60年代的令人满意，因为后者在1978年以前几乎没有什么原始资料。关于50年代的报道，内容最广泛与最令人满意的有，李卓敏：《共产党中国的经济发展》[441]，此书着重点在第一个五年计划时期（1953—1957年)；亚历山大·埃克斯坦：《中国的经济革命》[215]，此书涉及整个毛泽东时期，但它最有力的分析是关于第一个五年计划和"大跃进"的。罗德里克·麦克法夸尔的《文化大革命的起源》，第1卷：《1956—1957年的人民内部矛盾》[495]，和《文化大革命的起源》，第2卷：《1958—1960年的大跃进》[496]，对"大跃进"前夕和"大跃进"时期党的最高层的经济决策，提供了最有洞察力的分析。

20世纪60年代的前半期，没有受到西方学者多少注意。中国在这个时期坚持的统计封锁证明是有效的，把1959—1962年之间的一次大规模饥荒成功地隐瞒了20年，根据不同的估计，这几年的死亡人数高出正常情况1600万到2700万人。虽然饥荒本身是一个日益引起注意的题目，但对20世纪60年代前半期经济发展的广泛研究尚未出现，不过，下面提到的专题研究中，有一些是研究这个时期的具体问题的。

关于 20 世纪 50 年代经济发展的专题文献是很多的。评价中国国民收入的增长的，有两部突出的研究著作，希格鲁·伊舍卡瓦：《大陆中国的国民收入与资本积累：对官方统计数字的考察》[355]；刘大中和叶孔嘉：《中国大陆的经济：1933—1959 年的国民收入和经济发展》[474]；德怀特·珀金斯：《共产党中国的市场管理与计划》[577]，此书探索 50 年代经济中社会主义计划的扩大与市场方向部分的收缩；亚力山大·埃克斯坦：《共产党中国的经济增长和对外贸易》[214]，此书对 50 年代外贸在中国经济增长中的作用，特别是苏联的技术转让，提供了最全面的研究；尼古拉斯·R. 拉迪：《中国的经济增长和分配》[421]，此书从分析中央与省的财政关系入手，探索经济中现代部门的资源分配的集中化程度；奥德丽·唐尼索恩：《中国的经济制度》[202]，此书对国家的经济官僚机构的发展及其与计划模式和资源分配的关系，提供了详尽的报道。

关于工业发展的研究著作，主要有托马斯·G. 罗斯基的《中国向工业化的过渡》[601]；和赵冈的《共产党中国工业增长的速度与模式》[90]；约翰·菲利普·埃墨森在他的《1949—1958 年大陆中国的非农业就业》[224] 中，把工业中的劳动力吸收和城市经济作为一个整体进行研究。

有两本研究农业发展的书以 20 世纪 80 年代初为下限，它们是尼古拉斯·R. 拉迪的《中国现代经济发展中的农业》[422] 和肯尼思·R. 沃克的《中国食用粮食的收购和消费》[759]。前者探索农业计划体制的发展，后者探索国家执行的强制交售农产品制度的发展。

至今仍然很有价值的较早时期的农业专题论著，有德怀特·H. 珀金斯的《1368—1968 年中国农业的发展》[578]，此书将 1949 年以后的发展，置于历史的长河中进行考察；和赵冈的《共产党中国的农业生产，1949—1965 年》[91]，此书详细探索了"文化大革命"前农业组织变革的经济后果。

第四、九章　教育

1949—1965 年的标准原始资料，前面已经列举，关于教育的研究，必须基本上依赖它们。中国的官方报纸、刊物、偶尔发布的国家法令摘要，构成主要的原始资料。得到中国原始资料最方便的途径，是通过联合研究所的剪报档案服务机构，它的存在到 1983 年为止。这些资料现藏香港浸礼会学院，供不愿看缩微胶卷的人使用。有关从幼儿园直到大学的教育政策与实施等各方面的档案，数量很大，能对许多研究著作提供一个基础。

教育问题上最有用的公认为优秀的翻译服务，是美国驻香港总领事馆的《当代背景材料》[735] 丛书（起自 1950 年）；《中国大陆杂志选录》[737]（起自 1960 年）；从 1955 年至 1960 年名为《中国大陆杂志选粹》[736]。其他有用的翻译服务有该领事馆的《中国大陆报刊概览》[738]（起自 1950 年）；《外国广播新闻处，每日报道——共产党中国》[251]（美国政府编，起自 1968 年）；《中国省级广播电台新闻》[551]（英国地区情报处编，香港，起自 1963 年）；《中国问题》[134]（英国地区情报处编，起自 1964 年）；新华社香港分社的《每日新闻发布》[550]（起自 1948 年）；《联合研究服务》[734]（香港联合研究所，起自 1955 年）；以及美国政府的联合出版物研究服务处的各种丛书 [374]。

"文化大革命"初期（1966—1968 年）的红卫兵非正式出版物，对收集 60 年代初的资料也有帮助。由于这些资料是在白热化的舌战中编成的，用时应加注意。它们包含有别处得不到的资料，如关于政策在个别学校贯彻落实的情况。红卫兵对学校办公室和档案室的冲击，使学者再次成为社会动乱的意想不到的受益者。斯坦利·罗森 [619、620] 和李洪勇（音）[430] 的作品（见书目），至今是利用这些材料的著作中最著名的。这些红卫兵出版物的规模最大的摘要，是 20 卷本的《红卫兵出版物》[603]，华盛顿特区研究图书馆协会的中国研究资料中心在 1975 年重印，它的姊妹篇，一套多卷本的增补资料，在 1980 年重印。同样资料的英文译文，可以在美国驻香港总领事馆在 60 年代后期的发行范围有限的《中国大陆报刊概览》的《补遗》[739] 和《中国大陆杂志选录》[737] 中找到。

学术研究也受到毛以后时期比较宽松的政策的好处，其中包括为早期的政策恢复名誉，它们在"文化大革命"中曾受到诋毁。在文献资料方面，1968—1976 年主要是个空白时期，但在 70 年代后期开始出版许多新材料，回顾受到很多诽谤的 17 年（1949—1966 年）。遗憾的是，这类材料的大多数根据的是第二手资料，并且带有明显的偏袒十七年和反对"文化大革命"的偏见。不过，人民教育出版社当前（80 年代中期）的出版书目，显示出一个可喜的迹象，即有些关于早些年代的书正在写作中，许多关于 1949 年以前的书也正在出版，对老解放区的教育和民国时期知名的非党教育家，有某种有意思的重视。

一本特别有价值的研究工具书，是 1984 年出版的《中国教育年鉴，1949—1981 年》[161]。其中有 140 页重印了 1949—1981 年的文件和有关教育的指示——尽管每个门类都缺少 1964—1978 年的资料，这是受毛主义影响的年代。另一本有用的参考书，是 1983 年出版的《中华人民共和国教育大事记，1949—1982 年》[154]。

最后但并非最不重要的，是人的资源。作为口述历史的访问记，不论是在中国国内进行的，或是香港的中国人讲述的（他们从过去的亲身经历中了解这个制度），仍然是一个重要的资料来源。在很大程度上依靠访问资料的教育论著的作者，有斯坦利·罗森、苏珊·舍克和乔纳森·昂格尔。

尽管可以得到丰富的资料，中国以外的学者并没有很好地研究 50 年代。直到"文化大革命"的 10 年（1966—1976 年），中国的"教育革命"才把这个问题列为值得研究的项目。从此，国际注意力集中在它的经验与后果上。早些年，无论是教育专家或社会科学家，看来都没有怎么被这个题目所吸引。对 70 年代后期"文化大革命"的崩溃，也出现了类似的兴趣减退。"十七年"还留下许多未经开拓的领域。

最重要的问题之一（就其对毛以后时期的含义来说），是50年代苏联影响的程度。失败的或不得人心的试验，很难提供研究的动机。但1950—1957年的"向苏联学习"阶段，是值得研究的，因为它能告诉我们关于那个时期移植模式的效力、建立的机构和培训的人员的不断的影响。

另一个没有进行探究的失败的试验是"大跃进"。那时开始的教育改革是以"文化大革命"的名义发动的，并明显地为后来1966—1976年的"文化大革命"试验树立了许多先例。但到目前为止，这种联系的性质还没有文件加以证明和明确地予以说明——也没有对失败的分析，这种分析必然会引出没想到的结果和没有记载过的收获。

假如这是关于50年代研究的状况，那么关于60年代初期的研究要算是不错的，相对来说是过多的。但上面提到的罗森、舍克和昂格尔的著作，基本上是根据访问资料，他们把对文件的研究任务，主要留给了别人。同时，对这个时期的比较常规的研究，只是部分地完成了这一任务，如陈锡恩、朱莉娅·匡（音）、简-英格瓦·洛弗斯特、罗纳德·普赖斯等人的著作（见第四章、第九章脚注和书目）。这些著作都更着重理论和政策，而不是实行和贯彻，后者只有通过访问和现场研究才能揭示出来。现在，外国研究者进入中国比较容易了，我们希望，这将使这两个目标在个人研究中较容易地结合起来。

第五、十章　党与知识分子

关于知识分子和思想动向，在中华人民共和国没有基本的中文资料。主要的资料来源，分散在全国性报纸和刊物上。延安的报纸《解放日报》，是关于延安时期游击区知识分子的主要资料来源。它包括党对知识分子政策的讨论和知识分子自己的陈述。"左翼"和共产党的知识分子的主要资料来源，是从1938—1946年在重庆出版《新华日报》。1949年后，关于党对知识分子的政策和党—知识分子的讨论的主要资料来源，是党的机关报《人民日报》和知识分子的报纸《光明日报》。党的理论刊物《学习》（它在"大跃进"中被《红旗》取代）是最关心思想问题的。共产主义青年团的《中国青年报》，是思想动向的另一个资料来源。一些主要大学的刊物，也登载思想—政治的讨论，不过这些刊物在毛的时期很难得到。

其他有关知识分子特别是文艺界知识分子和50年代及60年代的争论的资料来源，有《文艺报》、《文艺学习》、《人民文学》和《上海文学》。50年代文艺界一些最主要的知识分子如周扬、胡风、丁玲、冯雪峰、艾青，他们的作品可以在这些刊物中找到。60年代好争论的知识分子如邓拓、吴晗和冯友兰的作品，可以在《历史研究》、《哲学研究》和《学习与研究》中找到。

他们的作品也有印成单行本的，马南邨（邓拓）：《燕山夜话》［489］；吴南星（吴晗、邓拓、廖沫沙）：《三家村札记》［819］；廖沫沙、夏衍、吴晗、唐弢和孟超：《长短录》［448］；艾思奇：《艾思奇文集》［4］。

毛对知识分子的看法的译文，可以在他的五卷本选集中找到，其中《在延安文艺座谈会上的讲话》有最直接的关系。毛对知识分子问题的看法的稍后的资料，有毛的《四篇哲学论文》［505］和斯图尔特·R.施拉姆编的《毛主席向人民讲话：讲话和信件，1956—1971年》［634］。"百花"时期知识分子的文章和陈述的译文，见罗德里克·麦克法夸尔编的《百花运动》［493］。"百花"时期的文学作品和评论，见聂华苓编的《百花文学》［552］，共两卷。

关于党对知识分子的政策和知识分子的反应，最全面的讨论有，默尔·戈德曼：《共产党中国的持不同文艺见解者》［270］，时间从30年代后期到"大跃进"时期，以及他的《中国知识分子：建议和异议》［271］，时间从60年代初直到毛以后时期。其他的著作研究这个问题的各个方面。罗伯特·杰伊·利夫顿的《思想改造和极权主义心理学：对中国"洗脑"的研究》［454］，讨论知识分子思想改造的效果。杜韦·福克马的《中国的文学教条与苏联影响，1956—1960年》［249］和鲁道夫·瓦格纳的《诈骗和侦察》［750］（见沃尔夫冈·库宾和鲁道夫·瓦格纳编的《现代中国文学和文学批评文集》［399］），讨论50年代苏联的思想倾向对中国的影响。对60年代初好

争论的知识分子的研究有：詹姆斯·普西：《吴晗：借古非今》
[590]；蒂莫西·奇克：《邓拓：文化、列宁主义和中国共产党内二中
择一的马克思主义》[98]。研究60年代激进的知识分子，见帕里
斯·张的《中国文化革命中的激进分子和激进思想》[85]；拉斯·拉
格瓦尔德：《作为文学评论家和理论家的姚文元：中国日丹诺夫主义
的出现》[597]。

从政治角度看思想发展的主要著作有：理查德·所罗门：《毛泽
东的革命和中国的政治文化》[674]；罗德里克·麦克法夸尔：《文化
革命的起源》第1卷，《1956—1957年的人民内部矛盾》[495] 和
《文化革命的起源》，第2卷，《1958—1960年的大跃进》[496]。

第六章　对外关系:从朝鲜战争到万隆路线

虽然关于中华人民共和国的内政和外交有大量的研究著作，但有
关从朝鲜战争到万隆路线这一时期的出版物却很少。它们之中，雅
克·吉勒马的《执政的中国共产党，1949—1976年》[285] 和罗德
里克·麦克法夸尔的《文化革命的起源》，第1卷：《1956—1957年
的人民内部矛盾》[495]，与弗朗兹·H.舒尔曼的《共产党中国的
意识形态和组织》[637] 一样，对中国对外关系的国内背景，作了很
可靠的论述。中嵨岭雄的《中国：历史、社会和国际关系》[540]，
对了解当代中国事务的基本轮廓是有用的。

对中国外交政策进行一般观察的杰出著作有：费正清：《美国与
中国》[228] 第4版；鲍大可：《共产党中国与亚洲：对美国政策的
挑战》[21]；哈罗德·C.欣顿：《中国的强横要求：1945年以来中
国对外关系的分析》[298] 修订版；R.G.博伊德：《共产党中国的
外交政策》[60]。对中国对外关系的各个方面作全面论述的有，入江
启四郎和安藤正士编：《当代中国的国际关系》[354]；O.B.波里索
夫和B.T.科洛斯科夫的《1945—1973年的中苏关系简史》[58]，
比较多地反映了苏联官方的看法。

关于原始资料，我们可以利用中国的官方材料，如《毛泽东选

集》和《中华人民共和国对外关系文件集》[159] 丛书。关于美国政府的文件，见《美国的对外关系》[252] 丛书和国家安全委员会的《国家安全委员会文件集》[547]。还有毛泽东的非正式发表的文献，如《毛泽东思想万岁》[506、507]；尼基塔·赫鲁晓夫的回忆录，见斯特罗贝·塔尔博特编译、爱德华·克兰克肖作详细注释的《赫鲁晓夫回忆录：最后的遗言》[390]；以及斯特罗贝·塔尔博特编译的《赫鲁晓夫回忆录》[389]。

关于"亲苏"时期或所谓苏联模式的 50 年代初期，我们可以首先把注意力放在下列各书上：关于这个时期的苏联外交政策，见马克斯·贝洛夫的《1944—1957 年苏联在远东的政策》[35]；亨利·魏的《中国与苏俄》[774]；J. M. 麦金托什的《苏联对外政策的战略与策略》[500]；以及亚当·B. 尤拉姆的《扩张与共存：苏联外交政策史，1917—1967 年》[730]。这些是"经典的"专题论著，提供了基本概念和重要的分析框架。

关于中华人民共和国与苏联之间"隐蔽的"斗争，中嶋岭雄的《中苏的对抗和今天的时代：战后亚洲的再评价》[539]，讨论了雅尔塔会议后的有关方面；入江昭编的《亚洲冷战的起源》[537]，是美国、欧洲和日本学者的文章的合集。

关于中美关系，邹谠的《美国在中国的失败，1941—1950 年》[723]，是最好的作品之一。多萝西·博格和沃尔多·海因里希编的《不确定的年代：1947—1950 年的中美关系》[57]，是一本历史论文集。此外还有南希·B. 塔克的《屈辱的模式》[728] 和宇佐美滋的《司徒大使访问北京的计划：一个失去了机会的历史转折点》[745]，见《国际问题》(*Kokusai mondai*)。

关于朝鲜战争与中国的研究，相对地说有很多。欧内斯特·R. 梅的《过去的"教训"：美国外交政策中对历史的利用与误用》[521] 和信夫清三郎的《朝鲜战争的爆发》[659]，从美国和日本的有利地位看朝鲜战争，对它的基本性质作了深刻的历史说明。就中国的立场来说，艾伦·S. 惠廷的《中国跨过鸭绿江：参加朝鲜战争的决定》[785] 和斯图尔特·R. 施拉姆的《毛泽东》[630]，是富有成果的贡献。此外还有罗伯特·R.西蒙斯的《紧张的联盟：北京、平壤、莫斯科和朝鲜内战的政策》[663]。

关于中国对万隆路线的战略转变的研究比较少，但埃德加·斯诺的《大河彼岸：今日红色中国》[672]；罗德里克·麦克法夸尔的《百花运动和中国的知识分子》[493]；中嶋岭雄的《论当代中国：它的意识形态和政治的内部动力》[538]，对中华人民共和国外交变化的背景，作了基本分析。

唐纳德·S.扎戈里亚的《中苏冲突，1956—1961年》[837]是关于中苏意识形态争论的最好的书。约翰·吉廷斯的《中国军队的任务》[267]和彼得·范内斯的《革命与中国的对外政策：北京支持民族解放战争》[746]，分别对中国军队和中国的革命外交，作了扎实的分析。

第七章　"大跃进"

虽然当代中国的资料在"大跃进"陷入困境后变得不详实起来（而且在许多情况下不容易得到），但关于它却有丰富的中文资料。首先当然是全国性报刊（如《红旗》、《新华半月刊》、《人民日报》、《光明日报》）提供了丰富的资料。其中许多对这个时期作了详细索引（《人民日报》和《光明日报》都每年出版索引）。研究指南（如詹姆斯·宋的《〈红旗〉1958—1968年：研究指南》[675]，彼得·伯顿和尤金·吴的《当代中国研究指南》[47]）大大方便了对其他资料的有效利用。比较专门的出版物，如政府各部的刊物，也很有帮助（如兰普顿在他对医务政策的研究中所表明的）。有关公共卫生、财政和贸易，以及其他领域的这类刊物，均可以得到。

从1965年起，中国出现了几大类资料，对研究"大跃进"至"文化大革命"这一时期很重要。首先，是20世纪60年代后期的"文化大革命"中红卫兵和其他非官方资料的大量涌现。许多红卫兵出版物均收入中国研究资料中心的20卷本《红卫兵出版物》[603]。美国和海外的中国中心，还有大批红卫兵资料的补充材料。题为《毛泽东思想万岁》[506]、[507] 的两卷重要的毛泽东著作，非正式地出版于 1967 和 1969 年，两卷本《毛泽东思想杂集》[508] 是联合出版物研究服务处从中选译的，这些是毛在这个时期未发表的讲话的主要原始资料。

从"文化大革命"以来，出现了对政治科学家特别有用的三类资料。一类是日益增多的回忆录，作者是政治领导人和他们的助手或同事，其中有些对 1958—1965 年的政治运动提出了真知灼见。《彭德怀自述》[570] 是一个突出的例子。其他如《回忆王稼祥》[344]，对这个时期也偶尔有深刻的看法。

第二类重要资料包括各种有关党史的出版物。许多省级出版社出版了党史，如湖北的《中国共产党历史讲义》[167]，还有一般的参考出版物，包括党史问答和一连串党的会议的详情。最后，统计一览表填补了这个时期的许多空白。

许多关于内政的第二手著作，对研究 1958—1965 年有用。一类是全国和地方的一般政治史，包括对这个时期个别部分的详细叙述。例子有安奉俊（音）：《中国的政治和文化革命》[2]；詹姆斯·P. 哈里森：《取得政权的长征》[292]；莫里斯·迈斯纳：《毛的中国》[526]；爱德华·赖斯：《毛的道路》[611]；理查德·所罗门：《毛泽东的革命和中国的政治文化》[674]；伊日拉·沃格尔：《共产主义统治下的广州》[749]。关于具体问题的专题著作，也提供了重要资料，如戴维·M. 兰普顿的《中国的医药政治》[417]，弗雷德里克·泰韦斯的《中国的政治和清洗》[702] 和哈里·哈丁的《创建中的中国》[291]，仅是三个例子。

直接而完全地集中注意力于 1958—1965 年时期的，还有第二手的英文文献。罗德里克·麦克法夸尔的《文化革命的起源》，第 2 卷 [496]，提供了最详尽的有用的政治史。理查德·鲍姆和弗雷德里克·泰韦斯的《四清：1962—1966 年的社会主义教育运动》[32] 和鲍姆的《革命的序幕》[30]，对 60 年代初的社会主义教育运动作了很好的记述。陈云在 1956—1962 年期间发表的关于经济的主要意见，收入尼古拉斯·拉迪和肯尼思·利伯塔尔编的《陈云的发展中国的策略：一种非毛主义的可取办法》[425]。

有关这个时期的期刊文章也格外丰富，既有对具体政治事件的研究（如戴维·查尔斯的《彭德怀元帅的免职》[96]），也有对具体问题的研究（如弗雷德里克·泰韦斯对省的预算的研究，见约翰·M.林德贝克编的《中国：一个革命社会的管理》[457]）。有几篇哲学博士学位论文，如尼娜·哈尔彭的《经济专家与中国经济政策的制定，1955—1983年》[288]（密歇根大学政治科学系，1985年），也提供了重要的情况与见解。

第十一章　中苏分裂

由于这个时期刚过去不久，不能利用标准的美国国务院资料，同时，苏联和中国守口如瓶，又严重地限制了苏联和中国材料的价值。一切事情都有例外，但大都明显地违背官方的常规。例如，情报自由法令允许乔纳森·波拉克（《中国外交政策中的观念和方法：金门决策》[585]）说明1958年金门危机的几个方面，从而反映出苏联和中国的态度。同样，赫鲁晓夫的回忆录（《赫鲁晓夫回忆录》[389]）尽管是为个人利益服务的（跟所有这类著作一样），并且有真实性问题，但对我们仍有启发。当然，最有启发的资料，是毛的未公开发表的讲话和文章（主要有两本，发行于1967年和1969年，书名都是《毛泽东思想万岁》[506]、[507]）。它们是一个来路不明的派别在"文化大革命"的混乱中发行的，为台湾所得并影印出来。比较不那么耸人听闻，但同样难得的是唐纳德·扎戈里亚的《中苏冲突，1956—1961年》[837]，它肇始于中央情报局，他以前曾在那里工作，利用了权威的但高度保密的资料，特别是关于布加勒斯特和莫斯科的两次对抗。

这种依赖秘密资料的做法虽然可靠，但不是正统的方法，对它们极有价值的补充，是20世纪60年代初苏中两党和两国政府之间大量的论战通信。约翰·吉廷斯（在《中苏争论概观》[268]中）将它们重新作了极好的整理与分析，攻击与反击在很大程度上证实了扎戈里亚的著作，并在一些事例上超过了它。由于每一方都把自己说得极好，把对方说得极坏，因此，在问题的范围、它们的时间选择和含义上，就大有探讨的余地，下列作者就做得很好：威廉·E.格里菲思（《中苏的分裂》[281]、《中苏关系，1964—1965年》[282]、《阿尔巴尼亚与中苏分裂》[280]）；亚力山大·达林（《国际共产主义的分歧》[192]）和G.F.赫德森、理查德·洛温撒尔、罗德里克·麦克法夸尔（《中苏争论》[343]）。

这些著作虽然值得注意（不管是否得到公认），但同各有关政府发表的通常是枯燥乏味的声明相比，它们的准确性显然不如档案材料。例如，M.S.卡皮查在波拉克仔细研究过的他私下的会见与谈话中，关于1958年8月赫鲁晓夫与毛就中苏军事合作前景进行会谈时各方的具体见解，就与毛的话大相径庭。无论赫鲁晓夫或毛，或由此引起的论战上的变化，都没有充分透露苏联的核武器制造援助的程度，像1963—1964年通过摄影情报所显示的那么清楚。

除了标准的共产党对学术研究和公布档案的限制外，莫斯科同北京的现行关系也禁止它们充分而坦率地重提过去的事。因此，我们不得不在有限的和有时带倾向性的材料的基础上进行推测。直到1985年才出现的毛以后时期的回忆录，也没有对这个时期有新的说明，虽然在彭德怀（《彭德怀自述》[570]）、伍修权（《在外交部八年的经历》[818]）和王炳南（《回顾九年的中美会谈》[765]）的著作中，出现了和早年有关的珍贵资料。

总之，关于这个时期的分析对"历史"的说明究竟正确到什么程度，是大有争议的。对于不那么明显的外交关系，就更用得着这个防止误解的说明了。因为北京除比较公开的外交之外，还常常进行秘密外交。对环绕中国的从巴基斯坦到朝鲜的亚洲弧形地带，单独的研究如戴维·莫辛戈的《中国对印度尼西亚的政策，1949—1967年》[535]，通过深入细致地访问当地官员，把一个本来贫乏的题材写得很详尽。比使用互相影响的记载更困难的，是推测促成中国的态度的观念和决心。美国获得并出版的秘密军事刊物（《工作通讯》[408]），对60年代初的人民解放军只作了很少的说明。而这个刊物在什么程度上反映了高层的真正思想，尚难确定。

这种情况与毛以后时期出版物所反映的清楚得多的国内政治和经济发展情况，造成鲜明的对比。统计资料、个人回忆录和文件集提供了一块比较肥沃的园地，而外交政策的土壤相对来说却是贫瘠的。至今没有一本由中国学者写的中华人民共和国外交史，说明国内的限制与国外相比，有过之无不及。我们只能希望，周恩来的文件有朝一日能被这种研究所利用，这样，这些决定性年代的更加准确的再现，可以为外国学者提供一个研究基础。

会议与领导人

第一次全国代表大会	第二次全国代表大会	第三次全国代表大会
上　海[b]	上　海	广　州
1921 年 7 月 23—31 日	1922 年 7 月 16—23 日	1923 年 6 月 10—20 日
临时中央局	中　央　执　行　委　员　会	
	委　　　　员	
陈独秀	陈独秀	陈独秀
张国焘	李大钊	李大钊
李　达	蔡和森	蔡和森
	张国焘	毛泽东
	高君宇	王荷波
		朱少连
		谭平山
		项　英
		罗章龙
	候补委员	
	邓中夏	邓中夏
	向警予	徐梅坤
	——[c]	邓　培
		李汉俊
		张连光

第四次全国代表大会	第五次全国代表大会	第六次全国代表大会
上　海	武　汉	莫斯科
1925 年 1 月 11—22 日	1927 年 4 月 27 日—5 月×日[d]	1928 年 6 月 18 日—7 月 11 日
中委执行委员会	政　治　局	
	委　员	
陈独秀	陈独秀[e]	向忠发
瞿秋白	蔡和森	周恩来
蔡和森	周恩来	苏兆征
张国焘	李立三	瞿秋白
彭述之	李维汉[e]	蔡和森
李大钊	瞿秋白	项　英
谭平山	谭平山	张国焘
李维汉	张国焘[e]	
项　英	苏兆征	
候补委员	候补委员	
邓　培		李立三
王荷波		关向应
张太雷		杨　殷
罗章龙		徐兰芝
朱锦堂		卢福坦
		罗登贤
		彭　湃

a. 在第六次和第七次全国代表大会之间的 17 年里，中国共产党的领导发生了许多重要变化，大多数是毛泽东在长征期间 1935 年 1 月的遵义会议上成为主要人物的结果。只有 1928 年在莫斯科当选的一个政治局委员周恩来经受住了其后时期的斗争，并于 1945 年再度当选。

b. 由于可能被捕，代表们离开上海，最后一天的代表大会是在浙江嘉兴南湖的船上举行的。

c. 第三个候补委员的名字待确定。

d. 这次全国代表大会据说延续了大约 15 天。

e. 政治局常委。

资料来源：朱成甲编：《中共党史研究论文选》[149]，第 3 册，第 558—565 页。

表 11	党的高级正式[a] 会议，1945—1965 年
中国共产党第七次全国代表大会，延安	1945 年 4 月 23 日—6 月 11 日
七届一中全会，延安	1945 年 6 月 19 日
七届二中全会，西柏坡（河北）	1949 年 3 月 5—13 日
七届三中全会，北京	1950 年 6 月 6—9 日
七届四中全会，北京	1954 年 2 月 6—10 日
中国共产党全国代表会议，北京	1955 年 3 月 21—31 日
七届五中全会，北京	1955 年 4 月 4 日
七届六中全会，北京	1955 年 10 月 4—11 日
七届七中全会，北京	1956 年 8 月 22 日，9 月 8、13 日
中国共产党第八次全国代表大会，北京	1956 年 9 月 15—27 日
八届一中全会，北京	1956 年 9 月 28 日
八届二中全会，北京	1956 年 11 月 10—15 日
八届三中全会，北京	1957 年 9 月 20 日—10 月 9 日
八届四中全会，北京	1958 年 5 月 3 日
中国共产党八大第二次会议，北京	1958 年 5 月 5—23 日
八届五中全会，北京	1958 年 5 月 25 日
八届六中全会，武昌	1958 年 11 月 28 日—12 月 10 日
八届七中全会，上海	1959 年 4 月 2—5 日
八届八中全会，庐山	1959 年 8 月 2—16 日
八届九中全会，北京	1961 年 1 月 14—18 日
八届十中全会，北京	1962 年 9 月 24—27 日

a. "正式"一词用来区别这些会议和其他重要的高级会议，如政治局会议或中央工作会议。

资料来源：朱成甲编：《中共党史研究论文集》[149]；郝梦笔、段浩然等编：《中国共产党六十年》[289]。

表 12　　　　　　　　　党的领导，1945—1965 年

第七次全国代表大会[a]	第八次全国代表大会[e]
延　安	北　京
1945 年 4 月 23 日—6 月 11 日	1956 年 9 月 15—27 日

政　治　局
委　员

毛泽东（主席）　⎱	毛泽东（主席）　⎱
朱　德　　　　　⎟书记	刘少奇
刘少奇	周恩来
周恩来	朱　德　　　　　⎱常委
任弼时[b]　　　　⎰	陈　云
陈　云	林　彪[f]
康　生	邓小平（总书记）⎰
高　岗[c]	林伯渠
彭　真	董必武
董必武	彭　真
林伯渠	罗荣桓
张闻天	陈　毅
彭德怀	李富春
林　彪[d]	彭德怀
邓小平[d]	刘伯承
	贺　龙
	李先念
	柯庆施[g]
	李井泉[g]
	谭震林[g]

候补委员

	乌兰夫
	张闻天
	陆定一
	陈伯达
	康　生
	薄一波

　　a. 1945 年中国共产党第七次全国代表大会后的七届一中全会选举，1955 年中国共产党全国代表会议后的七届五中全会补选。

　　b. 任弼时于 1950 年去世。

　　c. 1955 年全国代表会议宣布高岗被开除出党并自杀。

　　d. 七届五中全会选为政治局委员。

　　e. 1956 年中国共产党第八次全国代表大会后的八届一中全会选举，1958 年八大第二次会议后的八届五中全会补选。

　　f. 林彪在八届五中全会上升为政治局常委。

　　g. 八届五中全会选为政治局委员。

表 13　　　　　　　　　　国家领导人，1949—1965 年[a]

	1949 年	1954 年	1959 年	1964—1965 年
	中央人民政府委员会	中华人民共和国	中华人民共和国	中华人民共和国
主席	毛泽东[b]	毛泽东[b]	刘少奇[b]	刘少奇[b]
副主席	朱　德[b]	朱　德[b]	宋庆龄	宋庆龄
	宋庆龄		董必武[b]	董必武[b]
	张　澜			
	刘少奇[b]			
	李济深			
	高　岗[b]			
			全国人民代表大会	
常务委员会委员长	刘少奇[b]		朱　德[b]	朱　德[b]
	政　务　院		国　务　院	
总理	周恩来[b]	周恩来[b]	周恩来[b]	周恩来[b]
副总理	董必武[b]	陈　云[b]	陈　云[b]	林　彪[b]
	郭沫若	林　彪	林　彪[b]	陈　云[b]
	邓小平	彭德怀[b]	彭德怀[b]	邓小平[b]
	陈　云[b]	邓小平	邓小平[b]	贺　龙[b]
	黄炎培	邓子恢	邓子恢	陈　毅[b]
		贺　龙	贺　龙[b]	柯庆施[c]
		陈　毅	陈　毅[b]	乌兰夫[c]
		乌兰夫	乌兰夫[c]	李富春[b]
		李富春	李富春[b]	李先念[b]
		李先念	李先念[b]	谭震林[b]
		聂荣臻	聂荣臻	聂荣臻
		薄一波	薄一波[c]	薄一波[c]
			谭震林[b]	陆定一[c]
			陆定一[c]	罗瑞卿
			罗瑞卿	陶　铸
			习仲勋	谢富治

　　a. 中央人民政府委员会由 1949 年 9 月 21 日至 30 日举行的中国人民政治协商会议第一次会议任命。中国人民政治协商会议于 1949 年 10 月 1 日任命周恩来为政务院总理，于 1949 年 10 月 19 日任命其为副总理。1954 年、1959 年和 1964—1965 年的任命是在那几年召开的全国人民代表大会上作出的。

　　b. 任命时是政治局委员。

　　c. 任命时是政治局候补委员。

参 考 书 目

［1］ "Agricultural cooperativization in Communist China." *CB*, 373（20 January 1956），1－31.

《共产党中国的农业合作化》，见［735］

［2］ Ahn, Byung-joon. *Chinese politics and the Cultural Revolution：Dynamics of policy processes*. Seattle, Wash. , and London：University of Washington Press, 1976.

安奉俊（音）：《中国的政治和文化革命：政策进程的动力》

［3］ Ai Ch'ing. "Liao-chieh tso-chia, tsun-chung tso-chia"（Understand writers, respect writers）. *CFJP*, 11 March 1942.

艾青：《了解作家，尊重作家》，见［126］

［4］ Ai Szu-ch'i. *Ai Szu-ch'i wen-chi*（Ai Szu-ch'i collected works）. Peking：Jen-min, 1981.

艾思奇：《艾思奇文集》

［5］ Ambekar, G. V. , and Divekar, V. D. *Documents on China's relations with South and South-East Asia* 1949－1962. Bombay：Allied Publishers, 1964.

G. V. 安贝卡尔、G. D. 戴夫卡尔：《中国和南亚及东南亚的关系的文件集，1949－1962 年》

［6］ American Rural Small-Scale Industry Delegation. *Rural small-scale industry in the People's Republic of China*. Berkeley：University of California Press, 1977.

美国农村小型工业代表团：《中华人民共和国的农村小型工业》

［7］ *Americans in China, 1971 － 1980：A guide to the University of Michigan National Archive on Sino-American relations*. Ann Arbor：University of Michigan Center for Chinese Studies, 1981.

《在中国的美国人，1971－1980 年：密歇根大学国立中美关系档案馆指南》

[8] An Tzu-wen. "Training the people's civil servants. "*People's China*,1 January 1953.

安子文:《培养人民的勤务员》

[9] Andors,Stephen. *China's industrial revolution:Politics,planning,and management*,1949 *to the present*. Asia Library Series. New York:Pantheon Books, 1977.

斯蒂芬·安多斯:《中国的工业革命:1949 年至今的政策、计划和管理》

[10] *Annales-Economies. Sociétés. Civilisations.* Six times a year. Paris:Armand Colin. 1929—

《经济、社会、文化纪事》

[11] Ansley,Clive. *The heresy of Wu Han.* Toronto:University of Toronto Press, 1971.

克莱夫·安斯利:《吴晗的异端邪说》

[12] Armstrong,J. D. Revolutionary diplomacy:Chinese foreign policy and the united front doctrine. Berkeley:University of California Press,1977.

J. D. 阿姆斯特朗:《革命外交:中国的对外政策与统一战线原则》

[13] *Association for Asian Studies Newsletter.* (Originally *Asian Studies Newsletter.*) Five times a year. Association for Asian Studies,Inc. , University of Michigan,Ann Arbor. 1955—

《亚洲研究学会通讯》(原名《亚洲研究通讯》)

[14] *Australian Journal of Chinese Affairs.* Semi-annual. Canberra:Australian National University,Contemporary China Centre. 1979—

《澳大利亚中国事务杂志》

[15] Badgley,John H. "Burma and China. "In A. M. Halpern,ed. ,*Policies toward China:Views from six continents*,303—328.

约翰·H. 巴奇利:《缅甸与中国》

[16] Balazs,Etienne. *Chinese civilization and bureaucracy.* New Haven:Yale University Press,1964.

白乐日:《中国的文明和官僚政治》

[17] Banister,Judith. "An analysis of recent data on the population of China. " *Population and development review*,10. 2 (June 1984),241—271.

朱迪斯·班尼斯特:《中国人口新资料的分析》

[18] Bao Ruo-wang (Jean Pasqualini), and Chelminski, Rudolph. *Prisoner of Mao*. New York:Coward,McCann,1973.

包若望(让·帕斯夸尼尔)、鲁道夫·切尔明斯基:《毛泽东的犯人》

[19] Barendsen, Robert D. *Half-work half-study schools in Communist China*. Washington, D. C. : U. S. Department of Health, Education, and Welfare, 1964.

罗伯特·D. 巴伦德森:《共产党中国的半工半读学校》

[20] Barendsen,Robert D. "The agricultural middle school in Communist China. " *CQ*, *8*(October-December 1961)106－134.

罗伯特·D. 巴伦德森:《共产党中国的农业中学》,见[133]

[21] Barnett, A. Doak. *Communist China and Asia：Challenge to American policy*. New York:Harper,1960.

鲍大可:《共产党中国与亚洲:对美国政策的挑战》

[22] Barnett,A. Doak. *China on the eve of Communist takeover*. New York:Praeger,1963.

鲍大可:《共产党接管前夕的中国》

[23] Barnett, A. Doak. *Communist China：The early years, 1949 － 1955*. New York:Praeger,1964.

鲍大可:《1949－1955 年的早期共产党中国》

[24] Barnett,A. Doak. *Uncertain passage：China's transition to the post-Mao era*. Washington,D. C. :The Brookings Institution,1974.

鲍大可:《前途未卜:中国向毛以后时代的过渡》

[25] Barnett, A. Doak. *China's economy in global perspective*. Washington,D. C. :The Brookings Institution,1981.

鲍大可:《从全球角度看中国经济》

[26] Barnett, A. Doak. *The making of foreign policy in China*. Boulder,Colo:Westview Press,1984.

鲍大可:《中国外交政策的制定》

[27] Barnett,A. Doak. ed. *Chinese Communist politics in action*. Seattle:University of Washington Press,1969.

鲍大可编:《中国共产党的现行政治》

[28] Barnett,A. Doak,with Ezra Vogel. *Cadres,bureaucracy and political power*

in Communist China. New York：Columbia University Press，1967.

　鲍大可与艾兹拉・沃格尔：《共产党中国的干部、官僚政治和政权》

［29］ Bastid-Bruguière,Marianne"Currents of social change," in *CHOC* 11. 535—
602.

　马里尼亚・巴斯蒂：《社会变化的潮流》,见［73］

［30］ Baum,Richard. *Prelude to revolution：Mao,the Party,and the peasant ques-*
tion,1962—1966. New York：Columbia University Press,1975.

　理查德・鲍姆：《革命的序幕：毛、党和农民问题,1962—1966 年》

［31］ Baum, Richard. "The Cultural Revolution in the countryside：Anatomy of a
limited rebellion," in Thomas Robinson, ed. , *The Cultural Revolution in*
China ,367—476.

　理查德・鲍姆：《农村的文化革命：剖析一种有限的造反》

［32］ Baum,Richard,and Teiwes,Frederick C. *Ssu-ch'ing：The socialist education*
movement of 1962 — 1966. China Research Monographs, No. 2. Berkeley：
Center for Chinese Studies,University of California,1968.

　理查德・鲍姆、弗雷德里克・C. 泰韦斯：《四清：1962—1966 年的社会主义
教育运动》

［33］ *BDRC. Biographical dictionary of Republican China.*

　《中华民国人物传记词典》

［34］ Becker,C. H. ,Tawney, R. H. ,et al. *The reorganization of education in*
China. Report of the League of Nations'Mission of Educational Experts,
1932.

　C. H. 贝克尔、R. H. 托尼等：《中国教育的改革》（国联教育专家考察团的
报告,1932 年）

［35］ Beloff,Max. *Soviet policy in the Far East 1944—1957.* London：Oxford Uni-
versity Press,1953.

　马克斯・贝洛夫：《1944—1957 年苏联在远东的政策》

［36］ Bennett,Gordon. *Huadong：The story of a Chinese people's commune.* Boul-
der,Colo. ：Westview,1978.

　戈登・贝内特：《华东：一个中国人民公社的历史》

［37］ Bennett, Gordon, ed. *China's finance and trade：A policy reader.* White
Plains,N. Y. ：M. E. Sharpe,1978.

戈登·贝内特编:《中国的财政与贸易:政策读物》

[38] Benton, Gregor. "The Yan'an 'literary opposition'." *New Left Review*, 92 (1975).

格雷戈尔·本顿:《延安的文学反对派》

[39] Bereday, George, et al. , eds. *The changing Soviet school*. Boston: Houghton Mifflin, 1960.

乔治·贝雷戴等编:《变化中的苏联学校》

[40] Bergère, Marie-Claire. "Une crise de subsistence en Chine (1920—1922)." *Annales ESC*, 38. 6(1973), 1361—1402.

玛丽-克莱尔·贝尔热尔:《1920—1922 年的中国生存危机》,见[10]

[41] Bergère, Marie-Claire. "The Chinese bourgeoisie, 1911—1937," in *CHOC*, 12. 722—825.

玛丽-克莱尔·贝尔热尔:《中国的资产阶级,1911—1937 年》,见[73]

[42] Bernstein, Richard. *From the center of the earth: The search for the truth about China*. Boston: Little, Brown, 1982.

理查德·伯恩斯坦:《从世界的中央寻求关于中国的真相》

[43] Bernstein, Thomas P. *Up to the mountains and down to the villages: The transfer of youth from urban to rural China*. New Haven, Conn. : Yale University Press, 1977.

托马斯·P. 伯恩斯坦:《上山下乡:中国青年从城市走向农村》

[44] Bernstein, Thomas Paul. "Leadership and mobilization in the collectivization of agriculture in China and Russia: A comparison."Columbia University, Ph. D. dissertation, 1970.

托马斯·保罗·伯恩斯坦:《中国和俄国农业集体化的领导和动员的比较》

[45] Bernstein, Thomas P. "Cadre and peasant behavior under conditions of insecurity and deprivation in the grain supply crisis of the spring of 1955," in A. Doak Barnett, ed, , *Chinese Communist politics in action*, 365—399.

托马斯·P. 伯恩斯坦:《1955 年春粮食供应危机时干部和农民在不稳定和被剥夺情况下的行为》

[46] Bernstein, Thomas P. "Stalinism, famine, and Chinese peasants: Grain procurements during the Great Leap Forward."*Theory and Society*, 3(1984),

339—377.

托马斯·P.伯恩斯坦:《斯大林主义、饥荒和中国农民:大跃进时期的粮食
收购》

[47] Berton, Peter, and Wu, Eugene. *Contemporary China: A Research guide.*
Stanford, Calif.: The Hoover Institution, 1967.

彼得·伯顿、尤金·吴:《当代中国研究指南》

[48] Bianco, Lucien. *Origins of the Chinese revolution, 1915—1949.* Trans. from
the French by Muriel Bell. Stanford, Calif.: Stanford University Press, 1971.

卢西恩·比安柯:《中国革命的起源,1915—1949 年》(穆里尔·贝尔由法
文译为英文)

[49] Bianco, Lucien. "Peasant movements,"in *CHOC*, 13. 270—328.

卢西恩·比安柯:《农民运动》,见[73]

[50] *Bibiography of Asian Studies.* Annual. Ann Arbor, Mich.: Association for
Asian Studies, 1956—

《亚洲研究书目》

[51] Bielenstein, Hans. *The bureaucracy of Han times.* New York: Cambridge U-
niversity Press, 1980.

毕汉斯:《汉代的官僚制度》

[52] Black, Cyril Edwin, ed. *The modernization of Japan and Russia: Acompara-
tive study.* New York: Free Press, 1975.

西里尔·埃德温·布莱克:《日本和俄国现代化的比较研究》

[53] Blumenthal Eileen. "Models in Chinese moral education: Perspectives from
children's books. " University of Michigan, Ph. D. dissertation, 1976.

艾琳·布卢门撒尔:《中国道德教育中的榜样:儿童读物透视》

[54] Blumenthal, Irene and Benson, Charles. *Educational reform in the Soviet U-
nion: Implications for developing countries.* World Bank Staff Working Pa-
per, No. 288. Washington, D. C.: World Bank, 1978.

艾琳·布卢门撒尔、查理斯·本森:《苏联的教育改革:对发展中国家的意
义》

[55] Bodde, Derk. *Peking diary, 1948—1949: A year of revolution.* Greenwich,
Conn.: Fawcett Publications, 1967.

德克·博德:《北京日记,1948—1949 年:革命的一年》

［56］ Bonavia,David. *The Chinese*. London：Allen Lane,1981.

戴维·邦纳维亚：《中国人》

［57］ Borg,Dorothy and Heinrichs,Waldo,eds.*Uncertain years*：*Chinese-American relations 1947－1950*. New York：Columbia University Press,1980.

多萝西·博格、沃尔多·海因里希编：《不确定的年代：1947－1950 年的中美关系》

［58］ Borisov, O. B. , and Koloskov, B. T. *Sino-Soviet relations 1945 － 1973*：*A brief history*. Trans. from the Russian by Yuri Shirokov. Moscow：Progress Publishers,1975.

O. B. 波里索夫、B. T. 科洛斯科夫：《1945－1973 年的中苏关系简史》(尤里·席洛科夫由俄文译为英文)

［59］ Bowie, Robert R. , and Fairbank, John K. , eds. *Communist China , 1955 － 1959*：*Policy documents with analysis*. Center for International Affairs Series. Cambridge,Mass. ：Harvard University Press,1962.

罗伯特·R. 鲍伊、费正清编：《共产主义中国,1955－1959 年：政策文件及分析》

［60］ Boyd,R. G. *Communist China's foreign policy*. New York：Praeger,1962.

R. G. 博伊德：《共产党中国的外交政策》

［61］ Bradbury, William. *Mass behavior in battle and captivity*：*The Communist soldier in the Korean War*. Chicago：University of Chicago Press,1968.

威廉·布拉德伯雷：《群众在战斗与被俘中的表现：朝鲜战争中的共产党战士》

［62］ Braudel,Fernand. *The perspective of the world*. vol. 3 of his *Civilization and capitalism*：*15th － 18th century*. Trans. from the French, ed. *Le temps du monde*. Paris：Colin,1984；New York：Harper & Row,1984.

费尔南德·布伦德尔：《对世界的透视》(《15 至 18 世纪的文明和资本主义》的第 3 卷,译自法文)

［63］ British Broadcasting Corporation. *Summary of World broadcasts. Part 3. The Far East*. London：British Broadcasting Corporation,1966－1969.

英国广播公司：《世界广播摘要,第 3 部分,远东》

［64］ Brodsgaard, Kjeld Erik. "Paradigmatic change：Readjustment and reform in the Chinese economy,1953－1981."*Modern China , 9. 2(1983),3－72.

克耶尔德·埃里克·布罗兹加德:《改革例证:中国经济的调整与改革，1953—1981 年》

[65] Brugger, William. *Democracy and organization in the Chinese industrial enterprise* (1948 — 1953). Cambridge, Eng. : Cambridge University Press, 1976.

威廉·布鲁格:《中国工业企业中的民主与组织(1948—1953 年)》

[66] Brzezinski, Zbigniew K. *The Soviet bloc: Unity and conflict.* Rev. and enlarged ed. Cambridge, Mass. : Harvard University Press, 1967.

兹比格涅夫·K. 布热津斯基:《苏联集团的团结和冲突》

[67] Buck, (John) Lossing. *Land utilization in China.* 3 vols. London: Oxford University Press, 1937; New York: Institute of Pacific Relations, 1937.

卜凯:《中国的土地利用》

[68] Bullard. Monte Ray: "PRC elite studies: A review of the literature," *Asian Survey*, 19: 8 (August 1979), 896—910.

蒙蒂·雷·布拉德:《中华人民共和国精英人物研究:文献评论》

[69] *Bulletin of the Institute of Modern History, Academia Sinica. Chung-yang yen-chiu-yuan chin-tai-shih yen-chiu-so chi-k'an.*

《中央研究院近代史研究所集刊》

[70] Burns, John "Chinese peasant interest articulation, 1949 — 1974. " Columbia University, Ph. D. dissertation, 1979.

约翰·伯恩斯:《中国农民利益的表达,1949—1974 年》

[71] Butler, Steven. *Conflict and decision making in China's rural administration. 1969 — 1976.* Ann Arbor: University of Michigan Press, forthcoming.

史蒂文·巴特勒:《中国农村行政机构中的矛盾与决策,1969—1976 年》

[72] Butterfield, Fox. *China: Alive in the bitter sea.* New York: Times Books, 1983.

福克斯·巴特菲尔德:《中国:活跃在苦海中》

[73] *Cambridge History of China*, (CHOC). Vol. 3. *Sui and T'ang China*, 589 — 906, *Part 1*, ed. Denis Twitchett. (1979). Vol. 10. *Late Ch'ing 1800 — 1911, Part 1*, ed. John K. Fairbank. (1978). Vol. 11. *Late Ch'ing 1800 — 1911, Part 2*, ed. John K. Fairbank and Kwang-Ching Liu. (1980). Vol. 12. *Republican China 1912 — 1949, Part 1*, ed. John K. Fairbank. (1983).

Vol. 13. *Republican China1912－1949*, Part 2, ed. John K. Fairbank and Albert Feuerwerker. (1986). Cambridge, Eng. ；Cambridge University Press.

《剑桥中国史》。第 3 卷《中国隋唐，589－906 年》上，丹尼斯·特威切特编；第 10 卷《晚清，1800－1911 年》上，费正清编；第 11 卷《晚清，1800－1911 年》下，费正清、刘广京编；第 12 卷《中华民国，1912－1949 年》上，费正清编；第 13 卷《中华民国，1912－1949 年》下，费正清、费维恺编。

[74] Carrère d'Encausse, Hélène, and Schram, Stuart Reynolds, comps. *Marxism and Asia*：*An introduction with readings*. London：Allen Lane, Penguin Press, 1969.

埃莱娜·卡雷勒·德昂科斯、斯图尔特·雷诺兹·施拉姆编:《马克思主义和亚洲》

[75] Central Intelligence Agency. *The Sino-Soviet dispute and its significance*. Washington, D. C.：CIA, 1 April 1961, TS# 142274-b.

中央情报局:《中苏争论及其意义》

[76] Chan, Anita. *Children of Mao*：*Personality development and political activism in the Red Guard generation*. Seattle：University of Washington Press, 1985.

安妮塔·詹(音):《毛的孩子们:红卫兵一代的性格发展与政治上的积极精神》

[77] Chan, Anita. "Images of China's social structure：The changing perspectives of Canton students. "*World Politics*, 34. 3(April 1982), 295－323.

安妮塔·詹:《中国社会结构的反映:广州学生的变化中的看法》

[78] Chan, Anita, Madsen, Richard, and Unger, Jonathan. *Chen village*：*The recent history of a peasant community in Mao's China*. Berkeley：University of California Press, 1984.

安妮塔·詹、理查德·马德森、乔纳森·昂格尔:《陈村:毛的中国的一个农民集体的近代史》

[79] Chan, Anita, Rosen, Stanley, and Unger, Jonathan. "Students and class warfare：The social roots of the Red Guard conflict in Guangzhou. "*CQ*, 83 (September 1980), 397－446.

安妮塔·詹、斯坦利·罗森、乔纳森·昂格尔:《学生与阶级斗争:广州红卫兵冲突的社会根源》,见[133]

[80] Chang Chien. "More people go to college. " *People's China*, 22 (16 November 1954), 23—25.

张健:《更多的人上大学》

[81] Chang, Hao. *Liang Ch'i-ch'ao and intellectual transition in China*, 1890 — 1907. Cambridge, Mass: Harvard University Press, 1971.

张灏:《梁启超和中国知识分子的转变,1890—1907 年》

[82] Chang, John K. *Industrial development in pre-Communist China*, a quantitative analysis. Chicago: Aldine, 1969.

约翰·K. 张:《共产党统治前的中国工业发展,数量分析》

[83] Chang, K. C. (Kwang-chih). *Art, myth and ritual : The path to political authority in ancient China*. Cambridge, Mass. : Harvard University Press, 1983.

张光直:《艺术、神话和礼仪:古代中国通往政治权力的道路》

[84] Chang Kia-ngau. *The inflationary spiral : The experience in China*, 1939 — 1950. Cambridge, Mass. : MIT Press, 1958.

张嘉璈:《螺旋式上升的通货膨胀:1939—1950 年在中国的经历》

[85] Chang, Parris. *Radicals and radical ideology in China's Cultural Revolution*. New York: Columbia University Press, 1973.

帕里斯·张:《中国文化革命中的激进分子和激进思想》

[86] Chang, Parris. *Power and policy in China*. University Park, Pa. , and London: The Pennsylvania State University Press, 1975; rev. ed. 1978.

帕里斯·张:《中国的权力和政策》

[87] Chang Shou-Yung. *Huang-ch'ao chang-ku hui-pien* (Collected historical records of the Imperial dynasty). 60 chüan. Shanghai:求实书社, 1902. Taipei reprint:文海出版社, 1964.

张寿镛:《皇朝掌故汇编》

[88] Chao Chung and Yang I-fan. *Students in mainland China*. Kowloon, Hong Kong: Union Research Institute, 1956; 3rd ed. , 1958.

赵重(音)、杨一帆(音):《中国大陆的学生》

[89] Chao Hsing-han, and Ts'ao Chen-liang. "Ch'ien t'an nung-ch'an p'in shou-kou-chung ti i-wu to chia" (A preliminary discussion of high prices for the procurement of some agricultural commodities) *Chia-Ro Li-lun yü shih-chien* (Price theory and practice), 4(1982), 26—30.

赵兴汉、曹振良：《浅谈农产品收购中的一物多价》《价格理论与实践》

［90］Chao Kang. *The rate and pattern of industrial growth in Communist China.* Ann Arbor：University of Michigan Press，1965.

赵冈：《共产党中国工业增长的速度与模式》

［91］Chao Kang. *Agricultural production in Communist China. 1949 — 1965.* Madison：University of Wisconsin Press，1970.

赵冈：《共产党中国的农业生产，1949－1965 年》

［92］Chao Kang and Mah Feng-hwa. "A study of the rouble-yuan exchange rate." *CQ*，17（January-March 1964），192—204.

赵冈、马逢华：《关于卢布－人民币兑换比率的研究》，见［133］

［93］Chao Kuo-chün. *The mass organizations in Communist China.* Cambridge，Mass.：MIT Press，1953 .

赵国俊：《共产党中国的群众组织》

［94］Chao Kuo-chün. *Agrarian policies of mainland China：A documentary study，1949—1956.* Cambridge，Mass.：Harvard University Press 1957.

赵国俊：《大陆中国的农业政策：文献研究，1949－1956 年》

［95］Chao Kuo-chün. *Economic planning and organization in mainland China：A documentary study，1949 — 1957. 2 vols.* Center for East Asian Studies. Cambridge，Mass.：Harvard University Press，1959.

赵国俊：《大陆中国的经济计划及组织：文献研究，1949－1957 年》

［96］Charles，David A. "The dismissal of Marshal P'eng Teh-huai." *CQ*，8（October-December 1961），63—76.

戴维·A. 查尔斯：《彭德怀元帅的免职》，见［133］

［97］*Che-hsueh yen-chiu（Philosophical research）. Peking：1956—*

《哲学研究》

［98］Cheek，Timothy. "Deng Tuo：Culture，Leninism and alternative Marxism in the Chinese Communist Party."*CQ*，87（September 1981），470—491.

蒂莫西·奇克：《邓拓：文化、列宁主义和中国共产党内二中择一的马克思主义》

［99］Cheek，Timothy. "The fading of wild lilies：Wang Shiwei and Mao Zedong's 'Yan'an Talks'in the First CPC Rectification Movement." *The Australian Journal of Chinese Affairs*，11（January 1984），25—58.

蒂莫西·奇克：《凋落的野百合花：王实味与毛泽东在中共第一次整风运动中的"延安讲话"》

[100] Chen, Jack. *Inside the Cultural Revolution*. New York: Macmillan, 1975.

杰克·陈：《文化革命内幕》

[101] Chen, Jo-hsi. *The execution of Mayor Yin and other stories from the Great Proletarian Cultural Revolution*. Bloomington, Ind.: Indiana University Press, 1978.

陈若曦：《殷市长的处死和无产阶级文化大革命的其他故事》

[102] Chen, S. C., and Ridley, Charles P. *The rural people's communes in Lien-chiang*. Stanford, Calif.: The Hoover Institution, 1969.

S. C. 陈、查尔斯·P. 里德利：《连江县的农村人民公社》

[103] Chen, Susan Wolf, trans. *Feng Jicai: Chrysanthemums and other stories*. New York: Harcourt Brace Jovanovich, 1985.

苏珊·沃尔夫·陈译：《冯骥才：菊花及其他故事》

[104] Chen, Theodore Hsi-en. *Thought reform of the Chinese intellectuals*. London: Oxford University Press; Hong Kong: Hong Kong University Press, 1960.

陈锡恩：《中国知识分子的思想改造》

[105] Chen, Theodore Hsi-en. *Chinese education since 1949: Academic and revolutionary models*. New York: Pergamon Press, 1981.

陈锡恩：《1949 年以来的中国教育：学术的和革命的模式》

[106] Chen, Wen-hui C. *Wartime "mass" campaigns in Communist China*. Lackland. Tex.: Air Force Personnel and Training Research Center, 1955.

文慧·C. 陈：《共产党中国的战时"群众运动"》

[107] Ch'en Chen-han, Hsu Yü-nan, Lo Chih-ju, Ku Ch'un-fan, Wu Pao-san, and Ning Chia-feng "Wo-men tui-yü tang-ch'ien ching-chi k'o-hsueh kung-tso ti i-hsieh i-chien" (Some of our views on current work in the science of economics) *Ching-chi yen-chiu* (Economic research), 5 (1957), appendixes, 123—133.

陈振汉、徐毓楠、罗志如、谷春帆、巫宝三、宁嘉风：《我们对于当前经济科学工作的一些意见》

[108] Ch'en, Jerome. *Mao Tse-tung and the Chinese revolution*. London: Oxford

University Press,1965.

陈志让:《毛泽东与中国革命》

[109] Ch'en,Jerome,ed. *Mao*. Englewood Cliffs, N. J. ;Prentice-Hall,1969.

陈志让编:《毛泽东》

[110] Ch'en Jerome,ed. *Mao papers*: *Anthology and bibliography*. London;Oxford University Press,1970.

陈志让编:《毛泽东文集及书目》

[111] Ch'en Shih-hui. Kuan-yü fan-tui Kao Kang,Jao Shu-shih fan-tang yin-mou huo-tung ti wen-t'i (Questions concerning opposition to the anti-Party conspiratorial activities of kao Kang and Jao Shu-shih). In《教学参考》(Teaching reference). N. P. :中共安徽省委党校图书资料室,December 1980.

陈诗惠:《关于反对高岗、饶漱石反党阴谋活动的问题》

[112] Ch'en Yun . *Ch'en Yun t'ung-chih wen-kao hsuan-pien (1956 — 1962)* (Selected manuscripts of comrade Ch'en Yun 1956－1962). Peking:Jen-min, 1981.

陈云:《陈云同志文稿选编(1956－1962 年)》

[113] Ch'en Yun. Ch'en *Yun wen-kao hsuan-pien (1949 — 1956)* (Selected manuscripts of Ch'en Yun 1949－1956)Peking:Jen-min,1982.

陈云:《陈云文稿选编(1949－1956 年)》

[114] Ch'en Yun. *Ch'en Yun wen－hsuan(1949 — 1956)* (Selected works of Ch'en Yun,1949－1956). Peking:Jen-min,1984.

陈云:《陈云文选(1949－1956 年)》

[115] Ch'en Yun. *Ch'en Yun wen-hsuan (1956 — 1985)* (Selected works of Ch'en Yun,1956－1985). Peking:Jen-min,1986.

陈云:《陈云文选(1956－1985 年)》

[116] Ch'en Yun. "Chia-su fa-chan tan-fei kung-yeh, i-chiu-liu-i nien wu-yueh" (Speed up the development of the chemical fertilizer industry [May 1961]), in *Ch'en Yun t'ung-chih wen-kao hsuan-pien*, *1956 — 1962*. 108－115.

陈云:《加速发展氮肥工业,一九六一年五月》

[117] Ch'en Yun. "Ch'ing-P'u nung-ts'un tiao-ch'a, i-chiu-liu-i nien pa-yueh"(An investigation of rural Ch'ing-P'u [August 1961]),in *Ch'en Yun t'ung-chih wen-kao hsuan-pien*, *1956 — 1962*,130－146.

陈云:《青浦农村调查,一九六一年八月》

[118] Ch'en Yun. "Mu-ch'ien ts'ai-cheng ching-chi-ti ch'ing-k'uang ho k'o-fu k'un-nan ti jo-kan pan-fa(i-chiu-liu-erh nien erh-yueh)"(The current financial and economic situation and some methods for overcoming difficulties [February 1962]), in *Ch'en Yun t'ung-chih wen-kao hsuan-pien*, 1956－1962. 157－172.

陈云:《目前财政经济的情况和克服困难的若干办法（1962 年 2 月）》

[119] Ch'en Yun. "Fa-chan nung-yeh shih t'ou-teng ta-shih"(Agricultural develop-ment is a matter of major importance), in Ch'en Yun, *Ch'en Yun t'ung-chih wen-kao hsuan-pien*, 1949－1956, 127－130.

陈云:《发展农业是头等大事》

[120] Ch'en Yun. "Shih-hsing liang-shih t'ung-kou t'ung-hsiao" (Implementing planned purchase and planned sale of grain), in *Ch'en Yun t'ung-chih wen-kao hsuan-pien 1949－1956*. 189－203.

陈云:《实行粮食统购统销》

[121] Cheng Chu-yuan. *Scientific and engineering manpower in Communist Chi-na*, 1949－1963. Washington, D. C. : National Science Foundation, 1965.

郑竹园:《1949－1963 年共产党中国的科学和工程人力》

[122] Cheng, J. Chester. *The politics of the Chinese Red Army: A translation of the Bulletion of Activities of the People's Liberation Army*. Stanford, Ca-lif. : The Hoover Institution, 1966.

J. 切斯特·郑:《中国红军的政治:人民解放军〈工作通讯〉的译文》

[123] Chiang Kai-shek. *China's destiny*. Introduction by Lin Yutang. Trans. Wang Ch'ung-hui(Chinese edition, 1943). New York: Macmillan, 1947.

蒋介石:《中国之命运》。林语堂序,王宠惠译

[124] Ch'iang Yuan-kan, and Lin Pang-kuang. "Shih-lun i-chiu-wu-wu-nien tang-nei kuan-yü nung-yeh ho-tso-hua wen-t'i ti cheng-lun"(A discussion of the debate within the Party in 1955 concerning the issue of agricultural cooper-ativization). *Tang-shih yen-chiu* (Research on party history), 1981. 1, 10－17.

强远淦、林邦光:《试论 1955 年党内关于农业合作化问题的争论》

[125] Ch'iang Yuan-kan and Ch'en Hsueh-wei. "Ch'ung-P'ing i-chiu-wu-liu-nien ti

'fan mao-chin'" (A fresh review of the "anti rash advance" of 1956), *Tang-shih yen-chiu*, 1980. 6, 34—40.

强远淦、陈雪薇:《重评一九五六年的"反冒进"》

[126] *Chieh-fang jih-pao* (Liberation daily). Yenan: 1941—1945. Cited as *CFJP*.

《解放日报》

[127] Ch'ien Mu. *Traditional government in Imperial China: A critical analysis*. Trans. Chün-tu Hsueh and George O. Totten, Ⅲ, with Wallace Johnson et al. Hong Kong: The Chinese University Press; New York: St. Martin's Press, 1982.

钱穆:《中国历代政治得失》(薛君度、乔治·O. 托顿第三、华莱士·约翰逊英译,题为《中华帝国的传统政府:批判的分析》)

[128] Ch'ien Tuan-sheng. *The government and politics of China 1912 — 1949*. Cambridge, Mass: Harvard University Press, 1950; Stanford, Calif.: Stanford University Press paperback, 1970.

钱端升:《1912—1949 年的中国政府和政治》

[129] *Chin-shih Chung-kuo ching-shih ssu-hsiang yen-t'ao-hui lun-wen-chi* (Proceedings of the Conference of the theory of statecraft of modern China), 25—27 August 1983. Taipei: IMH, Academia Sinica, 1984.

《近世中国经世思想研讨会论文集》

[130] *China: Socialist economic development*. Annex G. *Education Sector*. World Bank Document (1 June 1981). Washington, D. C.: The World Bank, 1981. *See also* World Bank.

《中国:社会主义经济的发展》,附录 G《教育部门》

[131] *China Daily*. Peking: 1981—

《中国日报》

[132] *China News Analysis*. Hong Kong, 1953—1982; 1984— . Fortnightly. 1953—1982 published by Fr. Ladany.

《中国新闻分析》

[133] *China Quarterly*, *The* Quarterly. London: Congress for Cultural Freedom (Paris), 1960—1968; Contemporary China Institute, School of Oriental and African Studies, 1968—

《中国季刊》

[134] *China Topics*. Irregular. London: n. p. , "T. B. ,"1961—

《中国问题》

[135] Chinese Communist Party Central Committee and the State Council. "Kuan-yü chin-tung ming-ch'un ta-kuei-mo ti k'ai-chan hsing-hsiu nung-t'ien shui-li ho chi-fei yun-tung ti chueh-ting"(Decision concerning the development this winter and next spring of a movement to develop large scale initiation and repair of agriculture water conservancy projects and the collection of manure),in *Jen-min shou-ts'e , 1958* (People's handbook,1958). Peking: Ta-kung-pao ch'u-pan-she,1958.

中国共产党中央委员会、国务院：《关于今冬明春大规模地开展兴修农田水利和积肥运动的决定》

[136] *Chinese law and government*. Quarterly. Armonk, N. Y. : M. E. Sharpe, 1968—

《中国的法律与政府》

[137] *Chinese studies in philosophy: A journal of translations*. Quarterly. Armonk,N. Y. : M. E. Sharpe,1969—

《中国的哲学研究：译文杂志》

[138] *Chinese studies in history: A journal of translations*. (Formerly *Chinese Studies in History and Philosophy*.) Quarterly. Armonk, N. Y. : M. E. Sharpe,1967—

《中国的历史研究：译文杂志》(原名《中国的历史和哲学研究》)

[139] *Ching-chi ts'an-k'ao tzu-liao* (Economic reference materials),vol. 1. Peking: Peking University Department of Economics Materials Office,1979.

《经济参考资料》第 1 卷

[140] *Ching-chi yen-chiu* (Economic research). Peking:1955—

《经济研究》

[141] *Ch'ing-tai ch'ou-pan i-wu shih-mo* (Complete record of the management of barbarian affairs in the Ch'ing dynasty). *80 chüan* for the late Tao-kuang period(1836—1850); *80 chüan* for the Hsien-feng period(1851—1861);100 *chüan* for the T'ung-chih period(1862—1874). Peiping:Palace Museun pho-tolithograph,1930.

《清代筹办夷务始末》。道光晚期（1836－1850 年）80 卷，咸丰时期

(1851—1861 年)80 卷,同治时期(1862—1874 年)100 卷

[142] Chou En-lai. "PRC Foreign Minister Chou En-lai's report on the foreign poli-cy at the 33rd Meeting of the Committee of the Central People's Government (19 April 1955). "*Collected foreign relations documents of the People's Re-public of China. 3*. Peking:世界知识出版社,1958.

周恩来:《中华人民共和国外交部长周恩来在中央人民政府委员会第 33 次会议上关于外交政策的报告(1955 年 4 月 19 日)》(1955 年 4 月 19 日周恩来在亚非会议全体会议上作了发言——译者)

[143] Chou En-lai. *Selected works of Zhou Enlai*. Vol. 1 Peking:Foreign Langua-ges Press,1981.

《周恩来选集》

[144] Chou En-lai. "Report on the proposals for the second five-year plan for de-velopment of the national economy,"in *Eighth National Congress of the Communist Party of China*. Vol. 1(*Documents*),277—348.

周恩来:《关于发展国民经济的第二个五年计划的建议的报告》

[145] Chou,Eric. *A man must choose*. New York:Knopf,1963.

埃里克·周:《人必须选择》

[146] Chou Shun-hsin. *The Chinese inflation*, *1937—1949*. New York:Columbia University Press,1963.

周舜莘:《1937—1949 年中国的通货膨胀》

[147] Chou T'ai-ho,ed. *Tang-tai chung-kuo ti ching-chi t'i-chih kai-ko*（Reform of the economic system in contemporary China). Peking:Social Science Pub-lishing House,1984.

周太和编:《当代中国的经济体制改革》

[148] Chow Ching-wen. *Ten years of storm*:*The true story of the Communist re-gime in China*. Westport,Conn. :Greenwood Press,1960.

周鲸文:《十年风暴:中国共产党政权的真相》

[149] Chu Ch'eng-chia,ed. *Chung-kung tang-shih yen-chiu lun-wen hsuan*(Select-ed essays on research on the history of the Chinese Communist Party). 3 vols. Changsha:Hu-nan Jen-min,1984.

朱成甲编:《中共党史研究论文选》

[150] *Ch'üan-kuo chu-yao pao-k'an tzu-liao so-yin*（Index to national improtant

periodical materials),Shanghai:上海市报刊图书馆,1955—

《全国主要报刊资料索引》

[151] *Ch'üan-kuo hsin shu-mu* (National bibliography of new books). Peking:文化部出版事业管理局图书馆,1955—

《全国新书目》

[152] *Ch'üan-kuo tsung shu-mu* (Cumulative national bibliography). Peking:Chung-hua,1956—

《全国总书目》

[153] Chung,Chong-wook. *Maoism and development：The politics of industrial management in China.* Seoul:Seoul National University Press,1980.

钟昌吾(音):《毛主义与发展:中国的工业管理政策》

[154] *Chung-hua jen-min kung-ho-kuo chiao-yü ta-shih-chi,1949—1982* (Education chronology of the People's Republic of China,1949—1982). Peking:教育科学出版社,1983.

《中华人民共和国教育大事记,1949—1982年》

[155] *Chung-hua jen-min kung-ho-kuo fa-kuei hui-pien* (Compendium of laws and regulations of the PRC). Peking,1956—1958.

《中华人民共和国法规汇编》

[156] Chung-hua jen-min kung-ho-kuo kuo-chia t'ung-chi chü. *Chung-kuo t'ung-chi nien-chien 1981.* (Chinese statistical yearbook 1981). Peking:Chung-kuo t'ung-chi ch'u-pan-she,1982. Cited as *TCNC 1981.*

中华人民共和国国家统计局:《中国统计年鉴,1981年》

[157] Chung-hua jen-min kung-ho-kuo kuo-chia t'ung-chi chü. *Chung-kuo t'ung-chi nien-chien 1983.* (Chinese statistical yearbook 1983). Peking:Chung-kuo t'ung-chi ch'u-pan-she,1983. Cited as *TCNC 1983.*

中华人民共和国国家统计局:《中国统计年鉴,1983年》

[158] Chung-hua jen-min kung-ho-kuo kuo-chia t'ung-chi chü. "Chung-kuo ching-chi t'ung-chi tzu-liao hsuan-pien"(A compilation of Chinese economic statistics),in Hsueh Mu-ch'iao,ed. ,*Chung-kuo ching-chi nien-chien 1982.*

中华人民共和国国家统计局:《中国经济统计资料选编》

[159] *Chung-hua jen-min kung-ho-kuo tui-wai kuan-hsi wen-chien-chi* (Collected foreign relations documents of the People's Republic of China). 1. Peking:世

界知识出版社,1957—

《中华人民共和国对外关系文件集》

[160] Chung K'an. *K'ang Sheng p'ing-chuan* (Critical biography of K'ang Sheng). Peking:红旗出版社,1982.

仲侃:《康生评传》

[161] *Chung-kuo chiao-yü nien-chien 1949 — 1981* (Chinese education yearbook 1949—1981). Peking:中国大百科全书出版社,1984.

《中国教育年鉴,1949—1981 年》

[162] *Chung-kuo ching-chi nien-chien* (Chinese economic yearbook). Peking and Hong Kong:1984—. For 1982 ed. , see Hsueh Mu-ch'iao. For 1981,1983 eds,see 5th and 6th items above.

《中国经济年鉴》

[163] *Chung-kuo ch'ing-nien pao* (China youth news). Peking:21 April 1951(suspended August 1966,resumed October 1978)—

《中国青年报》

[164] *Chung-hua jen-min kung-ho-kuo kuo-wu-yuan kung-pao* (*Gazette of the State Council of the People's Republic of China*). Published by the State Council, irregular,1955—

《中华人民共和国国务院公报》

[165] Chung-kuo k'o-hsueh yuan ti-li yen-chiu-so ching-chi ti-li yen-chiu-shih (Chinese Academy of Sciences,Geography Research Institute,Economic Geography Research Office). *Chung-kuo nung-yeh ti-li tsung-lun* (A treatise on China's agricultural geography). Peking:Science Publishing House, 1980.

中国科学院地理研究所经济地理研究室:《中国农业地理总论》

[166] Chung-kuo kung-ch'an-tang chung-yang wei-yuan-hui (The Central Committee of the CCP). "Chung-kung chung-yang i-chiu-liu-ssu-nien erh-yueh erh-shih-chiu-jih kei Su-kung chung-yang-ti hsin" (Letter of the Central Committee of the CCP to the Central Committee of the CPSU 29 February 1964).

中国共产党中央委员会:《中共中央一九六四年二月二十九日给苏共中央的信》

［167］ *Chung-kuo kung-ch'an-tang li-shih chiang-i*（Teaching materials on the history of the Chinese Communist Party）. Wuhan：Hu-pei jen-min. 1984.

《中国共产党历史讲义》

［168］ *Chung-kuo kung-ch'an-tang liu-shih-nien ta-shih chien-chieh*（Brief introduction to major events in the CCP's sixty years）. Publised by 政治学院中共党史教研室（Political academy, CCP history teaching and research office）. Peking：解放军政治学院出版社,1985.

《中国共产党六十年大事简介》

［169］ *Chung-kuo mei-t'an kung-yeh nien-chien*（Chinese coal industry yearbook）. Peking：煤炭工业出版社,1983—

《中国煤炭工业年鉴》

［170］ *Chung-kuo nung-yeh nien-chien 1980*（Chinese agricultural yearbook 1980）. Chinese Agricultural Yearbook Compilation Commission. Peking：Agricultural Publishing House,1981.

《中国农业年鉴》

［171］ Clark, Grover. *The balance sheet of imperialism：Facts and figures on colonies*. New York：Columbia University Press,1936.

格罗弗·克拉克:《帝国主义的资产负债表:殖民地的事实和数字》

［172］ Clark, Grover. *A place in the sun*. New York：Macmillan,1936.

格罗弗·克拉克:《发展的顺境》

［173］ Clark, M. Gardner. *The development of China's steel industry and Soviet technical aid*. Ithaca, N. Y.：Committee on the Economy of China of the Social Science Research Council,1973.

M. 加德纳·克拉克:《中国钢铁工业的发展和苏联的技术援助》

［174］ Clubb, O. Edmund. *China and Russia：The great game*. New York：Columbia University Press,1971.

O. 埃德蒙·克拉布:《中国和俄国的重大比赛》

［175］ Coale, Ansley. *Rapid population change in China 1952 — 1982*. Washington, D. C.：National Academy of Sciences Press,1984.

安斯利·科尔:《1952—1982 年中国人口的急剧变化》

［176］ Coble, Parks M. *The Shanghai capitalists and the Nationalist Government, 1927 — 1937*. Cambridge, Mass.：Council on East Asian Studies, Harvard University,1980.

　　帕克斯・M. 科布尔:《1927—1937 年的上海资本家和国民党政府》

[177] Cohen,Arthur A. *The communism of Mao Tse-tung*. Chicago:University of
Chicago Press,1964.

　　阿瑟・A. 科恩:《毛泽东的共产主义》

[178] Cohen,Arthur A. "How original is 'Maoism'?" *Problems. of Communism*,
10. 6(November 1961),34—42.

　　阿瑟・A. 科恩:《"毛主义"有何创造?》

[179] Cohen,Jerome Alan,ed. *The criminal process in the People's Republic of
China,1949—1963:An introduction*. Cambridge,Mass. :Harvard Univer-
sity Press,1968.

　　杰罗姆・艾伦・科恩编:《中华人民共和国刑事诉讼程序入门,1949—
1963 年》

[180] Cohen,Paul A. *Between tradition and modernity:Wang T'ao and reform
in Late Ch'ing China*. Cambridge,Mass:Harvard University Press, 1974.

　　保罗・A. 科恩:《王韬和清末的改革:处于传统和现代之间》

[181] Cohen,Paul A. *Discovering history in China:American historical writing
on the recent Chinese past*. New York:Columbia University Press,1984.

　　保罗・A. 科恩:《关于近代中国史事的美国历史著作》

[182] Cohen,Paul A. ,and Schrecker,John E. ,eds. *Reform in nineteenth-century
China*. Cambridge,Mass. :East Asian Research Center,Harvard University,
1976.

　　保罗・A. 科恩、施里奇编:《19 世纪中国的改革》

[183] Cohen,Stephen F. *Bukharin and the Bolshevik revolution:A political biog-
raphy 1888—1938*. New York:Vintage Books,1975.

　　斯蒂芬・F. 科恩:《布哈林和布尔什维克革命:1888—1938 年的政治史》

[184] Commission Internationale Contre le Regime Concentrationnaire. *White book
on forced labour and concentration camps in the People's Republic of Chi-
na*. Paris:n. p. ,1957—1958.

　　反对集中营制度国际委员会:《关于中华人民共和国的强迫劳动和集中
营的白皮书》

[185] Committee on Scholarly Communication with the People's Republic of China

(CSCPRC). Various trip reports by academic delegations: *Solid state physics in China* (1975); *Acupuncture anesthesia in the People's Republic of China* (1976); *Solid state physics in· the People's Republic of China* (1976): *Insect control in the People's Republic of China* (1977); *Pure and applied mathematics in the People's Republic of China* (1977); *Paleoanthropology in the People's Republic of China* (1977): *Oral contraceptives and steroid chemistry in the People's Republic of China* (1977); *Wheat in the People's Republic of China* (1977); *Astronomy in China* (1979); *Earthquake engineering and hazards reduction in China* (1980); *Oceanography in China* (1980): *Nuclear science in China* (1980); *Animal agriculture in China* (1980); *Report of the CSCPRC Economics Delegation to the People's Republic of China* (1980); *Traditional, and contemporary painting in China* (1980); *Engineering education in the People's Republic of China* (1983); *Sociology and anthropology in the People's Republic of China*, (1985); *American studies in China* (1985). Washington, D. C. : National Academy of Sciences. See also the overlapping list on p. 563, n. 42.

美中学者交流委员会学术代表团所写的多种旅行报告:《中国的固态物理学》(1975 年),《中华人民共和国的针刺麻醉》(1976 年),《中华人民共和国的固态物理学》(1976 年),《中华人民共和国的昆虫防治》(1977 年),《中华人民共和国的理论和应用数学》(1977 年),《中华人民共和国的古人类学》(1977 年),《中华人民共和国的口服避孕药和类固醇化学》(1977 年),《中华人民共和国的小麦》(1977 年),《中国的天文学》(1979 年),《中国的地震工程学和减少意外事故》(1980 年),《中国的海洋地理学》(1980),《中国的核科学》(1980 年),《中国的牲畜农业》(1980 年),《美中学者交流委员会经济代表团访华报告》(1980 年),《中国的传统绘画和现代绘画》(1980 年),《中华人民共和国的工程技术教育》(1983 年),《中华人民共和国的社会学和人类学》(1985 年),《中国的美国研究》(1985 年)。也见本书《书目介绍》第 597 页注①所列部分一致的目录。

[186] *Communist China 1955 — 1959 ; policy documents with analysis*. with a foreword by Robert R. Bowie and John K. Fairbank, Cambridge, Mass. : Harvard University Press, 1965.

《1955—1959 年的共产党中国:政策文献,附分析》。罗伯特·R. 鲍伊、费

正清序

［187］ *Comparative Education Review*. Quarterly. Comparative and International Education Society. Chicago：University of Chicago Press. 1956—

《比较教育评论》

［188］ "Constitution of the People's Republic of China"（September 20，1954） in Harold C. Hinton ed. , *The People's Republic of China*, *1949 － 1979*：*A documentary survey*,1. 99—106.

《中华人民共和国宪法》(1954 年 9 月 20 日)

［189］ *Contemporary China*. Vol. 1. *1955*. Hong Kong：Oxford University Press, 1956. Vol. 2. *1956 － 1957*,1958. Vol. 3. *1958 － 1959*,1960. Vol. 4. *1959 － 1960*,1961. Vol. 5. *1961 － 1962*,1963. Vol. 6. *1962 － 1964*,1968.

《当代中国》。第 1 卷《1955 年》,第 2 卷《1956－1957 年》,第 3 卷《1958－1959 年》,第 4 卷《1959－1960 年》,第 5 卷《1961－1962 年》,第 6 卷《1962－1964 年》

［190］ Creel,Herrlee G. *The origins of statecraft in China*. Vol. 1, *The Western Chou empire*. Chicago：University of Chicago Press,1970.

顾立雅:《中国经世术的起源》,第 1 卷《西周帝国》

［191］ Cressey,George B. *Land of the 500 million*：*A geography of China*. New York：McGraw Hill,1955.

乔治·B. 克雷西:《五亿人的国土:中国地志》

［192］ Dallin,Alexander,with Harris,Jonathan,and Hodnett,Grey,eds. *Diversity in international communism*：*A documentary record*, *1961 － 1963*. New York：Columbia University Press,1963.

亚历山大·达林、乔纳森·哈里森、格雷·霍内特编:《国际共产主义的分歧:1961－1963 年间的文献》

［193］ Dalrymple,Dana G. "The Soviet famine of 1932—1934. "*Soviet Studies*,15. 3(January 1964),250—284.

达纳·G. 达尔林普尔:《1932－1934 年的苏联饥荒》

［194］ Dardess,John W. *Confucianism and autocracy*：*Professional elites in the founding of the Ming dynasty*. Berkeley：University of California Press, 1983.

约翰·W. 达迭斯:《儒家思想和专制制度:明代建立时的专业精英》

[195] Davis, John Francis. *The Chinese : A general description of the empire of China and its inhabitants.* 2 vols. New York: Harper, 1836.

德庇时:《中国人:中华帝国及其居民概述》

[196] Davis-Friedmann, Deborah. *Long lives : Chinese elderly and the Communist revolution.* Cambridge, Mass. : Harvard University Press, 1983.

德博拉·戴维斯-弗里德曼:《长寿:中国的老人与共产党革命》

[197] Dawson, Raymond Stanley. *The Chinese chameleon : An analysis of European conceptions of Chinese civilization.* London and New York: Oxford University Press, 1967.

雷蒙德·斯坦利·道森:《中国变色龙:分析欧洲人对中国文明的几个概念》

[198] DeBary, William Theodore, and the Conference on Seventeenth Century Chinese Thought. *The unfolding of Neo-Confucianism.* New York: Columbia University Press, 1975.

威廉·西奥多·狄百瑞及17世纪中国思想讨论会:《新儒学的开展》

[199] Dennerline, Jerry. "Fiscal reform and local control : The gentry-bureaucratic alliance survives the conquest," in Frederic Wakeman and Carolyn Grant eds. ,*Conflict and control in Late Imperial China* ,86－120.

杰里·登纳林:《财政改革和地方管理:清征服后绅士与官僚的结盟》

[200] Dernberger, Robert F. , ed. *China's developmental experience in comparative perspective.* Cambridge, Mass. : Harvard University Press, 1980.

罗伯特·F. 德恩伯格编:《从比较的角度看中国的发展经验》

[201] Dittmer, Lowell. *Liu Shao-ch'i and the Chinese Cultural Revolution : The politics of mass criticism.* Berkeley: University of California Press, 1975.

洛厄尔·迪特默:《刘少奇与中国文化革命:群众批评的政治》

[202] Donnithorne, Audrey, *China's economic system.* New York: Praeger, 1967.

奥德丽·唐尼索恩:《中国的经济制度》

[203] Donnithorne, Audrey. "China's cellular economy : Some economic trends since the Cultural Revolution," *CQ* 52 (Octorber—December 1972) 605－619.

奥德丽·唐尼索恩:《小单位组成的中国经济:文化革命以来的某些经济趋势》,见[133]

[204] Donnithorne, Audrey, and Lardy, Nicholas. "Comment: Centralization and decentralization in China's fiscal management," and "Reply," *CQ*, 66 (June 1976). 328—354.

奥德丽·唐尼索恩、尼古拉斯·拉迪:《评中国财政管理中的集中与分散》及《答复》,见[133]

[205] Doolin, Dennis J., trans. *Communist China: The politics of student opposition*. Stanford, Calif.: Hoover Institution, 1964.

丹尼斯·J. 杜林译:《共产党中国:学者反对派的政见》

[206] Doolin, Dennis. J. *Territorial claims in the Sino-Soviet conflict*. Stanford, Calif.: Hoover Institution, 1965.

丹尼斯·J. 杜林:《中苏冲突中的领土要求》

[207] Doolin Dennis J., and North, Robert C. *The Chinese People's Republic*. Stanford, Calif.: Hoover Institution, 1966.

丹尼斯·J. 杜林、罗伯特·C. 诺思:《中国人的人民共和国》

[208] Drake, Fred W. *China charts the World: Hsu Chi-yü and his geography of 1848*. Cambridge, Mass.: East Asian Research Center, Harvard University, 1975.

弗雷德·W. 德雷克:《中国绘制世界地图:徐继畬和他 1848 年的地理著作》

[209] Dreyer, Edward L. *Early Ming China: A political history 1355—1435*. Stanford, Calif.: Stanford University Press, 1982.

爱德华·L. 德雷尔:《明初政治史,1355—1435 年》

[210] Dreyer, June Teufel. *China's forty millions: Minority nationalities and national integration in the People's Republic of China*. Cambridge, Mass.: Harvard University Press, 1976.

琼·托伊费尔·德雷尔:《中国的四千万:中华人民共和国的少数民族与民族平等》

[211] Eastman, Lloyd E. *Throne and mandarins: China's search for a policy during the Sino-French controversy, 1880—1885*. Cambridge, Mass.: Harvard University Press, 1967.

劳埃德·E. 伊斯门:《皇帝和官员:1880—1885 年中法争执时期的中国方针》

[212] Ecklund, George. *Financing the Chinese government budget: Mainland China. 1950－1959*. Chicago:Aldine,1966.

乔治·埃克隆:《为中国政府的预算提供资金:大陆中国,1950－1959年》

[213] Eckstein, Alexander. *The national income of Communist China*. Glencoe, Ill. :The Free Press,1961.

亚历山大·埃克斯坦:《共产党中国的国民收入》

[214] Eckstein, Alexander. *Communist China's economic growth and foreign trade:Implications for U. S. policy*. New York:McGraw-Hill,1966.

亚历山大·埃克斯坦:《共产党中国的经济增长和对外贸易:与对美政策的关系》

[215] Eckstein, Alexander,*China's economic revolution*. New York:Cambridge University Press,1977.

亚历山大·埃克斯坦:《中国的经济革命》

[216] Eckstein, Alexander, ed. *Quantitative measures of China's economic output*. Ann Arbor:University of Michigan Press,1980.

亚历山大·埃克斯坦编:《中国经济产品的数量测度》

[217] Eckstein, Alexander, Chao Kang, and Chang, John. "The economic development of Manchuria:The rise of a frontier economy."*Journal of economic history*,34. 1（March 1974）,239－264.

亚历山大·埃克斯坦、赵冈、约翰·张:《东北的经济发展:一种边境经济的兴起》

[218] Eckstein, Alexander, Galenson, Walter, and Liu, Ta-chung. eds. *Economic trends in Communist China*. Chicago:Aldine,1968.

亚历山大·埃克斯坦、沃尔特·盖伦森、刘大中编:《共产党中国的经济趋向》

[219] *Eighth National Congress of the Communist Party of China*. vol. I:*Documents*. vol. II:*Speeches*. Peking:Foreign Languages Press,1981.

《中国共产党第八次全国代表大会》。第 1 卷《文件》,第 2 卷《发言》

[220] Eisenstadt,S. N. *Modernization:Growth and diversity*. Bloomington:Indian University Press,1963.

S. N. 艾森施塔特:《现代化:发展和多样性》

[221] Eisenstadt, S. N. *Modernization: Protest and change*. Englewood Cliffs, N. J. : Prentice-Hall, 1966.

S. N. 艾森施塔特:《现代化:抗议和变化》

[222] Eisenstadt, S. N. *Revolution and the transformation of societies: A comparative study of civilizations*. New York: Free Press, 1978.

S. N. 艾森施塔特:《社会的革命和改造:文明的比较研究》

[223] Elman, Benjamin A. *From philosophy to philology: Intellectual and social aspects of change in late Imperial China*. Cambridge, Mass. : Council on East Asian Studies, Harvard University, 1984.

本杰明·A. 埃尔曼:《从哲学到语言学:中华帝国晚期的思想和社会方面的变化》

[224] Emerson, John Philip. *Nonagricultural employment in mainland China, 1949—1958*. International Population Statistics Reports, Series P—90, No. 21. Washington, D. C. : U. S. Government Printing Office, 1965.

约翰·菲利普·埃墨森:《1949—1958 年大陆中国的非农业就业》

[225] Eoyang, Eugene, ed. *Selected poems of Ai Qing*. Bloomington: University of Indiana Press, 1982.

尤金·约扬编:《艾青诗选》

[226] Fairbank, John K. *China: The people's Middle Kingdom and the U. S. A.* Cambridge, Mass. : Harvard University Press, 1967.

费正清:《中国人民的中央王国与美国》

[227] Fairbank, John King, ed. *Chinese thought and institutions*. Chicago: University of Chicago Press, 1957.

费正清编:《中国的思想和制度》

[228] Fairbank, John King. *The United States and China*. Cambridge, Mass. : Harvard University Press, 1979. 4th ed. , enlarged, 1983.

费正清:《美国与中国》

[229] Fairbank. John K. , ed. *The Chinese world order: Traditional China's foreign relations*. Cambridge, Mass. : Harvard University Press, 1968.

费正清编:《中国人的世界秩序观:中国传统的外交关系》

[230] Fairbank, J. K. , Banno, M. and Yamamoto, S. *Japanese studies of modern China*. Tokyo: Tuttle, 1955; Reissued Cambridge, Mass. : Harvard Universi-

ty Press,1971.

费正清、M. 坂野、S. 山本:《日本对现代中国的研究》

[231] Fairbank,J. K. ,Bruner,K. F. ,and Matheson,E. M. eds. *The I. G. in Peking*:*Letters of Robert Hart*,*Chinese Maritime Customs. 1868－1907.* 2 vols. Cambridge, Mass. ;Harvard University Press,1975.

费正清、K. F. 布鲁纳、E. M. 马西森编:《北京总税务司赫德书信集:1868－1907 年的中国海关》

[232] Falkenheim,Victor. *Citizens and groups in contemporary China.* Ann Arbor:University of Michigan Press,1985.

维克多·福肯汉:《当代中国的公民与团体》

[233] Falkenheim,Victor. "County administration in Fukien,"*CQ, 59* (July-September 1974),518－543.

维克多·福肯汉:《福建的县政府》,见[133]

[234] Fan,K. ,ed. *Mao Tse-tung and Lin Piao*:*Post-revolutionary writings.* Garden City,N. J. ;Anchor Books,1972.

K. 范编:《毛泽东和林彪:革命以后的著作》

[235] Fang Wei-chung,ed. *Chung-hua jen-min kung-ho-kuo ching-chi ta-shih-chi 1949-1980*(A record of major economic events in the People's Republic of China,1949－1980). Peking:She-hui k'o-hsueh,1984.

房维中编:《中华人民共和国经济大事记(1949－1980)》

[236] Feuerwerker, Albert. *China's early industrialization*:*Sheng Hsuan-huai（1844－1916）and Mandarin enterprise.* Cambridge,Mass. ;Harvard University Press,1958.

费维恺:《中国早期的工业化:盛宣怀与官办企业》

[237] Feuerwerker,Albert. "Economic trends in the late Ch'ing empire, 1870－1911,"in *CHOC* 11. 1－69.

费维恺:《晚清帝国的经济趋向,1870－1911 年》,见[73]

[238] Feuerwerker,Albert. "The foreign presence in China,"in *CHOC* 12. 128－207.

费维恺:《外国在中国的存在》,见[73]

[239] Feuerwerker,Albert. "The state and the economy in Late Imperial China. " *Theory and Society*,13(1984),297－326.

费维恺:《中华帝国晚期的状况和经济》

[240] Feuerwerker, Yi-tse Mei. *Ding Ling's fiction*. Cambridge, Mass.: Harvard University Press, 1982.

梅仪慈:《丁玲的小说》

[241] Field, Robert Michael, McGlynn, Kathleen M., and Abnett, Wiltiam B. "Political conflict and industrial growth in China: 1965—1977," in Joint Economic Committee of the U. S. Congress, *The Chinese economy post-Mao*. 1. 239—284.

罗伯特·迈克尔·菲尔德、凯思林·M. 麦克格林、威廉·B. 阿布尼特:《中国的政治斗争与工业增长,1965—1977年》

[242] Fincher, John H. *Chinese democracy*: *The self-government movement in local, provincial, and national politics 1905 — 1914*. London: Croom Helm; Canberra: Australian National University Press, 1981.

约翰·H. 芬彻:《中国民主:1905—1914年地方、省和全国政治中的自治运动》

[243] Fingar, Charles Thomas. "Politics and policy-making in the People's Republic of China, 1954—1955." Stanford University, Ph. D. dissertation, 1977.

查尔斯·托马斯·芬格:《中华人民共和国的政治与政策制定,1954—1955年》

[244] *First five-years plan for development of the national economy of the People's Republic of China in 1953 — 1957*. Peking: Foreign Languages, Press, 1956.

《中华人民共和国发展国民经济的第一个五年计划,1953—1957年》

[245] Fletcher, Joseph, F., Jr. "The heyday of the Ch'ing order in Mongolia, Sinkiang and Tibet," in *CHOC* 10. 351—408.

小约瑟夫·F. 弗莱彻:《清朝统治在蒙古、新疆和西藏的全盛时期》,见[73]

[246] Fletcher, Joseph F., Jr, and Li, Gertraude Roth. "The rise of the Manchus," in *CHOC* 9, in press.

小约瑟夫·F. 费莱彻、格特鲁德·罗思·李:《满洲人的崛起》,见[73]

[247] Floyd, David ed. *Mao against Khrushchev*, New York: Praeger, 1963.

戴维·弗洛伊德编:《毛反对赫鲁晓夫》

[248] Fogel,Joshua A. "A new direction in Japanese sinology." *HJAS*,44.1(June 1984),225—247.

乔舒亚·A. 福格尔：《日本中国学的新方向》，见[293]

[249] Fokkema,Douwe W. *Literary doctrine in China and Soviet influence 1956— 1960*. The Hague：Mouton,1965.

杜韦·W. 福克马：《中国的文学教条与苏联影响，1956—1960 年》

[250] *Foreign Broadcast Information Service*. Washington,D. C. ：U. S. Department of Commerce. 1958—. Cited as *FBIS*.

《外国广播新闻处》

[251] *Foreign Broadcast Information Service：Communist China*. Washington,D. C. ：FBIS,1966—1969.

《外国广播新闻处：共产党中国》(1966—1969 年)

[252] *Foreign Relations of the United States,1866—* . Washington,D. C. ：U. S. Government Printing Office. Cited as *FRUS*.

《美国的对外关系，1866— 年》

[253] Fraser,John. *The Chinese*. New York：Summit Books,1980.

约翰·弗雷泽：《中国人》

[254] Fraser,Stewart,ed. *Chinese communist education：Records of the first decade*. Nashville,Tenn. ：Vanderbilt University Press,1965.

斯图尔特·弗雷泽编：《中国的共产主义教育：前 10 年的成绩》

[255] Freedman,Maurice. *Lineage organization in southeastern China*. London：Athlone Press,1958.

莫里斯·弗里德曼：《中国东南部的家系组织》

[256] Freedman,Maurice. *Chinese lineage and society：Fukien and Kwangtung*. London：Athlone Press,1966.

莫里斯·弗里德曼：《中国人的家系和社会：福建和广东》

[257] Fried. Morton. *The fabric of Chinese society：A study of social life of a Chinese county seat*. New York：Praeger, 1953.

莫顿·弗里德：《中国社会的组织：对中国一个县城的社会生活的研究》

[258] Gaenslen,Frederick. "Culture and decision making：Social influence in China,Japan, Soviet Russia, and the United States. "University of Michigan, Ph. D. dissertation,1984.

弗雷德里克·盖恩斯兰:《文化与决策:中国、日本、苏俄和美国的社会势力》

[259] Gaimushō chōsa kyoku daiikka. *Chōsen jihen no keii* (Process of the Korean War). Tokyo:Gaimushō. 1951 (unpublished).

外务省调查局第一课:《朝鲜战争的进程》

[260] Gale,G. S. *No flies in China.* London:Allen & Unwin,1955.

G. S. 盖尔:《中国没有苍蝇》

[261] Gardner,John. "Educated youth and urban-rural inequalities,1958—1966," in John W. Lewis,ed. , *The city in communist China*,235—286.

约翰·加德纳:《知识青年与城乡差别,1958—1966 年》

[262] Garside,Roger. *Coming alive : China after Mao.* New York:McGraw-Hill, 1981.

罗杰·加赛德:《活跃起来:毛以后的中国》

[263] Geddes,W. R. *Peasant life in communist China.* Ithaca. N. Y. :Cornell Society for Applied Anthropology,1963.

W. R. 格迪斯:《共产党中国的农民生活》

[264] *Gendai Chūgoku jimmei jiten*(Modern China biographic dictionary). Tokyo:Gaimushō,1966.

《现代中国人名词典》

[265] George,Alexander,L. *The Chinese Communist army in action : The Korean War and its aftermath*,New York:Columbia University Press,1967.

亚历山大·L. 乔治:《行动中的中国共产党军队:朝鲜战争及其余波》

[266] Gernet, Jacques. *A history of Chinese civilization.* New York:Cambridge University Press,1982. (Trans. J. R. Foster of Gernet, *Le monde Chinois*. Paris:A. Colin,1972,1980.)

雅克·热尔内:《中国文明史》(J. R. 福斯特译自热尔内:《中国世界》)

[267] Gittings,John. *The role of the Chinese army.* New York:Oxford University Press,1967.

约翰·吉廷斯:《中国军队的任务》

[268] Gittings,John. *Survey of the Sino-Soviet dispute : A commentary and extracts from the recent polemics 1963 — 1967.* London:Oxford Univertsity Press,1968.

约翰·吉廷斯:《中苏争论概观:近期论战的评注与摘要,1963—1967 年》

[269] Gittings,John. "The great power triangle and Chinese foreign policy."*CQ*, 39(July-Sepetmber 1969),41—54.

约翰·吉廷斯:《大国三角和中国的外交政策》,见[133]

[270] Goldman,Merle. *Literary dissent in Communist China*. Cambridge,Mass. : Harvard University Press,1967.

默尔·戈德曼:《共产党中国的持不同文艺见解者》

[271] Goldman, Merle. *China's intellectuals : Advise and dissent*. Cambridge, Mass. ;Harvard Universtiy Press,1981.

默尔·戈德曼:《中国知识分子:建议和异议》

[272] Goodman,David S. G. *Beijing street voices*. London;Marion Boyars,1981.

戴维·S. G. 古德曼:《北京街头的呼声》

[273] Goodman,David,ed. *Groups and politics in the people's Republic of China*. New York;M. E. Sharpe,1984.

戴维·古德曼编:《中华人民共和国的团体与政治》

[274] Goodrich,L. Carrington,and Fang Chaoying,eds. *Dictionary of Ming biography,1368—1644*. 2 vols. New York;Columbia University Press,1976.

傅路特、房兆楹编:《明代人物传记词典》

[275] Grant, Nigel. *Soviet education*. Middlessex, Eng. ; Penguin Books, 4th ed. 1979.

奈杰尔·格兰特:《苏联教育》

[276] *Great trial in Chinese history. A;The trial of the Lin Biao and Jiang Qing counter-revolutionary cliques ,Nov. 1980—Jan. 1981*. Peking;New World, 1981.

《中国历史上的伟大审判》,A;《审判林彪、江青反革命集团,1980 年 11 月—1981 年 1 月》

[277] Greenough,Paul R. *Prosperity and misery in modern Bengal ; The famine of 1943—1944*. New York;Oxford University Press,1982.

保罗·R. 格里诺:《现代孟加拉的繁荣与苦难:1943—1944 年的饥荒》

[278] Gregory,Paul R. and Stuart,Robert C. *Soviet economic structure and performance*. New York;Harper & Row,1974.

保罗·R. 格雷戈里、罗伯特·C. 斯图尔特:《苏联的经济结构和成绩》

[279] Grieder, Jerome B. *Intellectuals and the state in modern China: A narrative history*. New York: Free Press; London: Collier Macmillan, 1981.

杰罗姆·B. 格里德:《现代中国的知识分子和国家》

[280] Griffith, William. *Albania and the Sino-Soviet rift*. Cambridge, Mass.: The MIT Press, 1963.

威廉·格里菲思:《阿尔巴尼亚与中苏分裂》

[281] Griffith, William E. *The Sino-Soviet rift*. Cambridge, Mass.: The MIT Press, 1964; London: Allan & Unwin, 1964.

威廉·E. 格里菲思:《中苏的分裂》

[282] Griffth, William. *Sino-Soviet relations. 1964 — 1965*. Cambridge, Mass.: The MIT Press, 1967.

威廉·格里菲思:《中苏关系,1964—1965 年》

[283] Guillain, Robert, *Six hundred million Chinese*. Trans. from French by M. Savill. New York: Criterion books, 1957. Published in England as *The blue ants*. London: Secker & Warburg. 1957.

罗伯特·吉莱恩:《六亿中国人》(M. 萨维尔译自法文。英国版名《蓝蚂蚁》)

[284] Guillain, Robert. *When China wakes*. New York: Walker, 1966.

罗伯特·吉莱恩:《中国醒来的时候》

[285] Guillermaz, Jacques. *The Chinese Communist Party in power. 1949 — 1976*. Trans. Anne Destenay. Boulder, Colo.: Westview Press, 1976.

雅克·吉勒马:《执政的中国共产党,1949—1976 年》(安妮·德斯特内伊译)

[286] Gurtov, Melvin. *China and Southeast Asia, the politics of survival: A study of foreign policy interaction*. Lexington, Mass.: D. C. Health (Lexington Books), 1971; Baltimore: Johns Hopkins University Press. 1975.

梅尔文·格尔托:《中国与东南亚,生存政治学:对外政策相互影响的研究》

[287] Halpern, A. M., ed. *Policies toward China: Views form six continents*. New York: McGrarw-Hill, 1965.

A. M. 哈尔珀恩编:《对华政策:六大洲所见》

[288] Halpern, Nina. "Economic specialists and the making of Chinese economic

policy,1955－1983. "University of Michigan,Ph. D. dissertation,1985.

尼娜·哈尔彭:《经济专家与中国经济政策的制定,1955－1983 年》

[289] Hao Meng-pi and Tuan Hao-jan, eds. *Chung-kuo kung-ch'an-tang liu-shih-nien* (Sixty years of the Chinese Communist Party). 2 vols. Peking:解放军出版社,1984.

郝梦笔、段浩然编:《中国共产党六十年》

[290] Hao Yen-P'ing. *The commercial revolution in nineteenth century China：The rise of Sino-Western mercantile capitalism*. Berkeley, Los Angeles, London:University of California Press,1986.

郝延平:《19 世纪中国的商业革命:中西商业资本的兴起》

[291] Harding, Harry. *Organizing China：The problem of bureaucracy, 1949－1976*. Stanford. Calif. :Stanford University Press,1981.

哈里·哈丁:《创建中的中国:官僚政治的问题,1949－1976 年》

[292] Harrison. James Pinckney. *The long march to power：A history of the Chinese Communist Party, 1921－1972*. New York:Praeger,1972.

詹姆斯·平克尼·哈里森:《取得政权的长征:中国共产党的历史,1921－1972 年》

[293] *Harvard Journal of Asiatic Studies*. Semi-annual from 1977;previously annual. Cambridge, Mass. :Harvard-Yenching Institute,1936－

《哈佛亚洲研究杂志》

[294] Hauser, Ernest O. *Shanghai：City for sale*. New York. Harcourt Brace,1940.

欧内斯特·O. 豪泽:《待售的城市上海》

[295] Henderson, Gail, and Cohen, Myron. *The Chinese hospital*. New Haven, Conn. :Yale University Press,1984.

盖尔·亨德森、迈伦·科恩:《中国的医院》

[296] Hevi,Emmanuel John. *An African student in China*. New York:Praeger,1963.

伊曼纽尔·约翰·赫维:《在中国的一个非洲学生》

[297] Hinton, Harold C. *Communist China in world politics*. Boston:Houghton Mifflin,1966.

哈罗德·C. 欣顿:《世界政治中的共产党中国》

［298］ Hinton, Harold C. *China's turbulent quest : An analysis of China's foreign relations since 1949*. New York：Macmillan, rev. ed. 1972(1970)；paperback, Bloomington：Indiana University Press, 1972.

哈罗德・C. 欣顿：《中国的强横要求：1949 年以来中国对外关系的分析》

［299］ Hinton, Harold C. , ed. *The People's Republic of China. 1949 － 1979：A documentary survey*. 5 vols. Wilmington, Del. ：Scholarly Resources, Inc. , 1980.

哈罗德・C. 欣顿编：《1949－1979 年中华人民共和国文献概览》

［300］ Hinton, William. *Fanshen*. New York：Monthly Review Press, 1966.

威廉・欣顿：《反省》

［301］ Ho Chih(Ch'in Chao-yang). "Hsien-shih chu-i-kuang-k'uo ti tao-lu"(Realism-the broad road). *Jen-min wen-hsueh*. 9(1956), 1－13.

何直：《现实主义——广阔的道路》

［302］ Ho, Ping-ti. *Studies on the population of China 1368 － 1953*. Cambridge, Mass. ：Harvard University Press, 1959.

何炳棣：《1368－1953 年中国人口的研究》

［303］ Ho. Ping-ti. *The ladder of success in imperial China：Aspects of social mobility. 1368 － 1911*. New York：Columbia University Press, 1962.

何炳棣：《中华帝国晋升的阶梯：社会流动的几个方面》

［304］ Hobbs, Lisa. *I saw Red China*. New York：McGraw-Hill, 1966.

利莎・霍布斯：《我看见了红色中国》

［305］ Hollister, W. W. *China's gross national product and social accounts , 1950 － 1957*. Glencoe, I ll. ：Free Press, 1958.

W. W. 霍利斯特：《中国的国民生产总值与社会价值, 1950－1957 年》

［306］ Hou Chi-ming. "Manpower, employment, and unemployment," in Alexander Eckstein, Walter Galenson, and Ta-chung Liu, eds. , *Economic trends in Communist China , 329－296*.

侯继明：《人力、就业和失业》

［307］ Hou Chi-ming and Yu Tzong-shian, eds. *Modern Chinese economic history*. Taipei：The Institute of Economics, Academia Sinica, 1979.

侯继明、于宗先编：《现代中国经济史》

［308］ Houn, Franklin. *Chinese political traditions*. Washington, D. C. ：Public Affairs Press,1965.

富兰克林·霍恩:《中国的政治传统》

[309] Howe, Christopher. *Employment and economic growth in urban China, 1949－1957.* Cambridge, Eng. :Cambridge University Press,1971.

克里斯托弗·豪:《1949－1957 年中国城市的就业和经济增长》

[310] Howe,Christopher,ed. *Shanghai: Revolution and development in an Asian metropolis.* Cambridge,Eng. :Cambridge University Press,1981.

克里斯托弗·豪编:《上海:一个亚洲主要城市的革命和发展》

[311] Howe,Christopher. "Industrialization under conditions of long-run population stability:Shanghai's achievement and prospect,"in Christopher Howe, ed. ,*Shanghai: Revolution and development in an Asian metropolis.* 153－187.

克里斯托弗·豪:《在人口总数长远稳定的条件下工业化》

[312] Hsiang Ching-ch'üan "Liu-shih nien-tai t'iao-cheng shih-ch'i wen-ting wu-chia ching-yen ch'u-t'an"(A preliminary assessment of experience in commodity price stabilization in the period of readjustment in the 1960s)《价格理论与实践》(Price theory and practice), 2(1982),22－25.

项镜泉:《六十年代调整时期稳定物价经验初探》

[313] Hsiao, Gene, and Witunski, Michael. *Sino-American normalization and its policy implications.* New York: Praeger,1983.

吉纳·萧、迈克尔·威吞斯基:《中美关系正常化及其政策含义》

[314] Hsiao,Katherine H. *Money and monetary policy in Communist China.* New York:Columbia University Press,1971.

凯瑟琳·H.萧:《共产党中国的货币与货币政策》

[315] Hsiao, Kung-chuan. *Rural China : Imperial control in the nineteenth centruy.* Seattle:University of Washington Press,1960.

萧公权:《农业中国:19 世纪的帝国管理》

[316] Hsiao, Kung-chuan. *A history of Chinese political thought.* Trans. F. W. Mote. vol. I. *From the beginnings to the sixth－century A. D.* Princeton,N. J. :Princeton University Press,1979.

萧公权:《中国政治思想史》

[317] Hsiao,Theodore E. *The history of modern education in China.* Shanghai:

Commercial Press,1935.

西奥多·E.萧:《中国近代教育史》

[318] Hsieh,Alice Langley. *Communist China's strategy in the nuclear era.* Englewood Cliffs, N. J,; Prentice-Hall, 1962.

爱丽丝·兰格利·谢:《共产党中国在核时代的战略》

[319] Hsieh,Alice Langley. "China's secret military papers: military doctrine and strategy,"*CQ* 18(April 1964),79－99.

爱丽丝·兰格利·谢:《中国的秘密军事文件:军事学说与战略》,见[133]

[320] Hsieh Tu-yang"Hui-ku liu-shih nien-tai ch'u nung-yeh ti t'iao-cheng"(Recalling the readjustment of agriculture at the beginning of the 1960s)in Liu Sui-nien, ed., *Liu-shih nien-tai kuo-min ching-chi t'iao-cheng ti hui-ku*, 50－69.

谢渡扬:《回顾六十年代初农业的调整》

[321] Hsin-hua hsin-wen-she(New China News Agency).

新华新闻社(新华社)

[322] *Hsin-hua jih-pao*(New China daily). Wuhan,Chungking,et al. ,1938－

《新华日报》

[323] *Hsin-hua pan-yueh k'an* (New China semi-monthly). Peking:1956－1960. See *Hsin-hua yueh-pao.*

《新华半月刊》

[324] *Hsin-hua yueh-pao*(New China monthly). Monthly. (Title varies:1956－ 1960 Hsin-hua pan-yueh-k'an). Peking:1 November 1949－

《新华月报》(1956－1960 年改名《新华半月刊》)

[325] *Hsin-hua yueh-pao wen-chai-pan*(New China monthly digest). Monthly. Peking:1979－1980. From 1981,retitled *Hsin-hua wen-chai*(New China digest).

《新华月报文摘版》(1981 年起恢复《新华文摘》原名)

[326] Hsu Chi-yü. *Ying-huan chih-lueh*(A brief account of the maritime circuit.) 10 *chüan.* Foochow,1850 ed.

徐继畬:《瀛环志略》

[327] Hsu Ti-hua"Ching-chien chih-kung ho ch'eng chen jen-k'ou"(Reducing the

number of workers and staff and the urban population), in Liu Sui-nien, ed. *Liu-shih nien-tai kuo-min ching-chi t'iao-cheng ti hui-ku*, 123—137.

徐棣华:《精简职工和城镇人口》

[328] *Hsueh-hsi* (Study). Peking: September 1949—October 1958.

《学习》

[329] *Hsueh-hsi yü yen-chiu* (Study and research). Peking: 1981—

《学习与研究》

[330] Hsueh Mu-ch'iao. *Tang-ch'ien wo-kuo ching-chi jo-kan wen-t'i* (Some current problems of China's economy). Peking: Jen-min, 1980.

薛暮桥:《当前我国经济若干问题》

[331] Hsueh Mu-ch'iao, ed. *Chung-kuo ching-chi nien-chien 1982* (Chinese economic yearbook 1982). Overseas Chinese Language Edition. Hong Kong: Hong Kong China Economic Yearbook Company, 1983.

薛暮桥编:《中国经济年鉴,1982 年》

[332] Hsueh Mu-ch'iao. "Kuan-yü i-chiu-wu-pa-i-chiu-liu-liu-nien kuo-min ching-chi chien-she ti ch'ing-k'uang ho ching-yen" (China's experience and situaton in economic construction from 1958 to 1966), in *Ching-chi ts'an-k'ao tzu-li-ao*.

薛暮桥:《关于一九五八——一九六六年国民经济建设的情况和经验》

[333] "Hu Feng tui wen-i wen-t'i ti i-chien" (Hu Feng's literary opinons). Supplement to *Wen-i pao*, January 1955.

《胡风对文艺问题的意见》

[334] Hu Shi Ming and Seifman, Eli, eds. *Toward a new world outlook: A doeumentary history of education in the People's Republic of China. 1949—1976*. New York: AMS Press, 1976.

胡实明(音)、伊莱·塞德曼:《展望新世界:中华人民共和国教育史资料》

[335] [Huang]Ch'iu-yun. "Pu yao tsai jen-min ti chi-k'u mien-ch'ien pi-shang yen-ching" (We nust not close our eyes to the hardships among the people). *Jen-min wen-hsueh*, 9(1956), 58—59.

黄秋耘:《不要在人民的疾苦面前闭上眼睛》

[336] [Huang Ch'iu-yun]. "Tz'u tsai na-li?" (Where is the thorn?) *Wen-i hsueh-hsi*, 6(1957), 8—10.

黄秋耘:《刺在哪里》

[337] Huang,Joseph. *Heroes and villains in Communist China：The contempora-ry Chinese novel as reflection of life.* London：C. Hurst,1973.

约瑟夫·黄:《共产党中国的英雄人物和反面人物:作为生活反映的中国当代长篇小说》

[338] Huang Pen-chi. *Li-tai chih-kuan-piao* (Tables of official posts in successive dynasties). Shanghai,1880；Peking：Chung-hua,1965.

黄本骥:《历代职官表》

[339] Hucker,Charles O. *China's imperial past,an introduction to Chinese histo-ry and culture.* Stanford,Calit. ；Stanford University Press,1975.

贺凯:《中华帝国的过去:中国历史和文化概论》

[340] Hucker,Charles O. *A dictionary of official titles in imperial China.* Stan-ford,Calif. ；Stanford University Press,1985.

贺凯:《中华帝国职官词典》

[341] Hucker,Charles O. "The Tung-lin movement of the Late Ming period," in John K. Fairbank,ed. ,*Chinese thought and institutions* 132－162.

贺凯:《明末的东林党》

[342] Hucker,Charles. "The traditional Chinese Censorate and the new Peking re-gime," *American Political Science Review*,45. 4(December,1951). 1041－1057.

贺凯:《传统的中国审查机关与新的北京政权》

[343] Hudson,G. F. ,Lowenthal,Richard,and MacFarquhar,Roderick. *The Sino-Soviet dispute.* New York：Praeger,1961.

G. F. 赫德森、理查德·洛温撒尔、罗德里克·麦克法夸尔:《中苏争论》

[344] *Hui-i Wang Chia-hsiang* (Recalling Wang Chia-hsiang). Peking：Jen-min,1985.

《回忆王稼祥》

[345] *Hung-ch'i* (Red flag). Peking：1 June 1958－

《红旗》

[346] Hunt,Michael H. *The making of a special relationship：The United States and China to 1914.* New York： Columbia University Press,1983.

迈克尔·H. 亨特:《1914 年以前美国和中国特殊关系的形成》

[347] Hunter, Edward. *Brain-washing in Red China*. New York: Vanguard Press, 1953.

　　爱德华·亨特:《红色中国的洗脑》

[348] Hunter, Neale. *Shanghai journal*. New York: Praeger, 1969.

　　尼尔·亨特:《上海日记》

[349] Ichiko, Chūzō. "The role of the gentry: An hypothesis," in Mary C. Wrigth, *China in revolution*, ch. 6, 297—318.

　　市古宙三:《试论绅士的作用》

[350] Imahori Seiji. *Chūgoku gendaishi kenkyū josetsu* (An introduction to the study of contemporary Chinese history). Tokyo: Kaisō Shobō, 1976.

　　今堀诚二:《当代中国史研究概论》

[351] *Index Foreign Broadcast Information Service Daily Report: China*. Monthly plus annual cum. (New Canaan, Conn. : NewsBank, Inc. , 1975 —). From 1975 to 1982. the index was published quarterly, but with Volume 9 in 1983, the publication became a monthly, with an annual cumulative index as well. Beginning in October 1977, FBIS began to compile an index to the Daily Report, as well as the *JPRS* translations. With the fifteenth number in this series covering April—June 1981 (published August 28, 1981), the series acquired the designation "For Official Use Only" and was no longer a-vailable to libraries.

　　《外国广播新闻处每日报道索引:中国》

[352] Irick, Robert L. *Ch'ing policy toward the coolie trade 1847 — 1878*. San Francisco: Chinese Materials Center, 1982.

　　罗伯特·L.艾里克:《1847—1878年清朝的苦力贸易政策》

[353] Iriye, Akira. *See* Nagai Yōnosuke.

[354] Iriye Keishirō, and Andō Masashi, eds. *Gendai Chūgoku no kokusai-kankei* (International relations of contemporary China). Tokyo: Nihon Kokusai Mondai Kenkyūjo, 1975.

　　入江启四郎、安藤正士编:《当代中国的国际关系》

[355] Ishikawa Shigeru. *National income and capital formation in Mainland China: An examination of official statistics*. Tokyo: Institute of Asian Af-fairs, 1965.

希格鲁·伊舍卡瓦：《大陆中国的国民收入与资本积累：对官方统计数字的考察》

[356] Israel,John. "Continuities and discontinuities in the ideology of the Great Proletarian Cultural Revolution," in Chalmers Johnson, ed. , *Ideology and politics in contemporary China.* 3—46.

约翰·伊斯雷尔：《无产阶级文化大革命的意识形态的连续性与不连续性》

[357] Israel,John. "An autonomous academy in a one-party state：The Lienta model."Paper presented at the New England China Seminar Workshop on Chinese intellectuals and the CCP：The search for a new relationship, held at Harvard University,5 May 1984.

约翰·伊斯雷尔：《一党统治国家中的一所自治大学：联大模式》

[358] *Issues ε Studies.* Monthly. Institute of International Relations, Taiwan. 1964—

《问题和研究》

[359] Izumi Hajime"Chōsen sensō o meguru Chū-So tairitsu：Soren no Kokuren Anpoei kesseki no haikei"(The Sino-Soviet conflict in the Korean War： Background of the Soviet boycott of the UN Security Council). *Gunji ken-kyū*,10. 3(March 1975).

伊豆贝元：《朝鲜战争中的中苏冲突：苏联抵制联合国安理会的背景》

[360] Jacobs,J. Bruce. "A preliminary model of particularistic ties in Chinese political alliances：Kan-ch'ing and Kuan-hsi in a rural Taiwanese township,"*CQ,* 78(June 1979),237—273.

J. 布鲁斯·雅各布斯：《中国的政治联盟中排他主义的一个雏型：一个台湾乡区中的"感情"与"关系"》,见[133]

[361] *JAS. Journal of Asian Studies.*

《亚洲研究杂志》

[362] *Jen-min jih-pao*(People's Daily)Peking：1949—   . Cited as *JMJP.*

《人民日报》

[363] *Jen-min jih-pao so-yin*(Index to *People's Daily*). Peking：1951—

《人民日报索引》

[364] *Jen-min shou-ts'e*(People's handbook). Shanghai, Tientsin, Peking：1950—

1953,1956—1965,1979.

《人民手册》

[365] *Jen-min wen-hsueh* (People's Literature). Peking: 1940—1966,1976—

《人民文学》

[366] Joffe, Ellis. *Party and army: Professionalism and political control in the Chinese officer corps, 1949—1964.* Cambridge, Mass. : East Asian Research Center, Harvard University, 1965.

埃利斯·乔菲：《党与军队：中国军官的职业化与政治控制，1949—1964年》

[367] Johnson, Chalmers. *Communist policies toward the intellectual class.* Hong Kong: Union Research Institute, 1959.

查默斯·约翰逊：《共产党对知识分子阶层的政策》

[368] Johnson, Chalmers, ed. *Ideology and politics in contemporary China.* Seattle: University of Washington Press, 1973.

查默斯·约翰逊编：《当代中国的意识形态与政治》

[369] Johnson, Chalmers, ed. *Change in Communist systems.* Stanford, Calif. : Stanford University Press, 1970.

查默斯·约翰逊编：《共产主义制度的变化》

[370] Joint Economic Committee of the United States Congress. *An economic profile of mainland China*, 2 vols. Washington, D. C. : U. S. Government Printing Office, 1967.

美国国会联合经济委员会：《大陆中国的一个经济侧面》

[371] Joint Economic Committee of the United States Congress. *The People's Republic of China: An economic assessment.* Washington, D. C. : U. S. Governmetn Printing Office, 1972.

美国国会联合经济委员会：《中华人民共和国：经济评价》

[372] Joint Economic Committee of the United States Congress. *China : A reassessment of the economy.* Washington, D. C. : U. S. Government Prnting Office, 1975.

美国国会联合经济委员会：《中国：经济的再评价》

[373] Joint Economic Committee of the United States Congress. *Chinese economy post-Mao.* vol. 1. *Policy and performance.* Washington, D. C. : U. S. Gov-

ernment Printing Office,1978.

　　美国国会联合经济委员会:《毛以后的中国经济》,第1卷《政策与成绩》

[374] *Joint Publications Research Service*(*JPRS*). Washington,D. C. :U. S. Government. Various series. See Berton and Wu,*Contemporary China*, 409—411.

　　《联合出版物研究服务处》,多种丛书

[375] Jones,E. L. *The European miracle*:*Environments*,*economies and geopolitics in the history of Europe and Asia*. Cambridge,Eng. :Cambridge University Press,1981.

　　E. L. 琼斯:《欧洲的奇迹:欧洲和亚洲历史中的环境、经济和地缘政治学》

[376] Jones,Susan Mann, and Kuhn,Philip A. "Dynastic decline and the roots of rebellion,"in *CHOC* 10. 107—162.

　　苏珊·曼·琼斯、孔飞力:《清王朝的衰落和叛乱的根源》,见[73]

[377] *Journal of Economic History*. *Quarterly*. Wilmington,Del. :Economic History Association 1941—

　　《经济史杂志》

[378] Joy,Charles Turner. *How Communists negotiate*. New York:Macmillan,1955.

　　查尔斯·特纳·乔伊:《共产党人如何谈判》

[379] Kahin,George McTurnin. *The Asian-African Conference*,*Bandung*,*Indonesia*,*April 1955*. Ithaca,N. Y. :Cornell University Press,1956.

　　乔治·麦克特宁·卡欣:《亚非会议,1955年4月,印度尼西亚,万隆》

[380] Kahn,Harold L. *Monarchy in the emperor's eyes*:*Image and reality in the Ch'ien-lung reign*. Cambridge,Mass. :Harvard University Press,1971.

　　哈罗德·L. 卡恩:《皇帝眼中的君主制:乾隆朝的观念和现实》

[381] Kamiya Fuji,ed. "Kim Il-sung's radio speech on the outbreak of the Korean War(26 June 1950). "*Chōsen mondai sengo shiryō*(Documents on the postwar Korean problems),I. Tokyo:Nihon Kokusai Mondai Kenkyūjo,1976.

　　神谷不二编:《金日成在朝鲜战争爆发之日的广播讲话(1950年6月26日)》

[382] "Kao-chi chih-shih fen-tzu tso-t'an Ma-Lieh chu-i li-lun hsueh-hsi"(Higher intellectuals discuss the study of Marxist-Leninist theory). *Hsueh-hsi*

(Study),11 (1957),2—11.

《高级知识分子座谈马列主义理论学习》

[383] Karnow, Stanley. *Mao and China：From revolution to revolution.* New York：Viking Press,1972.

斯坦利·卡诺:《毛与中国:不断革命》

[384] Kau,Michael Y. (Yingmao), ed. *The Lin Piao affair：Power, politics, and military coup.* White Plains, N. Y. ：M. E. Sharpe,1975.

高英茂编:《林彪事件:权力、政治和军事政变》

[385] Kau, Yi maw(Ying-mao). "Governmental bureaucracy and cadres in urban China under communist rule,1949—1965."Ph. D. dissertation Cornell University,1968.

高英茂:《1949—1965 年共产党统治下的中国城市政府官僚机构和干部》

[386] Kau. Ying-mao, ed. , *The People's Liberation Army and China's nation-building.* White plains, N. Y. ：International Arts and Sciences Press,1973.

高英茂编:《人民解放军与中国的建国》

[387] Kau, Ying-mao. *The political work system of the Chinese Communist military.* Providence, R. I. ；Brown University,1971.

高英茂:《中国共产党军队的政治工作制度》

[388] Kennedy, Thomas. *Arms of Kiangnan：Modernization of the Chinese ordnance industry 1860—1895.* Boulder, Colo. ；Westview Press,1978.

托马斯·肯尼迪:《江南制造局的武器:1860—1895 年中国军械工业的现代化》

[389] *Khrushchev remembers.* Trans. and ed. by Strobe Talbott. Boston；Little, Brown,1970.

《赫鲁晓夫回忆录》(斯特罗贝·塔尔博特编译)

[390] *Khrushchev remembers：The last testament.* Trans. and ed. Strobe Talbott, with detailed commentary and notes by Edward Crankshaw. Boston；Little, Brown,1974; New York；Bantam,1976.

《赫鲁晓夫回忆录:最后的遗言》(斯特罗贝·塔尔博特编译,爱德华·克兰克肖注释)

[391] Kinkley, Jeffrey C. , ed. *After Mao：Chinese literature and society,1978—1981.* Cambridge, Mass. ；Council on East Asian Studies. Harvard Universi-

ty,1985.

杰弗里·C.金克利编:《毛以后:中国的文学和社会,1978—1981 年》

[392] Klein,Donald W. ,and Clark, Anne B. *Biographic dictionary of Chinese communism 1921 — 1965*, 2 vols. Cambridge, Mass. : Harvard University Press,1971.

唐纳德·W.克莱因、安妮·B.克拉克:《中国共产主义人名词典,1921—1965 年》

[393] Klochko,Mikhail A. *Soviet scientist in Red China*. New York:Praeger,1964.

米哈伊尔·A.克洛奇科:《在红色中国的苏联科学家》

[394] "Ko min-chu tang-P'ai lien-ho hsuan-yen"(Joint declaration of the Democratic Parties). *Jen-min jih-pao*, 4 November 1950.

《各民主党派联合宣言》

[395] *Ko-ming shih ch'ao*(A transcript of revolutionary poems). 2 vols. Peking:北京第二外国语学院汉语教研室,1977.

《革命诗抄》

[396] Kojima,Reiitsu"Grain acquisition and supply in China,"*Contemporary China*,5(1963),65—88.

小岛丽逸:《中国的粮食收购和供应》

[397] *Kuang-ming jih-pao*(Enlightenment Daily). Peking:1949—. Cited as *KMJP*.

《光明日报》

[398] *Kuang-ming jih-pao so-yin*(Index to *Enlightenment Daily*). Peking:1952—

《光明日报索引》

[399] Kubin,Wolfgang,and Wagner,Rudolf,eds. *Essays in modern Chinese literature and literary criticism*. Bochum. West Germany:Studienverlag Brockmeyer,1982.

沃尔夫冈·库宾、鲁道夫·瓦格纳编:《现代中国文学和文学评论文集》

[400] Kuhn,Phlilp A. *Rebellion and its enemies in Late Imperial China:Militarization and social structure*,1796—1864. Cambridge,Mass. : Harvard University Press,1970; paperback edition with new preface,1980.

孔飞力:《中华帝国晚期的叛乱及其敌人:1796—1864 年的军事化和社会

结构》

[401] Kuhn, Philip A. "Local self-government under the Republic: Problems of control, autonomy, and mobilization," in Frederic Wakeman and Carolyn Grant,eds. ,*Conflict and control in late imperial China*. 257—298.

孔飞力:《民国时期的地方自治:控制、自治和动员的问题》

[402] Kuhn, Philip A. , and Jones, Susan Mann. "Introduction. "in *Select papers from the Center for Far Eastern Studies* ,3(1978—1979),v—xix.

孔飞力、苏珊·曼·琼斯:《导言》,载《远东研究中心论文集》,3(1978—1979)

[403] Kuhn,Philip A. "Local taxation and finance in Republican China,"In *Select papers from the Center for Far Eastern Studies* ,3(1978—1979),100—136.

孔飞力:《民国时期的地方税收和财政》

[404] Kuhn. Philip A. "Late Ch'ing views of the polity,"in *Select papers from the Center for Far Eastern Studies* ,4(1979—1980),1—18.

孔飞力:《晚清的政体观》

[405] Kuhn. Philip A. "The Taiping Rebellion,"in *CHOC*,10. 264—317.

孔飞力:《太平军叛乱》,见[73]

[406] Kun, Joseph C. "Higher education: Some problems of selection and enrolment. "*CQ*,8(October-December 1961),135—148.

约瑟夫·C.孔:《高等教育:选拔和入学的一些问题》,见[133]

[407] *Kung-jen jih-pao*(Workers'Daily). Peking:15 July 1949(suspended 1 April 1967,resumed 6 October 1978)—

《工人日报》

[408] *Kung-tso t'ung-hsun*(Bulletin of activites[of the PLA]). Peking:1961—

《工作通讯》

[409] Kuo Mojo"Long live the policy-'Let diverse schools of thought contend!'" *People's China* ,17(1 September 1956),7—9.

郭沫若:《"百家争鸣"万岁》

[410] Kwok, D. W. Y. *Scientism in Chinese thought, 1900 — 1950*. New Haven Conn. : Yale University Press,1965.

郭颖颐:《中国思想中的科学主义,1900—1950 年》

[411] Kwong,Julia. *Chinese education in transition:Prelude to the Cultural Revo-*

lution. Montreal:McGill-Queen's University Press,1979.

朱莉娅·匡(音):《转变中的中国教育:文化革命的序曲》

[412] Kwong,Julia. "The educational experiment of the Great Leap Forward,1958—1959:Its inherent contradictions."*Comparative Education Review*, 3(October 1979),443—455.

朱莉娅·匡(音):《"大跃进"的教育试验及其内在的矛盾,1958—1959年》

[413] Kyriak, Theodore, ed. *Bibliography-index to US JPRS research translations*, vols. 1—8. Annapolis, Md. : Research and Microfilm Publications, Inc. ,1962—

西奥多·基里亚克编:《美国联合出版物研究服务处研究译丛书目索引》

[414] Labin,Susan. *The anthill:The human condition in Communist China*. New York:Praeger,1960.

苏珊·拉宾:《蚁冢:共产党中国的人的状况》

[415] Lach,Donald F. *Asia in the making of Europe*. vol. I,*The century of discovery*,in 2 books(1965);vol. II,*A century of wonder*;Book One:*The visual arts*(1970); Book Two:*The literary-arts*(1978); Book Three:*The scholarly disciplines*(1978). Chicago:University of Chicago Press.

唐纳德·F.拉奇:《欧洲形成时期的亚洲》。第1卷《发现的世纪》,第2卷《奇迹的世纪》

[416] Lall,Arthur. *How Communist China negotiates*. New York:Columbia University Press,1968.

阿瑟·拉尔:《共产党中国如何谈判》

[417] Lampton. David M. *The politics of medicine in China:The policy process. 1949—1977*. Boulder,Colo. :Westview Press,1977.

戴维·M.兰普顿:《中国的医药政治:1949—1977年的政策发展过程》

[418] Lampton,David M. *Policy implementation in post-Mao China*. Berkeley:University of California Press,forthcoming.

戴维·M.兰普顿:《毛以后中国的政策贯彻》

[419] Lampton,D. Michael. *Paths to power:Elite mobility in contemporary China*. Ann Arbor:University of Michigan Press,1985.

D.迈克尔·兰普顿:《通向权力之路:当代中国精英人物的浮沉》

[420] Langer,William L. *The diplomacy of imperialism 1892—1902.* 2 vols. 2nd ed. New York:Knopf,1950.

威廉·L. 兰格:《1892—1902 年的帝国主义外交》

[421] Lardy,Nicholas R. *Economic growth and distribution in China.* Cambridge, Eng. :Cambridge University Press,1978.

尼古拉斯·R. 拉迪:《中国的经济增长和分配》

[422] Lardy,Nicholas R. *Agriculture in China's modern economic development.* Cambridge,Eng. :Cambridge University Press,1983.

尼古拉斯·R. 拉迪:《中国现代经济发展中的农业》

[423] Lardy,Nicholas R. "Regional growth and income distribution in China" in Robert F. Dernberger,ed. ,*China's development experience in comparative perspective*,153—190.

尼古拉斯·R. 拉迪:《中国的区域发展和收入分配》

[424] Lardy,Nicholas. "Centralization and decentralization in China's fiscal management,"*CQ* 61(March 1975),25—60.

尼古拉斯·拉迪:《中国财政管理中的集中与分散》,见[133]

[425] Lardy,Nicholas R. ,and Lieberthal,Kenneth,eds. *Chen Yun's strategy for China's development:A non-Maoist alternative.* Armonk, N. Y. : M. E. Sharpe,1983.

尼古拉斯·R. 拉迪、肯尼思·利伯塔尔编:《陈云的发展中国的策略:一种非毛主义的可取办法》

[426] Latourette,Kenneth Scott. *The Chinese:Their history and culture through 3000 years of cumulative development and recent radical change.* New York:Macmillan,1934,1946,1962;4th ed. ,2 vols. in one,1964.

赖德烈:《中国人:经过 3000 年积累性发展和近期激烈变化的历史和文化》

[427] Lattimore,Owen. *Inner Asian frontiers of China.* New York:American Geographical Society,1940;2nd ed. ,1951.

欧文·拉铁摩尔:《中国的亚洲腹地边境》

[428] League of Nations'Mission of Educational Experts. *The reorganization of education in China:See* Becker,C. H. ,et al.

国联教育专家考察团:《中国教育的改革》

[429] Lee, Chae-jin. *Communist China's policy toward Laos: A case study, 1954—1967*. Lawrence: Center for East Asian Studies, University of Kansas, 1970; paperback, New York: Paragon, 1970.

李侪今(音):《共产党中国对老挝的政策:个案研究,1954—1967 年》

[430] Lee. Hong Yung. *The politics of the Chinese Cultural Revolution: A case study*. Berkeley: University of California Press, 1978.

李洪勇(音):《中国文化革命的政治:个案研究》

[431] Lehmann, David, ed. *Agrarian reform and agrarian reformism: Studies of Peru. Chile. China and India*, London: Faber & Faber, 1974.

戴维·莱曼编:《土地改革与农业改良主义:对秘鲁、智利、中国和印度的研究》

[432] Leonard, Jane Kate. *Wei Yuan and China's rediscovery of the maritime world*. Cambridge, Mass. : Council on East Asian Studies, Harvard University, 1984.

简·凯特·伦纳德:《魏源和中国重新发现海洋世界》

[433] Levenson, Joseph R. *Liang Ch'i-ch'ao and the mind of modern China*. Cambridge, Mass. : Harvard University Press, 1953; 2nd rev. ed. , 1959; Berkeley: University of California Press, 1959, 1970.

约瑟夫·R. 利文森:《梁启超和近代中国思想》

[434] Levenson. Joseph R. *Confucian China and its modern fate*. Vol. 1. *The problem of intellectual continuity* (1958). Vol. 2. *The problem of monarchical decay* (1964). Vol. 3. *The problem of historical significance* (1965). Berkeley: University of California Press.

约瑟夫·R. 利文森:《儒家的中国及其现代的命运》。第 1 卷《关于思想连续性的问题》,第 2 卷《关于帝制衰亡的问题》,第 3 卷《关于历史意义的问题》

[435] Levy, Howard S. *Chinese footbinding: The history of a curious erotic custom*. New York: Walton Rawls, 1966.

霍华德·S. 列维:《中国人的缠足:一种古怪的性爱风俗的沿革》

[436] Lewis, John Wilson. *Leadership in Communist China*. Ithaca, N. Y. : Cornell University Press, 1963.

约翰·威尔逊·刘易斯:《共产党中国的领导》

[437] Lewis,John Wilson. *Chinese Communist Party leadership and the succession to Mao Tse-tung: An appraisal of tensions*. Washington, D. C. : U. S. Department of State Policy Research Study,January 1964.

约翰·威尔逊·刘易斯：《中国共产党的领导和毛泽东以后的接班：紧张形势的估计》

[438] Lewis, John Wilson, ed. *The city in Communist China*. Stanford, Calif. : Stanford University Press,1971.

约翰·威尔逊·刘易斯编：《共产党中国的城市》

[439] Lewis,John Wilson. *Major doctrines of Communist China*. New York:Norton,1974.

约翰·威尔逊·刘易斯：《共产党中国的主要原则》

[440] Lewis,John Wilson. "China's secret military papers: 'continuities' and 'revelations'. "*CQ*,18(April-June 1964),68—78.

约翰·威尔逊·刘易斯：《中国的保密军队报纸："牵连"与"揭发"》,见[133]

[441] Li Choh-ming. *Economic development of Communist China: An appraisal of the first five — years of industrialization*. Berkeley: University of California Press,1959.

李卓敏：《共产党中国的经济发展：对工业化的第一个五年的估计》

[442] Li Choh-ming. *The statistical system of Communist China*. Berkeley: University of California Press,1962.

李卓敏：《共产党中国的统计制度》

[443] Li Fu-ch'un. "Report on the First Five-Years Plan for the development of the national economy of the People's Republic of China(July 5—6,1955)," in *Communist China 1955 — 1959: Policy documents with analysis*. 42—91.

李富春：《关于发展国民经济的第一个五年计划的报告（1955 年 7 月 5—6 日）》

[444] *Li-shih yen-chiu* (Historical research). Peking: February 1966, December 1974—. Cited as *LSYC*.

《历史研究》

[445] Li, Victor. "The Public Security Bureau and political-legal work in Huiyang,1952—1964,"in John Wilson Lewis,ed. ,*The city in Communist Chi-*

na,51—74.

维克多·李:《惠阳的公安局与政法工作,1952—1964 年》

[446] Liang Heng, and Shapiro, Judith. *Son of the revolution*. New York:Knopf 1983.

梁恒、朱迪思·夏皮罗:《革命之子》

[447] Liao Kai-lung. "Historical experiences and our road of development(October 25,1980),"in *Issues & Studies*,17.10(October 1981),65—94;17.11(November 1981),81—110.

廖盖隆:《历史经验和我们的发展道路(1980 年 10 月 25 日)》

[448] Liao Mo-sha,Hsia Yen,Wu Han,T'ang T'ao,and Meng Ch'ao. *Ch'ang-tuan lu*(The long and the short). Peking:Jen-min,1980.

廖沫沙、夏衍、吴晗、唐弢、孟超:《长短录》

[449] *Liao-ning ching-chi t'ung-chi nien-chien* 1983.(Liaoning economic statistics yearbook 1983). Shenyang:Jen-min,1983.

《辽宁经济统计年鉴,1983 年》

[450] *Liao-wang*(Outlook). Peking:1981—

《瞭望》

[451] Lieberthal,Kenneth. *A research guide to central Party and government meetings in China 1949—1975*. White Plains,N. Y.:International Arts and Sciences Press,1976.

肯尼思·利伯塔尔:《1949—1975 年党中央和政府会议研究指南》

[452] Lieberthal,Kenneth G. *Revolution and tradition in Tientsin,1949—1952*. Stanford,Calif.:Stanford University Press,1980.

肯尼思·G. 利伯塔尔:《天津的革命与传统,1949—1952 年》

[453] Lieberthal,Kenneth,et al. *Central documents and Politburo politics in China*. Michigan Papers in Chinese Studies,No. 33. Ann Arbor:University of Michigan,1978.

肯尼思·利伯塔尔等:《中国的中央文件和政治局政治》

[454] Lifton,Robert Jay. *Thought reform and the psychology of totalism:A study of"brainwashing"in China*. New York:Norton,1961.

罗伯特·杰伊·利夫顿:《思想改造和极权主义心理学:对中国"洗脑"的研究》

［455］ Lifton, Robert Jay. *Revolutionary immortality: Mao Tse-tung and the Chinese Cultural Revolution*. New York: Vihtage, 1968.

　　罗伯特·杰伊·利夫顿:《革命的不朽:毛泽东和中国文化革命》

［456］ Lindbeck, John M. H. *Understanding China: A report to the Ford Foundation*. New York: Praeger, 1971.

　　约翰·M. H. 林德贝克:《了解中国:给福特基金会的报告》

［457］ Lindbeck, John M. H. , ed. *China: Management of a revolutionary society*. Seattle: University of Washington Press, 1917.

　　约翰·M. H. 林德贝克编:《中国:一个革命社会的管理》

［458］ Lindqvist, Sven. *China in crisis*. New York: Crowell, 1963.

　　斯文·林奎斯特:《紧要关头的中国》

［459］ Lindsay, Michael. *Notes on educational problems in Communist China. 1941－1947*. New York: International Secretariat, Institute of Pacific Relations, 1950.

　　林迈可:《共产主义中国的教育问题,1941－1947 年》

［460］ Lindsay, Michael. *Notes on educational problems in Communist China, 1941－1947: With supplements on developments in 1948 and 1949 by Marion Menzies, William Paget, and S. B. Thomas*. Westport, Conn. : Greenwood Press, 1977. Reprint of the 1950 ed.

　　林迈可:《共产主义中国的教育问题,1941－1947 年:马里恩·孟席思、威廉·佩吉特、S. B. 托马斯增补 1948 和 1949 年的发展》

［461］ Link, Perry, ed. *"People or monsters?"and other stories and reportage from China after Mao, by Liu Binyan*. Bloomington: Indiana University Press, 1983.

　　佩里·林克编:《〈人妖之间〉及刘宾雁在毛以后所写的其他短篇小说和报告文学》

［462］ Link, Perry, ed. *Stubborn weeds*. Bloomington: Indiana University Press, 1983.

　　佩里·林克编:《顽强的毒草》

［463］ Link, Preey, ed. *Roses and thorns*. Berkeley: University of California Press, 1984.

　　佩里·林克编:《玫瑰与刺》

［464］Liu，Alan P. L. *Political culture and group conflict in Communist China*. Santa Barbara，Calif. ；Clio Books，1976.

    艾伦·P. L. 刘：《共产党中国的政治文化与集团斗争》

［465］Liu Chih-ming. *Hsiao Chün ssu-hsiang p'-p'ian*（Criticism of Hsiao Chün's thought）. Dairen：东北书店，1949.

    刘芝明：《萧军思想批判》

［466］Liu Chih-ming. "A criticism of the errors of Hsiao Chün and the *Cultural Gazette*，"in Hualing Nieh，*Literature of the Hundred Flowers*，2. 294 — 306.

    刘芝明：《对萧军和〈文化报〉的错误的批判》

［467］Liu，James T. C. "The variety of political reforms in Chinese history：A simplified typology，"in Paul A. Cohen and John E. Schrecker，*Reform in nineteeth century China*，9—13.

    刘子健：《中国历史中的各种政治改革：简单的分类》

［468］Liu，Kwang-Ching. "The Ch'ing restoration，"in *CHOC*. 10. 409—490.

    刘广京：《清代的中兴》，见［73］

［469］Liu，Kwang-Ching，and Smith，Richard J. "The military challenge：The North-west and the coast，"in *CHOC*，11. 202—273.

    刘广京、理查德·J. 史密斯：《西北与沿海的军事挑战》，见［73］

［470］Liu Shao-ch'i. *Collected works of Liu Shao-ch'i，1945—1957*. Hong Kong：Union Research Institute，1969.

    刘少奇：《刘少奇选集，1945—1957 年》

［471］Liu Shao-t'ang，and Ts'ung Wei-hsi. "Hsieh chen-shih-she-hui chu-i hsienshih chu-i ti sheng-ming ho-hsin"（Write the truth-the living core of socialist realism）. *Wen-i hsueh-hsi*，1（1957），17.

    刘绍棠、从维熙：《写真实——社会主义现实主义的生命核心》

［472］Liu Sui-nien. "'T'iao-cheng kung-ku ch'ung-shih t'i-kao' pa-tzu fang-chen ti t'i-ch'u chi chih-hsing ch'ing-k'uang"（The proposal and implementation of the eight-character policy of readjustment，consolidation，filling-out，and raising standards）. *Tang-shih yen-chiu*（Research on Party history），1980. 6，21—33.

    柳随年：《"调整、巩固、充实、提高"八字方针的提出及执行情况》

[473] Liu Sui-nien, ed. *Liu-shih nien-tai kuo-min ching-chi t'iao-cheng ti hui-ku* (Recalling the readjustment of the economy in the 1960s). Peking: Finance and Economics Publishing House, 1982.

柳随年编:《六十年代国民经济调整的回顾》

[474] Liu Ta-chung and Yeh Kung-chia. *The economy of the Chinese mainland: National income and economic development 1933－1959*. Princeton, N. J. : Princeton University Press, 1965.

刘大中、叶孔嘉:《中国大陆的经济:1933－1959 年的国民收入和经济发展》

[475] Lo Feng. "Hai-shih tsa-wen ti shih-tai" (Still a period of *tsa-wen*) *CFJP*. March 12, 1942.

洛风:《还是杂文的时代》,见[126]

[476] Lo Hui-min, ed. *The correspondence of G. E. Morrison*. vol. 1(1895－1912); vol. 2(1913－1920). Cambridge, Eng. : Cambridge University Press, 1976.

罗惠民编:《莫理循通讯集》

[477] Lo Keng-mo. "Kuan-yü wo-kuo chi-hua ching-chi ti hsing-ch'eng chi ch'i fa-chan ti ch'ü-che kuo-ch'eng ti fen-hsi" (An analysis of the formation of China's planned economy and its course of development). *Ching-chi yen-chiu* (Economic research), 2(1981)37－45.

骆耕漠:《关于我国计划经济的形成及其发展的曲折过程的分析》

[478] Lofstedt, Jan-Ingvar. *Chinese educational policy: Changes and contradictions, 1949 － 1979*. Stockholm: Almqvist and Wiksell International, 1980; Atlantic Highlands, N. J. : Humanities Press, 1980.

简·英格瓦·洛夫斯特:《中国的教育政策:改革与矛盾,1949－1979 年》

[479] Loh, Robert, with Humphrey Evans. *Escape from Red China*. New York: Coward-McCann, 1962.

罗伯特·罗、汉弗莱·埃文斯:《逃出红色中国》

[480] London, Kurt, ed. *Unity and contradiction: Major aspects of Sino-Soviet relations*. New York: Praeger, 1962.

库尔特·伦敦编:《一致与矛盾:中苏关系的主要方面》

[481] Lowenthal, Richard. "Development vs. Utopia in Communist policy," in Chalmers Johnson, ed. ,*Change in Communist systems*, 33－116.

理查德·洛温撒尔:《共产党政策中发展与空想的对立》

[482] Lu Hsun. *Lu Hsun ch'üan-chi* (Complete works of Lu Hsun). 10 vols. Peking:人民文学出版社,1956. Cited as *LHCC*.

鲁迅:《鲁迅全集》

[483] Lu Hsun. "Ta Hsu Mao-yung kuan-yü k'ang-Jih t'ung-i chan-hsien wen-t'i" (A rejoinder to Hsu Mao-yung concerning the united front against the Japanese). *Lu Hsun ch'üan-chi*. 6. 428—441.

鲁迅:《答徐懋庸关于抗日统一战线问题》

[484] Lu K'an-ju. "Hu Shih fan-tung ssu-hsiang kei-yü ku-tien wen-hsueh yen-chiu ti tu-hai" (The poisonous harm of Hu Shih's reactionary thought to the study of classical literature). *Wen-i pao*,21(1954),4—5.

陆侃如:《胡适反动思想给予古典文学研究的毒害》

[485] Lu Ting-i. "Education and culture in New China." *People's China*,8(16 April 1950).

陆定一:《新中国的教育和文化》

[486] Lubman, Stanley. "Mao and mediaton:Politics and dispute resolutions in Communist China," *California Law Review*, 55. 5 (November 1967). 1284—1359.

斯坦利·卢布曼:《毛与仲裁:共产党中国的政治斗争与争论的解决》

[487] "Lung Yun tai-piao ti fa-yen" (Remarks by delegate Lung Yun). *Chung-hua jen-min kung-ho-kuo ti-i-chieh ch'üan-kuo jen-min tai-piao ta-hui ti-ssu-tz'u hui-i hui-k'an* (Minutes of the fourth session of the First National People's Congress of the Peoples's Republic of China). Peking:Jen-min, 1957.

《龙云代表的发言》,载《中华人民共和国第一届全国人民代表大会第四次会议汇刊》

[488] Ma Hung,and Sun Shang-ch'ing,eds. *Chung-kuo ching-chi chieh-kou wen-t'i yen-chiu* (Research on problems in China's economic structure). Peking:Jen-min, 1981.

马洪、孙尚清编:《中国经济结构问题研究》

[489] Ma Nan-ts'un(Teng T'o). *Yen-shan yeh-hua* (Evening talks at Yenshan). Peking:北京出版社,1963 and 1979.

马南邨(邓拓):《燕山夜话》

[490] Ma Yin-ch'u. *Ma Yin-ch'u ching-chi lun-wen hsuan-chi* (Selected economic essays of Ma Yin-ch'u). 2 vols. Peking:北京大学出版社,1981.

马寅初:《马寅初经济论文选集》

[491] Ma Yin-ch'u. "Lien-hsi Chung-kuo shih-chi lai t'an-t'an tsung-ho p'ing-heng li-lun ho an pi-li fa-chan kuei-lü"(A discussion of the theory of comprehensive balance and the law of planned proportionate development as it relates to Chinese reality). *Jen-min jih-pao*, 28 and 29 December 1956. Reprinted in *Ma Yin-ch'u ching-chi lun-wen hsuan-chi*, 2. 121—44.

马寅初:《联系中国实际来谈谈综合平衡理论和按比例发展规律》

[492] Ma Yin-ch'u. "Lien-hsi Chung-kuo shih-chi lai tsai t'an-t'an tsung-ho p'ing-heng li-lun ho an pi-li fa-chan kuei-lü"(A further discussion of the theory of comprehensive balance and the law of planned, proportionate development as it relates to Chinese reality.) *Jen-min jih-pao*(11 and 12 May 1957). Reprinted in Ma Yin-ch'u,*Ma Yin-ch'u ching-chi lun-wen hsuan-chi*,2. 145—69.

马寅初:《联系中国实际来再谈谈综合平衡理论和按比例发展规律》

[493] MacFarquhar,Roderick. *The Hundred Flowers Campaign and the Chinese intellectuals*. New York:Praeger, 1960;Octagon,1973.

罗德里克·麦克法夸尔:《百花运动和中国的知识分子》

[494] MacFarquhar, Roderick. *Sino-American relations, 1949 — 1971*. New York:Praeger,1972.

罗德里克·麦克法夸尔:《中美关系,1949—1971 年》

[495] MacFarquhar,Roderick. *The origins of the Cultural Revolution, 1:Contradictions among the people 1956 — 1957*. London:Oxford University Press; New York:Columbia University Press,1974.

罗德里克·麦克法夸尔:《文化革命的起源》,第 1 卷,《1956—1957 年的人民内部矛盾》

[496] MacFarquhar, Roderick. *The origins of the Cultural, Revolution, 2: The Great Leap Forward 1958 — 1960*. London:Oxford University Press;New York:Columbia University Press,1983.

罗德里克·麦克法夸尔:《文化革命的起源》,第 2 卷,《1958—1960 年的"大跃进"》

［497］ MacFarquhar, Roderick. "Aspects of the CCP's Eighth Congress (first session)." University Seminar on Modern East Asia: China, Columbia University, February 19, 1969.

　　罗德里克·麦克法夸尔:《中国共产党第八次代表大会（第一次会议)的几个方面》

［498］ Mackerras, Colin. *Amateur theatre in China, 1949 — 1966.* Canberra: Australian National University Press, 1973.

　　科林·麦克拉斯:《中国的业余戏剧, 1949—1966 年》

［499］ Mackerras, Colin. "Chinese opera after the Cultural Revolution (1970 — 1972)," *CQ*, 55 (July-September 1973), 478—510.

　　科林·麦克拉斯:《文化革命后的京剧(1970—1972 年)》, 见［133］

［500］ Mackintosh, J. M. *Strategy and tactics of Soviet foreign policy.* London: Oxford University Press, 1962.

　　J. M. 麦金托什:《苏联对外政策的战略与策略》

［501］ *Mainichi shimbun.* Tokyo: 1872—

　　《每日新闻》

［502］ Mao Tse-tung. *Selected works of Mao Tse-tung.* Peking: Foreign Languages Press. Vols. 1—3, 1965; 4, 1961; 5, 1977. Cited as Mao, *SW*.

　　毛泽东:《毛泽东选集》(英文版)

［503］ Mao Tse-tung. *Hsuan-chi* (Selected works). Peking: Jen-min. vols. 1-4, 1960; vol. 5, 1977. Cited as *MTHC*.

　　毛泽东:《毛泽东选集》

［504］ Mao Tse-tung. *Socialist upsurge in China's countryside.* Peking: Foreign Languages Press, 1957.

　　毛泽东:《中国农村的社会主义高潮》

［505］ Mao Tse-tung. *Four essays on philosophy.* Peking: Foreign Languages Press, 1966.

　　毛泽东:《四篇哲学论文》

［506］ *Mao Tse-tung ssu-hsiang wan-sui* (Long live Mao Tse-tung Thought). Np.: No pub., 1967. Cited as *Wan-sui* (1967).

　　《毛泽东思想万岁》(1967 年)

［507］ *Mao Tse-tung ssu-hsiang wan-sui* (Long live Mao Tse-tung Thought). Np.:

No pub. ,1969,Cited as *Wan-sui*(1969).

《毛泽东思想万岁》(1969 年)

[508] Mao Tse-tung. *Miscellany of Mao Tse-tung Thought*（*1949 － 1968*）. 2 vols. Arlington,Va. :Joint Publications Research Service,Nos. 61269－1 and 2,February 1974.

毛泽东:《毛泽东思想杂集(1949－1968 年)》

[509] Mao Tse-tung. "Opening address at the Eighth National Congress of the Communist Party of China"(15 September 1956). *Eighth National Conress of the Communist Party of China*. Vol. 1: *Documents*,5－11. Peking:Foreign Languages Press,1956.

毛泽东:《在中国共产党第八次全国代表大会上的开幕词》(1956 年 9 月 15 日)

[510] Mao Tse-tung. "Sheng-shih-wei shu-chi hui-i tsung-chieh"(Summing up at a meeting of provincial and municipal committee secretaries)(January 1957). *Wan-sui*(1969),81－90.

毛泽东:《省市委书记会议总结》(1957 年 1 月),见[507]

[511] Mao Tse-tung. "Tsai Ch'eng-tu hui-i-shang-ti chiang-hua"（Talks at the Chengtu Conference)(March 1958). *Wan-sui*(1969),159－180.

毛泽东:《在成都会议上的讲话》(1958 年 3 月),见[507]

[512] Mao Tse-tung. "Tsai pa-chieh shih-chung ch'uan-hui-shang-ti chiang-hua" (Address at the Tenth Plenum of the Eighth Central Committee)(24 September 1962). *Wan-sui*(1969),430－436.

毛泽东:《在八届十中全会上的讲话》(1962 年 9 月 24 日),见[507]

[513] Mao Tse-tung. "Chien-li kung-ku ti tung-pei ken-chü-ti"(Build stable base areas in the Northeast)(28 December 1945). *MTHC*,4. 1177－1180.

毛泽东:《建立巩固的东北根据地》(1945 年 12 月 28 日),见[503]

[514] Mao Tse-tung. "Lun jen-min min-chu chuan-cheng: chi-nien Chung-kuo kung-ch'an-tang erh-shih-pa chou-nien"(On the people's Democratic Dictatorship: In commemoration of the 28th anniversary of the Chinese Communist Party). *MTHC*,4. 1473－1486.

毛泽东:《论人民民主专政——纪念中国共产党二十八周年》,见[503]

[515] Mao Tse-tung. "Tsai Chung-kuo Kung-ch'an-tang ti-ch'i-chieh chung-yang

wei-yuan-hui-ti-erh-tz'u ch'üan-t'i hui-i-shang-ti pao-kao" (Report to the second Plenum of the Seventh Central Committee of the Chinese Communist Party)(5 March 1949). *MTHC*,4. 1425—1440.

毛泽东:《在中国共产党第七届中央委员会第二次全体会议上的报告》(1949 年 3 月 5 日),见[503]

[516] Mao Tse-tung. "Tsai hsin cheng-chih hsieh-shang- hui-i ch'ou-pei-hui-shang-ti chiang-hua"(Address at the preliminary meeting of the new Political Consultative Conference)(15 June 1949). *MTHC*,4. 1467—1471.

毛泽东:《在新政治协商会议筹备会上的讲话》(1949 年 6 月 15 日),见[503]

[517] Mao Tse-tung. "Tsai Chung-kung chung-yang chao-k'ai ti kuan-yü chih-shih fen-tzu wen-t'i hui-i-shang-ti chiang-hua"(Speech at the Conference on the Question of Intellectuals convened by the CCP Central Committee)(20 January 1956). *Wan-sui*(1969), 28—34.

毛泽东:《在中共中央召开的关于知识分子问题会议上的讲话》(1956 年 1 月 20 日),见[507]

[518] Mao Tse-tung. "Tsai Shang-hai shih ko-chieh jen-shih hui-i-shang-ti chiang-hua"(Speech at the Conference of All Circles in Shanghai Municipality)(8 July 1957). *Wan-sui*(1969),109—121.

毛泽东:《在上海市各界人士会议上的讲话》(1957 年 7 月 8 日),见[507]

[519] Martin, R. Montgomery. *China*:*Political, commercial and social.* 2 vols. London:James Madden,1847.

R. 蒙哥马利·马丁:《中国的政治、商业和社会》

[520] Mathews,Jay and Linda. *One billion*:*A China chronicle.* New York:Random House,1983.

杰伊和林达·马修斯:《十亿:一部中国的编年史》

[521] May,Ernest R. *"Lessons"of the past*: *The use and misuse of hisotry in American foreign policy.* New York: Oxford University Press,1973.

欧内斯特·R. 梅:《过去的"教训":美国外交政策中对历史的利用和误用》

[522] McDougall, Bonnie S. *Popular Chinese literature and performing arts in the People's Republic of China , 1949 — 1979.* Berkeley: University of Cali-

fornia Press，1984.

邦尼·S.麦克杜格尔：《中华人民共和国的通俗文学和表演艺术，1949－1979 年》

[523] McLane, Charles B. *Soviet policy and the Chinese Communists, 1931－1946*. New York：Columbia University Press. 1958.

查尔斯·B.麦尔莱恩：《苏联的政策和中国共产党人，1931－1946 年》

[524] McMillen, Donald H. *Chinese Communist power and policy in Xinjiang, 1949－1979*. Boulder, Colo. ：Westview,1979.

唐纳德·H.麦克米伦：《中共在新疆的政权与政策，1949－1977 年》

[525] Meadows, Thomas Taylor. *The Chinese and their rebellions, viewed in connection with their national philosophy, ethics, legislation, and administration*. London：Smith, Elder,1856；Stanford, Calif. ：Academic Reprints,1953.

密迪乐：《中国人及其叛乱：联系他们的国家学说、伦理观、法规和施政考察》

[526] Meisner, Maurice. *Mao's China：A history of the People's Republic*. New York：The Free Press,1977.

莫里斯·迈斯纳：《毛的中国：人民共和国史》

[527] Metzger, Thomas A. *The internal organization of Ch'ing bureaucracy：Legal, normative and communication aspects*. Cambridge, Mass. ：Harvard University Press,1973.

托马斯·A.梅茨格：《清代官僚政治的内部组织：法律、规范和通讯诸方面》

[528] Metzger, Thomas A. "Eisenstadt's analysis of the relations between modernization and tradition in China." *Li-shih hsueh-pao*. 12（June 1984），344－418.

托马斯·A.梅茨格：《艾森施塔特对中国的现代化和传统之间的关系的分析》

[529] Michael, Franz. *Mao and the perpetual revolution*. Woodbury, N. Y. ：Barron's,1977.

弗朗兹·迈克尔：《毛与不断革命》

[530] Ministry of Agriculture Policy Research Office *Chung-kuo nung-yeh ching-chi kai-yao*（An outline of agricultural economics in China）. Peking：农业出

版社,1982.

农业部政策研究室:《中国农业经济概要》

[531] Miyazaki Ichisada. *China's examination bell: The civil service examinations of imperial China.* Trans. Conrad Schirokauer. New York: Weatherhill, 1976;paperback,New Haven Conn. : Yale University Press,1981.

宫崎市定:《中华帝国的文官考试》(康拉德·希罗考尔英译)

[532] *Modern China: An international quarterly of history and social science.* Quarterly. Beverly Hills,Calif. :Sage publications,1975—

《现代中国:历史和社会科学国际季刊》

[533] Mosher, Steven. *Broken earth: The rural Chinese.* New York: The Free Press,1983.

斯蒂文·莫舍:《破碎的大地:农村的中国人》

[534] Mote,Frederick,"Political structure,"in Gilbert Rozman,ed. ,*The modernization of China.* 47—106.

牟复礼:《政治结构》

[535] Mozingo,David. *Chinese policy toward Indonesia: 1949 — 1967.* Ithaca,N. Y. :Cornell University Press. 1976.

戴维·莫辛戈:《中国对印度尼西亚的政策,1949—1967 年》

[536] Murphey,Rhoads. *The outsiders: The Western experience in India and China.* Ann Arbor:University of Michigan Press,1977.

罗兹·墨菲:《外来人:西方在印度和中国的经验》

[537] Nagai Yōnosuke and Iriye Akira,eds. *The origins of the cold war in Asia.* Tokyo: University of Tokyo Press;New York:Columbia University Press, 1977.

入江昭编:《亚洲冷战的起源》

[538] Nakajima Mineo. *Gendai Chūgoku ron: ideorogi to seiji no naiteki kōsatsu* (On contemporary China: the internal dynamics of its ideology and politics). Tokyo:Aoki Shoten,1964,expanded edition,1971.

中嶋岭雄:《论当代中国:它的意识形态和政治的内部动力》

[539] Nakajima Mineo. *Chū-So tairitsu to gendai: sengo Ajia no saikōsatsu*(The Sino-Soviet confrontation and the present age: Reappraisal of postwar Asia). Tokyo:Chūō kōron sha,1978.

中嶋岭雄:《中苏的对抗和今天的时代:战后亚洲的再评价》

[540] Nakajima Mineo. *Chūgoku: rekishi, shakai, kokusaikankei*(China: History, society and international relations). Tokyo:Chūō kōron sha,1982.

中嶋岭雄:《中国:历史、社会和国际关系》

[541] Nakajima,Mineo. "The Kao Kang affair and Sino-Soviet relations. "*Review*. Tokyo:Japanese Institute of International Affairs,March 1977.

中嶋岭雄:《高岗事件和中苏关系》

[542] Nakajima,Mineo. "The Sino-Soviet confrontation: Its roots in the international background of the Korean War. "*The Australian Journal of Chinese Affairs*,1(January 1979),19—47.

中嶋岭雄:《朝鲜战争国际背景中的中苏对抗的根源》

[543] *Nan-fang jih-pao*(Southern daily)Canton:23 October 1949—

《南方日报》

[544] Nathan,Andrew J. *Chinese democracy*. New York:Knopf,1985.

安德鲁·J. 内森:《中国的民主》

[545] Nathan,Andrew. "A factionalism model for Chinese Communist Party politics,"*CQ*,53(January-March 1973),1—33.

安德鲁·内森:《中国共产党政治的一个宗派主义典型》,见[133]

[546] Nathan,Andrew,and Winckler,Edwin. "Policy oscillations in the PRC:Critique and reply. "*CQ*,68 (December 1976),720—750.

安德鲁·内森、埃德温·温克勒:《中华人民共和国的政策摇摆:批评与答复》,见[133]

[547] National Security Council. *NSC Papers*. Washington,D. C. :U. S. National Archives.

国家安全委员会:《国家安全委员会文件集》

[548] Nee, Victor, and Mozingo,David, eds. *State and society in contemporary China*,Ithaca,N. Y. :Cornell University Press,1983.

维克多·倪、戴维·莫津戈编:《当代中国的国家与社会》

[549] Nelsen,Harvey W. *The Chinese military system:An organizational study of the People's Liberation Army*,2nd ed. Boulder,Colo. :Westview,1981.

哈维·W. 内尔森:《中国的军事制度:人民解放军体制的研究》

[550] New China News Agency. *Daily News Release*. Hong Kong:1948—Cited

NCNA.

　　新华社:《每日新闻发布》

[551] *News from Chinese provincial radio stations.* Hong Kong：United King-
dom Regional Information Office,various dates,1960s.

　　《中国省级广播电台新闻》

[552] Nieh,Hualing. *Literature of the Hundred Flowers.* 2 vols. New York:Co-
lumbia University Press,1981.

　　聂华苓:《百花文学》

[553] Nivison,David S. "Communist ethics and Chinese tradition," *JAS* 16. 1
(Novemer 1956),51—74.

　　戴维・S. 尼维森:《共产党的伦理学与中国传统》

[554] Nunn, G. Raymond, comp. *Chinese periodicals, international holdings,
1949—1960.* 3 vols. Ann Arbor,Mich:Association for Asian Studies,1961.

　　G. 雷蒙德・纳恩编:《国际收藏的中国定期刊物,1949—1960 年》

[555] Oksenberg,Michel C. "Policy formulation in communist China:The case of
the mass irrigation campaign,1957—1958."Columbia University,Ph. D. dis-
sertation. 1969.

　　米歇尔・C. 奥克森伯格:《共产党中国的政策的明确表述:群众灌溉运动
问题,1957—1958 年》

[556] Oksenberg, Michel C. , with Bateman, Nancy, and Anderson, James B. ,
comps. *A bibliography of secondary English-language literature on con-
temporary Chinese politics.* New York:Columbia University,East Asian In-
stitute,1969.

　　米歇尔・奥克森伯格、南希・贝特曼、詹姆斯・B. 安德森编:《当代中国
政治的第二手英文文献书目》

[557] Oksenberg,Michel. "Methods of communication within the Chinese bureauc-
racy," *CQ*,57(January-March 1974),1—39.

　　米歇尔・奥克森伯格:《中国官僚机构内部的联络方法》,见[133]

[558] Oldham,Geoffrey. "Science in China:A tourist's impression," *Science*,147.
3659(February 1965),706—714.

　　杰弗里 ・奥尔德姆:《中国的科学:一个旅游者的印象》

[559] Organization for Economic Cooperation and Development,Development Cen-

ter, *National accounts of less-developed countries. 1950 — 1966*. Paris：OECD,1968.

发展中心经济合作和发展组织:《较不发达国家的国民收入:1950—1966年》

[560] Orleans,Leo A. *Professional manpower and education in Communist China*. Washington,D. C. :Library of Congress,1960.

利奥·A. 奥林斯:《共产党中国的专业人才与教育》

[561] Pannikar,K. M. *In two Chinas*. London：Allen & Unwin,1955.

K. M. 潘尼卡:《在两个中国》

[562] Parish, William, ed. *Problems in China's rural development：Evolving issues*. Forthcoming.

威廉·帕里什编:《中国农村发展的难题:发展中的争论》

[563] Parish,William L. ,and Whyte,Martin King. *Village and family in contemporary China*. Chicageo：University of Chicago Press,1978.

威廉·L. 帕里什、马丁·金·怀特:《当代中国的农村和家庭》

[564] Pauley,Edwin W. *Report on Japanese assets in Manchuria to the President of the United States*. Washington,D. C. :U. S. Government Printing Office,1946.

埃德温·W. 波利:《关于日本在东北的资产对美国总统的报告》

[565] Peck,Graham. *Two kinds of time*. Boston：Houghton Mifflin,1950. Second edition,rev. and abridged,with a new introduction by John K. Fairbank. Boston：：Houghton Mifflin(Sentry),1967.

格雷厄姆·佩克:《两种时代》

[566] *Pei-ching jih-pao*(Peking daily). Peking：1 October 1952(suspended 3 September 1966,resumed 20 January 1967)—

《北京日报》

[567] *Pei-ching t'u-shu-kuan kuan-ts'ang pao-chih mu-lu* (Catalogue of newspaper holdings at the Peking Library). Peking：书目文献出版社(Catalogue and Document Press),1982.

《北京图书馆馆藏报纸目录》

[568] *Peking Review*. Peking：1958—. (From January 1979,*Beijing Review*.)

《北京周报》

[569] [P'eng Te-huai]. *The case of P'eng Te-huai, 1959－1968*. Hong Kong：U-nion Research Institute,1968.

《彭德怀事件,1959－1968 年》

[570] P'eng Te-huai. *P'eng Te-huai tzu-shu*（P'eng Te-huai's own account）. Pe-king：Jen-min,1981. Translated as *Memoirs of a Chinese marshal*. Peking：Foreign Languages Press,1984.

彭德怀:《彭德怀自述》(英译本名《一个中国元帅的回忆录》)

[571] Pennar,Jaan,et al. *Modernization and diversity in Soviet education*. New York：Praeger,1971.

简·彭纳等:《苏联教育的现代化和多样性》

[572] *People's China*. Semi-monthly. Peking：1950－1957. Cited as *PC*.

《人民中国》

[573] People's Publishing House. Jen-min ch'u-pan-she.

人民出版社

[574] Pepper,Suzanne. *Civil War in China：The political struggle,1945－1949*. Berkeley：University of California Press,1978.

苏珊娜·佩珀:《中国的内战:1945－1949 年的政治斗争》

[575] Pepper, Suzanne. *China's universities：Post-Mao enrollment policies and their impact on the structure of secondary education：a research report*. Ann Arbor：Center for Chinese Studies,University of Michigan,1984.

苏珊娜·佩珀:《中国的大学:毛泽东以后的入学政策及其对中等教育结构的影响——一份研究报告》

[576] Pepper. Suzanne. "China's universities：new experiments in Socialist democ-racy and administrative reform-a research report." *Modern China*,8:2（April 1982）,147－204.

苏珊娜·佩珀:《中国的大学:社会主义民主和行政改革的新经验——一份研究报告》

[577] Perkins,Dwight. *Market control and planning in Communist China*. Cam-bridge,Mass. ：Harvard University Press,1966.

德怀特·珀金斯:《共产党中国的市场管理与计划》

[578] Perkins,Dwight H. *Agricultural development in China,1368－1968*. Chi-cago：Aldine,1969.

德怀德·H.珀金斯:《1368—1968年中国农业的发展》

[579] Perkins,Dwight. "Growth and changing structure of China's twentieth century economy,"in *China's modern economy in historical perspective*,115—165.

德怀德·珀金斯:《20世纪中国经济的增长和结构变化》

[580] Perkins,Dwight H. , ed. *China's modern economy in historical perspective*. Stanford,Calif. Stanford University Press,1975.

德怀德·H.珀金斯编:《从历史角度看中国的现代经济》

[581] Perry,Elizabeth J. "Rural violence in socialist China."*CQ*, 103（September 1985）,414—440.

伊丽莎白·J.佩里:《社会主义中国的农村暴力行为》,见[133]

[582] Po I-po. "Kuan-yü 1958 nien-tu kuo-min ching-chi chi-hua ts'ao-an ti pao-kao"（Report on the draft of the 1958 national economic plan）,in *Jen-min shou-ts'e*,*1959*（People's handbook,1959）. Peking:Ta-kung pao,1959.

薄一波:《关于一九五八年度国民经济计划草案的报告》

[583] Po I-po. "Ch'ung-ching ho huai-nien-hsien-kei tang tan-sheng ti liu-shih chou-nien"（Respect and remembrance-marking the sixtieth anniversary of the founding of the Chinese Communist Party）. *Hung-ch'i*（Red flag）,13（1981）,60—67.

薄一波:《崇敬和怀念——献给党诞生的六十周年》

[584] Polachek,James. *The inner Opium War*. Forthcoming.

詹姆斯·波拉切克:《国内的鸦片战争》

[585] Pollack,Jonathan. "Perception and process in Chinese foreign policy:The Quemoy decision."University of Michigan,Ph. D. dissertation,1976.

乔纳森·波拉克:《中国外交政策中的观念和方法:金门决策》

[586] *Population and Development Review*. Quarterly. New York:Population Council,Center for Policy Studies. 1975—

《人口和发展评论》

[587] Powell, Ralph L. *Politico-military relationships in Communist China*. Washington,D. C. :U. S. Department of State, Bureau of Intelligence and Research,1963.

拉尔夫·L.鲍威尔:《共产党中国的军政关系》

[588] Price, Ronald F. *Education in Communist China*. London: Routledge and Kegan Paul, 1970. 2nd ed. published under the title *Education in modern China*. London: Routledge & Kegan Paul, 1979.

罗纳德·F. 普赖斯:《共产党中国的教育》(第 2 版改名《现代中国的教育》)

[589] Price, Ronald F. *Marx and education in Russia and China*. London: Croom Helm, 1977.

罗纳德·F. 普赖斯:《马克思与俄国和中国的教育》

[590] Pusey, James R. *Wu Han: Attacking the present through the past*. Cambridge, Mass.: East Asian Research Center, Harvard University, 1969.

詹姆斯·R. 普西:《吴晗:借古非今》

[591] Pusey, James R. *China and Charles Darwin*. Cambridge, Mass.: Council on East Asian Studies, Harvard University, 1983.

詹姆斯·R. 普西:《中国和达尔文》

[592] Pye. Lucian. *The spirit of Chinese politics: A psychocultural study of the crisis in political development*. Cambridge, Mass.: The MIT Press, 1968.

卢西恩·派伊:《中国人的政治精神:政治发展中的危机的心理文化研究》

[593] Pye, Lucian W. *The dynamics of factions and consensus in Chinese politics: A model and some propositions*. Santa Monica, Calif.: Rand, July 1980.

卢西恩·W. 派伊:《党派的动力和中国政治中的一致性:一种模式和几种主张》

[594] Pye, Lucian. *The dynamics of Chinese ploitics*. Cambridge, Mass.: Oelgeschlager, Gunn & Hain, 1981.

卢西恩·派伊:《中国政治的动力》

[595] Pye, Lucian. "China in context," *Foreign Affairs*, 45. 2 (January 1967) 229—245.

卢西恩·派伊:《一定条件下的中国》

[596] Pye, Lucian W. , with Pye, Mary W. , *Asian power and politics: The cultural dimensions of authority*. Cambridge, Mass.: Belknap Press of Harvard University Press, 1985.

卢西恩·W. 派伊、玛丽·W. 派伊:《亚洲的力量和政治:权力在文化方面

的表现》

[597] Ragvald, Lars. *Yao Wen-yuan as a literary critic and theorist: The emergence of Chinese Zhdanovism.* Stockholm: University of Stockholm, 1978.

拉斯·拉格瓦尔德:《作为文学评论家和理论家的姚文元:中国日丹诺夫主义的出现》

[598] Ragvald, Lars. "The emergence of 'worker-writers' in Shanghai," in Christopher Howe, ed. , *Shanghai: Revolution and development in an Asian metropolis*, 301—325.

拉斯·拉格瓦尔德:《上海"工人作家"的出现》

[599] Rankin, Mary B. , Fairbank, John K. , and Feuerwerker, Albert. "Introduction: Perspectives on modern China's hlstory," in *CHOC* 13. 1—73.

玛丽·B. 兰金、费正清、费维恺:《导言:对现代中国史的看法》,载《剑桥中国史》第 13 卷

[600] Rawski, Evelyn Sakakida. *Education and popular literacy in Ch'ing China.* Ann Arbor: University of Michigan Press, 1978.

伊夫林·萨卡基达·罗斯基:《中国清代的教育和民间识字状况》

[601] Rawski, Thomas G. *China's transition to industrialism: Producer goods and economic development in the twentieth—century.* Ann Arbor: University of Michigan Press, 1980.

托马斯·G. 罗斯基:《中国向工业化的过渡:20 世纪的生产资料和经济发展》

[602] Rawski, Thomas G. *China's republican economy: An introduction.* Discussion Paper No. 1. Toronto: University of Toronto, York University, Joint Centre on Modern East Asia, 1978.

托马斯·G. 罗斯基:《中华民国经济介绍》

[603] *Red Guard Publications.* 20 vols. Reprinted by Center for Chinese Research Materials, Association of Research Libraries, Washington, D. C. , 1975.

《红卫兵出版物》

[604] *Red Guard Publications: Supplement.* 8 vols. Reprinted by Center for Chinese Research Materials, Association of Research Libraries, Washington, D. C. , 1980.

《红卫兵出版物:补遗》

[605] Remer, C. F. *The foreign trade of China*. Shanghai: The Commercial Press. 1926.

    C. F. 雷默:《中国的对外贸易》

[606] Remer, C. F. *Foreign investment in China*. Honolulu: Institute of Pacific Relations, 1929.

    C. F. 雷默:《中国的外国投资》

[607] "Resolution on certain questions in the history of our Party since the founding of the People's Republic of China"(27 June 1981). *Beijing Review*, 27 (1981).

    《关于建国以来党的若干历史问题的决议》(1981 年 6 月 27 日)

[608] "Resolution on the Kao Kang-Jao Shu-shih anti-Party alliance"(March 1955). *CB*, 324(5 April 1955), 4—6.

    《关于高岗、饶漱石反党联盟的决议》(1955 年 3 月),见[735]

[609] Rhoads, Edward J. M. *China's republican revolution: The case of Kwangtung, 1895—1913*. Cambridge, Mass: Harvard University Press, 1975.

    爱德华·J. M. 罗兹:《中国的共和革命:广东情况,1895—1913 年》

[610] Rhode, Grant F., and Whitlock, Reid E. *Treaties of the People's Republic of China 1949—1978: An annotated compilation*. Boulder, Colo.: Westview Press, 1980.

    格兰特·F. 罗德、里德·E. 惠特洛克:《中华人民共和国条约汇编,1949—1978 年》

[611] Rice, Edward E. *Mao's way*. Berkeley: University of California Press, 1972.

    爱德华·E. 赖斯:《毛的道路》

[612] Richardson, S. D. *Forestry in Communist China*. Baltimore: Johns Hopkins University Press, 1965.

    S. D. 理查森:《共产党中国的林业》

[613] Richman, Barry. "Capitalists and managers in Communist China," *Harvard Business Review*, 45(January-February 1967), 57—78.

    巴里·里奇曼:《共产党中国的资本家和经理》

[614] Rickett, Allyn and Adele. *Prisoners of liberation*. New York: Cameron Associates, 1957.

    阿林和阿黛尔·里克特:《释放的俘虏》

[615] Ridgway, Matthew. *The Korean War*. Garden City, N. Y. , Doubleday, 1967.

马修·李奇微:《朝鲜战争》

[616] Ridley, Charles, Godwin, Paul, and Doolin, Dennis. *The making of a model citizen in Communist China*. Stanford, Calif. ; The Hoover Institution, 1971.

查尔斯·里德利、保罗·戈德曼、丹尼斯·杜林:《共产党中国培养模范公民》

[617] Robinson, Thomas W. , ed. *The Cultural Revolution in China*. A Rand Corporation Research Study. Berkeley, Los Angeles, London: University of California Press, 1971.

托马斯·W. 鲁宾逊编:《中国的文化革命》

[618] Roll, Charles, R. "The distribution of rural income in China." Harvard University, Ph. D. dissertation, 1974.

查尔斯·R. 罗尔:《中国农村收入的分配》

[619] Rosen, Stanley, *The role of sent-down youth in the Chinese Cultural Revolution; The case of Guangzhou*. Berkeley: Center for Chinese Studies, University of California, 1981.

斯坦利·罗森:《下乡青年在中国文化革命中的作用:广州实例》

[620] Rosen, Stanley. *Red Guard factionalism and the Cultural Revolution in Guangzhou*. Boulder, Colo. ; Westview Press, 1981.

斯坦利·罗森:《红卫兵的派性与广州的文化革命》

[621] Rostow, W. W. , et al. *The prospects for Communist China*. Cambridge, Mass. ; The MIT Press and Wiley, 1954.

W. W. 罗斯托等:《共产党中国的展望》

[622] Rostow, W. W. *The stages of economic growth*. Cambridge, Eng. ; Cambridge University Press, 1960; 2nd ed. New York: Norton, 1962.

W. W. 罗斯托:《经济发展诸阶段》

[623] Rozman, Gibert, ed. *The modernization of China*. New York: The Free Press; London; Collier-Macmillan, 1981.

吉尔伯特·罗兹曼编:《中国的现代化》

[624] Sayeed, Khalid B. "Pakistan and China," in A. M. Halpern, ed. , *Policies toward China; Views from six continents*, ch. 8, 229—361.

哈利德·B. 赛义德:《巴基斯坦与中国》

［625］ Scalapino, Robert A. , ed. *Elites in the People's Republic of China.* Seattle and London: University of Washington Press, 1972.

罗伯特·A. 斯卡尔皮诺编:《中华人民共和国精英人物》

［626］ Scalapino, R. A. , and Yu, George. *Modern China and its revolutionary process: Recurrent challenges to the traditional order 1850－1920.* Berkeley: University of California Press, 1985.

R. A. 斯卡尔皮诺、于之乔:《现代中国及其革命进程:对传统社会秩序的反复挑战,1850－1920 年》

［627］ Schein, Edgar H. "The Chinese indoctrination program for prisoners of war."*Psychiatry*, 19. 2(May 1956), 149－172.

埃德加·H. 斯凯恩:《中国人对战俘的灌输计划》

［628］ Schein, Edgar, with Schneier, Inge, and Barker, Curtis. *Coercive Persuasion.* New York: Norton, 1961.

埃德加·斯凯恩、英奇·施奈尔、柯蒂斯·巴克:《强制的劝说》

［629］ Schiffrin, Harold Z. *Sun Yat-sen: Reluctant revolutionary.* Boston: Little, Brown, 1980.

哈罗德·Z. 希夫林:《孙逸仙:顽强的革命家》

［630］ Schram, Stuart, *Mao Tse-tung.* Harmondsworth, Eng. : Penguin Books, 1967.

斯图尔特·施拉姆:《毛泽东》

［631］ Schram, Stuart R. *The political thought of Mao Tse-tune.* New York: Praeger, 1963; rev. and enlarged ed. , New York: Praeger, 1969.

斯图尔特·R. 施拉姆:《毛泽东的政治思想》

［632］ Schram, Stuart R. , ed. *Authority, participation and cultural change in China.* Cambridge, Eng. : Cambridge University Press, 1973.

斯图尔特·R. 施拉姆编:《中国的权力、参与和文化变化》

［633］ Schram, Stuart R. "Introduction: The Cultural Revolution in historical perspective," in Stuart Schram, ed. , *Authority. participation and cultural change in China* , 1－108.

斯图尔特·R. 施拉姆:《导言:从历史角度看文化革命》

［634］ Schram, Stuart R. , ed *Mao Tse-tung unrehearsed: Talks and letters , 1956－1971.* Middlesex, Eng. : Penguin Books, 1974. Published in the United States as *Chairman Mao talks to the people：talks and letters，1956－1971*. New York：Pantheon，1975.

斯图尔特·R. 施拉姆编:《毛泽东的讲话和信件,1956—1971 年》(美国版名《毛主席向人民讲话:讲话和信件,1956—1971 年》)

[635] Schram, Stuart R. , ed. *The scope of state power in China*. London：The School of Oriental and African Studies，University of London；Hong Kong：The Chinese University Press，The Chinese University of Hong Kong；New York：The Chinese University Press and St. Martin's Press. 1985.

斯图尔特·R. 施拉姆编:《中国国家权力的范围》

[636] Schram, Stuart. "'Economics in command?' Ideology and policy since the Third Plenum，1978－1984，"*CQ*，99(September 1984)，417－461.

斯图尔特·R. 施拉姆:《"经济挂帅"? 三中全会以来的意识形态与政策,1978—1984 年》,见[133]

[637] Schurmann, Franz H. *Ideology and organization in Communist China*. Berkeley and Los Angeles：University of California Press，1966；2nd enlarged ed. ，1968.

弗朗兹·H. 舒尔曼:《共产党中国的意识形态和组织》

[638] Schurmann. H. F. "Organizational contrasts between Communist China and the Soviet Unoin，"in Kurt London, ed. ，*Unity and Contradiction*，65－99.

H. F. 舒尔曼:《共产党中国和苏联之间的体制差异》

[639] Schwartz, Benjanin. *Chinese communism and the rise of Mao*. Cambridge, Mass. ：Harvard University Press 1951，1964.

许华茨:《中国的共产主义与毛的崛起》

[640] Schwartz, Benjamin I. *In search of wealth and power. Yen Fu and the West*. Cambridge，Mass：Belknap Press of Harvard University Press，1964.

许华茨:《寻求富强:严复与西方》

[641] Schwartz, Benjamin I. *Communism and China：Ideology in flux*. Cambridge，Mass. ；Harvard University Press，1968.

许华茨:《共产主义与中国:不断变动的意识形态》

[642] Schwartz，Benjamin. "On the 'originality' of Mao Tse-tung，"*Foreign Affairs*，34. 1(October 1955)，67－76.

许华茨:《论毛泽东的"创造性"》

[643] Schwatz, Benjamin. "The legend of the 'Legend of Maoism,'" *CQ*, 2 (April 1960), 35—42.

许华茨:《"毛主义传说"的传说》,见[133]

[644] Schwartz, Benjamin I. "The Chinese perception of world order," in John K. Fairbank, ed. , *The chinese World order*, 276—288.

许华茨:《中国人的世界秩序观念》

[645] Seagrave, Sterling. *The Soong dynasty*. New York: Harper & Row, 1985.

斯特林·西格雷夫:《宋家王朝》

[646] Selden, Mark. *The Yenan way in revolutionary China*. Cambridge, Mass. : Harvard University Press, 1971.

马克·塞尔登:《中国革命的延安道路》

[647] *Select papers from the Center for Far Eastern Studies*, Vol. 1 (1975—1976); Vol. 2 (1977—1978); Vol. 3 (1978—1979); Vol. 4 (1979—1980). Chicago: University of Chicago Press.

《远东研究中心论文选》。第 1 卷(1975—1976 年),第 2 卷(1977—1978 年),第 3 卷(1978—1979 年),第 4 卷 (1979—1980 年)

[648] Sen, A. K. *Poverty and famines: An essay on entitlement and deprivation.* Oxford: Oxford University Press, 1981.

A. K. 沈:《贫穷与饥荒:一篇关于权利与权利丧失的论文》

[649] Seybolt, Peter J. , ed. *Revolutionary education in China: Documents and commentary.* White Plains, N. Y. : International Arts and Sciences Press, 1973.

彼得·J. 西博尔德编:《中国的革命教育:文献和注释》

[650] Seybolt, Peter J. "The Yenan revolution in mass education." *CQ*, 48 (October—December 1971), 641—669.

彼得·J. 西博尔德:《群众教育中的延安革命》,见[133]

[651] Seymour, James. *The fifth modernization: China's human rights movement, 1978—1979*, Stanfordville, N. Y. : Human Rights Publishing Group, 1980.

詹姆斯·西摩:《第五个现代化:中国的人权运动,1978—1979 年》

[652] *Shang-hai wen-hsueh* (Shanghai literature). Monthly. (Superseded *Wen-i yueh-k'an*). Shanghai: October 1959-Decenber 1963).

《上海文学》(后改《文艺月刊》)

[653] Shao Ch'üan-lin. "Tou-cheng pi-hsu keng shen-ju" (The struggle must pene-
trate more deeply). *Wen-i pao*, 25(1957).

邵荃麟:《斗争必须更深入》

[654] Shao Yen-hsiang. "Ch'ü-ping ho k'u-k'ou" (To get rid of the illness and the
bitterness of medicine). *Wen-i hsueh-hsi*, 1(1957), 19—20.

邵燕祥:《去病和苦口》

[655] Sheridan, Mary. "The emulation of heroes," *CQ*. 33 (January-March 1968),
47—72.

玛丽·谢里登:《对英雄的仿效》,见[133]

[656] Shih, Bernadette P. N., and Snyder, Richard L. *Communist Chinese serials*.
Cambridge, Mass.: The MIT Libraties, 1963.

伯纳黛特·P. N. 史、理查德·L. 斯尼德:《共产党中国的期刊》

[657] Shih Ching-t'ang et al., eds. Chung-kuo nung-yeh ho-tso-hua yun-tung shih-
liao (Historical materials on China's cooperatization movement). Peking:三
联书店, 1957.

史敬棠等编:《中国农业合作化运动史料》

[658] Shillinglaw, Geoffrey. "Land reform and peasant mobilization in Southern
China 1947—1950," in David Lehmann, ed., *Agrarian reform and agrari-
an reformism*, 121—155.

杰弗里·希林劳:《中国南部的土地改革与农民动员:1947—1950 年》

[659] Shinobu Seizaburō. *Chōsen sensō no boppatsu* (The outbreak of the Korean
War). Tokyo: Fukumura shuppan, 1969.

信夫清三郎:《朝鲜战争的爆发》

[660] Shirk, Susan L. *Competitive comrades: Career incentives and student strate-
gies in China*. Berkeley: University of California Press, 1982.

苏珊·L. 舍克:《竞争的同志:中国的职业性刺激与学生的策略》

[661] Shirk, Susan. "The 1963 temporary work regulations for full-time middle
and primary schools: commentary and translation." *CQ*. 55, (July-September
1973), 511—546.

苏珊·舍克:《1963 年全日制中小学暂行工作条例:注释及翻译》,见
[133]

[662] Shue, Vivienne. *Peasant China in transition : The dynamics of development toward socialism. 1949 — 1956.* Berkeley: University of California Press, 1980.

维维恩·舒:《过渡中的农民的中国:向社会主义发展的动力,1949 —1956 年》

[663] Simmons, Robert R. *The strained alliance : Peking, P'yŏngyang, Moscow, and the politics of the Korean Civil War.* New York: The Free Press, 1975; London: Collier-Macmillan, 1975.

罗伯特·R. 西蒙斯:《紧张的联盟:北京、平壤、莫斯科和朝鲜内战的政策》

[664] Sirr, Henry Charles, M. A. *China and the Chinese : Their religion. character, customs and manufactures ; the evils arising from the opium trade ; with a glance at our religious, moral, political and commercial intercourse with the country.* 2 vols. London: W. S. Orr, 1849.

亨利·查尔斯·西尔:《中国和中国人:他们的宗教、性格、风俗和产品;源于鸦片贸易的灾祸;略及我们与这个国家的宗教、思想、政治和商业的相互关系》

[665] Skinner, G. William. "Asian studies and the disciplines. " *Asian Studies Newsletter*, 29. 4(April 1984).

施坚雅:《亚洲研究和学科》

[666] Skinner, G. William. "Cities and the hierarchy of local systems," in G. William Skinner, ed. , *The city in late imperial China.* 275—351.

施坚雅:《城市和地方制度的等级》

[667] Skinner, G. William. "Marketing and social structure in rural China," *JAS,* Part I, 24. 1(November 1964), 3—43; Part II, 24. 2(February 1965), 195—228; Part III, 24. 3 (May 1965), 363—399.

施坚雅:《中国农村的集市和社会结构》

[668] Skinner, G. William ed. *The city in late imperial China.* Stanford, Calif. : Stanford University Press, 1977.

施坚雅编:《中华帝国晚期的城市》

[669] Skinner, G. William, et al. , eds. *Modern Chinese society : An analytical bibliography.* 3 vols. Stanford, Calif. : Stanford University Press, 1973.

施坚雅等编:《现代中国社会:有分析的书目》

[670] Smith, Richard J. *China's cultural heritage: The Ch'ing dynasty, 1644 —1912*. Boulder, Colo.: Westview Press, 1983.

理查德·J.史密斯:《清代的文化遗产》

[671] Snow, Edgar. *Red star over China*. New York: Random House, 1938; 1st rev. and enlarged ed. Grove Press, 1968; Bantam, 1978.

埃德加·斯诺:《红星照耀中国》(即《西行漫记》)

[672] Snow, Edgar. *The other side of the river: Red China today*. New York: Random House, 1961.

埃德加·斯诺:《大河彼岸:今日红色中国》

[673] Solinger, Dorothy J. *Regional government and political integration in Southwest China, 1949 — 1954; A case study*. Berkeley: University of California Press, 1977.

多萝西·J.索林格:《中国西南的地方政府和政治一体化, 1949—1954年:个案研究》

[674] Solomon, Richard. *Mao's revolution and the Chinese political culture*. Berkeley: University of California Press, 1971.

理查德·所罗门:《毛泽东的革命和中国的政治文化》

[675] Soong, James, *Red Flag, Hung ch'i, 1958 — 1968. A research guied*. Washington, D. C.: Center for Chinese Research Materials, Association of Research Libraries, 1969.

詹姆斯·宋:《〈红旗〉,1958—1968年:研究指南》

[676] Sorich, Richard, ed. *Contemporary China: A bibliography of reports on China published by the Joint Publications Research Service*. New York: Readex, 1961.

理查德·索里奇编:《当代中国:联合出版物研究服务处出版的关于中国的报导的书目》

[677] Spence, Jonathan D. *The Gate of Heavenly Peace: The Chinese and their revolution, 1895 — 1980*. New York: Viking, 1981.

乔纳森·D.斯宾士:《天安门:中国人及其革命, 1895—1980年》

[678] Spence, Jonathan D., and Wills, John E., Jr., eds. *From Ming to Ch'ing: Conquest, region, and continuity in seventeenth-century China*. New Haven,

Conn. : Yale University Press, 1979.

乔纳森·D. 斯宾士、小约翰·E. 威尔斯编:《从明到清:17 世纪中国的征服、区域和延续性》

[679] Starr, John Bryan. *Continuing the revolution*: *The political thought of Mao*. Princeton, N. J. : Princeton University Press, 1979.

约翰·布赖恩·斯塔尔:《继续革命:毛的政治思想》

[680] State Planning Commission. "Ch'u-pu yen-chiu ti kuan-yu ti-erh-ko wu-nien chi-hua ti jo-kan wen-t'i" (Certain issues in preliminary studies on the second Five-Year Plan).《计划经济》(Economic planning), 4(1957), 10—12.

国家计划委员会:《初步研究的关于第二个五年计划的若干问题》

[681] State Statistical Bureau. *Ten great years*. Peking: Foreign Languages Press, 1960.

国家统计局:《伟大的十年》

[682] "State Statistical Bureau Communiqué." *People's China*, 20(16 October 1955), *supplement*, 8.

《国家统计局公报》

[683] State Statistical Bureau. "Chung-kuo ching-chi t'ung-chi tzu-liao hsuan-pien" (A compilation of Chinese economic statistics), in Hsueh Mu-ch'iao, ed., *Chung-kuo ching-chi nien-chien 1982*. (Chinese economic yearbook 1982), 8. 1—8. 137.

国家统计局:《中国经济统计资料选编》

[684] Stavis, Benedict. *People's communes and rural development in China*. Ithaca, N. Y. : Rural Development Committee, Center for International Studies, Cornell University. Rev. ed. , 1977.

本尼迪克特·斯塔维斯:《中国的人民公社与农村发展》

[685] Stavis, Benedict. *The Politics of agricultural mechanization in China*. Ithaca, N. Y. : Cornell University Press, 1978.

本尼迪克特·斯塔维斯:《中国的农业机械化政策》

[686] Steiner, H. Arthur. "Current 'mass line' tactics in Communist China," *American Political Science Review*, 45. 2(June 1951), 422—436.

H. 阿瑟·斯坦纳:《共产党中国当前的"群众路线"策略》

[687] Stevenson, William. *The yellow wind*. Boston: Houghton Mifflin, 1959.

647

威廉·史蒂文森:《黄风》

[688] Strong, Anna Louise. "Chinese strategy in the Taiwan Strait." *New Times*. 46(November 1958),8—11.

安娜·路易斯·斯特朗:《中国在台湾海峡的战略》

[689] Suigo, Carlo. *In the land of Mao Tse-tung.* London: George Allen & Unwin,1953.

卡洛·休戈:《在毛泽东的土地上》

[690] Sun, E-tu Zen. "The rise of the academic community," in *CHOC.* 13. 361—420.

孙任以都:《中国学术团体的兴起》,见[73]

[691] Sun Ye-fang. "Chia-ch'iang t'ung-chi kung-tso, kai-ko t'ung-chi t'i-chih" (Strengthen statistical work, reform the statistical system).《经济管理》(Economic management),1981.1,3—5.

孙冶方:《加强统计工作,改革统计体制》

[692] Suttmeier, Richard P. *Research and revolution: Science policy and societal change in China.* Lexington, Mass., Toronto, London: Lexington Books 1974.

理查德·P.萨特梅尔:《研究与革命:中国的科学政策与社会变化》

[693] T'an Cheng. "Speech by Comrade T'an Cheng"(18 September 1956). *Eighth National Congress of the Communist Party of China.* Vol. 2: *Speeches.* 259—278.

谭政:《谭政同志发言》(1956年9月18日)

[694] Tang, Peter S. H. *Communist China today.* 2 vols. Washington, D. C. : Research Institute on the Sino-Soviet Bloc,1961.

彼得·S. H. 汤:《今日共产党中国》

[695] *Tang-shih yen-chiu* (Research on Party history). Peking: 1980— . Cited as *TSYC.*

《党史研究》

[696] T'ang Ching-kao, ed. *Ku Yen-wu wen* (Selected essays by Ku Yen-wu). Shanghai: Commercial Press (Shang-wu yin-shu-kuan),1928.

唐敬杲编:《顾炎武文》

[697] Tanigawa Michio, ed. *Chūgoku shitaifu kaikyū to chiiki shakai to no kankei*

ni tsuite no sōgōteki kenkyū(Studies on the relationship between the literati class and local society in China). Kyoto:Kyoto University Press,1983.

谷川道雄编:《中国士大夫阶级与地方社会之间关系的综合研究》

[698] Taylor,Charles. *Reporter in Red China*. New York:Random House,1966.

查尔斯·泰勒:《在红色中国的记者》

[699] Taylor, Robert. *Education and university enrollment policies in China, 1949－1971*. Canberra:Australian National University Press,1973.

罗伯特·泰勒:《中国的教育与大学招生的方针,1949－1978 年》

[700] Taylor, Robert. *China's intellectual dilemma : Politics and university enrollment, 1949 － 1978*. Vancouver: University of British Columbia Press, 1981.

罗伯特·泰勒:《中国知识分子的困境:政治与大学招生,1949－1978 年》。

[701] Teiwes,Frederick C. *Elite discipline in China :Coercive and persuasive approaches to rectification 1950 － 1953*. Canberra:Contemporary China Papers, 1978.

弗雷德里克·C. 泰韦斯:《中国精英人物的训练:整风的强迫与说服的方法,1950－1953 年》

[702] Teiwes,Frederick C. *Politics and purges in China : Rectification and the decline of Party norms 1950 － 1965*. White Plains, N. Y. ; M. E. Sharpe, 1979.

弗雷德里克·C. 泰韦斯:《中国的政治和清洗:1950－1965 年的整风和党的准则的衰败》

[703] Teiwes,Frederick C. 'Provincial politics in China:Themes and variations,' in John M. H. Lindbeck, ed. , *China:Management of a revolutionary society*,116－189.

弗雷德里克·C. 泰韦斯:《中国各省的政策:主题与变奏》

[704] *Teng Hsiao-p'ing wen-hsuan (Selected works of Teng Hsiao-p'ing)*. Peking:Jen-min,1983.

《邓小平文选》

[705] *Teng Hsiao-p'ing. Selected works of Deng Xiaoping（1975－1982）*. Beijing:Foreign Languages Press,1984.

邓小平：《邓小平文选（1975－1982年）》（英文版）

[706] Teng Hsiao-p'ing. "Report on the revision of the constitution of the Communist Party of China"(September 16,1956). *Eighth National Congress of the Communist Party of China*. Vol. 1：Documents,169－228. Peking：Foreign Languages Press,1956.

邓小平：《关于修改党的章程的报告》（1956年9月16日）

[707] Teng Li-ch'ün. *Hsiang Ch'en Yun t'ung-chih hsueh-hsi tso ching-chi kung-tso*(Study how to do economic work from Comrade Ch'en Yun). Peking：中共中央党校出版社,1981.

邓力群：《向陈云同志学习做经济工作》

[708] Teng,Ssu-yü,and Fairbank,John K. ,ed al. *China's response to the West：A documentary survey, 1839 － 1923*. Cambridge, Mass. ：Harvard University Press,1954；Atheneum paperback,1963,1965.

邓嗣禹、费正清等：《中国对西方的反应：1839－1923年文献概览》

[709] Teng Tsu-hui. "Tsai ch'üan-kuo ti-san-tz'u nung-ts'un kung-tso hui-i-shang ti k'ai-mu tz'u"(Inaugural speech at the third national rural work conference). *Tang-shih yen-chiu*(Research on party history),1981. 1,2－9.

邓子恢：《在全国第三次农村工作会议上的开幕词》

[710] *Theory and Society；renewal and critique in social theory*. Bi-monthly. Amsterdam：Elsevier Scientific Publishing Co. ,1974—

《理论与社会：社会理论的更新与评论》

[711] Thomas, S. B. *Government and administration in Communist China*. New York：International Secretariat,Institute of Pacific Relations,1953.

S. B. 托马斯：《共产党中国的政府与管理》

[712] Thornton,Richard C. *China：The struggle for power, 1917－1972*. Bloomington：Indiana University Press，1973.

理查德·C. 桑顿：《中国：为权力而斗争,1917－1972年》

[713] Thurston, Anne. "Victims of China's Cultural Revolution：The invisible wounds,"*Pacific Affairs*,Part I,57. 4(Winter 1984－1985),599－620, and Part II,58. 1(Spring 1985),5－27.

安妮·瑟斯顿：《中国文化革命的受害者：看不见的创伤》

[714] Thurston, Anne, and Parker, Jason, eds. *Humanistic and social science re-*

search in China. New York Social Science Research Council,1980.

安妮·瑟斯顿、贾森·派克编:《中国的人文主义的和社会科学的研究》

[715] Ting Ling. *Tao ch'ün-chung-chung ch'ü lo-hu*(Go into the dwellings of the masses). Peking:作家出版社,1954.

丁玲:《到群众中去落户》

[716] Ting Ling. "San-pa-chieh yu-kan"(Thoughts on March 8). *CFJP*,9 March 1942.

丁玲:《三八节有感》

[717] Ting,William. "Longitudinal study of Chinese military factionalism,"*Asian Survey*,19:8(August 1979),789—800.

威廉·丁:《中国军队宗派主义的纵向研究》

[718] Tōa Kenkyūjo,eds. *Iminzoku no Shina tōchi gaisetsu* (History of the rule of alien peoples over China). Tōkyo: Tōa Kenkyūjo,1943.

东亚研究所编:《异族统治中国史》

[719] Tong,James,ed. "Underground journals in China." *Chinese Law and Government*,Part I,13. 2—3(Fall-Winter 1980—1981),and Part II,14. 3(Fall 1981).

詹姆斯·佟(音)编:《中国的地下刊物》

[720] Townsend,James R. *Political participation in Communist China*. Berkeley: University of California Press,1967.

詹姆斯·R. 汤森德:《共产党中国的政治关系》

[721] Treadgold,Donald,ed. *Soviet and Chinese communism: Similarities and differences*. Seattle:University of Washington Press,1967.

唐纳德·特雷德戈尔德编:《苏联的共产主义与中国的共产主义:相似点与不同点》

[722] Tseng Chao-lun. "Higher education in new China," *People's China*,12(16 June 1953),6—10.

曾昭抡:《新中国的高等教育》

[723] Tsou,Tang. *America's failure in China 1941—1950*. Chicago:University of Chicago Press,1963.

邹谠:《美国在中国的失败,1941—1950 年》

[724] Tsou,Tang. *The Cultural Revolution and post-Mao reform:A historical*

perspective. Chicago：University of Chicago Press，1985.

邹谠：《从历史的角度看文化革命和毛以后的改革》

［725］ Tsou，Tang. "Prolegomenon to the study of informal groups in Chinese Communist Party politics，"*CQ*，65（March 1967），98－114.

邹谠：《中国共产党政治中非正式团体的研究的序言》，见［133］

［726］ Ts'ui Chieh. "Chi-pen chien-she ti t'iao-cheng"（Readjustment of capital construction），in Liu Sui-nien，ed. ，*Liu-shih nien-tai kuo-min ching-chi t'iao-cheng ti hui-ku*，70－93.

崔捷：《基本建设的调整》

［727］ Tsui-kao jen-min fa-yuan yen-chiu-shih（Research Office，Supreme People's Court），ed. *Chung-hua jen-min kung-ho-kuo tsui-kao jen-min fa-yuan，t'e-pieh fa-t'ing shen-p'an Lin Piao，Chinag Ch'ing fan-ko-ming chi-t'uan an chu-fan chi-shih*（Record of the trials of the principal criminals of the Lin Piao and Chiang Ch'ing cliques before the Special Tribunal of the Supreme People's Court of the People's Republic of China）. Peking：Fa-lü，1982.

最高人民法院研究室编：《中华人民共和国最高人民法院特别法庭审判林彪、江青反革命集团案主犯记事》

［728］ Tucker，Nancy B. *Patterns in the dust：Chinese-American relations and the recognition controversy，1949－1950*. New York：Columbia University Press，1983.

南希·B. 塔克：《屈辱的模式：中美关系和承认的争论，1949－1950 年》

［729］ Tung，Chiping，and Evans，Humphrey. *The thought revolution*. New York：Coward McCann，1966.

董继炳（音）、汉弗莱·伊万斯：《思想革命》

［730］ Ulam，Adam B. *Expansion and coexistence：The history of Soviet foreign policy，1917－1967*. New York：Praeger，1968.

亚当·B. 尤拉姆：《扩张与共存：苏联外交政策，1917－1967 年》

［731］ Unger，Jonathan. *Education under Mao：Class and competition in Canton schools，1960－1980*. New York：Columbia University Press，1982

乔纳森·昂格尔：《毛统治下的教育：广州学校中的阶级与竞争，1960－1980 年》

［732］ Union Research Institute（URI）. *CCP documents of the Great Proletarian*

Cultural Revolution, 1966－1967. Hong Kong: Union Research Institute, 1968.

联合研究所:《中共关于无产阶级文化大革命的文件,1966－1967 年》

[733] Union Research Institute(URI). *Documents of the Chinese Communist Party Central Committee.* Hong Kong: Union Research Institute, 1971.

联合研究所:《中共中央文件》

[734] *Union Research Service.* Hong Kong: Union Research Institute, 1955－

《联合研究服务》

[735] U. S. Consulate General. *Current Background.* Hong Kong: U. S. Consulate General, 1950－1977. Cited as *CB.*

美国总领事馆:《当代背景材料》(香港,1950－1977 年)

[736] U. S. Consulate General. *Extracts from China Mainland Magazines.* Hong Kong: U. S. Consulate General, 1955－1960. Cited as *ECMM.* Title changed to *Selections from China Mainland Magazines*, 1960－1977.

美国总领事馆:《中国大陆杂志选粹》(香港,1955－1960 年),1960－1977 年更名《中国大陆杂志选录》

[737] U. S. Consulate General. *Selections from China Mainland Magazines.* Hong Kong: U. S. Consulate General, 1960－1977. Cited as *SCMM.*

美国总领事馆:《中国大陆杂志选录》(香港,1960－1977 年)

[738] U. S. Consulate General. *Survey of China Mainland Press.* Hong Kong: U. S. Consulate General, 1950－1977. Cited as *SCMP.*

美国总领事馆:《中国大陆报刊概览》(香港,1950－1977 年)

[739] U. S. Consulate General. *Survey of China Mainland Press, Supplements.* Hong Kong: U. S. Consulate General, 1950－1977.

美国总领事馆:《中国大陆报刊概览,补遗》(香港,1950－1977 年)

[740] U. S. Department of State. *United States relations with China, with special reference to the period 1944－1949.* Washington, D. C. , 1949. Reissued with intro. and index by Lyman Van Slyke as *China White Paper*, 2 vols. Stanford, Calif. : Stanford University Press, 1967.

美国国务院:《美国和中国的关系,尤其是关于 1944－1949 年时期》(改版更名《中国白皮书》)

[741] U. S. Department of State. *American foreign policy: basic documents ,*

1950—1955. 2 vols. Washington, D. C. : U. S. Government Printing Office, 1957; New York: Arno Press, 1971. .

美国国务院:《美国的外交政策:主要文件,1950—1955 年》

[742] U. S. Department of State. "United States policy regarding problems arising from the representation of China in the organs of the United Nations. " *Foreign Relations of the United States 1950*, vol. 2. Washington, D. C. : U. S. Government Printing Office, 1976.

美国国务院:《美国对于因中国加入联合国各机构引起的问题的态度》

[743] U. S. Department of State. "Implicatons of the Treaty of Alliance and related agreements between the Soviet Union and Communist China: Address by the Secretary of State, March 15, 1950 [excerpt]. " *American foreign policy: Basic documents. 1950—1955*. New York: Arno Press, 1971.

美国国务院:《苏联和共产党中国的同盟条约及有关协定的实质:国务卿的演说,1950 年 3 月 15 日[摘要]》

[744] U. S. Senate Committee on Foreign Relations. *The United State and Communist China in 1949 and 1950: The question of rapprochement and recognition*. Washington, D. C. : U. S. Government Printing Office, 1973.

美国参议院外交委员会:《1949 和 1950 年的美国和共产党中国:恢复邦交和承认的问题》

[745] Ūsami Shigeru. "Suchuāto taishi no Pekin hōmon keikaku: ushinawareta rekishi no tenkanten" (Ambassador Stuart's plan to visit Peking: A lost turning point in history). *Kokusai mondai* (International affairs), 198 (September 1976), 45—61.

宇佐美滋:《司徒大使访问北京的计划:一个失去了机会的历史转折点》

[746] Van Ness, Peter. *Revolution and Chinese foreign policy: Peking's support for wars of national liberation*. Berkeley: University of California Press, 1970.

彼得·范内斯:《革命与中国的对外政策:北京支持民族解放战争》

[747] Van Slyke, Lyman. "The Chinese Communist movement during the Sino-Japanese War 1937—1945. " *CHOC*, 13. 609—722.

莱曼·范斯莱克:《中日战争时期中国共产党的运动,1937—1945 年》,见[73]

［748］ Van Slyke,Lyman. See U. S. Department of State.

［749］ Vogel,Ezra F. *Canton under communism.* :*Programs and policies in a pro-vincial capital ,1949－1968.* Cambridge,Mass. :Harvard University Press, 1969.

　　　　伊日拉·F.沃格尔:《共产主义统治下的广州:一个省城的规划与政策, 1949－1968 年》

［750］ Wagner,Rudolf. "The cog and the scout:Functional concepts of literature in socialist political culture,"in wolfgang Kubin and Rudolf Wagner,eds. ,*Essays in modern Chinese literature and literary criticism* ,334－400.

　　　　鲁道夫·瓦格纳:《诈骗和侦察:社会主义政治文化中文学的职能观念》

［751］ Wakeman, Frederic, Jr. *The fall of imperial China.* New York:The Free Press,1975.

　　　　魏斐德:《中华帝国的衰落》

［752］ Wakeman, Frederic, Jr. , and Grant, Carolyn, eds. *Conflict and control in late imperial China.* Berkeley:University of California Press,1975.

　　　　魏斐德、卡罗林·格兰特编:《中华帝国晚期的冲突与控制》

［753］ Wakemen, Frederic, Jr. , ed. *Ming and Qing historical studies in the People's Republic of China.* Berkeley:University of California Center for Chinese Studies,1980.

　　　　魏斐德编:《中华人民共和国的明清史研究》

［754］ Wakeman,Frederic,Jr. *The great enterprise* : *The Manchu reconstruction of the imperial order in seventeenth-century China.* 2 vols. Berkeley:University of California Press,1986.

　　　　魏斐德:《大事业:17 世纪中国满族重建帝国社会秩序》

［755］ Wakeman,Frederic,Jr. "Introduction:The evolution of local control in late imperial China," in Frederic Wakeman and Carolyn Grant, eds. ,*Conflict and control in late imperial China* ,1－25.

　　　　魏斐德:《中华帝国晚期地方管理演变介绍》,载魏斐德、卡罗林·格兰特编:《中华帝国晚期的冲突与控制》

［756］ Wakeman,Frederic,Jr. "Localism and loyalism during the Ch'ing conquest of Kiangnan:The tragedy of Chiang-yin,"In Frederic Wakeman and Carolyn Grant,eds. ,*Conflict and control in late imperial China* ,43－85.

魏斐德:《清征服江南时期的地方主义和忠君思想:江阴惨案》

[757] Walder,Andrew. "Press accounts and the study of Chinese society,"*CQ*,79 (September 1979),568—592.

安德鲁·沃尔德:《报刊报道与中国社会的研究》

[758] Walker,kenneth. *Planning in Chinese agriculture : Socialization and the private sector*,*1956—1962.* Chicago:Aldine,1965.

肯尼思·沃克:《中国农业的计划:公有化与私人经济成分,1956—1962年》

[759] Walker,Kenneth. R. *Food grain procurement and consumption in China.* Cambridge,Eng. :Cambridge University Press,1984.

肯尼思·R. 沃克:《中国食用粮食的收购和消费》

[760] Walker, Kenneth. R. "Collectivisation in retrospect: the 'Socialist high tide'of autumn 1955-spring 1956. "*CQ*,26(April-June 1966),1—43.

肯尼思·R. 沃克:《回顾集体化:1955 年秋至 1956 年春的"社会主义高潮"》,见[133]

[761] Walker, Richard L. *The multi-state system of ancient China.* Hamden, Conn. :Shoe String Press,1953.

理查德·L. 沃克:《古代中国的多国体制》

[762] Wang Chia-chien. *Wei Yuan nien-p'u* (Chronological biography of Wei Yuan). Taipei:IMH,Academia Sinica,1967.

王家俭:《魏源年谱》

[763] Wang Erh-min. "Ching-shih ssu-hsiang chih i-chieh wen-t'i"(The problem of defining statecraft thought). 近代史研究所集刊(Bulletin of the Institute of Modern History),13(June 1984),27—38.

王尔敏:《经世思想之义界问题》

[764] Wang Hsueh-wen. "The'Gang of Four'incident:Official exposé by a CCPCC document. "*Issue & Studies*,13. 9(September 1977),46—58.

王学文(音):《"四人帮"事件:中共中央文件的正式揭露》

[765] Wang Ping-nan. *Nine years of Sino-U. S. Talks in Retrospect.* Published simultaneously in *Shijie zhishi* (World knowledge) and *Guangzhou ribao* between Sept. 1984 and Feb. 1985. Trans. in JPRS,*China report : Political. sociological and military affairs*,CPS-85-079,Aug. 7,1985.

王炳南:《回顾九年的中美会谈》,译文见[374]

[766] Wang P'ing. "'Ta yueh-chin'ho t'iao-cheng shih-ch'i ti jen-min sheng-huo" (People's living standards during the Great Leap Forward and the period of readjustment), in Liu Sui-nien, ed. , *Liu-shih nien-tai kuo-min ching-chi t'iao-cheng ti hui-ku*,162—178.

王平:《"大跃进"和调整时期的人民生活》

[767] Wang Shih-wei. "Yeh pai-ho-hua"(Wild lily). *CFJP*,13 March 1942.

王实味:《野百合花》,见[126]

[768] Wang, Y. C. *Chinese intellectuals and the West 1872—1949.* Chapel Hill:University of North Carolina Press,1966.

汪一驹:《中国的知识分子与西方,1872—1949 年》

[769] Wang Yü-ch'üan. "An outline of the central government of the Former Han dynasty. "*HJAS*,12(1949),134—187.

王毓铨:《西汉中央政府概述》,见[293]

[770] Watson. Burton. *Ssu-ma Ch'ien:Records of the grand historian of China.* 2 vols. New York:Columbia University Press,1961.

伯顿. 沃森:《伟大的中国史学家司马迁的记载》

[771] Watson, James L. , ed. *Class and social stratification in post-revolution China.* Cambridge,Eng. :Cambridge University Press,1984.

詹姆斯·L. 沃森编:《革命后中国的阶级与社会阶层》

[772] Weber, Max. *The religion of China:Confucianism and Taoism.* Glencoe, Ill. :The Free Press, 1951. Trans. Hans Gerth. Paperback, Macmillan, 1964,with an introd. by C. K. Yang (Yang Ch'ing-k'un).

马克斯·韦伯:《中国的宗教:儒教和道教》(汉斯·格特译,杨庆堃序)

[773] Wechsler,Howard J. "The founding of the T'ang Dynasty,"*CHOC* 3. 150—187.

霍华德·J. 韦克斯勒:《唐朝的建立》,见[73]

[774] Wei,Henry. *China and Soviet Russia.* Princeton, N. J. :D. Van Nostrand, 1956.

亨利·魏:《中国与苏俄》

[775] Wei,Wen-ch'i. *Courts and policy in Communist China to 1952.* Lackland, Tex. :HRRI Project,1955.

魏文启（音）：《1952 年以前的共产党中国的法院与政策》

[776] Wei Yuan. *Hai-kuo t'u-chih* (An illustrated treatise on the maritime king-doms). Several editions：1844，50 *chüan*；1847，60 *chüan*；1952，100 *chüan*.

魏源：《海国图志》

[777] *Wen-ihsueh-hsi* (Literary Studies). Peking：1954—

《文艺学习》

[778] *Wen-i pao* (Literary Gazette). Peking：1949—

《文艺报》

[779] Whitbeck. Judith. "From *k'ao-cheng* to *ching-shih*：Kung Tzu-chen and the redirection of literati commitment in early nineteenth century China," in *Proceedings of the conference on the theory of statecraft of modern China*. 323—352.

朱迪思·怀特贝克：《从"考证"到"经世"：龚自珍和 19 世纪早期中国文人信仰的改变》

[780] Whitbeck,Judith. "The historical vision of Kung Tzu-chen (1792—1841)." University of California (Berkeley),Ph. D. dissertation,1980.

朱迪思·怀特贝克：《龚自珍(1792—1841 年)的历史观》

[781] White,D. Gordon. "The politics of *Hsia-hsiang* youth." *CQ*,59 (July-September 1974),491—517.

D. 戈登·怀特：《下乡青年的政治》,见[133]

[782] White,Lynn T. ,III. *Careers in Shanghai：The social guidance of personal energies in a developing Chinese city*, 1949—1966. Berkeley：University of California Press,1978.

林恩·T. 怀特第三：《在上海的经历：在一个发展中的中国城市里涉及个人能力的社交指南,1949—1966 年》

[783] White,Theodore, and Jacoby, Annalee. *Thunder out of China*. New York：Sloane,1946.

西奥多·怀特、安娜莉·雅各比：《来自中国的雷声》

[784] White, Tyrene. "Implementing the'one child per couple'population program in rural China：National goals and local politics," in David M. Lampton,*Policy implementation in post-Mao China*.

蒂伦·怀特：《在中国农村贯彻"一对夫妻生一个孩子"的人口计划：国家

目标与地方政策》

[785] Whiting, Allen S. *China crosses the Yalu : the decision to enter the Korean War*. New York : Macmillan, 1960 ; 2nd ed. , Stanford, Calif. : Stanford University Press, 1968.

艾伦·S. 惠廷:《中国跨过鸭绿江:参加朝鲜战争的决定》

[786] Whiting, Allen S. *The Chinese calculus of deterrence : India and Indochina*, Ann Arbor : University of Michigan Press, 1975.

艾伦·S. 惠廷:《中国的威慑微积分学:印度和印度支那》

[787] *Who's who in Communist China*. 2 vols. Hong Kong : Union Research Institute, 1969, 1970.

《共产党中国人名词典》

[788] Whyte, Martin King. *Small groups and political rituals in China*. Berkeley : University of California Press, 1974.

马丁·金·怀特:《中国的小团体与政治仪式》

[789] Whyte, Martin King. "Educational reform : China in the 1970s and Russia in the 1920s," *Comparative Education Review* 18. 1 (February 1974), 112 — 128.

马丁·金·怀特:《教育改革:20 世纪 70 年代的中国和 20 年代的俄国》

[790] Wiens, Herold J. *China's march toward the tropics*. Hamden, Conn. : Shoe String Press, 1954.

哈罗德·J. 威恩斯:《中国向热带的推进》

[791] Wilbur, C. Martin. *The Nationalist Revolution in China*, *1923 — 1928*. Cambridge, Eng. : Cambridge University Press, 1984. Reprinted from *CHOC* 12, 1983.

韦慕廷:《中国的国民革命,1923—1928 年》

[792] Williams, S. Wells. *The Middle Kingdom : A survey of the geography, government, education, social life, arts, religion etc. of the Chinese empire and its inhabitants*. 2 vols. New York and London : Wiley and Putnam, 1848. Rev. and enlarged ed. , 1883.

卫三畏:《中国总论》

[793] Willoughby, W. W. *Foreign rights and interests in Chna*. Baltimore, Md. : The Johns Hopkins University Press, 1920. 2nd. ed. , 1927,

W. W. 威洛比:《在华的外国权利和利益》

[794] Wills, Maurice. *Turncoat: An American's 12 years in Communist China*. Englewood Cliffs, N. J. : Prentice-Hall, 1968.

莫里斯·威尔斯:《叛徒:一个美国人在共产党中国的 12 年》

[795] Wilson, Richard W. *Learning to be Chinese; The political socialization of children in Taiwan*. Cambridge, Mass. : The MIT Press, 1974.

理查德·W. 威尔逊:《学做中国人:台湾儿童的政治社会化》

[796] Winckler, Edwin. *See* Nathan, Andrew.

[797] Witke, Roxane. *Comrade Chiang Ch'ing*. Boston: Little, Brown, 1977.

罗克珊·威特克:《江青同志》

[798] Wittfogel, Karl A. *Oriental despotism: A comparative study of total power*. New Haven, Conn. : Yale University Press, 1957.

魏特夫:《东方专制主义:对极权的比较研究》

[799] Wittfogel. Karl A. "The legend of 'Maoism,'" *CQ*, 1 and 2 (January and April 1960), 72—86 and 16—31.

魏特夫:《"毛主义"的传说》,见[133]

[800] Wittfogel, Karl A. , and Feng Chia-sheng. *History of Chinese society: Liao (907—1125)*. Philadelphia: American Philosophical Society, 1949.

魏特夫、冯家昇:《中国辽代社会史》

[801] Wolf, Margery. *The house of Lim: A study of a chinese farm family*. New York: Appleton-Century-Crofts, 1968.

玛杰里·沃尔夫:《林家:一个中国农民家庭的研究》

[802] Wolf, Margery. *Revolution postponed: Women in contemporary China*. Stanford, Calif. : Stanford University Press, 1984.

玛杰里·沃尔夫:《把革命放在次要地位:当代中国妇女》

[803] Womack, Brantly. *The foundations of Mao Zedong's political thought 1917—1935*. Honolulu: University Press of Hawaii, 1982.

布兰特利·沃马克:《1917—1935 年毛泽东政治思想的基础》

[804] Wong, John. *Land reform in the People's Republic of China: Institutional transformation in agriculture*. New York: Praeger, 1973.

约翰·汪:《中华人民共和国的土地改革:农业体制的改造》

[805] Wong, Paul. *China's higher leadership in the socialist transition*. New

York：The Free Press，1976.

保罗·汪：《社会主义过渡时期的中国高层领导》

[806] World Bank. *China：Socialist economic development：Vol. 1 The economy，statistical system，and basic date. Vol. 2. The economic sectors；Agriculture，industry，energy and transport and external trade and finance. Vol. 3. The social sectors：Population，health，nutrition and education.* A World Bank country study. Washington，D. C. ：The World Bank，1983.

世界银行：《中国：社会主义经济的发展》。第 1 卷《经济、统计制度和基本数据》，第 2 卷《经济部门：农业、工业、能源和运输、对外贸易和财政》，第 3 卷《社会部门：人口、卫生、营养、教育》

[807] World Bank. *China：Long-term development issues and options*（A World Bank country economic report）. Baltimore，Md. ，and London：The Johns Hopkins University Press，1985. Six annex volumes to this book have been published by the World Bank：1. *China：Issues and prospects in education.* 2. *China：Agriculture to the year 2000.* 3. *China：The energy factor.* 4. *China：Economic model and projections.* 5. *China：Economic structure in international prespective.* 6. *China：The transport sector.* Washington，D. C. ：The World Bank，1985.

世界银行：《中国：长期发展问题和选择》。附录 6 册：1.《中国：问题和教育前景》，2.《中国：到 2000 年的农业》3.《中国：能源》，4.《中国：经济模式和规划》，5.《中国：从世界角度看经济结构》，6.《中国：运输部门》

[808] Worthy，Edmund Henry，Jr. "The founding of Sung China，950－1000：Integrative changes in military and political institutions. " Princeton University，Ph. D. dissertation，1975.

小埃德蒙·亨利·沃西：《宋代的建立，950－1000 年：军事和政治制度的综合变化》

[809] Wright，Arthur F. *The Sui Dynasty：The unification of China AD 581－617.* New York：Knopf，1978.

芮沃寿：《隋代史》

[810] Wright，Arthur F. "Struggle vs. harmony：Symbols of competing values in modern China，"*World Politics*，6. 1（October 1953），31－44.

芮沃寿：《斗争与调和：现代中国竞争准则的表征》

[811] Wright,Mary Clabaugh. *The last stand of Chinese conservatism：The T'ung-chih restoration. 1862－1874*. Stanford,Calif. ：Stanford University Press，1957.

芮玛丽：《中国最后的保守主义：同治中兴，1862－1874 年》

[812] Wright,Mary Calbaugh, ed. *China in revolution：The first phase, 1900－1913*. New Haven,Conn. ：Yale University Press,1968.

芮玛丽编：《革命中的中国：第一阶段,1900－1913 年》

[813] Wright,Stanley F. *Hart and the Chinese Customs*. Belfast：Mullan,1950.

斯坦利·F. 赖特：《赫德和中国海关》

[814] Wu,Aitchen K. *China and the Soviet Union*. New York：John Day,1950.

艾特肯·K. 吴：《中国和苏联》

[815] Wu Ch'ün-kan. "Kuan-yü'ta yueh-chin'shih-wu ho t'iao-cheng ti li-shih ching-yen" (Historical experiences concerning failures in and readjustment of the Great Leap Forward). In Liu Sui-nien, ed. , *Liu-shih nien-tai kuo-min ching-chi t'iao-cheng ti hui-ku*,25－49.

吴群敢：《关于"大跃进"失误和调整的历史经验》

[816] Wu han. *See* Wu Nan-hsing.

[817] Wu Hsiu-ch'üan(Wu Xiuquan). "Sino-Soviet relations in the early 1950s. " *Beijing Review*,47(1983),16－21,30.

伍修权：《50 年代初期的中苏关系》

[818] Wu Hsiu-ch,üan. *Tsai Wai-chiao-pu pa nien ti ching-li* (Eight years' experience in the Foreign Ministry). Peking：世界知识出版社,1984. (Trans. Wu Xiuquan,*Eight years in the Ministry of foreign Affairs [January 1950-October 1958] Memories of a diplomat.*) Peking：New World Press,1985.

伍修权：《在外交部八年的经历》(1950 年 1 月－1958 年 10 月)

[819] Wu Nan-hsing(Wu han, Teng T'o, and Liao Mo-sha). *San-chia ts'un cha-chi* (Notes from a three-family village). Peking：人民文学出版社,1979.

吴南星(吴晗、邓拓、廖沫沙)：《三家村札记》

[820] Wu Yuan-li. *An economic survey of Communist China*. New York：Bookman Associates,1956.

吴源立(音)：《共产党中国经济概观》

[821] Xiao Lan, ed. *The Tienanmen poems*. Peking：Foreign Languages Press,

1979.

　　萧兰编:《天安门诗钞》

[822] Yang,C. K. (Ch'ing-k'un). *A Chinese village in early Communist transition*. Cambridge,Mass. :The MIT Press,1959.

　　杨庆堃:《一个共产主义过渡初期的中国农村》

[823] Yang,C. K. *The Chinese family in the Communist*, *revolution*. Cambridge, Mass. :The MIT Press,1959.

　　杨庆堃:《共产主义革命中的中国家庭》

[824] Yang,C. K. *Religion in Chinese society*. Berkeley:University of California Press,1961.

　　杨庆堃:《中国社会的宗教》

[825] Yang Chien-pai,and Li Hsueh-tseng. "Nung,ch'ing, chung chieh-kou"(The structure of agriculture,light industry and heavy industry),in Ma Hung and Sun Shang-ch'ing, eds. , *Chung-kuo ching-chi chieh-kou wen-t'i yen-chiu* (Research on problems in china's economic structure),99－136.

　　杨坚白、李学曾:《农轻重结构》

[826] Yang, Lien-sheng. *Studies in Chinese institutional history*. Cambridge, Mass. :Harvard University Press,1961.

　　杨联陞:《中国制度史研究》

[827] Yang,Lien-sheng. *Excursions in Sinology*. Cambridge, Mass. :Harvead University Press,1969;French edition,1964.

　　杨联陞:《中国学概览》

[828] Yang Lien-sheng. "Historical notes on the Chinese world order,"in John K. Fairbank,ed. , *The Chinese world order*,20－33.

　　杨联陞:《关于中国人的世界秩序观的历史笔记》

[829] Yang, Lien-sheng. "Toward a study of dynastic configurations in Chinese history,"in Lien-sheng Yang, *Studies in Chinese institutional history*,1－17. Reprinted from *HJAS*,17. 3－4(1954),

　　杨联陞:《中国历史中王朝结构的探索》

[830] Yang Yen-nan. *Chung-kung tui Hu Feng ti tou-cheng* (The struggle against Hu feng by the Chinese Communists). Kowloon:自由出版社,1956.

　　杨燕南:《中共对胡风的斗争》

663

[831] Yao Hsu. "K'ang-Mei yuan-Ch'ao ti ying-ming chueh-ts'e-chi-nien Chung-kuo jen-min chih-yuan-chün ch'u-kuo tso-chan san-shih chou-nien"(A wise decision to resist America,aid Korea:Commemorating the thirtieth anniversary of the Chinese People's Volunteers going abroad to fight). *Tang-shih yen-chiu*(Research on Party history),5(1980),514.

姚旭:《抗美援朝的英明决策——纪念中国人民志愿军出国作战三十周年》

[832] Yeh Kung-chia. "China's national income,1931－1936,"in Chi-ming Hou and Tzong-shian Yu,eds. ,*Modern Chinese economic history*.

叶孔嘉:《1931－1936 年的中国国民收入》

[833] Yen,Maria. *The umbrella garden:A picture of student life in Red China*. New York:Macmillan,1954.

玛丽亚·宴(音):《宏大的园地:红色中国学生生活写照》

[834] Young, Arthur N. *China's wartime finance and inflation 1937－1945*. Cambridge,Mass. :Harvard University Press,1965.

阿瑟·N. 杨:《1937－1945 年中国的战时财政和通货膨胀》

[835] Young,C. Walter. *The international relations of Manchuria;a digest and analysis of treaties,agreements, and negotiations conerning the three eastern provinces of China,prepared for the 1929 conference of the Institute of Pacific Relations in Kyoto, Japan*. Chicago:University of Chicago Press,1929.

杨沃德:《满洲的国际关系:关于中国东北三省的条约、协定以及交涉的摘要和分析》

[836] Yü Ying-shih ed. ,*Early Chinese history in the People's Republic of China. the report of the Han Dynasty studies delegation*. Seattle:School of International Studies,University of Washington,1981.

余英时编:《中华人民共和国的中国古代史学,汉代研究代表团的报告》

[837] Zagoria,Donald S. *The Sino-Soviet conflict,1956－1961*. Princeton,N. J. :Princeton University Press;London:Oxford University Press,1962.

唐纳德·S. 扎戈里亚:《中苏冲突,1956－1961 年》